國家古籍整理專項經費資助項目
『十四五』國家重點出版物出版規劃圖書項目
2021—2035年國家古籍工作規劃重點出版項目

逸周書疏證

章寧 疏證
晁福林 審訂

陝西新華出版 三秦出版社
·西安·

圖書在版編目（CIP）數據

《逸周書》疏證 / 章寧疏證 ; 晁福林審訂. — 西安 : 三秦出版社, 2023.4（2024.10重印）

ISBN 978-7-5518-2829-1

Ⅰ. ①逸… Ⅱ. ①章… ②晁… Ⅲ. ①《逸周書》—考證 Ⅳ. ①K224.07

中國國家版本館CIP數據核字（2023）第009644號

《逸周書》疏證

章寧疏證　晁福林審訂

出版發行	三秦出版社
社　　址	西安市雁塔區曲江新區登高路1388號
電　　話	（029）81205236
郵政編碼	710061
印　　刷	西安市建明工貿有限責任公司
開　　本	787mm × 1092mm　1/16
印　　張	51.5
字　　數	718千字
版　　次	2023年4月第1版
印　　次	2024年10月第3次印刷
標準書號	ISBN 978-7-5518-2829-1
定　　價	298.00圓

網　　址　http://www.sqcbs.cn

序

《逸周書》的史料價值，在一個很長的時段裏是被忽視的。近代以來的疑古思潮將它視爲僞書，其學術價值跌至冰點。相反，自清儒以來，還是有一批學者不斷研究是書的材料來源、撰寫時代等問題，進行此書的校釋疏證工作。關于此書的撰作，清儒朱右曾之論可謂代表。他説："此書雖未必果出文武周召之手，要亦非戰國秦漢人所能僞託。……《克殷篇》所叙，非親見者不能，《商誓》《度邑》《芮良夫》諸篇，大似今文《尚書》，非僞古文所能彷彿。"[①]學者們的許多研究都證明朱右曾此説是相當正確的。近年面世的清華簡更印證了他的説法。

專家一般認爲，清華簡《祭公之顧命》是今本《逸周書·顧命》篇的祖本；清華簡《皇門》與今本《逸周書·皇門》篇大體相符；今本《逸周書·程寤》僅存篇目，内容全佚，衹在後世的類書中保留有若幹文句，然這些文句在清華簡《程寤》篇中皆可找到，專家斷定清華簡此篇即《逸周書》久已失傳的《逸周書·程寤》；清華簡《芮良夫毖》也與今本《逸周書·芮良夫》相關。凡此種種，皆爲研究《逸周書》諸篇的撰作時代提供了重要參考，至少説明《逸周書》的某些篇章在戰國時就已在流傳，其撰作的時間可能更早。

《逸周書》諸篇非成書于一時，亦非出自一人之手，這是學界對于此書撰作問題的一個普遍認可的判斷。然而，這一判斷雖然正確，但還没有解决此書的具體問題，也就是此書諸篇各自的撰作時代與性質的問題。以前李學

① 朱右曾：《逸周書集訓校釋·周書序》附録《周書逸文》，上海：商務印書館，1937年，第11頁。

勤先生曾將此書諸篇分爲三組，一組是西周作品；《度訓》《命訓》等文例相似者爲另一組；春秋時人所稱引的《武稱》《大匡》《程典》等篇是第三組。這是一個很有見地的看法。章寧同志的《逸周書疏證》將《逸周書》諸篇分爲六組，更深化了相關認識。

戰國時代是將古史資料和相關傳説系統化，構建長時段古史的時期。那個時代的史官，憑借其所掌握大量史料的優勢，意圖編著一部周王朝的歷史。愚曾將《逸周書》的前五十篇作爲周王朝的開國史，後二十篇則是諸種相關史料的彙集。[①]這個看法雖然籠統，但我還是覺得把《逸周書》當作一部歷史書來讀，不少繁難問題似可得到比較合理的解決。

章寧同志以思考敏鋭、認識深刻、問題意識强烈，爲人稱贊，這部《逸周書疏證》也表現了他個人的獨特風格。他在攻讀博士學位時，即以《逸周書》的研究爲鵠的，數年來一直没有放弃對《逸周書》的研習，其許多卓見已散見于《逸周書疏證》一書中。我相信此書的出版對《逸周書》和周代史的研究一定會起到推動作用。

晁福林2021年5月3日序于北京師範大學京師大厦。時值風和日麗，遠近的樓群在窗外陽光下競相挺拔，意欲跟葱籠的綠樹一樣顯露生機之盎然。以此來看“水泥森林”，似乎别有風趣。

---

①敬請參閱拙作《論“逸周書”的史家主體意識》（《史學史研究》2009年第1期）。

弁　言

《逸周書》，先秦古書稱引時多稱“周書”或徑稱“書”。《漢書·藝文志》著録爲“六藝録”，爲《周書》七十一篇，班固注曰：“周史記。”後許慎《説文解字》徵引時，爲别于《尚書》中之《周書》，故稱《逸周書》。《隋書·經籍志》則將之録爲雜史，稱《周書》十卷，并注“汲冢書，似仲尼删書之餘”，未提及是否有孔晁注。

顔師古注《漢書》，引劉向《别録》言“周之誥誓號令也，蓋孔子所論百篇之餘也”，并加注“今之存者四十五篇矣”，可見顔師古所見版本《逸周書》僅餘四十五篇。《舊唐書·經籍志》稱《周書》八卷，言孔晁注，而《新唐書·藝文志》稱《汲冢周書》十卷，又列孔晁注《周書》八卷于後。由是可知，五代以降所存八卷或爲孔注本，十卷本或爲白文，北宋時兩種版本并存。今所見十卷孔注本，或是南宋丁黼將兩本混合，題爲《汲冢周書》。故宋明學者多稱之爲《汲冢周書》。

《逸周書》流傳中，最大的干擾項源于汲冢。晋太康二年（281），不準于汲郡盗發戰國時期魏王冢（一説魏襄王，一説魏安釐王），《晋書·束皙傳》載其中出“雜書十九篇：《周食田法》《周書》《論楚事》《周穆王美人盛姬死事》”，故多有論者以爲《周書》出于汲冢。然汲冢所出題《周書》者，至多十六篇，顔師古所見余者四十五篇，二者若毫無重複，則相加至多爲六十一篇。而扣除宋代亡佚的《程寤》以及今本《逸周書》不含序，唐時或當爲五十九篇以上。如此，今本在二者篇章幾無重合這一極爲苛刻的前提下，或可能爲汲冢所出《周書》與顔師古所見《周書》之合編。在没有更多證據的情况下，謹慎起見，只能暫存而不論。

從文獻性質看，傳統多將《逸周書》目爲“《尚書》副貳”，甚至認爲今文《尚書》二十九篇，而《逸周書》含序七十一篇，恰足百篇之數。這顯然是後人因數附會，不足爲信。《四庫全書總目》認爲《逸周書》：“則春秋時已有之，特戰國之後，又輾轉附益，故其言駁雜耳，究厥本始，終爲三代之遺文，不可廢也。”即便是疑古最力的崔述也認爲：“《周書》之作，蓋在戰國秦漢之間。彼固取前世王侯卿大夫之行事，揣度言之，複雜取傳記之聞以附益之。”可見，對于清代已降的學者而言，《逸周書》在文獻性質上的“附益雜湊”已成爲共識。但問題在于，“附益雜湊”雖然是對《逸周書》文獻性質的事實陳述，但在古代學術的語境之下，難免帶上價值判斷的色彩，這也導致了古代對《逸周書》的整理和研究，較之其他文獻，猶顯不足。

由筆者觀之，《逸周書》大致由六類文獻雜湊混編而成，以下分别概括言之。

其一，疑似戰國諸子手筆的政論，相關篇章有《度訓》《命訓》《常訓》《糴匡》《大聚》《王佩》《銓法》等篇。這些篇章大多圍繞相當確定的主旨行文，上下文義一貫，似非成于衆手，理論較成體系，且形式上多不用韵，句式不甚整齊，且少見以數爲紀之文例。

其二，春秋戰國時期流傳的箴戒及習語彙集，可判斷爲箴戒的篇章主要有《文酌》《允文》《大武》《大明武》《小明武》《大匡第十一》《程典》《程寤》《酆保》《大開》《小開》《文儆》《文傳》《柔武》《大開武》《小開武》《寶典》《酆謀》《寤敬》《和寤》《大匡第三十七》《文政》《五權》《成開》《本典》等篇。這些篇章形式上模仿先秦“書”類文獻的語體特征，多見“以數爲紀”的組織形式，句多用韵，并多見諸如“後戒後戒”“日不足”一類習語。内容上多託文武周公之名以自重其説，多言爲政、行軍之綱要，强調垂戒于後人。除了上述所列諸篇，清華簡《保訓》以及《尚書·洪範》，也可以視作這類性質的篇章。可判斷爲習語彙集的篇章主要有《武稱》《武順》《武穆》《周祝》《武紀》等篇。相較箴戒，這些篇章語句之間系統性弱，只是習語成説的簡單彙集和編排，前後雖有邏輯貫穿，但形式上不似“箴戒”嚴密。

其三，來源較早的詩書逸篇，如《武寤》可能爲逸詩雜凑而成。《商誓》《皇門》《祭公》《芮良夫》等篇應較爲接近先秦“書”類文獻原貌。

其四，春秋戰國時期流傳的記事專篇。這類文獻可能存在較早的史事原型，所記載的史事也可大致信實，但最終形成如今所見的形態，是春秋戰國時期文獻加工的結果，觀念上也受到了春秋戰國時期觀念要素的影響，主要篇章有《克殷》《世俘》《度邑》《作雒》等篇。

其五，可能旁取自他書的功能性篇章。此類篇章内容較爲專門、技術性較强，且多散見于他書，故性質參差不齊。次于《逸周書》中，更多是作爲專門技術的教材，或是作爲全書附録備查。這類篇章曆法方面的有《周月》《時訓》；禮制方面的有《謚法》《明堂》《嘗麥》，其中《嘗麥》篇的性質最爲特殊，是在截取《月令》類文本的基礎上充實編纂而成，摻雜了部分記事文本；用人方面的有《官人》；方國地理方面的有《王會》《職方》；史事教育方面的有《史記解》；《器服》則爲随葬遣策。

其六，是戰國乃至更晚時期的造作故事。《殷祝》是戰國早中期爲鼓吹禪讓而造作的故事，可與郭店簡《唐虞之道》齊觀；而《太子晋》則粗具漢代“賦”體文獻特征，類似《七發》《答客難》，采取主客稱答的形式節節推進，對研究漢代賦體文獻的可能起源和演變，具有一定的意義。

概括可知，《逸周書》的文獻來源及其性質甚爲複雜，故對其成書不能一概而論，應在具體分析各篇章性質的基礎上進行。而這一工作的基礎，就是結合新見史料，對《逸周書》各篇内容再行疏證。故本書所爲，大體是萬里長征走完第一步，爲今後相關研究的推進做一微不足道的鋪墊而已。《逸周書》文獻來源複雜，錯訛甚多，疏證過程千頭萬緒，難免掛一漏萬，更兼筆者知見有限，學力尚淺，如有未發之義理，錯訛之考釋，尚希讀者見宥彈正。

凡　例

一、本書所用《逸周書》正文及孔晁注文，皆以國家圖書館藏元至正十四年嘉興路儒學本爲底本，部分缺失之處參考日本静嘉堂文庫所藏同一版本補足。

一、《逸周書》歷代主要版本有：

1.元至正十四年（1354）劉廷榦刻嘉興路儒學本。（鐵琴銅劍樓舊藏，現藏于國家圖書館）

2.明嘉靖元年（1522）跋刊本。（現藏東京大學東洋文化研究所）

3.明嘉靖二十二年（1543）四明章檗本。（《四部叢刊》本）

4.明嘉靖二十六年（1547）陳氏刊刻蔡文範校本。（《五經翼五種》本）

5.明萬曆二十年（1592）新安程榮刊《漢魏叢書》本。

6.明萬曆新安吴琯刊《古今逸史》本。

7.明萬曆二十年（1592）武林何允中刊《廣漢魏叢書》本。

8.明萬曆二十二年（1594）河東趙標刊《彙刻三代遺書》本。

9.明竟陵鐘惺輯萬曆間金閶擁萬堂刻《秘書九種》本。

10.清康熙八年（1669）新安汪士漢刊《秘書二十一種》本。

11.清乾隆四十四年（1779）文淵閣《四庫全書》本。

12.清乾隆五十一年（1786）盧文弨《抱經堂叢書》本

13.清乾隆五十六年（1791）建昌王謨刊《增訂漢魏叢書》本。

14.日本天保二年辛卯（1831）彦根藩弘道館活字本。

本書以疏通文義及孔晁注義爲主，對諸本之參校亦服務于疏通文義，爲免行文繁瑣，凡對文義影響不大之異文，則不出校。

此外，書中所見《命訓》《皇門》《祭公》及所脱之《程寤》皆見于清華大學藏戰國竹簡，《大武》見于湖南省慈利縣石板村36號墓所出戰國竹簡，《史記解》則見于法國國家圖書館藏敦煌文書伯3454號《六韬・周志廿八國》，正文當從之校補。至于零星字句爲他書徵引者，皆隨文注出。

一、本書所引諸家諸説，主要有：

1.王應麟：《周書王會篇補注》，國家圖書館出版社2015年《逸周書研究文獻輯刊》影印本。

2.王念孫：《讀書雜志・逸周書雜志》，江蘇古籍出版社1985年影印王氏家刻本。

3.洪頤煊：《讀書叢録》，道光二年廣東富文齋刻本。

4.潘振：《周書解義》，國家圖書館出版社2015年《逸周書研究文獻輯刊》影印本。

5.莊述祖：《尚書記》七卷、《校逸》二卷，《雲自在龕叢書》本。

6.陳逢衡：《逸周書補注》，國家圖書館出版社2015年《逸周書研究文獻輯刊》影印本。

7.丁宗洛：《逸周書管箋》十卷、《疏證》一卷、《提要》一卷、《集説》一卷（亦見丁浮山説），國家圖書館出版社2015年《逸周書研究文獻輯刊》影印本。

8.唐大沛：《逸周書分編句釋》，國家圖書館出版社2015年《逸周書研究文獻輯刊》影印本。

9.朱右曾：《逸周書集訓校釋》，道光二十六年歸硯齋刻本。

10.朱駿聲：《逸周書集訓校釋增校》，《國粹學報》排印本。

11.俞樾：《周書平議》一卷，上海古籍出版社1996年《續修四庫全書》第178册。

12.孫詒讓：《周書斠補》，齊魯書社1988年。

13.于鬯：《香草校書》，中華書局1984年。

14.何秋濤：《逸周書王會篇箋釋》三卷，國家圖書館出版社2015年

《逸周書研究文獻輯刊》影印本。

15.劉師培：《周書補注》六卷、《略説》一卷、《周書王會篇補釋》一卷，國家圖書館出版社2015年《逸周書研究文獻輯刊》影印本。

16.陳漢章：《周書後案》三卷，《佚文考》一卷，國家圖書館出版社2015年《逸周書研究文獻輯刊》影印本。

以上各種，爲行文簡潔，篇中引其説徑稱姓名，不另表明出處。至于參考其他單篇文獻，如章炳麟、顧頡剛之于《世俘》之專論，則隨文注出，以備查考。

一、由于其書未刊難以獲得，或所論參考價值于筆者不大，本書知而未引者開列如下，供讀者參考：

1.郝懿行：《汲冢周書輯要》，清乾隆五十五年（1790）《郝氏遺書》本。

2.姚東升：《逸周書佚文》，國家圖書館出版社2015年《逸周書研究文獻輯刊》影印本。

3.馬國瀚輯：《汲冢書鈔》，清同治十年（1871）《玉函山房輯佚書》本。

4.莊存與：《周書王會補注》，清光緒八年（1882）陽湖莊氏刻本。

5.藍文征：《逸周書謚法解疏證》，《重華》1931年1卷第11期。

6.王樹民：《周書・周官職方篇校記》，《禹貢》1934年1卷第1期。

7.馬東泉：《校正汲冢周書雜記》，北平《華北日報・圖書週刊》第30、32、33期，1935年5月27日、6月10日、6月17日。

8.沈飏民：《逸周書謚法解校箋》，《制言》第15期，1936年。

9.吳其昌：《王會篇國名補疏》上，《清華學報》第13卷第2期，1941年；中篇，《中國史學》1946年第1期。

10.冒廣生：《逸周書器服解釋文》，《學海》1943年第7期。

11.沈延國、楊寬：《逸周書集釋》，未刊本。

12.徐宗元：《逸周書正義》，未刊本。

一、本書每篇之前冠以題解，略説篇題由來、文獻背景、主要内容及對其文獻性質、成篇時代的大致判斷。筆者以爲傳世本各篇題所含“解”

字，爲孔晁作注所加，故除《史記解》爲區别《史記》而加之外，概不加“解”字。

一、《逸周書》各篇内部結構、文本性質及全書編纂情况複雜，只能在題解中略呈其義，詳論可參考筆者關于《逸周書》各篇章編纂的系列考證，如《嘗麥編纂考》《世俘編纂考》等。

一、對正文、孔注及所引諸家諸説，筆者徑加句讀，部分有争議處，筆者所加標點，爲筆者個人傾向性意見。

一、因涉及保留版本信息，正文及孔注中原書所用及異體字，本書予以保留，不加更改。

一、每篇疏證先列孔晁注説及其校正，而後校正正文。對孔注及正文脱、衍、倒、訛等問題，皆在疏證中一一甄覈，對孔注及原文則一如原貌不加妄改。對内容較多之疏證，爲便閲讀，以數字序號分段。本書疏證力求簡明，以疏通文義及孔晁注義爲主。對諸家諸説，徑從其信者而引，以利行文，不多集解諸説，以免駁雜糾纏之弊。

一、疏證所引出土甲骨、金文材料，皆標以《甲骨文合集》《殷周金文集成》及《商周青銅器銘文暨圖像集成》著録號。若器物較新，則標注其所見論文篇名。

一、出土簡帛材料如郭店簡《尊德義》簡39“凡動民必順民心，民心有恒”，上博簡三《彭祖》簡1“耇老問于彭祖”、清華簡九《治政之道》簡14“是以不刑殺而修中治”，北大漢簡《儒家説叢》簡8“一曰毋内疏而外親”，銀雀山漢簡《孫臏兵法・擒龐涓》簡243“蟻傅”，馬王堆帛書《十六經・正亂》“帝曰：毋乏吾禁”等則標其所屬册數、篇名及簡序，以便讀者查考。

目次

卷一

度訓第一

【題解】

是篇以“度”爲核心觀念，總括全篇大意爲題。訓，《大雅·抑》：“四方其訓之”，毛傳：“訓，教也。”後《命訓》《常訓》亦同，此三篇多有互文，觀念體系亦同氣連枝，當出自同一批人手筆，并在先秦時期成組流傳。

天生民而制其度。

孔晁云：“圣人爲制法度。”

【疏證】

制，《國語·晋語一》“以制百物”，韋注：“制，裁也。”度，《左傳》昭四年“度不可改”，杜注：“度，法也。”《左傳》文十三年：“天生民而樹之君”，襄十四年：“天生民而立之君，使司牧之”，清華簡五《厚父》簡5言：“古天降下民，設萬邦，作之君，作之師，惟曰其助上帝亂下民。”清華簡九《成人》簡5—7言：“古天氐降下民，作是后王、君公，正之以四輔：祝、宗、史、師，乃有司正、典獄，惟曰助上帝亂治四方之有罪無罪。惟民綱紀，以永化天明。四輔是毋易，典獄毋徙，是惟常德。”《荀子·大略》言：“天之生民，非爲君也；天之立君，以爲民也。”《吕氏春秋·先識》：“天生民而令有别。”則聖人所制之法，即立君而别上下也。

度小大以正①，權輕重以極②，明本末以立中③。

孔晁云：“制法度，所以立中正。”

【疏證】

①度，《左傳》文十八年“事以度功”，杜注：“度，量也。”正，《儀禮·士喪禮》“决用正”，鄭玄注：“正，善也。”

②權，《國語·周語下》“權輕重”，韋注：“權，稱也。”極，當爲“恒”，裘錫圭言古文字“恒”常誤爲“極”，常也。郭店簡《成之聞之》簡1言“古之用民者，求之於己爲恒”，郭店簡《尊德義》簡39“凡動民必順民心，民心有恒”，可與此句對讀。

③本末，《左傳》莊六年“夫能固位者，必度于本末”，杜注：“本末，終始也。”立，《周禮·春官·肆師》“掌立國祀之禮”，孫詒讓正義：“立與建義同。”中，當讀爲“衷”，《國語·晋語二》“鬼神降衷”，韋注：“衷，善也。”清華簡九《治政之道》簡14言“是以不刑殺而修中治”，中治，謂善治。此“立中”，猶《洪範》所謂“建用皇極”。“皇極”，後世多用“大常”言之，如《莊子·田子方》：“行小變而不失其大常也。”馬王堆帛書《繫辭》言“易有大恒”，大恒，亦大常也。言以常而度大小輕重本末也。此所言正、極、中者，即《常訓》所論之“常”。

立中以補損①，補損以知足②。

孔晁云：“損益以中爲制，故知足也。”

【疏證】

①以，猶“而”也。損，言所不足者。《荀子·彊國》“損己之所不足”，楊倞注：“損，减也。”補，《國語·周語上》“親戚補察”，韋注：“補，補過。”《老子》“有餘者損之，不足者補之”，又言“知足不辱”，《孟子·告子下》“曾益其所不能”等，皆可與此對讀。

②足，《左傳》襄二十五年“文以足言”，杜注：“足，猶成也。”知足，謂知其所成。

□爵以明等極①，極以正民②。

孔晁云：“極，中也。貴賤之等，尊卑之中也。”

【疏證】

①缺字當取“設、置”等義，或可从陳逢衡説，作“制”，《周禮·地官·司徒》言“以賢制爵，則民慎德”，亦或作“序”，《禮記·中庸》：“序爵，所以辨貴賤也。”等，謂差等，《周禮·夏官·司勳》“其等以功”，鄭玄注：“等，猶差也。”極，常也。

②正，《吕氏春秋·順民》“湯克夏而正天下”，高誘注：“正，治也。”是句言設爵而明差等之恒常，并以此治民。《大戴禮記·少閒》言“唯不同等，民以知極”，《周禮·地官·大司徒》言“以儀辨等，則民不越”，《大聚》則有“五德既明，民乃知常”，《周禮》數見“設官分職，以爲民極”，清華簡九《治政之道》簡1—2言“六詩者，所以節民，辨位，使君臣、父子、兄弟毋相逾，此天下之大紀”，皆可與此句對讀。

正中外以成命，

孔晁云：“内外正，則大命成也。”

【疏證】

中外，謂内外，古書習語，如《管子·戒》言“仁從中出，義從外作”。中，謂生而有之而出于心者，外，謂教而有之而成于外者。内外得正則成命，謂命有内外之分，其内，即《命訓》所謂“小命日成”者，“耻、賞、罰”也；其外，即《命訓》所謂“大命有常”，“命、福、禍”也。

正上下以順政。

孔晁云：“順其政教。”

【疏證】

正上下者，即前所謂“明等極”。順政，《大戴禮記·朝事》言“古者聖王明義以别貴賤，以序尊卑，以體上下，然後民知尊君敬上，而忠順之行備矣”，可與此對讀。

政以内□，□□自邇，彌興自遠[①]，遠邇備極。終也[②]。

【疏證】

①下文言“内外以知人”，故此缺字意當爲治政應自内而外，由邇及遠。彌，當爲“邇”字之誤，孫詒讓説是。此處或可暫補作“政以内成，外作自邇，邇與自遠”。與，《大戴禮記·四代》“興民之陽德以教民事”，王聘珍解詁：“興，作也。”自，猶于也，清華簡九《治政之道》簡19—20言“聖人敷政作事，遠邇□□□□。彼其輔相、左右、邇臣皆和叵心，以一其智，聲以益厚，聞以益彰，諸侯萬邦率嘉之，則孝勉晏恵以並事之”，可與此對讀。聖人布政，由己身及于左右邇臣，而後及于諸侯萬邦。

②“終也”二字，或是“極”之訓釋竄入正文。《吕氏春秋·制樂》“焉知其極”，高誘注：“極，猶終。”備，《國語·周語下》“財以備器”，韋注：“備，具也。”遠邇備極，即遠邇皆行此常也。

□微補在□□，分微在明。

孔晁云：“知精□□□□微分理有明故。”孔注或當作“知精則敬微順分，理有明故”。

【疏證】

此句或當作“敬微在慎，順分在明”，正與下文“敬微而順分”及《常訓》“慎微以始而敬終”相承。“補”字或涉上文“補損”而衍，“微”字亦或涉孔晁注“微分”而衍。

明王是以敬微而順分，

【疏證】

微，或當作“徽”，美也。清華簡五《命訓》簡15“耑以智敚”，今本作“權以知微”，“敚”字亦見于郭店簡《老子》甲本“天下皆智敚之爲敚”，今本《老子》作“美”，郭店簡《唐虞之道》亦讀“敚”爲“美”，上博簡二《昔者君老》簡3“舉敚灋亞”讀爲“興美廢惡”。《堯典》“慎徽五典”，僞孔傳：“徽，美也。”《無逸》“徽柔懿恭”，僞孔傳：“以美道和民。”《堯典》“慎徽”或即《常訓》所見“慎微”，故“慎微”之“微”，當讀“美”義。王念孫《讀書雜志》言《後漢書》“微胡瑣而不頤”曰：“《立政》‘予旦已受人之徽言’，《漢石經》‘徽’作‘微’，是‘微’與‘徽’通。”三《訓》所見“敬微”“知微”“分微”者，“敬微”猶《論語·堯曰》言“尊五美，屏四惡”、《荀子·臣道》“則崇其美，揚其善”，“知微”猶《老子》“天下皆知美之爲美”，“分微”則如《荀子·榮辱》“目辨白黑美惡”、《非相》“差長短，辨美惡”，故此三處皆可讀爲“美”。郭店簡《六德》簡38—39言“君子不啻明乎民微而已，或以智，其一矣”，明乎民美，即此分美在明。順分，謂順其位分，言上下之别。

分次以知和①，知和以知樂②，知樂以知哀③。哀樂以知慧④，内外以知人⑤。

孔晁云：“慧者甚明，所以知人。”

【疏證】

①分，《禮記·曲禮上》“分争辨訟”，鄭玄注：“分、辨，皆别也。”次，謂次第。《禮記·禮器》言：“禮交動乎上，樂交應乎下，和之至也。”分次者，謂禮别異，知和者，謂樂和同。

②《常訓》言：“哀樂不淫”，謂哀樂不過度。《禮記·中庸》言：“喜怒哀樂之未發，謂之中，發而皆中節，謂之和。”和者，謂哀樂發而有節，其未發者，則不可謂哀樂，故曰知和而知樂。

③《國語·晋語二》言“以喪得國，則必樂喪，樂喪必哀生”，郭店簡《性自命出》簡29言“凡至樂必悲，哭亦悲，皆至其情也”。故曰知樂而知哀。

④哀樂，諸家多校改爲“知哀”，由下文“内外”觀之，亦未必是。慧，明也，謂性之明也。哀樂，情也，《荀子·正名》言：“性之好、惡、喜、怒、哀、樂，謂之情。情然而心爲之擇，謂之慮。心慮而能爲之動，謂之僞；慮積焉，能習焉而後成，謂之僞。正利而爲，謂之事。正義而爲，謂之行。所以知之在人者，謂之知；知有所合，謂之智。”情動于心而知之在人且有所和者，謂之知智，即知慧。

⑤内外，即前所謂中外。内者，生而有之以内發于心，外者，教而成之以外形于世，有此内外，則謂知人。

凡民生而有好有惡，小得其所好則喜，大得其所好則樂①；小遭其所惡則憂，大遭其所惡則哀②。

孔晁云："言其性之自然。"

【疏證】

①好、惡、喜、怒、哀、樂者，情也，生而有之。《荀子·天論》言"天職既立，天功既成，形具而神生，好惡喜怒哀樂臧焉，夫是之謂天情"，可與此對讀。

②遭，《國語·鄭語》"未既亂而遭之"，韋注："遭，遇也。"《管子·戒》："好惡喜怒哀樂，生之變也。"《管子·禁藏》言："凡人之情，得所欲則樂，逢所惡則憂，此貴賤之所同有也。"則好惡喜怒哀樂，雖生而有之，然發于外物而成。

凡民之所好惡，生物是好，死物是惡。

【疏證】

《左傳》昭二十五年言"生，好物也，死，惡物也，好物，樂也，惡物，哀也，哀樂不失，乃能協於天地之性，是以長久"，可與此對讀。生物，即《命訓》所謂"紼絻"，死物，即《命訓》所謂"斧鉞"。

民至有好而不讓①，不從其所好，必犯法，無以事上②。民至有惡不讓。不去其所惡，必犯法，無以事上③。

孔晁云："不必讓則争，争則犯法矣。"

【疏證】

①至，或當作"志"，王念孫《讀書雜志》言《荀子·儒效》"行法至堅"，《韓詩外傳》引作"行法而志堅"。民志，猶言民性。《禮記·大學》言"無情者不得盡其辭，大畏民志"，可與此對讀。

②不從其所好者，清華簡一《保訓》簡4—5言"自稽厥志，不違于庶萬

姓之多欲”，可與此對讀。事上，謂事奉其上。

③諸家謂“有惡”後脱一“而”字，或是。讓，《左傳》昭二十五年“且讓之”，杜注：“讓，責也。”非《命訓》所謂“力政則無讓，無讓則無禮”之“讓”。是句謂民性有好惡而不責之，不從其所好，不去其所惡，則必犯法而無以事上。

遍行於此，尚有頑民，而況曰以可去其所惡而得其所好，民能居乎？

孔晁云：“遍爲兼行好惡也。能居乎，言不能居好也。”

【疏證】

遍，謂周遍，即言“兼”之義。頑，《程典》言：“故選官以明訓，頑民乃順。”《尚書·堯典》“父頑”，僞孔傳曰：“心不則德義之經爲頑。”是説本《左傳》僖二十四年説。兼行好惡，尚有頑民，進而申之，則意當爲純行其好，而不行其惡，得其所好，當從上文爲從其所好，故此句或當從盧校，作“而況□不去其所惡而從其所好”。居，《吕氏春秋·上農》“無有居心”，高誘注：“居，安也。”

若不□力，何以求之？

孔晁云：“言力争也。”

【疏證】

此“力争”或就下句而言，原缺字未必爲“争”。下文言“次分力竟”，上文又言次分，故孫詒讓説應是，此缺字當爲“競”。競，强也。求，即上文“不讓”之“讓”，訓爲“責”。求，《論語·衛靈公》“君子求諸己，小人求諸人”，皇侃義疏：“求，責也。”

力争則力政，力政則無讓，無讓則無禮，無禮，雖得所好，民樂乎？

孔晁云：“争則不樂。”

【疏證】

力争，以强力争鬬之。《左傳》哀十年謂：“二君不務德，而力争諸侯。”力政，《禮記・王制》《禮記・内則》皆曰：“五十不從力政，六十不與服戎。”《禮記》所謂“力政”，猶言力征，或與前文“力争”重複。《墨子・天志上》：“順天意者，義政也。反天意者，力政也。”力政，即《天志上》所謂：“處大國攻小國，處大家篡小家，彊者劫弱，貴者傲賤，多詐欺愚。”《左傳》昭十年言：“讓，德之主也，謂懿德，凡有血氣，皆有争心，故利不可强。”故言“力政則無讓，無讓則無禮”。雖得所好之物，若無禮節之，則民争于下，不得其樂。言雖有力争，然須以禮節之。

若不樂，乃所惡也。

【疏證】

言若以力争而不樂，則力争是其所惡也。

凡民不忍好惡，不能分次，

孔晁云：“忍爲持久，堅以次第。”孔注或當從孫詒讓説，讀爲：“忍爲持久以堅。次，第。”

【疏證】

忍，《説文》：“能也”。不忍好惡，即不能好惡，陳逢衡説或是，然不必由“耐”字周轉，可徑訓爲能。孔注訓“堅”，非是。分次，謂别其次第。

不次則奪，奪則戰①；戰則何以養老幼，何以救痛疾死喪，何以胥役也②？

孔晁云：“胥，相也。”

【疏證】

①奪，本或“敚”字，敚，《説文》：“彊取也。”《荀子・禮論》言“人生而有欲，欲而不得，則不能無求，求而無度量分界，則不能不争，争則亂，亂則窮”，可與此對讀。

②救，《廣雅・釋詁二》：“助也。”役，《左傳》成二年“以役王命”，杜注：“役，事也。”相役，謂相事。

明王是以極等以斷好惡。

【疏證】

極等，謂以次第爲常。若不别其次第，乃有力争奪戰，則不能好惡，故明王以次第爲常也。以，猶而也。斷，《荀子·禮論》“然而禮是以斷之者”，楊倞注：“斷，决也。”

教民次分力竟。

此處孔晁注“揚舉”二字，然不知注何，盧文弨改入正文，作“揚舉力竟”，或是。

【疏證】

《程典》言“力競以讓”，故“竟”當作“競”。次分，謂次第之别。揚，《廣雅·釋詁一》：“舉也。”《左傳》襄九年言“君明臣忠，上讓下競”，所謂“上讓”者，即襄九年謂“其卿讓于善，其大夫不失守”，所謂“下競”者，即襄九年謂“其士競于教，其庶人力于農穡，商、工、皂、隸不知遷業”，揚舉力競者，謂各人以其次第之别，各司其職，各盡其力。

任壯養老①，長幼有報②，

孔晁云：“壯者任之，老者養之，幼者長之，使相報，此謂力竟也。”

【疏證】

①任，《左傳》襄二十一年“其子黶不能保任其父之勞”，即以“保任”二字連用。《管子·任法》“世無請謁任舉之人”，尹知章注：“任，保也。”

②報，《説文》“讀，報也”，段注：“蓋刑與罪相當，謂之報，引伸凡論人論事得其實，謂之報。”長幼有報，猶言長幼有當。

民是以胥役也。

【疏證】

胥役，謂相事。《戰國策·韓策三》“貴賤不相事，各得其位”，《荀子·王制》亦言“夫兩貴之不能相事，兩賤之不能相使，是天數也”，皆可與此對讀。

夫力竞非衆不克，衆非和不衆，

孔晁云："和之以懷衆。"

【疏證】

克，《爾雅·釋詁》："勝也。"力競者，非有衆人而不能行之。不衆，當從洪頤煊説，作"不聚"。清華簡五《湯處於湯丘》簡2—3言"此可以和民乎"，簡7—8又言"今小臣能展彰百義，以和利萬民"，可與此對讀。

和非中不立①，中非禮不慎②，禮非樂不履③。

【疏證】

①《禮記·中庸》："喜怒哀樂之未發，謂之中；發而皆中節，謂之和；中也者，天下之大本也；和也者，天下之達道也。"中爲本，而和爲道，故無中則和不立。

②《論語·學而》："有所不行，知和而和，不以禮節之，亦不可行也。"中出于心者，當以禮節之。慎，《荀子·富國》："將修大小强弱之義以持慎之"，楊倞注："慎，讀曰順。"

③《禮記·樂記》言"禮義立，則貴賤等矣；樂文同，則上下和矣；好惡著，則賢不肖别矣"，可與此對讀。履，《國語·吴語》"而後履之"，韋注："履，行也。"不履，猶前引《論語·學而》所謂"不可行"。

明王是以無樂非人，無哀非人，人是以衆。

孔晁云："言明王所樂、所哀非人也。"

【疏證】

諸家多以《孟子·梁惠王下》"樂以天下，憂以天下"解之，恐非是。無樂，當從《論語·子路》"予無樂乎爲君"，謂不以爲君爲樂。此言明王是以不以非人爲其哀樂也。非，《説文》："違也。"

人衆，賞多罰少，政之美也；罰多賞少，政之惡也。罰多則困，賞多則乏，乏困無醜，教乃不至。

孔晁云："醜，謂所厚。"

【疏證】

"三訓"所見之"醜"，皆當作"䰍"，"䰍""醜"相通之例，裘錫圭《簡帛古籍的用字方法是校讀傳世先秦秦漢古籍的重要根據》一文舉之甚詳。2019年隨州棗樹林墓地M169出土嬭加編鐘見"余非敢乍䰍"，此"䰍"即从鬼从耳，當是"耻"字。孔注非是。無醜，即"無耻"。王念孫《讀書雜志》引王引之言當作"賞少則乏"，甚是。罰多則民困，賞少則民乏。

是故民主明醜以長子孫①，子孫習服鳥獸②。

【疏證】

①民主，或當從上下文改作"明王"。明醜，謂明耻。長，《國語·周語下》"晋聞古之長民者"，韋注："長，猶君也。"俞樾《古書疑義舉例》卷六謂"子孫習服"之"子孫"字不當疊，或是。

②習，《國語·周語上》"是皆習民數者也"，韋注："習，簡習也。"服，《説文》："用也。"習服，言簡用之義。

仁德土宜天時①，百物行治，治之初㦗初哉，治化則順②。

孔晁注"仁德"云："歸其仁德。"又云："土之所宜，天時所生，皆行其物。"

【疏證】

①俞樾謂上句"仁德"當屬下讀，"仁"當作"人"，其説是。《大武》亦有："四攻：一攻天時，二攻地宜，三攻人德，四攻兵利。"上博簡五《三德》簡1言"天共時，地共材，民共力，明王無思，是謂三德"，此"德"亦不當讀本字，當通爲"得"。土宜、天時，皆爲人所得，是句方有所指。若作人德，則不可解。

②行治，謂用治。朱右曾言"㦗"當是下句"厲"字之訛，甚是。"之初"二字或爲衍文。是句言人得土宜天時，百物用治，是治之初勵。化，《吕

氏春秋·士容》“淳淳乎慎謹畏化”，高誘注：“化，教也。”治化者，即前文言“教民”，謂教民而使之順服。

是故無順非厲。

孔晁云：“明醜以使之，所以成順者也。”

【疏證】

無順非厲者，謂無以非厲爲順。厲，朱右曾言“厲，讀爲勵”，甚是。非勵者，謂無教化，與前句“治化”對言，無教化則不可謂順。

長幼成而生曰順極。

孔晁云：“言使小人、大人皆成其事上之心而生其義，順之至也。”

【疏證】

順極，言順常，劉師培言“順則”，亦是。王念孫從孔注以“生”字下脱一“義”字，然孔注多有增字解説之例，以孔注而增補正文，恐未必是。

命訓第二

【題解】

是篇總論“大命”“小命”之别，係總括全篇大意爲題，與《度訓》《常訓》當爲一組。《清華大學藏戰國竹簡》五有《命訓》一篇（以下簡稱“簡本”），可見是篇信爲先秦文獻。簡本内文與《逸周書》所見大致相同，文句多有補足發明之處，可參校之。

天生民而成大命。

孔晁云：“賢愚，自然之性命也。”

【疏證】

簡本脱“天”字。大命者，謂天數自然，人力所無能爲者。《論語·顔淵》言“死生有命”，郭店簡《性自命出》簡2—3謂“性自命出，命自天降”，所言即此大命。

命司德正之以禍福，

孔晁云：“司，主也。以德爲主，有德正以福，無德正以禍然。”孔注“然”字盧校以爲衍文，甚是。

【疏證】

簡本脱“之”字。正，《戰國策·齊策一》“若是則齊君可正”，鮑彪注：“正，猶制治。”

立明王以順之，

孔晁云："順天作故。"盧校改"作故"爲"作政"，甚是。

【疏證】

簡本"順"作"訓"。劉師培言"順、訓古通，順當讀訓，猶言立明王以教誡之"，亦是。如前引清華簡五《厚父》簡5言"古天降下民，設萬邦，作之君，作之師"，清華簡九《成人》簡5—6言："古天氐降下民，作是后王、君公，正之以四輔：祝、宗、史、師，乃有司正、典獄，惟曰助上帝亂治四方之有罪無罪。"即是此意。

曰：大命有常，小命日成①。成則敬，有常則廣。廣以敬命，則度至于極②。

孔晁云："日成，日進也。如有，則其人法度至中正也。"

【疏證】

①成，《周南·樛木》"福履成之"，毛傳："成，就也。"日成者，謂日積。《荀子·王制》言"彼日積敝，我日積完；彼日積貧，我日積富；彼日積勞，我日積佚"，可與此對讀。

②簡本脱"至于"二字。成則敬，前或脱一"日"字，簡本有重文符號，當作"日成則敬"。敬，《周頌·閔予小子》"夙夜敬止"，鄭箋："敬，慎也。"日成則敬，猶夙夜敬止。廣，或可讀爲"光"，王引之《經義述聞》"光被四表"條謂："光與廣通，皆充廓之義。"以，猶而也。度至于極者，言法度至于常。

夫司德司義，而賜之福禄①，福禄在人，能無懲乎？若懲而悔過，則度至于極②。

孔晁云："懲，止也。以德居身，深術息其義。"孔注"止"字，諸家或從前文"正之以禍福"改作"正"，未必是。"懲"訓爲"止"，古書常見。《小雅·沔水》"寧莫之懲"，毛傳："懲，止也。"故孔注不誤。深，或爲"淫"之誤字。術，當爲"行"之誤字。淫行，言過度之行，古書習語，《左傳》昭二十八年有"有守心而無淫行"。息，《召南·殷其雷》"莫敢遑息"，毛傳："息，止也。"正與"懲"字相應。

【疏證】

①司，《鄭風·羔裘》"邦之司直"，毛傳："司，主也。"郭店簡《尊德義》簡1："尊德義，明乎民倫，可以爲君。"是篇簡2又言："賞與刑，禍福之基也。"之，猶以也，用如《左傳》閔二年："故敬其事則命以始，服其身則衣之純。""賜之福禄"簡本無"禄"，由後文"降之禍"可知爲衍文。

②懲，簡本作"居"，"若懲而悔過"，簡本作"如不居而重義"，此"懲而悔過"或涉下文衍，唐大沛説是。"懲"當從簡本作"居"，居，安也，如《常訓》"民能居乎"之"居"。可見孔晁見時，"居"已訛爲"懲"。如不居而重義，即謂不安于福禄而重義，即《論語·學而》所謂"富而好禮者"。重義，即郭店簡《尊德義》簡39所言："凡動民必順民心，民心有恒，求其永，重義集理，言此章也"，及《荀子·大略》言："上重義則義克利，上重利則利克義。"是句言夫主德義者，賜人以福禄，福禄能不使人安逸乎？若不安于福禄而重義，則法度至于常。

夫或司不義，而降之禍；在人，能無懲乎？若懲而悔過，則度至于極。

【疏證】

簡本無"夫"字，"在人"前有"禍過"二字，"人"字下有重文符號，"能"字脱去。懲，止也，又或可從朱右曾訓爲"艾"，此句言或主不義，而降人以禍，禍過能不使人止艾乎？若止而悔過，則法度至于常。

夫民生而醜不明；無以明之，□無醜乎？若有醜而競行不醜，則度至于極。

孔晁云："不謂醜者若道上爲君。"孔注或當作"不醜者，謂若道上爲君"。若，順也。道，通"導"，若道上，即後所謂"事上"。

【疏證】

簡本"無以明之"作"上以明之"，"若有耻而競行不耻"，簡本作"有耻而恒行"。上以明之，即《常訓》"教民"也。民生而不明于耻，明王以教之，能無耻乎？恒行者，常行也，所行者，明王之教化也，有耻而常行教化，則法度至于常。

天民生而樂生；無以穀之，能無勸乎？若勸之以忠，則度至于極。

孔晁云："穀，善也，謂忠信也。"孔注"善"或爲"養"字形訛。

【疏證】

天，簡本作"夫"，"樂生"下有"穀"字，"無"作"上"，"無勸"作"毋勸"，"勸之以忠"作"勸以忠信"，簡本是。孔晁所注之"穀"，當是樂生之下所脱之"穀"，且以忠信言之，則其所見亦當是"勸以忠信"。銀雀山漢簡《六韜》簡643有"凡民者，樂生而惡死，惡危而歸利"，可與此對讀。

穀，《小雅·小弁》"民莫不穀"，鄭箋："穀，養。"上以穀之，明王以生養之。《荀子·君道》："君者，何也？……善生養人者也。"勸，《説文》："勉也。"郭店簡《忠信之道》簡6—7言"忠之爲道也，百工不古（固），而人養皆足；信之爲道也，群物皆成，而百善皆立"，可與此對讀。以，猶而也，參下文"恐而承教"。此句言民生而樂生養，明王生養百姓，則百姓勉之。若勉而忠信，則法度至于常。

夫民生而惡死，無以畏之，能無恐乎？若恐而承教，則度至于極。

孔晁云："以死亡恐民，使奉上易教也。"

【疏證】

惡死，簡本作"痌死喪"，"無"作"上"，"無恐"作"毋恐"，簡本是。痌，即"恫"字。《尚書·盤庚上》"乃奉其恫"、《康誥》"恫瘝乃身"，僞孔傳皆訓"恫"爲"痛"，清華簡三《傅説之命下》簡5—6言"恫瘝小民，中乃罰"，皆是。清華簡一《保訓》簡3言"昔前人傳寶，必受之以詷"，所言或亦此"恫"。畏，懼也，令可畏懼。此句言夫民生而恐死喪，明王以死喪畏百姓，則百姓恐懼，若恐懼而受教，則法度至于常。

六極既通①，六間具塞②，

孔晁云："六中之道通，則六間塞矣。"

【疏證】

①極，常也。通，《吕氏春秋·論人》"通則觀其所禮"，高誘注："通，達也。"六極，即《常訓》言："六極：命、耻、福、賞、禍、罰。"也，既導者，以明王教化導之。

②六間，簡本作"九間"，當從簡本。間，《左傳》襄十五年"且不敢間"，杜注："間，間厠之間。"又訓爲"亂"，《管子·任法》"無間識博學辯説之士"，尹知章注："間，雜亂也。"《逸周書》有《九間》第十六，然其文已佚，不詳所指。《常訓》有"八政不順，九德有奸，九奸不遷"，此"九間"或即《常訓》所言"九奸"，《常訓》言"順政曰遂，遂僞曰奸"，九奸者，與"忠、信、敬、剛、柔、和、固、貞、順"等九德相背也。塞，《國語·晋語八》"是自背其信而塞其忠也"，韋注："塞，絶也。"

通道通天以正人，正人莫如有極，道天莫如無極。

孔晁云："道，謂言説之也。"

【疏證】

諸家疑二"通"字爲衍文，非是。簡本作"達道道天以正人"。達，《孟子·盡心上》"達之天下也"，趙岐注："達，通也。"道，亦有通之義，故二字皆同義换讀爲"通"，二"通"實别是二字。通道，即《禮記·中庸》"和也者，天下之達道也"所言"達道"。後一"道"字則讀爲"導"，道天，猶順天。以，猶而也。正，《吕氏春秋·順民》"湯克夏而正天下"，高誘注："正，治也。"此句言達道者，由天而治人也。治人莫如有常，由天莫如無常。

道天有極則不威，不威則不昭；正人無極則不信①，不信則不行②。

孔晁云："政教不明。"

【疏證】

①《尚書·康誥》言“天畏棐忱”，《大雅·文王》言“天命靡常”，皆可與此對讀。《小雅·十月之交》“天命不徹”，毛傳：“徹，道也。”不徹，即“不道”，是皆言天命無常。威，當從下句“信人畏天”讀爲“畏”，《國語·晉語一》“則民不威”，韋注：“威。畏也。”玿，《小雅·鹿鳴》“德音孔昭”，鄭箋：“昭，明也。”

②不信則不行，《左傳》昭七年言“從政有所反之以取媚也，不媚不信，不信，民不從也”，《韓非子·外儲説左上》言“賞罰不信，則禁令不行”，皆可與此對讀。此句言順天當無常，是以明其威，治人當有常，是以行其信。

明王昭天信人以度①，功地以利之，使信人畏天，則度至于極②。

【疏證】

①簡本“明王”前脱“夫”字，“度”下之“功”有重文符號，且作“攻”。“度功”，簡本整理者以《左傳》文十八年“德以處事，事以度功，功以食民”，杜注“度，量也”解之，甚是。

②攻，《左傳》襄十五年“使玉人爲之攻之”，杜注：“攻，治也。”功地，猶治地，即《度訓》所謂“土宜”。以，猶而也。馬王堆帛書《立命》79下有“畏天愛地親民”，可與此句對讀。此句言明王明天信人而以法度治，治地而利民，使民信人而畏天，則法度至于常。

夫天道三，人道三。

孔晁云：“言相方以立教。”孔注“相方”猶“相并”，謂總而言之。

天有命、有禍、有福，人有醜①、有紼絻、有斧鉞②。以人之醜當天之命，以紼絻當天之福，以斧鉞當天之禍③。

【疏證】

①簡本作“有福、有禍”，考之下文次序，先言“當天之福”，而後言“當天之禍”，故當從簡本。醜，當作“䰡”。

②“紼絻”簡本作“市冕”。“市”即《詩經》常見之“芾”，《曹風·候人》“彼其之子，三百赤芾”，毛傳：“芾，韠也……大夫以上，赤芾、乘軒”，《小雅·采菽》“赤芾在股”，鄭箋：“芾，大古蔽膝之象也。冕服謂之芾，其他服謂之韠。”“冕”，簡本字形作“冒”，今本“絻”即爲“冕”之或體，而簡本“冒”與“冕”古音相近，可通，高佑仁《〈清華五書類文獻〉研究》（臺北：萬卷樓圖書股份有限公司，2018年，第622—623頁）説是。紼絻，謂賞，斧鉞，謂罰。《小明武》有“上有軒冕，斧鉞在下”，上博簡七《吴命》簡5言“有軒冕之賞，或有斧鉞之威”，即以“軒冕”與“斧鉞”代指賞罰。

③當，《國語·晋語四》“何以當之”，韋注：“當，應也。”《説文》段注“當”曰：“引申之凡相持、相抵皆曰當。”

六方三述，其極一也，不知則不存。

孔晁云：“一者，善之謂也。不行善，不知故也。”

【疏證】

簡本脱“六”字，“一”後無“也”字，不知則不存，簡本作“弗知則不行”。朱右曾從孔注改“存”爲“行”，甚是。六方者，即六極也，方，《國語·周語中》“官不易方”，韋注：“方，道也。”三述者，即“耻當命、紼絻當福、斧鉞當禍”，述，當作“術”，朱右曾説是。六方三術，其常爲一，常即“大命有常”。

極命則民墮①，民墮則曠命②，曠命以誡其上③，則殆於亂。

孔晁云：“此下六極謂行之極，其道殆近。”

【疏證】

①此句簡本作“極命則民墮乏，乃曠命以弋其上，殆於亂矣”。諸家多以“極”爲極端、過度之義，非是。此“極”仍應訓爲“常”。下文言“明王奉此六者以牧萬民”，謂六者兼用。“極命”乃至下文所述六者，謂偏用其一爲常之弊。墮，《大戴禮記·子張問入官》“墮怠者”，王聘珍解詁：“墮，廢也。”乏，謂困乏之義。

②曠命，言廢命。所廢者，是王命而非天命。《墨子·非儒下》“立命而怠事，不可使守職”，可與此對讀。

③誠，當從簡本作“弋”，讀爲“代”。此句言偏用命爲常，則民怠廢而廢王命，廢王命則代其上，則近于亂。

極福則民禄[①]，民禄則干善[②]，干善則不行。

孔晁云：“不行善也。”

【疏證】

①禄，《小雅·天保》“俾爾戩穀”，毛傳：“穀，禄也。”

②干，《國語·晋語四》“則上下不干”，韋注：“干，犯也。”簡本“則不行”上有“韋”字。韋，讀爲“違”。民穀者，即前文所謂“樂生穀”也，得其養而不勸以忠信，則犯于善。此“韋”字或是注“干善”之“干”者，竄入正文。

極禍則民鬼，民鬼則淫祭，淫祭則罷家。

孔晁云：“罷弊其財，且無禍也。”

【疏證】

簡本“鬼”作“槐”，从鬼从示，讀爲“畏”。“淫祭”簡本下脱一“則”字。淫，《左傳》昭元年“淫生六疾”，杜注：“淫，過也。”淫祭，即《論語·爲政》所謂“非其鬼而祭之”。此句謂偏用禍爲常，則民畏懼，民畏懼則祭祀過度，祭祀過度則令其家疲敝。

極醜則民叛，民叛則傷人，傷人則不義。

孔晁云：“民不堪行，則叛義也。”

【疏證】

叛，簡本作“[illegible]”，整理者疑讀爲“枳”，害也，可從。此句言偏用耻爲常，則民害而傷人，傷人則不義。

極賞則民賈其上，賈其上則民無讓，無讓則不順。

孔晁云：“賈賣以功，求其賞也。”

【疏證】

《度訓》言：“力政則無讓，無讓則無禮。”是句謂偏用賞爲常，則民賈售其上而無讓，則不順也。

極罰則民多詐，多詐則不忠，不忠則無報。

孔晁云：“上遇其禮，不報己終。”

【疏證】

簡本“報”作“復”。報、復二字同義換讀。《大雅·抑》有“無言不讎，無德不報”，《史記·魯仲連鄒陽列傳》有“臣聞忠無不報，信不見疑”。是句謂偏用罰爲常，則民多欺詐，多欺詐則不忠，不忠則不報復。

凡此六者，政之始也。

【疏證】

此六者，謂偏用其一。始，盧校作“殆”，甚是。殆，《左傳》昭四年“晋有三不殆”，杜注：“殆，危也。”

明王是故昭命以命之，曰：大命世罰，小命罰身。

孔晁云：“遺大命則世受罰，犯小命則罰身。”

【疏證】

明王，簡本作“天”，“小命罰身”作“小命命身”。故昭命者，昭天命也，命之者，命万民也。世，《國語·吴語》“吴國猶世”，韋注：“世，繼世也。”罰身者，謂止于其身。清華簡八《心是謂中》簡5—6言“人有天命，其亦有身命，心厥爲死，心厥爲生，死生在天其亦失在心”，可與此對讀。此句言明王是故明天命而命萬民，曰大命之罰世代延續，小命之罰只及其身。

福莫大於行義，禍莫大於淫祭，醜莫大於傷人，賞莫大於信義，讓莫大於賈上，罰莫大於貪詐。

孔晁云：“言此六者寂大。”孔注“寂”當作“最”，下徑改。

【疏證】

簡本“行義”無“義”字，“信義”作“讓”，無“讓莫大於賈上”，“貪詐”簡本作“多詐”。孔晁“此六者”，謂從“大命世罰”至“罰莫大於貪詐”。此六者與前文由“極命”至“極罰”六者相應。行，《周禮·地官·師氏》“二曰敏德以爲行本”，鄭玄注：“德、行，外内之稱也。在心爲德，施之爲行也。”正文所以衍“讓莫大於賈上”六字，是未將“大命世罰”句納入六者，以爲有所闕文。

古之明王奉此六者以牧萬民①，民用而不失②。

孔晁云：“不失其義。”

【疏證】

①古之，簡本作“是故”。牧，《荀子·成相》“請牧基”，楊倞注：“牧，治。”

②不失，謂不失其常，猶前文所謂“其極一也”。此句言因此明王兼用此六者以治萬民，民用此六者而不失。

撫之以惠，和之以均①，斂之以哀，娱之以樂②，慎之以禮，教之以藝③，震之以政，動之以事④，勸之以賞，畏之以罰，臨之以忠，行之以權⑤。

孔晁云：“以權行之。”

【疏證】

①惠，《邶風·燕燕》“終温且惠”，毛傳：“惠，順也。”上下文多言“順”而不言“愛”，則訓“順”更妥。均，《小雅·節南山》“秉國之均”，毛傳：“均，平。”

②斂，《荀子·成相》“下斂黨與上蔽匿。”楊倞注：“斂，聚也。”《大武》有“侵有四聚三斂”。

③“慎之以禮”，簡本作“訓之以禮”。藝，《孟子·滕文公上》“樹藝五穀”，趙岐注：“藝，殖也。”前文多言“生養”，則此或不當訓爲“技藝”。《荀子·子道》言“耕耘樹藝”，故教之以義，或爲教之以農事。

④"震之以政"簡本作"正之以政"，正，謂治也。政，朱右曾解爲"政令"，甚是。震，或涉下句"動"字而改。動，《國語·晋語三》"是以君子省衆而動"，韋注："動，行也。"事，《左傳》昭九年"禮以行事"，杜注："事，政令。"

⑤"臨之以忠"作"臨之以中"。是句所言"之"，謂民衆。臨，謂以尊適卑，以上視下。《論語·爲政》言："臨之以莊則敬。"《左傳》昭六年言："臨之以敬。"權，朱右曾言"通變之謂權"，甚是。

權不法，忠不忠①，罰不服，賞不從勞②，事不震，政不成③，

孔晁云："言行權當有如此時。"

【疏證】

①權不法，謂權變不以法爲之也。"忠不忠"，簡本作"中不忠"。中不忠，謂心不忠也。中，謂心，如《度訓》所謂"正中外"也。

②服，《尚書·堯典》"五刑有服"，僞孔傳："服，從也。"《尚書·吕刑》有"五罰不服，正于五過"，可與此對讀。從，簡本整理者讀爲"縱"，猶失也，甚是。勞，《大雅·民勞》"無弃爾勞"，鄭箋："勞，猶功也。"從勞，用猶《大戴禮記·盛德》所謂："功勞失賞禄，爵禄失則士卒疾怨。"

③震，動也，與上文"震之以政，動之以事"對應。或亦當從簡本上文改作"正"字。成，朱右曾訓"盛"，言鋪張揚厲也，未必是，此可讀本字，訓爲"就"。

藝不淫，禮有時①，樂不滿，哀不至②，均不壹，惠不忍人③。凡此，物攘之屬也④。

孔晁云："物，事。"

【疏證】

①淫，過也。藝不淫，言不失農時。禮有時，如《禮記·禮器》言："禮，時爲大，順次之，體次之，宜次之，稱次之。"

②"滿"，簡本作"伸"。伸，《管子·七臣七主》"芒主目伸五色"，

尹知章注："伸，謂放恣也。"簡本"伸"、今本"滿"，皆與下文"至"對言。至，《國語·鄭語》"和之至也"，韋注："至，極也。"樂不滿，哀不至，猶《禮記·曲禮上》所言："敖不可長，欲不可從，志不可滿，樂不可極。"

③壹，《國語·晋語七》"鎮静者修之則壹"，韋注："壹，均一也。"均不壹，謂有差等。"惠不忍人"，簡本作"季必仞人"，當是"惠必忍人"，忍，《吕氏春秋·去私》"忍所私以行大義"，高誘注："忍，讀曰仁行之忍也。"《韓非子·奸劫弑臣》謂："哀憐百姓不忍誅罰者，此世之所謂惠愛也。"

④"凡此物攘之屬也"，簡本作"凡此物厥權之屬也"。此"物"或屬上讀，"攘"或爲"權"字形訛。凡此物，即指前陳各項，皆行權變之類。

惠而不忍人，人不勝害，害不如死。

孔晁云："害則死□，而猶不知□。"孔注"死"後脱字或補爲"生"，"知"後脱字當作"死"。

【疏證】

害，患也。古書多以"害"爲"患"，王引之《經義述聞·大戴禮記》"躬行忠信"條，備舉其例，兹不具引。不如，簡本作"不智"，即孔注所言"不知"，故當據簡本改。害不如死，言患不知死，不知死者，謂不知死物。

均一則不和，哀至則匱，樂滿則荒，禮無時則不貴，藝淫則害于才。政成則不長，事震則寡功。

孔晁云："不長，言近淺也。震而其功寡矣。"

【疏證】

簡本"均一"後無"則"字，"樂滿則荒"作"樂伸則荒"，"寡功"作"不攻"。均一，謂有差等，如《度訓》數言之"分次"。匱，《大雅·既醉》"孝子不匱"，毛傳："匱，竭。"荒，《唐風·蟋蟀》"好樂無荒"，鄭箋："荒，廢亂也。"才，通"材"，謂材用之義。是句謂均無差等則不和，哀盡則乏，樂極則亂，禮失時則不貴，農事失時則害于材用。如是，則政雖就而近淺，事雖動而無功。

以賞從勞，勞而不至，以法從中則賞，賞不必中，以權從法則行，行不必以知權，權以知微，微以知始，始以知終。

孔晁云："言事勢之相權，物理之相致如此也。"

【疏證】

簡本"勞而不至"後有"以□□備，備而不釴。以中"等字，今本脱。"以權從法則行，行不必以知權"，簡本作"以權從法則不行，行不必法。法以知權"。以賞從勞，以賞失勞也。簡本缺文，整理者參前文補"罰從"二字，甚是。備，讀爲"服"，古書"備""服"二字多換用，如郭店簡《緇衣》簡16言"長民者衣備不改"，今本作"衣服不改"。釴，簡本整理者疑讀爲"耻"，甚是。以中從中者，以中從忠也，謂以心而失忠也。賞不必中，言賞必不當。以權從法者言，以權變而失常法。法以知權，謂由法而生權變，權以知微，由權變而知美善，由是而知事之始終，猶《度訓》所見"敬微"、《常訓》所見"慎微以始而敬終"。

常訓第三

【題解】

此篇由“常”入手，戰國早中期經典的“性情”論爲全篇主要框架，“常訓”係概括全篇大意爲題。由其内文所論觀之，《常訓》當是《度訓》《命訓》之總綱，前二篇爲此篇之枝葉分論，且由于以上二篇所論尚不足盡發《常訓》所論，故疑本組文獻除上述二篇之外，尚別有逸篇。

天有常性，人有常順，順在可變，性在不改。

孔晁云：“學能故可變，自然故不改。”

【疏證】

常順，即常訓。訓，《大雅・抑》“四方其訓之”，毛傳：“訓，教。”《禮記・中庸》言：“天命之謂性，率性之謂道，修道之謂教。”天命者，謂天生而即命之，即此“常性”。以生而有之，故不改。訓者，教而成之，故言可變。

不改可因，因在好惡①。好惡生變，變習生常，常則生醜，醜命生德②。

孔晁云：“雖有天性可因，其好惡以變之，明醜所以命之，則德生矣。”

【疏證】

①可，或讀爲“何”。王引之《經義述聞・左傳》“又可以爲京觀乎”言：“可，即何字也。”因，《吕氏春秋・君守》“何因哉”，高誘注：

“因，猶順也。”天性既不能改，則何以因順之？以其好惡而因順之。

②變，《禮記·王制》“一成而不可變”，鄭玄注：“變，更也。”習，謂其所慣習者。常，法也，醜，當作“耻”。以有好惡，故性有所變，變而導習之，則生常法。銀雀山漢簡《六韜》簡669言：“因順其常。”常則，謂常法。有常法則生耻，有耻有命則生德。耻、命對舉者，即《命訓》所謂“以人之耻當天之命”。

明王於是生政以正之①。民生而有習、有常，以習爲常，以常爲慎②。

【疏證】

①政，謂法教，即《論語·爲政》“道之以政”之“政”。正，治也。

②慎，《吕氏春秋·節喪》：“慈親孝子之所慎也”，高誘注：“慎，重也。”民生而有所導習者，有爲常法者，以所導習者爲常法，以常法爲重。

民若生于中，習常爲常。

孔晁云：“習常爲常，如性自然，故若生于中也。”

【疏證】

生于中，言生于心。習常爲常，謂學常爲法。《左傳》昭十六年言“將因是以習，習實爲常”可與此對讀。

夫習民乃常，爲自血氣始。

孔晁云：“性本所有，而幼小習之，若自其氣血生之始也。”

【疏證】

習，猶教也。乃，猶以也，用猶《尚書·多方》“慎厥麗乃勸厥民刑用勸”，習民乃常，謂教民以常。郭店簡《語叢一》簡46言：“凡有血氣者，皆有喜、有怒、有慎、有莊。”故教民以常，當自血氣始。

明王自血氣耳目之習以明之醜。

孔晁云：“示之以好惡也。”

【疏證】

自，《尚書·召誥》“自服于土中”，鄭玄注：“自，用也。”明王用血氣耳目之教習以明耻。

醜明乃樂義，樂義乃至上①，上賢而不窮②。

孔晁云：“窮，謂不省之人。”

【疏證】

①乃，猶而也，耻既明則民樂于義，至上，朱右曾言“達于上”，甚是。《論語·憲問》有“不怨天，不尤人。下學而上達”，可與此對讀。

②上賢而不窮，《群書治要》卷三十一引《六韜·文韜·上賢》言：“上賢下不肖”，劉師培以此爲孔注所本，甚是，孔注“不省”當爲“不肖”。上賢下不肖者，言以賢爲上而以不肖爲下。

哀樂不淫，民知其至①。而至于子孫，民乃有古②。古者，因民以順民③。

孔晁云：“皆有經遠之規，謂之有古。父教子，子教孫，故曰固也。”

【疏證】

①淫，過也，言哀樂不過度，則民知其止。

②古，《大雅·烝民》“古訓是式”，毛傳：“古，故。”故，《墨子·經上》：“故，所得而後成也。”非生而有之者，哀樂有度，是有外物以中節之，至于子孫，則民是以有故。此“故”或即指前文之“常”。

③因，《吕氏春秋·盡數》“因智而明之”，高誘注：“因，依也。”以，猶“而”也。順，讀爲“訓”，教也。因民以順民，謂依民之性而教化之。郭店簡《尊德義》簡22言：“民可使道之而不可使知之，民可道也，而不可强也。”此謂順民以訓導之也，《禮記·燕義》言“上必明正道以道民”，即此之謂也。

夫民群居而無選，爲政以始之。始之以古，終之以古。

孔晁云：“言政必敬始慎終。選，行也。”

【疏證】

《程典》有："比事無政，無政無選，無選，民乃頑，頑乃害上。"選，擇也，善也，朱右曾説是。爲政以始之，始有故也。洪頤煊以下文"行古志今""政維今，法維古"，改"終之以古"作"終之以今"，其説或是。

行古志今，政之至也。政維今，法維古。

"法維古"下，孔晁注"云云"二字，或係衍文。

【疏證】

古，讀爲"故"，志，《國語·晋語七》"彊志而用命"，韋注："志，識也。"行古志今，行其故常而識于今。維，爲也。政維今，法維古者，唐大沛言"政則因時制宜，法則監于成憲"，甚是。

頑貪以凝①，疑意以兩②，平兩以參，參伍以權③，權數以多④，多難以允，允德以慎⑤。慎微以始而敬終，乃不因⑥。

孔晁云："重明終始之義。"

【疏證】

①頑，猶貪也，《孟子·萬章下》"頑夫廉"，《韓詩外傳》作"貪夫廉"。凝，當從下句作"疑"，惑也。

②意，猶疑也，王念孫《讀書雜志·史記第六》"爲人意忌"條及《廣雅疏證》"意，疑也"條已備舉其例。兩，謂匹耦、兩争之義。《武順》言"人有中曰參，無中曰兩，兩争曰弱，三和曰强"，中，言心也，人無心則兩争，故生疑惑。

③平兩以參者，言平疑當有所忠，有中則參。伍，《説文》："相參伍也。"清華簡六《管仲》簡7—8言"既設承，既立輔，斂之叁，博之以五，其陰則叁，其陽則五，是則事首，惟邦之寶"，可與此對讀。

④權數，謂權衡之度。《管子·山權數》："桓公問管子曰：'請問權數？'管子對曰：'天以時爲權，地以財爲權，人以力爲權，君以令爲權；失天之權，則人地之權亡。'""桓公曰：'今行權奈何？'管子對曰：'君通於廣狹之數，不以狹畏廣。通於輕重之數，不以少畏多，此國策之大者

也。’”行權衡之度者，所慮甚多，故言權數以多。

⑤難，《國語・晋語三》“善之難也”，韋注：“難，難爲也。”允，信也。言所慮甚多而難爲，則决之以信。《荀子・仲尼》有“忠信以統之，慎謹以行之”，《荀子・彊國》言：“故爲人上者，必將慎禮義，務忠信，然後可。”此即所謂“允德以慎”。

⑥“慎微”句，《左傳》襄二十五年引《書》曰：“慎始而敬終，終以不困。”“微以”二字，或是衍文。

困在坌，誘在王①，民乃苟，苟乃不明②。哀樂不時，四徵不顯，六極不服，八政不順，九德有奸，九奸不遷，萬物不至③。

孔晁云：“吉以坌導民政之弊。”孔注“吉”當爲“言”之誤字。

【疏證】

①困，當作“因”，形訛。因、誘皆有“導”義。“坌”，矢駿聲謂當爲“佱”字形訛，甚是，佱，法也。因于法而導于王，即《論語・爲政》所謂“道之以政，齊之以刑，民免而無耻，道之以德，齊之以禮，有耻且格”。故後文言“禮非剋不承，非樂不竟”。在，猶“于”也。

②苟，《左傳》襄三十一年“其語偷”，杜注：“偷，苟且。”《荀子・富國》言“守時力民，進事長功，和齊百姓，使人不偷，是將率之事也”，可與此對讀。

③不時，言不以時。顯，《大雅・抑》“無日不顯”，鄭箋：“顯，明也。”服，讀爲“備”。順，或讀爲“訓”，教也。奸，《左傳》宣十二年“事不奸矣”，杜注：“奸，犯也。”遷，《左傳》昭五年“未改禮而又遷之”，杜注：“遷，易也。”此句言因于法而導于王，其不以禮，則民偷。民偷則不明，哀樂不以時，四徵不明，六極不用，八政不順，九德有犯，九德既犯而不改，則萬物不至。

夫禮非剋不承，非樂不竟①，民是乏生□②。好惡有四徵，喜、樂、憂、哀，動之以則，發之以文，成之以名，行之以化⑤。

孔晁云：“以中道化之也。”

【疏證】

①剋，亦作“克”，《左傳》昭十二年“不能自克”，杜注：“克，勝也。”此用如“節制”之義。承，《秦風·權輿》“不承權輿”，毛傳：“承，繼也。”非克不承，或即《論語·顔淵》“克己復禮”，何晏集解引馬融曰：“克己，約身也”。竟，《大雅·瞻卬》“譖始竟背”，鄭箋：“竟，猶終也。”

②“生”後缺字或爲“困”，是句當作“民是生乏困”，《度訓》言“乏困無醜，教乃不至”，可與此對讀。

③徵，《左傳》昭元年“徵爲五聲”，杜注：“徵，驗也。”動，《爾雅·釋詁下》：“作也”。發，《商頌·長發》“遂視既發”，鄭箋：“發，行也。”成，《周南·樛木》“福履成之”，毛傳：“成，就也。”名，《禮記·中庸》“必得其名”，鄭玄注：“名，令聞也。”化，《説文》：“教行也。”則、命者，生而有之，即篇首所言“常性”，故謂動、成，文、化者，教而明之，即篇首所云“常順”，故曰發、行。

六極：命、聽、福、賞、禍、罰，六極不嬴，八政和平。

孔晁云：“嬴，謂無常。”

【疏證】

聽，盧校改作“醜”，實當依《命訓》簡本作“耻”。嬴，《荀子·非相》“緩急嬴絀”，楊倞注：“嬴，餘也。”六極不嬴，言六極不過度。

八政：夫、妻、父、子、兄、弟、君、臣。八政不逆，九德純恪。

【疏證】

純，《國語·晋語九》“德不純”，韋注：“純，壹也。”恪，《商頌·那》“執事有恪”，毛傳：“恪，敬也。”郭店簡《成之聞之》簡31—32言“制爲君臣之義，著爲父子之親，分爲夫婦之辨”，郭店簡《六德》簡23—24言“夫夫，婦婦，父父，子子，君君，臣臣各行其職”，清華簡九《治政之道》簡1—2言“六詩者，所以節民，辨位，使君臣、父子、兄弟毋相逾，此天下之大紀”。此蓋後世“三綱”之濫觴。

九德：忠、信、敬、剛、柔、和、固、貞、順。

【疏證】

固，當從前文“不改可因，因在好惡”作“因”，形近而誤。貞，《國語·晋語四》“元亨利貞”，韋注：“貞，正也。”即前文“生政以正之”。順，如前文“人有常順”讀爲“訓”。

順言曰政，順政曰遂，遂僞曰奸。監物在目，監聲在耳，耳因有皆疑①。疑言有樞，樞動有和，和意無等②。

孔晁云：“等，謂差等。”

【疏證】

①其所順之言與政，當自明王，猶下文“明王奉法”。遂，《國語·晋語二》“無不遂也”，韋注：“遂，行也。”僞，《説文》：“詐也。”盧校改兩“監”字作“奸”，又謂“耳因”當作“耳目”，“皆”字衍，後兩者甚是，監，則未必改作“奸”。監，《國語·晋語三》“監戒而謀”，韋注：“監，察也。”疑，或當從陳漢章解爲“疑立”之“疑”。

②樞，猶要也，《荀子·正名》“與制名之樞要”，即以“樞要”二字同義連用。楊倞注：“樞要，大要。”動，《國語·晋語三》“是以君子省衆而動”，韋注：“動，行也。”等，或當依《命訓》“均一不和”，訓爲“齊等”而非“差等”，孔晁或誤。此句謂順明王之言曰政，順明王之政曰行，行詐曰奸。以目察物，以耳察聲，耳目皆有所止。止，言有要也。要，謂行有和。和，謂意無齊等。

萬民無法。□□在赦，□復在古①。古者明王奉法以明幽，幽王奉幽以廢法②，奉則一人也，而績功不同③。

孔晁云：“所行相反故也。”

【疏證】

①赦，丁宗洛疑爲“政”，唐大沛疑爲“微”。今案：當作“政”，如

前文"爲政以始之，始之以古"。前文又言"順言曰政"，則此處或作"法順在政"。後文是以或作"政復在古"，猶前文"政維今，法維古"。

②奉，《國語·晋語二》"是之不果奉"，韋注："奉，行也。"幽，《國語·楚語上》"而爲之昭明德而廢幽昏焉"，韋注："幽，闇也。"《荀子·王霸》言"主能治明，則幽者化"，可與此對讀。幽王，謂闇主，如《荀子·王霸》言"故明主好要，而闇主好詳"。

③則一人也，王念孫言"人"字衍，甚是。績，《大雅·文王有聲》"維禹之績"，鄭箋："績，功也。"功、績二字同義連用。此句或言萬民無所法，以政而順法，以古而復政。故明王承法以使闇者得明，闇主承其闇而廢法。法則是一物，以明王、闇主用之有差而功不同。

明王是以敬微而順分。

【疏證】

是句亦見于《度訓》，彼處所説甚詳，此不贅言。

文酌第四

【題解】

諸家多以此篇之“文”所指當爲文王。然不論以内容論，抑或以篇章時代論，此篇與文王之關係皆不甚密切，篇中亦無一語有涉文王者，故解作文王，似不確實。文，《論語・學而》“則以學文”，何晏集解引馬融云：“文者，古之遺文。”酌，取也，即用篇中“九酌”之義。故“文酌”或謂古之遺文中所可取者，猶故訓、箴戒之類，未必可溯及文王，或當與後文諸篇箴戒時代差近，斷爲戰國時物較妥。

民生而有欲、有惡、有樂、有哀、有德、有則①。則有九聚②，德有五寶③，哀有四忍④，樂有三豐，惡有二咎，欲有一極⑤。

孔晁云：“廣演其義也。”

【疏證】

①欲，王引之《經義述聞・左傳中》“欲於鞏伯”條言：“古者欲與好同義，凡經言耆欲，皆謂耆好也，言欲惡，皆謂好惡也。”則，法也，于鬯以爲通“賊”，非是。

②聚，讀爲“取”。《易・萃・彖傳》“聚以正也”，陸德玥釋文：“聚以正，荀作取以正。”《大武》“旁聚”，慈利簡甲本作“方取”。下所謂“九酌”之“酌”，亦“取”也。則有九取，謂爲法則者當取如下九事。

③寶，《漢書・文三王傳》“戒後世善寶之”，顔師古注：“寶，謂愛

守也。”用如《老子》“我有三寶，持而保之”之“保”，謂保守之義。

④忍，用如《左傳》文元年“且是人也，蜂目而豺聲，忍人也”，杜注：“能忍行不義。”《國語·鄭語》“其民沓貪而忍”，韋注：“忍，忍行不義。”

⑤豐，亦作“丰”，《鄭風·豐》“子之丰兮”，毛傳：“丰，豐滿也。”咎，《小雅·伐木》“微我有咎”，毛傳：“咎，過也。”極，即“恒”，常也。

極有七事，咎有三尼①，豐有三頻②，忍有四教③，寶有五大，聚有九酌④。

孔晁云：“又敷陳也。”

【疏證】

①尼，《爾雅·釋詁》：“定也。”下文“除、咎、申、考、假、權”，皆定事之舉。

②頻，《大雅·桑柔》“國步斯頻”，毛傳：“頻，急也。”

③忍有四教，《大武》有“四赦：一勝人必嬴，二取威信復，三人樂生身，四赦民所惡”，與此内容類似，故俞樾、劉師培以此“四教”當爲“四赦”，甚是。

④酌，《禮記·坊記》“上酌民言”，鄭玄注：“酌，猶取也。”

九酌：一取允移人①，二宗傑以觀②，三發滯以正民③，四貸官以屬④，五人曰必禮，六往來取此⑤，七商賈易資⑥，八農人美利⑦，九□寵可動⑧。

孔晁云：“此言所酌爲政之事。英傑，人當親之地也。”孔注“地”或爲“也”之誤字。

【疏證】

①允，信也。移，或訓爲“動”，猶《左傳》昭二十八年“夫有尤物，足以移人”，或亦可通“施”，如《禮記·檀弓下》“有虞氏未施信於民而民信之”，兩説似皆可。

②觀，當從孔注改“親”，二字形近而訛。宗，《大雅·雲漢》“靡神不宗”，毛傳：“宗，尊也。”宗傑，言尊賢之義。

③發，用猶《孟子·梁惠王上》“塗有餓莩而不知發”，宜訓“開”“啓”。滯，積也。正，有以爲作“振”者，王念孫以爲非是，或爲“匡”之形訛，劉師培訓“定”。案：此作“振”亦無不可。振，整也，《左傳》所見“振旅”，即“整旅”，“整”从“正”得聲。《論語·泰伯》以“動容貌、正顔色，出辭氣”三者排比，“正”或即“整”之義。又，若讀爲“振”，則“發滯”或可讀爲“廢滯”，是句本或作“振廢滯以民”，如《左傳》成十八年所見“振廢滯，匡乏困”，亦通。

④貸，孫詒讓讀爲“貳”，或可，其亦可讀爲“貣”，即“忒”也，例詳《經義述聞·禮記》“宿離不貸”條。忒，《魯頌·閟宫》“享祀不忒”，鄭箋：“忒，變也。”官，《國語·晋語八》“固醫官也’，韋注：“官，猶職也。”屬，《荀子·王制》“能屬于禮義”，楊倞注：“屬，繫也。”朱右曾解爲“官盛任使”，或亦可通。

⑤人曰必禮，“曰”，盧校謂當作“曰”，丁宗洛謂缺字爲“士”，朱駿聲謂爲“使”，未詳。往來，用如《左傳》僖三十年“行李之往來”。取此，盧校作“取比”。比，《國語·晋語四》“比于諸弟”，韋注：“比，親也。”朱右曾言“邦交聘問相親比也”，或是。

⑥易，《荀子·正名》“易者，以一易一”，楊倞注：“易，謂以物相易。”資，《説文》：“貨也。”商賈易資，猶下文所言“大商行賄”。

⑦美利，《戰國策·趙策一》言：“夫三家雖愚，不棄美利於前，背信盟之約，而爲危難不可成之事，其勢可見也。”美利，言厚利。

⑧□寵，當與上文“商賈”“農人”義近，缺字當與“寵”字義近。《左傳》僖二十四年有“鄭有平惠之勛，又有厲宣之親，棄嬖寵而用三良，於諸姬爲近，四德具矣”。缺字或可參補爲“嬖”。動，《經義述聞·左傳下》“董振擇之”條，王引之讀“董”爲“動”，則動、董古通。董，《左傳》文七年“董之用威”，杜注：“董，督也。”

五大：一大知率謀，二大武劍勇①，三大工賦事，四大商行賄，五大農假貸②。

孔晁云："言之爲謀之，即假貸振施者也。"

【疏證】

①知，讀爲"智"。率，《大雅·假樂》"率由舊章"，鄭箋："率，循也。"劍，讀爲"檢"，《大開武》"明武攝勇"，劉師培説是。今案：字亦未必通"檢"，可讀爲"斂"。斂，《大雅·既醉》"攝以威儀"，孔穎達疏："攝者，收斂之言，各自收斂，以相助佐。"故斂、攝皆有"收"義。斂勇，謂不恃勇氣而斂之。

②賦，《國語·晋語四》"賦職任功"，韋注："賦，授也。"賄，《國語·晋語六》"而遠人以其方賄歸之"，韋注："賄，財也。"假，《國語·晋語一》"無必假手於武王"，韋注："假，借也。"貸，《説文》："施也。"是句謂大智者循其謀，大武者斂其勇，大工者授人以事，大商者行其財貨，大農者假貸振施。

四教①：一守之以信，二因親就年②，三取戚免梏③，四樂生身復④。

孔晁云："就年，尊長年也。戚，近也。免梏，無患也。"

【疏證】

①四教，當作"四赦"，教、赦二字形近而誤，劉師培説是。赦，《周禮·秋官·司刺》"掌三刺三宥三赦之法"，鄭玄注："赦，舍也。"

②守，謂持守。因，《國語·鄭語》"不可因也"，韋注："因，就也。"因親就年者，猶《論語·子路》所謂"父爲子隱，子爲父隱，直在其中矣"。

③取戚，諸家或作"取威"，然與上下文似不合，故不取之。戚，當通"威"，《大武》有"取威信復""人樂生身"。取威，《左傳》僖二十八年言"報施救患，取威定霸，於是乎在矣"。梏，謂桎梏。取威免梏，言以免民桎梏而取威信。

④樂生身復，猶《史記·商君列傳》所言"僇力本業，耕織致粟帛多

者，復其身”。朱右曾謂是除役之義，或是。《左傳》昭二十七年“左司馬沈尹戌帥都君子與王馬之屬以濟師”，杜注：“都君子，在都邑之士有復除者。”孔穎達正義：“復除者，謂優復其身，除其傜役。”朱右曾説或本此來。生，《荀子·王制》“水火有氣而無生”，楊倞注：“生，謂滋長。”

三頻：一頻禄質瀆①，二陰福靈極②，三留身散真③。

孔晁云：“頻，數也。散，失也。”

【疏證】

①三頻，孫詒讓謂節其太過之事，甚是。頻禄，言賞太過，《度訓》有“賞多則乏”，則“質瀆”當有“乏”義。孫詒讓以《五權》“亟賞則淈，淈得不食”，謂當作“頻禄賞淈”。“賞淈”與“質瀆”形近而誤，甚是。淈，《荀子·宥坐》“其洸洸乎不淈盡似道”，楊倞注：“淈，讀爲屈，竭也，似道之無窮也。《家語》作‘浩浩無屈盡之期’。”

②陰，猶私也，《大戴禮記·文王官人》“陰行以取名”，盧辯注：“陰，陰竊，謂求諸人也。”福，《説文》：“祐也。”陰福，猶言私惠。《禮記·緇衣》：“私惠不歸德，君子不自留焉。”靈，或通“零”，《鄭風·野有蔓草》“零落溥兮”，鄭箋：“零，落也。”孔穎達正義：“靈作零字，故爲落也。”引申爲“零落、墮落”之義，《廣雅·釋詁二》：“零，墮也。”極，常也。陰福靈極，謂私惠墮常。

③留，《大匡第十一》“哭不留日”，孔晁注“留，盡也”，其義差近。案：此“留”可訓爲“終”，《墨子·修身》言：“善無主於心者不留，行莫辯於身者不立。”不留，猶不終。留身，即言終身。散，《大雅·雲漢》“散無友紀”，陳奂《詩毛氏傳疏》：“《説文》：‘散，雜肉也。’引申有雜亂之義。”真，或爲“寘”字之誤，即“置”字。置，《國語·周語中》“是以小怨置大德也”，韋注：“置，廢也。”散真，即言廢亂之義。

三尼：一除戎咎醜①，二申親考疏②，三假時權要③。

孔晁云：“尼，是也。咎，罪也。考，成也。時，是也。”

【疏證】

①除，《唐風·蟋蟀》“日月其除”，毛傳：“除，去也。”戎，《小雅·雨無正》“戎成不退”，毛傳：“戎，兵。”除戎，猶言弭兵之義。咎，《小雅·伐木》“微我有咎”，毛傳：“咎，罪也。”醜，即“耻”字。

②申，束也，朱右曾説是。考，《大雅·文王有聲》“考卜維王”，鄭箋：“考，猶稽也。”北大漢簡《儒家説叢》簡8有“一曰毋内疏而外親”，可與此句對讀。

③假，《管子·君臣上》“大臣假於女之能”，尹知章注：“假，因也。”權，權衡也。要，《荀子·王制》“官人失要則死”，楊倞注：“要，政令之要約也。”

七事：一騰咎信志①，二援拔瀆謀②，三聚疑沮事③，四騰屬威衆④，五處寬身降⑤，六陵塞勝備⑥，七録兵免戎⑦。

孔晁云：“騰，勝也。録，謂不備兵。”

【疏證】

①騰咎，謂勝其過。信，讀爲“伸”，《荀子·不苟》“靡所不信”，楊倞注：“信，讀爲伸。”

②援，《禮記·緇衣》“不援其所不及”，鄭注：“援，猶引也。”“拔”或通“跋”，《大雅·皇矣》“無然畔援”，鄭箋：“畔援，謂跋扈也。”劉師培説或是。瀆，敗亂也，朱右曾説是。

③聚，當通“取”，《大武》“旁聚”，慈利簡甲本作“方取”。疑，謂疑惑。沮，《小雅·小旻》“何日斯沮”，毛傳：“沮，壞也。”事，謂政令。

④屬，《大戴禮記·主言》“分屬而治之”，王聘珍解詁：“屬，官衆也。”威，或讀爲“畏”，《大戴禮記·盛德》“所以威不行德法者也”，王聘珍解詁：“威，畏也，令可畏懼也。”

⑤處，居也。寬，《大戴禮記·子張問入官》“愛之勿寬於刑”，王聘珍解詁：“寬，縱也。”“身降”或當作“降身”，《論語·微子》：“不

降其志，不辱其身。”降身，猶辱身。

⑥陵塞，或即《漢書》習見之“陵夷”，《漢書·禮樂志》“陵夷而不反”，顔師古注：“陵夷，漸頹替也。”頹替，即頹壞。王念孫《讀書雜志·漢書第十六》謂《成帝紀》“帝王之道日以陵夷”曰：“陵與夷皆平也。”楚簡多見作“塞”“賽”等字，實當作“息”，如清華簡二《繫年》簡23所見“賽侯”“賽嬀”，即《左傳》莊十年所見“息侯”“息嬀”。“息”亦有“平”之義。備，《國語·吴語》“審備則可以戰乎”，韋注：“備，守禦之備。”

⑦録，檢束也，朱右曾説是。兵，謂兵器。戎，謂兵事。録兵免戎，言檢束兵器而免于兵事。

一極：惟事昌道，開蓄伐……

孔晁云：“言事事皆以忠政行之，則吉昌之道開行而征伐之道蓄之也。”孔注“政”或當讀爲“正”。

【疏證】

上言“極有七事”，此言“一極”，“一”或爲“七”之訛。伐字之後，或有闕文。“惟事昌道”或當絶句。事，《經義述聞·尚書上》“宅乃事”條，王引之云：“事者，任也。”昌道，謂明道。開，猶發也。蓄，《小雅·雨無正》“飢成不遂”，鄭箋：“乏於飲食之蓄。”孔穎達正義：“蓄，謂蓄積。”

伐有三穆、七信、一幹、二御、三安、十二來。

孔晁云：“信征伐之道必有此事可也。”

【疏證】

信，通“伸”，朱右曾注爲“申明”之義，甚是。幹，或當作“榦”，猶《大雅·韓奕》“榦不庭方”，陳奂《詩毛氏傳疏》：“《文選》張衡《西京賦》注引《韓詩章句》云：‘榦，正也。’”御，《大雅·思齊》“以御于家邦”，鄭箋：“御，治也。”來，《左傳》文七年“其誰來之”，杜注：“來，猶歸也。”

三穆：一絶靈破城[①]，二筮奇昌爲[②]，三龜從兆凶[③]。

孔晁云："絶神，不淫祀也。不正而卜，雖從而凶。"孔注"凶"即"凶"字，下文同字徑改。

【疏證】

①穆，《尚書·金縢》"我其爲王穆卜"，僞孔傳："穆，敬也。"靈，神也。絶神破城者，言破人之城，《韓非子·亡徵》言"用時日，事鬼神，信卜筮，而好祭祀者，可亡也"，或可與此對讀。

②筮，《衛風·氓》"爾卜爾筮"，毛傳："蓍曰筮。"奇，用如"數奇"之"奇"，陳逢衡説是。昌，《齊風·還》"朝既昌矣"，毛傳："昌，盛。"爲，當通"僞"，《説文》"僞"字段注："經傳多假'爲'爲'僞'，如《詩》'人之爲言'即'僞言'，《月令》'作爲淫巧'，今《月令》云'詐僞淫巧'。古文《尚書》'南僞'，《史記》作'南爲'，《左傳》'爲'讀'僞'者不一。"筮奇昌爲者，爲筮奇則僞欺者盛，如《左傳》僖四年："初，晋獻公欲以驪姬爲夫人，卜之不吉，筮之吉，公曰：'從筮。'"

③從，讀爲"縱"。龜縱，猶言濫卜，猶《管子·權修》所言"上恃龜筮，好用巫醫，則鬼神驟祟"。兆，《國語·晋語三》"其魄兆於民矣"，韋注："兆，見也。"

七信：一仁之慎散，二智之完巧，三勇之精富，四族之寡賄，五商之淺資，六農之少積，七貴之争寵。

孔晁云："七者所宜信明之也。"孔注"信"當讀爲"伸"。

【疏證】

由上下文意觀之，此七者皆不利之事。慎，或當作"寘"，謂廢置之義。散，言雜亂。"完巧"之"完"，或當通"玩"。玩，《國語·吴語》"將還玩吴國於股掌之上"，韋注："玩，弄也。"精，鋭也，朱右曾説是。富，或當通"偪"，《國語·鄭語》"不可偪也"，韋注："偪，迫也。"勇鋭迫則好陵人。寡賄，謂財不足。淺，少也，朱右曾説是。資，《大聚》“關人易資”，朱右曾云：“資，貨也。”積，《廣雅·釋詁》：“聚也。”《文傳》言“有五年之積者霸，無一年之積者亡”，可與此對讀。

一幹：勝權輿。

孔晁云：“言有權無不輿。”

【疏證】

權輿，《爾雅》言“始也”，孔晁失之。勝權輿，猶《常訓》所謂“慎微以始而敬終”。

二御：一樹惠不瘥，二既用茲憂。

孔晁云：“瘥，巔也，以爲已巔也。既，盡。”孔注“巔”當爲“寘”之訛，洪頤煊説甚是。

【疏證】

樹，《左傳》成二年“樹德而濟同欲焉”，杜注：“樹，立也。”惠，謂惠愛。洪頤煊云“瘥”或爲“瘞”字之訛，似可從。不瘥，言不廢。既，《左傳》宣十二年“可勝既乎”，杜注：“既，盡也。”用，《國語·周語中》“以備百姓兆民之用”，韋注：“用，財用也。”茲，《漢書·五行志》“賦斂茲重”，顏師古注：“茲，益也。”憂，《論語·子罕》“仁者不憂”，皇侃義疏：“憂，患也。”

三安：一定居安帑①，二貢貴得布②，三刑罪布財③。

【疏證】

①安帑，《文傳》有“土少，安帑而外其務，方輸”。帑，《戰國策·趙策一》“宫室小而帑不衆”，鮑彪注：“帑，金幣所藏。”定居安帑，謂令民定居而安府庫之用。

②布，《衛風·氓》“抱布貿絲”，毛傳：“布，幣也。”貢貴得布，謂令所貢者貴而得幣帛。

③刑罪布財，猶《管子·中匡》言：“於是死罪不殺，刑罪不罰，使以甲兵贖。”潘振謂“施刑于罪人，則有罰布，所以資軍用也”，或是。

十二來：一弓二矢歸射，

孔晁云："矢當可用。"

【疏證】

來，言百物各歸其官。射，或是《周禮·夏官·司弓矢》："司弓矢：掌六弓四弩八矢之法，辨其名物，而掌其守藏與其出入。"

三輪四輿歸御，

孔晁云："言亦可用。"

【疏證】

御，或是《周禮·考工記》："攻木之工：輪、輿、弓、廬、匠、車、梓。"又言"輪人爲輪""輿人爲車"，故歸御。

五鮑六魚歸蓄，

孔晁云："積以爲資。"

【疏證】

蓄，積也。朱右曾言"鮑"字本作"鞄"，孫詒讓云此"魚"當作"函"，皆是。《周禮·考工記》言"函人爲甲"。鞄、函，皆攻皮之工。

七陶八冶歸竈，

孔晁云："竈善，則冶長也。"元刊本"竈"前之字漫漶不清，察其輪廓當是"言"字。

【疏證】

《周禮·考工記》言"陶人爲甗""冶氏爲殺矢"。案：竈，或讀爲"造"，《戰國策·秦策三》"秦客卿造謂穰侯曰"，《史記·秦本紀》《穰侯列傳》皆作"客卿竈"，故二字古通。造，言製作之義。

九柯□匠歸林，

孔晁云："林，當作材，匠以爲用。"

【疏證】

柯，朱右曾言“柯，車人也。車人之事，以柯爲度，故曰柯”，説甚是。《周禮·考工記》言：“車人之事：半矩謂之宣，一宣有半謂之欘，一欘有半（謂）之柯，一柯有半謂之磬折。”“匠”前之字，元刊本漫漶不清，當從上下文義補爲“十”字。匠，《考工記》言匠人“營國”“爲溝洫”，故所歸者，當從孔晁注作“材”。

十一竹十二葦歸時。

孔晁云：“取之以時，所以來人也。”

【疏證】

竹、葦，朱右曾言“所以爲籚、笥、筐、筥之屬”，甚是。《管子·輕重己》：“自秋日至始，數九十二日……趣菹人薪雚葦，足蓄積。”陳逢衡言“竹取于夏，葦取于秋”，或是。

三穆、七信、一幹、二御、三安、十二來，伐道咸布①，物無不落，落物取配，維有永究②。

孔晁云：“落，始也。類也。究，終也。”孔注“類”前或脱一“配”字。

【疏證】

①伐，《左傳》莊二十八年“且旌君伐”，杜注：“伐，功也。”布，《周禮·夏官·訓方氏》“正歲則布而訓四方”，鄭玄注：“布告以教天下。”

②落，《廣雅》“落，凥也”，王念孫疏證：“落，亦聚也。”物無不落者，謂征伐之道咸聚于此。落物取配，言類聚其物，取其匹配者。究，《大雅·皇矣》“爰究爰度”，毛傳：“究，謀。”永究，謂長謀。

急哉急哉，後失時。

【疏證】

“急”本或作“戒”，《小雅·六月》“我是用急”，王先謙《詩三家義集疏》言："齊'急'作'戒'。"《鹽鐵論·徭役》亦引作"我是用戒"。戒哉，戒哉，猶《程寤》《小開》等篇所見"後戒，後戒"，或《酆保》《大開》等篇所見"戒後人，後人其用汝謀"。"失"字前或脱一"勿"字。時，猶是也。此句謂後世當以是爲戒，用而不失。

糴匡第五

【題解】

《國語·魯語上》“請糴于齊”，韋注：“市穀曰糴。”匡，《左傳》成十八年“匡乏困”，杜注：“匡，亦救也。”是篇概括全篇大意爲題，言國家于豐年、飢年、荒年之用度禮制之别。篇中所言“餘子”，則似傳統宗法制家族形態影響尚存，社會組織形態尚未過渡至編户齊民，故其時代或較戰國時期稍早。

成年年穀足①，賓、祭以盛②。

孔晁云：“言賓客宗廟足而不奢也。”

【疏證】

①成，《大戴禮記·千乘》“是故年穀不成”，王聘珍解詁：“成，備也。”年穀，謂一年收成。《國語·楚語上》言“今君爲此臺也，國民罷焉，財用盡焉，年穀敗焉，百官煩焉，舉國留之，數年乃成”，可與此對讀。

②賓，《國語·周語上》：“賓、饗、贈、餞如公命侯伯之禮，而加之以宴好。”韋注：“賓者，主人所以接賓、致餐饔之屬。”盛，豐也。《説文》“盛”字段注曰：“引申爲凡豐滿之稱。”

大馴鍾絶①，服美義淫②。

孔晁云：“六副後落。淫，過。”孔注“六副”當是“大訓”形訛，詳下正文疏證。

【疏證】

①此與下文“樂唯鍾鼓”“樂無鍾鼓”二條緊對，故此“大馴鍾絶”亦當指樂。大馴，孔晁注“六副”，大馴、六副，或皆是“六訓”。大、六形近而訛，馴，本或爲“訓”，包山楚簡199號作“[illegible]”，與“副”形近，此字漢時或訛爲“副”。六訓，或即故書常見之“六律”。絶，《經義述聞·詩經》“終逾絶險”條，王引之言：“絶之言最也，極也。”

②義，當通“儀”，俞樾説是。淫，言其繁縟過度。《墨子·非儒下》：“夫繁飾禮樂以淫人”，《管子·牧民》：“文巧不禁，則民乃淫”，皆可與此對讀。樂極、服美、儀繁，是財用足之故。

皂畜、約制[①]，餘子務藝[②]。

孔晁云：“皂，厩别名。畜則馬，約制，不常秩。餘，衆也。藝，樹也。”

【疏證】

①皂，《淮南子·覽冥訓》“飛黄伏皂”，高誘注：“皂，櫪也。”畜，通“蓄”，積也。約，《商頌·烈祖》“約軝錯衡”，鄭箋：“約軝，轂飾也。”下文言“畜不皂群，車不雕攻”，前者與“皂畜”相應，後者當與“車不雕攻”相應，故“約”當從鄭箋。制，本或作“折”，《尚書·吕刑》“折民惟刑”，《墨子·尚賢中》引作“哲民惟刑”。制，猶下文所謂“雕攻”之“攻”，治也。

②餘子，猶庶孽，與“嫡子”“宗子”相對，即《左傳》宣二年：“乃宦卿之適而爲之田，以爲公族。又宦其餘子亦爲餘子，其庶子爲公行。”藝，謂技藝，如《左傳》襄十四年言“百工獻藝”，《國語·晋語九》言“伎藝畢給則賢”。

宫室城廓修，爲備[①]，供有嘉菜。於是日滿[②]。

孔晁云：“嘉，善也。爲薑等也屬滿之。”孔注“也”“之”二字當倒，作“爲薑等之屬滿之”。

【疏證】

①“爲備”二字，或是“修”字注文竄入，亦或可斷爲“宫室城廓修備，爲供有嘉菜”，亦通。修，《國語·周語中》“修其簟篕”，韋注：“修，備也。”

②供，給也，《國語·周語上》言“事之共給於是乎在”，共，即讀爲“供”，供、給二字即同義連用。“爲薑等也屬滿之”，盧校改作“爲薑芋之屬滿也”，或是。嘉菜，朱右曾言爲“五齏、七菹之類”，或是。𠃑滿，謂日足。

年儉穀不足，賓、祭以中盛。

孔晁云：“有黍稷，無稻粱。”《大戴禮記·禮三本》：“大饗，尚玄尊而用酒，食先黍稷而飯稻粱”，孔注或本此爲説。

【疏證】

儉，朱右曾訓爲“歉”，甚是。《論語·八佾》“禮，與其奢也，寧儉”，皇侃義疏：“儉，儉約也。”中盛，“盛”字或涉上“賓、祭以盛”而衍，“以盛”“以中”“以薄”，三者比而言之。中，謂禮制用度在盛薄、豐儉二者之中。

樂唯鍾鼓，不服美，

孔晁云：“外有祭服，内無文飾。”

【疏證】

《左傳》成五年：“故山崩川竭，君爲之不舉，降服，乘縵，徹樂，出次，祝幣，史辭，以禮焉，其如此而已。”樂唯鐘鼓，言徹樂，不服美，言降衰其服。

三牧[①]五庫補攝[②]，

孔晁云：“事物相兼，不物設也。”

【疏證】

①三牧，盧校云：“三牧，當謂戎馬、田馬、駑馬三物之牧也。”其説

或本《周禮・夏官・馬質》“馬量三物，一曰戎馬，二曰田馬，三曰駑馬，皆有物賈”。下文言“俾民蓄唯牛羊”，《吕氏春秋・慎小》言“去食肉之獸，去食粟之馬”，可見三牧者，當謂馬、牛、羊皆牧，盧文弨説或誤。

②五庫，《禮記・月令》并《吕氏春秋・季春》言“令百工審五庫之量：金鐵、皮革、筋角齒、羽箭幹、脂膠丹漆，無或不良”。是句諸家斷句頗有差異，今案：金鐵，謂銅鐵。《墨子・旗幟》言“金鐵有積”，金鐵，謂所以爲刀兵者。皮革，《左傳》隱五年言：“皮革、齒牙、骨角、毛羽，不登於器。”皮革，謂所以爲甲胄者。筋角，《管子・山至數》言：“皮革筋角，羽毛竹箭，器械財物，苟合于國器君用者，皆有矩券於上。”筋角，謂所以爲弓者。《大戴禮記・易本命》言“戴角者無上齒”，則齒、角當是同類。幹，《禮記・月令》“齒羽箭幹”，鄭玄注：“幹，器之木也。”羽箭幹，謂所以爲箭矢者。“脂膠丹漆”，或當作“脂丹膠漆”。脂，謂脂膏。丹，謂丹砂。膠漆，古人習語。《周禮・考工記・弓人》“秋合三材”，鄭玄注：“膠絲漆。”《孫子兵法・作戰》“膠漆之材”，張預注：“膠漆者，修飾器械之物也。”脂膠丹漆，謂所以爲器用者。

凡美不修①，餘子務穡，於是糺秩②。

孔晁云：“糺之令有事按。”孔注“按”或當讀爲“安”，安，猶焉也。

【疏證】

①凡美不修，即《大戴禮記・哀公問于孔子》所謂：“則安其居處，醜其衣服，卑其宫室，車不雕幾，器不刻鏤，食不貳味，以與民同利。”不修，謂不修治，《大匡第十一》言“墻屋有補無作”。雕幾，或當從《管子》《晏子春秋》等書“雕文刻鏤”作“雕文”，“幾”本或作“几”，與“文”形近而誤。

②務穡，謂事稼穡。糺，即“糾”。糾，《荀子・富國》“則必有貪利糾譑之名”，楊倞注：“糾，察也。”秩，《廣雅・釋詁三》：“次也。”糾秩，謂正其次。

年飢，則勤而不賓，舉祭以薄。

孔晁云："用下牲也。"

【疏證】

"勤而不賓，舉祭以薄"，俞樾言當作"勤而不舉，賓、祭以薄"，甚是。勤，《周頌·賚》"文王既勤止"，毛傳："勤，勞也。"不舉，謂去盛饌，《經義述聞·左傳》"不舉"條，王引之所述甚是。此即《周禮·天官·膳夫》所言"大荒則不舉"。薄，《吕氏春秋·報更》"雖得則薄矣"，高誘注："薄，輕少也。"

樂無鍾鼓，凡美禁。書不早群，車不雕攻[1]，兵備不制，民利不淫[2]。

孔晁云："攻，治。"

【疏證】

①"書不早群"，當從盧校作"畜不皂群"。皂，謂槽櫪。群，猶聚也。不皂群，潘振解爲游牧于野，或可從。車不雕攻，即《大匡第十一》所言"車不雕飾"。

②"備"，通"服"，兵備，謂兵事。制，作也。不制，言不新作。民利不淫，《大匡第十一》作"利民不淫"。利民，即"黎民"，《祭公》有"畢桓于黎民般"，清華簡一《祭公之顧命》簡9則作"畢桓、井利、毛班"。不淫，《國語·周語上》言"守禮不淫，信也"，謂不過度。

征當商旅[1]，以救窮乏。聞隨鄉，下鬻塾[2]。

孔晁云："鬻，賣。"

【疏證】

①當，宜從劉師培訓"主"，謂以徵收商旅爲主。

②"下鬻塾"當從《大匡第十一》"鄉問其人""無鬻熟"作"問隨鄉""不鬻熟"，盧校是。問，《鄭風·女曰鷄鳴》"雜佩以問之"，毛傳："問，遺也。"問隨鄉，言隨鄉而賑施。"熟"，當作"孰"，《説

文》："䬝，食飪也。"《鹽鐵論·散不足》："古者不粥飪，不市食。"即此"不鬻熟"。

分助有匡，以綏無者，於是救困。

【疏證】

匡，《左傳》成十八年"匡乏困，救灾患"，杜注："匡，亦救也。"綏，《左傳》昭二十年"以綏四方"，杜注："綏，安也。"

大荒，有禱無祭。

孔晁云："飢饉師旅，爲大荒也。"

【疏證】

荒，謂年穀不熟。《韓詩外傳》卷八："一穀不升謂之鎌，二穀不升謂之飢，三穀不升謂之饉，四穀不升謂之荒，五穀不升謂之大侵。"又言："鬼神禱而不祠，此大侵之禮也。"禱，因事而求于鬼神曰禱，禱非常祭，因事而禱之，則此祭當謂常祭。

國不稱樂，企不滿壑，刑法不修，舍用振窮。

孔晁云："不滿壑，不于治地。舍用，常以振民也。"孔注"地"當爲"也"之誤字。

【疏證】

稱，舉也，朱右曾説是。不稱樂，即故書多見之"不舉樂"。企，朱右曾以爲是"金"字之誤，金，法也。《孟子·公孫丑下》言："凶年飢歲，子之民，老羸轉于溝壑，壯者散而之四方者，幾千人矣。"法不滿壑，令民少亡。刑法不修，猶《左傳》成十八年所見"宥罪戾"。舍用，謂施舍財用。振，《左傳》昭十四年"分貧振窮"，杜注："振，救也。"

君親巡方，卿參告糴①，餘子倅運，開口同食②，民不藏糧，曰有匡。

孔晁云："倅，副也。盡行此事，名曰有匡也。"

【疏證】

①方，《大雅·皇矣》“萬邦之方”，鄭箋：“方，猶鄉也。”參，《周禮·天官·大宰》“設其參，傅其伍”，鄭玄注：“參，謂卿三人。”告糴，《國語·魯語上》“請糴于齊”，韋注：“市谷曰糴。”

②開口同食，盧校引《左傳》文十六年“振廪同食”，以此當作“開廪同食”，甚是。同食，即《大戴禮記·哀公問於孔子》“食不貳味，以與民同利”。

俾民畜唯牛羊。於民大疾惑，殺一人無赦。

孔晁云：“雖有凶疾，惑而相殺者不赦也。”

【疏證】

俾，《小雅·天保》“俾爾單厚”，毛傳：“俾，使也。”畜，《小雅·節南山》“以畜萬邦”，鄭箋：“畜，養也。”疾，《左傳》桓六年“不以隱疾”，杜注：“疾，患也。”惑，或本作“慼”，形近而訛，慼，《左傳》僖二十四年“自詒伊慼”，杜注：“慼，憂也。”疾慼，言憂患。

男守疆，戎禁不出①，五庫不膳。喪禮無度，祭以薄資②。

孔晁云：“戎事自守而已，不征伐也。喪，儉也，而逮喪祭用。”

【疏證】

①男，或通“任”，《尚書·禹貢》“二百里男邦”，《史記·夏本紀》引作“二百里任國”。任，《廣雅·釋言》：“保也。”戎，謂兵事。禁，《廣雅·釋詁三》：“止也。”出，《荀子·儒效》“出三日而五災至”，楊倞注：“出，行也。”戎禁不出，謂兵事止而不行。

②膳，通“繕”，《戰國策·秦策一》“繕兵不傷衆”，鮑彪注：“繕，補也。”祭，各本作“察”，非是。“資”爲“賓”字形訛，“祭以薄資”當作“賓、祭以薄”，如上文“賓祭以盛”“賓祭以中”，而孔晁所見或已訛誤。

禮無樂，宫不幃，嫁娶不以時，賓旅設位有賜。

孔晁云："不以時，秋冬也，媒氏會合之，賓旅隨位賜之，不饗燕。"孫詒讓謂孔注"秋冬"之上或脱"不以"二字，甚是。孔注"燕"當讀爲"宴"。

【疏證】

禮無樂，即"國不稱樂"。宫不幃，言宫室不用帷帳，于鬯説是。嫁娶不以時，言不拘于秋冬。賓、旅，皆客。設位，謂隨其位分，如《大匡第十一》："非公卿不賓，賓不過具。"

卷二

武稱第六

【題解】

稱，《吕氏春秋·當染》“必稱此二士也”，高誘注：“稱，説也。”《周祝》之“祝”，孫詒讓以爲是“説”之訛誤。連劭名亦指馬王堆帛書有《稱》一篇，亦即“説”也。李學勤謂此爲“格言、諺語式的詞句串聯集合在一起”（《〈稱〉篇與〈周祝〉》，《道家文化研究》第三輯），甚是。此篇體例與上列諸篇皆同，而題《武稱》，則此“稱”亦當爲“説”之義。此與清華簡十《行稱》之“稱”含義不同，“行稱”之“稱”，考之原文“入月旬日稱恭祀，明日而廢。旬又五日稱吊勞，明日而廢。”或當爲舉、行之義。武稱，概括全篇内容爲題。

大國不失其威①，小國不失其卑②，敵國不失其權③。

孔晁云：“此即所謂稱也。”孔晁由“敵國不失其權”謂“稱”爲相稱之義，非是。

【疏證】

①威，《韓非子·人主》言“所謂威者，擅權勢而輕重者也”，猶威權之義。

②卑，《國語·周語上》“王室其將卑乎”，韋注：“卑，微也。”言卑下之義。敵，《爾雅·釋詁下》：“當也。”《孫子兵法·謀攻》言“故用兵之法，十則圍之，五則攻之，倍則分之，敵則能戰之，少則能守之，不若則能避之”，可與此對讀。

③權，謂權變。《左傳》宣十一年言“晋楚不務德而兵争，與其來者可

也，晋楚無信，我焉得有信？”即權變之例。

岠嶮伐夷①，并小奪亂②，□强攻弱而襲不正，武之經也③。

孔晁云：“經，常。”

【疏證】

①岠，當作“岠”，《爾雅·釋地》“岠齊州以南”，郝懿行義疏：“岠者，當作岠，通作距。”岠嶮，即“距險”，盧校是。岠嶮，《孫子兵法·地形》言：“險形者，我先居之，必居高陽以待敵。”夷，《召南·草蟲》“我心則夷”，毛傳：“夷，平也。”伐夷，謂攻平地之敵。

②并小者，言兼并小國。奪亂者，猶《孫子兵法·始計》所言“亂而取之”。

③脱字或當作“守”，《孫子兵法·軍形》言：“不可勝者，守也；可勝者，攻也。守則不足，攻則有餘。善守者，藏于九地之下；善攻者，動于九天之上，故能自保而全勝也。”襲不正，《周禮·地官·胥》“掌其坐作出入之禁令，襲其不正者”，賈公彦疏：“襲是掩襲之義。”謂敵强則守，敵弱則攻，敵不正則掩襲也。

伐亂、伐疾、伐疫，武之順也。

孔晁云：“武道逆取順守，故曰順也。”

【疏證】

“疫”與“疾”義復，劉師培謂“疫”當作“疲”，如《左傳》僖十九年“民疲不堪”，甚是。是句謂乘内亂、疾病、民疲而伐之，是爲順致。

賢者輔之，亂者取之，作者勸之，怠者沮之，恐者懼之，欲者趣之，武之用也。

孔晁云：“武以爲用。”孔注“用”後當有二字，元刊本爲墨釘，盧校補“事也”二字，甚是。

【疏證】

作，《大雅·下武》“世德作求”，鄭箋：“作，爲也。”怠，謂懈息。沮，《小雅·小旻》“何日斯沮”，毛傳：“沮，壞也。”趣，《史記·陳涉世家》“趣趙兵亟入關”，司馬貞索隱：“趣，謂催促也。”《孫子兵法·始計》有“利而誘之，亂而取之，實而備之，强而避之，怒而撓之，卑而驕之，佚而勞之，親而離之”，可與此對讀。

美男破老，美女破舌①。淫圖破□②，淫巧破時③，淫樂破正，淫言破義，武之毀也④。

孔晁云：“凡行此事，所以毀敵國也。”

【疏證】

①《戰國策·秦策一》“荀息曰：《周書》有言：‘美女破舌’……‘美男破老’”，所引或即此篇。舌，王念孫言“舌當爲后”，甚是。《祭公》言“汝毋以嬖御固莊后”，清華簡一《祭公之顧命》簡16作“汝毋以嬖御息爾莊后”，簡文“息”，即讀爲“塞”，所言即此句之義。

②淫，謂過度。圖，《小雅·常棣》“是究是圖”，毛傳：“圖，謀也。”脱字或作“德”，《小開武》言“順德以謀”，是謀過則破德之義。

③淫巧，謂工巧過度。時，劉師培謂當作“庤”，猶蓄也，未必是，可讀本字。淫巧破時，猶《命訓》言“藝淫則害于才”，時，謂農時。此猶《管子·地數》所謂：“陽春農事方作，令民毋得築垣墻，毋得繕冢墓，丈夫毋得治宫室，毋得立臺榭。”

④正，謂正聲也，《禮記·樂記》：“凡奸聲感人，而逆氣應之；逆氣成象，而淫樂興焉。正聲感人，而順氣應之；順氣成象，而和樂興焉。”毁，猶破也，朱右曾訓“敗”，亦是。

赦其衆，遂其咎①，撫其□，助其囊②，武之間也③。

【疏證】

①赦，謂赦宥之義。遂，《國語·晋語三》“置而不遂”，韋注：“遂，成也。”咎，謂過失。

②脱字或可從朱駿聲作“困”，撫其困，猶《左傳》昭三年所言“民人痛疾，而或燠休之，其愛之如父母，而歸之如流水”。囊，朱右曾言：“囊

者，所以收斂者也。”助其囊，謂助其收斂財用。

③間，即《孫子兵法·用間》之“間”。是句或謂導教其衆以親我，助成其過以利亂，撫其困乏則民歸之，助其聚斂則民多怨，此四者，皆用間之道。

餌敵以分而照其儲①，以伐輔德，追時之權，武之尚也②。

孔晁云：“以分，謂以分器土田，餌之此術。”

【疏證】

①餌，《廣雅·釋詁三》：“食也。”餌敵，即《孫子兵法·作戰》“取用于國，因糧于敵，故軍食可足也”，“故智將務食于敵，食敵一鍾，當吾二十鍾”。分，《左傳》昭十四年“分貧振窮”，杜注：“分，與也。”照，讀爲“昭”，明也。

②以伐輔德，謂以征伐而助成其德。追，或讀爲“遂”，成也。權，謂權變。尚，謂尊尚。此句言就食于敵當有其分次以明其儲積，以伐助德，順時之變，是武之尊尚者也。

春違其農，秋伐其穡，夏取其麥，冬寒其衣服，春、秋欲舒，冬、夏欲亟，武之時也。

孔晁云：“寒衣，爲敗其絲麻，冬夏寒暑盛，故欲度之。”孔注“爲”當從劉師培作“謂”。“度”當從盧校改作“疾”，以訓“亟”字。

【疏證】

是句《大武》作：“一春違其農，二夏食其穀，三秋取其割，四冬凍其葆。”《商君書·徠民》作：“則王以此春違其農，夏食其食，秋取其刈，冬凍其葆。”違，背也。穡。慈利簡本《大武》作“桼”，从瓜得聲，葛希谷謂讀爲“穫”，瓜，見紐魚部，穫，匣紐鐸部，其聲紐皆爲喉音，韵部陰入對轉，甚是。割、刈、穡等皆从“穫”得義。麥，簡本作“麰”，麰，楚簡从來从里，作“[illegible]”，“來”爲其聲符，來，《説文》：“周所受瑞麥來麰”，即“麥”也。夏取其麥，《左傳》隱三年言“四月，鄭祭足帥師取温之麥；秋，又取成周之禾”可爲其證，葛希谷説是，見《慈利楚簡

〈逸周書·大武〉校讀一則》（復旦大學出土文獻與古文字研究中心網站2018年9月23日）。寒其衣服，似不可通，俞樾讀“衣”爲“旅”之或體形訛，非是。寒、凍，同義换用，衣、服或是同義連用，未必解爲衍文。“葆”或通“服”，劉師培説是。寒其服，謂令其凍餒，猶《左傳》昭三年言“公聚朽蠹，而三老凍餒”。舒，謂緩慢。亟，謂迅急。

長勝短①，輕勝重②，直勝曲③，衆勝寡，强勝弱④，飽勝飢，肅勝怒⑤，先勝後，疾勝遲，武之勝也⑥。

孔晁云：“肅，敬也。”

【疏證】

①長、短，《史記·淮陰侯列傳》言：“故善用兵者不以短擊長，而以長擊短。”長，《廣雅·釋詁一》：“善也。”短，《淮南子·修務訓》“知者之所短”，高誘注：“短，謂缺。”

②輕，《左傳》莊二十九年言：“凡師，有鐘鼓曰伐，無曰侵，輕曰襲。”輕，謂掩其無備。《孫子兵法·九地》言：“兵之情主速，乘人之不及，由不虞之道，攻其所不戒也。”

③直、曲，《左傳》僖二十八年言：“師直爲壯，曲爲老，豈在久乎？”直，《禮記·曲禮上》“直而勿有”，鄭玄注：“直，正也。”曲，《戰國策·秦策五》“以曲合于趙王”，高誘注：“曲，邪也。”

④衆勝寡，强勝弱者，如《禮記·樂記》言“强者脅弱，衆者暴寡”。

⑤飽勝飢者，《孫子兵法·軍争》言：“以近待遠，以佚待勞，以飽待飢，此治力者也。”肅勝怒者，《孫子兵法·火攻》言：“主不可以怒而興師，將不可以愠而致戰。”肅則有備，怒則可乘。

⑥先勝後，猶《孫子兵法·虚實》言“凡先處戰地而待敵者佚，後處戰地而趨戰者勞”、《孫子兵法·軍争》言“勁者先，疲者後”。疾勝遲，劉師培言《管子·樞言》作“衆勝寡，疾勝徐”，故“遲”當作“徐”。徐、遲同義换用，不煩改字。此九者，謂胜戰之道。

追戎無恪，窮寇不格，

孔晁云："格，鬭也。"

【疏證】

戎，《國語·周語上》"以致戎于商牧"，韋注："戎，兵也"，猶伐之義，追戎，猶言追伐。恪，猶謹也。于鬯謂"格"，或通爲"挌"，訓爲"擊"。窮寇不挌，猶《孫子兵法·軍争》"窮寇勿迫"。

力倦氣竭乃易克，武之追也。

孔晁云："追敵之法。"

【疏證】

此句謂待敵氣力倦怠竭盡之時，乃易勝之，此追兵之法。

既勝人，舉旗以號令，命吏禁掠，無取侵暴①，爵位不謙，田宅不虧，各寧其親，民服如化，武之撫也②。

孔晁云："謙，損也。寧，安也。"

【疏證】

①舉旗以號令，清華簡七《晋文公入於晋》簡5—7有"乃作爲旗物，爲升龍之旗，師以進；爲降龍之旗，師以退……爲角龍之旗，師以戰；爲交龍之旗，師以豫；爲日月之旗，師以久；爲熊旗，大夫出，爲豹旗，士出，爲蕘采之旗，侵糧者出"，可證以旗物爲號令之説。"令"字疑涉下句"命"字衍。無取，王念孫言當作"無敢"，形訛致誤，甚是。侵，《國語·楚語下》"無相侵瀆"，韋注："侵，犯也。"暴，《孟子·公孫丑上》"無暴其氣"，杜注："暴，亂也。"侵暴，亦見于《莊子·盜跖》"盜跖從卒九千人，横行天下，侵暴諸侯"。

②謙，王念孫《廣雅疏證》"歉，少也"條謂"嗛、鐮、歉、慊、謙，字并異而義同"，皆訓爲"少"，説甚是。如，當作"若"，順也。化，謂教化。《小明武》《柔武》有"勝國若化"。

百姓咸服，偃兵興德，夷厥險阻，以毁其服，四方畏服，奄有天下，武之定也。

孔晁云："毀武，謂毀敵之。"是句當校作"毀，謂毀敵之武"。

【疏證】

偃，《莊子·徐無鬼》"而爲義偃兵"，陸德明釋文："偃，息也。"夷，平也。《史記·秦始皇本紀》載秦始皇碣石門云："墮壞城郭，决通川防，夷去險阻。"以毀其服之"服"，當讀爲"備"，謂守備之義。奄，《魯頌·閟宫》"奄有下國"，鄭箋："奄，猶覆也。"奄有，猶金文習見之"匍有"。定，《小雅·六月》"以定王國"，鄭箋："定，安也。"

允文第七

【題解】

此篇取首句二字爲題，内容爲治政之要，通篇用之部、魚部爲韵。其内容較之《詩經》，更偏實用，形式較之箴戒，則更嚴格齊整。與《武稱》《周祝》及“以數爲紀”等彙編痕迹明顯者，其系統性更爲明顯，甚至未必成于衆手。

思静振勝，允文維記。

孔晁云：“以静規勝，康文紀武。”

【疏證】

思，孔晁以爲語助，恐非是。思，《荀子·解蔽》“仁者之思也恭”，楊倞注：“思，慮也。”静，班簋銘文（《集成》04341）言“三年静東國”，静，猶平定之義，後世多以“靖”字爲之。振，整也。孫詒讓引《商君書·徠民》“以大武摇其本，以廣文安其嗣”，以“大武”“廣文”爲篇名，據此，謂“允”爲“光”之形訛，光，廣也，非是，“大武”“廣文”不作篇名解，《商君書》以本字解之，亦通。允，信也。記，當讀爲“紀”，法也。此句謂慮定而整勝，信文以爲綱紀。記，之部字。

昭告周行①，維旌所在②。

孔晁云：“旗旌，治亂所在。”

【疏證】

①昭，明也。周行，《老子》言：“寂兮寥兮，獨立不改，周行而不

殆，可以爲天下母。”周行，謂遍行。

②旌，《左傳》僖二十四年“且旌善人”，杜注：“旌，表也。”是句謂明告而遍行，惟表其所在。在，之部字。

收武釋賄，無遷厥里①。官校屬職，因其百吏②。

孔晁云：“收其戎器不取賄，因其官吏無敢改。”

【疏證】

①收武，王念孫據孔注謂當作“收戎”，甚是。戎，兵也。收戎，謂斂其兵器。釋，舍也，朱右曾説是。賄，《國語・晋語六》“而遠人以其方賄歸之”，韋注：“賄，財也。”釋賄，謂以財貨施舍。厥，猶其也。里，《鄭風・將仲子》“無踰我里”，毛傳：“里，居也。”無遷厥里，謂令其安居。

②校，通“效”，《左傳》昭二十六年“宣王有志而後效官”，杜注：“效，授也。”官校，謂官所授。屬，《大戴禮記・主言》“分屬而治之”，王聘珍解詁：“屬，官衆也。”職，主也。“吏”當通“事”，百吏，即百事，《禮記・月令》：“四方來集，遠鄉皆至，則財不匱，上無乏用，百事乃遂。”此句謂斂兵器而舍財用，令民安堵鄉里而不遷之，官屬所主所授者，順其百事。里、吏，皆之部字。

公貨少多，賑賜窮士①。救瘠補病，賦均田布②。

孔晁云：“主施赦布政也。”

【疏證】

①貨，或當作“貸”，《左傳》襄九年言“晋侯歸，謀所以息民，魏絳請施舍，輸積聚以貸，自公以下，苟有積者，盡出之，國無滯積，亦無困人，公無禁利，亦無貪民”，可與此對讀。公貸，猶言施舍。少多，用猶《國語・周語上》：“夫古者不料民而知其少多。”

②瘠，猶羸也，《左傳》襄二十一年“瘠則甚矣”，杜注：“瘠，瘦也。”賦，《吕氏春秋・孟冬》“收水泉池澤之賦”，高誘注：“賦，税也。”布，當爲“市”之形訛，朱駿聲説是。賦均田市，《荀子・富國》

言："今之世而不然：厚刀布之斂，以奪之財；重田野之賦，以奪之食；苛關市之征，以難其事。"田，謂田賦，市，謂關市之征。此句謂散公家之貸以賑濟窮士，補救羸病者，令田賦與關市之征得其均。士、市，皆之部字。

命夫復服，用損憂耻①。孤寡無告，獲厚咸喜②。

孔晁云："損，除。憂耻，謂赦罪、賑窮、敷大惠也。"

【疏證】

①此"命夫"非《左傳》昭四年"自命夫、命婦，至于老疾，無不受冰"所謂"命夫"，此非專名。命夫者，猶命人。復，反也，朱右曾説是。服，事也。復服，猶《文酌》所言"樂生身復"，謂釋放奴隸而復其身。損，當從王引之，爲"捐"字形訛。捐，《説文》："棄也。"

②無告，《孟子·梁惠王下》言"天下之窮民而無告者"，無告，亦窮民。厚，《荀子·富國》"誠美其厚也"，楊倞注："厚，恩厚也。"此句謂命丈夫返其職事，用以除免憂心耻辱。孤寡及無告者，獲恩厚而皆喜。耻、喜，皆之部字。

咸問外戚①，書其所在。遷同氏姓②，位之宗子。

孔晁云："誅其君，爲之主，□及群臣宗主。"誅，《左傳》襄三十一年"誅求無時"，杜注："誅，責也。"責，亦問也。脱字或當作"遍"。

【疏證】

①咸，《尚書·堯典》"庶績咸熙"，僞孔傳："咸，皆也。"問，《大雅·緜》"亦不隕厥問"，鄭箋："小聘曰問。"戚，《吕氏春秋·求人》"親愛習故"，高誘注："戚，親也。"書，或讀爲"著"，《禮記·樂記》"著不息者天也"，鄭玄注："著，猶明白也。"

②遷，王念孫此當從《玉海》卷五十引文作"選"，甚是。外戚，謂姻親，同氏姓，謂同族。位，讀爲"立"。宗子，《大雅·板》"宗子維城"，鄭箋："宗子，謂王之適子也。"此句謂皆聘問外戚以明其所在，選同氏姓者而立宗子。子，之部字。

率用十五，綏用□安①。教用顯允，若得父母②。

孔晁云："懷其德政也。"

【疏證】

①率，《左傳》僖二十六年"其率桓之功"，杜注："率，循也。"十五，即什伍。《管子·度地》言"常以秋歲末之時閱其民，案家人、比地、定什伍口數，别男女大小，其不爲用者，輒免之"，可與此對讀。綏，《左傳》宣十二年"綏萬邦"，杜注："綏，安也。"《酆保》言"不率不綏"，即以"率、綏"連用。盧文弨引《大戴禮記·夏小正》"綏多女士"，言此當作"綏用士女"，甚是。安，當是"女"之誤字。

②顯，明也。允，信也。此句謂用什伍以帥民，用士女以安民，用明信以教民，使民若得父母。女，魚部字，母，之部字，之、魚旁轉。

寬以政之，孰云不聽。聽言靡悔，遵養時晦。

孔晁云："養時闇昧而誅之。"

【疏證】

寬，《國語·吴語》："將必寬然有伯諸侯之心焉"，韋注："寬，緩也。"政，讀爲"正"。孰，猶誰也。聽，《吕氏春秋·應同》"臣不能聽"，高誘注："聽，從也。"靡悔，言無悔。遵養時晦，亦見于《周頌·酌》，《左傳》宣十二年亦引之。"遵養時晦"，毛傳："遵，率。養，取。晦，昧也。"鄭箋云："養是暗昧之君，以老其惡。"是句謂寬以治之，誰言不聽。既聽言則無悔，順取是昧。聽，職部字，晦，之部字。之、職陰入對轉。

晦明遂語，于時允武。死思復生，生思復所。

孔晁云："使昧者修明，而遂告以信武也。"

【疏證】

語，或讀爲"悟"，《説文》："覺也"。孔注爲"告"非是。于時，言于是。允，信也。所，《荀子·王霸》"不可不善爲擇所而後錯之"，楊倞注："所，處也。"復所，返其所居之處也。武、所，皆魚部字。

人知不棄，愛守正户。上下和協，靡敵不下。

孔晁云："於守正户，言不逃亡。"

【疏證】

不棄，猶《左傳》成十六年言"若猶不棄，而惠徼周公之福，使寡君得事晋君"，謂不嫌棄。正户，即《韓非子·亡徵》所言"公家虚而大臣實，正户貧而寄寓富"，言國家編户之民。協，《國語·齊語》"論比協材"，韋注："協，和也。"是句謂人知其不棄己，且愛守編户之民，上下和諧，則無敵不下。户、下，皆魚部字。

執彼玉珪，以居其宇。庶民咸畊，童壯無輔。無拂其取，通其疆土。民之望兵，若待父母。

孔晁云："彼，謂亂邦之君。"

【疏證】

玉珪，《禮記·王制》言"有圭璧金璋，不粥於市"，鄭玄注："尊物非民所宜。"泛言其積貨。"宇"或爲"宅"之形訛，《作雒》有"俾康叔宇于殷"，即宅于殷。畊，耕也。輔，通"逋"，劉師培説是。無輔，言無逋逃，猶《左傳》文六年"制事典，正法罪，辟獄刑，董逋逃"。拂，《荀子·臣道》"無撟拂"，楊倞注："拂，違也。"取，趣也，朱右曾説是。通，即"徹"，《大雅·江漢》言："王命召虎，式辟四方，徹我疆土。"宇、輔、土，皆魚部字，宅，鐸部字，魚、鐸陰入對轉。

是故天下一旦而定，有四海。

【疏證】

"有"字之前或脱一"奄"字，奄有四海，謂敷有四方。海，之部字。

大武第八

【題解】

是篇總括全篇内容爲題，其性質當爲箴戒。1987年湖南省慈利縣石板村36號墓所出戰國楚簡有《大武》一篇，雖殘斷甚多，只餘鱗爪，但仍可與傳世本對讀。所引簡本見張春龍《慈利楚簡〈逸周書·大武〉校勘》（《楚文化與長江中游早期開發國際學術研討會論文集》，2018年9月），以下簡稱甲本、乙本。銀雀山漢墓竹簡《孫臏兵法·篡卒》簡326—327言："勝在盡□，明賞，選卒，乘敵之□，是謂泰武之葆。"泰武之葆，或即"大武之寶"。

武有六（七）制：政、攻、侵、伐、搏、戰、（鬥）。

孔晁云："政者，征伐之政。"

【疏證】

"政"，《北堂書鈔》卷一百一十三引作"征"，征、政古書多見通用，此當讀爲"政"。"攻"，甲本作"戏"，即"攻"也。"侵"，甲本作"戟"，王連龍言上博簡《周易》簡13"利用戟伐"，今本作"利用侵伐"，故字即爲"侵"，甚是，其説見《慈利楚簡〈大武〉校讀六則》，《考古》2012年第3期，下同。"搏"，《北堂書鈔》作"陣"，乙本作"敖"，張春龍言夫、甫古音可通，故字當作"搏"。乙本有"獸、鬥"和"七曰□"，則其"六曰"者，當是"獸"，此"獸"字王連龍謂上部有殘缺，當讀爲"戰"，姑從之。"七曰"者當是"鬥"。"武有六制"當是"武有七制"，後引正文，統依《北堂書鈔》校改，不另一一聲明。政，《國語·晋語七》"知欒糾之能御以和于政也"，韋注："政，軍政。"

攻，《説文》："擊也。"侵、伐，《左傳》莊二十九年："凡師，有鐘鼓曰伐，無曰侵，輕曰襲。"摶，《左傳》僖公二十八年"晋侯夢與楚子摶"，杜注："摶，手摶。"戰，《左傳》莊十一年言："凡師，敵未陳曰敗某師，皆陳曰戰。"鬥，相摶也，朱右曾説是。

善政不攻，善攻不侵，善侵不伐，善伐不摶，善摶不戰，（善戰不鬥，善鬥不敗。）

孔晁云："言廟勝也。"

【疏證】

是句《北堂書鈔》卷一百一十三引作"善征不侵，善侵不伐，善伐不陳，善陳不戰，善戰不鬥，善鬥不敗"。甲本"善摶不戰"後有"善戰不鬥"，乙本"善摶不戰"後有"善戰不鬥，善鬥不敗"。則《北堂書鈔》脱"攻善攻不"四字。《老子》有"善爲士者不武；善戰者不怒；善勝敵者不與；善用人者爲之下"，可參看之。

政（有九因，因）有四戚五和；攻（有九開，開）有四攻五良；侵（有七酌，酌）有四聚三斂；伐（有七機，機）有四時三興[①]；摶（有其來，來）有三哀四赦[②]；戰（有十一振，振）有六厲五衛；（鬬有十一客，客有）六庠五虞[③]。

孔晁云："此皆有義，然後能致其攻。"孔注"攻"當爲"政"字之誤。

【疏證】

①"政有四戚五和"，《小開》見"用有九因，因有四戚五和"。戚，《尚書·金縢》"未可以戚我先王"，僞孔傳云："戚，近也。"和，《戰國策·秦策一》"少者和汝"，鮑彪注："和，應也。"攻，《吕氏春秋·上農》"農攻粟，工攻器"，高誘注："攻，治也。"良，《邶風·日月》"德音無良"，毛傳："良，善也。"聚，集也，朱右曾説是。斂，《爾雅·釋詁下》："斂，聚也。"興，《漢書·卜式傳》"日者北邊有興"，顔師古注："興，謂發軍。"

②“搏有三哀四赦”，甲本作“搏用七”。哀，《説文》：“閔也。”赦，《大戴禮記·子張問入官》“必以其善以赦其過”，王聘珍解詁：“赦，宥也。”

③《北堂書鈔》卷一百一十八言“戰有十一振，振有六厲五衛”，“鬥有十一客，客有六廣五虞”，其前皆有合計者。振，《左傳》成七年“中國不振旅”，杜注：“振，整也。”厲，勵也，朱右曾説是。衛，《國語·齊語》“以衛諸夏之地”，韋注：“衛，蔽扞也。”客，或當作“愙”，敬也。由甲本“七”字觀之，《北堂書鈔》所據者或有淵源，不宜視作後人所增。甲本“六庠”之前有“有”字，則“六庠五虞”之前當有“鬥有”二字。另，甲本“六庠”作“六垐”，即“六廣”，當從《北堂書鈔》作“廣”。

四戚：一内姓，二外婚，三友朋，四同里。

孔晁云：“信所宜親也。”

【疏證】

内姓，謂同姓。外婚，謂姻親。此《大開武》作“一内同姓，二外婚姻，三官同師，四哀同勞”，劉師培據此以“同師”即此“友朋”，恐非是。金文故書所見“朋友”，多謂同族之人，如西周晚期叔䧢簋銘文（《集成》04137）言“用侃喜百姓、朋友眔子婦”。同里，謂鄉黨。

五和：一有天無惡，二有人無郄①，三同好相固，四同惡相助②，五遠宅不薄③。

孔晁云：“雖遠居皆厚之。”

【疏證】

①有天，猶《左傳》僖二十八年所言“我得天”。無惡，謂無有怨。《大雅·假樂》“威儀抑抑，德音秩秩。無怨無惡，率由群匹”，鄭箋：“成王立朝之威儀，致密無所失，教令又清明，天下皆樂仰之，無有怨惡。”故《北堂書鈔》卷一百十四引作“怨”。“郄”與“隙”同，盧文弨説是。

②“相固”，甲本作“和固”，“相助”，甲本作“相𡒫”。固，《國語·周語上》“晉始伯而欲固諸侯”，韋注：“固，猶安也。”《群書

治要》卷三十一引《六韜·武韜》作“同惡相助，同好相趣”，銀雀山漢簡《六韜》簡681作“同利相死，同情相成，同惡相助，同好相趨”，《史記·吴王濞列傳》有“同惡相助，同好相留，同情相成，同欲相趨，同利相死”，《大開武》則作“五和：一有天維國，二有地維義，三同好維樂，四同惡維哀，五遠方不争”。

③遠宅不薄，孔注甚是，簡本“宅”作“居”，則俞樾謂“遠宅”作“遠方”之説非是。遠宅不薄，《北堂書鈔》作“遠澤”，甲本作“遠乇不尃”，乙本作“遠居不逋”，《戰國策·秦策四》作“《詩》云：大武遠宅不涉”。乇、宅皆从乇得聲，可通，宅、居同義换讀。薄、尃、逋皆从尃得聲，可通。

此九者，政之因也。

孔晁云：“言因此以成政也。”

【疏證】

因，《吕氏春秋·盡數》“因智而明之”，高誘注：“因，依也。”“此”字之前，甲、乙本并有“凡”字。

四攻者：一攻天時，二攻地宜，三攻人德，四攻行利。

孔晁云：“攻謂奪其計，使不成也。”

【疏證】

“一攻天時”，甲本作“一曰攻天時”。“者”字或衍。地宜，即土宜。“四攻行利”，《北堂書鈔》卷一百一十八作“四攻行利”，甲本作“四曰攻兵利”。攻，猶治也。《度訓》有“仁德土宜天時，百物行治”，上博簡五《三德》簡1言“天共時，地共材，民共力，明王無思，是謂三德”。兵利，謂兵器之利。《淮南子·兵略訓》言“甲堅兵利，車固馬良，畜積給足，士卒殷軫，此軍之大資也，而勝亡焉”，可與此對讀。

五良：一取仁，二取智，三取勇，四取材，五取藝。

孔晁云：“所務來而任之。‘良’當爲‘求’字之誤也。”

【疏證】

甲本作“五良”，孔晁言“良”爲“求”字之誤，非是。材，《左傳》僖二十八年“公欲殺之而愛其材”，杜注：“材力。”朱右曾訓“材能”亦是。藝，《禮記·禮運》“義者，藝之分，仁之節也”，鄭玄注：“藝，猶才也。”

此九者，攻之開也。

孔晁云：“言開此道以成攻也。”

【疏證】

“開”，甲本作“啓”，無“也”字。

四聚：一酭之以仁①，二懷之以樂②，三旁聚封人③，四設圍以信④。

①酭，甲本或从金，張春龍疑爲“釣”。“旁聚”，甲本作“方取”。酭，《禮記·坊記》“上酭民言”，鄭玄注：“酭，猶取也。”

②懷，《齊風·南山》“曷又懷止”，鄭箋：“懷，來也。”樂，讀“喜怒哀樂”之“樂”。

③旁，《廣雅·釋詁二》：“廣也。”旁聚，劉師培謂即《尚書·堯典》所見“方鳩”，“鳩”亦“聚”也。“封人”即“邦人”，其説甚是。上博簡九《邦人不稱》簡3有“邦人不稱勇”。

④設，《戰國策·秦策一》“張樂設飲”，高誘注：“設，置也。”圍，《商頌·長發》“帝命式于九圍”，毛傳：“九圍，九州也。”馬瑞辰《毛詩傳箋通釋》：“圍、域、有，皆一聲之轉。”九圍，即“九域”，猶言九邦。設圍以信，謂以信立邦。

三斂：一男女比，二工次，三祇人死。

孔晁云：“祇，敬。”

【疏證】

乙本“三斂”次序與今本不同，作“一曰嵩其内死，二曰男女比，三曰攻……”比，《國語·晋語四》“比于兄弟”，韋注：“比，親也。”此猶

《大聚》所言“男女有婚”。“工次”，孫詒讓據《文政》“六商工受資，七祇民之死”，謂當作“工受次”，或是。“祇民之死”即“祇人死”，猶《論語·學而》所言“慎終追遠，民德歸厚矣”。

此七者，侵之酌也。

孔晁云：“言酌此法以成侵也。”

【疏證】

侵，《春秋》莊十年“齊師、宋師次于郎”，杜注：“不言侵伐。”孔穎達正義：“侵伐者，責罪之文也。”

四時：一春違其農，二夏食其穀，三秋取其刈，四冬凍其葆。

孔晁云：“此皆所用以敵之，凍，謂發露其葆聚。”

【疏證】

詳前文《武稱》“春違其農，秋伐其穡，夏取其麥，冬寒其衣服”句，此不贅。

三興：一政以和時，三伐亂以治，三伐飢以飽。

孔晁云：“此所行當之也。”孔注或當作“此所行之當也”，丁宗洛說或是。

【疏證】

《北堂書鈔》卷一百十四“政”作“征”。和時，謂和于四時。“伐亂”前“三”字當從上下文改作“二”。伐亂以治，《荀子·大略》言：“以賢易不肖，不待卜而後知吉。以治伐亂，不待戰而後知克。”伐飢以飽，即《武稱》所言“飽勝饑”，又《孫子兵法·虛實》“故敵失能勞之，飽能飢之，安能動之”，亦可與之對讀。

此七者，伐之機也。

孔晁云：“機，要也，以此要成其伐也。”

三哀：一要不羸，二喪人，三擯厥親。

孔晁云："哀敵人之困窮，如此，'要'當爲'惡'，'擯'一作'損'。"

【疏證】

甲本"三哀"次序亦與今本不同，作"厥親，三曰𢦏厥身"。"𢦏厥身"即"喪人"，故王念孫所補"喪民人"非是，或當作"喪厥身"。要，姑從孔晁通"惡"。不羸，當與下文"勝人必羸"同解。羸，盧校改作"嬴"，以慈利簡乙本觀之，即通"盈"。不盈，謂不足之義。惡不盈，言惡倉廩材用之不足，《管子·牧民》言"不務天時，則財不生；不務地利，則倉廩不盈"，可與此對讀。擯，棄也，謂見棄于親，盧文弨說是。

四赦：一勝人必羸，二取威信復，三人樂生身，四赦民所惡。

孔晁云："羸，謂益之。復，謂有之。皆赦救也。"

【疏證】

赦，甲本作"恋"。羸，乙本作"浧"，即"盈"字。勝人必羸，謂欲勝人則必益之。"取威信復""人樂生身"或當從《文酌》"守之以信""取戚免梏""樂生身復"作"取威信人""樂生身復"。取威信人，言以信人取威信，《左傳》僖二十八年言"報施救患，取威定霸，於是乎在矣"，可與此相參。樂生身復，猶《史記·商君列傳》"僇力本業，耕織致粟帛多者復其身"。

此七者，摶之來也。

孔晁云："所以懷來之也。"

六厲：一仁厲以行，二智厲以道，三武厲以勇，四師厲以士，五校正厲御，六射師厲伍。

孔晁云："厲，爲治政也□□。"脱字或可從上下文義補"以勵"二字。

【疏證】

前三條，簡本亦然。"四師厲以士"，甲本作"六曰□厲以士"，次序與今本不同。"六射師厲伍"之前，甲本又作"□死□厲……□厲左"，其意不詳。仁厲以行者，言以行厲仁，如《論語·陽貨》所言："子張問仁於孔子。孔子曰：'能行五者於天下，爲仁矣。'請問之。曰：'恭、寬、信、敏、惠。恭則不侮，寬則得衆，信則人任焉，敏則有功，惠則足以使人。'"及《孟子·公孫丑上》言："以力假仁者霸，霸必有大國，以德行仁者王，王不待大。"智厲以道，如《韓非子·觀行》言："智短於自知，故以道正己。"士，《周禮·秋官·序官》"士師下大夫四人"，鄭玄注："士，察也，主察獄訟之事者。"師厲以士，謂以軍法勵師。"五校正厲御，六射師厲伍"兩句與簡本差距較大，簡本含義不詳，此暫闕疑。

五衛：一明仁懷怒，二明知輔謀，三明武攝勇，四明材攝士，五明藝攝官。

孔晁云："皆所以成戰矣。"

【疏證】

《鄭保》作"六衛：一明仁懷恕，二明智設謀，三明戒攝勇，四明才攝士，五明德攝官，六明命攝政"。甲本"三""四"之下皆有"曰"字。怒，當從《鄭保》作"恕"，盧校是。懷，《小雅·鐘鼓》"懷允不忘"，鄭箋："懷，至也。"輔、攝，皆"助"之義。此下或脱"此十一者，戰之振也"。

（六廣：一曰明令，二曰明醜，三曰明賞，四曰明罰，五曰利兵，六曰競竟）①五虞：一鼓走疑，二備從來②，三佐車舉旗③，四采虞人謀④，五後動撚之⑤。

孔晁云："撚，從也。皆求安道令之道。"孔晁注"道令"二字或衍或訛，盧文弨説是。

【疏證】

①六廣數句，原文脱，今據《北堂書鈔》卷一百一十八補入王文。廣，通"光"，猶《尚書·堯典》"光被四表"之"光"，明也。明令，當作"明命"。"醜"當作"耻"，王念孫説甚是。命、耻、賞、罰，猶《命訓》所謂"六極"。甲本"五虞"之上有"恒志"，此"恒志"當對應"競

竟”。王連龍言銀雀山漢簡《唐勒》有“步趨競久疾數”，“兢”可訓爲“恒”，并引蔡偉之説，謂“兢竟”可能爲“兢意”之誤，甚是（見《慈利楚簡〈大武〉校讀六則》，《考古》2012年第3期，第73頁）。

②虞，《國語·周語中》“以待不庭不虞之患”，韋注：“虞，度也。”五虞，猶言五法。疑，或當訓“疑立”之“疑”，可訓爲“止”。鼓走疑，謂以鼓主軍之行止。從來，言由來。備從來，朱右曾云“防其斷我歸路”，或是。

③佐車，《左傳》成二年有“鄭周父御佐車，宛茷爲右，載齊侯以免”，杜注：“佐車，副車。”《禮記·少儀》言“乘貳車則式，佐車則否”，鄭玄注：“貳車、佐車，皆副車也。朝祀之副曰貳，戎獵之副曰佐。”舉旗，《左傳》成二年言：“張侯曰：‘師之耳目，在吾旗鼓，進退從之。’”又“左并轡，右援枹而鼓”，是知鼓在戎車，而旗在佐車。

④采虞人謀，《北堂書鈔》卷一百十八作“虞人入謀”，則此或當作“采虞入謀”，人，或爲“入”字形訛，入，納也。采虞，謂采法度，入謀，謂納謀略。

⑤動，猶驚也，《左傳》宣十一年“謂陳人無動”，《史記·陳杞世家》作“謂陳曰無驚”。驚，謂震驚，如《商頌·長發》所言“不震不驚”。撚，《淮南子·兵略訓》言：“陳卒正，前行選，進退俱，什伍摶，前後不相撚，左右不相干，受刃者少，傷敵者衆，此謂事權。”此句《太平御覽》卷二百七十一引作“蹍”，蹈踏也。後動撚之，謂在後者震驚而踐踏前者，故當虞之。此或脱“此十一者，鬥之客也”。

無競惟害，有功無敗。

孔晁云：“雖强，常念害則不敗也。”

【疏證】

競，《大雅·桑柔》“秉心無競”，毛傳：“競，彊。”功，王念孫引《爾雅》訓“勝”，或是。

大明武第九

【題解】

此篇或係概括全篇内容爲題。若取首句二字，則“大武”與前篇相混。明，謂昭明之義。此篇或是對《大武》所論進一步展開，當與《大武》歸爲一組。是篇通篇用韵，恐亦是“箴戒”性質篇章。

畏嚴大武，曰維四方，畏威乃寧。

孔晁云：“大武之道，四方畏威，天下乃寧之也。”

【疏證】

畏，讀爲“威”。畏嚴，即威嚴。寧，《左傳》襄十三年“其寧惟永”，杜注：“寧，安也。”寧，耕部字。

天作武，修戎兵，以助義正違。

孔晁云：“正順其義。”

【疏證】

作，《秦風·無衣》“與子偕作”，毛傳：“作，起也。”作武，猶興兵、起兵之義。修，《吕氏春秋·先己》“鐘鼓不修”，高誘注：“修，設。”戎，亦兵也，戎、兵二字同義連用，爲武事之義。義，《國語·吴語》“唯天王秉利度亦焉”，韋注：“義，宜也。”正，讀爲“征”，謂征伐。違，《左傳》哀十四年“且其違者不過數人”，杜注：“違，不從也。”違，微部字。

順天行五官①，官候厥政，謂有所亡②。

孔晁云："五官，舉大官之言，亡，無也。"盧校謂孔注"之言"疑倒，甚是。

【疏證】

①五官，盧文弨謂當是"司徒、司馬、司空、司工、司寇"，然由出土文獻可知，"司空"即"司工"，故盧説不確，陳逢衡謂當是《左傳》昭二十九年所謂"有五行之官，是謂五官"，然上下文無言"五行"者，似亦不確。此所謂"五官"亦非《嘗麥》所謂"五帝之官"、《五權》所謂"言父、顯父、正父、譏父、□父"。是句又見于《左傳》昭二十三年。順天行五官，當斷作"順天行、五官"，天行，《莊子·天道》言"知天樂者，其生也天行，其死也物化"，《吕氏春秋·貴信》言"天行不信，不能成歲"，天行，猶言天時。官，《禮記·樂記》"欣喜歡愛，樂之官也"，鄭玄注："官，猶事也。"五事，或即《尚書·洪範》所言"敬用五事"，"五事：一曰貌，二曰言，三曰視，四曰聽，五曰思"。

②候，《吕氏春秋·貴因》"武王使人候殷"，高誘注："候，視也。"政，謂政令。亡，失也。是句謂順天時及五事，官視其政令，謂有所失。亡，陽部字。

城廓溝渠，高厚是量。

孔晁云："謂敵人所處也。"

【疏證】

廓，即"郭"字，《管子·度地》言"城外爲之郭"，郭，即謂外城。渠，《吕氏春秋·上農》"不敢渠地而耕"，高誘注："渠，溝也。"此"溝渠"，謂護城河。溝渠可以爲守，以可以爲攻，清華簡二《繫年》簡82言"吴人以圍州來，爲長壑而渠之，以敗楚師，是鷄父之渠"。量，《國語·周語下》"釐改制量"，韋注："量，度也。"《禮記·禮運》言"城郭溝池以爲固，禮義以爲紀"，可與此對讀。量，陽部字。

既踐戎野，備慎其殃①。敬其嚴君，乃戰赦②。

孔晁云："言當明耳目，遠斥候。"

【疏證】

①踐，《國語·周語下》“足以踐德”，韋注：“踐，履也。”戎野，謂行軍于野。殃，《吕氏春秋·孟春》“稱兵，必有天殃”，高誘注：“殃，咎也。”

②嚴君，或當倒作“君嚴”，即“君威”之義。用猶《大雅·常武》“有嚴天子”，毛傳：“嚴然而威。”鄭箋：“有尊嚴于天子之威。”“赦”當是“敵”字形訛，唐大沛説是。下文言“靡敵不荒”，即爲其證。上下數句，皆以陽部爲韵，故“戰赦”之後或有缺字，由文意及韵脚觀之，或脱一“邦”字。敵邦，言敵國。殃、邦，皆陽部字。

十藝必明，加之以十因，靡敵不荒。

孔晁云：“荒，敗也。”

【疏證】

藝，《左傳》昭十三年“貢之無藝”，杜注：“藝，法制也。”因，猶依也。靡，無也。荒，陽部字。

陣若雲布，侵若風行。輕車翼衛，在戎二方。

孔晁云：“奔敵之陣如此。”

【疏證】

雲布，謂如雲布之密。《楚辭·國殤》有“旌蔽日兮敵若雲”。風行，謂如風行之速。輕車，《周禮·春官·車僕》言“掌戎路之萃、廣車之萃、闕車之萃、苹車之萃、輕車之萃”，“輕車”爲車之一種，後泛與“鋭卒”連用，言其精。翼衛，言衛于兩翼，《孫子兵法·行軍》言“輕車先出居其側者，陳也”。戎，《國語·吴語》“王不如設戎”，韋注：“戎，兵也。”方，當讀爲“旁”。是句言軍陣之法，步兵居中而輕車護衛兩翼。行、方、旁，皆陽部字。

我師之窮，靡人不剛。

孔晁云：“知敵之强，乃剛勇也。”

【疏證】

我師之窮，盧文弨、陳逢衡謂此爲《孫子》所謂“投之亡地然後存，陷之死地然後生”，恐非是。窮，或當從劉師培謂“窮極”之“窮”。剛，陽部字。

十藝：一大援，二明從①，三餘子，四長興，五伐人，六刑餘②，七三疑，八間書，九用少，十興怨③。

孔晁云：“刑餘，赦徒。用少者，省費。興怨，離構也。”孔注“離構”，謂離間構陷。

【疏證】

①大援，謂大國之外援，《左傳》桓十一年言“君多内寵，子無大援”、宣十八年言“使我殺適立庶，以失大援者，仲也夫”，皆可與此對讀。明從，唐大沛謂作“朋從”，孫詒讓謂當爲“萌徒”，即“氓徒”，孫説似較唐説迂曲，今取唐説。朋，《尚書·臯陶謨》“朋淫于家”，僞孔傳：“朋，群也。”

②餘子，與“適子”對舉，言庶孽。長，《大戴禮記·文王官人》“官則任長”，王聘珍解詁：“官，長官也。”興，《周禮·夏官·大司馬》“進賢興功”，鄭玄注：“興，猶舉也。”長興，謂舉正長。伐，孫詒讓謂當作“戍”，甚是。戍人，見于《左傳》僖二十五年“秦取析矣，戍人反矣”以及昭二十五年“趙簡子令諸侯之大夫輸王粟，具戍人”。戍人，謂戍守之人。刑餘，猶罪人。《荀子·禮論》言“刑餘罪人之喪，不得合族黨”，即以刑餘、罪人連用。

③三疑，當作“參疑”，諸家以本字讀之，不確。《常訓》有“疑意以兩，平兩以參”，即此之謂。間書，謂用間。用少，諸家或皆作以少勝多之義，非是，當從孔注。興怨，起敵之怨。

十因：一樹仁，二勝欲，三賓客，四通旅①，五親戚，六無告，七同事，八程巧②，九□能，十利事③。

孔晁云：“凡成皆有因也。勝欲，以義勝欲。”

【疏證】

①因，依也。樹，《左傳》成二年“樹德而濟同欲也”，杜注：“樹，立也。”勝欲，如《荀子·議兵》言“故敬勝怠則吉，怠勝敬則滅；計勝欲則從，欲勝計則凶”。通，猶行也。通旅，猶行旅。

②同，《左傳》成元年“是齊楚同我也”，杜注：“同，共也。”同事，或《大武》所謂“同好相助，同惡相固”也。程，或爲“緹”之形訛，即“盈”也。盈巧，謂盈其技。

③《酆謀》有“任用能”，則缺字或即“任”字，猶《左傳》閔二年：“衛文公大布之衣，大帛之冠，務材，訓農，通商，惠工，敬教，勸學，授方，任能。”利事，猶言利用，見于《左傳》文七年“正德、利用、厚生，謂之三事”，及《成開》“五利用示産”。

藝、因伐用，是謂强轉。應天順時，時有寒暑。

孔晁云：“言時有難易也。”

【疏證】

伐，丁宗洛、陳逢衡疑爲“代”，甚是。代用，謂并用，朱右曾説是。强轉，王念孫謂“轉當爲“輔”字之誤”，甚是。時，或通“是”。輔、暑，皆魚部字，魚、陽兩部陰陽對轉。

風雨飢疾，民乃不處。移散不敗，農乃商賈。委以淫樂，賂以美女。

孔晁云：“謂扇動之使沈惑也。”

【疏證】

處，居也。不處，謂民乃移散而不得。不收，孫詒讓謂本作“不取”，即“不聚”，甚是。農乃商賈，謂農人棄耕而行商賈之事。委，《左傳》成三年“王使委于三吏”，杜注：“委，屬也。”處、賈、女，皆魚部字。

主人若枝①，□至城下②。高堙臨内，日夜不解③。

孔晁云：“枝，謂堅也。”“枝”當從下文讀爲“支”，支，言相持之義。以其相持，故堅。

【疏證】

①主人，劉師培謂是“被兵之國”，或是。枝，盧校作“杖”，劉師培謂字即作“枝”，讀爲“榰”，榰，《爾雅·釋言》：“柱也。”案：此字或即當作“支”，支、枝二字古通。《爾雅·釋言》“支，載也”，邵晋涵正義：“支，與榰通。”故劉師培説雖是，然不煩轉讀爲“榰”。《國語·周語下》“天所支，不可壞也”，韋注：“支，拄也。”《戰國策·西周策》“魏不能支”，高誘注：“支，猶拒也。”故此“支”當是相持、相拒之義，如《孫子兵法·地形》“我出而不利，彼出而不利，曰支”，即謂相持不下。

②脱字唐大沛疑爲“兵”，朱右曾疑爲“鉞”，朱駿聲補爲“卒”。前文言“我師之窮，靡人不剛”，故或脱字或當補“師”字。

③高堙，猶下文“湮之以土”，謂作土山而臨城。臨内，謂臨視城内。解，當通“懈”，怠也。下，魚部字，解，錫部字，劉師培以韵部不協謂“解”字有誤，或是。

方陣并功，云何能禦？雖易必敬，是謂明武。

孔晁云：“禦，當也。”

【疏證】

方，猶并也，劉師培説是。功，盧文弨云“功與攻同”，當是。方陣并攻，言合其陣而攻之。易，《荀子·富國》“則其道易”，楊倞注：“平易可行。”禦、武，皆魚部字。

城高難平，湮之以土。開之以走路，俄傳器櫓。

孔晁云：“湮土，謂爲土山以臨之也。”

【疏證】

平，言平定。開，啓也。《大雅·公劉》“干戈戚揚，爰方啓行”，毛傳：“以方開道路。”啓，言爲先導之義。“走”字或爲衍文，路，《魏風·汾沮洳》“殊異乎公路”，毛傳：“路，車也。”“俄傳”當作“蛾傳”，銀雀山漢簡《孫臏兵法·擒龐涓》簡243言“蟻傅”，即《孫子兵法·謀攻》所見“蟻附”，盧文弨説是，《墨子》有《備蛾傳》，即此也。櫓，猶《左傳》成十六年“楚子登巢車以望晋軍”，杜注：“巢車，車上爲櫓。”土、櫓，皆魚部字。

因風行火，障水水下。惠用元元，文誨其寡。

孔晁云：“言務□恤刑也。”孔注脱字或當從正文補“惠”字。

【疏證】

因，依也。障水水下，言湮水以灌其城。元元，謂民衆。《戰國策·秦策一》言“今欲并天下，凌萬乘，詘敵國，制海内，子元元，臣諸侯，非兵不可”，高誘注：“元，善也，民之類善故稱元。”惠用元元，爲用民以惠。文誨，當作“不侮”，猶《大雅·烝民》“不侮矜寡”。下、寡，皆魚部字。

旁隧外權①，隳城湮溪。老弱單處，其謀乃離②。

孔晁云：“單處，無於保郭。”孔注“郭”即“障”字。

【疏證】

①隧，當讀爲“燧”。《左傳》定四年“王使執燧象以奔吴師”，孔穎達正義引賈逵云：“燧，火燧也。”權，謂烽火，權字亦作“爟”，洪頤煊、朱右曾説是。旁隧、外權同義對舉，皆謂烽火而言。

②隳，《吕氏春秋·順説》“隳人之城郭”，高誘注：“隳，壞也。”城，謂城郭。湮，《左傳》昭二十九年溪“鬱湮不育”，杜注：“湮，塞也”，亦作“谿”，《左傳》隱三年“澗谿沼沚之毛”，杜注：“谿，猶澗也。”湮溪，謂填平護城河。單處，謂别居。離，《國語·周語下》“日離其名”，韋注：“離，失也。”溪，支部字，離，歌部字。支、歌兩部旁轉。

既克和服，使衆咸宜。竟其金革，是謂大夷。

孔晁云：“咸，皆。夷，平。”

【疏證】

和服，謂和事。竟，《大雅·瞻卬》“譖始競背”，鄭箋：“竟，猶終也。”金革，謂兵事，《禮記·曾子問》言：“三年之喪卒哭，金革之事無辟也者，禮與？”宜，歌部字，夷，脂部字。歌、脂兩部旁轉。

小明武第十

【題解】

此篇亦總括全篇大意爲題，冠以小字，或别于前篇《大明武》，可見二篇在題名之時，已是成組流傳。

凡攻之道，必得地勢，以順天時，觀之以今，稽之以古。

孔晁云："兵，凶器，戰，危事，故以詳順之稽考也。"

【疏證】

"以順天時"之"以"，猶"而"也。觀，或當讀爲"權"，言權變之義。權之以今，即以今權度之，稽之以古，謂以古稽考之。古，魚部字。

攻其逆政，毁其地阻。立之五教，以惠其下。

孔晁云："五教，五常之教也。"

【疏證】

逆政，謂不順之政。地阻，謂地形險阻，猶《大明武》所謂"隳城湮溪"。五教，即《管子·兵法》所言："五教：一曰教其目以形色之旗；二曰教其身以號令之數；三曰教其足以進退之度；四曰教其手以長短之利；五曰教其心以賞罰之誠。"惠，《邶風·北風》"惠而好我"，毛傳："惠，愛。"阻、下，皆魚部字。

矜寡無告，寔爲之主①。五教允中，枝葉代興②。

孔晁云："爲之君。枝葉，謂衆。善政也。"是句或當校作"爲君之善政也。枝葉，謂衆”。

【疏證】

①矜寡，謂鰥寡，無告，謂窮民。寔，當作“實”，《大雅·韓奕》“實墉實壑”，鄭箋：“實當作寔，趙、魏之東，實、寔同聲。寔，是也。”言爲鰥寡無告者作主。

②允，信也。中，猶當也。枝葉，清華簡五《厚父》簡11言“民心爲本，厥作爲葉”，枝葉，當就其本而言。陳逢衡謂“以五教爲本，而他務爲枝葉也”，其説甚是。“伐興”當作“代舉”，盧文弨説是。代，《國語·晋語一》“上貳代舉”，韋注：“代，更也。”興，舉也，代舉，言并舉。主、舉，皆魚部字。

國爲僞巧，後宫飾女①；荒田逐獸，田獵之所②。游觀崇臺，泉池在下。淫樂無既，百姓辛苦③。

孔晁云：“言凡有此事皆可伐。”

【疏證】

①僞，謂虚詐，朱右曾謂“猶言淫巧”，甚是。飾女，亦見于《柔武》“飾女滅德”，《韓非子·八奸》言“人主樂美宫室臺池、好飾子女狗馬以娱其心”，可與此對讀。

②荒，《禮記·曲禮上》“地廣大荒而不治”，孔穎達疏：“荒，廢穢也。”田，謂土田。逐，《左傳》昭元年“諸侯逐進”，杜預注：“逐，猶競也。”獸，當即“狩”字，《小雅·車攻》“搏獸於敖”，王先謙《詩三家義集疏》言：“魯獸作狩。”荒田逐獸，謂荒廢土田而競于行狩。

③游，當作“游”，盧文弨校是。游，《周禮·天官·序官》“囿游亦如之”，鄭玄注：“游，離宫也。”游、囿二字同義連用。觀，《爾雅·釋宫》：“觀謂之闕。”《史記·李斯列傳》言“治馳道，興游觀，以見主之得意”，可與此對讀。崇，《國語·周語下》“夫宫室不崇”，韋注：“崇，高也。”崇臺，謂高臺。淫樂無既，謂淫樂不盡。女、所、下、苦，皆魚部字。

上有困令，乃有極□。上困下騰，戎遷其野。敦行王法，濟用金、鼓。

孔晁云："濟，成也，言以金鼓濟其伐。"

【疏證】

困，猶亂也，《論語・子罕》"不爲酒困"，何晏集解引馬融曰："亂也。"困令，猶亂命也。騰，《魯頌・閟宫》"不震不騰"，鄭箋："震、騰，皆謂僭逾相侵犯也。"《寶典》"倫不騰上"，孔晁注："不騰，不越。"脱字當與"騰"字含義相關，爲"侵犯逾越"之義。敦，《爾雅・釋詁上》："勉也。"野、鼓，皆魚部字。

降以列陣，無悗怒□。按道攻巷，無襲門户。

孔晁云："言不赦有罪，怒伐無辜。襲，掩也。"

【疏證】

降，《國語・周語中》"王降翟師以伐鄭"，韋注："降，下也。"盧文弨謂"怒"字是韵，脱字當在上句，陳逢衡謂脱字當在"無"字之上，甚是。悗，義與"懣"通，朱右曾説是。懣，《説文》："煩也。"按，《大雅・皇矣》"以按徂旅"，陸德明釋文："按，安旦反，本又作遏，安葛反。此二字俱訓止也。"

無受貨賂，攻用弓弩。上下禱祀，靡神不下①。具行衝梯，振以長旗②。

孔晁云："先所禱而攻後戰也。"攻後戰，盧校作"後攻戰"，甚是。

【疏證】

①賂，《魯頌・泮水》"大賂南金"，毛傳："賂，遺也。"上下禱祀，謂祭祀禱告于上下神祇。不下，猶不降、不來，即《國語・周語上》所言"故明神降之，觀其政德而均布福焉"。

②具，《孫子兵法・謀攻》"具器械"，曹操注："具，備也。"行，《左傳》昭十年"將不行"，杜注："行，用也。"衝，謂衝車。梯，謂雲

梯。振，整也，猶故書習見“振旅”之“振”。弩、下，皆魚部字，旗，之部字，之、魚二部旁轉。

懷戚思終，左右憤勇。無食六畜，無聚子女①。群振若雷，造於城下②。鼓行參呼，以正什伍③。

孔晁云：“言士卒之奮厲也。”

【疏證】

①戚，《小雅·小明》“自詒伊戚”，毛傳：“戚，憂也。”終，盡也。憤，《讀書雜志·墨子第六》“恚[illegible]高憤”條，王念孫案引王引之言：“‘憤’與‘奮’同。”食，《漢書·谷永傳》“不食膚受之愬”，顔師古注：“食，猶受納也。”六畜，謂城中之民所蓄養者。聚，謂聚斂之義，或讀爲“取”，亦通。子女，《墨子·非攻下》“我非以金玉、子女、壤地爲不足也”，《韓非子·八奸》言“人主樂美宫室臺池、好飾子女狗馬以娱其心”，子女，或言奴婢之義。

②振，通“震”，《大雅·常武》“震驚徐方”，鄭箋：“震，動也。”造，《周禮·地官·司門》“凡四方之賓客造焉”，鄭玄注：“造，猶至也。”

③參，當作“喿”，孫詒讓説是。喿，《説文》“喿”段注：“俗作噪。”鼓行喿呼，猶《國語·吴語》所見“昧明，王乃秉枹，親就鳴鐘鼓、丁寧、錞于、振鐸，勇怯盡應，三軍皆嘩釦以振旅，其聲動天地”。“喿呼”即“嘩釦”，謂嘩吼之義。正，整也，正什伍，即謂“振旅”。女、下、伍，皆魚部字，勇爲東部字，與上下韵部不協，恐是誤字。

上有軒冕，斧鉞在下。勝國若化，故曰明武。

孔晁云：“軒冕，所以爲賞也。”

【疏證】

軒冕，謂賞，斧鉞，謂罰。《命訓》有“人有醜、有紼絻、有斧鉞”。上博簡七《吴命》簡5言：“有軒冕之賞，或有斧鉞之威。”勝國若化，亦見于《柔武》，另《武寤》有“商庶若化”，《國語·晋語三》言：“且夫禍唯無釁，足者不處，處者不足，勝敗若化。”若，順也。化，《荀子·不苟》“變化代興”，楊倞注：“馴致於善，謂之化。”下、武皆魚部字。

大匡第十一

【題解】

是篇總括全篇内容爲題，所謂周王宅程三年等背景，或是後人所附益，又言“作《大匡》”，可知首句有小序性質，當出自後人附益。通篇所言之“王”，并非实指周文王，當是後世泛稱。較同題之《大匡》第三十七，本篇内容更集中于救荒之具體舉措。是篇性質或與《管子》中個别篇章相似，應是施政綱領或是救灾方案一類。

維周王宅程三年①，遭天之大荒②，

孔晁云：“程，地名，在岐州左右，后以爲國。初，王季之子文王因焉，而遭飢饉，後乃徙豐焉。”

【疏證】

①宅，居也。程，《史記·太史公自序》“其在周，程伯休甫其後也”張守節正義引《括地志》：“安陵故城在雍州咸陽東二十一里，周之程邑也。”《漢書·地理志》“右扶風安陵”，顏師古注：“闞駰以爲本周之程邑也。”

②遭，《國語·鄭語》“未既亂而遭之”，韋注：“遭，遇也。”大荒，《韓詩外傳》卷八：“一穀不升謂之鎌，二穀不升謂之飢，三穀不升謂之饉，四穀不升謂之荒，五穀不升謂之大侵。”

作《大匡》，以詔牧其方①。三州之侯咸率②。

孔晁云：“文王初未得三分有二，故三州也，率，謂奉順也。”

【疏證】

①詔，《左傳》成二年“變之詔也”，杜注：“詔，告也。”牧，《荀子·成相》“請牧基”，楊倞注：“牧，治。”《尚書·康誥》言“周公咸勤，乃洪大誥治”。誥治，言誥辭，或與此“詔牧”相關。方，謂方國。

②三州，上博簡二《容成氏》簡31有“方有三俈”“東方爲三俈”“西方有三俈”“南方有三俈”“北方有三俈”，陳劍《上博楚簡〈容成氏〉與古史傳説》引董珊説，言“俈”或即“牧”，若作此訓，則“以詔牧其方”當作“以詔其牧方”，亦通。

王乃召冢卿、三老、三吏大夫、百執事之人①朝于大庭②。

孔晁云：“冢卿，孤卿。三吏，三卿也。大庭，公堂之庭。”

【疏證】

①冢，《大雅·緜》“乃立冢土”，毛傳：“冢，大。”冢卿，猶大正、正卿。“三吏”當與“大夫”連讀，“三吏大夫”即《小雅·雨無正》“三事大夫，莫肯夙夜”之“三事大夫”，亦見于小盂鼎銘文（《集成》02839），爲《尚書·立政》所謂“任人、準夫、牧，作三事”。“三老”介乎“冢卿”與“三事大夫”之間，或即金文常見之“三有司”。百執事，即《立政》所言“百司庶府”，謂百官。

②朝，《禮記·王制》“耆老皆朝于庠”，鄭玄注：“朝，猶會也。”大庭，小盂鼎銘文（《集成》02839）有“即大廷”。陳夢家謂：“大廷在周廟而中廷爲三門内内朝路寢之廷。”（《西周銅器斷代》，中華書局，2004年，第110頁。）宫長爲、劉健則以“大庭”爲二門以内，三門以外，其左爲社稷，右爲周廟。（《〈小盂鼎〉銘文與西周門朝制度》，載《吉林大學古籍整理研究所建所十五周年紀念文集》，第220—221頁。）

問罷病之故、政事之失、刑罰之戾、哀樂之尤、

孔晁云：“戾，罪。尤，過。”

【疏證】

罷，《國語·周語下》“上下不罷”，韋注：“罷，勞也。”戾，乖

也，朱右曾説是。尤，《左傳》襄二十六年“而視之尤”，杜注：“尤，甚也。”

賓客之盛、用度之費、及關市之征、山林之匱、田宅之荒、溝渠之害、

孔晁云：“匱、荒、害，皆謂官不修無征。”

【疏證】

盛，《廣雅·釋詁三》：“多也。”用度，謂材用度支。費，《説文》：“散材用也。”關市之征，即《孟子·梁惠王下》所言“關市譏而不征，澤梁無禁，罪人不孥”。匱，《大雅·既醉》“孝子不匱”，毛傳：“匱，竭。”荒，《禮記·曲禮上》“地廣大荒而不治”，鄭玄注：“荒，穢也。”溝渠，《周禮·秋官·雍氏》“掌溝瀆澮池之禁”，鄭玄注：“溝、瀆、澮，田間通水者也。”渠，亦溝也。

怠墮之過、驕頑之虐、水旱之菑。

孔晁云：“皆以爲失之者。”

【疏證】

怠，《吕氏春秋·達鬱》“壯而怠則失時”，高誘注：“怠，懈。”墮，《説文》：“不敬也。”亦表“懈”義。驕，《戰國策·秦策五》“王兵勝而不驕”，高誘注：“驕，驕慢也。”頑，《左傳》僖二十四年言：“心不則德義之經爲頑。”虐，《淮南子·覽冥訓》“天不夭於人虐也”，高誘注：“虐，害也。”菑，即“灾”字。

曰：“不穀不德，政事不時，國家罷病，不能胥匡，二三子尚助不穀。”官考厥職，鄉問其人，

孔晁云：“不尚，尚也，問人攻得失。”孔注“攻”當作“政”。

【疏證】

不穀，國君自稱，《老子》言“是以侯王自稱孤、寡、不穀”，《左傳》僖二十三年“公子若反晋國，則何以報不穀”，皆是其證。政事

不時，謂爲政不以時。胥匡，謂相救。《尚書·盤庚下》言“不能胥匡以生”，是其證。二三子，謂前所列“冢卿、三老、三吏大夫、百執事之人”。案：尚，或應作“當”，尚、當，皆宜之義。考，《周頌·載芟》“胡考之寧”，毛傳：“考，成也。”官考厥職，謂百官各司其職。問，猶責也，用如《左傳》僖四年“昭王南征而不復，寡人是問”。

因其耆老①，及其總害。慎問其故，無隱乃情②。

孔晁云：“總，衆人也。”

【疏證】

①因，《吕氏春秋·盡數》“因智而明之”，高誘注：“因，依也。”耆，亦老也。耆老，亦見清華簡七《晋文公入于晋》簡1言“明日朝，屬邦耆老”。此稱故書多見，亦作“耇”，如《尚書·召誥》“今冲子嗣，則無遺壽耇”、上博簡三《彭祖》簡1言“耈老問于彭祖”，《皇門》“克有耇老據屏位”，簡本作“蔑有耆耇慮事屏朕位”，耆耇并稱。又作“黎老”，如《國語·吴語》《墨子·明鬼》“播棄黎老”。又作“耆壽”，如《尚書·文侯之命》“罔或耆壽俊在厥服”。又作“故老”，如《小雅·正月》“召彼故老，訊之占夢”。

②總害，俞樾謂“總”俗書作“惣”，其上半與“利”字古文“㓞”形近而訛，故“總害”當作“利害”，甚是。慎，猶敬也。隱，《國語·齊語》“則事可以隱令”，韋注：“隱，匿也。”乃，猶其也。情，《吕氏春秋·壅塞》“宣王之情”，高誘注：“情，實也。”

及某日，以告于廟，有不用命，有常不赦。

孔晁云：“明日，王至廟告。常者，常刑也。”

【疏證】

某日，謂告廟之日。以，猶乃也。不用命，猶《尚書·甘誓》所謂“不恭命”，皆謂不聽命。下文有“有不用命，有常不違”，《左傳》哀三年有“有不用命，則有常刑，無赦”，《戰國策·魏策四》亦有“子弑父，臣弑君，有常不赦。國雖大赦，降城亡子不得與焉”。

王既發命，入食不舉，百官質方，□不食饔。

孔晁云："王不舉樂，百官徹膳，以思其職。方，道。"

【疏證】

不舉，故書凡言不舉樂，皆不省"樂"字，此言"入食不舉"，當謂去盛饌。質，或訓"問"，朱右曾説是。另，"方"，或從于鬯通"訪"，于謂此"質方"即"質問"，與上文"官考厥職"相應，亦是。饔，《小雅·祈父》"有母之尸饔"，毛傳："熟食曰饔。"缺字或作"賓"，《國語·周語中》："敵國賓至，……膳宰致饔，……賓入如歸。"又《大戴禮記·朝事》："君親醴賓，賓私面私覿，致饔餼。既還，圭璋賄贈，饗食燕，所以明賓主君臣之義也。"

及期日，質明，王麻衣以朝，朝中無采衣。

孔晁云："此凶服，自居爲荒變。"

【疏證】

及期日，《國語·周語中》"及期命于武宫"，韋注："期，將事之日也。"質明，謂正明，《儀禮·士冠禮》言："質明行事。"麻衣，謂素服。《左傳》昭三十一年："季孫練冠麻衣，跣行，伏而對曰：'事君，臣之所不得也，敢逃刑命，君若以臣爲有罪，請囚于費，以待君之察也。'"是自居其罪也。采，《漢書·貨殖傳》"文采千匹"，顔師古注："帛之有色者曰采"，今多以"彩"爲之。《禮記·玉藻》言"士不衣織，無君者不貳采。衣正色，裳間色"，無采衣，言皆著素服。

官考其職，鄉問其利，因謀其菑，旁匡於衆，無敢有違。

孔晁云："衆，衆民也。百官率我，故無違。"

【疏證】

利，讀如字，前文作"鄉問其人"，則此"利"亦可通"黎"，衆也，亦通。因，《國語·鄭語》"不可因也"，韋注："因，就也。"謀，《説文》："慮難曰謀。"旁，《説文》："溥也。"旁匡，言徧救。

詰退驕頑，方收不服，慎惟怠墮，什伍相保。

孔晁云："方方敖收其不服化者也。"孔注"方方敖收"或當作"萬方放收"。

【疏證】

詰，責也，朱右曾説是。驕頑，驕慢貪頑也。方，當讀爲"放"。放，《周禮·夏官·大司馬》"放弒其君則殘之"，鄭玄注："放，逐也。"收，《戰國策·楚策三》"楚王因收昭睢以取齊"，鮑彪注："收，補繫之也。"方收不服，言不服者或拘之，或逐之。慎，《大雅·桑柔》"考慎其相"，鄭箋："慎，戒。"保，《唐風·山有樞》"他人是保'，毛傳："保，安也。"

動勸游居①，事節時茂，農夫任户，户盡夫出②。

孔晁云："茂，勉也。言無户不出夫以勸農。"

【疏證】

①動勸，或當從朱右曾作"勤勸"。游居，即下文所謂"游旅旁生"，《商君書·墾令》言"博聞辨慧游居之事，皆無得爲"，《韓非子·六反》又言"游居厚養，牟食之民也，而世尊之曰有能之士"。則游居者當是游學辨説之士，非游手好閑之謂。

②事節時茂，猶《大戴禮記·誥志》所言"時作則節事，節事以動衆"。任，猶舉也，《墨子·經下》"生於今而處於古"，孫詒讓閒詁："'生'疑當作'任'，形近而誤，'任'與'舉'義同。"任户，言舉户。户盡夫出，言每户盡出其夫。

農廪分鄉，鄉命受糧①。程課物徵，躬競比藏②。

孔晁云："農人藏穀於廪，分在諸鄉，合課程。比藏者，比方其收藏也。"

【疏證】

①農，《尚書·洪範》"農用八政"，僞孔傳："農，厚也。厚用之，

政乃成。”廪，謂倉廪。農廪分鄉，謂發厚廪而分于鄉。

②程，《説文》：“品也。”課，《廣雅·釋言》：“第也。”程課，言品類次第，引申爲度量。物徵，謂貢物徵斂。躬，《衛風·氓》“躬自悼矣”，鄭箋：“躬，身也。”競，《左傳》襄十年“師競已甚”，杜注：“競，争競也。”比，于鬯謂讀作“庀”，或是。躬競比藏，言其身争競于庀藏物徵。

藏不粥糴，糴不加均，賦洒其幣，鄉正保貸。

孔晁云：“糧不加均，多從所有不限也。洒，散也。幣，以糴以貨窮也。”孔注“糧不加均”或當從經作“糴不加均”，丁宗洛説或是。以糴以貨窮也，或當校作“糴以貸窮也”。

【疏證】

粥，讀爲“鬻”。粥糴之“糴”，或當作“糶”，糶，《説文》：“出穀也。”均，《小雅·節南山》“秉國之均”，毛傳：“均，平。”糴不加均，謂入穀不加于平價。賦，《吕氏春秋·分職》“出高庫之兵以賦民”，高誘注：“賦，予也。”賦洒其幣，謂振施。正，謂正長。保，《廣雅·釋詁一》：“使也。”

成年不償，信誠匡助，以輔殖財。

孔晁云：“名曰貸而不償，所以生殖民財也。”

【疏證】

成年，亦見于《糴匡》“成年年穀足”。償，《戰國策·秦策二》“是我亡於秦而取償於齊也”，鮑彪注：“償，還也。”誠，亦信也。匡，亦助也。殖，《左傳》襄三十年“我有田疇，子産殖之”，杜注：“殖，生也。”

財殖足食，克賦爲征，數口以食，食均有賦。

孔晁云：“均民足食，而征其賦以入官也。”

【疏證】

克，能也。賦，《説文》：“斂也。”征，亦“斂”也。克賦爲征，謂能爲征斂。數，《説文》："計也。"以，猶而也。均，謂各得其分。

外食不贍，開關通糧。糧窮不轉，孤寡不廢。

孔晁云："窮征困内，不轉出外也。"

【疏證】

外食，言就食于外，《墨子·號令》言"鋪食皆於署，不得外食"，可與此對讀。贍，盧校作"贍"，甚是。贍，《孟子·公孫丑上》"力不贍也"，趙岐注："贍，足也。"關，《周禮·地官·序官》"司關"，鄭玄注："關，界上之門。"開關通糧，謂告糴于他國。轉，《説文》："運也。"是句謂糧不足則不轉運，以是不廢孤寡。

滯不轉留，戍城不留，□足以守①，出旅分均，馳車送逝，旦夕運糧②。

孔晁云："□不戍者，不令留足以守之，表皆共運之也。"孔注缺字或爲"戍"，表，盧校作"衆"，可從。

【疏證】

①滯不轉留，劉師培疑爲衍文，"滯"爲上文"廢"字之注，"不轉"涉上文"糧窮不轉"，"留"則涉下文衍，其説甚是。缺字當依孔注作"留"。戍城不留，留足以守，即《糴匡》"男守疆，戎禁不出"，劉師培説是。

②出旅，謂出師。分，《禮記·樂記》"男有分"，鄭玄注："分，猶職也。"均，平也。分均，謂各安其職分。馳，《説文》："大驅也。"送，《説文》："遣也。"逝，《魏風·碩鼠》"逝將去女"，鄭箋："去，往也。"送逝，猶來往。旦夕，謂朝夕。

於是告四方：游旅旁生忻通，津濟道宿，所至如歸。

孔晁云："有告者、窮者有所歸也。"

【疏證】

游旅，謂行旅，猶前文所言"游居"。旁，《墨子·雜守》"行旁視"，孫詒讓閒詁引蘇云："旁，當作訪。"生，《呂氏春秋·勸學》"生於不學”，高誘注：“生，猶出也。”旁生，猶言出訪，正與“游旅”相應。忻，樂也，朱右曾説是。通，謂通達。津、濟，謂渡口也。道宿，《史記·齊太公世家》有“東就國，道宿行遲”，謂宿于道。

幣租輕，乃作母以行其子。

孔晁云：“以貴重爲母，謂錢幣之屬。”

【疏證】

幣，《儀禮·士相見禮》“凡執幣者不趨”，賈公彦疏：“玉、馬、皮、圭、璧、帛皆稱幣。”作母以行其子，言作重錢而行輕錢也。《國語·周語下》：“古者，天灾降戾，于是乎量資幣，權輕重，以振救民，民患輕，則爲作重幣以行之，于是乎有母權子而行，民皆得焉。若不堪重，則多作輕而行之，亦不廢重，于是乎有子權母而行，小大利之。”韋注：“民患幣輕而物貴，則作重幣，以行其輕也。”又曰：“重曰母，輕曰子，以子貿物，物輕則子獨行，物重則以母權而行之也。子母相通，民皆得其欲也。”

易資貴賤以均，游旅使無滯。

孔晁云：“非但租賦作母行子，游旅易資亦然。”

【疏證】

易，《荀子·正名》“易者以一易一”，楊倞注：“易，謂以物相易。”資，《國語·周語下》“於是乎量資幣”，韋注：“資，財也。”均，平也。滯，《國語·周語下》“氣不沈滯”，韋注：“滯，積也。”

無粥熟，無室市，權内外以立均，無蚤暮，閭次均行。

孔晁云：“均，平。民財行之無早晚之常也。”

【疏證】

粥，讀爲“鬻”，賣也。室市，當讀爲“節市”，室、節相通之例可參看裘錫圭《由郭店簡〈性自命出〉的“室性者故也”説到〈孟子〉的“天下之言性也”章》（《裘錫圭學術文集》第二卷）一文。權，《戰國策·趙策二》“權甲兵之用”，鮑彪注：“權，猶度。”均，謂均平之價。蚤，通

“早”。閭，《説文》：“里門也。”次，《左傳》襄二十三年“恪居官次”，杜注：“次，舍也。”閭次均行，謂閭舍皆行此均平之價。

均行衆從，積而勿□，以罰助均，無使之窮，平均無乏，利民不淫。

孔晁云：“雖積賞進有，無不隄防之。使民有過者，罰其穀幣，其穀幣通以助均。”

【疏證】

缺字或當從孔晁注作“賞”。乏，言匱乏。利民不淫，當從《糴匡》作“民利不淫”，劉師培説是。

無播蔬，無食種，

孔晁云：“可食之菜曰蔬。”

【疏證】

播，《周頌·噫嘻》“播厥百穀”，鄭箋：“播，猶種也。”無播蔬，言當播穀。無食種，謂求來年之食。

以數度多少，省用。

孔晁云：“國家常用。”

【疏證】

數，《左傳》桓二年“昭其數也”，杜注：“尊卑各有數”，孔穎達正義：“數，謂多少。”度，《左傳》文十八年“事以度功”，杜注：“度，量也。”省用，謂節財用。

祈而不賓、祭，服漱不制。

孔晁云：“不賓，殺禮。不制，不造新也。”殺禮，謂減殺其禮。

【疏證】

“祈而不賓、祭”，如《糴匡》“有禱無祭”，言因事而禱，免常祭也。王引之云“不賓祭當作‘不祭’”，亦通。漱，《禮記·曲禮上》

“諸母不漱裳”，鄭玄注：“漱，澣也。”澣，今多作“浣”。漱不制，謂浣之而不新制。

車不雕飾，人不食肉，畜不食穀，

孔晁云：“畜，謂馬也。”

【疏證】

《吕氏春秋·慎小》言“去肉食之獸，去食粟之馬”，故《糴匡》言：“俾民畜唯牛羊。”

國不鄉射，樂不墻合，墻屋有補無作，

孔晁云：“皆爲荒降之也。”

【疏證】

國不鄉射，謂國不行鄉禮、射禮，陳逢衡説是。墻合，《周禮·春官·小胥》言：“正樂縣之位，王宫縣，諸侯軒縣，卿大夫判縣，士特縣，辨其聲。”不墻合，謂徹縣，郝懿行説是。有補無作，謂補舊而不作新。

資農不敗務，

孔晁云：“農桑之務不廢。”

【疏證】

資，《戰國策·秦策四》“王資臣萬金而游”，高誘注：“資，給也。”敗，《大雅·民勞》“無俾正敗”，鄭箋“無使先王之正道壞”，即訓“敗”爲“壞”。

非公卿不賓，賓不過具。

孔晁云：“唯賓公卿酒食而已。”

【疏證】

具，《廣雅·釋詁二》：“備也。”賓不過具，如《糴匡》言“賓旅設位有賜”，謂不過其分。

哭不留日，登降一等。

孔晁云："留，盡也。降一等，爲荒廢之也。"

【疏證】

不留日，猶不終日。登，王念孫謂當作"祭"，形近而訛，甚是。降，謂降殺，如《左傳》襄二十六年言"自上以下，降殺以兩，禮也"。

庶人不獨葬，伍有植，送往迎來亦如之。

孔晁云："均恤輿迎亦如植，共送迎亦相救也。"孔注"輿"當作"興"，"救"當作"敕"，當從盧校。

【疏證】

不獨葬者，言鄰里助喪，陳逢衡説是。植，亦當從陳逢衡訓爲"置"，言置伍以助喪及送往迎來。

有不用命，有常不違。

【疏證】

不用命，言不聽命。有常不違，言有法不背，即《左傳》哀三年言"有不用命，則有常刑，無赦"。

程典第十二

【題解】

是篇前文自有小序，題爲《程典》，或以爲是其在程所用之法。此小序所言背景當係後人爲侈大其説而附會，小序亦爲後人追題，其性質與前篇《大匡》類似，又似于清華簡《治政之道》等篇，爲探討治國理政之方案，或言綱領，其形成與流行，亦當在戰國時期。

維三月既生魄，文王合六州之侯，奉勤于商。

孔晁云："三分天下有其二，以伏事殷也。"孔注"伏"當作"服"。服，亦事也。

【疏證】

既生魄，月相用語習見于西周金文，有"時段""定點"二説，此取"定點"説，謂初七、初八。合，《國語·楚語下》"於是乎合其州鄉朋友婚姻"，韋注："合，會也。"奉，《國語·晋語二》"是之不果奉"，韋注："奉，行也。"勤，《國語·周語下》"勤百姓以爲己名"，韋注："勤，勞也。"

商王用宗讒，震怒無疆，

孔晁云："宗，衆。疆，境也。"

【疏證】

宗，諸家皆謂通"崇"，謂崇侯虎。《史記·周本紀》言："崇侯虎譖西伯於殷紂曰：'西伯積善累德，諸侯皆向之，將不利於帝。'"崇讒，即謂此譖。震，《大雅·常武》“震驚徐方”，鄭箋：“震，動也。”

諸侯不娱，逆諸文王。文王弗忍，乃作《程典》，以命三忠。

孔晁云：“娱，樂也。不忍從諸侯即王位，所以爲至德常典也。”

【疏證】

逆，《國語·周語上》“上卿逆於境”，韋注：“逆，迎也。”忠，當爲“吏”之形訛，俞樾説是。三吏，即言三事，即故書常見“三事大夫”。

曰：“助余體民，無小不敬，如毛在躬，拔之痛，無不省。”

孔晁云：“毛以喻小也。無不省，故宜敬外也。”

【疏證】

“助余”前或脱“惟世罔極，汝尚”六字。《文選·吊屈原賦》“遭世罔極兮”，李善注：“罔極，言無中正。《周書》：‘文王曰：“惟世罔極，汝尚助余。”’”世罔極，猶故書所見“天命靡常”。體，《禮記·學記》“就賢體遠”，鄭玄注：“體，猶親也。”躬，《大雅·烝民》“王躬是保”，鄭箋：“躬，身也。”言助文王以親民，事雖小亦敬之，如毛在身，拔而痛，故無不自省。

政失患作，作而無備，死亡不誡，誡在往事。備必慎，備思地，思地慎制，思制慎人，思人慎德，德開，開乃無患。

孔晁云：“以往事誡將來。開，通，言德合也。”

【疏證】

作，《左傳》襄二十三年“今君聞晋之亂而后作焉”，杜注：“作，起兵也。”備，《國語·吴語》“審備則可以戰乎”，韋注：“備，守禦之備。”亡，《説文》：“逃也。”誡，《大戴禮記·保傅》“不誡於戎事”，王聘珍解詁：“誡，警也。”思，《荀子·解蔽》“仁者之思也恭”，楊倞注：“思，慮也。”“備思地”或當作“備慎思地”，“慎”字脱。制，《國語·越語下》“君行制”，韋注：“制，法也。”開，《大戴禮記·保傅》“夫開於道術”，王聘珍解詁：“開，啓也。”

慎德必躬恕，恕以明德，德當天而慎下。

孔晁云："以慎道教天下。"

【疏證】

躬，《儀禮·士昏禮》"己躬命之"，鄭玄注："躬，猶親也。"恕以明德，亦見于《左傳》襄二十四年"恕思以明德"。當，《國語·晋語四》"何以當之"，韋注："當，應也。"當天，猶言應天、配天，下，謂下民。

下爲上貸，力競以讓，讓德乃行。

孔晁云："以讓爲化。"

【疏證】

"貸"當依孔注作"化"，下爲上化，言下爲上所教化，猶《論語·顔淵》"君子之德風，小人之德草"。力競，力争也。以，猶乃也。

慎下必翼上，上中立而下比争，省和而順①，慎同。携乃争，和乃比②。

孔晁云："翼，敬也。中立，謂無比也。"

【疏證】

①中立，《禮記·中庸》有"故君子和而不流""中立而不倚"，即此之謂。比，即《論語·爲政》"君子周而不比"，何晏集解引孔安國曰："阿黨爲比。"省，《大雅·皇矣》"帝省其山"，鄭箋："省，善也。"而，猶乃也。

②"慎同"二字諸家以爲宜在注中，恐未必是，"同"字之上或脱一"乃"字，言察和乃順，慎乃同，正與下句"携乃争，和乃比"相應。携，離也，朱右曾説是。"和"當爲"私"，形近而訛，言營私乃阿黨。

比事無政，無政無選，無選，民乃頑，頑乃害上。

孔晁云："無儁選之事在官，故頑民害上。"儁，《左傳》宣十五年"酆舒有三儁才"，杜注："儁，絶異也。"孔穎達正義："十人曰選，倍選曰儁。”事，當作“士”。

【疏證】

比事，言結黨而事。選，猶善也，如《常訓》“夫民群居而無選”之“選”。頑，謂貪頑。

故選官以明訓，頑民乃順。

【疏證】

選，《廣雅·釋詁一》：“擇也。”訓，《大雅·抑》“四方其訓之”，毛傳：“訓，教也。”

慎守其教，小大有度，以備菑寇。

孔晁云：“小大，□吉凶也。”孔注缺字或作“謂”，或作“言”。

【疏證】

度，《小雅·楚茨》“禮儀卒度”，毛傳：“度，法度也。”菑，謂天災。寇，《左傳》文七年言“兵作于内爲亂，于外爲寇”。

協其三族，固其四援，明其伍候①，習其武誡，依其山川，通其舟車，利其守務②。

孔晁云：“修文教，誡武備，聖王之事。”

【疏證】

①三族，謂父族、母族、妻族，朱右曾説是。四援，《左傳》昭二十三年言“慎其四竟，結其四援”，杜注：“結四鄰之國爲助。”五候，《左傳》昭二十三年言“親其民人，明其伍候”，杜注：“使民有部伍，相爲候望。”此“伍候”未必從賈逵、王肅等作“五候”。《允文》有“率用十五”，《小明武》有“以正什伍”，《大匡第十一》有“什伍相保”，則此“伍”即“什伍”之伍。候，即“斥候”之“候”，《左傳》宣十二年“豈敢辱候人”，杜注：“候人，謂伺候望敵者。”

②習，《大戴禮記·子張問入官》“不習，則民不可使也”，王聘珍解詁：“習，謂教習。”誡，《荀子·彊國》“發誡布令而敵退”，楊倞

注："誡，教也。"《國語·周語上》言"三時務農而一時講武，故征則有威，守則有財"，即言"習其武誡"之事。依，《大戴禮記·千乘》"依固可守"，王聘珍解詁："依，因也。"

士、大夫不雜于工商，

孔晁云："使各專其業，商不厚，工不杇，農不力，不可力治，必善其事，治乃成也。"厚，《國語·晉語一》"彼得其情而厚其欲"，韋注："厚，益也。"不厚，謂不增益。杇，盧校作"巧"，甚是。"商不厚，工不杇，農不力，不可力治"由上下文觀之，當補入正文。不可力治，盧校作"不可成治"，未必是。不可力治，猶郭店簡《尊德義》簡22言"民可道也，而不可强也"。

【疏證】

雜，《説文》"五彩相會"，段注："引伸爲凡參錯之稱。"不雜，謂有别。

士之子不知義，不可以長幼。

孔晁云："有士行之義方爲正。"

【疏證】

義，宜也。《戰國策·中山策》"養孤長幼"，吴師道注："長幼，長其幼小者。"長，猶蓄養之義。

工不族居，不足以給官；族不鄉别，不可以入惠。

孔晁云："族，謂群也。雖不别其鄉，所以行其惠也。"

【疏證】

此句可與《國語·晉語四》言"公食貢，大夫食邑，士食田，庶人食力，工商食官，皂隸食職，官宰食加"，《管子·小[illegible]》"處農必就田野，處工必就官府，處商必就市井"對讀，言工商食于官府，亦給官府財用，如《禮記·中庸》言"子庶民則百姓勸，來百工則財用足"。鄉别，謂以鄉里别其族。惠，《邶風·燕燕》"終温且惠"，毛傳："惠，順也。"

爲上不明，爲下不順，無醜。

孔晁云："言國無耻醜也。"孔注"醜"，當作耻，"耻"即爲"醜"旁注之正字。

【疏證】

言爲君上者不明，爲臣下者不順從，如此則無耻。

輕其行，多其愚，不習。

孔晁云："不重其行，自多其愚，何智之有。"

【疏證】

輕，謂輕慢。不習，盧校據孔晁注改作"不智"，甚是。

慎地，必爲之圖①，以舉其物。物其善惡②，

孔晁云："别其地所生物之善惡也。"

【疏證】

①慎地，即前文"思地"。圖，《周禮·地官·大司徒》言"以天下土地之圖，周知九州之地域廣輪之數，辨其山林、川澤、丘陵、墳衍、原隰之名物"，陳逢衡説是。

②舉其物，即《左傳》宣三年所言"昔夏之方有德也，遠方圖物，貢金九牧，鑄鼎象物，百物而爲之備"。物，《左傳》昭九年"事有其物"，杜注："物，類也。"物其善惡，謂類别其善惡。

度其高下，利其陂溝，愛其農時，修其等列，務其土實，

孔晁云："務其勤樹範也。"

【疏證】

度，《左傳》文十八年"事以度功"，杜注："度，量也。"陂，《説文》："坂也。"修，《吕氏春秋·孟春》"皆修封疆"，高誘注："修，治也。"等列，謂土之上下，猶《尚書·禹貢》"厥田惟上下"。實，《左傳》文十八年"聚斂積實"，杜注："實，財也。"

差其施賦。設得其宜，宜協其務，務應其趣。

孔晁云："言其所施當也。"

【疏證】

差，《廣雅·釋詁三》："次也。"施，謂施用。差施其賦，即《尚書·禹貢》所見"厥賦惟上上錯"，《國語·齊語》所謂"相地而衰征"。是句當讀至"施賦"絶句。設，施設也，朱右曾説是。宜，或通"儀"，《周南·桃夭》"宜其室家"，馬瑞辰《毛詩傳箋通釋》："宜與儀通。"協，《國語·周語上》"和協輯睦"，韋注："協，合也。"務，《吕氏春秋·音律》"以多爲務"，高誘注："務，猶事也。"趣，即"趨向"之"趨"，朱右曾説是。

慎用必愛，工攻其材，商通其財，百物鳥獸魚鱉，無不順時。

孔晁云："順時所爲，愛之也。"

【疏證】

慎用必愛者，謂慎其材用而愛物。攻，治也。材，謂材用。通其財，謂行其財貨。順時，謂順天時。《大聚》言"工匠役工，以攻其材；商賈趣市，以合其用"，可與此對讀。

生穡省用，不濫其度。津不行火，藪林不伐。

孔晁云："濫，過也。非時不火不伐也。"

【疏證】

生穡，猶務穡，用如《左傳》僖二十一年"省用務穡"。津，王引之謂當作"澤"，并引《管子·輕重甲》"齊之北澤燒，火光照堂下"爲證，甚是。藪，澤也。

牛羊不盡齒不屠。

孔晁云："老不任用，食之。"

【疏證】

盡齒，謂盡其年齒。

土勸不極美。美不害用，用乃思慎，□備不敬[①]，不意多□，用寡立親，用勝懷遠，遠格而邇安[②]。

孔晁云："多用，謂振施也。"格，篇末孔晁注"格，至也"，當移至此。

【疏證】

①土勸，當從唐大沛、孫詒讓等讀"土觀"，《柔武》有"土觀幸時"。土觀，即土功觀游之事。不極美，即《大戴禮記·哀公問于孔子》所謂"則安其居處，醜其衣服，卑其宫室，車不雕幾，器不刻鏤"等，言不雕飾。美不害用者，言雖美之，然不害于材用。"備不敬"上或脱一"無"字，如前文"作而無備，死亡不誡"。

②"不意多"後或脱一"用"字，言不以多用爲意，孫詒讓説是。親，《孟子·滕文公上》"信以爲人之親其兄之子"，趙岐注："親，愛也。"用寡立親，言用少而立惠愛，即前文所言"入惠"。勝，或當通"稱"，《國語·晋語四》"中不勝貌耻也"，韋注："勝，當爲稱。"此"勝"猶相稱、相當之義。懷遠，即《禮記·中庸》所言"所以柔遠人也"。

於安思危，於始思終[①]，於邇思備，於遠思近，於老思行。不備，無違嚴戒[②]。

孔晁云："必有忍乃有濟也。終，謂終其義之也。"孔注"之"字或衍。

【疏證】

①是句他書多有引之者，《左傳》襄十一年魏絳引"書"曰："居安思危，思則有備，有備無患。"《戰國策·楚策四》有"臣聞之春秋，于安思危，危則慮安"，《吕氏春秋·慎大》有"故賢主于安思危，于達思窮，于得思喪"。此或爲春秋戰國時所皆知之習語，魏絳所引，未必即是此篇，故不得據此以爲《程典》早至春秋。

②於邇思備，即前文"作而無備"之"備"，言守禦之備。於遠思近，思近者，與"於邇"重複，似涉上文而誤，或當從"用勝懷遠"作"於遠思

懷”，是句言近者守備之，遠者懷來之。老，或是《左傳》僖二十八年“師直爲壯，曲爲老”之“老”，言疲敝之義。《國語·晋語四》“楚師老矣”，韋注：“老，久也。”不備，猶今所謂“不具”，朱右曾言“所當思者非盡此也”，甚是。

程寤第十三

【題解】

原文佚于唐宋之際。其文句散見于《藝文類聚》《太平御覽》等唐宋類書中。凡七十五字，作"文王去商在程，正月既生魄，大姒夢見商之庭産棘，小子發取周庭之梓樹于闕間，化爲松柏棫柞。寤驚，以告文王。文王乃召太子發占之于明堂。王及太子發并拜吉夢，受商之大命于皇天上帝"。《潛夫論·夢列》載："是故大姒有吉夢，文王不敢康吉，祀于群神，然後占于明堂，并拜吉夢。修省戒懼，聞喜若憂，故能成吉以有天下。"清華簡有《程寤》篇，文句與《藝文》《太平》二書所引類似，蓋爲此篇戰國原貌，今取寬式隸定，逕録于此。簡序據復旦大學出土文獻與古文字研究中心研究生讀書會：《清華簡〈程寤〉簡序調整一則》（復旦大學出土文獻與古文字研究中心網站，2011年1月5日）將簡6與簡7調换。程寤，概括全篇内容爲題。

惟王元祀正月既生魄，

【疏證】

元祀，是時文王或已在位數歲，元祀者，或言其始受命，或言其始稱王，蓋後世追稱，未必當時即如此紀年。

大姒夢見商廷唯棘，乃小子發取周廷梓①，樹于厥間，化爲松柏棫柞②。

【疏證】

①大姒，文王之妻。《大雅・思齊》言"大姒嗣徽音，則百斯男"。廷，謂朝中。棘，《説文》："小棗叢生者。"乃，猶而也，用如《尚書・金縢》"乃元孫不若旦多材多藝"。梓，木名，簡本作"杍"。《鄘風・定之方中》有"樹之榛栗、椅桐梓漆，爰伐琴瑟"，安大簡《甬風》作"樹之秦栗、柯桐杍桼，爰伐琴瑟"。

②樹，《國語・周語上》"樹於有禮"，韋注："樹，種也。"厥，猶其也，作"闕"非是，厥間，謂商廷之間。松柏、棫柞，《大雅・皇矣》："帝省其山，柞棫斯拔，松柏斯兑。"毛傳："兑，易直也。"又《大雅・緜》"柞棫拔矣，行道兑矣"，鄭箋："柞，櫟也。棫，白桵也。"《大雅・旱麓》有"瑟彼柞棫，民所燎矣"，則棫柞當爲薪柯等類，是民所燎而務去者也，故曰拔。《小雅・天保》言"如月之恒，如日之升。如南山之壽，不騫不崩。如松柏之茂，無不爾或承"，以"松柏"而言長久也。以松柏爲貴而以棫柞爲劣，見袁瑩《清華簡〈程寤〉校讀》，復旦大學出土文獻與古文字研究中心網站，2011年1月11日。

寤驚，告王。王弗敢占，詔太子發，俾靈名兇①，祓，祝忻祓王，巫率祓大姒，宗丁祓太子發②。

【疏證】

①寤，《説文》："寐覺而有信曰寤。"寤驚，猶驚醒。告王，謂告文王。占，言占夢，《小雅・正月》有"召彼故老，訊之占夢"。詔，《左傳》成二年"燮之詔也"，杜注："詔，告也。"俾，《小雅・天保》"俾爾單厚"，毛傳："俾，使。"靈，《廣雅・釋詁四》："巫也。"兇，竹簡整理者以爲當訓"惡"，即《周禮・春官・男巫》所謂"授號"。名兇者，謂命惡物，猶清華簡三《祝辭》簡1言："恐溺，乃執幣以祝曰：'有上茫茫，有下湯湯，司湍滂滂，侯茲某也發揚。'乃舍幣。"

②祓，福也，謂禳解、祓除，二者皆除灾殃之祭。裘錫圭以爲字讀本字，爲"敝"字，或與《左傳》哀十八年引"夏書"所見"蔽志"相關，亦通。（《説清華簡〈程寤〉篇的"敝"》，《裘錫圭學術文集》第2卷，第

540—545頁。）祝、宗，《左傳》成十七年有“祝宗祈死”，杜注：“祝宗，主祭祀祈禱者。”而定四年言“祝宗卜史”，由此觀之，則祝、宗當析言之。祝，《國語·楚語下》“以爲之祝”，韋注：“祝，太祝也，掌祈福祥。”宗，《國語·楚語下》“虔其宗祝”，韋注：“宗，主祭祀。祝，主祝祈。”《國語·周語中》亦言“宗祝執祀”。忻、率、丁，爲祝、巫、宗之私名。

幣告宗祊社稷①，祈于六末山川②，攻于商神③，望、烝，占于明堂④。

【疏證】

①宗祊，《左傳》襄二十四年“若夫保姓受氏，以守宗祊”，杜注：“祊，廟門。”《國語·周語中》“今將大泯其宗祊”，韋注：“廟門謂之祊。宗祊，猶宗廟也。”宗祊、社稷當與下句“六末、山川”對言，則“六末”之于“宗祊”，當如“山川”之于“社稷”。

②祈，謂求福。末，清華簡本字形作“[illegible]”，程浩指出此字與“宋”之楚文字形“[illegible]”相近，“宋”與“宗”音近，故“六末”可讀“六宗”，并引《尚書·堯典》“禋于六宗，望于山川”爲證，或是。（説見《清華簡〈程寤〉研讀札記》，2011年1月8日。）然對“六宗”所指，諸家莫衷一是，多以《左傳》昭七年“六物”，即“歲時日月星辰”解之。今案：六宗，或是卜辭所見之“六示”，如《合集》32031：“壬辰卜：禱自上甲六示。”如此，則與前文“宗祊”相應。

③攻，謂攻解。《周禮·春官·大祝》“四曰禜，五曰攻，六曰説”，鄭玄注引鄭司農云：“禜、攻、説，皆祭名也。”“説”即楚簡常見之“敓”，上博簡五《竟建内之》簡5：“鮑叔牙答曰：‘曷將來，將有兵，有憂于公身。’公曰：‘然則可敓與？’”羅新慧言：“‘敓’之功用大别爲祛疾、逐疫、禜祟、禳灾等。”（説見《戰國竹簡中的“敓”及其信仰觀念》，《北京師範大學學報（社會科學版）》2011年第2期。）此“禜、攻、説”或皆此類。商神，謂殷商之祖先神。

④望，《左傳》哀六年“三代命祀，祭不越望”，洪亮吉詁引服虔云：

“謂所受王命，祀其國中山川爲望。”烝，《左傳》襄十六年“烝于曲沃”，杜注：“烝，冬祭也。”《左傳》桓五年“凡祀，啓蟄而郊，龍見而雩，始殺而嘗，閉蟄而烝，過則書”，孔穎達正義：“雩是祭天，嘗、烝祭宗廟。”占，謂占夢。明堂，蔡邕《明堂月令論》：“明堂者，天子太廟，所以宗祀其祖、以配上帝者也。”

王及太子發并拜吉夢，受商命於皇上帝。

【疏證】

《周禮·春官·占夢》言：“占夢，掌其歲時，觀天地之會，辨陰陽之氣，以日月星辰，占六夢之吉凶，一曰正夢，二曰噩夢，三曰思夢，四曰寤夢，五曰喜夢，六曰懼夢。季冬聘王夢，獻吉夢于王，王拜而受之。”《周禮》拜吉夢而受之，或本此而來。皇上帝，即上帝，㝬鍾銘文（《集成》00260）言：“惟皇上帝、百神保余小子。”

興，曰：“發！汝敬聽吉夢。朋棘，𣪠梓，松柏副，棫橐柞乍，化爲䨼。”

【疏證】

興，《儀禮·士冠禮》“興，復位”，鄭玄注：“興，起也。”聽，《吕氏春秋·至忠》“非賢主其孰能聽之”，高誘注：“聽，受也。”朋，《國語·吴語》“請王厲士以奮其朋勢”，韋注：“朋，群也。”𣪠從《説文》訓“棄”，言梓化爲松柏。“梓松”之後重文記號或係誤加，整理者説是。副，整理者從《禮記·曲禮上》逕爲“析”，恐非是。副，《周禮·天官·追師》“爲副編次追衡笄”，鄭玄注：“副之言覆，所以覆首爲之飾，其遺象若今步繇矣。”松柏副，亦即松柏覆，與下文“棫橐柞乍”含義相近，李鋭説是（《〈程寤〉試讀》，《學燈》第十八期）。橐，整理者讀爲“覆”，復旦大學出土文獻與古文字研究中心研究生讀書會讀爲“包”，謂叢生之義。柞乍，或從袁瑩讀爲“柞生”，棫橐柞乍，言棫柞叢生。䨼，《尚書·梓材》“若作梓材，既勤樸斫，惟其塗丹䨼”，陸德明釋文引馬融云：“䨼，善丹也。”

嗚呼！何敬非朋？何戒非商？何用非樹？樹因欲，不違材。

【疏證】

何敬非朋，謂敬朋。何戒非商，謂戒商。何用非樹，謂用樹。何，讀爲"可"。敬，整理者言通"警"，甚是，謂以朋比爲警。戒，亦警也。因，依也。欲，謂所願、所好之義。材，《禮記·中庸》"必因其材而篤焉"，鄭玄注："材，謂其質性也。"用樹，即謂樹各依其欲，不背其質性。

如天降疾，旨味既用，不可藥，時不遠。

【疏證】

天降疾，猶《祭公》言"不弔天降疾病"。旨，《邶風·谷風》"我有旨蓄"，毛傳："旨，美。"可，《吕氏春秋·用民》"唯得其道爲可"，高誘注："可，用也。"不可藥，猶不用藥。時，讀爲"是"。是句謂如天降疾病，既用美味而不用藥，是不遠。不遠，謂疾病不遠。《文儆》有"汝慎何非遂，遂時不遠"，可與此對讀。

惟商戚在周，周戚在商。擇用周，果拜不忍①，綏用多福②。

【疏證】

①戚，《小雅·小明》"自詒伊戚"，毛傳："戚，憂也。"擇，柬選也。擇用周，言擇用松柏棫柞也。果，决也。"果"後之字，整理者讀爲"拜"，引《召南·甘棠》"勿翦勿拜"，鄭箋："拜之言拔也。"忍，《吕氏春秋·審時》"得時者忍饑"，高誘注："忍，猶能也。"不忍，猶不堪。果拜不忍，言决而拔其不堪者。

②綏，《禮記·曲禮下》"大夫則綏之"，鄭玄注："綏讀曰妥，妥之謂下於心。"孔穎達疏："綏，下也。""綏用多福"當作"用綏多福"，金文多見"綏多福"連用之例，如寧簋蓋銘文（《集成》04021）"用各百神，用綏多福"，癲簋銘文（《集成》04170）"其敦祀大神，大神綏多福"，蔡姞簋銘文（《集成》04198）"尹叔用綏多福于皇考德尹"，"綏多福"猶降多福。《周頌·載見》言"烈文辟公，綏以多福"，即降以

多福。

惟梓敝不義，芃于商，俾行量亡乏。

【疏證】

敝，《左傳》僖十年“敝於韓”，杜注：“敝，敗也。”不義，謂不宜，謂商廷之棘。芃，《説文》“艸盛也。”俾，使也。量，《國語·周語下》“釐改制量”，韋注：“量，度也。”“亡”後之字，簡本字形作“[illegible]”，整理者釋爲“乏”，《左傳》宣十五年：“反正爲乏。”袁瑩爲此“乏”當讀爲“犯”，馬王堆帛書《十六經·正亂》“帝曰：毋乏吾禁”，即毋犯吾禁。（袁瑩：《清華簡〈程寤〉校讀》，復旦大學出土文獻與古文字研究中心網站，2011年1月11日）此句言惟梓敗商廷之棘，盛于商，使行法度而無犯。

明明在向，隹容内棘，意欲爲柏。

【疏證】

向，整理者疑爲“尚”之形訛，或是。《大雅·大明》有“明明在下，赫赫在上”。容，袁瑩讀爲“欲”，或是。隹，當讀爲“雖”。内，讀爲“納”。意，或當從復旦出土文獻與古文字研究中心研究生讀書會説，讀爲“抑”，是句言明明在上，雖欲納棘，但欲爲柏。

夢徒庶言迖①，引又勿亡秋。明武畏，女棫柞亡堇②。

【疏證】

①徒，或當是“從”字，古書“徒”“從”多見訛誤，《齊風·載驅》“四驪濟濟”，鄭箋：“徒爲淫亂之行。”陸德明釋文：“徒，一本作從。”庶，衆也，謂衆巫史宗祝，李鋭説是。迖，存疑，或有讀爲“肆”者，然與上下文扞格，暫不從之。

②引，通“矧”，况也，又，通“有”，引又，猶矧有，作册嗌卣銘文（《集成》05427）言“亡子，子引有孫”，即當讀爲“矧有孫”。勿，或爲“物”。亡秋，《尚書·盤庚上》有“乃亦有秋”。秋，《廣雅·釋天》：

"穀熟也。"王念孫疏證："秋之言成就也。"亡秋，即無成，有秋即有成也。畏，通"威"，武畏，即"武威"也。女，通"如"。堇，當從袁瑩讀爲"榦"。

嗚呼，敬哉！朕聞周長不式，敄亡勿用。

【疏證】

周，竹簡整理者以《廣雅·釋詁一》言"周，至也"，《小雅·皇皇者華》"周爰咨諏"，毛傳："忠信爲周。"長，謂長遠。式，通"忒"，變也。敄，《説文》："彊也。"亡，逃也。敄亡勿用，《牧誓》言紂"乃惟四方之多罪逋逃，是崇是長，是信是使"。敄亡，或即"多罪逋逃"。

不忑，思卑頋和順，眚民不灾，懷允。

【疏證】

忑，整理者以爲通"惎"，猶惡也，或是。思，通"使"。卑，《國語·晋語八》"今周室少卑"，韋注："卑，微也。"頋，《説文》："面和也。"即取"柔"之義。眚民，即生民。灾，《吕氏春秋·大樂》"免於灾"，高誘注："灾，害。"懷，《小雅·鐘鼓》"淑人君子，懷允不忘"，鄭箋："懷，至也。"允，信也。

嗚呼！何監非時？何敄非和？何褢非文？何保非道？何愛非身？何力非人？

【疏證】

何監非時，即謂監時，監，通"鑒"，時，是也，言鑒于此。敄，通"務"，《吕氏春秋·孝行》"務其人也"，高誘注："務，猶求也。"何務非和，言務和。褢，整理者以爲通"褱"，此字黄懷信、陳民鎮皆言通爲"懷"，甚是。何褢非文，言懷文。懷，《大雅·大明》"聿懷多福"，鄭箋："懷，思也。"何保非道，言保道，保，謂持守。何愛非身，言愛身。何力非人，言力人，力，《大雅·烝民》"威儀是力"，鄭箋："力，猶勤也。"

人謀彊不可以藏①。後戒後戒，人用汝謀，愛日不足②。

【疏證】

①彊，《大開》作“謀競不可以藏”，《小開》作“維周于民人謀競不可以（藏）”。皆作“競”，當從簡本作“彊”，彊，《爾雅·釋詁下》：“當也”，郭璞注：“彊者，好與物相當值。”藏，《説文》：“匿也。”

②後戒，謂後人戒之。謂人之謀甚當，故不可匿，當令後人戒之。日不足，清華簡一《保訓》簡11作“日不足隹宿不詳”。《寤敬》略作“維宿”。宿，或通“夙”，《春秋》襄六年“季孫宿”，《禮記·檀弓上》“季武子成寢”，鄭玄注：“武子，魯公子季友之曾孫季孫夙。”《世本》亦作“夙”。夙，夜也，故日謂晝。愛，《大雅·烝民》“愛莫助之”，鄭箋：“愛，惜也。”

秦陰第十四（佚）

九政第十五（佚）

九開第十六（佚）

劉法第十七（佚）

文開第十八（佚）

保開第十九（佚）

八繁第二十（佚）

卷三

酆保第二十一

【題解】

酆，即取首句“王在酆”。保，即正文所謂“吾何保守”之“保”。是篇取内文二字爲題，所見觀念多以數組織，當是戰國時期社會流傳之箴戒，託名文王、周公而已。

維二十三祀庚子朔，九州之侯咸格于周，王在酆，昧爽①，立于少庭②。

【疏證】

①朔，每月首日。格，至也。酆，一作“豐”，《漢書·地理志》“文王作酆”，顔師古注：“今長安西北界，靈臺鄉豐水上是。”《説文》：“周文王所都，在京兆杜陵西南。”昧爽，謂早旦。見《尚書·牧誓》“時甲子昧爽”。利簋銘文（《集成》04131）作“惟甲子朝”，《嘗麥》所見“爽明”，小盂鼎銘文（《集成》02839）所見“昧喪”，皆謂昧爽。

②少庭，亦見于《大開》，他書未見。陳逢衡言：“燕寢之處。王有大庭、小庭，大庭以詢衆，少庭以寢息。”其説或是。此“王”由通篇辭氣考之，當是武王，然由紀年材料及上下篇排布觀之，當是文王。故下述諸言未必即出于文武周公，蓋係後人附會。

王告周公旦曰：“嗚呼，諸侯咸格來慶。辛苦役商，吾何保守，何用行？”

【疏證】

咸，皆也。格，至也。慶，《國語·魯語下》“固慶其喜而弔其憂”，韋注：“慶，猶賀也。”辛苦，《柔武》“以匡辛苦”，孔晁注：“辛苦，窮也。”役，《左傳》成二年“以役王命”，杜注：“役，事也。”保，《國語·周語上》“保任戒懼”，韋注：“保，守也。”用，亦行也。

旦拜手稽首曰：“商爲無道，棄德刑範，欺侮群臣，辛苦百姓①，忍辱諸侯，莫大之綱福其亡，亡人惟庸②。

【疏證】

①拜手稽首，金文習語，如㾓壺銘文（《集成》09727）作“拜稽首”、曶壺蓋銘文（《集成》09728）作“曶拜手稽首”等。刑，《國語·越語下》“雜受其刑”，韋注：“刑，害也。”範，《爾雅·釋詁上》：“常也。”欺，猶誣也。《左傳》襄十四年“不可誣也”，杜注：“誣，欺也。”侮，《廣雅·釋詁三》：“輕也。”

②忍，猶殘忍，《國語·鄭語》“其民沓慢而忍”，韋注：“忍，忍行不義。”綱，《大雅·棫樸》“勉勉我王，綱紀四方”，綱，猶紀也。莫大之綱，猶天命然。福，佑也。莫大之綱福其亡，言天命佑其滅亡，用如《尚書·微子》“今殷其淪喪”。亡人惟庸，即《尚書·牧誓》所謂“四方之多罪逋逃，是崇是長，是信是使，是以爲大夫卿士”，庸，《左傳》僖二十四年“庸勳親親”，杜注：“庸，用也。”

王其祀德純禮，明允無二①，卑位柔色，金聲以合之②。”

【疏證】

①祀，或通“嗣”，用如《尚書·高宗肜日》“王司敬民”，祀德，言繼先王之德。純，《左傳》隱元年“潁考叔，純孝也”，杜注：“純，猶篤也。”允，信也。二，當作“弍”，通“忒”，變也。明允無二，言明信不變。

②卑，言卑微、卑下之義。位，謂尊卑之位。柔，《大雅·抑》“輯柔爾顔”，鄭箋：“柔，安。”色，謂顔色，如《大雅·烝民》所謂“令儀

令色”。金聲，朱右曾云“肅也”，或是。《孟子·萬章下》言：“集大成也者，金聲而玉振之也。金聲也者，始條理也；玉振之也者，終條理也。”合，謂會同，合之，謂會同諸侯。

王乃命三公九卿及百姓之人，曰：“恭敬齊潔，咸格而祀于上帝。”

【疏證】

三公九卿，泛指群臣，是後世追述之語，非謂當時有之。《禮記·月令》言：“天子親帥三公、九卿、諸侯、大夫以迎春於東郊。”《禮記·王制》言：“天子三公，九卿，二十七大夫，八十一元士。”三公，或不應以金文習見之“三有司”解之，而當從《大戴禮記·保傅》所言：“昔者，周成王幼，在襁褓之中，召公爲太保，周公爲太傅，太公爲太師。保，保其身體；傅，傅其德義；師，導之教順，此三公之職也。”卿，大夫加命服者謂之卿，如《左傳》僖三十三年“以一命命郤缺爲卿”。百姓，謂百官，《國語·周語中》“百姓兆民”，韋注：“百姓，百官也，官有世功，受氏姓也。”齊，《國語·周語下》“外内齊給”，韋注：“齊，整也。”

商饋始于王，因饗諸侯①，重禮庶吏，出送于郊②，樹昏于崇③。

【疏證】

①商，或通“賞”，秦公鐘銘文（《集成》00262）“商宅受或”即讀爲“賞宅受國”。《儀禮·既夕禮》“燕養饋羞”，鄭玄注：“饋，朝夕食也。”商饋始于王，言王賜食于諸侯。因，猶以也，用如《左傳》僖二十八年“因其兇也而攻之”。饗，《小雅·彤弓》“一朝饗之”，鄭箋：“大飲賓曰饗。”

②重禮，猶厚禮。庶吏，朱右曾云爲諸侯之從者，或是。出送于郊，如《大戴禮記·朝事》所言“君親致饗既還圭，饗食，致贈，郊送，所以相與習禮樂也”。

③樹，《左傳》成二年“樹德而濟同欲焉”，杜注：“樹，立也。”昏，或當通“問”，郭店簡《魯穆公問子思》簡1“昏於子思”，即“問於

子思”。問，《國語·晋語六》“王使工尹襄問之以弓”，韋注：“問，遺也。”崇，諸家或以文王伐崇之崇釋之，恐非是。樹昏于崇，當與上句“出送于郊”相應。崇，或通爲“宗”，《尚書·牧誓》“是崇是長”，《漢書·谷永傳》引作“是宗是長”，宗，謂宗廟，正與“郊”相對。所立所遺者，即下所言“内備”“外用”。

内備五祥、六衛、也厲、十敗、四葛①，外用四蠹、五落、六容、七惡②。

【疏證】

①備，《國語·周語下》“財以備器”，韋注：“備，具也。”祥，于鬯以用韵故，謂“祥”當作“羍”，即“達”字，達、衛、厲、敗、葛，皆月部字，其説或是。達，謂達道，猶《禮記·中庸》所言“天下之達道五”。衛，《國語·齊語》“以衛諸夏之地”，韋注：“衛，蔽扞也。”也，當爲“七”之誤字。厲，通“勵”。説見《大武》“六厲五衛”。敗，《大雅·民勞》“無俾正敗”，鄭箋：“無使先王之正道壞。”葛，上博簡《孔子詩論》簡16作“䓣”，从艹从禼，此“禼”即“萬”，裘錫圭讀爲“害”（《釋“萬”》，《裘錫圭學術文集》第1卷，復旦大學出版社，2012年，第206—211頁），故“四葛”或可讀爲“四害”，下文“葛其農”與“費其土”對言，亦可爲證。

②蠹，害也。落，散也，朱右曾説皆是。蠹，魚部字，落、惡，鐸部字。王念孫以“容”字義無所取，或當爲“客”字之誤，或是。客，鐸部字，正與落、惡等字韵協。即《大武》所言“闢有十一客，客有六庠王虞”之“客”，當讀爲“愙”，敬也。

五祥：一君選擇，二官得度，三務不舍，四不行賂①，五察民困②。

【疏證】

①擇，亦選也。君選擇，謂選任賢人。度，謂法度。官得度，謂百官得其法度。務，《吕氏春秋·義賞》“以多爲務”，高誘注：“務，猶事也。”舍，《國語·楚語上》“女無亦謂我老耄而舍我”，韋注：“舍，棄

也。”務不舍，謂不棄農事。賂，《國語·晋語一》“驪姬賂二五”，韋注：“賂，遺也。”不行賂，言不行賄賂。

②擇、度、賂，鐸部字，舍，魚部字，魚、鐸兩部陰入對轉。困，文部字，韵不協，于鬯、朱駿聲據此以“困”當作“固”，甚是。固，《國語·周語下》“久固則純”，韋注：“固，安也。”察民固，猶《論語·爲政》“視其所以，觀其所由，察其所安”。

六衛：一明仁懷恕，二明智毁謀，三明武攝勇，四明才攝士，五明藝法官，六明命攝政。

【疏證】

是句亦見于《大武》，作“五衛：一明仁懷怒，二明知輔謀，三明武攝勇，四明材攝士，五明藝攝官”。懷，《大雅·大明》“聿懷多福”，鄭箋：“懷，思也。”毁，當作“設”，設，置也，正合《大武》“輔”字之義。攝，《左傳》襄三十一年“周詩曰‘朋友攸攝’”，杜注：“攝，佐也。”恕，魚部字，謀、士，之部字，勇，東部字，官，元部字，正，耕部字。是句或不用韵。

七厲：一翼勤厲務，二動正厲民，三静兆厲武，四翼藝厲物，五翼言厲復，六翼敬厲衆，七翼知厲道。

【疏證】

翼，輔也，朱右曾説是。動，《爾雅·釋詁下》：“作也。”正，當讀爲“政”。静，安也，與上句之“動”對言。兆，或爲“兆民”之“兆”，訓爲“衆”。静兆，猶安民之義。藝，《荀子·子道》“耕耘樹藝”，楊倞注：“藝，播種。”物，《禮記·樂記》“物以群分”，鄭玄注：“物，謂殖生者。”復，《左傳》定四年“我必復楚國”，杜注：“復，報也。”翼言厲復，如《論語·學而》所言“信近於義，言可復也。”知，讀爲“智”。

十敗：一佞人敗樸，二諂言毁積①，三陰資自舉，四女貨速禍②，五比黨不揀，六佞説鬻獄[③]，七神龜敗卜，八賓祭推穀[④]，九忿言自辱，十異姓亂族[⑤]。

【疏證】

①佞，《國語·晋語三》"佞之見佞"，韋注："僞善爲佞。"撲，當從盧校作"樸"，樸，謂素地，《老子》言"見素抱樸"，又言"樸散則爲器"，王弼注："樸，真也。"佞人敗樸，言諂佞壞人之素地。諂，《左傳》哀十七年"天命不諂"，杜注："諂，疑也。"積，《荀子·解蔽》"私其所積"，楊倞注："積，習。"諂言毁積，言疑言毁人之慣習。

②資，《禮記·表記》"事君先資其言"，鄭玄注："資，謀也。"舉，用也，朱右曾説是。陰資自舉，謂陰謀自用。女，謂女色，貨，謂財貨。速，《召南·行露》"何以速我獄"，毛傳："速，召。"速禍，即召致禍患，用如《左傳》隱三年"去順效逆，所以速禍也"。

③比，謂朋比。黨，謂阿黨。揀，擇也。比黨不揀，謂比附阿黨而不擇其人。佞，巧也。佞説，猶巧言。鬻獄，見《左傳》昭十四年、《國語·晋語九》"鮒也鬻獄"，言受賂以輕刑。佞説鬻獄，如《尚書·吕刑》"非佞折獄，惟良折獄"，言巧言受賂以枉法。

④神龜敗卜，猶《管子·五行》所言："故通乎陽氣，所以事天也。經緯日月，用之於民。通乎陰氣，所以事地也。經緯星曆，以視其離。通若道，然後有行，然則神筮不靈，神龜不卜，黄帝澤參，治之至也。"言通天地之道則行無不當，故龜筮不爲卜兆。推，《大雅·雲漢》"則不可推"，毛傳："推，去也。"言賓祭費穀，故《糴匡》視年之豐儉而度賓祭之厚薄。

⑤忿，《説文》"悁也"，即怨字，肙、夗二形可通。樸、獄、卜、穀、辱、族，皆屋部字；積，錫部字；舉，魚部字；禍，歌部字；揀，元部字。是句或不用韵。

四葛：一葛其農，時不移[①]，二費其土，慮不化，三正賞罰，獄無奸奇[②]，四葛其戎謀，族乃不罰[③]。

【疏證】

①移，易也，朱右曾説是。葛其農時不移，謂患其農時不移易，猶《時訓》所見“雨水之日，獺祭魚。又五日，鴻雁來。又五日，草木萌動；獺不祭魚，國多盜賊；鴻雁不來，遠人不服。草木不萌動，果蔬不熟”。時不移者，即“獺不祭魚、鴻雁不來、草木不萌動”。

②費，耗也，朱右曾謂竭盡地力，甚是。化，《禮記·樂記》“和故百物皆化”，鄭玄注：“化，猶生也。”正，《周禮·天官·宰夫》“歲終則令群吏正歲會”，鄭玄注：“正，猶定也。”奸，《廣雅·釋詁四》：“私也。”奇，《管子·白心》“奇身名廢”，尹知章注：“奇，謂邪不正。”字亦可通爲“倚”，《尚書·盤庚中》“恐人倚乃身”，僞孔傳：“倚，曲。”

③戎謀，言軍謀。族，或當從劉師培説，承上文“戎謀”作“旅”。罰，朱駿聲謂當作“詈”，孫詒讓謂當作“羅”，轉讀爲“離”，劉師培謂當作“罷”。移、化、奇，皆歌部字，罰爲月部字，詈爲支部字，羅、罷皆爲歌部字。朱、孫二説似較迂曲，此或當從劉師培作“罷”，《左傳》宣十二年有“今兹入鄭，民不罷勞，君無怨讟，政有經矣”。

四蠹：一美好怪奇以治之①，二淫言流説以服之②，三群巧仍興以力之③，四神巫靈寵以惑之④。

【疏證】

①美好，謂美物好貨，《商君書·弱民》言“商有淫利，有美好傷器”，怪奇，謂珍怪奇物，《管子·任法》有“珍怪奇物不能惑也”。治，于鬯謂當作“怡”或“紿”，劉師培謂作“怠”，劉説是。《荀子·君道》言“賞克罰偷則民不怠”，可與此對讀。

②淫言，《武稱》有“淫言破義”，淫，過也。流，《禮記·樂記》“使其聲足樂而不流”，鄭玄注：“流，謂淫放也。”淫言流説，猶《吕氏春秋·知度》所言“不好淫學流説，賢不肖各反其質”。

③群，言群聚。巧，謂工巧。仍，朱右曾訓爲“數”，甚是。興，作也。群巧仍興，謂群聚工巧而數有興作。力，言役使之義，《國語·魯語

下》“任力以夫”，韋注：“力，謂繇役。”

④神，本或作“申”，《爾雅·釋詁下》“申，重也”，郝懿行義疏：“申，與神同。”申，即信也，《戰國策·魏策四》“衣焦不申”，吴師道注：“《文選》‘申’作‘信’。”神巫，謂信巫。靈，讀爲“令”，“令”字用“靈”爲之，古書常見。《吕氏春秋·安死》“君之不令民”，高誘注：“令，善也。”寵，謂寵嬖之人，朱右曾解爲“眷”，亦或是。惑，《廣雅·釋詁三》：“亂也。”怠，之部字，服、力、惑，皆職部字，之、職二部陰入對轉。

五落：一示吾貞，以移其名；二微降霜雪，以取松柏[①]；三信蟜萌，莫能安宅；四厚其禱巫，其謀乃獲[②]；五流德飄狂，以明其惡[③]。

【疏證】

①示，謂垂示于人。貞，正也。移，《國語·晋語一》“弗能移也”，韋注：“移。動也。”是句言示我之正，而動摇敵之名，使其不正。微，少也。霜雪，《吕氏春秋·孝行》：“霜雪既降，吾是以知松柏之茂也。”言稍加以威信灾厄，以明臣之忠正。

②蟜，孫詒讓謂當通“僑”，僑，寄也，甚是。萌，《吕氏春秋·高義》“比于賓萌”，高誘注：“萌，民也。”安宅，謂安居。厚，《國語·晋語一》“彼得其情以厚其欲”，韋注：“厚，益也。”獲，《廣雅·釋詁三》：“辱也。”

③流德，同前“流説”，流，謂淫放之義。飄，或通“猋”，疾也。狂，《尚書·洪範》“曰狂”，孔穎達正義引鄭玄曰：“狂爲倨慢。”飄狂，猶言輕慢。名，耕部字，柏、宅、獲、惡，鐸部字，耕、鐸二部旁對轉。

六容：一游言，二行商工[①]，三軍旅之庸，四外風之所揚，五因失而亡，作事應時，時乃喪，六厚使以往，來其所藏[②]。

【疏證】

①游言，朱右曾謂游説之言，或是。又或可從《大雅·板》“及爾游衍”，毛傳“游，行”訓爲“行”，與下“行商工”相參，亦通。商工，謂

商旅工官，《左傳》襄九年有“其庶人力於農穡，商工皂隸，不知遷業”，《文政》言“商工受資”，皆可與此對讀。

②庸，用也。風，謂風俗教化，《吕氏春秋·古樂》“正風乃行”，高誘注：“風，化也。”揚，《淮南子·説山訓》“名不可得而揚”，高誘注：“揚，猶稱也。”“因”當作“困”，困，《吕氏春秋·慎大》“以振窮困”，高誘注：“無衣食曰困。”失，《説文》：“縱也。”作，興也。困失而亡，謂窮困縱逸皆取亡，故興事當合于時。“時乃喪”三字或是“困失而亡”之注語竄入。

七惡：一以物角兵；二令美其前而厚其傷；三間於大國，安得吉凶[①]；四交其所親，静之以物，則以流其身；五率諸侯以朝賢人，而己猶不往；六令之有求，遂以生尤；七見親所親，勿與深謀，命友人疑[②]。”

【疏證】

①物，《左傳》昭十一年“物以無親”，杜注：“物，事也。”角，《漢書·谷永傳》“角無用之虚文”，顔師古注：“角，競也。”《戰國策·趙策三》“以與秦角逐”，鮑彪注：“角有鬭争義。”以物角兵，謂以事而競兵。令，善也。其，猶于也。厚，或通“後”，令美其前而厚其傷，謂善美于前而傷于後。間，《孟子·離婁上》“政不足與間也”，趙岐注：“間，非。”間于大國，謂得罪于大國。安，當作“焉”，猶于是之義。

②交，《荀子·哀公》“接不知所定”，楊倞注：“接，謂接待於物。”静，安也。流，謂淫放。交其所親，静之以物，則以流其身，謂接交其親信，以物安之，以淫放其身。率，勸也，朱右曾説是。令，命也。求，《論語·衛靈公》“君子求諸己，小人求諸人”，皇侃義疏：“求，責也。”尤，《小雅·四月》“莫知其尤”，鄭箋：“尤，過也。”見，視也。見親所親，言視親之所親者，勿與之深謀。凶，東部字。身，真部字。兵、傷、往，陽部字。尤、疑，之部字。

旦拜曰：“嗚呼，王孫！其尊天下。適無見過過適，無好自益，以明而迹。

【疏證】

孫，諸家讀爲“遜”，或是。遜，《論語·憲問》“危行言遜”，何晏集解：“遜，順也。”是句言王順此諸項。其，猶以也。尊，敬也。下三句王念孫校作“無見過適，無好自益，以明而迹”，以“適、益、迹”爲韵，甚是。適，《商頌·殷武》“勿予禍適”，毛傳“適，過也”，猶今之“謫”。益，多也。無好自益，猶《吕氏春秋·驕恣》言“人主之患也，不在於自少，而在於自多”。迹，《大戴禮記·保傅》“不務襲迹於其所安存”，王聘珍解詁：“迹，行也。”

嗚呼，敬哉！視五祥、六衛、七厲、十敗、四葛，不修，國乃不固。務周四蠹、五落、六容、七惡。不時不允，不率不緩，反以自薄。

【疏證】

視，《廣雅·釋詁四》：“明也。”修，《經義述聞·大戴禮下》“不行禮義”條，王引之言“不修法度”之“修”，當作“循”。務，《吕氏春秋·士節》“不可不務求此人也”，高誘注：“務，勉也。”周，《國語·楚語下》“周而不淑”，韋昭注：“周，密也。”時，是也。允，信也。不時不允，謂無此不信。率，順也。“緩”當從朱右曾作“綏”，安也。不率不綏，言不順此則不安。反，《禮記·樂記》“樂盈而反，以反爲文”，鄭玄注：“反，謂自抑止也。”此即郭店簡《窮達以時》所謂“反己”。薄，《廣雅·釋詁三》：“勉也。”自薄，謂自勉。

嗚呼，深念之哉！重維之哉！不深，乃權不重。從權乃慰，不從乃潰，潰不可復。戒後人，復戒後人其用汝謀。”王曰：“允哉！”

【疏證】

念，思也。重，猶多也。維，《周禮·夏官·節服氏》“維王之太常”，鄭玄注引鄭司農云：“維，持之。”不深，謂不深念之。權，猶謀也，故下文言“後人其用汝謀”。慰，《邶風·凱風》“莫慰母心”，毛傳：“慰，安也。”潰，《大雅·召旻》“無不潰止”，鄭箋：“潰，亂也。”復，反也。是句言從謀乃安，不從乃亂，亂不可反。“戒後人”句亦見于《大開》“戒后人，其用汝謀”。

大開第二十二

【題解】

首句“兆墓九開”，王念孫《讀書雜志》謂當作“兆基大開”，甚是。此“大開”即取此二字爲題。是篇言“八儆”“五戒”，故其性質亦是箴戒。篇中所言之“王”，亦當是後人託名，未必即指文王。

維王二月既生魄，王在酆，立于少庭，兆墓九開，開厥後人八儆、五戒。

【疏證】

開，啓也，或是避漢景帝諱。此“二月”，或承上篇《酆保》“二十三祀”言，謂二十三祀二月。兆墓九開，當從王念孫作“兆基大開”。兆，通“肇”，始也。基，亦始也。儆，亦戒也。

八儆：一□旦于開，二躬修九過①，三族修九禁，四無競維義，五習用九教②，六□用守備，七足用九利，八寧用懷□③。

【疏證】

①“旦”前缺字，丁宗洛補爲“布”字。旦，丁宗洛疑爲“宣”字，或是。開，亦當作“啓”。啓，《説文》：“教也。”《國語·周語中》言“宣，所以教施也”，或可與此對讀。躬，身也。修，王引之《經義述聞·大戴禮下》“不行禮義”條，言“古者天子爲諸侯，不行禮義，不修法度”句，“修”當作“循”。九過，《文政》有：“九過：一視民傲，二聽民暴，三遠慎而近頯，四法令□亂，五仁善是誅，六不察而好殺，七不念□害

行，八不思前後，九偷其身不路而助無漁。”

②九禁，《周禮·秋官·掌交》言：“掌邦國之通事而結其交好，以諭九税之利、九禮之親、九牧之維、九禁之難、九戎之威。”競，彊也，無競維義，猶言惟義莫强。習，謂教習。用，猶以也。

③“用守備”上缺字或當作“材”，如《韓非子·内儲説上》言“材木盡則無以爲守備”。材用守備，謂以材用爲守備之器也。足，用猶《論語·顔淵》“百姓不足，君孰與足”。寧，安也。“懷”後缺字或當爲“允”，如《程寤》所言“告民不灾，懷允”。

五戒：一祇用謀宗，二經内戒工，三無遠親戚[①]，四雕無薄□，五禱無憂玉，及爲人盡不足[②]。

【疏證】

①祇，《左傳》僖三十三年“父不慈，子不祇”，杜注：“祇，敬也。”宗，主也，朱右曾説是。經，《左傳》隱十一年“禮經國家”，孔穎達正義：“經，謂紀理之。”内，《周禮·夏官·大司馬》“暴内陵外”，鄭玄注：“内，謂其國，外，謂諸侯。”戒，猶慎也。工，或讀爲“功”，事也。諸家有解爲内事、女工者，或誤。

②雕無，即《糴匡》所謂“車不雕攻”、《大匡》所謂“車不雕飾”，“薄”後或脱一“斂”字，《大聚》言“分地薄斂，農民歸之”。憂，當從王引之作“愛”，用如《左傳》哀二年“佩玉不敢愛”，解爲吝惜之義。“及”或爲“乃”形訛，盡，當訓爲“進”，《群經平議·國語一》“近臣盡規”，俞樾案：“盡者，進也。”進，取進獻之義，《吕氏春秋·論人》“貴則觀其所進”，高誘注：“進，薦也。”乃爲人盡不足，即言爲人所進獻者不足，或爲“禱無憂玉”之旁注竄入。

王拜，儆我後人，謀競不可以藏，戒後人其用汝謀，維宿不悉日不足。

【疏證】

儆，通“警”，“謀競不可以藏”等句，參《程寤》篇疏證。

小開第二十三

【題解】

是篇取首句“開後嗣謀”之“開”爲題，冠以小字，以别于前篇《大開》。故題名之時，二篇應已成組流傳。

維三十有五祀，王念曰多□，正月丙子拜望，食無時，汝開後嗣謀，曰：

【疏證】

諸家頗疑“王念曰”三字次序或誤。案：“曰”或當爲“日”之形訛，清華簡一《保訓》簡1言“王念日之多歷”，缺字或當從《保訓》補爲“歷”。《尚書·君奭》言“故殷禮陟配天，多歷年所”，亦可與此對讀。“拜望”或當爲“既望”。信此，則“王念日多歷”或當居“拜望”之後。開，啓也。後嗣，謂後人。開後嗣者，文王，此“汝”字指代不詳，案：“食無時汝”四字，或涉下句衍。

嗚呼，于來，後之人！余聞在昔曰①：明明非常，維德曰爲明，食無時②。

【疏證】

①于，語助也，用或如《豳風·七月》“三之日于耜”。“于來，後之人”猶《尚書·商誓》所言“格爾衆庶”。

②明明非常，即《尚書·吕刑》所見“明明棐常”，《墨子·尚賢中》引作“明明不常”，即天之明命無常，孫詒讓説是。維德爲明，言惟德

是明。“維德曰爲明”之“曰”或爲衍文，或當在下句“夜”字之上，作“汝日夜何修非躬”，于鬯説是。食無時，與《禮記·内則》“唯所欲，食無時”當非一事。食，猶《尚書·洛誥》“亦唯洛食”之“食”，或訓爲“吉”，或訓爲“用”。無時，猶時時。食無時，猶其用不盡。

汝夜何修非躬，何慎非言，何擇非德①。嗚呼，敬之哉！汝恭聞不命，賈粥不讎，謀念之哉②。

【疏證】

①“夜”上或脱一“日”字。日夜何修非躬，猶日夜修躬。躬，身也。何慎非言，謂慎言。何擇非德，謂擇德。擇，《説文》：“柬選也。”

②恭，敬也。命，或讀爲“令”，令，善也。恭聞不命，猶敬聞不善。賈，《國語·晋語一》“以寵賈怨”，韋注：“賈，市也。”粥，賣也，今多作“鬻”。讎，或當讀爲“售”，朱右曾説是。《邶風·谷風》“賈用不售”，鄭箋：“如賣物之不售。”謀，《説文》：“慮難曰謀。”念，思也。謀念，猶思慮。

不索，禍招無曰，不免不庸①，不茂不次②。人菑不謀，迷棄非人③。

【疏證】

①索，《國語·晋語二》“唯其索之”，韋注：“索，求也。”不索，謂不求此道。招，讀爲“召”，《吕氏春秋·重己》“惑召之也”，高誘注：“召，致也。以惑致之也。”曰，當爲“日”字之誤。禍招無日，《成開》作“禍格無日”，《左傳》宣十二年“禍至之無日，戒懼之不可以怠”，言禍事不日即至。免，當從于鬯讀爲“勉”，庸，用也。不免不庸，言不勉者不用之。

②茂，通“懋”，《尚書·康誥》“懋不懋”，《左傳》昭八年引作“茂不茂”，懋，亦勉也。“次”讀本字則文義不協，或當從于鬯説，爲“攻”字形訛，攻，《大雅·靈臺》“庶民攻之”，毛傳：“攻，作也。”不茂不次，言不勉者不作之。

③菑，即“灾”字，患也。人菑不謀，猶人患不謀。迷，《大雅·板》

“威儀卒迷”，陳奂《詩毛氏傳疏》言：“迷，迷亂也。”棄，《左傳》昭二十九年“水官棄矣”，杜注：“棄，廢也。”非，《吕氏春秋·慎行》“動作者莫不非令尹”，高誘注：“非，咎也。”迷棄非人，謂亂廢令人得咎。

朕聞用人不以謀説①，説惡謟言。色不知適，適不知謀，謀泄，汝躬不允②。

【疏證】

①謀，《廣雅·釋詁四》：“議也。”謀説，猶論説。謟，疑也，朱右曾訓爲“僭”，盧校、唐大沛以爲通“諂”，皆通。案：“諂”義略勝。説惡諂言，謂謀説惡諂媚之言。

②色，即“巧言令色”之“色”，謂形色、神色。知，《檜風·隰有萇楚》“樂子之無知”，鄭箋：“知，匹也。”馬瑞辰《毛詩傳箋通釋》言：“知訓接，訓合，即得訓爲匹矣。”不知，謂不合之義。適，《吕氏春秋·適威》“不能用威適”，高誘注：“適，宜也。”色不知適，適不知謀，言其形色不合于宜，其形色宜則巧言令色，故不合于謀。泄，當從朱右曾訓爲“失”。躬，身也。允，信也。

嗚呼，敬之哉，後之人！朕聞曰：謀有共軵，如乃而舍。

【疏證】

軵，或讀爲“拊”，《淮南子·覽冥訓》“軵車”，高誘注：“軵，推也……軵，讀楫拊之拊。”拊，猶循也，《荀子·富國》“拊循之”，即以二字同義連用。《漢書·吴王濞傳》“因拊其背”，顔師古注：“拊，摩循之也。一曰拊，輕擊之。”謀有共軵，即言謀有共同遵循者。如盧校從惠棟説讀爲“若”，若，順也。乃，猶而也。而，盧校從惠説讀爲“曰”，甚是，此作“而”，或蒙“乃”字之義而誤。舍，《鄭風·羔裘》“舍命不渝”，孔穎達正義：“舍，息，是安處之義。”如乃而舍，即言順而曰安。

人之好佚而無窮①，貴而不傲，富而不驕，兩而不争②，聞而不遥，遠而不絶，窮而不匱者，鮮矣[3]。

【疏證】

①佚，通“逸”，《尚書·盤庚上》“惟予一人有佚罰”，《國語·周語上》引作“則惟余一人，是有逸罰”。逸，《國語·吴語》“而又不自安恬逸”，韋注：“逸，樂也。”窮，《荀子·富國》“亂則窮矣”，楊倞注：“窮，困也。”《唐風·蟋蟀》“好樂無荒，良士瞿瞿”，清華簡一《耆夜》簡13則作“康樂而毋荒，是惟良士之懼”，皆可與此對讀。

②傲，《廣雅·釋言》：“倨也。”《墨子·天志中》有“貴之傲賤，此天之所不欲也”，可與此對讀。富而不驕，《論語·學而》言：“貧而無諂，富而無驕，何如？”兩，耦也，朱右曾言“權相侔”，甚是。《大開武》作“兩有必争”，《武順》作“無中曰兩，兩争曰弱”。

③聞，《論語·顔淵》“在邦必聞”，邢昺疏：“聞，謂有名譽使人聞之也。”遥，當通“媱”，淫邪之義。《禮記·曲禮上》言“富貴而知好禮，則不驕不淫”，可與此對讀。遠，久也。《荀子·非相》言：“文久而滅，節族久而絶。”匱，乏也。鮮，少也。

汝謀斯何嚮非翼。維有共枳[1]，枳亡重大害小，不堪柯，引維德之用[2]。用皆在國，謀大，鮮無害[3]。

【疏證】

①謀，慮也。斯，猶此也。翼，《左傳》昭九年“翼戴天子”，杜注“翼，佐也”，言相輔佐之人。共，同也。枳，通“枝”。維有共枳，謂如同樹枝。

②亡，通“無”，害，傷也，言樹枝無重其大而傷其小也，如清華簡六《子産》簡12言“和民有道，在大能政，在小能枳，在大可久，在小可大”。引，當通“矧”，猶况也。不堪柯，謂枝小尚且不堪爲斧柄，况德之用小乎？言謀小則不堪爲國。

③鮮，當通爲“斯”，《讀書雜志·史記第六》“《尚書·無逸》曰惠鮮鰥寡”，王念孫案：“鮮即斯字。”斯，猶乃也，猶《國語·晋語八》

“國無道而年穀和熟，……鮮不五稔”，鮮，即讀爲“乃”。

“嗚呼！汝何敬非時，何擇非德，德枳維大人，大人枳維卿，卿枳維大夫，大夫枳維士，登登皇皇。

【疏證】

何敬非時，謂敬時。時，是也，承上句而言。何擇非德，言擇德。擇，《吕氏春秋·驕恣》“其所擇而莫如己者亡”，高誘注：“擇，取也。”大人，謂諸侯。故書“大人”多與“王公”連用，如《墨子·非命上》“古者王公大人，爲政國家者”。枳，通“枝”，謂分支之義。《左傳》桓二年言：“故天子建國，諸侯立家，卿置側室，大夫有貳宗，士有隸子弟，庶人工商，各有分親，皆有等衰。”登登皇皇，《廣雅·釋詁一》“蒸，美也”，王念孫疏證：“登亦與蒸通。”故“登登皇皇”猶《魯頌·泮水》所見“烝烝皇皇”，毛傳：“烝烝，厚也。皇皇，美也。”

□枳維國，國枳維都，都枳維邑，邑枳維家[①]，家枳維欲無疆[②]。

【疏證】

①脱字盧校補作“君”，恐非是。劉師培言“《後漢書·馮衍傳》李注引作‘登登皇皇，□維國’，監本又作‘維在國’”，又言洪邁引作“維在國枳”，疑此處無脱文，亦未必是。洪邁引文與上下不協，恐有訛誤。上句言人之枳，此句當言都邑之枳，故亦不當從盧校作“君”。案：脱文或當補爲“邦”，邦，國也。此“國”當謂國都，《禮記·學記》言“古之教者，家有塾，黨有庠，術有序，國有學”，孔穎達疏：“國，謂天子所都。”《左傳》莊二十八年則言“凡邑，有宗廟先君之主曰都”。

②欲，《大雅·文王有聲》有“匪棘其欲”，《禮記·禮器》引作“匪革其猶”，猶，即“猷”，謀也。謀無疆，猶故書所見之“謀長”，如《尚書·盤庚中》所言“汝不謀長以思乃災”，《國語·楚語下》所見“愛而不謀長，不仁也”。

動有三極，用有九因，因有四戚、五私[①]。極明與與有長勸，汝何異非義，何畏非世，何勸非樂[②]？

【疏證】

①極，常也。用有九因，《大武》作“政有九因，因有四戚五和”，當從《大武》作“和”。

②“與”，或爲“翼”之形訛，翼，敬也，朱右曾説是，下文亦言“言彼翼，翼在意”。畏，當通“威”。“極明與與有畏勸”當斷爲“極明翼，翼有畏勸”，言常明敬，敬有威、有勸。“異”通“翼”，敬也，何翼非義，言敬義，何畏非世，言畏世，劉師培言此“世”，即《命訓》“大命世”之“世”，謂世受罰，或是。何勸非樂，即勸樂，勸，《説文》：“勉也。”

謀獲三極無疆，動獲九因無限。務用三德，順攻奸□[①]，言彼翼翼，在意仞時德[②]。

【疏證】

①獲，《大雅·皇矣》“其政不獲”，鄭箋：“獲，得也。”務，《吕氏春秋·聽言》“不可不務也”，高誘注：“務，勉也。”三德，即前所謂“三極”。攻，當通“功”，《大雅·崧高》“世執其功”，毛傳：“功，事也。”順功，謂順事。奸，通“干”，犯也。缺字丁宗洛補爲“慝”，朱右曾從，或是。《大雅·民勞》“無俾作慝”，毛傳：“慝，惡也。”

②“言彼翼翼在意仞時德”，或斷爲“言彼翼，翼在意，仞時德”，恐非是。彼，猶夫也。翼翼，敬也。意，或通“億”，《左傳》隱十一年“寡人唯是一二父兄，不能共億”，杜注：“億，安也。”仞，或通爲“忍”，猶“耐”也。時，是也。是句謂言夫敬，在安耐此德。

春育生，素草肅，疏數滿[①]。夏育長，美柯華，務水潦[②]。秋初藝，不節落[③]。冬大劉，倍信何[④]。謀本□時，歲至天視[⑤]。

【疏證】

①育，生長也，亦或作“毓”。素，《大戴禮記·保傅》“素誠繁成”，王聘珍解詁：“素，猶始也。”肅，朱右曾言“讀爲息，生也”，

甚是。素草肅，謂始生草。疏，《吕氏春秋·辯土》“不知其稼之疏而不適也”，高誘注：“疏，希也。”數，陳逢衡引施彦士云當作“藪”，甚是，藪，謂澤藪。

②柯，幹也，朱右曾説是。華，猶盛也，《爾雅·釋草》：“木謂之華，草謂之榮。”務，勉也。潦，今之謂“澇”也。務水潦，謂勉于水利之事。

③藝，孫詒讓言當作“刈”，猶《大武》“秋取其刈”，又與下文“冬大劉”相承，其説甚是。不節落，朱右曾謂當作“木節落”，甚是。“木節落”，即《國語·周語中》所見“草木節解”。

④劉，殺，謂斬伐。《荀子·王制》“殺生時則草木殖”，楊倞注：“殺生，斬伐。”案：“倍信何”三字當屬上讀，與前文“木節落”對文，且與“大劉”文義相承。倍，《左傳》僖三十年“焉用亡鄭以倍鄰”，杜注：“倍，益也。”信，讀爲“伸”，猶展也。何，從前文讀爲“柯”。倍信何，言益展其斧柯以備器用。

⑤“謀”字諸家或屬上讀，非是。缺字潘振補爲“四”，丁宗洛補爲“以”，蓋皆言所謀本于歲時之義，或是。然此處“謀本”“□時”或當與下文“歲至”“天視”類似，當兩兩爲句。謀本，猶故書常見之“務本”，《管子·權修》“有地不務本事，君國不能壹民，而求宗廟社稷之無危，不可得也”，務本，言務農。以其務本，故當順天時，此缺字或即爲“順”，猶《大明武》言“應天順時，時有寒暑”、《國語·周語下》言“動不順時，民無據依，不知所力，各有離心”。歲至，言歲時至。視，朱右曾言爲“示”，恐非是。此“天視”，或當從《小開武》所言“時候天視可監”，天視，猶言天時。

嗚呼，汝何監非時，何務非德，何興非因，何用非極①？維周于民人謀競不可以，後戒，後戒。宿不悉，日不足②。”

【疏證】

①何監非時，言鑒于此，何務非德，言勉于德。何興非因，言作于因，“因”即前文“動有九因”之“因”。何用非極，謂用于常，“極”即前

文“動有三極”之極。

②“維周于民人謀競不可以”，當從清華簡一《程寤》斷作“維周于民，人謀競不可以”，“以”後或脱一“臧”或“藏”字。後戒，謂後人戒之。“宿不悉”前或脱“維”字。宿，當讀爲“夙”。悉，《説文》：“詳盡也。”清華簡一《保訓》簡11作“宿不羕”，“詳”與“羕”通，悉、詳同義换讀。

文儆第二十四

【題解】

文，即首句“文王告夢”之“文”。儆，《國語·魯語下》“夜儆百工”，韋注：“儆，戒也。”正文“汝敬之哉”，敬，即讀爲“儆”。北大漢簡《周馴》簡27有“昔殷武湯身敬大甲曰”，整理者即讀“敬”爲“儆”。文儆，即取首句二字爲題，謂文王之戒。此篇有“後戒後戒”等習語，故當是戰國流行之箴戒，所言“文王告夢”，古書編纂時習見造作故事，託名以自重而已，不可信爲實事。

維文王告夢，懼後嗣之無保。庚辰，詔太子發曰：

【疏證】

告，當通“造”，遭也。懼後嗣之無保，保，或即清華簡一《保訓》簡1所言“恐墜保訓”之“保”，亦可讀“寶”，《禮記·檀弓下》“喪人無寶，仁親以爲寶”，鄭玄注：“寶，謂善道可守者。”詔，告也，《史略》引作“召”，亦通。

“汝敬之哉！民物多變，民何嚮非利①。利維生痛，痌維生樂，樂維生禮，禮維生義，義維生仁②。

【疏證】

①敬，當通“儆”，下“敬”皆同，劉師培説是。儆，戒也。物，事也。民物，即《左傳》莊二十七年言“諸侯非民事不舉”，襄四年言“不修民事，而淫于原獸”所言“民事”。民何嚮非利，言民嚮利。

②維，語辭。痛，讀本字非是，唐大沛疑作“庸”，俞樾謂當讀作“通”，陳漢章謂通作“用”。唐、陳説是，“痛”形訛爲“庸”，讀爲“用”，《左傳》文七年言“正德，利用，厚生，謂之三事”，用，謂財用。以其財用足，故生樂。樂維生禮，猶《管子·牧民》言“倉廩實則知禮節，衣食足則知榮辱”。禮維生義，《禮記·禮運》言“先王能修禮以達義，體信以達順，故此順之實也。”義維生仁，猶言諸事皆得其宜，故有仁。

嗚呼，敬之哉！民之適敗，上察下遂，信何嚮非私①。私維生抗，抗維生奪，奪維生亂，亂維生亡，亡維生死②。

【疏證】

①適，孫詒讓謂當通“謫”，孫詒讓説是。《邶風·北門》“室人交遍謫我”，毛傳：“謫，責也。”王先謙《詩三家義集疏》言“魯‘謫’作‘適’”。之，猶有也，《尚書·牧誓》“牝鷄之晨”，“之”即“有”也。敗，《大雅·民勞》“無俾正敗”，鄭箋：“敗，壞也。”察，《吕氏春秋·審分》“察乘物之理”，高誘注：“察，明也。”遂，《國語·周語下》“以遂八風”，韋注：“遂，順也。”信，猶誠也。信何嚮非私，言誠嚮私。是句言民有責毁，誠以其向私。此“上察下遂”與上下文意不協，亦與上文“民物多變，民何嚮非利”不相呼應，或是他處竄入。

②抗，《荀子·臣道》“有能抗君之命”，楊倞注：“抗，拒也。”抗維生奪，奪維生亂，猶《度訓》言“不次則奪，奪則戰”。亡，逃也。

嗚呼，敬之哉！汝慎守勿失，以詔有司，夙夜勿忘，若民之嚮引。

【疏證】

詔，告也。有司，《論語·泰伯》言“籩豆之事，則有司存”，謂所涉職司。若，順也。嚮引，猶嚮導。是句謂告有司謹守勿失，夙夜勿亡，以順民之嚮導。

汝慎何非遂，遂時不遠①。非本非標，非微非煇②，壤非壤不高，冰非水不流③。

【疏證】

①“慎何”當倒作“何慎”，盧校是。遂，成也，何慎非遂，謂慎于成。時，是也。遂時不遠，言近于成。

②非本非標、非微非煇，或當從後“非壤不高”作“非本不標”“非微不煇”。非本非標，即無本不標。標，字或作“摽”，《管子·霸言》“大本而小摽”，尹知章注：“摽，末也。”微，《小雅·十月之交》“彼月而微，此日而微”，鄭箋：“微，謂不明也。”煇，《小雅·庭燎》“庭燎有煇”，毛傳：“煇，光也。”

③壤，土也。是句亦見于《大戴禮記·曾子制言上》，作“人非人不濟，馬非馬不走，土非土不高，水非水不流”。故“冰”當爲“水”字之誤。是句言非本則無末，非幽則不明，故當守此本、明其微。是壤則高，是水則流，猶《小開》所謂“謀有共軵”、《大武》所謂“同好相助”，故《大戴》以此證“人之相與也，譬如舟車然，相濟達也，己先則援之，彼先則推之”。

嗚呼，敬之哉！倍本者槁①。汝何葆非監？不維一保監順時②。

【疏證】

①倍，通“背”，違也。槁，《荀子·勸學》“雖有槁暴”，楊倞注：“槁，枯。”倍本者槁，言違其本者枯。葆，守也，朱右曾説是。監，讀爲“鑒”。何葆非監，即保守之鑒戒之。

②不維一，或當爲“丕惟”之誤，丕惟，語辭。《尚書·酒誥》有“丕惟曰爾克永觀省”，《祭公》有“丕維文王由之”。時，是也。保監順時，謂保此、鑒此、順此。

維周于民之適敗，無有時蓋。後戒，後戒，謀念勿擇。”

【疏證】

周，《國語·楚語下》“周而不淑”，韋注：“周，審也。”蓋，當通“害”。無有時蓋，言無有此害。擇，當通“斁”，勿擇，即金文常見之“無斁”，言無終、不盡之義。謀念勿擇，猶史牆盤銘文（《集成》10175）“亟獄逗慕，昊炤亡斁”，慕，讀爲“謨”，謀也。

文傳第二十五

【題解】

文，謂文王。傳，《大戴禮記·保傅》“簡聞小誦不傳不習”，王聘珍解詁：“傳，述也。”文傳，言文王所傳述。其言多爲命後人所保守者，當如前文目爲戰國箴戒，所言文王、太子發等事，託名而已。

文王授命之九年，時維暮春，在鄗。太子發曰：“吾語汝所保、所守，守之哉。”

孔晁云：“四者，君德。”

【疏證】

“授”，諸本作“受”，甚是。王念孫言“時維暮春，《周書》無此例”，疑“時”字或後追加，觀全篇所言，恐不早出，文王、太子發等事，或爲後人附會。鄗，一作“鎬”。下述皆擬爲文王之言，故“太子發”前或脱一“召”字，當據《玉海》卷三十一、《太平御覽》卷一百四十六補。語，《大戴禮記·曾子疾病》“吾何以語汝哉”，王聘珍解詁：“語，告也。”保，猶守也。

厚德廣惠，忠信愛人，君子之行[①]。不爲驕侈，不爲靡泰，不淫於美，括柱茅茨，爲愛費[②]。

孔晁云：“言務儉也。因就不决曰括。”

【疏證】

①“厚”字之上盧校據《太平御覽》補“吾”字，《藝文類聚》卷十

二、《太平御覽》卷八十四、三百八十三作“吾厚德而廣惠”。惠，愛也。厚德廣惠，忠信愛人，君子之行，或即《荀子·王霸》所謂“故厚德音以先之，明禮義以道之，致忠信以愛之，賞賢使能以次之，爵服賞慶以申之”。

②驕，謂驕慢。侈，謂奢汰。靡，謂靡麗。泰，肆也，朱右曾説是。淫，過也。不淫于美，猶《尚書·無逸》言“則其無淫于觀于逸于游于田”。括，《北堂書鈔》卷八、《太平御覽》卷一百四十六引作“栝”，朱右曾言“刮也，刮去其皮不文飾也”，甚是。茨，《説文》：“以茅葦蓋屋曰茨。”《韓非子·説林上》：“旄象豹胎必不衣短褐，而舍茅茨之下，則必錦衣九重，高臺廣室也。”括柱茅茨，言所居陋。馬王堆帛書《明君》423有“已而周何故爲茅茨栝柱”，可與此對讀。愛，猶惜也，費，謂財用。

山林非時不升斤斧，以成草木之長①，川澤非時不入網罟，以成魚鱉之長。不麛不卵，以成鳥獸之長②，畋漁以時，童不夭胎，馬不馳騖，土不失宜③。

孔晁云：“言土地所宜悉長之。”

【疏證】

①《大聚》言：“春三月山林不登斧，以成草木之長；（夏）三月川澤不入網罟，以成魚鱉之長。”又言：“夫然，則有生而不失其宜，萬物不失其性，人不失其事，天不失其時，以成萬財。”可與此對讀。非時，謂不以其時。升，亦登也。

②罟，亦網也。不麛不卵，《吕氏春秋·孟春》作“無麛無卵”，《禮記·月令》《淮南子·時則訓》皆作“毋麛毋卵”，麛，鹿子也。不麛不卵，謂不殺獸子，不取鳥卵。

③畋，獵也。童不夭胎，《吕氏春秋·孟春》言“無殺孩蟲、胎夭、飛鳥”，此句《太平御覽》卷八十四作“不殺童牛，不夭胎，童牛不服，童馬不馳不騖，澤不行害，土不失其宜，萬物不失其性，天下不失其時”，《藝文類聚》卷十二作“童牛不服，童馬不馳，土不失其宜，萬物不失其性，天下不失時，以成萬材。萬材既成，牧以爲人，天下利之而勿德，是謂大仁”。

是句“萬物不失其性”以下見于《大聚》作“萬物不失其性，人不失其事，天不失其時，以成萬財”。類書引文，或將兩處糅合。此處未必加“童牛”等語，改校作“不夭胎，童馬不馳騖”即是。夭，《小雅·正月》“天夭是椓”，鄭箋：“天以薦瘥夭殺之。”夭，猶殺也，此或如下文作“不殺夭胎”，亦通。騖，《説文》：“亂馳也。”宜，即《度訓》所謂“土宜”。

土可犯，材可蓄。潤濕不穀，樹之竹、葦、莞、蒲①。礫石不可穀，樹之葛木，以爲絺綌，以爲材用②。

孔晁云：“所爲土不失宜。”爲，或當從朱右曾引作“謂”。

【疏證】

①犯，唐大沛謂當作“化”，朱右曾言通“範”，範土爲器之義，甚是。蓄，積也。潤濕不穀，“不穀”或當從下句作“不可穀”，所言或爲澤藪，其土潤濕而不可播穀，《史記·司馬相如列傳》言“其卑溼則生藏莨、蒹葭”，《説文》“蒹”字段注言：“葭、葦一也。今人所謂蘆也。”此言“葦”，亦即《史記》所言“蒹葭”也。莞，謂苻蓠，《漢書·東方朔傳》“莞蒲爲席”，顔師古注：“莞，夫離也，今謂之葱蒲。’蒲，《陳風·澤陂》言“彼澤之陂，有蒲與荷”，鄭箋：“蒲，柔滑之物。”《周禮·地官·澤虞》“共其葦蒲之事”，鄭玄注：“蒲，以爲席。”

②礫石，謂山間谷地，即《管子·輕重乙》所謂“山閒堁[illegible]之壤”。堁壘，謂礫石。畏、鬼音近可通，即後世所謂“塊壘”。凡結塊之物，皆可謂之塊壘，即今俗所謂“坷垃”。樹以葛木，以爲絺綌，即《周南·葛覃》言“葛之覃兮，施于中谷。維葉莫莫，是刈是濩。爲絺爲綌，服之無斁”，是言葛以爲絺綌，木以爲材用。

故凡土地之間者，聖人裁之，并爲民利。是魚鼈歸其泉，鳥歸其林。

孔晁云：“取之以時，不夭胎故。”

【疏證】

盧校言“是”下當有“以”字，“鳥”下當有“獸”字，皆是。間，或可作“閑”，此或即《漢書·食貨志上》趙過所用之“代田”，又言“代田”爲古法，后稷始用之。是法雖未必可溯及后稷，然言戰國有之，或不爲誤。《吕氏春秋·士容》言“上田棄畝，下田棄甽。五耕五耨，必審以盡”，亦此法也。裁，制也。下文亦有“聖人制之”。“泉”，朱右曾言本作“淵”，避李淵諱，甚是，《荀子·致士》言“川淵深而魚鱉歸之，山林茂而禽獸歸之”，可與此句對讀。

孤寡辛苦，咸賴其生。

孔晁云：“得所生長材用。”孔注“材用”二字當在“得”字之前。

【疏證】

辛苦，《柔武》“以匡辛苦”，孔晁注：“辛苦，窮也。”賴，《左傳》襄十四年“緊伯舅是賴”，孔穎達正義：“賴，恃也。”其，猶以也，《大雅·雲漢》“曷惠其寧”，即“何惠以寧”。

山以遂其材，工匠以爲其器，百物以平其利，商賈以通其貨。

孔晁云：“無二德也。”

【疏證】

以，猶用也。遂，成也。百物，謂百事。平，《左傳》成二年“利以平民”，孔穎達正義：“平，成也。”貨，謂財貨。

工不失其務，農不失其時，是謂和德。

孔晁云：“和，故不失。”

【疏證】

務，事也。《管子·法法》言“故農夫不失其時，百工不失其功”，功，亦事也。《六韜·文韜·國務》亦言“民不失務，則利之；農不失時，則成之”。

土多民少，非其土也。土少人多，非其人也①。是故土多，發政以漕四方，四方流之②。

孔晁云："漕，轉。流，歸。言移内人也。"内，入也。

【疏證】

①非，違也，猶言離之義。是句謂土多民少，則分離其土以來民，土少人多，則分離其人以爲貨殖，此或承上文"商賈以通其貨"而言。是句"人"當從前文作"民"。《管子·霸言》有"地大而不爲命曰土滿，人衆而不理命曰人滿，兵威而不止命曰武滿。三滿而不止，國非其國也，地大而不耕，非其地也，卿貴而不臣，非其卿也，人衆而不親，非其人也"，或可與此相參。

②發政，《孟子·梁惠王下》言"文王發政施仁，必先斯四者"，發政，猶故書所言"敷政"。漕，或通"遭"，《説文》："一曰邐行。"王筠《説文句讀》言："遭，謂週帀也，迆邐而行，則旋轉而周遭矣。"發政以漕四方，猶言"布政以周行四方"。流，《管子·侈靡》"則民不流矣"，尹知章注："流，移也。"四方流之，言四方之民來之。

土少，安帑而外其務，方輸。

孔晁云："外設業而四民方輸谷。"

【疏證】

安帑，《文酌》言"定居安帑"，謂安其財貨。外其務，猶遠其事，如《尚書·酒誥》所謂"遠服賈用"。輸，謂委輸，《酒誥》言"肇牽車牛"即是。是句言土少則安其財貨，設業于遠，貨殖于外而輸財于内。

夏箴曰："中不容利，民乃外次。"

孔晁云："夏禹之箴戒書也，業舍次於田。"孔注"業舍次於田"，盧校據《玉海》卷三十一改作"利，福業。次，舍於田"。

【疏證】

箴，戒也。中，猶内也。容，或通"庸"，用也。次，《國語·魯語上》"五刑三次"，韋注："次，處也。"是句言内不用其利，則民乃居于外。

開望曰："土廣無守，可襲伐；土狹無食，可圍竭。二禍之來，不稱之災。"

孔晁云："開望，古書名也。政以人士相稱爲善也。"孔注"士"當從上下文改"土"。

【疏證】

開望，當作"啓筮"，丁宗洛、劉師培説是。是句《潛夫論·實邊》引《周書》作"土多人少，莫出其材，是謂虚土，可襲伐也。土少人衆，民非其民，可遺竭也"。此或兼引上文"土多人少"句。襲，亦伐也。圍，《潛夫論》引作"遺"。俞樾言"圍"當讀爲"匱"，《潛夫論》"遺"亦可讀爲"匱"，匱，亦竭也，故俞説是。不稱，猶不當。

天有四殃，水、旱、飢、荒，其至無時，非務積聚，何以備之？

孔晁云："積財用，聚穀蔬。"

【疏證】

殃，灾也。饑，謂穀不熟。荒，亦言饑荒。無時，言隨時。務，猶勉也。備之，《北堂書鈔》卷一百二引作"備糧"，劉師培以糧與殃、荒爲韵，故當從《北堂書鈔》改。

夏箴曰："小人無兼年之食，遇天飢，妻子非其有也。大夫無兼年之食，遇天飢，臣妾輿馬非其有也。"

孔晁云："古者，國家三年必有一年之儲，非其有，言流亡也。"

【疏證】

《墨子·七患》引《周書》言："國無三年之食者，國非其國也；家無三年之食者，子非其子也。"《玉海》卷三十一亦引"夏箴"，謂"小人無兼年之食，遇天飢，妻子非其有也；大夫無兼年之食，遇天飢，臣妾輿馬非其有也"，與此文同。《群書治要》卷八、《太平御覽》卷三十五、卷五百八十八等處則多"國無兼年之食，遇天飢，百姓非其有也"一句。小人，言小民。兼，《儀禮》"兼執之以進"，鄭玄注："兼，猶兩也。"

戒之哉！弗思弗行，至無日矣。

孔晁云："言不遠也。"

【疏證】

"至"前當從王念孫補"禍"字，王氏并引《群書治要》卷八作"禍至無日矣"爲證，雖是，然《治要》卷八作"禍咎無日矣"。是句謂不思此政，不行此事，則禍不久即至。

"不明開塞禁舍者，其如天下何？

孔晁云："不明，謂失其機。"

【疏證】

《群書治要》卷八"其如天下何"作"其失天下如化"，"不明"上有"明開塞禁舍者，其取天下如化"及孔注"變化之頃謂其疾"，當從《治要》。諸家多以"開塞"爲"開源節流"之義，非是。開，本作"啓"，避漢景帝諱，《左傳》僖二十年言"凡啓塞從時"，孔穎達正義引服虔言"闔扇所以開，鍵閉所以塞"，亦誤。啓，言"發、作"之義，猶《左傳》宣十二年"篳路藍縷，以啓山林"之"啓"。塞，當通爲"息"，故書"塞""賽""息"等字并通。開塞，猶今所謂"作息"也。此所言"開塞"與《商君書》所謂"開塞"并非一事，《商君書》所謂"開塞"猶《荀子》之"解蔽"也。禁舍，謂禁止。《淮南子·兵略訓》："明於禁舍開塞之道，乘時勢，因民欲，而取天下。"《淮南子·要略》復言："天文者，所以和陰陽之氣，理日月之光，節開塞之時，列星辰之行"，可知開塞禁舍所言者，當是天時，此亦與前文"非時不升斤斧"等語相承。

人各修其學而尊其名，聖人制之。

孔晁云："制而業用。"或當校作"制業而用"。業，《國語·晋語四》"武公之業"，韋注："業，事也。"

【疏證】

修，治也。尊，當通"遵"，從也，用如《論語·堯曰》"尊五美"

之“尊”。名，當通“命”。制，猶作也，是句言人各治聖人之學而遵聖人之命。

故諸横生盡以養從①，從生盡以養一丈夫②。

孔晁云：“横生，萬物也。從生，人也。一丈夫，天子也。言兆民者天子也。”孔注“者”或當爲“養”字之誤，從朱右曾改。

【疏證】

①横，《尚書·堯典》“光被四表”，《漢書·王莽傳》作“横被四表”，二字皆讀爲“廣”，《禮記·樂記》“號以立横”，鄭玄注：“横，充也，謂氣作充滿也。”即取“廣”之義。廣，《戰國策·西周策》“則地廣而益重”，高誘注：“廣，多也。”諸，亦多也，故“諸”或爲“横”字旁注竄入。廣生，即衆生。盡，或訓爲“進”，如《大開》“及爲人盡不足”。以，猶而也。盡以，猶進而。養，《荀子·君子》“則知所養矣”，楊倞注：“養，謂自奉養。”

②從，《周祝》“故萬物之所生也性於從”，朱右曾言：“從，順也。”從生，言順生，即啓下句“無殺夭胎”等。一丈夫，即《孟子·梁惠王下》“殘賊之人謂之一夫。聞誅一夫紂矣，未聞弑君也”。

無殺夭胎，無伐不成材，無墯四時。如此者十年。有十年之積者王；

孔晁云：“通三十年之計也。”

【疏證】

夭，《左傳》昭四年“民不夭札”，杜注：“短折爲夭，夭死爲札。”胎，《淮南子·本經訓》“刳胎殺夭”，高誘注：“胎，獸胎也。”銀雀山漢簡《尉繚子》簡487言“不殺夭胎，不膾不成之材”。膾，當讀爲“劊”，《説文》：“劊，斷也。”《廣雅·釋言》“切，膾也”，王念孫疏證：“劊與膾通。”墯，字或作“惰”，《左傳》襄三十一年“惰而多涕”，杜注：“惰，不敬也。”如此者十年，猶《左傳》哀元年所謂“越十年生聚，而十年教訓”。積，亦聚也。

有五年之積者霸，無一年之積者亡。

孔晁云："通計五年之計，有五年也積也。亡爲無國家。"孔注"年"後"也"字當作"之"。

【疏證】

一年，或作"二年"，考之前文"兼年"之説，亦通。"五年之積"句于韵不協，且下文"十重者王，頓空者亡"，亦不言"霸"，則此句或是後人增竄。

生十殺一者物十重，生一殺十者物頓空。十重者王，頓空者亡。

孔晁云："生多到重，生少到空。"孔注"到"當作"則"。

【疏證】

十，數之終也，引申爲"多"。重，《説文》："厚也。"頓，《左傳》襄四年"甲兵不頓"，杜注："頓，壞也。"是句謂生十而殺一則物多且厚，生一而殺十則物壞且空。多且厚者亡，壞且空者亡。

兵强勝人，人强勝天，能制其有者，則能制人之有。

孔晁云："勝天，勝有天命。"勝，或當作"謂"。

【疏證】

《群書治要》卷八無"則"字。孔注"勝有天命"，當作"謂有天命"，丁宗洛、朱右曾校是。前"制"猶"作"也，後"制"猶"節度"之義。制其有者，即前文所謂"聖人制之"。

不能制其有者，則人制之。

孔晁云："術自取之。"

【疏證】

言不能作其有者則爲人所節度。《荀子·榮辱》言"通者常制人，窮者常制于人"，通者，謂達者。

令行禁止，王始也。出一曰神明，出二曰分光，孔晁云："政有二名，分君之明。光，亦明也。"朱右曾引作"政出二，臣分君之明"，亦是。

【疏證】

《管子·明法解》言"令行禁止，海内無敵，人主莫不欲也"，又言"令行禁止，主之分也"，《荀子·議兵》言："以守則固，以征則强，令行禁止，王者之事畢矣。"王，謂王道。出一，謂政出于一。出于一則謂神明，出于二則分其明。

出三曰無適異，出四曰無適與。無適與者亡。"

孔晁云："君臣無適異，民無適與，不亡何待也。"

【疏證】

異，或通"翼"，輔也。適，《廣雅·釋詁一》："善也。"與，黨與也，此猶親之義。政出于三則無善輔，政出于四則無善親，無善親者亡。

柔武第二十六

【題解】

柔武，正文言“善戰不鬥，故曰柔武”，乃因以爲題。正文“文考之緒功”之後，文法、用韻自成一體，與維王元祀懸殊，此紀年之文，或是後人因事而追附，未必與“周禁五戎”等箴戒性質文本同出一源。

維王元祀一月既生魄①，王召周公旦曰：“嗚呼，維在文考之緒功②，

孔晁云：“此文王卒之明年春也。”

【疏證】

①元祀，言武王始即位之歲。文考，稱文王也，然周初八誥凡稱“文考”，多冠領格，如《尚書·大誥》稱“乃寧考”、《康誥》“惟乃丕顯考文王”“乃文考”，西周金文雖有單用“文考”之例，然是第三人稱追述。此單言“文考”似文意扞格，或是後人據“文王”而追稱，加之後文言“德、義、信”等，可知此處之言爲後人附會，必不出自武王。

②緒，《魯頌·閟宫》“纘禹之緒”，毛傳：“緒，業也。”鄭箋：“緒，事也。”功，亦事業之義。《尚書·大誥》所謂“乃寧考圖功”，“圖”舊訓爲“大”，非是。今案：“緒功”或讀爲“圖功”。圖，楚簡“圖”作“𢝊”，从心者聲，“緒”亦从者聲，當可通假。

維周禁五戎。五戎不禁，厥民乃淫。

孔晁云：“此成周也，而謂之戎，言五者不禁，戎之道也。”

【疏證】

周，遍也，朱右曾訓“帀”，亦是。戎，訓“兵”不妥，或訓爲“大”，《大雅·緜》“戎醜攸行”，毛傳：“戎，大。”五戎，猶言五大事。淫，謂放恣之義。功，東部字。戎，冬部字，通轉。禁、淫，皆侵部字。

一曰土觀幸時，政匱不疑①；二曰獄讎刑蔽，奸吏濟貸②；

孔晁云：“濟貸，成其貨也。”

【疏證】

①土觀，《程典》有“土勸不極美”，即當作“土觀”，謂土功觀游之事。幸，孫詒讓謂當作“韋”，即“違”也，説甚是。土觀韋時，言土功觀游之事，不以其時。匱，乏也。疑，《大雅·桑柔》“靡所止疑”，疑，猶止也。

②獄，《國語·鄭語》“褒人有獄而以爲入”，韋注：“獄，罪也。”讎，謂仇敵。刑，《廣雅·釋詁一》：“正也。”蔽，通“弊”。奸，犯也。吏，或當通“事”，訓爲“勞”，犯事，謂使民不辛勞。濟，《鄘風·載馳》“不能旋濟”，毛傳：“濟，止也。”貸，當作“貣”，差也。時、疑，皆之部字，蔽，月部字，貣，職部字，通轉。

三曰聲樂□□，飾女滅德①；四曰維勢是輔，維禱是怙②；五曰盤游安居，枝葉維落③。

孔晁云：“輔，□。怙，恃。盤游安居，皆害之術。”孔注脱字或當作“助”。

【疏證】

①闕文丁宗洛補作“損神”，唐大沛補“溺志”，朱右曾補“亂惑”。缺字當與“德”字協韵，或作“亂國”，如《禮記·禮運》言“大夫具官，祭器不假，聲樂皆具，非禮也，是謂亂國”。朱右曾所補者，言人而非國，與上下文義有别，故韵雖協而非是。飾女，《小明武》有“後宫飾女”《韓非子·八奸》言“人主樂美宫室臺池、好飾子女狗馬以娱其心”，皆可與此對讀。

②勢，《戰國策·秦策一》“其勢不能”，高誘注：“勢，力也。”怙，《唐風·鴇羽》“父母何怙”，毛傳：“怙，恃也。”維禱是怙，猶《史記解》言“昔者玄都賢鬼道，廢人事天，謀臣不用，龜策是從，神巫用國，哲士在外，玄都以亡”。是句言惟助强力，惟恃祭禱。

③盤，亦作“般”，樂也。《尚書·無逸》言“文王不敢盤于游田”，即此“盤游”也。安，或讀爲“宴”，《尚書·堯典》“欽明文思安安”，一作“宴宴”。安居，即“宴居”也，後世多以“燕居”“閒居”爲之。枝葉，《國語·晋語八》有“本根猶樹，枝葉益長，本根益茂”，《小明武》亦言“五教允中，枝葉代興”，枝葉，謂衆人。盤游安居，謂不事本業，則枝葉是落。國、德，皆職部字，輔、怙，皆魚部字。居，魚部字，落，鐸部字，魚、鐸陰入對轉。

五者不距，自生戎旅[①]。故必以德爲本，以義爲術，以信爲動，以成爲心，以决爲計[②]，以節爲勝[③]。

孔晁云：“言以德爲本，以節爲勝，距戎之本也。”

【疏證】

①劉師培言《文選·王融曲水詩序》李善注引作“五戎不距，加用師旅”，亦是。距，絶也。自，猶以也，朱駿聲以爲謂是“𦣹”字形訛，即“目”字，亦是。自生戎旅，即《論語·先進》言“加之以師旅”。是句言不棄此五者，則爲人所襲伐。

②術，《國語·魯語上》“皆是術也”，韋注：“術，道也。”動，《國語·楚語上》“以休懼其動”，韋注：“動，行也。”成，朱右曾釋“成其功”，不確。成，當通“誠”，與“信”對文，《荀子·不苟》言：“君子養心莫善於誠，致誠則無它事矣。”决，《戰國策·趙策四》“則足下擊潰而决天下矣”，鮑彪注：“决，猶制。”計，《國語·吴語》“以能遂疑計惡”，韋注：“計，慮也。”

③節，《國語·魯語上》“國之大節也”，韋注：“節，制也。”勝，或當作“任”。距、旅，皆魚部字。本，文部字。術，物部字，文、物二部

陰陽對轉，動，東部字，心，侵部字。故書多見冬、侵合韵之例，如《邶風·緑衣》“絺兮綌兮，淒其以風。我思古人，實獲我心”。風即冬部字。計，質部字，任，侵部字。古書頗見真、侵合韵者，如清華簡七《子犯子餘》簡8—9“在上之人”與“近亦不譖”爲韵。真、質二部則陰入對轉。

務在審時，紀綱爲序，和均□里，以匡辛苦。

孔晁云：“匡，正也。辛苦，窮也。”

【疏證】

務，勉也。在，猶于也。審，慎也。綱，亦“紀”也。綱紀，謂法度。序，次也。缺字諸家多補爲“道”，非是，或當作“鄉”或“閭”。匡，救也。辛苦，即《文傳》所見“孤寡辛苦”也，匡救孤寡辛苦者，爲鄉里之事。序、苦，皆魚部字。

見寇□戚，靡適無□。勝國若化，不動金鼓。善戰不鬥，故曰柔武。四方無拂，奄有天下。”

孔晁云：“拂，違也，言威也。”

【疏證】

“寇”後缺字或當作“懷”，如《小明武》言“懷戚思終”。適，當通“敵”。“無”字後，王念孫補“下”字，如《允文》言“靡敵不下”，《小開武》言“勝國若化，故曰明武”。若化，猶順化也。不動金鼓，言不用兵。《大武》有“善戰不鬥”。柔，《大雅·民勞》“柔遠能邇”，毛傳：“柔，安也。”奄，《魯頌·閟宫》“奄有下國”，鄭箋：“奄，猶覆也。”奄有天下，猶金文習見之“匍有四方”。下、鼓、武，皆魚部字。

大開武第二十七

【題解】

是篇内文有與《大武》相關者，如“四戚”等事，當受到相似知識背景影響。開，啓也，或取自正文“開和之言”。大開武，謂大啓于武，或是概括全篇大意爲題，内文多爲戰國箴戒，託名武王、周公以自重而已。

維王一祀二月，王在酆，密命。

孔晁云：“密人及商紂謀周大命。”

【疏證】

孔注非是。“密”或通爲“毖”，清華簡一《耆夜》簡7有“毖精謀猷”，字作“[illegible]”，从宀从雙必，可寫作“宓”。毖，言誥戒，《尚書·酒誥》有“汝劼毖殷獻臣”，清華簡三《周公之琴舞》簡1言“周公作多士儆毖”。下“密不顯”之“密”，孫詒讓即讀爲“毖”。

訪于周公旦，曰：“嗚呼！余夙夜維商密不顯，誰和？

孔晁云：“言欲以毁選之商密。”

【疏證】

《小開武》言：“嗚呼！余夙夜忌商，不知道極。”《成開》言“嗚呼，余夙夜不寧”。維，劉師培以爲當訓爲“念”，甚是。《逸周書·周祝》“維哉其時”，朱右曾言：“維，念也。”商，《廣雅·釋詁一》：“常也。”密，通“毖”。顯，明也。和，孫詒讓、劉師培爲當是“桓”，通“宣”，或是。

告歲之有秋，今余不獲，其落若何？”

孔晁云：“和捐萬物而商密欲擯我周，不得其落，恐將亡。”

【疏證】

告，《史略》作“若”，王念孫以下文“若農之服田，既秋而不獲”爲證，甚是。歲之有秋，見《尚書·盤庚上》“若農服田，力穡乃亦有秋”，猶卜辭多見之“有年”。下文“余不獲”正承此而言。落，《廣雅·釋詁二》：“居也。”言有常甾而不顯，如歲之有秋而無獲。

周公曰：“茲在德敬，在周其維天命，王其敬命。

孔晁云：“言天命在周，當敬命而已。”

【疏證】

茲，猶斯也。“德敬”，孫詒讓謂當作“敬德”，甚是。“在周”，《史略》作“右周”，未必從下文“葛右有周”讀。是句可從孔晁注讀作“其維天命在周”。敬命，亦見于《寤敬》“天下不虞周，驚以寤王，王其敬命”。

遠戚，無十和，無再失。維明德無佚，

孔晁云：“所親近疏遠也。再失，爲復失也。”

【疏證】

陳逢衡言“遠戚”之上或脱一“無”字，應是。無遠戚，即《大開》所謂“無遠親戚”。“十和”，諸家多改作“干和”，甚是。干，犯也。再失，貳過也，朱右曾説是。佚，謂淫逸。

佚不可還。維文考恪勤戰戰，何敬何好何惡，時不敬，殆哉！”

孔晁云：“言一佚不可還，故念文王所敬。”

【疏證】

還，孫詒讓言作“逯”，與“逮”同，甚是。逮，《國語·晋語二》“乃逮于讒”，韋注：“逮，及也。”恪，敬也。勤，或當通“謹”，恪勤，即《尚書·盤庚上》所言“恪謹天命”。戰戰，《小雅·小旻》“戰戰兢兢”，毛傳：“戰戰，恐也。”“何敬”本或作“可敬”。可，《禮記·中庸》“體物而不可遺”，鄭玄注：“可，猶所也。”時，猶是也。殆，謂危殆。

王拜曰：“允哉！余聞國有四戚、五和、七失、九因、十淫。非不敬，不知。

孔晁云：“言非不欲敬而未知所聞，欲知之也。”

【疏證】

允，信也。戚，憂也。四戚、五和，亦見于《大武》《小開》。失，猶過也。九因，亦見于《小開》“動有九因”。因，或爲“困”之形訛，困與上下文之“失”“淫”文義相承，亦通。淫，過也。是句言王聞國有四戚、五和、七失、九因、十淫，非敢不敬于是，惟不知之。

今而言維格，余非廢善以自塞，維明戒是祇。”

孔晁云：“而，汝。格，至也，是余敬之。”

【疏證】

格，陳逢衡訓爲“法”，甚是。塞，《禮記·郊特牲》“臺門而旅樹”，鄭玄注：“樹所以蔽行道，管氏樹塞門。塞，猶蔽也。”祇，敬也。

周公拜曰：“兹順天，天降寤于程，程降因于商。商今生葛，葛右有周。

孔晁云：“言天寤周以和商謀，商朝生葛，是祐助周也。”

【疏證】

兹，猶斯也，語辭。“程降因于商”，“程”字或涉上文衍，俞樾説是。降寤，降寤夢，即《程寤》所言。“因”當作“困”，即《程寤》所言“商廷維棘”，言降灾。葛，本或作“曷”，即“何”也。右，當讀爲“祐”。是句言順天，天降寤夢于程，降困于商，商今生何？何祐有周？

維王其明用開和之言，言孰敢不格。

孔晁云："可否相濟曰和，欲其開臣以和，則忠告之，言無不至也。"

【疏證】

俞樾謂"言字亦不當疊"，甚是。開和，陳逢衡言是書名，又見于《武儆》，并言下"四戚、五和、七失、九因、十淫"，皆是《開和》之言。然《武儆》言"出金枝郊寶、開和細書"，未必讀爲書名，故陳説未必是。開，本或作"啓"，教也。《管子·霸言》有"士教和，則兵勝敵"，可與此對讀。格，《禮記·緇衣》"言有物而行有格也"，鄭玄注："格，舊法也。"

四戚：一内同外，二外婚姻①，三官同師②，四哀同勞③。

【疏證】

①"内同外"，潘振謂當作"内同姓"，甚是。《大武》作"内姓"。"外婚姻"，《大武》作"外婚"。三、四，《大武》作"三友朋，四同里"。

②官，當與"哀"對文，或訓爲"任"。師，《國語·晋語四》"官師之所材也"，韋注："師，長也。"同師，謂同僚。

③哀，或通"愛"，《吕氏春秋·報更》"人主胡可以不務哀士"，高誘注："哀，愛也。"勞，《禮記·儒行》"先勞而後禄"，鄭玄注："勞，猶事也。"

五和：一有天維國，二有地維義①，三同好維樂，四同惡維哀，五遠方不争②。

孔晁云："以文德來遠。"

【疏證】

①有天維國，即維國有天，言國有天命。有地維義，即維義有地。義，通"宜"，即《度訓》所謂"土宜"、《文傳》所謂"土不失宜"。

②同好維樂，言樂同好，即《大武》所謂"同好相助"。同惡維哀，即維哀同惡，哀，猶傷也。遠方不争，即不争遠方，孔晁注"文德來遠"是。

七失：一立在廢，二廢在祗，三比在門，四諂在内①，五私在外，六私在公，七公不違②。

孔晁云："立所廢則功多。廢所敬則不見。疑□比諂，近公私于錯，公法不能違之所謂失。"朱右曾引作"暱比近諂，公私干錯"。

【疏證】

①在，猶于也。"不違"之"不"亦當是"于"字形訛。立，成也。廢，《吕氏春秋·壹行》"王者行之廢"，高誘注："廢，壞也。"祗，敬也。比，謂阿黨。比在門，謂結黨而鬥。諂，盧校作"諂"，或是。或當通"慆"，猶淫也。《尚書·湯誓》"無即慆淫"，僞孔傳："慆，慢也。"清華簡一《耆夜》簡7有"明日勿稻"，亦讀爲"慆"。

②私在外之"私"或訓爲"竊"，竊，《廣雅·釋詁一》："取也。"謂私取于外。私在公之"私"，當訓爲"利"，《吕氏春秋·長利》"而以私其子孫"，高誘注："私，利也。"《史記·衛康叔世家》"成公私於周主鴆"，司馬貞索隱："私，謂賂之也。"公不違之"公"，或通爲"功"，《大雅·靈臺》"矇瞍奏公"，王先謙《詩三家義集疏》："魯詩亦作功。"功，事也。違，《尚書·酒誥》"薄違農夫"，陸德明釋文引馬融言："違，行也。"公不違，謂事不行。

九因：一神有不饗，二德有所守，三才有不官，四事有不均①，五兩有必争，六富有别，七貪有匱，八好有遂，九敵有勝②。

孔晁云："此皆因其事而以誤彼國也。"

【疏證】

①德有所守，盧校從上下文改作"德有不守"，甚是。饗，《小雅·楚茨》"先祖是皇，神保是饗"，鄭箋："其鬼神又安而享其祭祀。"《禮記·郊特牲》"合聚萬物而索饗之也"，鄭玄注："饗者，祭其神也。"守，謂保守。才有不官，言賢者在野。均，平也。

②兩有必争，即《小開》所謂"兩而不争……鮮矣"之義。别，分也，言富者離其土。貪，或爲"貧"之形訛，與上文"富"對言，匱，乏也。

遂，《國語·晋語四》“不遂其媾”，韋注：“遂，終也。”敵有勝，言敵既勝之。

十淫：一淫政破國，動不時，民不保①；二淫好破義，言不協，民乃不和；三淫樂破德，德不純，民乃失常②；四淫動破醜，醜不足，民乃不讓；五淫中破禮，禮不同，民乃不協③；六淫采破服，服不度，民乃不順；七淫文破典，典不式教，民乃不類④；八淫權破故，故不法官，民乃無法；九淫貸破職，百官令不承⑤；十淫巧破用，用不足，百意不成⑥。

【疏證】

①淫，過也。政，《論語·爲政》“道之以政”，何晏集解引孔安國言：“政，謂法教。”《北堂書鈔》卷三十引作“淫聲破國”。破，《廣雅·釋詁一》：“害也。”動，作也，謂使民。“民”下或脱一“乃”字。保，安也。

②“好”讀去聲，謂愛好。協，《國語·周語中》“和協輯睦”，韋注：“協，合也。”樂，當讀“佚樂”之“樂”，非鄭聲等淫樂之屬。純，猶篤也，如《左傳》隱元年“潁考叔，純孝也”，杜注：“純，猶篤也。”

③動，作也。“醜”當作“耻”。《度訓》言“力政則無讓”。中，于鬯訓爲“用”，淫用，謂不節用，然下文有“淫巧破用”，與之重複，恐未必是。中，《禮記·文王世子》“禮樂交錯於中”，鄭玄注：“中，心中也。”心逾度而淫，故破禮。

④采，《周南·芣苢》“采采芣苢”，毛傳：“采，取也。”服，事也。淫采，猶言“色不正”，服，謂服制，此猶《論語·陽貨》所謂“恶紫之奪朱”。度，法也。文，《荀子·禮論》“其文備矣”，楊倞注：“文，器用儀制也。”典，《國語·周語中》“各守爾典”，韋注：“典，常也。”式，法也。類，《大雅·瞻卬》“威儀不類”，毛傳：“類，善。”

⑤權，謂權變，《命訓》“行之以權”，朱右曾言：“通變之謂權。”故，《左傳》定十年“齊魯之故”，杜注：“故，舊典。”法，謂效法。

貸，當從劉師培通爲“貳”，貳，謂副貳。職，《周禮·夏官·大司馬》“施貢分職以任邦國”，鄭玄注：“職，謂職税也。”令不承，謂不承令。承，奉也。

⑥巧，言工巧。用，謂材用。意，陳逢衡訓爲“藝”，朱右曾、朱駿聲、孫詒讓訓爲“事”，并引《寶典》“百事乃僻”爲證，朱説或是。

嗚呼，十淫不違，危哉！今商維兹。

孔晁云：“言商紂所行如此十者之所蔽。”

【疏證】

違，《召南·殷其雷》“何斯違斯”，毛傳：“違，去。”維兹，猶如此。

其唯第兹命不承，殆哉！

孔晁云：“不奉天命，則危殆也。”

【疏證】

第，當從劉師培作“夷”，形訛。夷，《小雅·節南山》“君子如夷”，毛傳：“夷，易。”夷兹命，猶下文所言“廢令”也。不承，謂不奉。

若人之有政令，廢令無赦。乃廢天之命，訖文考之功緒，忍民之苦，不祥。

孔晁云：“廢政令，罪不赦。而乃廢天命，□父之業，忍民患，是不祥也。”孔注脱字或當作“終”，朱右曾引則補“絶”字，亦通。

【疏證】

乃，猶爾也。訖，猶終也，用如《尚書·西伯戡黎》“天既訖我殷命”。功緒，謂功業。忍，謂容耐。

若農之服田，務耕而不耨，維草其宅之，既秋而不獲，維禽其饗之，人而獲飢，去誰哀之。”

孔晁云：“草居之，是農不脩也。獸食之，是飢也。己自取之，是時矜之。父業之遵。”孔注“父業之遵”或涉上句“□父之業”衍。

【疏證】

服，事也。務，勉也。耨，《淮南子·氾論訓》“摩蜃而耨”，高誘注：“耨，除苗穢也。”宅，居也。不獲，謂無收成。禽，謂鳥獸。去，盧校爲“云”，丁宗洛校爲“夫”，皆通。是句言農之耕田，勉耕而不除苗穢，則田爲草所居，至秋而不獲，鳥獸食此草而人遭飢饉，誰得哀矜之?

王拜曰：“格乃言，嗚呼！夙夜戰戰，何畏非道，何惡非是。不敬，殆哉！

孔晁云：“王必以周公言爲至，故拜也。”

【疏證】

格，或當讀“恪”，敬也。何畏非道，言畏道。何惡非是，言惡此“四戚、五和、七失、九因、十淫”不敬，謂不敬周公之言。

小開武第二十八

【題解】

小開武，或爲别于前篇而冠以小字，二篇題名時或已成組流傳。所言武王、周公等事，戰國箴戒類文獻習見託名自重之行而已。

維王二祀一月既生魄，王召周公旦曰："嗚呼！余夙夜忌商，不知道極，敬聽以勤天下。"

【疏證】

忌，戒也。道極，謂道之常。勤，勞也，亦或通"謹"，如《尚書·盤庚上》言"恪謹天命"。"天下"，他本多作"天命"，作"命"是。

周公拜手稽首曰："在我文考，順明三極，躬是四察，循用五行，戒視七順，順道九紀。

孔晁云："皆文王所行之。"孔注"所行之"當倒作"之所行"。

【疏證】

"順明"之"順"，或通爲"慎"。極，常也。躬，猶親也。是，唐大沛言通"寔"，甚是。寔，實也。察，明也。循，猶行也。戒，猶慎也。視，《廣雅·釋詁四》："明也。"順，當讀爲"訓"，道通"導"，順道，猶訓導。

三極既明，五行乃常。四察既是，七順乃辨。明勢天道，九紀咸當。順德以謀，罔惟不行。

孔晁云："言化道大行也。"

【疏證】

常，《魯頌·閟宫》"魯邦是常"，鄭箋："常，守也。"辨，《荀子·富國》"忠信調和均辨之至也"，楊倞注："辨，明察也。"勢，當通"埶"，邇也。當，《荀子·正論》"聖王之生民也，使皆當厚優猶不知足而不得以有餘過度"，楊倞注："當，謂得中也。"罔，猶無也。常、當、行，皆陽部字。辨，元部字。

三極：一維天九星①，二維地九州②，三維人四左③。

孔晁云："九星，四方及五星也。四左，疏附、禦侮、奔走、先後是也。"

【疏證】

①九星，《成開》作"九列"，朱右曾言："蒼龍、朱鳥、歲星、熒惑、填星，陽也；咸池、元武、太白、辰星，陰也。"此爲"九列"，即九星也。《史記·天官書》所言"東宫蒼龍、南宫朱鳥、西宫咸池、北宫玄武"，又言"水、火、金、木、填星，此五星者，天之五佐，爲經緯"。此或即朱右曾説所本。

②九州，《尚書·禹貢》《職方》《吕氏春秋·有始》及上博簡二《容成氏》皆言九州，《禹貢》作"冀、兖、青、徐、揚、荆、豫、梁、雍"，《職方》謂"揚、荆、豫、青、兖、雍、幽、冀、并"，《吕氏春秋·有始》"冀、兖、青、徐、揚、荆、豫、雍、幽"，《容成氏》作"夾、徐、青、莒、藕、荆、揚、豫、雍"。

③左，當通"佐"，輔也，《成開》《玉海》卷一百三十四等亦作"四佐"。《大戴禮記·千乘》言"四佐"爲"司徒、司馬、司寇、司空"，以配四季。

四察：一目察維極，二耳察維聲，三口察維言，四心察維念。

孔晁云："四者當所，必察真僞。"孔注"當所"或當倒作"所當"。

【疏證】

察，明也。極，常也。朱右曾言："極，當爲'色'"，或是。念，《爾雅·釋詁下》："思也。"

五行：一黑位水，二赤位火，三蒼位木，四白位金，五黄位土。

孔晁云："言其所順而勤。"

【疏證】

此言五行、五色、五方相配，所言"五行"次序與《洪範》同。北方色尚黑，配以水，南方色尚赤，配以火，東方色尚蒼，配以木，西方色尚白，配以金，中央色尚黄，配以土。盧校言孔注"勤"疑當作"動"，甚是。

七順：一順天得時，二順地得助，三順民得和，四順利財足，五順得助明，六順仁無失，七順道有功。

孔晁云："順天時，得天道。順道有功，得人功。"

【疏證】

時，謂天時。助，佐也。得，當作"德"，朱右曾説是，未必改作"順助得明"。

九紀：一辰以紀日，二宿以紀月①，三日以紀德，四月以紀刑②。

孔晁云："日月之會曰辰，甲乙十者於四方以紀日，宿次十二，紀十二月次。日爲禮，月爲法也。"

【疏證】

①辰，《國語·楚語下》"百姓夫婦擇其令辰"，韋注："辰，十二辰也。"是句即謂積十二辰而成日。宿，或通"夙"，言積日而成月。

②日以紀德，月以紀刑，《管子·四時》言"日掌陽，月掌陰，星掌和，陽爲德，陰爲刑，和爲事"，《鶡冠子·夜行》言"天文也，地理也，月刑也，日德也"，《淮南子·天文訓》言"天圓地方，道在中央，日爲德，月爲刑，月歸而萬物死，日至而萬物生"。

五春以紀生，六夏以紀長，七秋以紀殺，八冬以紀藏，九歲以紀終。

孔晁云："四時終則成歲。"

【疏證】

《寶典》作"一春生夏長無私，民乃不迷；二秋落冬殺有常，政乃盛行"，《周月》作"萬物春生，夏長，秋收，冬藏"，《禮記·樂記》作"春作夏長，仁也；秋斂冬藏，義也"，銀雀山漢簡《六韜》簡672作"（春道□，萬）物生，夏道長，（萬物□），（秋）道實，萬物盈，冬大藏……"《爾雅·釋天》："春爲發生，夏爲長嬴，秋爲收成，冬爲安寧，四時和，爲通正，謂之景風。"殺，謂減衰之義。終，《吕氏春秋·季冬》"行之令是，此謂一終"，高誘注："行之令，是行是之令也。終，一歲十二月終也。"

時、候天視可監。時不失，以知吉凶。"

孔晁云："天視，言視天時。"

【疏證】

時，謂四時。候，五日爲候，如《時訓》所見。視，通"示"，天示，猶《禮記·郊特牲》所謂"天垂象"。監，察也。"時不失"之"時"，當讀爲"是"。

王拜曰："允哉！余聞在昔訓典中規，非時罔有恪言，日正余不足。"

孔晁云："謙以受。"

【疏證】

允，信也。中，猶合也。非時，謂不合天時。恪，敬也。是句或當作"罔有恪言正余，日不足"。日不足，或即《大開》《小開》等篇所見"日不足"。

寶典第二十九

【題解】

是篇或從末句“允維典程”“寶以爲常”題篇，寶，讀爲“保”，保守之義。寶典，言保守之以爲常法。是篇當如前文各篇，皆爲託名武王周公之戰國箴戒。

維王三祀二月丙辰朔，王在鄗，召周公旦曰：“嗚呼，敬哉！朕聞曰：何脩非躬，躬有四位、九德。

孔晁云：“言脩身以四位九德也。”

【疏證】

脩當作“修”。何修非躬，言修身。位，由下文觀之，或當作“立”。

何擇非人，人有十奸。

孔晁云：“凡人所不能免者。”

【疏證】

何擇非人，言擇人。奸，謂干犯。

何有非謀，謀有十散，不圉我哉。

孔晁云：“圉，禁也。”

【疏證】

何有非謀，言有謀。散，《淮南子·原道訓》“不與物散”，高誘注：“散，亂也。”圉，或當從盧校作“禦”，禁止之義。

何慎非言，言有三信，信以生寶，寶以貴物，物周爲器。

孔晁云："周用之爲器。"

【疏證】

何慎非言，謂慎言。信，猶常也，即下文所言"信極"。寶，通"保"，持守也。貴，猶重也。周，《左傳》文三年"舉人之周也"，杜注："周，備也。"

美好、寶物無常，維其所貴，信無不行。

孔晁云："貴在周用。"

【疏證】

美好，謂美物好貨。陳逢衡疑"美好"二字或衍。此亦或是後人以"美好"注"寶物"，後竄入正文。所貴者，信也。行，猶用也。常、行，皆陽部字。

行之以神，振之以寶，順之以事，明衆以備，改□以庸，庶格懷患。

孔晁云："言治實以器用。"

【疏證】

神，當讀爲"慎"。振，動也，朱右曾説是。明衆，猶成衆也。改，當爲"攻"之形訛，唐大沛説是。缺字或有補"曰"字者，非是。此或可參《尚書·堯典》"明試以功，車服以庸"，補一"服"字。攻服，猶治事。庸，用也。患，陳逢衡疑作"忠"，唐大沛疑作"惠"，唐説是。懷惠，《論語·里仁》言"君子懷刑，小人懷惠"。備，之部字，惠，脂部字，之、脂二部旁轉。庶，衆也。格，至也。

四位：一曰定，二曰正，三曰静，四曰敬。敬位丕哉，静乃時非，正位不廢，定得安宅。

孔晁云："丕，大也。時非，待時不動。"孔注當作"時作，待時而作"。

【疏證】

静，平也。丕哉，丁宗洛言疑作“丕承”，或是。《皇門》言“遠土丕承”。“時非”當爲“時作”，陳逢衡、丁宗洛説是，作，亦即孔注所言“動”。廢，壞也。宅，居也。定、正、静、敬，皆耕部字。作、宅，皆鐸部字。

九德：一孝子畏哉，乃不亂謀；二悌，悌乃知序，序乃倫。倫不騰上，上乃不崩。

孔晁云：“不騰，不越，不相超越。”

【疏證】

朱以“孝”字當疊，俞樾以“子”爲“孝”字之訛，參下“悌，悌乃知序”，或是。“子”或爲“乃”之形訛，“哉”或通“災”，《大戴禮記·曾子制言下》“夫有世義者哉”，孔廣森補注：“哉，當爲災禍之災。”“畏災”與下句“知序”對文。序，次也。倫，《廣雅·釋詁一》：“順也。”騰，猶震也。《魯頌·閟宫》“不震不騰”，鄭箋：“震、騰，皆謂僭逾相侵犯也。”崩，《廣雅·釋詁一》：“壞也。”災、謀，皆之部字。倫，文部字，崩，蒸部字，通轉。

三慈惠，茲知長幼，知長幼，樂養老；四忠恕，是謂四儀，風言大極，意定不移。

孔晁云：“儀，言也。”

【疏證】

慈、惠，皆言愛也。茲，乃也，用猶《祭公》：“汝其皇敬哉！茲皆保之。”“四”字或涉“四忠恕”而誤。案：“四”本或作“井”，清華簡九《治政之道》簡10“四荒九州”，“四”作“[illegible]”，易訛爲“井”，“井”即“刑”也，清華簡一《皇門》簡7“先王之明刑”作“[illegible]”，即从“井”。“井儀”，即《大雅·文王》所見“儀刑文王，萬邦作孚”，毛傳：“刑，法也。”風，《淮南子·本經訓》“天下莫不從風”，高誘注：“風，教化也。”大極，謂大常。不移，言不變。幼、老，皆幽部字。儀、移，皆歌部字。

五中正，是謂權斷，補損知選；六恭遜，是謂容德，以法從權，安上無慝。

孔晁云："選，數。慝，惡。"

【疏證】

權，《荀子·正名》"故人無動而不可以不與權俱"，楊倞注："權者，稱之權，所以知輕重者也，能權變適時，故以喻道也。"斷，《禮記·樂記》"臨事而屢斷"，鄭玄注："斷，猶决也。"選，當讀爲"算"，銀雀山漢墓《孫臏兵法·篡卒》簡322"篡卒"即"選卒"，簡326作"撰卒"。篡，《說文》："从厶算聲。"遜，《吕氏春秋·順民》"冤侮雅遜"，高誘注："遜，順也。"容，《廣雅·釋詁三》："寬也。"權，謂權變。《酆保》言："從權乃慰，不從乃潰，潰不可復。"斷、選，皆元部字。德、慝，皆職部字。

七寬弘，是謂寬宇。准德以義，樂獲純嘏。

孔晁云："純，大也，嘏，大也，謂之大大之福。"

【疏證】

弘，大也。宇，《爾雅·釋詁上》："大也"。准，字或作"準"，《淮南子·本經訓》"謹於權衡準繩"，高誘注："準，法也。"樂，喜也。純嘏，即《小雅·賓之初筵》所見"錫爾純嘏，子孫其湛"，毛傳："嘏，大也。"鄭箋："純，大也。"嘏，福也，朱右曾說是。宇、嘏，皆魚部字。

八温直，是謂明德。喜怒不郄，主人乃服。

孔晁云："郄，問也。"孔注"問"當爲"間"字形訛。

【疏證】

《尚書·堯典》《皋陶謨》皆作"直而温"，温，《邶風·燕燕》"終温且惠"，鄭箋："温，謂顏色和也。"直，正也。郄，孔晁以爲通"隙"，故訓"間"也。此"喜怒不郄"，猶《荀子·禮論》言"好惡以節，喜怒以當”。主，言典治之義，主人猶言治人。德、服，皆職部字。

九兼武，是謂明刑。惠而能忍，尊天大經。九德廣備，次世有聲。

孔晁云：“長令有問。”孔注當作“長有令聞”。

【疏證】

兼，或當從下文“惠而能忍”，讀爲“謙”。孫詒讓從《官人》“有隱於廉勇者”，讀爲“廉”，亦通。惠，愛也。忍，容忍也。經，謂常法。備，具也。次世，猶累世，朱右曾説是。有聲，即孔所言“有令聞”。刑、經、聲，皆耕部字。

十姦：一窮□干静[①]，二酒行干理，三辯惠干智[②]，四移潔干清，五死勇干武[③]，

孔晁云：“實少而日多曰移也。”

【疏證】

①姦，當作“奸”，通爲“干”，奸、干，皆犯也。“窮”下缺字，丁宗洛補爲“慾”，唐大沛補爲“約”，朱駿聲補爲“虚”，孫詒讓補爲“居”。孫引《大匡》言“昭静非窮，窮居非意，意動於行，思静醜躁”爲證，或是，然從《大匡》，字亦可作“動”，猶《吕氏春秋·君守》言“是宜動者静，宜静者動也”。

②酒行，劉師培謂當作“涓行”，或是。涓，猶流也。流行，即《酆保》所謂“流德”“流説”，言淫放之行。辯，《廣雅·釋詁二》：“遍也。”惠，通“慧”，朱右曾説是。辯惠，言盡慧也。

③移，洪頤煊、朱右曾讀爲“侈”，甚是。侈潔干清，猶《大戴禮記·子張問入官》言“故水至清則無魚，人至察則無徒”。死，《禮記·檀弓上》“君子曰終，小人曰死”，死，有終盡之義。死勇，謂極勇。

六展允干信，七比譽干讓[①]，八阿衆干名，九專愚干果[②]，十愎孤干貞[③]。

孔晁云："十者皆不誠之行，故曰奸。"

【疏證】

①展，《小雅·車攻》"展也大成"，陳奐《詩毛氏傳疏》言："允、展同義也。"展允，朱右曾言必信，甚是。比，謂相親比。譽，《墨子·經上》："譽，明美也。"比譽，言溢美。讓，謂推讓。

②阿，《國語·吴語》"無阿孤"，韋注："阿，曲從也。"名，或通爲"明"，《齊風·猗嗟》"猗嗟名兮"，陳奐《詩毛氏傳疏》讀爲"明"，此訓與上下文"信、讓、果、貞"相和，皆德之細目。劉師培謂"專"當作"顓"，并引《法言》"顓蒙"注"頑愚"爲證，似較迂曲。專，《國語·周語上》"夫榮公好專利而不知大難"，韋注："專，擅也。"愚，《論語·先進》"柴也愚"，何晏集解："愚，愚直之愚也。"果，《廣雅·釋詁一》："信也。"專愚干果，言擅其愚直而犯誠信。

③愎，《左傳》僖十五年"愎諫違卜"，杜注："愎，戾也。"愎，言自用之義，如《吕氏春秋·誣徒》言"愎過自用"。孤，《廣雅·釋詁三》："獨也。"言不群之義。愎孤，即剛愎自用之義。貞，正也。

十散：一廢□□□，□行乃泄；□□□□，□□□□；三淺薄間瞞，其謀乃獲①；四説咷輕意，乃傷營立；五行恕而不顧，弗憂其圖②；

孔晁云："間瞞，不察，謂聽謀也。"

【疏證】

①散，亂也。前二條内文不詳，前句朱駿聲補作"廢法亂紀，事行乃泄"，或可參考。間，隔也。瞞，當作"謾"，欺也。間瞞，猶隱瞞。孔注"謂聽謀也"，即"聽謀不察，謂之間瞞"之義。"乃獲"，潘振爲當作"不獲"，丁宗洛言"獲"當作"惑"。今案：獲，《廣雅·釋詁三》："辱也。"朱右曾從《淮南子》訓"誤"，亦通。

②説，亦可從朱右曾讀"脱"，《國語·周語中》"無禮則脱"，韋注："脱，簡脱也。"説咷，盧文弨言當作"悦佻"，作"佻"是。佻，《左傳》昭十年"視民不佻"，杜注："佻，偷也。"《國語·周語

中》言："奸仁爲佻。"輕意，輕慢恣意也。營，言謀度。願，唐大沛疑作"顧"，以韵讀之，或是。顧，猶念也。憂，思也。圖，謀也。是句言不念行恕者，不思其謀。瞞，元部字，獲，鐸部字，二部或爲旁對轉。意，之部字，立，緝部字，二部通轉。顧、圖，皆魚部字。

六極言不度，其謀乃費；七以親爲疏，其謀乃虚；八心思慮適，百事乃僻①；九愚而自信，不知所守；十不釋太約，見利忘親②。

孔晁云："適，單也，言十者皆散汝成。"

【疏證】

①極言，猶常言。不度，謂無度。劉師培言《北堂書鈔》卷三十作"無度"。費，丁宗洛言當作"廢"，未必是。費，當從朱右曾讀"拂"，即悖也，此與上文"極言不度"相合。虚，《廣雅·釋詁三》："空也。"心思，盧校作"心私"，校是。適，孫詒讓讀爲"讁"，或是。僻，或作"辟"，《大雅·板》"民之多辟"，陸德明釋文："辟，匹亦反，邪也。"

②守，保守也。釋，丁宗洛疑通"擇"，未必是。釋，《國語·魯語上》："其亦使聽從而釋之"，韋注："釋，置也。"約，《戰國策·秦策一》："故先使蘇秦以幣帛約乎諸侯"，高誘注："約，謀約也。"不釋大約，猶言不立謀約，即啓下文"見利忘親"之義。僻，邪也。度，鐸部字，費、拂、悖，物部字，二部通轉。疏、虚，皆魚部字。適、僻，皆錫部字。九、十二句，似不用韵。

三信：一春生夏長無私，民乃不迷；二秋落冬殺有常，政乃盛行；三人治百物，物德其德，是謂信極。

孔晁云："言其信至。"

【疏證】

《小開武》言："五春以紀生，六夏以紀長，七秋以紀殺，八冬以紀藏。"迷，《爾雅·釋言》："惑也。"物德其德，言物得其德。信極，謂信常。私、迷，皆脂部字。常、行，皆陽部字。德、極，皆職部字。

而其余也，信既極矣，嗜欲□在，在不知義。欲在美好有義，是謂生寶。

孔晁云："以義乃寶。"孔注"乃"當作"爲"。

【疏證】

缺字陳逢衡、唐大沛、朱駿聲作"所"，丁宗洛作"何"，作"所"是。"而其余也"四字，諸家以爲衍文，甚是。嗜欲，《淮南子·原道訓》"除其嗜欲"，高誘注："嗜欲，情欲也。"陳逢衡以"有義"二字爲衍文，原文以"好、寶"爲韵，此"有義"或注"美好"，竄入正文。生寶，猶成寶也。好、寶，皆幽部字。

周公拜手稽首，興，曰："臣既能生寶，恐未有，子孫其敗。

孔晁云："有□其心恐有寶，而子能有以致治也。"

【疏證】

"臣"字陳逢衡疑衍，或是。諸家皆以正文"有"字下脱一字，陳逢衡疑爲"義"字，或是。義，歌部字，敗，月部字，二部陰入對轉。唐大沛補"仁"不確。下文言"仁"，此作"仁"則重複。興，起也。敗，壞也。

既能生寶，未能生仁，恐無後親。王寶生之，恐失王會，道維其廢。"

孔晁云："會所當會之宝。"

【疏證】

恐無後親，言成寶而不成仁，則恐後人不親近之。會，猶計也。王會，即下句所言"道"也。仁、親，皆真部字。會、廢，皆月部字。

王拜曰："格而言。維時余勸之以安位，教之廣。

孔晁云："安位，謂信有得。"

【疏證】

而，讀爲"爾"。時，是也。勸，《説文》："勉也。"位，或即上文所言"四位"。"廣"字下唐大沛言或脱一"惠"字，位，微部字，惠，脂部字，二部旁轉。

用寶而亂，亦非我咎，上設榮禄，不患莫仁。

孔晁云："言以榮禄禄□仁也，則用是榮人也。"孔注缺字或當作"人"。"仁"當爲"人"之誤字。

【疏證】

咎，過也。榮，《吕氏春秋·節喪》"侈靡者以爲榮"，高誘注："榮，譽也。"禄，謂禄位。不患莫仁，言不患無仁。

仁以愛禄，允維典程，既得其禄，又增其名。上下咸勸，孰不競仁？維子孫之謀，寶以爲常。"

孔晁云："言仁人以愛禄爲常法，則人皆競仁。欲愛子孫，謀此爲常。"

【疏證】

以，猶而也。允，信也。典、程，皆法也。增，益也。勸，勉也。競，《大雅·桑柔》"職競用力"，鄭箋："競，逐也。"是句言仁而愛榮禄，則信爲法式，既得其禄，又益其名。上下皆勉之，則誰不逐仁？此子孫之謀，當守爲常法。程、名，皆耕部字，仁，真部字，二部通轉。常，陽部字，耕、陽二部旁轉。

酆講第三十

【題解】

是篇取首句二字爲題，亦如前文爲戰國時期之託古箴戒。講，諸家多作“謀”，當據改。孫詒讓謂“謀”當作“諜”，非是。

維王三祀，王在酆，講言告聞。

孔晁云：“自文王受命至此十年也。知敵情向人問人曰謀。以紂聞酆謀告武王也。”孔注“向人”當是“問人”之誤，後又旁注改正爲“問人”，故重，當删去“向人”二字。

【疏證】

講言，當從下文“謀言多信”作“謀言”。

王召周公旦曰：“嗚呼！商其咸辜，維日望謀建功，謀言多信，今如其何？”

孔晁云：“言商君臣皆罪周，日望以周建功也。”

【疏證】

《史略》引作“商其咸辜，日望見功，諜言多信，今其如何？”辜，或爲“辠”字形訛，罪也。咸辠，或即《商誓》所言“商之多罪紂”。“維日望謀建功”，似不通，“日望”下“謀”字，或爲涉下“謀言”而衍。“謀言”，即上文“謀言告聞”之謀言，謂周公之謀言也。“今如其何”，猶“今若之何”，未必倒作“今其如何”。

周公曰：“時至矣！”乃興師循故。

孔晁云："言何伐紂之時，至謂循古法。"

【疏證】

興，舉也。循，孫詒讓言當爲"修"字之訛，并以《周祝》"修山川之險而固之"爲證，或是。孫亦言"故"當參《周祝》作"固"，未必是，作"故"亦通，即孔晁所謂"古法"，亦即下文所言"三同""三讓""三虞"。

初用三同：一戚取同，二任用能，三矢無聲。

孔晁云："矢，誓，言誓衆以盡心也。"

【疏證】

初，始也。同，合也。"戚取同"，即《大武》所謂"同好相助"、《大開武》所謂"同好維樂"也。矢，或不當作"誓"。矢，或爲"失"字形訛，《禮記·禮運》"故人情不失"，鄭玄注："失，猶去也。"無聲，當與前文"能"對言，聲，聲名之義。無聲，即言無令聞者。"矢無聲"或即《論語·衛靈公》所謂"遠佞人"，即承上文"任用能"而言。

三讓：一近市，二賤粥，三施資。

孔晁云："以財讓也。近來民市旅資以惠也。"

【疏證】

讓，《吕氏春秋·行論》"堯以天下讓舜"，高誘注："讓，猶予也。"近市，《管子·大匡》有"工賈近市，三十里置遽委焉"，工賈近市，言利貨殖之義。粥，即"鬻"，言賤賣。施，《國語·周語中》"故聖人之施舍也議之"，韋注："施，予也。"資，謂財貨。

三虞：一邊不侵内①，二道不毆收，三郊不留人②。

孔晁云："虞，禁也，設此三禁所以悦也。"

【疏證】

①虞，或當訓"安"，是與上文"同、讓"相應，言以此三者安民也，陳逢衡説是，盧校改"禁"爲"樂"，亦通。邊不侵内，言外敵不侵于内，《吕氏春秋·先己》言："故上失其道則邊侵於敵，内失其行，名聲墮

於外。”

②毆，即“驅”字。收，盧校作“牧”，校是。驅牧，猶放牧。郊，《國語·周語中》“國有郊牧”，韋注：“國外曰郊。”留人，猶“留衆”，《荀子·議兵》言：“王者有誅而無戰，城守不攻，兵格不擊，上下相喜則慶之，不屠城，不潛軍，不留衆，師不越時。”楊倞注：“不久留暴露于外也。”

王曰：“嗚呼，允從！三三無咈，厥徵可因。

孔晁云：“言三讓、三同、三虞無違。言善徵可用以立功也。”

【疏證】

允從，言信從。咈，《説文》：“違也。”徵，《論語·八佾》“杞不足徵也”，何晏集解引包曰：“徵，成也。”因，《吕氏春秋·君守》“何因哉”，高誘注：“因，猶順也。”

與周同愛，愛微無疾。疾取不取，疾至致備。

孔晁云：“疾，惡。”

【疏證】

同愛，即同好。“微”，或當從前文作“徵”。無疾，言無灾。疾取，猶取之過度，疾，惡也，《韓非子·詭使》有“損仁逐利謂之疾”。“不取”，當讀爲“不聚”，即承前文“三讓”而言。致備，言周備，《禮記·禮器》“德産之致也精微”，鄭玄注：“致，致密也。”致、周，皆密也。

由禱不德，不德不成。害不在小，終維實大，悔後乃無。

孔晁云：“曲爲非義，神不聽之。”孔注“不聽之”，盧校謂當作“不德之”，校是。

【疏證】

由，當從孔晁注改作“曲”，形訛，盧文弨、王念孫説是。害，患也。實，通“是”。曲，《戰國策·秦策五》“以曲合於趙王”，鮑彪注：“曲，不正也。”言不正之禱不合于德，不合于德則不稱。實，當通爲

“寔”，訓爲“是”。

帝念不諂，應時作謀，不敏，殆哉。”

孔晁云：“帝，天也。諂，僭也。敏，疾也。”

【疏證】

念，當作“命”。帝命不諂，即《左傳》哀十七年“天命不謟”，杜注：“謟，疑也。”應時作謀，言謀當合時宜。敏，《左傳》襄十四年“有臣不敏”，杜注：“敏，達也。”

周公曰：“言斯允格，誰從己出，出而不允，乃菑。

【疏證】

“言斯”當爲“斯言”之倒。“誰”當通“維”，孫詒讓説是。格，《論語·爲政》“有耻且格”，何晏集解：“格，正也。”出而不允，謂言出而不信。菑，灾也。

往而不往，乃弱。士卒咸若周一心。”

孔晁云：“不往則是弱，一心則不時也。”孔注“不時”盧校作“應時”，校是。

【疏證】

前“往”或當從“誰從己出”作“從”，從而不往，謂從而不至也，與上句“出而不允”對文。咸，皆也。若，順也。“周”或爲“同”字形訛。同一心，猶《尚書·盤庚下》言“式敷民德，永肩一心”。

寤敬第三十一

【題解】

敬，當從首句“有商驚予”作“儆”，戒也。寤儆，取首句二字爲題。

維四月朔，王告儆，召周公旦曰：“嗚呼，謀泄哉！今朕寤，有商驚予。

孔晁云：“言夢爲紂所伐，故驚。”

【疏證】

儆，當從孫詒讓讀爲“驚”，“告儆”之“儆”與下文“有商驚予”之“驚”字當互易，“告”或當爲“造”字。告儆，猶言受驚。泄，不當訓爲“漏泄”，當訓爲“失”或“泆”，同《小開》“謀泄，汝躬不允”。寤，《説文》：“寐覺而有信曰寤。”有商，即商。驚，當讀爲“儆”，《國語·晋語五》“儆其民也”，韋注：“儆，戒也。”有商儆予，謂商人有戒備于周。

欲與無□則，欲攻無庸，以王不足，戒乃不興，憂其深矣。”

孔晁云：“戒不興，言所憂不從戒中來也。”

【疏證】

與，親與也。“則”前缺字，諸家以爲本無，“無則”“無庸”“不足”三句句法相稱，甚是。庸，功也。乃，猶于是也。興，猶行也，用如《論語·子路》“事不成則禮樂不興”。其，猶之也，用如《太子晋》“盡忘吾其度”。是句言欲親與之則無法，欲攻伐之則無功，稱王則不足，戒于是不行，是憂之深。

周公曰："天下不虞周，驚以寤王，王其敬命，奉若稽古維王，

孔晁云："虞，度；若，順。"

【疏證】

《大開武》言："兹在德敬，在周其維天命，王其敬命。"不虞，《國語·楚語下》"以戒不虞者也"，韋注："虞，度也。"其，猶則也。奉若稽古維王，即維王奉若稽古。奉若，當從朱右曾訓爲"承順"。稽，考也。古，當通"故"。稽古，言稽考故常。

克明三德維則，

孔晁云："三德，剛、柔、正直。"

【疏證】

克明三德維則，即維則克明三德，言維法能明三德。孔注説本《尚書·洪範》。

戚和遠人維庸，

孔晁云："和近人，則遠人用。"

【疏證】

戚和遠人維庸，即維庸戚和遠人，言維功親和遠人。

攻王禱，赦有罪，懷庶有，兹封福。

孔晁云："庶，衆；封，大。"

【疏證】

攻，治也。攻王禱，可與《酆謀》所言"曲禱不德"對讀，攻王禱，言使王之禱不曲。懷，《周頌·時邁》"懷柔百神"，毛傳："懷，來。"庶有，當倒作"有庶"，即有衆。兹，猶此也。"封"，或當爲"邦"。兹封福，言此是邦之福。

監戒善敗，護守勿失[①]，無虎傅翼，將飛入宫[②]，擇人而食。不驕不悋，時乃無敵[③]。

孔晁云："此是義也。"

【疏證】

①監，《國語·周語上》"使監謗者"，韋注："監，察也。"《北堂書鈔》卷三十作"鑒戒"，亦通。善敗，謂成敗，如《左傳》僖二十年"善敗由己，而由人乎哉"。護守，猶保守。

②"無虎傅翼"句義不通，"無"下或脱一"爲"字，《韓非子·難勢》引《周書》言："毋爲虎傅翼，飛入邑，擇人而食之。"或本此而來。宫、邑義近换讀，"人"下"而"字之有無，無礙文意，其或是版本差異，未必據《韓非子》改《逸周書》原文。傅，通"附"，《説文》"傅"字段注："亦爲今之附近字。"《孟子·盡心上》"附之以韓魏之家"，趙岐注："附，益也。"

③擇，《吕氏春秋·驕恣》"其所擇而莫如己者亡"，高誘注："擇，取也。"驕，謂驕慢。悋，貪也，字亦作"吝"。時，猶是也。

王拜曰："允哉！余聞曰：維乃予謀，謀時用臧，不泄不竭，維天而已。

孔晁云："聞古言也，天道無窮。"

【疏證】

允，信也。乃，或爲"及"字形訛，用如《尚書·洪範》"汝則有大疑，謀及乃心，謀及卿士，謀及庶人，謀及卜筮"。時，猶是也。臧，《鄭風·野有蔓草》"與子皆臧"，毛傳："臧，善也。"不泄不竭，維天而已，言天命不失不盡。

余維與汝監舊之葆，咸祗曰：戒戒維宿。"

孔晁云："言宿，古文文戒于心。"孔注"古文"二字，當是"故"字之誤，後"文"當是"大"字形訛。古文文戒于心，即"故大戒于心"。

【疏證】

監，察也。祗，敬也。戒戒，當爲"後戒後戒"之省。後戒，言後人戒之。維宿，即"維宿不悉日不足"之省。

武順第三十二

【疏證】

此篇概括全篇内容爲題。順，當讀爲“訓”。訓，教也。武順，謂武事之教，由其編撰目的觀之，恐亦是箴戒後人、教育子弟之篇章。

天道尚右，日月西移；地道尚左，水道中流。人道尚中，耳目役心。

孔晁云：“言耳目爲心所役也。”

【疏證】

“中流”之“中”，當爲“東”字形訛。《淮南子·天文訓》言：“天傾西北，故日月星辰移焉；地不滿東南，故水潦塵埃歸焉。”《白虎通·日月》言：“天左旋，日、月、五星右行何？日、月、五星比天爲陰，故右行。”此所言“天道尚右”“地道尚左”，銀雀山漢簡《孫子兵法·地形二》簡178言“凡地形，東方爲左，西方爲右”，即以西爲右，以東爲左，如此則當如《明堂》《王會》所言“天子南面立”。《周易·繫辭下》即以天、地、人三道并舉，言“易之爲書也，廣大悉備，有天道焉，有人道焉，有地道焉”。中，即言心也，清華簡八《心是謂中》簡1言“心，中。處身之中以君之，目、耳、口、肢四者爲相，心是謂中”。役，《國語·晋語一》“周旋變動，以役心目”，韋注：“役，爲也。”馬王堆帛書《五行》209言“耳目鼻口手足六者，心之役也”，可與此對讀。

心有四佐，不和曰廢。

孔晁云："四佐，脾、肾、肺、肝也。"

【疏證】

佐，謂輔相之義。參清華簡八《心是謂中》，"四佐"或當是"目、耳、口、肢"，孔注非是。廢，或通爲"癈"，《周禮·地官·族師》"辨其貴賤、老幼、癈疾可任者"，賈公彦疏："癈疾，謂癈於人事疾病，若今癃不可事者也。"

地有五行，不通曰惡。

孔晁云："金、木、水、火、土更相生。"

【疏證】

地有五行，即如清華簡五《湯在啻門》簡18—19言"唯彼九神，是謂地真，五以將之，水、火、金、木、土，以成五曲，以植五穀"。不通曰惡，猶《吕氏春秋·達鬱》言"主德不通，民欲不達，此國之鬱也。國鬱處久，則百惡并起，而萬災叢至矣"。

天有四時，不時曰凶。天道曰祥，地道曰義，人道曰禮。知祥則壽，知義則立，知禮則行。

孔晁云："言其相通。"

【疏證】

凶，灾也。《墨子·七患》言："三穀不收謂之凶。"祥，《大雅·大明》"文定厥祥"，毛傳："祥，善也。"義，宜也。壽，《説文》："久也。"立，《廣雅·釋詁三》："成也。"

禮義順祥曰吉。吉禮左還①，順地以利本②。

孔晁云："本，謂人也。"

【疏證】

①"順地"當與下文"順天"互易，盧校是。吉禮左還，猶《老子》所言"吉事尚左，凶事尚右"。下所言"武禮右還"亦本此來。順祥，言順天道也，下亦言"順天以利本"，則吉禮亦屬天，《白虎通·天地》言"天

道所以左旋、地道右周何？以爲天地動而不别，行而不離。所以左旋、右周者，猶君臣、陰陽相對之義"，則此"左還"，以當依《白虎通》解爲"左旋"，《廣雅・釋詁四》言："旋，還也。"北大漢簡《周馴》簡16"未可以還非之"，整理者即讀"還"爲"旋"。

②利本，當解爲"利本事"，《韓非子・奸劫弑臣》言"賞告奸，困末作而利本事"。利本事，即利農事也，農事當順天時，且與下文"利兵"相應，言耕戰之道。

武禮右還，順天以利兵。

孔晁云："天，右還也。"

【疏證】

"順天"當作"順地"，《小開武》言"順地得助"。利兵，言利兵事，與上文"利本"解爲"利本事"相應，不當從《左傳》文七年、成十六年所言"利兵"解爲"厲兵"。是句言順地則材用足，材用足則兵事利。孔注"天"亦當作"地"，即《白虎通・天地》所言"地道右周"也。

將居中軍，順人以利陣。

孔晁云："人尚中。"

【疏證】

順人，言順人心。陣，亦作"陳"，《論語・衛靈公》"衛靈公問陣於孔子"，何晏集解引孔安國云："軍陳行列之法也。"

人有中曰參，無中曰兩，兩争曰弱，三和曰彊。

孔晁云："有中必有□，故曰參。"孔注缺字當從盧校補作"兩"。

【疏證】

人有中，所言之"中"，即前文"人道尚中"之"中"，謂心也。《常訓》言"疑意以兩，平兩以參，參伍以權"，無心則兩争，兩争則疑，疑則弱。三和，當從前文作"參和"。參，《荀子・解蔽》"參稽治亂而通其度"，楊倞注："參，驗。"荀子所謂"通其度"，或可與下文"民生以度”對讀。

男生而成三，女生而成。五以室成，室成以生民，民民以度。

孔晁云：“陽奇陰耦，于謂相配成室。”孔注“于”或爲“五”之壞字。

【疏證】

“女生而成”後或脱一“兩”字。“民民”當作“生民”。《白虎通·嫁娶》言“玄三法天，纁二法地也，陽奇陰偶，明陽道之大也”，以三配兩，故成五，以男配女，故成室。室，《禮記·内則》“三十而有室”，鄭玄注：“室，猶妻也。”生民，言養民，《周禮·天官·太宰》“以生萬民”，鄭玄注：“生，猶養也。”度，法也。

左右手各握五，左右足各履五，曰四枝，元首曰末。

孔晁云：“四枝，手足。元首，頭也。”

【疏證】

握，謂握持。履，謂踐履。元，亦首也。《尚書·皋陶謨》“元首叢脞哉”，孔穎達疏：“元與首各爲頭之别名。”末，亦言頭，《淮南子·墬形訓》言“其人面末僂，修頸卬行”，面、末連用，皆言頭也。

五五二十五，曰元卒。

孔晁云：“伍，兵名。”

【疏證】

元，長也，猶下文“三伯一長”，《周禮·夏官》有“卒長”。卒，言卒伍。《周禮·地官·小司徒》“五伍爲兩”，《周禮·夏官·序官》“二十五人爲兩”，又言“百人爲卒”，所本或不同。

一卒居前曰開，一卒居後曰敦。

孔晁云：“開謂啓，敦謂服。”盧校謂孔注“服”當作“殿”，甚是。殿，《左傳》襄二十六年“晋人寘諸戎車之殿”，杜注：“殿，後軍。”

【疏證】

開，本作啓，《司馬法·謀帥》言“大前驅啓”，即《衛風·伯兮》言“伯也執殳，爲王前驅”。啓，言爲前驅之義。《周禮·地官·鄉師》“巡其前後之屯”，賈公彥疏：“軍在前曰啓，在後曰殿。”説或本此來。敦，厚也，即殿也，朱右曾説是。

左右一卒曰閭，四卒成衛曰伯。

孔晁云：“皆陣名，伯，卒名。”

【疏證】

閭，通“侣”，謂徒侣，孫詒讓讀“閭”爲“旅”，恐非是。衛，謂宿衛。伯，字或作“百”，《墨子·號令》“與伯歸敵”，孫詒讓閒詁：“伯，百人也。”古書“伯”“百”多可换用，《韓非子·難言》“伯里子道乞”，所言即百里奚。

三伯一長曰佐，三佐一長曰右。

孔晁云：“九伯卒也。”孔注“伯”當讀“百”，下條注亦同。

【疏證】

長，謂正長。佐，輔也。右，通“佑，”助也。則佐爲三百人之長，右爲九百人之長。

三右一長曰正，三正一長曰卿，三卿一長曰辟。

孔晁云：“伯卒則右，千卒則正，三千卒則卿，萬卒舉令之於君。辟，君也。此謂諸侯三軍數起於伍，故不正相當。”

【疏證】

正爲二千七百人之長，卿爲八千一百人之長，辟則爲二萬四千三百人，此大國三軍之制。《武順》凡佐官以上，皆三三爲之。此與《周禮·夏官·序官》所載兵制不同，《周禮》言：“凡制軍，萬有二千五百人爲軍。王六軍，大國三軍，次國二軍，小國一軍。軍將皆命卿。二千有五百人爲師，師帥皆中大夫。五百人爲旅，旅帥皆下大夫。百人爲卒，卒長皆上士。二十五人爲兩，兩司馬皆中士。五人伍，伍皆有長。”

必明，卿必仁，正必知，右必和。

孔晁云：“言其德如此，乃堪其任也。”

【疏證】

“必明”前或脱一“辟”字。知，讀爲“智”。

佐必□，伯必勤，卒必力。

孔晁云：“卒三十五人之師，故以勇力爲之也。”孔注“三”當爲“二”字之誤，“師”當爲“帥”字之誤。

【疏證】

脱字或當從後文“均佐和敬而無留”補“敬”字。利，《廣雅·釋詁三》：“和也。”力，《大雅·烝民》“威儀是力”，鄭箋：“力，猶勤也。”

辟不明，無以慮官；卿不仁，無以集衆；伯不勤，無以行令；卒不力，無以承訓。

孔晁云：“訓，謂先後辟也。承，謂奉行後令也。”孔注二“後”或當作“后”，后，君也。

【疏證】

考之上文，或脱“正不知，無以□□，右不和，無以□□，左不利，無以□□”等三條。《北堂書鈔》卷三十言“上不知，無以利事；下不力，無以承順；左不利，無以集衆；卿不仁，無以讓賢；伯不勤，無以行令”，參校可知，此處宜作“辟不明，無以慮官；卿不仁，無以讓賢；正不知，無以利事；右不和，無以集衆；左不敬，無以□□；伯不勤，無以行令；卒不力，無以承訓”。慮，《小雅·雨無正》“弗慮弗圖”，鄭箋：“慮，圖，皆謀也。”集，《廣雅·釋詁三》：“聚也。”承，奉也。承訓，即《命訓》所謂“若恐而承教”。

均卒力貌而無比，則不順。

孔晁云：“比者，比同也。”孔注“比同”或當作“比周”，未必從王引之讀“比”爲“北”。

【疏證】

均，《禮記·月令》“均琴瑟管簫”，鄭玄注：“修、均、執、調、飭者，治其器物，習其事之言。”貌，當從陳漢章説作“竟”，“貌”一作“皃”，與“竟”形近而誤。力竟，即《度訓》“教民次分揚舉力竟”。“比”字當重，盧校是。比，謂比周阿黨。

均伯勤勞而無携，携則不和。

孔晁云：“携，離。”

【疏證】

携，當作“攜”。“攜”或爲“擾”字形訛，如《大戴禮記·曾子立事》所謂“勤勞之，而觀其不擾人也”，擾，亂也，以其亂也，故不和。

均佐和敬而無留，留則無成。

孔晁云：“留，遲。”

【疏證】

留，《吕氏春秋·圜道》“一不欲留，留運爲敗”，高誘注：“留，滯。”朱右曾訓爲“遲滯”或本此來。

均右肅恭而無羞，羞則不興。辟必文，聖如度。

孔晁云：“言聖君有所爲如度，度功不有差也。”

【疏證】

肅、恭，皆敬也。羞，《國語·周語中》“奸禮爲羞”，韋注：“羞，耻也。”興，《周禮·考工記·弓人》“末應將興”，鄭玄注：“興，猶動也，發也。”文，猶言禮，與下句之“度”對文。《國語·周語上》“以文修之”，韋注：“文，禮法也。”聖，猶賢也，謂上所言卿、正。如，本或作“若”，順也。辟必文，聖如度，謂君必從禮而卿、正順法。

元忠尚讓，親均惠下①，集固介德②。

孔晁云："介，大也，言必所集則常在大道也。"

【疏證】

①元忠，當從孫詒讓作"允忠"，此所言六者皆動賓結構。允，猶用也。尚，尊尚也。允忠尚讓，猶《尚書·堯典》所謂"允恭克讓"。親、惠，皆愛也。均，平也。下，《管子·法禁》"故下與官列法"，尹知章注："下，謂庶人，上，謂權臣。"

②集，《左傳》桓五年"可以集事"，杜注："集，成也。"固，《國語·周語下》"久固則純"，韋注："固，安也。"介，當通"匄"，《周頌·載見》言"以孝以享，以介眉壽"，姬鼎銘文（《集成》02681）言"用孝用享，用匄眉壽無疆"。匄，《廣雅·釋詁三》："求也。"

危言不干德曰正。

孔晁云："不干，謂不犯也。"

【疏證】

危，或讀爲"詭"，王引之《經義述聞·禮記下》"則民言不危行"條言"危，讀爲詭"。詭，猶詐也。正，謂正直。

正及神人曰極，世世能極曰帝。

孔晁云："極，謂其上。"

【疏證】

極，常也。是句言此正直及于神人，謂之常，世世能用此常，謂之帝。

武穆第三十三

【題解】

此篇概括全篇内容爲題。穆，敬也，朱右曾説是。武穆，謂武事所當敬者，即正文所言“敬惟三事”。

曰若稽古曰，昭天之道，熙帝之載，揆民之任，夷德之用。

孔晁云：“夷，常。”

【疏證】

陳逢衡言“稽古”下“曰”字衍，或是。曰若，即故書所見越若、雩若。稽，考也。古，故也。昭，明也。熙，《周頌·昊天有成命》“於緝熙”，毛傳：“熙，廣。”熙帝之載，見于《尚書·堯典》“有能奮庸熙帝之載”，載，孔穎達疏引鄭玄言“載，行也”。揆，《説文》：“葵也”，段玉裁注：“揆，度也。”任，謂保任。

總之以咸殷，等之以□禁，成之以□和。

孔晁云：“咸，皆。殷，盛也，皆以法總之也。”

【疏證】

總，《荀子·非十二子》“若夫總方略”，楊倞注：“總，領也。”咸，用如《世俘》“咸劉商王紂”，朱右曾讀“咸”爲“戕”，絶也，甚是。咸殷，謂翦商之義。等，謂齊等之義。脱字朱右曾據《大開武》補作“九”“五”，朱駿聲補作“明”“惟”，朱右曾説是。

咸康于民，卿格維時，監于列辟。

孔晁云："視古公列也，君以爲師也。"孔注當作"視古者列君以爲師也"。

【疏證】

咸，皆也。康，《大雅·卷阿》"茀禄爾康矣"，鄭箋："康，安也。"卿，孫詒讓言當爲"鄉"之形訛，讀爲"嚮"，言祭祀以時舉，甚是。監，通"鑒"。辟，《小雅·桑扈》"百辟爲憲"，鄭箋："辟，君也。"列辟，當從盧文弨説，謂周上世之賢君。

敬惟三事，永有休哉。三事：以倡德，二和亂，三終齊。

【疏證】

敬惟三事，言惟敬三事。永，《小雅·白駒》"以永今朝"，鄭箋："永，久也。"休，《豳風·破斧》"亦孔之休"，毛傳："休，美也。"以，當作"一"。倡，猶導也，此"倡"同下文"明義倡爾衆"，朱右曾訓爲"率"，甚是。和，謂調和。齊，《小雅·小宛》"人之齊聖"，毛傳："齊，正。"

德有七倫，亂有五遂，齊有五備。

【疏證】

倫，《論語·微子》"欲絜其身而亂大倫"，何晏集解引包曰："倫，道理也。"遂，《國語·晋語二》"無不遂也"，韋注："遂，行也。"備，具也，朱右曾説是。

五備：一同往路，以揆遠迩；二明要醜友德，以衆爾庸①；三明辟章遠，以肅民教；四明義倡爾衆，教之以服；五要權文德，不畏强寵②。

孔晁云："同往路，謂□遠之也，教之以服先王法服也。"孔注"□遠之"或當爲"來遠人"之誤。

【疏證】

①往，孫詒讓謂當作"徑"，或是。徑，《左傳》僖二十五年"昔

趙衰以壺飧從徑”，杜注：“徑，猶行也。”揆，度也。“明”字或涉下文“明辟”衍，“要”當爲“惡”之形訛，後文“要權”之“要”亦然。“惡”與“友”對文。醜，耻也。友，《廣雅·釋詁三》：“親也。”衆，多也。庸，《大雅·崧高》“以作爾庸”，鄭箋：“庸，功也。”

②辟，法也。章，通“彰”，亦明也。遠，《呂氏春秋·大樂》“音樂之所由來者遠矣”，高誘注：“遠，久。”章遠，猶明其故。肅，敬也。倡，率導之義。“爾”字或涉上文“爾庸”衍。服，事也。權，謂權勢。文，謂文飾之義。《荀子·禮論》“以貴賤爲文”，楊倞注：“以車服旗章爲貴賤文飾也。”寵，謂寵嬖、愛幸。另，寵疑當作“禦”，此篇抄者或誤以“禦”爲“近侍”之“御”，故换讀爲“寵”。馬王堆帛書《五行》193有“不畏强圉，果也”，即《大雅·烝民》“不畏强禦”。强禦，《史記·周本紀》“不禦克奔”，裴駰集解引鄭玄曰：“彊禦，謂彊暴也。”要權文德，不畏强寵，言惡權勢而文飾以德，不畏强暴之義。

五遂：一道其通一决其壅，二絶□無赦不疑[①]，三挫鋭無赦不危，四閑兵無用不害，五復尊離群不敵[②]。

孔晁云：“群離，故不敵也。”

【疏證】

①道，猶導。“一决”當作“以决”，决，《説文》言“行流也”，此用爲“通”之義。壅，塞也。“絶”字後或當補一“命”字，如《左傳》哀三年“有不用命，則有常刑，無赦”，絶命，即謂不用命。不疑，謂不惑。

②挫，折也，鋭，芒也。《老子》言“挫其鋭，解其紛”。此“無赦”意有扞格，或從上句而誤，本或作“無斁”，謂不厭。閑，止也。閑兵無用不害，如《禮記·樂記》“兵革不試，五刑不用，百姓無患，天子不怒”。復，反也，與“離”對文。復尊，謂反其尊長，離群，謂離其衆庶。敵，通“適”，《呂氏春秋·適威》“不能用威適”，高誘注：“適，宜也。”

七倫：一毁城寡守不路，

孔晁云：“路，通。”

【疏證】

毀城寡守，言城壞而守寡。路，于鬯讀爲“挌”，不挌，謂不擊，并言《武稱》“窮寇不格”，甚是。

二通道不戰，三小國不凶不伐，四正維昌静不疑，五睦忍寧于百姓。

孔晁云：“中厚。忍，辱。”孔注“中厚”前或脱一“睦”字。

【疏證】

通道，言達道。凶，《廣雅·釋詁三》：“惡也。”正維，謂正其綱紀。昌，當通“倡”，《周頌·雍》“克昌厥後”，馬瑞辰《毛詩傳箋通釋》：“昌、倡古通用，讀昌爲倡導之倡。”睦，和也。寧，安也。

六禁害求濟民，七一德訓民，民乃章。

孔晁云：“明於教訓。”

【疏證】

濟民，或當讀爲“齊民”，與下句“訓民”對文，齊，猶治也。一德，謂一其德，如《禮記·王制》所言“天子無事與諸侯相見曰朝，考禮、正刑、一德，以尊于天子”。章，通“彰”，明也。

欽哉，欽哉！余夙夜求之無射。

【疏證】

欽，《爾雅·釋詁下》：“敬也。”欽哉，猶他篇所見之“敬哉”。無射，謂不厭。《小雅·車舝》“好爾無射”，鄭箋：“射，厭也。”

卷四

和寤第三十四

【題解】

和，潘振訓爲“順”，或可暫從，訓“順”則與末句“神人允順”相應。寤，或通爲“悟”，用如《尚書·顧命》“弗興弗悟”，言覺悟之義。是篇《戰國策》中爲蘇秦所引，可見個中内容戰國中期已有流布。至于是否即已成篇，則尚難證實。所言王、召公奭、畢公高等，皆是後人託名追述，不可信以爲實。

王乃出圖商，至于鮮原，

孔晁云：“近岐周之地也，小山曰鮮。”

【疏證】

圖，《小雅·常棣》“是究是圖”，毛傳：“圖，謀也。”鮮，《大雅·皇矣》“度其鮮原”，毛傳：“小山别大山曰鮮。”鮮原，當去程地不遠。

召邵公奭、畢公高。王曰：“嗚呼，敬之哉！無競惟人，人允忠，惟事惟敬，小人難保。

孔晁云：“言王以多賢人爲强。保，安之也。”

【疏證】

邵，《史略》作“召”。召公，周之同姓，奭，召公私名。畢公，文王庶子。高，畢公私名。無競惟人，言惟人無競，是句亦見于《大雅·抑》《周頌·烈文》，皆作“無競維人，四方其訓之”。競，《抑》鄭箋、《烈文》毛傳皆訓："彊也。"鄭箋更云："人君爲政，無彊于得賢人。"惟事惟敬，言敬事。"小人難保"句亦見于《尚書·康誥》作"民情大可見，小人難保。往盡乃心，無康好逸豫，乃其乂民"。

后降惠于民，民罔不格，惟風行賄，賄無成事。

孔晁云："人之歸惠如草應風，如用賄則無成事。"

【疏證】

后，《大雅·文王有聲》"王后烝哉"，毛傳："后，君也。"惠，惠愛也。罔不格，言無不至。"風"當從孫詒讓作"朋"，言結朋以行賄。下"賄"當爲"則"字形訛，俞樾説是。

緜緜不絶，蔓蔓若何①，豪末不掇，將成斧柯②。"

孔晁云："此言防患在微也。"

【疏證】

①是句《戰國策·魏策一》謂出自《周書》，作"緜緜不絶，縵縵若何；毫毛不拔，將成斧柯"。《史記·蘇秦列傳》作"緜緜不絶，蔓蔓柰何？豪氂不伐，將用斧柯"。諸家以此句出蘇秦所讀《周書陰符》，或是。緜緜，《大雅·緜》"緜緜瓜瓞"，毛傳："緜緜，不絶貌。"蔓蔓，《鄭風·野有蔓草》"野有蔓草"，毛傳："蔓，延也。"

②豪，當通"毫"，《老子》言"合抱之木，生於毫末。"豪，《後漢書·岑彭傳》"秋豪無犯"，李賢注："豪，毛也。"末，《説文》："木上曰末。"掇，《周南·芣苢》"薄言掇之"，毛傳："掇，拾也。"字或通"剟"，《淮南子·繆稱訓》"聖人制其剟材無所不用矣"，高誘注："剟，疏殺也。"此義與"拔""伐"可參。柯，《豳風·伐柯》"伐柯如何"，毛傳："柯，斧柄也。"此或言防患于微之義。

王乃厲翼于尹氏八士①，唯固允讓②。

孔晁云："厲，獎厲也。武王賢臣也。"孔注"武王賢臣"上或脱"尹氏八士"。

【疏證】

①翼，《小雅·六月》“有嚴有翼”，毛傳：“翼，敬也。”尹，《小雅·都人士》“謂之尹吉”，毛傳：“尹，正也。”尹氏，亦見于《尚書·大誥》“肆予告我友邦君越尹氏、庶士、御事”、《左傳》僖二十八年“王命尹氏，及王子虎，内史叔興父策命晋侯爲侯伯”。八士，或即《論語·微子》所謂“周有八士：伯達、伯適、仲突、仲忽、叔夜、叔夏、季隨、季騧”，朱右曾説是。此八士或即《國語·晋語四》“及其即位也，詢于八虞，而諮于二虢，度于閎夭而謀于南宫，諏于蔡、原而訪于辛、尹，重之以周、邵、畢、榮”所見“八虞”，韋注：“賈、唐曰：八虞，周八士，皆在虞官，伯達、伯括、仲突、仲忽、叔夜、叔夏、季隨、季騧。”二虢爲文王之弟虢仲、虢叔，則“虞”當非言虞官，而是《世俘》所言“虞公”。案：“八虞”中伯仲叔季各二，則其當非出自一父。“虞”字从“吴”得聲，則“吴太伯”，或即“虞伯”，虞仲即爲其弟，則“八虞”或爲此二人之後。吴太伯、虞仲爲王季之兄，其子與文王平輩，而“二虢”爲文王之弟，故“八虞”得與“二虢”并稱。

②固，或爲“因”字形訛，因，《吕氏春秋·盡數》“因智而明之”，高誘注：“因，依也。”允，信也。讓，《國語·周語下》“讓於德也”，韋注：“推功曰讓。”

德降爲則，振于四方。行有令問，成和不逆①。加用禱巫，神人允順②。

孔晁云：“言皆順成和志也。”

【疏證】

①“德降爲則”亦見于《成開》，作“二顯父登德，德降爲則，則信民寧”。降，下也。振，《荀子·王制》“明振毫末”，楊倞注：“振，舉也。”振于四方，猶行于四方。令問，即令聞。成，當爲“咸”字形訛，劉師培説是，咸，皆也。

②加，或當通“嘉”，《孟子·公孫丑上》“夫子加齊之卿相”，焦循

正義："嘉亦通加。"嘉，善也。禱巫，亦見于《酆保》"厚其禱巫其謀乃獲"，禱謂祭禱，巫爲巫祝。

武寤第三十五

【題解】

是篇或是逸詩性質文獻雜凑而成，“王赫奮烈”“王食無疆”“王克配天”三句，文義似不屬連，或别是三篇。此“武”或爲武王，寤，覺也。此篇或在流傳時，即附于上篇之末，故題名或亦受上篇影響而用“寤”字。

王赫奮烈，八方咸發，高城若地，商庶若化。

孔晁云：“言士卒應王之奮烈，視高城若平地，若化恐怖也。”

【疏證】

赫，《大雅·皇矣》“王赫斯怒”，鄭箋：“赫，怒意。”奮，《禮記·樂記》“奮至德之光”，鄭玄注：“奮，猶動也。”烈，《尚書·洛誥》“越乃光烈考武王”，鄭玄注：“烈，威也。”發，起也。商庶若化，《武稱》有“民服如化”，若化，猶順教化。發，月部字，化，歌部字，歌、月二部陰入對轉。

約期于牧，案用師旅①。商不足滅，分禱上下②。

孔晁云：“於牧野將戰，先禱天地也。”

【疏證】

①約，《戰國策·秦策一》“故先使蘇秦以幣帛約乎諸侯”，高誘注：“約，謀約也。”期，謂二月甲子。牧，謂牧野，地在朝歌南七十里。案，本或作“安”，猶焉也，于是之義。師旅，《小雅·采芑》“陳師鞠旅”，鄭箋：“二千五百人爲師，五百人爲旅。”

②不足滅，諸家以此是言滅商之易，恐非是。若滅商易，則何必遍禱于上下？猶《左傳》桓十一年言“卜以决疑，不疑何卜”。足，《戰國策·齊策四》“可謂足使矣”，鮑彪注：“足，猶能。”商不能滅，謂滅商不易，故分禱上下。分，《左傳》哀元年“在軍熟食者分而後敢食”，杜注：“分，猶遍也。”分禱，即遍禱。上下，謂上下神祇。旅，魚部字，下，魚部字。

王食無疆，王不食言①，庶赦定宗②。

孔晁云：“言當赦其罪，人定其宗，主不食言也。”

【疏證】

①食，當作“德”，“德”正字作“悳”，“食”隸書作“飤”，二字形近而誤，朱駿聲説是，不當從俞樾解爲“玉食”。食言，古書習語，《尚書·湯誓》“朕不食言”，僞孔傳：“食盡其言僞不實。”《國語·晋語二》“言不可食”，韋注：“食，僞也。”此義或本“飾”字而來，後轉訓爲“僞”。

②庶赦，言赦宥其衆。定宗，言定宗廟，《管子·七法》：“定宗廟，育男女，天下莫之能傷，然後可以有國。”疆，陽部字，宗，冬部字。

尹氏八士，太師三公①。咸作有績，神無不饗②。

孔晁云：“群臣言皆謀立功，而神明享其禱。”孔注“群巨言”或當作“言群臣”。

【疏證】

①尹氏八士，亦見于《和寤》，或即《論語·微子》所謂“周有八士：伯達、伯適、仲突、仲忽、叔夜、叔夏、季隨、季騧”，亦即《國語·晋語四》所見“八虞”。太師，即《克殷》所言師尚父。若太師爲三公之一，則“三”或爲“二”字之訛。《尚書·金縢》即以“二公”“周公”并舉。此二公即周、召二公，《克殷》言“周公把大鉞，召公把小鉞以夾王”，孔注：“三公夾衛王也。”

②咸，皆也。作，起也。績，《大雅·文王有聲》“維禹之績”，鄭

箋："績，功。"公，東部字，與上文"宗"字韵協。饗，陽部字，與上文"疆"韵協。

王克配天，合于四海，惟乃永寧。

孔晁云："德合四表。"

【疏證】

克，能也。合，《大雅·大明》"天作之合"，毛傳："合，配也。"永，謂長久。寧，安也，耕部字。

克殷第三十六

【題解】

此篇概括全篇大意爲題，言武王克殷諸事。内文多爲戰國諸子及《史記》所取，應是春秋時期所流行之用以“資政教育”之記事專篇。

周車三百五十乘，陳于牧野，帝辛從。

孔晁云：“十三年正月。牧野，商郊。紂出朝歌二十里而迎戰也。”

【疏證】

周車，《史略》引作“周革”，説或本《孟子·盡心下》“武王之伐殷也，革車三百兩，虎賁三千人”。《孟子》所言“三百”，或是約數。陳，即今之“陣”字。牧野，殷郊，在今河南省汲縣。帝辛，即紂。從，《左傳》成十六年“晋韓厥從鄭伯”，杜注：“從，逐也。”帝辛從，言紂出而迎戰。《史記·殷本紀》《周本紀》等篇記事多本此篇，如非重要異文，姑不贅引。

武王使尚父與伯夫致師。

孔晁云：“挑戰也。”孔注“挑戰也”前或脱“致師”二字。

【疏證】

武王，爲後世追稱，非當時所記。尚父，《大雅·大明》所言“維師尚父，時維鷹揚。凉彼武王，肆伐大商”之“師尚父”。伯夫，即讀如下文“荷素質之旗”之“百夫”。致師，亦見于《左傳》宣十二年“楚許伯御樂伯，攝叔爲右，以致晋師”，杜注：“單車挑戰。”《左傳》宣二年“殺敵爲果，致果爲毅”，孔穎達正義：“致，謂達之於敵。”是句謂武王命師尚父率百人挑戰。

王既以虎賁、戎車馳商師，商師大敗。

孔晁云：“戎車三百五十乘，則士卒三萬六千三百五十人，有虎賁三千五百人也。”

【疏證】

虎賁，猶金文所見“虎臣”，毛公鼎銘文（《集成》02841）“命汝𤔲司公族，與參有司、小子、師氏、虎臣”，《師克盨》（《集成》04467）又見“左右虎臣”，則虎臣爲主帥宿衛。戎車，謂兵車。《小雅·采薇》言“戎車既駕，四牡業業”。馳，驅也，言追逐之義，事如《左傳》成二年所言“不介馬而馳之”。

商辛奔内，登于廩臺之上①，屏遮而自燔于火②。

孔晁云：“屏遮，目障。”孔注“目”或爲“自”字形訛。

【疏證】

①商辛，當從前文作“帝辛”。奔，《吕氏春秋·士節》“將出奔”，高誘注：“奔，走也。”内，泛言其宫室，《禮記·檀弓上》“不晝夜居於内”，鄭玄注：“内，正寢之中。”“廩臺”一作“鹿臺”，《國語·吴語》“而囷鹿空虛”，韋注：“圓曰囷，方曰鹿。”《史記·龜策列傳》“囷倉不盈”，張守節正義引《説文》：“圓者謂之囷，方者謂之廩。”可知，廩、鹿二字同義换讀。

②屏遮，猶蔽遮，《世俘》言“逄身厚以自焚”，《史記·周本紀》言“蒙衣其珠玉”，“逄”讀爲“蒙”，用如《左傳》成二年“擐甲執兵”之“擐”，猶穿也，故“屏”不當實指屏風。燔，《大雅·生民》“載燔載烈”，毛傳：“傅火曰燔。”

武王乃手太白以麾諸侯，諸侯畢拜，遂揖之。

孔晁云：“太白，旗名。揖，召也。揖諸侯共追紂也。”

【疏證】

手，持也，朱右曾説是。太白，即“大白”，《禮記·明堂位》：“有虞氏之旂，夏后氏之綏，殷之大白，周之大赤。”故此言武王取殷之旗。麾，《左傳》隱十一年“周麾而呼”，杜注：“麾，招也。”㞒，《爾雅·釋詁下》：“盡也。”揖，《廣雅·釋詁二》：“進也。”

商庶百姓咸俟于郊。

孔晁云：“待文王於郭外也。”

【疏證】

庶，衆也。百姓，謂百官。咸，皆也。俟，《邶風·静女》“俟我于城隅”，毛傳：“俟。待也。”

群賓僉進，曰：“上天降休。”再拜稽首。

孔晁云：“諸侯賀武王也。”

【疏證】

賓，《儀禮·士喪禮》“有賓則拜之”，鄭玄注：“賓，僚友群士也。”僉，猶皆也。進，《大雅·常武》“進厥虎臣”，鄭箋：“進，前也。”降，下也。休，美也。稽首，《周禮·春官·大祝》“一曰稽首”，鄭玄注：“稽首，拜頭至地也。”

武王答拜，先入，適王所，乃剋射之三發而後下車①，而擊之以輕吕，斬之以黄鉞②。

孔晁云：“輕吕，劍名。”

【疏證】

①答，謂回報之義。答拜，謂回拜。適，《邶風·北門》“王事適我”，毛傳：“適，之也。”所，謂處所。剋射，《史記·周本紀》作“自射”，《金樓子》作“身射”，《太平御覽》卷八十四作“親射”，故此“剋”當從劉師培説，爲“親”之壞字。發，《禮記·射義》“彼發有的”，鄭玄注：“發，猶射也。”

②擊，《國語·楚語下》“必自射其牛刲羊擊豕”，韋注：“擊，殺也。”黄鉞，亦見于《尚書·牧誓》“王左杖黄鉞，右秉白旄以麾”。鉞，即斧鉞。

折，懸諸太白。

孔晁云：“斬，絶其首。”孔注“斬”或爲“折”字之誤。

【疏證】

折，猶斷義。《左傳》宣二年“右入壘折馘”，杜注：“折馘，斷耳。”《墨子·明鬼下》言“折紂而繫之赤環，載之白旗”，即作“折”，不煩改作“斬”字。懸，《戰國策·齊策二》“命懸於趙”，鮑彪注：“懸，繫也。”

適二女之所，乃既縊，

孔晁云：“二女，妲己及嬖妾。縊，自縊也。”

【疏證】

乃既縊，《史記·周本紀》作“二女皆經自殺”，經，《荀子·仲尼》“救經而引其足也”，楊倞注：“經，縊也。”《作雒》亦有“管叔經而卒”。

王又射之三發，乃右擊之以輕吕，斬之以玄鉞，懸諸小白。

孔晁云：“玄鉞，黑斧。小白，旗名也。”

【疏證】

右，當通爲“又”，如前文“又射之三發”。

乃出，場于厥軍。

孔晁云：“場，平治社以及宫，徹宜去者，宜居者。居，遷也。”

【疏證】

場，亦作“墠”，《國語·楚語下》“壇場之所”，韋注：“除地曰場。”《尚書·金縢》“爲三壇同墠”，僞孔傳：“墠，除地也。”軍，

《國語·吴語》“至於軍”，韋注：“軍，所軍之地也。”

及期，百夫荷素質之旗于王前，

孔晁云：“素質，白旗。前，爲王道也，一作‘以前于王’。”

【疏證】

百夫，爲王之近衛、儀仗。荷，謂負擔之義，《左傳》昭七年“其子弗克負荷”，杜注：“負，擔也。”素，《召南·羔羊》“素絲五紽”，毛傳：“素，白也。”質，《荀子·正名》“質請而喻”，楊倞注：“質，物之形質。”素質之旗，謂白地之旗，猶前所言大白、小白。王前，如《衛風·伯兮》所言“伯也執殳，爲王前驅”。

叔振奏拜，假。

孔晁云：“群臣諸侯應拜假者也則曹叔振。奏，行也。”

【疏證】

叔振，《史記·周本紀》作“叔振鐸”，後封于曹，《左傳》僖二十八年言“曹叔振鐸，文之昭也”。奏，當爲“奉”字形訛，《周本紀》作“奉陳常車”。則此句或當連下句作“叔振拜假，奉陳常車”。《商頌·那》“湯孫奏假”，鄭箋：“假，升。”拜假，言拜而後登。

又陳常車，周公把大鉞①，召公把小鉞以夾王②。

孔晁云：“常車，威儀車也。三公夾衛王也。”

【疏證】

①陳，《廣雅·釋詁一》：“列也。”常，《周禮·秋官·大行人》“建常九斿”，鄭玄注：“常，旌旗也。”常車，謂建大常之車。《國語·晋語五》言：“三軍之心，在此車矣，其耳目在于旗鼓。”把，《廣雅·釋詁三》：“持也。”

②夾，即禹鼎銘文（《集成》02833）、師訇簋銘文（《集成》04342）所見“夾紹”之“夾”，謂輔助之義。另，《儀禮·既夕禮》“圉人夾牽之”，鄭玄注：“在左右曰夾。”清華簡一《耆夜》簡1—2言“召公保奭爲夾”，

夾，可讀爲“介”，《史記·十二諸侯年表》“楚介江淮”，司馬貞索隱：“一云‘介者，夾也’。”此即《左傳》襄二十七年“宋人享趙文子，叔向爲介，司馬置折俎，禮也”所言之“介”，未必訓爲“夾衛”，《儀禮》所言或亦當作“介”，介，亦助也，亦通。孔注“三”或當作“二”。

泰顛、閎夭①，皆執輕吕以奏王。王入，即位于社。太卒之左②，

孔晁云：“執王輕吕，當門奏。太卒，屯兵以衛也。”

【疏證】

①《史記·周本紀》言“既入，立于社南大卒之左，右畢從”。泰顛、閎夭，皆文王臣也。《尚書·君奭》言“亦惟有若虢叔，有若閎夭，有若散宜生，有若泰顛，有若南宫括”，清華簡三《良臣》簡2—3：“文王有閎夭，有泰顛，有散宜生，有南宫适，有南宫夭，有芮伯，有伯适，有師尚父，有虢叔。”馬王堆帛書《五行》346“不得如散宜生、弘夭者也”。泰顛，他書亦作“太顛”。《良臣》言“南宫適”，復言“伯適”，二者或别是二人。《良臣》所言“伯适”，或爲“尹氏八士”之“伯适”，即《國語·晋語四》所見“八虞”，或爲虞公之後。據湖北隨州文峰塔所出曾侯與鍾銘文言“伯括上達，左右文武，撻殷之命，撫定天下。王譴命南公，營宅汭土，君此淮夷，臨有江夏”，則南宫括亦可稱伯括。南宫夭，或即尹氏八士之“叔夜”，夭，清華簡三《良臣》作“[illegible]”，“夜”字从亦从夕，清華簡一《耆夜》作“[illegible]”，夭、亦形近易訛，王寧《南宫氏與周王室的關係簡考》説甚是。另，季旭昇指出上博簡九《古公見太公望》之“古”，字即爲《皇門》所見“門”，字或可讀爲“閎”，此所言“古公”者，或即是“閎公”，謂閎夭。（《談〈上博九·舉治王天下〉簡1“古公見太公望”——兼説古公可能就是閎夭》，《第二十六屆中國文字學國際學術研討會論文集》，聖環圖書股份有限公司，2015年，第229—238頁。）

②奏，或亦爲“奉”字形訛，朱右曾讀爲“湊”，未必是。奉，承也。太卒，《史記·周本紀》言“以大卒馳帝紂師”，《克殷》前文則作“虎賁、戎車馳商師”，則“太卒”或即虎賁、戎車也。之，往也。

群臣畢從。毛叔鄭奉明水[①]，衛叔傅禮[②]。

孔晁云："群臣盡從王，而康叔相禮。"

【疏證】

①畢，盡也。從，謂從太卒，皆往左。毛叔，《左傳》僖二十四年并舉"魯、衛、毛、聃"爲"文之昭"，是知毛叔、衛叔皆文王庶子。鄭，或爲毛公私名，《左傳》定四年"五叔無官"，杜注："五叔，管叔鮮、蔡叔度、成叔武、霍叔處、毛叔聃也。"此處杜注或蒙前引《左傳》僖二十四年誤。又《永樂大典》卷一萬四千九百十二作"毛叔圉"。奉，進也。明水，《禮記·郊特牲》"玄酒明水之尚"，鄭玄注："明水，司烜以陰鑑所取於月之水也。"

②"衛叔"後或脱其私名"封"，當參上文"毛叔鄭"補之。傳，《左傳》僖二十八年"鄭伯傅王"，杜注："傅，相也。"《荀子·大略》"善爲禮者不相"，楊倞注："相，謂爲人贊相也。"

召公奭贊采，師尚父牽牲。

孔晁云："贊，佐。采，事也。倅王也。"倅，《周禮·夏官·戎僕》"掌王倅車之政"，鄭玄注："倅，副也。"

【疏證】

贊，謂贊相。贊采，或即《禮記·禮器》言"君親牽牲，大夫贊幣而從"之"贊幣"。《史記·周本紀》張守節正義亦讀此爲"贊幣"。《禮器》是句鄭玄注云："納牲於庭時也，當用幣告神而殺牲。"牽，《左傳》僖三十三年"惟是脯資餼牽竭矣"，杜注："牽，謂牛羊豕。"

尹逸筴曰："殷末孫受[①]，德迷先成湯之明，侮滅神祇不祀[②]，

孔晁云："紂字受德也。神祇，天地也。舉天地，則宗廟已下廢可知也。"孔注"已"當作"以"。

【疏證】

①尹逸，或即《尚書·洛誥》"王命作册逸祝册"所見"作册逸"。

《史記》“逸”作“佚”，下文即《世俘》皆有“史佚”，則此或亦作“佚”。筴，即“策”字。末孫，亦見于《大戴禮記·少閒》“禹崩，十有七世，乃有末孫桀即位”，末，謂終末。受，即紂也，受、紂皆幽部字，或爲一字分化，後以“紂”爲帝辛專名。此“德”當連下“迷先成湯之明”讀，劉師培説是。孔晁言紂字受德，説或本《尚書·立政》“嗚呼！其在受德暋，惟羞刑暴德之人，同于厥邦”，然《立政》當以“德暋”連讀，暋，亦通“愍”，亂也。則紂不當字“受德”。後《吕氏春秋·當務》亦誤讀《立政》，言“紂之同母三人，其長曰微子啓，其次曰中衍，其次曰受德。受德乃紂也，甚少矣”，此或即孔注所本。

②德，謂商紂之德。迷，《大雅·板》“威儀卒迷”，陳奂《詩毛氏傳疏》言：“迷，迷亂也。”可與《立政》“德暋”相參。先成湯，謂先祖成湯。侮，《廣雅·釋詁三》：“輕也。”滅，《史記·周本紀》作“蔑”，亦輕也。《尚書·牧誓》言“昏棄厥肆祀弗答”，可參證之。

昏暴商邑百姓①，其彰顯聞於昊天上帝②。”

孔晁云：“言上天五帝皆知紂惡也。”

【疏證】

①昏，《國語·楚語上》“而爲之昭明德而廢幽昏焉”，韋注：“昏，亂也。”暴，《左傳》昭十四年“晋不爲暴”，孔穎達正義：“暴是亂下之稱。”百姓，猶百官，亦即《尚書·牧誓》所言“昏棄厥遺王父母弟不迪”。

②彰，亦明也，不煩從《史記》改作“章”。昊天上帝，見于《大雅·雲漢》《左傳》成十三年，《周本紀》作“天皇上帝”，即“皇天上帝”。

周公再拜稽首，乃出。

孔晁云：“受天大命以改殷，天明命王天□也。”孔注缺字或當作“下”。

【疏證】

此處《史記·周本紀》作“於是武王再拜稽首，曰膺更大命，革殷，受天明命。武王又再拜稽首，乃出”，諸家多以此句爲孔晁所見《克殷》原文，据以補入。膺更，當作“膺受”。革殷，《尚書·多士》見“乃命爾先祖成湯革夏俊民甸四方”“殷革夏命”。

立王子武庚①，命管叔相②。

孔晁云：“爲三監，監殷人。”

【疏證】

①武庚，紂之子也，亦稱“录子耿”。清華簡二《繫年》簡13言“周武王既克殷，乃設三監于殷。武王陟，商邑興反，殺三監而立录子耿”，武庚是否爲三監，歷代歧説衆多，此不一一細論，然諸説皆有管、蔡。立監所監者，是國及其國君而非其民，故三監所監，當是殷國，如此則不當有武庚，且出土金文并見“應侯”“應監”“噩侯”“噩監”可以爲證。當從鄭玄説，解爲管、蔡、霍三叔。

②管叔，爲武王之弟，周公之兄，蔡叔爲周公之弟。《左傳》定四年言“管蔡啓商，惎間王室”，《史記·周本紀》作“乃使其弟管叔鮮、蔡叔度相禄父治殷”，則“管叔”後或脱“蔡叔”二字。相，謂輔助。

乃命召公釋箕子之囚，命畢公、衛叔出百姓之囚。

孔晁云：“紂所拘囚者也。”

【疏證】

乃，猶于是也。釋，《國語·晋語四》“臣亦釋宋之圍”，韋注：“釋，解也。”箕子，紂諸父也。《史記·周本紀》“畢公”下無“衛叔”。其下朱右曾增“表商容之間”一句。《荀子·大略》言“武王始入殷，表商容之閭，釋箕子之囚，哭比干之墓，天下鄉善矣”，《吕氏春秋·慎大》言“封比干之墓，靖箕子之宫，表商容之閭，士過者趨，車過者下”，此説或是誤讀《禮記·樂記》“封王子比干之墓，釋箕子之囚，使之行商容而複其位”而來，未必可據以補入正文。囚，《魯頌·泮水》“在泮獻囚”，毛傳：“囚，拘也。”

乃命南宫忽振鹿臺之財、巨橋之粟；

孔晁云："忽即括。散之以施惠也。"

【疏證】

"忽"或作"勿"，劉師培説是。《史記·周本紀》即作"南宫括"。振，救也。鹿臺，即前所言"廩臺"，《周頌·豐年》"亦有高廩"，陸德明釋文："倉也。"巨橋，《管子·地數》"夫昔者武王有巨橋之粟"，《周本紀》作"鉅橋"。字或作"巨喬"，巨，大也，喬，高也，未必釋爲地名。

乃命南宫百達、史佚遷九鼎三巫。

孔晁云："鼎，王者所傳宝。三巫，地名。"

【疏證】

百達，即《論語》"周有八士"之"伯達"，百、白二字形近可通，伯，亦作"白"。史佚，即上文所言"尹逸"。三巫，《周本紀》作"保玉"，即"寶玉"。洪頤煊以"寶玉"爲"三巫"之訛，陳逢衡言當從《尚書·洪範》作"筮參"，于鬯言"三巫"當作"三革"，劉師培則以"巫"爲"夾"訛，并引《管子·五行》誤"神筴"爲"神筮"爲證，言"三巫"即"于夾"之訛。劉師培説是。"夾"即"郟"，"郟鄏"可省作"郟"。《左傳》宣三年"成王定鼎于郟鄏，卜世三十，卜年七百，天所命也，周德雖衰，天命未改"，《國語·晋語四》則言"王入于成周，遂定之于郟"，韋注："成周，周東都。郟，王城也。""郟鄏"亦可省作"鄏"，北大漢簡《周馴》簡37言："爾有鄏邑，而成周之人不爲汝民。"

乃命閎夭封比干之墓。

孔晁云："益其緣也。"孔注"緣"，一本作"冢"，盧校從。

【疏證】

封，謂高其封土。《周本紀》"封比干之墓"，張守節正義："封，謂益其土即畫疆界。"比干，紂之叔父，《論語·微子》言"微子去之，箕子爲之奴，比干諫而死。孔子曰：‘殷有三仁焉。’”

乃命宗祀崇賓饗[①]，禱之于軍[②]。

孔晁云：“宗祀，主祀。賓，敬也。饗祭前所禱之神。”孔注嘗從《周本紀》改作“宗祝”。

【疏證】

①宗祀，《周本紀》作“宗祝”，宗祝，或即《嘗麥》所言“大祝”。崇，《尚書·酒誥》“矧曰其敢崇飲”，僞孔傳：“崇，聚也。”賓，即上文所言“群賓”。崇賓饗，爲聚賓而饗之，謂“崇賓”爲人名，非是。

②“饗”字當屬上讀，孔注屬下不確。禱，《周本紀》作“祠”，《國語·周語中》引“周之秩官”言“候人爲導，卿出郊勞，門尹除門，宗祝執祀”，孫詒讓言“凡祈禱曰禱，報塞曰祠”，此或爲報塞前所禱之神，故當從《史記》作“祠”，説甚是。“之”字劉師培以爲衍文，亦是。軍，所軍之地也。

乃班。

孔晁云：“還鄗京也。”

【疏證】

班，《左傳》襄十年“請班師”，杜注：“班，還也。”

大匡第三十七

【題解】

是篇取正文“用大匡”三字爲題，雖與《大匡》第十一重名，然來源有别，此篇性質當爲戰國時期所盛行之託名箴戒。

惟十有三祀，王在管①。管叔自作殷之監，東隅之侯咸受賜于王，王乃旅之，以上東隅②。

孔晁云：“東隅，自殷以東。旅，謁，各使陳其政事者也。”

【疏證】

①十有三祀，即克殷後二年，劉師培言此并文王受命之年計之。此或即武王紀年，不兼文王受命之年而言。若兼言之，則清華簡一《保訓》簡1言“惟王五十年”，與此扞格。管，或即新邑鼎銘文（《集成》02682）“自新邑于柬”、平頂山應國墓地M50所出匍盉銘文“青公使司史使艮贈匍于柬”之“柬”。管、柬，皆見紐元部字。《作雒》言“建管叔于東”，則“東”或即此“柬”之形訛。

②自，猶始也，用如《尚書·酒誥》“厥父母慶，自洗腆致用酒”。東隅之侯，猶保卣銘文（《集成》05415）所見“殷東國五侯”。旅，猶嘉也、魯也，用猶《尚書·召誥》所言“旅王若公”。《書序·嘉禾》“旅天子之命”，《史記·周本紀》引作“魯天子之命”，《史記·魯周公世家》作“嘉天子命”。王乃旅之，謂王乃嘉之。上，謂升、登之義。東隅，丁宗洛、朱右曾從孔注改作“陳諧”，可備一説。

用大匡，順九則、八宅、六位。

孔晁云："言大匡有此法。"

【疏證】

匡，《小雅·六月》"以匡王國"，鄭箋："匡，正也。"順，訓也。則，法也。九則，謂下文"質、信、讓、位、政、静、潔、因、明"也。宅，居也，八宅，謂下文"官、□、朝、道、舍、賓、祭、器"。位，《禮記·中庸》"天地位焉"，鄭玄注："位，猶正也。"六位，謂"新、故、外、内、貴、賤"。

寬儉恭敬，夙夜有嚴。

孔晁云："言當嚴敬，思所順也。"

【疏證】

寬，《衛風·淇奥》"寬兮綽兮"，毛傳："寬能容衆。"儉，《左傳》莊二十四年言："儉，德之共也。"寬儉恭敬，即言恭儉，上博簡六《慎子曰恭儉》簡1言："恭儉以立身，堅强以立志，忠實以反渝，擇友以載道，精法以順勢。"郭店簡《緇衣》簡26引逸詩言"吾大夫恭且佮，靡人不斂"。嚴，敬也。

昭質非樸，樸有不明①，明執於私，私回不中②，中忠於欲，思慧醜詐③。

孔晁云："中於欲，謂忠於絶私。私，欲也。"

【疏證】

①昭，明也。質，《國語·齊語》"聰慧質仁"，韋注："質，性也。"非，猶譏、咎之義，用如"非十二子"之"非"，下"非"皆同。樸，《尚書·梓材》"既勤樸斲"，陸德明釋文引馬融云："樸，未成器也。"以其未成器，故不明。

②執，朱右曾讀爲"縶"，甚是，《小雅·白駒》"縶之維之"，毛傳："縶，絆。""私回不中"句孫詒讓言"以下八者校之，每則皆四字，

不宜唯此羨二句”，雖甚是，然下八句皆用頂真格，此句亦是頂真格，未必爲羨文。私，《國語·晋語八》“若之何其回於富也”，韋注：“回，曲也。”回不中，言曲而不善。

③“中忠”之“中”，謂心也。欲，《禮記·曲禮上》“欲不可從”，孔穎達疏：“心所貪愛爲欲。”思，猶念也。慧，猶智也。醜，當作“耻”。詐，《爾雅·釋詁下》：“僞也。”詐，《廣雅·釋詁二》：“欺也。”

昭信非展，展盡不伊①，伊言於允，思復醜譖②。

孔晁云：“展，似信而非伊。伊，推也。”前“伊”當訓爲“是”，《邶風·谷風》“不遠伊邇”，陳奂《詩毛氏傳疏》：“伊，猶是也。”孔注宜作“伊，維也”。

【疏證】

①展，《邶風·雄雉》“展矣君子”，毛傳：“展，誠也。”《國語·楚語下》言“其爲人也，展而不信，愛而不仁”，故孔注言“展似信而非”。

②後“伊”當訓爲“維”。允，信也。復，《左傳》定四年“我必復楚國”，杜注：“復，報也。”譖，朱右曾讀爲“僭”，或是。《大雅·桑柔》“朋友已譖”，鄭箋：“譖，不信也。”

昭讓非背，背黨雍德，德讓於敬，思賢醜争。

孔晁云：“讓以得之，非棄背也。”孔注“棄背”當倒作“背棄”。

【疏證】

讓，謂推讓。背，當作“比”。“比”訛爲“北”，“北”又與“背”通。比黨，言比周結黨，《寶典》言“比譽干讓”，孫詒讓説是。雍，通“壅”，塞也。賢，《戰國策·秦策一》“賢於兄弟”，高誘注：“賢，猶厚也。”争，鬬也。

昭位非忿，忿非□直，直立於衆，思直醜比。

孔晁云：“位所以行道，非以息忽。忿，怒也。”忽，《漢書·楚元王傳》“今而忽之”，顔師古注：“忽，怠也。”

【疏證】

位，當從下“直立”作“立”。脱字或作“正”，《小雅·小明》言：“靖共爾位，好是正直。”直，亦正也。比，言阿黨。

昭政非閑，閑非遠節①，節政於進，思止醜殘②。

孔晁云：“政以道民以禁閑之也，故貴得節也。”孔注“閑”當作“閑”。

【疏證】

①“閑”或當作“閉”，形近而誤。閉，《國語·晋語四》“閉而不通”，韋注：“閉，壅也。”是字作“閑”亦可，《大雅·卷阿》“既閑且馳”，鄭箋：“閑，習也。”言明政當非其習。遠，《小雅·鴛鴦》“宜其遐福”，鄭箋：“遐，遠也。遠，猶久也。”

②節，《國語·魯語上》“國之大節也”，韋注：“節，制也。”下句“節”亦同。進，《廣雅·釋詁一》：“行也。”“止”或爲“正”字形訛，與前文“昭政”文義相承，又與“殘”文義相對。殘，《大雅·民勞》“國無有殘”，毛傳：“賊義曰殘。”

昭静非窮①，窮居非意，意動於行，思静醜躁②。

孔晁云：“仁者好静，窮非取樂。”

【疏證】

①“静”當從後文“意動”改作“動”，如上下各句文例，劉師培説是。動，《論語·子張》“動之斯和”，皇侃義疏：“動，謂勞役之也。”《大戴禮記·五帝德》“其動也時”，王聘珍解詁：“動，謂動衆使民也。”窮，困也，《淮南子·主術訓》言“愚人之智，固已少矣，其所事者多，故動而必窮矣”，可與此對讀。

②窮居，亦見于《六韜·文韜·上賢》“虚論高議以爲容美，窮居静處而誹時俗，此奸人也，王者慎勿寵”。意，《國語·越語下》“臣行意”，韋注：“意，志也。”意動於行，言志移於行，《吕氏春秋·論威》“物莫之能動”，高誘注：“動，移也。”躁，猶動也，《老子》言“重爲輕根，

静爲躁君。”

昭潔非爲，爲窮非涓，涓潔於行，思義醜貪。

孔晁云：“涓潔於利，不以自污。”

【疏證】

潔，字或作“絜”，清也，猶清廉之義。爲，宜作“僞”，朱右曾説是。窮，困也。涓，亦潔也。

昭因非疾，疾非不貞，貞固於事，思任醜誕。

孔晁云：“疾，□。”孔注缺字或作“急”，疾，《廣雅·釋詁一》：“急也。”

【疏證】

“因”，當爲“固”之形訛。上句言“昭潔”“涓潔”，故此亦當作“昭固”“貞固”，陳逢衡、孫詒讓説是。固，《國語·晋語二》“夫固國者”，韋注：“固，定也。”疾非，言不固。貞，正也。任，《戰國策·秦策三》“慈仁任忠”，鮑彪注：“任，猶信。”誕，謂夸誕之義，《荀子·修身》有“竊貨曰盗，匿行曰詐，易言曰誕，趣舍無定謂之無常”。

昭明九則，九醜自齊，齊則曰知，悖則死勇。

孔晁云：“明此九法則所醜義成，九法咸則，苟死於勇不知節。”孔注“義”讀爲“宜”。

【疏證】

九醜，言九恥。齊，《小雅·小宛》“人之齊聖”，毛傳：“齊，正。”“齊則”“悖則”之“則”，謂前九則。悖，《國語·周語上》“是以事行而不悖”，韋注：“悖，逆也。”死，《國語·越語下》“死生因天地之刑”，韋注：“死，殺也。”

勇知害上，則不登于明堂。明堂所以明道，明道惟法。

孔晁云：“惟以法度化人。”

【疏證】

勇知害上，盧校改作“勇如害上”，恐非是。“勇知”承上句“齊則曰知，悖則死勇”而言，改“如”則不通。《左傳》文二年引《周志》言“勇則害上，不登於明堂”，文句與此相似，然《左傳》所引未必即出自此篇，或是此句當時流傳甚廣，爲多篇所采。明堂，蔡邕《明堂月令論》言：“明堂者，天子太廟，所以宗祀其祖、以配上帝者也。”此猶言朝堂。明道惟法，言以法明道。法，謂效法，《荀子·不苟》“畏法流俗”，楊倞注：“法，效也。”

法人惟重老，重老惟寶①。嗚呼，在昔文考戰戰②，惟時祗祗。汝其③

孔晁云：“言所尊重者老人及政之宝也。文王唯敬是道，汝其用之。汝，諸侯也。”孔注“及”當作“乃”，盧校是。

【疏證】

①重，《吕氏春秋·勸學》“在右則右重”，高誘注：“重，尊也。”重老，言尊老。寶，通“保”，保，養也，《孟子·離婁上》言“吾聞西伯善養老者”，可與此句對讀。

②文考，謂文王。戰戰，《小雅·小旻》“戰戰兢兢”，毛傳：“戰戰，恐也。”此“戰戰”猶“憚憚”，《大戴禮記·曾子立事》“君子終身守此憚憚”，盧辯注：“憚憚，憂惶也。”

③惟時，猶于是。“祗”字或不當重，祗，敬也。“汝其”二字或連下句讀，盧校引謝説是。其，猶乃也，用如《尚書·湯誓》“今女其曰”之“其”。“汝其”二字當屬下讀。

夙夜濟濟，無競惟人，惟允惟讓①，不遠群正，不邇讒邪②。

孔晁云：“言當近正士，遠讒人。”

【疏證】

①濟濟，《禮記·玉藻》“朝廷濟濟翔翔”，鄭玄注：“濟濟，莊敬貌也。”無競惟人，亦見于《和寤》《大雅·抑》《周頌·烈文》，《詩經》

兩處皆作“無競維人，四方其訓之”。競，《抑》鄭箋、《烈文》毛傳皆訓：“彊也。”鄭箋更云：“人君爲政，無彊于得賢人。”允，信也。讓，謂推讓、卑讓之義。

②正，《小雅·小命》“正直是與”，毛傳：“正直爲正。”邇，《小雅·小旻》“維邇言是聽”，毛傳：“邇，近也。”讒，《吕氏春秋·貴因》“讒慝勝良”，高誘注：“讒，邪也。”

汝不時行，汝害于士，士惟都人孝悌子孫。

孔晁云：“不行是文王之道，其如此也。”

【疏證】

時，讀爲“是”。汝不時行，謂汝不行是。都人，《小雅·都人士》“彼都人士”，馬瑞辰《毛詩傳箋通釋》：“都人，乃美士之稱。”恐非是。此“都人”或猶“國人”“邦人”，上博簡九《邦人不稱》簡3—4言“而邦人不稱媺”。都人孝悌子孫，猶漢代所謂“良家子”。

不官則不長，官戒有敬[①]。官、□、朝、道、舍、賓、祭、器，曰八宅[②]。

孔晁云：“官以長官所戒惟敬，則八宅順矣。”

【疏證】

①官，《荀子·解蔽》“經緯天地而材官萬物”，楊倞注：“官，謂不失其任。”不官，猶言失其任。不長，謂不久。戒，《左傳》宣十二年“軍政不戒而備”，杜注：“戒，敕令。”

②劉師培以爲“朝”字以下舉八宅之目，言“舍”當作“會”，“器”當作“喪”，“道”亦爲誤字，疑作“官□朝□會同賓祭喪葬曰八宅”，恐非是。八宅細目，或即是自“官□”以下八字。宅，居也，安也。則缺字亦或爲可居之所、可安之事，陳逢衡補“師”字不確。官，或爲“宫”字形訛，蒙上文“官戒有敬”而誤。缺字或當作“室”或“廟”之屬。朝，謂市朝。道，謂道巷。舍，謂軍之壘舍。《周禮·夏官·量人》言“營國城郭，營后宫，量市朝、道巷、門渠，造都邑亦如之。營軍之壘舍，量其市朝、州涂、

軍社之所里。”賓祭，亦見于《糴匡》“賓祭以盛”。器，言器用、材用。

綏比新、故、外、内、貴、賤曰六位。

孔晁云：“安之比之各以其道，則位順也。”孔注“位”上疑脱一“六”字。

【疏證】

綏，安也。比，親也。新，謂新貴。故，謂故臣，《史記解》言“昔有果氏好以新易故，故者疾怨，新故不和”，即言此新故。外、内，本言宗族内外，後引申爲凡親疏之謂。《韓非子·解老》言：“義者，君臣上下之事，父子貴賤之差也，知交朋友之接也，親疏内外之分也。”貴賤，謂上下。郭店簡《六德》以“夫、婦、父、子、君、臣”爲“六位”。

大官備武，小官成長。

孔晁云：“承，奉。”

【疏證】

備，《廣雅·釋詁二》：“成也。”武，劉師培言當訓爲“迹”，承前文八宅、六位而言，或是。“成”當依孔注改作“承”，盧校説是。承長，言奉事其長官。

大匡封攝，外用和大。

孔晁云：“和平大國。”

【疏證】

匡，助也。是句或當參下文“勞故禮心”“施舍静衆”，校作“大匡用和，外封攝大”，攝，《左傳》襄三十一年“周詩曰：朋友攸攝”，杜注：“攝，即佐也。”每句第三字皆爲動詞。故孔注“和平大國”，即注“攝大”也。封或讀“邦”，外封，即封外，言境外，《韓非子·亡徵》言“境内之傑不事，而求封外之士”，即以境内、封外對舉。

中匡用均，勞故禮新。

孔晁云：“士大夫乃賓客。”

【疏證】

均，平也。故、新，即前文六位所言“新、故”。勞，《大雅·旱麓》“神所勞矣”，鄭箋：“勞，勞來，猶言佑助。”禮，體也，謂體其情。

小匡用惠，施舍静衆。

孔晁云：“静，安也。”

【疏證】

惠，愛也。施，予也。用惠，謂施惠。舍，亦予也。静，安也。静衆，言安民，《管子·勢》言：“静民觀時，待令而起。”

禁請無怨，順生分殺，不忘不憚。

孔晁云：“不計分部，不失其理。”

【疏證】

請，謂請謁，《荀子·成相》“下不私請”，楊倞注：“請，謁。”生，或讀爲“性”，《吕氏春秋·先己》言“順性則聰明壽長”。分，讀去聲，猶《度訓》所見“分次”之“分”，言位分也。殺，减也，猶《左傳》襄二十六年言：“自上以下，降殺以兩，禮也。”不忘，言不失。憚，當通爲“癉”，《大雅·板》“下民卒癉”，毛傳：“癉，病也。”

俾若九則，生欲在國，國咸敬。順惟敬，敬惟讓，讓惟禮。

孔晁云：“言周大匡使順九則，生其所敬於國，國人皆順之以敬讓之禮也。”

【疏證】

俾，猶使也。若，順也。“生欲在國，國咸敬”，盧校從孔注改作“生敬在國，國咸順”，甚是。“國咸順”即啓下文“順惟敬”而言。惟，猶乃也。

辟不及，寬有永假。

孔晁云：“不及，言同假於王道。”

【疏證】

辟，君也。及，疑爲“反”字形訛，不反，謂不違。《國語·周語下》“言爽日反其信”，韋注：“反，違也。”寬，猶多也。永，久也。假，通“嘏”，《魯頌·閟宫》“天錫公純嘏”，鄭箋：“受福曰嘏。”

文政第三十八

【題解】

文，謂文王，政，謂政令。文政，即文王之政令。是篇總括全文内容爲題，所言諸“九”，當是託名爲文王之政者，故首句言“循”。究其性質，亦不出戰國時期爲政箴戒之樊籬，恐係當時資政教育之文獻。

惟十有三祀，王在管，管、蔡開宗循。

孔晁云：“管，管叔之邑。二叔開其宗族循鎬宗之政，言從化也。”

【疏證】

劉師培依孔注以下句“王”字當屬上讀，“循王”當作“循政”，或是。開，當作“啓”，謂爲前導也。宗，或謂王之同姓諸侯，未必是管、蔡等小宗，《大雅·板》“大宗維翰”，孔穎達正義言：“宗者，與王同族。”此管蔡所爲者，猶《尚書·顧命》“太保率西方諸侯入應門左，畢公率東方諸侯入應門右，皆布乘黄朱”。循，謂順從。

王禁九慝，昭九行，濟九醜，尊九德①，止九過，務九勝，傾九戒，固九守，順九典②。

孔晁云：“九，人所茂政也，濟謂濟其醜以好也。順此戒也。”

【疏證】

①慝，《大雅·民勞》“無俾作慝”，毛傳：“慝，恶也。”昭，明也。行，《墨子·經上》：“爲也。”濟，陳逢衡言通“齊”，即上篇《大匡第三十七》所言“九醜自齊”，甚是。齊，《小雅·小宛》“人之齊聖”，

毛傳："齊，正。"醜，通"耻"。尊，《孟子·盡心上》"尊德樂義"，趙岐注："尊，貴也。"

②止，《吕氏春秋·仲春》"止獄訟"，高誘注："止，禁也。"務，勉也。傾，俞樾言當從孔晁注作"順"，二字形似而誤，説甚是。固，《國語·周語下》"久固則純"，韋注："固，安也。"順九典，猶上篇《大匡》所言"昭明九則"，典，《周頌·維清》"文王之典"，毛傳："典，法也。"

九慝：一不類，二不服，三不則，四□務有不功，五外有内通[①]，六幼不觀國，七閭不通徑[②]，八家不開刑，九大禁不令路徑[③]。

孔晁云："刑，法也。令，不宣令也。"孔注"令"前或脱一"不"字。

【疏證】

①類，或通爲"戾"，不戾，謂不和、不善。服，從也。則，法也。"務"字上或不當有脱字。務，事也。功，猶力也。通，《大聚》"與田疇皆通"，孔注："通，連比也。"外有内通，言勾結于外。

②觀國，謂監國，監、觀，皆視也。《左傳》閔二年言"冢子，君行則守，有守則從，從曰撫軍，守曰監國，古之制也"。七、八兩條或爲對言，閭，謂閭里，與下句"家"對文，家，謂卿大夫之家。通，《荀子·正名》"足以相通則舍之矣"，楊倞注："通，謂得其理。"

③開，當作"啓"，與"通"對言。啓刑，即《尚書·吕刑》所見"明啓刑書"。徑，當讀爲"經"，古書徑、經二字多通用，王引之《經義述聞·左傳上》"昔趙衰以壺飧從徑餒而弗食"條備舉其例，可參看之。經，猶法也，與下文"刑"對言。閭不通徑，言閭里不得法，家不啓刑，言家不明啓刑書。"大禁不令路徑"，"路徑"二字或爲注文竄入，王念孫説是，當作"徑，路"。大禁，謂大法，《孟子·梁惠王下》："臣始至於境，問國之大禁，然後敢入。"不令，言不發命。

九行：一仁，二行，三讓，四言，五固，六始，七義，八意，九勇。

孔晁云："意於道也。"

【疏證】

"二行"之"行"，當解爲《論語·述而》"文、行、忠、信"之"行"，《周禮·地官·師氏》"二曰敏德以爲行本"，鄭玄注："德、行，内外之稱。在心爲德，施之爲行。""四言"當作"四信"，盧校是。固，安也。"六始"當作"六治"，盧校是。意，當通"慧"，朱右曾説是。

九醜：思勇醜忘，思意醜變①，思治醜亂，思固醜轉，思信醜奸②，思讓醜殘，思行醜頑，思仁醜亹③。

孔晁云："殘，謂殘禮義也。"

【疏證】

①九醜，即九耻，與上"九行"一一呼應，故"思意醜變"下或脱"思義醜□"，盧校是。是缺字陳逢衡據上篇《大匡》補作"貪"。可從。忘，通"妄"，《讀書雜志·荀子八》"韓子《解老》篇：無緣而忘意度也"，王念孫案引王引之曰："忘，與妄同。"妄，《廣雅·釋詁三》："亂也。"慧，智也。變，猶詭詐，朱右曾説是。

②治，謂整飭之義，《吕氏春秋·振亂》"欲民之治也"，高誘注："治，整也。"轉，《小雅·祈父》"胡轉予于恤"，鄭箋："轉，移也。"思固醜轉，言思安居而耻移轉。奸，當作"姦"，僞也，《常訓》言"遂僞曰奸"。

③殘，訓同上篇《大匡》"思正醜殘"，《大雅·民勞》"國無有殘"，毛傳："賊義曰殘。"頑，《左傳》僖二十四年言"心不則德義之經爲頑"，此正與"在心爲德，施之爲行"相承，故曰"思行醜頑"。亹，或通爲"釁"，《大雅·鳧鷖》"鳧鷖在亹"，馬瑞辰《毛詩傳箋通釋》："亹者，釁之變體。凡物之有閒可入，有隙可乘者皆得謂之亹。"

九德：一忠，二慈，三禄，四賞，五民之利①，六商工受資②，七祗民之死，八無奪農，九足民之則③。

孔晁云："敬死，勸葬也，是民之則也。"孔注"是民之則"盧校改作"足民之財"，或是。

【疏證】

①忠，敬也。慈，愛也。禄，《大雅·既醉》"天被爾禄"，毛傳："禄，福也。"賞，賜也，《墨子·經上》言："賞，上報下之功也。"朱右曾言："禄，常禄，賞，非常也。"亦通。"民之利"上或脱一字，如下"祗民之死""足民之則"，俞樾説是。脱字丁宗洛補"興"，或是，亦或可從《常訓》"古者，因民以順民"，補一"因"字。

②商，謂商旅。工，謂百工。資，孫詒讓以爲通"齎"，并引《周禮·天官·典婦功》"以授嬪婦及内人女功之事齎"，鄭玄注："古書齎爲資，杜子春讀爲資。"説雖通，然頗迂曲。《吕氏春秋·情欲》"又損其生以資天下之人"，高誘注："資，猶給。"

③祗，敬也，祗民之死，即《論語·學而》"慎終追遠"之義。"無奪農"下或脱一"時"字，孫詒讓説是。奪，《禮記·仲尼燕居》"給奪慈仁"，鄭玄注："奪，猶亂也。""則"當爲"財"字形訛，盧校是。足，猶成也。利，質部字，資、死，脂部字，時、財，皆之部字。脂、質二部陰入對轉，之、脂二部旁轉。

九過：一視民傲，二聽民暴①，三遠慎而近貇，四法令□亂，五仁善是誅②，六不察而好殺，七不念□害行，八不思前後③，九偷其身不路而助無漁④。

【疏證】

①視，通"示"。傲，倨也。視民傲，謂示民以輕慢倨傲。聽，猶治也，陳逢衡説是，用猶《論語·顔淵》"聽訟"之聽，《周禮·天官·大宰》言"則贊聽治"，即以聽治連用。

②貇，即"貌"字，古謂"誠"爲"慎"，貌，言無實也，正與"慎"對言，王念孫説是。《武儆》有"克中無苗"，可與此對讀。"法令□亂"，丁宗洛補缺字爲"舛"。《韓非子·八説》言"暴人在位，則法令妄而臣主

乖，民怨而亂心生”，或可與此相參。仁善是誅，謂誅滅仁善之人，猶《明堂》“夫維商紂暴虐，脯鬼侯以享諸侯，天下患之”。

③察，《左傳》莊十年“雖不能察”，杜注：“察，審也。”“不念”之下脱字或作“而”，如上句“不察而好殺”，陳逢衡説是。念，思也。害，傷也。行，承前二句所言之“行”。不思前後，猶《荀子·不苟》言“見其可欲也，則必前後慮其可惡也者；見其可利也，則必前後慮其可害也者”。

④偷其身，猶《常訓》所言“民乃苟”，《荀子·富國》言：“守時力民，進事長功，和齊百姓，使人不偷，是將率之事也。”不路，即不道也，朱右曾説是，不道，謂不合于道。漁，謂侵漁，陳逢衡以“無”字爲衍文，甚是，此句謂人偷不道而助侵漁。

九勝：一□□□□，二□□□□，三同惡潛謀，四同好和因，五師□征惡①，六迎旋便路②，七明賂施舍③，八幼子移成④，九迪名書新⑤。

孔晁云：“潛謀，潛密之謀也。移成，謂易子而教也。蹈名之子書而新用。”孔注“蹈”當作“導”，迪，導也。

【疏證】

①潛，《廣雅·釋詁四》：“隱也。”潛謀，猶密謀，孔注是。和因，當從慈利簡《大武》甲本作“和固”。固，安也。“師”下脱字丁宗洛疑爲“旅”，然旅與下句“迎旅”重複，恐未必是。脱字或作“興”，師興，言興師也。征惡，猶《左傳》宣十二年言：“夫武，禁暴、戢兵、保大、定功、安民、和衆、豐財者也。”

②迎，《荀子·儒效》“東面而迎太歲”，楊倞注：“迎，謂逆。”旋，當作“旅”，今案：迎旋，當作“逆旅”，《左傳》僖二年“今虢爲不道，保於逆旅，以侵敝邑之南鄙”，杜注：“逆旅，客舍也。”便，《廣雅·釋詁一》：“安也。”

③明，或訓爲“勉”，《周頌·訪落》“以保明其身”，馬瑞辰《毛詩

傳箋通釋》言“明，亦勉也”。賂，《魯頌·泮水》“大賂南金”，毛傳：“賂，遺也。”施、舍，皆予也。

④移，朱右曾言：“移如移郊、移遂，血氣未定，端其所晉則易成也。”説甚是，下文亦言“群醜以移之”，移，猶動也，用如《孟子·告子下》“動心忍性”之“動”，謂發其端緒。

⑤迪，《尚書·君奭》“兹迪彝教”，孔穎達正義言：“廸，道。”今多以“導”字爲之，孔晁注“蹈”非是。名，《國語·周語下》“言以信名”，韋注：“名，號令也。”書，或通爲“著”，楚簡“書”字多作“箸”，从竹者聲，是字清華簡一《保訓》《金縢》皆用“箸”爲“書”，包山楚簡113有“集箸”，整理者釋爲“著”。《管子·幼官》“教習不著”，尹知章注：“著，猶明著。”新，當作“親”，是句言導其號令明著其親。

九戒：一內有柔成，二示有危傾①，三旅有罷寘，四亂有立信②，五教用康經③，六合詳毀成④，七邑守維人，八飢有兆積⑤，九勞休無期⑥。

孔晁云：“柔，成善柔諂人也。罷寘，言□困倉暗也。康，逸也。合詳，無德而信也。守邑無備，恃其人衆，皆危道。”孔注脱字或當作“疲”。倉，《大雅·桑柔》“倉兄填兮”，毛傳：“倉，喪也。”

【疏證】

①內，謂心也。柔，當訓爲“擾”，《小雅·桑扈》“旨酒思柔”，馬瑞辰《毛詩傳箋通釋》言：“柔、擾同字。”擾，《左傳》襄四年“德用不擾”，陸德明釋文：“擾，如小反，亂也。”示，當從陳逢衡讀爲“宗”。宗，《左傳》昭二年“卑讓，禮之宗也”，杜注：“宗，猶主也。”傾，亦危也。示有危傾，猶《左傳》襄十四年“大懼社稷之傾覆”。

②旅，或爲“族”字形訛，是與上句言“宗”相承。罷，疲也，朱右曾説是。寘，猶廢置、棄置之義，如《左傳》成十四年“孫文子自是不敢舍其重器於衛，盡寘諸戚，而甚善晋大夫”，杜注：“寘，置也。”亂有立信，謂以亂立信。

③康，謂逸樂，《唐風·蟋蟀》“無已大康”，毛傳：“康，樂。”清華簡一《耆夜》簡12—13言“毋已大康，則終以祚。康樂而毋荒，是惟良士之懼”，即以“康樂”連用。經，于鬯言“經”當爲“淫”字形訛，甚是，淫，謂淫放。此句或踵《尚書·康誥》“無康好逸豫”爲説。

④合，《廣雅·釋詁四》：“同也。”詳，當通“佯”，《論語·公冶長》“其愚不可及也”，何晏集解引孔安國曰：“佯愚似實，故曰不可及也。”皇侃義疏：“詳，詐也。”

⑤邑守維人，言維人守邑，而不以器械謀策。飢，《淮南子·天文訓》“天下大飢”，高誘注：“穀不熟爲飢。”兆，《國語·周語中》“百姓兆民”，韋注：“十億曰兆。”引申爲衆多之義。積，《國語·楚語下》“無一日之積”，韋注：“積，儲也。”此句猶《孟子·梁惠王上》言“塗有餓莩而不知發”。

⑥勞，《國語·越語下》“勞而不矜其功”，韋注：“勞，動而不已也。”休，《左傳》襄二十八年“吾乃休吾民矣”，杜注：“休，息也。”無期，謂不以其期。

九守：一仁守以均，二智守以等，三固守以興，四信守維假，五城溝守立①，六簾守以名，七戒守以信，八競守以備，九國守以謀②。

孔晁云：“言假，言立信當至於義也。”孔注“言假”當作“維假”，盧校是。

【疏證】

①守，謂持守。均，平也。等，謂有差等，猶《度訓》所謂“分次”。“興”，諸本皆作“典”，甚是。典，則也。維，猶以也。假，《大雅·假樂》“假樂君子”，毛傳：“假，嘉也。”城，謂城郭。溝，謂溝渠。立，當讀“位”，言城之守在其所處之位。

②簾，各本作“廉”，潔也。名，謂令聞。戒，《儀禮·聘禮》“戒上介亦如之”，鄭玄注：“戒，猶命也。”信，《商君書·畫策》言“聖人有必信之性，又有使天下不得不信之法”。競，强也。備，《國語·吴語》

“審備則可以戰乎”，韋注：“備，守禦之備。”國守以謀，猶《孫子兵法·計》言“兵者，國之大事，死生之地，存亡之道，不可不察也”。

九典：一祗道以明之，二稱賢以賞之，三典師以教之，四四戚以勞之①，五位長以遵之，六群長以老之②，七群醜以移之，八什長以行之，九戒卒以將之③。

孔晁云：“典師，謀各隨所能而教之也。遵行之，以戒之事也。將之，軍旅行陣也。”孔注“謀”當作“謂”。

【疏證】

①祗，敬也。稱，舉也，稱賢，謂尚賢。典，主也，朱右曾説是。四戚，或即《大武》《大開武》所見“内姓、外婚、朋友、同里”也。勞，勞來也，言勸勉之義。

②位長，王念孫以爲當作“伍長”，與下文“什長”對言，恐非是。位長，即立長也，言立其正長而遵循之。老，當作“考”，《周禮·夏官·大司馬》“受其要，以待考而賞誅”，鄭玄注引鄭司農云：“考，謂考校其功。”陳逢衡以“三老”讀之，朱右曾以“率”訓之，或皆不確。

③醜，當作“耻”。移，猶動也，如上文“幼子移成”。行之，謂行號令。戒，猶告也。將之，謂率之。

嗚呼！充虚爲害，無由不通，無虚不敗。

孔晁云：“陰陽奸謂之充，國無人謂之虚也。”

【疏證】

諸家以“充”本字釋之，訓爲“實”，或有扞格。充，或當作“允”，允，信也。虚，空也，言不以上述諸項爲備。由，亦爲“允”字形訛，言無信則不通，無虚不敗，即以上述諸項爲戒則不敗。

大聚第三十九

【題解】

是篇取正文"命之曰大聚"爲題，所陳諸事，皆爲政之法，然多不用韵，應非箴戒一類文獻，應是戰國時人所撰政論，時代較之諸篇箴戒則或稍晚。

維武王勝殷，撫國綏民，乃觀於殷政，告周公旦曰①："嗚呼，殷政總總，若風草②，有所積，有所虚，和此如何③？"

孔晁云："總總，亂也，有積有虚，言不平也。"

【疏證】

①武王，後世追記之語。撫、綏，皆安也。觀，謂監觀，如上篇《文政》言"幼不觀國"之"觀"，即《論語·八佾》所言"周監於二代，郁郁乎文哉"。

②總總，《楚辭·離騷》"紛總總其離合兮"，王逸注："總總，猶僔僔，聚貌。"風，猶動也，引申爲"萌發"之義，《淮南子·氾論訓》謂"風先萌焉"，《白虎通義·八風》言"風之爲言萌也"。

③積，《周禮·地官·遺人》"掌邦之委積"，鄭玄注："少曰委，多曰積。"虚，空也。"和"或爲"如"字形訛。是句言殷政衆多，若草之萌生，有衆多者，有虚空者，如此爲之奈何。

周公曰："聞之文考，來遠賓，廉近者①。道別其陰陽之利，相土地之宜，水土之便②，孔晁云："禮遠賓，廣近者，道總土宜，以受民也。"

【疏證】

①文考，追稱文王。來，勞來之義，亦作"倈"，《大雅·旱麓》"神所勞矣"，鄭箋："勞，勞來。"陸德明釋文："勞，力報反，注同來。力代反，本亦作倈。"亦即《商君書》所見"徠民"之"徠"。來遠賓，即《左傳》襄十一年"而後可以殿邦國，同福禄，來遠人"。廉，當從諸本及孔注作"廣"，廣，《左傳》文十八年"齊聖廣淵"，孔穎達正義："廣者，寬也。器宇宏大，度量寬弘也。"

②道，通"導"。别，《周禮·秋官·士師》"正之以傅别約劑"，鄭玄注："故書别爲辨。"道别其陰陽之利，猶清華簡一《保訓》簡5—6言"厥有施于上下遠邇，乃易位設稽，測陰陽之物，咸順不逆"。相，《鄘風·相鼠》"相鼠有皮"，毛傳："相，視也。"便，《呂氏春秋·本經》"以便一生"，高誘注："便，利也。"

營邑制，命之曰大聚①。先誘之以四郊，王親在之②。

孔晁云："四郊，自近始也。在，存也□。"孔注"□"當刪去。

【疏證】

①營，《呂氏春秋·十月紀》言"營丘壟之小大高卑薄厚之度"，高誘注："營，度也。"邑，謂城邑。營邑，即度邑。制，法也。命，猶名也。聚，亦邑也，朱右曾説是。

②誘，《召南·野有死麕》"吉士誘之"，毛傳："誘，道也。"道，即通"導"。以，猶于也。郊，《左傳》昭九年"入我郊甸"，杜注："邑外爲郊，郊外爲甸。"在，《左傳》襄二十六年"吾子獨不在寡人"，杜注："在，存問之。"

賓、大夫免列以選①，赦刑以寬，復亡解辱②，

孔晁云："亡者復之，辱者解之。"

【疏證】

①賓，《儀禮·士喪禮》"有賓則拜之"，鄭玄注："賓，僚友群士

也。”免，《禮記·曲禮上》“冠毋免”，鄭玄注：“免，去也。”列，《國語·周語中》“夫翟無列於王室”，韋注：“列，位次也。”選，擇也，朱右曾説是。免列以選，謂去其位分高低而選擇簡拔之。

②赦，宥也。復，反也。亡，謂出亡。復亡，用如《左傳》宣二年“亡不越竟，反不討賊”之“亡、反”。解，猶釋也。辱，猶污也，引申爲罪人之義，猶故書所言在“縲紲之中”者。

削赦□重皆有數，此謂行風。

孔晁云：“行風化也。”

【疏證】

削，《荀子·臣道》“有補削”，楊倞注：“削，謂除去其惡。”削、赦對言，則脱字當與“重”字對言，或當作“輕”。輕重，是承前文“削赦”而言，謂法之輕重，猶《商君書·開塞》“夫過有厚薄，則刑有輕重；善有大小，則賞有多少”。風，《吕氏春秋·適音》“而移風平俗者也”，高誘注：“風，猶化。”

乃令縣鄙商旅曰：能來三室者，與之一室之禄。

孔晁云：“以一大夫之耕禄者。”孔注“大夫”盧校改作“丈夫”，“者”改作“之”，盧校是。

【疏證】

縣，言縣邑。縣鄙，合言都鄙之義，非金文“還”字所指“縣鄙”之“縣”。來，《吕氏春秋·不侵》“尊貴富大不足以來士矣”，高誘注：“來，猶致也。”室，《周禮·地官·大司徒》“以其室數制之”，鄭玄注：“城郭之宅曰室。”三室，即三户。禄，《鄭風·緇衣》“還予授子之粲兮”，毛傳：“受采禄。”孔穎達正義：“禄，謂賜之以穀。”

闢開修道①，五里有郊，十里有井，二十里有舍②，

孔晁云：“待行旅也。”

【疏證】

①闢開，王念孫言"開"當作"關"，并引下文"關人易資"及《玉海》卷六十引文爲證，説甚是。闢，開也。闢關，猶《淮南子·時則訓》言"休罰刑，開關梁"。修，謂修除，猶《墨子·非攻中》言"一心戮力辟門除道"，《墨子》此處"辟門"，或亦是"闢關"。

②郊，邑外爲郊。井，謂廬也，《左傳》襄三十年"廬井有伍"，即以廬、井連用，《周禮·地官·遺人》言"十里有廬"，是廬、井相通之例。舍，《左傳》莊三年言"凡師一宿爲舍"，以三十里爲舍。《周禮·遺人》又言"三十里有宿，宿有路室，路室有委；五十里有市，市有候館，候館有積"。下文言"舍有委"，知此"二十里"或當作"三十里"，盧校是。

遠旅來至，關人易資，舍有委。

孔晁云："貿易供其資也。"孔注"貿易"當爲"易資"之誤，"貿""資"形近易訛。

【疏證】

旅，《左傳》莊二十二年"羈旅之臣"，杜注："旅，客也。"關人，謂守關者，《儀禮·聘禮》言："乃謁關人。關人問從者幾人，以介對。"另《周禮·地官·序官》"司關"，鄭玄注："關，界上之門。"《管子·問》："關者，諸侯之陬隧也，而外財之門户也，萬人之道行也。"至關，猶言至其境之義，"關"字或不當屬下讀，而以"人易資""舍有委"爲對文，似亦可通。易資，亦見于《大匡第十一》"易資貴賤以均"，《左傳》僖二十七年"民易資者，不求豐焉"，言交易資財。舍，猶言逆旅。委，《管子·山至數》"則必積委幣"，尹知章注："委，蓄也。"

市有五均，早暮如一，送行逆來，振乏救窮。

孔晁云："均，平也，言早暮一價。"

【疏證】

逆，迎也。振，《左傳》昭十四年"分貧振窮"，杜注："振，救也。"乏，困也，如《糴匡》所言"以救窮乏"。

老弱疾病，孤子寡獨，惟政所老，

孔晁云："當先恤也。"

【疏證】

"所老"之"老"，本當作"考"，考，《左傳》昭十五年"言以考典"，杜注："考，成也。"惟政所老，即惟政所成，即《國語·周語下》所言"名以成政，動以殖生。政成生殖，樂之至也"之"成政"，不煩從他本改"老"作"先""克"等字。

民有欲畜。發令：

孔晁云："命之畜牧。"

【疏證】

若從孔注讀爲"命之畜牧"，則與上下文義扞格。欲，猶好也。王引之《經義述聞·左傳中》"欲於鞏伯"條，言"古者欲與好同義，凡經言耆欲，皆謂耆好也，言欲惡，皆謂好惡也"。畜，《小雅·我行其野》"爾不我畜"，毛傳："畜，養也。"民有欲畜，言民有所好、有所養。"發令"二字當屬下句讀，朱右曾説是。

以國爲邑，以邑爲鄉①，以鄉爲閭②，禍灾相恤，資喪比服③。

孔晁云："邑閭比相救恤。比服，袒喪服也。"

【疏證】

①爲，《吕氏春秋·執一》"以家爲國"，高誘注："爲，治。"《管子·牧民》有："以家爲鄉，鄉不可爲也。以鄉爲國，國不可爲也。以國爲天下，天下不可爲也。以家爲家，以鄉爲鄉，以國爲國，以天下爲天下。"以小治大，則大不可治，以大治小，則行有餘力。邑，謂都邑。國，謂國都。

②鄉，《周禮·地官·大司徒》"五州爲鄉"，鄭玄注："鄉，萬二千五百家。"此"鄉"亦泛言鄉里、鄉黨之義。《説文》"鄉"字段注："國與邑，名可互稱，析言之，則國大邑小。"閭，《周禮·地官·大司徒》"五比爲閭"，鄭玄注："閭，二十五家也。"此或泛言閭里，未必爲二十五家

之確數。另《管子·小匡》言“制五家爲軌，軌有長。六軌爲邑，邑有司。十邑爲率，率有長。十率爲鄉，鄉有良人。三鄉爲屬，屬有帥。五屬一大夫，武政聽屬，文政聽鄉，各保而聽，毋有淫佚者”，其隸屬嚴密整齊，與此或來源不同。

③恤，《周禮·地官·大司徒》“八曰以誓教恤”，鄭玄注：“恤，謂灾危相憂。”資，《戰國策·秦策四》“王資臣萬金而游”，高誘注：“資，給也。”資喪，猶助葬也。比，當從下文“合閭”“合閭”等訓爲“合”，服，事也，朱右曾説或是。比事，謂合于事也。此句可與《周禮·地官·族師》“五人爲伍，十人爲聯；四閭爲族，八閭爲聯：使之相保相受，刑罰慶賞，相及相共，以受邦職，以役國事，以相葬埋”相參。

五户爲伍，以首爲長，十夫爲什，以年爲長。

孔晁云：“首爲伍家冣服。”孔注“冣”即“最”字。

【疏證】

《管子·立政》言“十家爲什，五家爲伍，什伍皆有長焉”。服，事也，意以五家最用事者爲首。年，謂年齒。

合閭立教，以威爲長，合旅同親，以敬爲長。

孔晁云：“教由威行，旅會敬親。”

【疏證】

教，《荀子·大略》“以其教出畢行”，楊倞注：“教，謂戒令。”故言以威爲長。“旅”或當爲“族”字形訛，孔注同之，朱右曾説是。族，《國語·晉語八》“自卿以下不過其族”，韋注：“族，親族也。”《周禮·天官·小宰》“三曰聽閭里以版圖”，賈公彦疏：“四閭爲族。”用法令故以威，用禮義故以敬。

飲食相約，與彈相庸①，耦耕□耘，男女有婚，墳墓相連，民乃有親②。

孔晁云：“言相通也。”

【疏證】

①約，《莊子·秋水》“約分之至也”，成玄英疏：“約，依也。”與，盧校作“興”，校是。興，猶舉也，彈，爲“正”之義，《荀子·不苟》“故新浴者振其衣，新沐者彈其冠，人之情也”，以“彈、振”對文，振，整也。《韓非子·説林下》引諺曰“秦醫雖善除，不能自彈也”，即言不能自治其病。興彈，猶舉正。庸，用也。《管子·侈靡》言“爲其無位，不能相用”，可與此對讀。

②耦，《吕氏春秋·十二月紀》“計耦耕事”，高誘注：“耦，合也。”《論語·微子》“長沮桀溺耦而耕”，何晏集解引鄭玄云：“耜廣五寸，二耜爲耦。”缺字丁宗洛補“俱”，亦或從上文作“相”。相，猶互相。男女有婚，猶《大武》所言“男女比”。墳，《説文》“墓也”，段注言“析言之，則墓爲平處，墳爲高處”，故《禮記·檀弓上》言“古也墓而不墳”。

六畜有群，室屋既完，民乃歸之。

孔晁云：“畜牛、馬、豬、羊、犬、鷄。”

【疏證】

群，《國語·周語上》言“獸三爲群”，有群，言其多。完，《孟子·萬章上》“父母使舜完廩”，趙岐注：“完，治。”歸，謂歸附之，用如《左傳》昭三年“其愛之如父母，而歸之如流水”。

卿立巫醫①，具百藥以備疾災②，畜五味以備百草③。

孔晁云：“草味同，言五味非一也。”孔注“同”前或脱一“不”字。

【疏證】

①“卿”當作“鄉”，盧校是。王念孫以“畜五味以備百草”當作“畜百草以備五味”，説甚是。古者巫猶醫也，《儀禮·士喪禮》“巫止于廟門外”，鄭玄注：“巫，掌招弭以除疾病。”巫醫，亦見于《論語·子路》“人而無恒，不可以作巫醫”。

②具，《廣雅·釋詁二》：“備也。”百藥，亦見于《禮記·月令》

“是月也，聚畜百藥”。備，猶豫備之義。疾，通“急”，“疾灾”與“五味”對言，且《墨子·尚同中》言“疾菑戾疫”，故知“疾”“灾”二字爲修飾關係。

③畜，通“蓄”，積也。百草，陳逢衡以爲即“百藥”，恐非是，百草，泛言時蔬香草之屬，《莊子·庚桑楚》言“夫春氣發而百草生”，《管子·輕重己》言“宜芸而不芸，百草皆存”。五味，即《尚書·洪範》所見“潤下作鹹，炎上作苦，曲直作酸，从革作辛，稼穡作甘”。是句或當作“畜百草以備五味”，王念孫説是。

立勤人以職孤①，立正長以順幼②，立職喪以恤死③，立大弊以正同④。

孔晁云：“職立同。”

【疏證】

①立，猶置也。勤，《左傳》僖二十八年“令尹其不勤民”，杜注：“盡心盡力，無所愛惜爲勤。”字亦或通爲“謹”，猶慎也，《大雅·民勞》“以謹無良”，鄭箋“謹，猶慎也”，亦通。職，《左傳》僖二十六年“大師職之”，杜注：“職，主也。”

②正，《小雅·雨無正》“正大夫離居”，鄭箋：“正，長也。”順，猶訓也，孫詒讓説是。俞樾疑上二句當作“立正長以勤人，立職孤以順幼”，甚是。

③職喪，泛言執掌喪事者，亦見于《周禮·春官·職喪》“掌諸侯之喪及卿、大夫、士凡有爵者之喪，以國之喪禮蒞其禁令，序其事”。恤，憂也。

④弊，各本作“葬”。大葬，朱右曾言“族墳墓也”，蓋承前文“墳墓相連”而言，或是。今案：“弊”字本或作“放”，爲“牧”字形訛，牧，《周禮·夏官·大司馬》“建牧立監”，鄭玄注：“牧，州牧也。”《禮記·王制》“州有伯”，鄭玄注：“殷之州長曰伯，虞夏及周皆曰牧。”牧，《廣雅·釋詁一》：“臣也。”大牧，謂大臣，此正啓下文“正同”，

又與“正長”“君子”等對舉。正，《周禮·天官·宰夫》“歲終則令群吏正歲會”，鄭玄注：“正，猶定也。”同，謂和同之義。

君子以脩禮樂，立小人以教用兵。

孔晁云：“禮樂干戚兵之也。”孔注“兵之”或當倒作“之兵”，盧校疑注有訛脱，或是。

【疏證】

“君子”前或脱一“立”字。君子，《禮記·檀弓下》“君子不能爲謀也”，鄭玄注：“君子，謂卿大夫也。”《論語·先進》言：“先進於禮樂，野人也，後進於禮樂，君子也。如用之，則吾從先進。”脩，當作“修”，修，《國語·晋語五》“而不修天罰”，韋注：“修，行也。”小人，謂小民。教，《戰國策·秦策一》“兵法之教”，高誘注：“教，習也。”

立卿射以習客①，春和獵耕耘，以習遷行②。

孔晁云：“群行出入，坐起隨行。”

【疏證】

①卿，當作“鄉”，鄉射，《周禮·地官·鄉大夫》：“退而以鄉射之禮五物詢衆庶：一曰和，二曰容，三曰主皮，四曰和容，五曰興舞。”是知“客”當作“容”，盧校是。陳逢衡言“春”爲衍文，未必是，此句或當作“立鄉射以習和容，春獵耕耘”。習，《大戴禮記·子張問入官》“不習，則民不可使也”，王聘珍解詁：“習，謂教習。”容，謂容止，《國語·周語中》“棄毅行容”，韋注：“容，容儀也。”

②和，《左傳》文十八年“宣慈惠和”，孔穎達正義：“和者，體度寬簡，物無乖争也。”春獵，即《左傳》隱五年言“故春蒐，夏苗，秋獮，冬狩，皆於農隙以講事也”。習，猶常也，《墨子·貴義》言“言足以遷行者，常之；不足以遷行者，勿常”。遷，《左傳》昭五年“未改禮而又遷之”，杜注：“遷，易也。”以習遷行，言用常而變易其行。

教芧與樹藝[①]，比長立職，與田疇皆通[②]。

孔晁云："根衍田芧，比長之職。通，連比也。"

【疏證】

①"教芧"之上或脱一"立"字，當從上下文補之。芧，或當從《四部叢刊》本作"茅"，芧，爲栗之屬，《莊子·齊物論》言："狙公賦芧，曰：'朝三而莫四。'"《徐無鬼》又言"先生居山林，食芧栗，厭蔥韭，以賓寡人"，作"芧"則于上下文義扞格不通。茅，即《豳風·七月》所言"晝爾于茅，宵爾索綯。亟其乘屋，其始播百穀"，鄭箋："女當晝日往取茅歸，夜作絞索以待時用。"樹藝，《孟子·滕文公上》"樹藝五穀"，趙岐注："樹，種也。藝，殖也。"

②比長，《周禮·地官·比長》言"比長：各掌其比之治。五家相受，相和親；有罪奇邪，則相及"，故朱右曾注爲伍長，恐非是。案：此"比長"當與"立職"對言。比，猶"稱、立"之義，《尚書·牧誓》言"稱爾戈，比爾干，立爾矛，予其誓"，以"稱、比、立"對舉。長，謂正長。比長，即承上文"立正長"而言。職，《國語·楚語下》"非子職之"，韋注："職，主也。"疇，《國語·周語下》"田疇荒蕪"，韋注："麻地爲疇。"

立祭祀，與歲穀，登下厚薄，此謂德教。

孔晁云："登下，隨穀豐儉也。"

【疏證】

與，猶用也。歲穀，謂年穀。用歲穀，猶《嘗麥》所記"嘗麥"之禮。登，《禮記·曲禮下》"歲凶，年穀不登"，鄭玄注："登，成也。"登下，猶登降。《左傳》桓二年"夫德，儉而有度，登降有數"。厚薄，即孔注所言"豐儉"。

若其凶土陋民，賤食貴貨，是不知政。

孔晁云："不順政，故曰凶。"

【疏證】

凶，惡也。陋，《淮南子·修務訓》“今使人生於辟陋之國”，高誘注：“陋，鄙小也。”賤食貴貨，言以穀爲賤而以金玉財貨爲貴。貨，《周禮·天官·大宰》“阜通貨賄”，鄭玄注：“金玉曰貨，布帛曰賄。”賤食而貴貨，則民多事商賈而不務本事，如《商君書·農戰》言“故其境内之民，皆化而好辯樂學，事商賈，爲技藝，避農戰，如此則不遠矣”。不知政，猶爲政不以德，《大戴禮記·小辨》言“外内參意曰知德，德以柔政曰知政”。

山林藪澤，以因其□①，工匠役工，以攻其材；商賈趣市，以合其用②。

孔晁云：“言政行也。”

【疏證】

①脱字或當作“利”。藪，猶澤也，《職方》言“其澤藪曰其區”，即以“澤藪”連用，《周禮·夏官·職方》言“其澤藪曰具區”，鄭玄注：“大澤曰藪。”因，《國語·鄭語》“不可因也”，韋注：“因，就也。”“以因其”下脱字，當從丁宗洛作“利”，《墨子·尚賢中》言：“賢者之長官也，夜寢夙興，收斂關市、山林、澤梁之利，以實官府，是以官府實而財不散。”

②役，事也。攻，治也，各本作“政”非是。材，謂材用。趣，即趨，趨向之義，朱右曾説是。市，《史記·項羽本紀》“趙亦不殺田角、田閒以市於齊”，裴駰集解引張晏云：“市，貿易也。”合，猶聚也，朱右曾説是。

外商資貴而來，貴物益賤，資賤物，出貴物，以通其器。

孔晁云：“通其有無，使相□也。”脱字或當從陳逢衡補作“資”。

【疏證】

資，《禮記·喪服四制》“資於事父以事君”，鄭玄注：“資，猶操也。”貴，謂物不賤。“資賤物，出貴物”或“貴物益賤”之注文竄入，“資賤物”即“益賤”，“出貴物”即“貴物”，上下皆以四字爲句，此二句文體不屬，或本非正文。資，《國語・越語上》“夏則資皮”，韋注：“資，取也。”出，《荀子・富國》“皆使衣食百用出入相揜”，楊倞注：“出，出財也。”貴物益賤，即賤取而貴出。以通其器，言通器用之有無。

夫然，則闗夷市平，財無鬱廢，商不乏資，百工不失其時①，無愚不教，□無窮乏則，此謂和德②。

孔晁云：“言政治和之所致也。”

【疏證】

①夫然，猶如是之義。闗，亦市也。夷，亦均平之義。闗夷市平，言闗市均平。闗市，《禮記・月令》“闗市毋索”，孔穎達疏：“闗市，停物之所。”馬王堆帛書《君正》16下：“有得者，發禁弛闗市之征也。”鬱，《吕氏春秋・達鬱》“精氣鬱也”，高誘注：“鬱，滯不通也。”鬱廢，猶滞廢，《左傳》成十八年：“逮鰥寡，振廢滞，匡乏困，救灾患。”乏，少也。資，財也。

②百工，《國語・周語上》“百工諫”，韋注：“百工，執技以事上者。”愚，《論語・爲政》“不違如愚”，皇侃義疏：“愚者，不違之稱也。”無愚不教，言雖愚者亦受其教。□無窮乏則，盧校作“則無窮乏”，甚是。窮乏，言窮困。和德，亦見于《文傳》“山林以遂其材，工匠以爲其器，百物以平其利，商賈以通其貨，工不失其務，農不失其旹，是謂和德”。

若有不言，乃政其凶①。陂溝道路，藂苴丘坟②，不可樹穀者，樹以材木③。

孔晁云：“除藂種木。”

【疏證】

①不言，劉師培言當爲“不旹”之形訛，甚是。“不旹”即“不時”也，言舉措不合于時。“乃政其凶”，當從丁宗洛作“其政乃凶”。

②陂，《國語・周語下》“陂塘污庳”，韋注：“畜水曰陂。”溝，《周禮・秋官・雍氏》“掌溝瀆澮池之禁”，鄭玄注：“溝、瀆、澮，田間

通水者也。”藂，《尚書大傳》卷一“卿雲藂藂”，鄭玄注：“藂或爲蔟，言和氣應也。”“蔟”亦即“叢”，不煩從朱右曾改作“叢”。苴，《大雅·召旻》“如彼棲苴”，毛傳：“苴，水中浮草也。”墳、丘，皆謂土之高者。

③樹，種也。《淮南子·主術訓》“丘陵阪險，不生五穀者，以樹竹木”可與此相參。

春發枯槁①，夏發葉榮②，秋發實蔬③，冬發薪烝，以臣窮困④。

孔晁云：“以此匡之也。”

【疏證】

①發，當作“伐”，《周頌·噫嘻》“駿發爾私”，鄭箋：“發，伐也。”《官人》“發其所能”，《大戴禮記·文王官人》作“伐其所能”。是句《文子·上仁》言“春伐枯槁，夏收百果，秋蓄蔬食，冬取薪杪，以爲民資”，而《淮南子·主術訓》作“春伐枯槁，夏取果蓏，秋畜疏食，冬伐薪蒸，以爲民資。”枯槁，《漢書·禮樂志》“枯槁復産”，顔師古注：“枯槁，謂草木經冬零落者也。”

②葉榮，盧校疑作“華榮”，非是。參之《文子》《淮南子》，“葉”或當作“果”，果，《集韻》言字或作“菓”，蓋由此訛爲“葉”。榮，華也，朱右曾説是。

③實，《國語·晋語三》“而又愛其實”，韋注：“實，穀也。”《吕氏春秋·貴信》“則果實不生”，高誘注：“在木曰果，在地曰蓏。”此“實”蓋泛言食也。蔬，《國語·鄭語》“周棄能播殖百穀蔬”，韋注：“蔬，草菜之可食者。”

④薪烝，亦作“薪蒸”，《小雅·無羊》“以薪以蒸”，鄭箋：“麤曰薪，細曰蒸。”臣，當作“匡”，救也。

揖其民力，相更爲師。因其土宜，以爲民資，

孔晁云：“更相爲師，民資，次用也。”孔注“次”當爲“資”字之誤。

【疏證】

揖，當讀爲“輯”，朱右曾説是。《漢書·郊祀志上》“揖五瑞”，顔師古注：“揖與輯同，揖，合也。”更，《國語·晋語四》“姓利相更”，韋注：“更，續也。”相更爲師，言相繼爲師。因，就也。土宜，即地宜。資，財也。

則生無乏用，使無傳尸，此謂仁德。

孔晁云：“傳於溝壑。”

【疏證】

乏，匱也。使，盧校作“死”，校是，或可作“使死無轉尸”，亦通。傳尸，惠棟校作“轉尸”，《韓詩外傳》卷三“故生不乏用，死不轉尸，夫是之謂樂”，《淮南子·主術訓》“是故生無乏用，死無轉尸”。轉尸，猶《孟子·滕文公上》所見“轉乎溝壑”，《墨子·兼愛下》《非攻下》所見“轉死溝壑”，《國語·吴語》所見“轉于溝壑”。轉，《淮南子·主術訓》高誘注爲“棄”，“棄尸”“棄市”等語或皆從此來。

旦聞：禹之禁，春三月山林不登斧，以成草木之長①；夏三月川澤不入網罟，以成魚鱉之長。且以并農力執，成男女之功②。

孔晁云：“男耕女桑，成此功也。”

【疏證】

①《文傳》言：“山林非時不升斤斧，以成草木之長，川澤非時不入網罟，以成魚鱉之長。”登，升也。“斧”後或脱一“斤”字，當以“斧斤”與“網罟”對舉。

②罟，亦網也。長，謂滋長。并，謂相從。力，猶勤也。執，當爲“埶”之形訛，埶，種也，一作“藝”。并農力執，言相從而農，勤力而耕也。功，《豳風·七月》“載纘武功”，毛傳：“功，事也。”

夫然，則有生而不失其宜，萬物不失其性，人不失其事，天不失其時，以成萬財①。萬財既成，放此爲人，此謂正德②。

孔晁云："放，散，供人用也。"

【疏證】

①有生，盧校引《藝文類聚》卷十二言"有生"當作"有土"，脱"而"字，校是。萬財，或當從盧校作"萬材"。《管子・形勢》言"天生四時，地生萬財，以養萬物，而無取焉"，銀雀山漢簡《六韜》簡671—672言"夫天生四時，地□萬材，天下有民"，上博簡五《三德》簡1言"天共時，地共材，民共力，明王無思，是謂三德"。"萬財"亦當作"萬材"。《大戴禮記・五帝德》"養材以任地"，王聘珍解詁："材，謂百穀草木。"此"萬材"者，即承前文"草木""魚鱉""枯槁""薪烝"而言。

②放，《國語・楚語下》"民無所放"，韋注："放，依也。"此"放"用猶《論語・里仁》"放於利而行"。此，當作"以"。

泉深而魚鼈歸之，草木茂而鳥獸歸之①；稱賢使能官有材而歸之②；關市平，商賈歸之；分地薄斂，農民歸之③。水性歸下，農民歸利④。

孔晁云："歷言自然之至。"

【疏證】

①泉，朱右曾校爲"淵"，甚是。"淵"承上文"川澤"而言。茂，盛也。稱，舉也。使，《大戴禮記・曾子制言下》"慎者不見使"，孔廣森補注："使，用也。"

②"稱賢使能官有材而歸之"或當作"稱賢使能官有材而士歸之"。材，《左傳》僖二十八年"公欲殺之而愛其材"，杜注："才力。"官，《禮記・雜記下》"官於大夫者之爲之服也"，鄭玄注："官，猶仕也。"

③"關市平"或當從前文作"關夷市平"。"分"讀去聲，猶等次之義。薄，《周禮・地官・大司徒》"二曰薄征"，賈公彦疏："薄，輕也。"斂，《大戴禮記・主言》"徵斂於百姓"，王聘珍解詁："斂，賦斂也。"分地薄斂，銀雀山漢簡《尉繚子》簡523有"均地分，節賦斂"。此猶《管子・小匡》言"相地而衰其政，則民不移"，《國語・齊語》作"相地

而衰征，則民不移”。

④水性歸下，猶《尚書·洪範》言“水曰潤下”。農民歸利，“農民”或涉上文而誤，當從王念孫改作“民性”，《荀子·榮辱》言：“好榮惡辱，好利惡害，是君子小人之所同也。”故書多以水性喻民性，如《孟子·告子上》言“人性之善也，猶水之就下也。人無有不善，水無有不下”。

王若欲求天下民，先設其利，而民自至①，譬之若冬日之陽，夏日之陰，不召而民自來，此謂歸德②。

孔晁云：“政善，德之至也。”

【疏證】

①求，《經義述聞·詩經》“萬福來求”條言：“《管子·七法》篇‘聚天下之精材’，《幼官》篇作‘求天下之精材’，是求與聚亦同義。”設，《戰國策·秦策一》“張樂設飲”，高誘注：“設，置也。”

②冬日之陽，猶《左傳》文七年：“趙衰，冬日之日也，趙盾，夏日之日也。”此句亦見于《淮南子·主術訓》“冬日之陽，夏日之陰，萬物歸之，而莫使之然”。陰，或通爲“蔭”。召，謂招致。

五德既明，民乃知常。”武王再拜曰：“嗚呼，允哉！天民側側，余知其極有宜。”

孔晁云：“側側，踰多長有國也。”孔注“踰”當作“喻”。

【疏證】

允，信也。“天”爲“夫”字形訛。側，或當從陳逢衡讀爲“惻”。惻，《廣雅·釋詁三》：“悲也。”極，當讀爲“常”，故上曰“民乃知常”。“有宜”之下或如朱駿聲所言有闕文。

乃召昆吾冶而銘之金版①，藏府而朔之②。

孔晁云：“昆吾，古之利冶。朔，月旦朔省之也。”

【疏證】

①昆吾，朱右曾言爲掌冶者。昆吾，古國名，《商頌·長發》言“韋顧

既伐，昆吾夏桀”。昆吾，傳爲掌陶冶之官，《墨子·耕柱》“昔者夏后開使蜚廉折金於山川，而陶鑄之於昆吾”，《吕氏春秋·君守》亦言“奚仲作車，蒼頡作書，后稷作稼，皋陶作刑，昆吾作陶，夏鯀作城，此六人者所作當矣”。北大漢簡《周馴》簡46有“昆吾之九鼎”。銘，《荀子·禮論》“其銘誄繫世，敬傳其名也”，楊倞注：“銘，謂書其功於器物。”版，《管子·宙合》“修業不息版”，尹知章注：“版，牘也。”《説文》“牘，書版也”條段注：“《周禮》之‘版’，《禮經》之‘方’，皆牘也。”

②府，謂盟府，《左傳》襄十一年言“夫賞，國之典也，藏在盟府，不可廢也”，《嘗麥》亦言：“太史乃藏之于盟府，以爲歲典。”朔，猶《史記解》言“朔望以聞”，又或通爲“遡”，《廣雅·釋詁一》：“行也。”

世俘第四十

【題解】

此篇《漢書·律曆志》所見劉歆《世經》之説，引此篇而稱之《武成》。武成，即取首句"武王成辟四方"二字爲題。《世俘》，顧頡剛言爲"大取"之義，意雖可通，然"世"之言"大"，多取地位之尊，如"世子"之言"大子"，而不謂"且所俘均有巨大數量"。世俘之"世"，或當訓爲"嗣"，世俘，即謂所俘之殷之亞、臣，是概括篇章主要事項題篇。《世俘》與《武成》當是同篇二名之關係。

維四月乙未日，武王成辟四方①，通殷命有國②。

孔晁云："言成者，執殷俘通之以爲國也。此克紂還歸而作也。"

【疏證】

①乙未，或當作"己未"。辟，君也。四方，猶金文習見之"敷有四方"。成辟四方，謂爲四方之君。

②通，本或作"達"，《尚書·召誥》"則達觀于新邑營"，即當作"通觀"。史牆盤銘文（《集成》10175）言"達殷畯民"，達殷命，即如《尚書·顧命》言"用克達殷集大命"。達，即讀爲"撻"，《商頌·殷武》言"撻彼殷武"。撻，《廣雅·釋詁三》："擊也。"殷命，謂殷之大命。有，讀爲"友"，國，漢諱，本或作"邦"，友邦，亦見《尚書·大誥》"肆予大化誘我友邦君"。此有國，謂殷之友邦。

惟一月丙辰旁生魄①，若翼日丁巳②，王乃步自于周，征伐商王紂③。

孔晁云：“旁，廣大。月大時也。此本紀始伐紂師度孟津也。”

【疏證】

①丙辰，盧校改作“丙午”，皆非是，當從劉歆《世經》所引《武成》作“壬辰旁死魄”，後之“丁巳”亦當作“癸巳”，顧頡剛亦從之。旁，《儀禮·士喪禮》“牢中旁寸”，鄭玄注：“今文……旁爲方。”生魄，西周金文多作“生霸”。方，《廣雅·釋詁一》：“始也。”“旁生魄”猶“既生魄”，下文“既旁生魄”即爲此證。

②若翼日，亦見于《尚書·召誥》“若翼日乙卯，周公朝至于洛，則達觀于新邑營”。若，猶及也。翼日，謂明日，今多以“翌日”爲之。

③步，《大雅·桑柔》“國步斯頻”，毛傳：“步，行。”此用法見于甲骨卜辭，如《合集》14732言：“丙子卜，内貞，翌丁丑，王步于壴。”

越若來二月既死魄①，越五日甲子朝②，至，接于商③。

孔晁云：“越，於也。朔後爲死魄。”孔注“朔”或當作“望”，“死魄”“死霸”當在望日之後。

【疏證】

①越若，即“曰若”“雩若”，發語詞也。來，至也。

②甲子朝，謂甲子日之旦。亦見于利簋銘文（《集成》04131）：“珷征商，惟甲子朝歲鼎，克昏夙有商。”

③接，當從惠棟讀爲“捷”，《禮記·内則》“接以大牢”，鄭玄注：“接，讀爲捷。捷，勝也。”

則咸劉商王紂①，執天惡臣百人②。

孔晁云：“劉，剋也。天惡臣，崇侯之黨。”崇侯之黨，説或本《墨子·所染》“殷紂染於崇侯、惡來”。

【疏證】

①咸，讀如《武穆》“總之以咸殷”，朱右曾讀“咸”爲“戕”，絶也，甚是。劉，《周頌·武》“勝殷遏劉”，毛傳：“劉，殺也。”

②執，謂囚縶，《禮記·檀弓下》“而妻妾執”，鄭玄注：“執，拘

也。”天，各本作“夫”，盧校據後文改爲“矢”，劉師培以爲是“共”字形訛，盧校是。矢，陳也，執矢，言執而陳之。惡，當通爲卜辭習見之“亞”，泛言官長之義，如《合集》5710言“貞多馬亞其有咎”，《尚書·牧誓》亦有“亞旅、師氏”，“惡來”之“惡”，亦取此義。

太公望命禦方來①。丁卯，望至，告以馘俘②。

孔晁云：“太公受命，追禦紂黨方來。”

【疏證】

①太公望，即師尚父。命，謂受命。禦，讀當同下文“命伐”之“伐”，不當與“方”字連讀。《秦風·黄鳥》“百夫之禦”，毛傳：“禦，當也。”方來，或即來方，猶傳世文獻所見“惡來”。

②告，猶告謁。馘，亦俘也，《魯頌·泮水》“在泮獻馘”，鄭箋：“馘，所格者之左耳。”

戊辰，王遂禦，循自祀文王①。時日，王立政②。

孔晁云：“禦，追。循，亦祀。以尅紂告祖考壇惟而祭，時日立王政，布天下。”惟，疑當作“墠”，如《尚書·金縢》“爲三壇同墠”，僞孔傳：“墠，除地也。”

【疏證】

①禦，或涉上文“禦方”而訛，顧頡剛從于鬯改作“柴”，甚是。柴，言燒柴焚燎以祭天神。循，猶順也。自，盧校從孔注改作“追”，未必是。“自祀”，或當倒作“祀自”，循祀，謂依次祭祀，猶下文所言“王烈祖自太王、太伯、王季、虞公、文王、邑考以列升”。先言“柴”而後言“循祀”，可與後文“告于天于稷”對讀。

②時日，即是日。立政，猶莅政、主政之義，《左傳》定元年言“魏子莅政”。立政，即下文所言“正國伯”“正邦君”。

吕他命伐越戲方①。壬申，荒新至，告以馘俘②。

孔晁云：“吕他，將也，戲、方，紂三邑也。”孔注“戲方”上或脱一“越”字。

【疏證】

①後言“侯來”“百弇”，皆是以官稱加私名之上，則此“吕”亦當爲官名。吕，或爲“**𠂤**”字形訛，**𠂤**，即或“師”字之省。孔晁以越、戲、方爲三地，非是。

②“荒新”或涉下文“新荒”而衍。至，謂吕他至。

侯來命伐靡集于陳。辛巳，至，告以馘俘①。

孔晁云：“侯來，亦將也。靡、陳，紂二邑也。”

【疏證】

①侯，《史記·夏本紀》“甸外五百里侯服”，裴駰集解引孔安國曰：“侯，候也，斥候而服事也。”靡集，朱右曾以爲紂黨。此“靡”與下文所見“陳本命伐磨”之“磨”，皆爲“歷”字之訛，歷，猶《尚書·梓材》所見“殺人歷人宥”之“人歷”，大盂鼎銘文（《集成》02837）作“人鬲”。集，猶聚也。陳，地名，後封虞舜之後于此，嬀姓，都宛丘，地在今河南省淮陽縣。

甲申，百弇以虎賁誓①，命伐衛，告以馘俘②。

孔晁云：“百弇，亦將。”

【疏證】

①百，通“伯”。能率虎賁者，當是武王近臣，伯弇，不見于傳世文獻。“弇”或爲“适”字形訛，“弇”从“合”，而隨州棗樹林墓地M190所出曾公求編鐘“伯适”作“[illegible]”“[illegible]”等形，舌、合二字形近易訛，則此“百弇”或即清華簡三《良臣》簡3所言“伯適”，亦即曾侯器所見之“伯適”，傳世文獻所見“南宫括”“南宫適”。虎賁，猶金文習見之“虎臣”。

②衛，地名，在朝歌附近，恐非後世所謂“淇衛”。

辛亥，薦俘殷王鼎。

孔晁云：“殷國之鼎。”

【疏證】

薦，《左傳》宣十四年"誅而薦賄"，杜注："薦，進也。"薦俘，猶獻俘。鼎，通"正"，正，謂正長。下文"鼎大師""鼎帥"之"鼎"，亦讀爲正長之"正"，考證詳後文"鼎大師"處。薦俘殷王鼎，謂進所俘殷王之正長也，即下文所言"薦俘殷王士百人"，孔晁注言"殷國之鼎"，蓋望文生義，其說非是。

武王乃翼矢珪矢憲①，告天宗上帝②。

孔晁云："矢，陳也。稷，太牢，别於天也。"

【疏證】

①翼，敬也。矢，陳也。珪，謂瑞玉，即清華簡一《金縢》簡2所言"秉璧植珪"之"珪"，《尚書·金縢》則作"植璧屏圭"。憲，本或作"縣"，《周禮·秋官·布憲》"布憲"，鄭玄注："憲，謂懸之也。"《周禮·地官·小司徒》"令群吏憲禁令"，鄭玄注："憲，表縣之。"縣，即讀爲"環"，猶下文所言"矢琰"之"琰"，《金縢》所言之"璧"。故書多以"圭璧"連用，如《大雅·雲漢》言"圭璧既卒，寧莫我聽"。

②"天宗"見于《禮記·月令》"是月也，大飲烝。天子乃祈來年於天宗"，《吕氏春秋》《淮南子》亦然。"天宗上帝"或即《尚書·召誥》所言"皇天上帝"，《大雅·雲漢》《左傳》成十三年所見"昊天上帝"。

王不革服，格于廟①，秉語治庶國②，籥人九終③。

孔晁云："不改祭天之服以告祖考，急於語治也。廟無别人也。"孔注"廟無别人也"，當從孫詒讓作"稷不告别於天也"。

【疏證】

①革，《尚書·堯典》"鳥獸希革"，僞孔傳："革，改也。"

②格，至也。秉，《大雅·烝民》"民之秉彝"，鄭箋："秉，執也。"下所言"秉"者爲"黄鉞"，《尚書·牧誓》言"右秉白旄"，則此作"語"或與上下文義扞格。此"語"或通爲"禦"，《左傳》桓十四年"鄭伯使其弟語來盟"，《穀梁傳》桓十四年作"弟禦"。禦，爲當、善之

義，《大雅·蕩》“曾是强禦”，毛傳：“禦，善也。”陳奂《詩毛氏傳疏》：“禦，當也。”庶，衆也。

③籥，朱右曾言：“籥，如笛，長三尺，三孔，或曰六孔。吹之以節舞。”説甚是。終，成也，王引之《經義述聞·國語上》“明令德矣”條言：“古謂樂一終爲一成。”清華簡一《耆夜》多見“作歌一終”，清華簡三《芮良夫毖》簡2言“作毖再終”，清華簡三《周公之琴舞》簡1言“琴舞九絉”，整理者讀爲“九卒”，卒，亦終也。

王烈祖自太王、太伯、王季、虞公、文王、邑考以列升①，維告殷罪②。

孔晁云：“虞公，虞仲。邑考，文王子也，皆升王於帝。”

【疏證】

①烈祖，猶金文所見“丕顯考”，或讀如《周頌·烈文》“烈文辟公”，毛傳：“烈，光也。”《左傳》哀二年“烈祖康叔”，杜注：“烈，顯也。”太王，《吕氏春秋·審爲》言“太王亶父居邠”，即《大雅·緜》所見“古公亶父”。亶父，或爲其字，非其私名。太伯，《論語》作“泰伯”，即《國語·晋語一》所見“吴太伯”，王季之兄，《韓詩外傳》卷十言“大王亶甫有子曰太伯、仲雍、季歷，歷有子曰昌，太伯知大王賢昌，而欲季爲後也，太伯去，之吴。”王季，即文王之父季歷，《尚書·金縢》言“乃告太王、王季、文王”，《尚書·無逸》言“厥亦惟我周太王、王季，克自抑畏。”虞公，即虞仲，亦稱仲雍，太王之子，亦王季之兄，《左傳》僖五年言“大伯、虞仲，大王之昭也，大伯不從，是以不嗣”，以其爲王季之兄，故亦當居“王季”之上。太伯、虞公爲太王之昭，王季之子則爲穆，故《尚書·酒誥》言“乃穆考文王”。由此而下，則文王之子爲昭，武王之子爲穆，此正與《左傳》僖二十四年所言“文之昭”“武之穆”相合。邑考，文王之子，武王之兄，《禮記·檀弓上》言“昔者文王舍伯邑考而立武王”，稱“伯”，言其爲嫡長子。列，《左傳》僖十五年“入而未定列”，杜注：“列，位也。”升，登也。以列升，謂各以其昭穆位次而登。

②告，《吕氏春秋·贊能》“敢以告于先君”，高誘注：“告，白也。”

籥人造[①]，王秉黄鉞正國伯[②]。

孔晁云：“於蕭人進，則王進王伯之仕也。”孔注“王伯”當從盧校作“正伯”。

【疏證】

①造，《儀禮·士喪禮》“造于西階下”，鄭玄注：“造，至也。”

②國伯，避漢諱，本當作“邦伯”，泛言外服諸侯，如《尚書·酒誥》所見“越在外服，侯甸男衛邦伯”。隨州葉家山西周墓地M2：2所出荆子鼎言“王賞多邦伯，荆子麗，賞秬鬯卣”，“荆子”即傳世文獻所見“楚子”，以楚子與多邦伯并稱，則“邦伯”當屬外服。

壬子，王服袞衣[①]，矢琰，格廟，籥人造[②]，王秉黄鉞正邦君[③]。

孔晁云：“正諸侯之位也。”

【疏證】

①服，用也，引申爲穿著之義。袞，《左傳》宣二年“袞職有闕”，杜注：“袞，君之上服。”《周禮·春官·司服》“享先王則袞冕”，鄭玄注引鄭司農云：“袞，卷龍衣也。”

②琰，《説文》言“璧上起美色也”，此泛言璧，“矢琰”亦即上文所言“矢憲”。

③邦君，猶上句“邦伯”，泛言外服諸侯，《尚書》八誥多以“邦君”與“御事”連用，如《大誥》“肆哉爾庶邦君越爾御事”，《酒誥》“邦君御事小子尚克用文王教”等。

癸酉，薦殷俘王士百人。

孔晁云：“王士，紂之士所囚俘者。”

【疏證】

薦，進也。王士，即上文所言“殷王鼎”，亦即《尚書·多士》所言“爾殷遺多士”。

籥人造，王矢琰，秉黄鉞、執戈。王奏庸[①]，大享一終，王拜手稽首[②]。王定，奏其[③]，大享三終[④]。

孔晁云：“大享，獻爵。奏庸，擊鍾。”孔注“鍾”當作“鐘”。

【疏證】

①庸，《商頌·那》“庸鼓有斁”，毛傳：“大鐘曰庸。”後多以“鏞”字爲之。奏庸，亦見于新出大万尊銘文：“王嚮酒，奏庸畋，新宜，在六月，魯十終。”

②享，《周頌·我將》“我將我享”，毛傳：“享，獻也。”即禮書所見之“獻”。

③定，或當讀爲“奠”，顧頡剛訓“安”非是。《國語·齊語》“定三革”，韋注：“定，奠也。”《説文》段注亦言：“定，古亦假奠字爲之。”奠，猶進獻之義，《禮記·玉藻》“唯世婦命於奠繭”，鄭玄注：“奠，猶獻也。”《廣雅·釋言》：“奠，薦也。”“奏其”或當從前改作“奏庸”。

④《國語·魯語下》：“夫先樂金奏《肆夏》：《樊》《遏》《渠》，天子所以饗元侯也；夫歌《文王》《大明》《緜》，則兩君相見之樂也。”後又言“今伶簫詠歌及《鹿鳴》之三”，即歌《鹿鳴》《四牡》《皇皇者華》，凡所歌，皆三也，是知一終即《詩》之一篇，非謂一節。清華簡一《耆夜》簡10言“周公作歌一終曰《蟋蟀》”，其所賦者即與《唐風·蟋蟀》一篇略同。清華簡三《芮良夫毖》簡2言“作毖再終”，即與下文“二啓”呼應。清華簡三簡1《周公之琴舞》言“琴舞九卒”，呼應下文“九啓”。

甲寅，謁我殷于牧野[①]。王佩赤，白旂[②]，籥人奏《武》[③]，王入，進萬[④]，獻《明明》三終[⑤]。

孔晁云：“謁，告也。明明，詩篇名。武以干羽爲萬舞也。”

【疏證】

①謁，本或作“遏”，《左傳》襄二十五年“吴子遏”，《公羊》《穀梁》皆作“吴子謁”。《周頌·武》“勝殷遏劉”，鄭箋：“遏，止。”此

處“遏”即與“劉”同義連用，謂殺、滅之義。“我殷”，當從盧校改“戎殷”，即《尚書·康誥》所見“殪戎殷”，《禮記·中庸》所見“壹戎衣”。牧野，在殷郊。

②佩，大帶也，言王大帶用赤。旂，旗名，《魯頌·閟宫》“龍旂承祀”，鄭箋：“交龍爲旂。”白旂，猶《克殷》所言“大白”“小白”，以懸紂首。

③《武》恐非《周頌·武》，其中稱“武王”，或當是後人追述，恐非生稱。此所言《武》當是《左傳》襄二十九年所見“見舞大武者”，或即是篇。

④萬，謂萬舞，《魯頌·閟宫》“萬舞洋洋”，鄭箋：“萬舞，干舞也。”《小雅·鐘鼓》“以雅以南”，鄭箋：“雅，萬舞也。”孔穎達正義：“萬即武舞。”

⑤《明明》或即《大雅·大明》，取篇首“明明在上”爲題，則《明明》三終，或即指《國語·魯語下》所謂《文王》《大明》《緜》三終也，考其次序，或當先賦《緜》，溯周之先，其後《文王》，稱文王之德，更後《大明》，言克商之成。

乙卯，籥人奏《崇禹生開》[1]三鍾終[2]，王定。

孔晁云：“崇禹、生開，皆篇名，告非一，故連曰有事也。”

【疏證】

①崇，謂崇伯。《國語·周語下》言“其在有虞，有崇伯鯀，播其淫心，稱遂共工之過，堯用殛之于羽山。其後伯禹念前之非度，釐改制量，象物天地，比類百則，儀之于民，而度之于群生”，鯀爲崇伯，則禹當襲此稱。故書亦稱禹爲“伯禹”，或即“崇伯禹”之省。開，避漢諱，即啓字。“崇禹生開”，言崇伯禹之生啓，當是一篇之名。

②“鍾”字或爲衍文。三終，猶言三篇，蓋以《崇禹生開》爲其總題稱三篇，猶上文“明明”三篇，及《國語》以《鹿鳴》之三統稱“《鹿鳴》《四牡》《皇皇者華》”三篇。《崇禹生開》等篇不見于今本《詩經》，亦

無疑似者，當是逸《詩》。

庚子，陳本命伐磿[①]，百韋命伐宣方[②]，新荒命伐蜀[③]。乙巳，陳本命新荒、蜀、磿至，告禽霍侯，俘艾佚侯、小臣四十有六[④]，禽禦八百有三百兩，告以馘俘[⑤]。

孔晁云："此復説克紂所命伐也，庚子，三十六月。禦，大臣也。"孔注"月"當作"日"。

【疏證】

①陳本，或即清華簡三《良臣》所言"武王有君奭，有君陳"之"君陳"。磿，或當作"曆"，亦作"歷"，王念孫《讀書雜志·墨子第二》"磿"字條説是。《戰國策·秦策四》《史記·春申君列傳》作"割濮、磿之北"，司馬貞索隱"磿，地名，蓋地近濮也"。《新序·善謀》作"濮歷之北"，案：此"磿"或即《墨子·尚賢中》《管子·版法解》《吕氏春秋·慎人》言舜所耕之"歷山"，此"歷山"上博簡二《容成氏》作"鬲丘"。僞古文《大禹謨》"帝初于歷山"，孔穎達正義引鄭玄云："歷山在河東。"《毛詩·魏譜》正義亦引是説言："歷山在河東，是舜耕之處，在魏境也。"《清經解》卷二十一閻若璩《四書釋地續》："舜耕于歷山，歷山所在多有，吾終以宋河東縣，今蒲州者爲是。陶于河濱，陶之所在何必定陶？且定陶以邱名，吾故以《括地志》'陶城在河東縣北三十里'爲是。漁于雷澤，雷澤與《禹貢》合，自宋雷澤縣，在今濮州之東南。"

②百韋，即伯韋，韋、圍或爲一字，《集成》3127有"圍侯"，商代銅器族徽銘文亦常見"圍"字，出土地多在安陽殷墟，本或爲殷人從屬，則伯韋或即武王克殷時所歸附。

③新荒，人名，不詳。蜀，周原甲骨有"克蜀"（H11:68）、"伐蜀"（H11:97），此"蜀"是否爲《尚書·牧誓》所言之"蜀"待考。陳本當以"磿"至，新荒當以"蜀"至。

④禽，《左傳》襄二十四年"收禽挾囚"，杜注："禽，獲也。"朱右曾言"霍侯都磿，艾侯都蜀"，恐未必是。霍，即太岳之霍太山，地亦在河

東，與“曆”相近。艾，潘振以爲即《左傳》隱五年“公會齊侯，盟于艾”之“艾”，杜注：“泰山牟縣東南有艾山。”恐非是。艾，或通“刈”，《周南·葛覃》“是刈是濩”，《葛覃》陸德明釋文引《韓詩》：“刈，取也。”以“刈、濩”連用，濩，猶獲也，王念孫《廣雅疏證》言“濩與獲古亦同聲”，獲，亦取也，則“俘艾”猶“俘獲”。佚，章炳麟以爲是“侯”字形近誤謄，或是。“侯小臣”或當分讀，言俘獲其侯、小臣計四十有六。後文言“禽禦”，則侯、小臣、禦皆爲職事，當可并舉。

⑤禦，即“御”，《左傳》桓三年“韓萬御戎”，杜注：“御，戎僕也。”一作“馭”，引申爲車乘之義，《召南·鵲巢》言“百兩御之”，或可與此相參。“八百有三百”當作“八百有三十”，于鬯説是，章炳麟校爲“八千有三百”非是。兩，《尚書·牧誓序》“武王戎車三百兩”，僞孔傳“車稱兩”，今多以“輛”字爲之。御八百有三十兩，猶言車八百三十乘。

百韋至，告以禽宣方，禽禦三十兩，告以馘俘①。百韋命伐厲，告以馘俘②。

孔晁云：“言兩隅之言也。”

【疏證】

①禽宣方，言禽宣方之主，猶前文所言“霍侯”。禽禦三十兩，言俘獲車三十乘。孔注“兩隅”非是，孫詒讓言當爲“偶”，亦得轉爲“耦”。此注“兩”字，言車兩而耦，故稱兩，甚是。《召南·鵲巢》“百兩御之”，王先謙《詩三家義集疏》引魯説言：“車一兩爲兩，兩相爲體乜。”

②此句或蒙上文“陳本命伐磨，百韋命伐宣方”言之，厲，即爲“磨”之訛誤。

武王狩①，禽虎二十有二，猫二，麋五千二百三十五②，犀十有二③，氂七百二十有一④，熊百五十有一，羆百一十有八⑤，豕三百五十有二，貉十有八⑥，麈十有六⑦，麝五十⑧，麇三十，鹿三千五百有八。

孔晁云："武王克紂，遂擒其圍所獲禽獸。"

【疏證】

①狩，泛言獵，非特謂冬獵。

②禽，當讀爲"擒"，獲也。糜，朱右曾、顧頡剛皆校作"麋"，然後文亦有"麋三十"，二處或有重複。此二處之"麋"，前"麋"當作"麀"，猶《大雅·靈臺》言"麀鹿攸伏"，《小雅·吉日》言"麀鹿麌麌"，毛傳："麌麌，衆多也。"則或當以多者爲麀，少者爲麋。

③犀，《左傳》宣二年"犀兕尚多"，孔穎達正義引《爾雅·釋獸》郭璞注："犀，形似水牛，豬頭，大腹，庳脚，脚有三蹄，黑色。三角：一在頂上，一在額下，一在鼻上，鼻上者，即食角也，小而不橢，好食棘，亦有一角者。"

④氂，《漢書·郊祀志上》"殺一氂牛"，顔師古注："西南夷長尾氂之牛也。"章炳麟以爲作"犛"，義同。

⑤羆，《尚書·禹貢》"熊羆狐貍"，陸德明釋文："羆，如熊而黄。"

⑥貉，《漢書·楊惲傳》"如一丘之貉"，顔師古注："貉，獸名，似狐而善睡。"

⑦麈，當作"麈"。麈，《史記·司馬相如列傳》"沈牛麈麋"，張守節正義："麈，似鹿而大。"

⑧麝，《説文》："如小麋，臍有香。"

武王遂征四方，凡憝國九十有九國，

孔晁云："憝，惡也。"

【疏證】

憝，用如《大雅·常武》"鋪敦淮濆"之"敦"，顧頡剛以《魯頌·閟宫》"敦商之旅"讀之，解爲攻擊之義，即是。

馘魔億有十萬七千七百七十有九，俘人三億萬有二百三十。

孔晁云："武王以不殺爲仁，無緣馘億也。俘馘之多，此大言之也。"

【疏證】

魔，或爲“歷”之形訛，即人鬲之“鬲”。億，十萬曰億，則億下不當有“十萬”，盧校是，“十”或爲“七”字形訛。

凡服國六百五十有二。

孔晁云：“此屬紂也□□。”孔注“也□□”或當作“之邦國”。

【疏證】

服，《大雅·常武》“仍執醜虜”，毛傳：“虜，服也。”陳奂《詩毛氏傳疏》言：“服，威服也。”《吕氏春秋·論威》“敵已服矣”，高誘注：“服，降。”

時四月既旁生魄，越六日庚戌①，武王朝至，燎于周②，維予冲子綏文③。

孔晁云：“此於甲乙十六日也。先廟後天者，言功業已成故也。”“甲乙”，或當作“甲子”。

【疏證】

①時，猶是也，《漢書》作“惟”。既旁生魄，旁生霸之次日。越，王引之《經傳釋詞》卷二：“越，猶及也，《書·召誥》‘惟二月既往，越六日乙未’，言自既往及乙未六日也。”字又作“粤”“雩”。

②燎，《大雅·旱麓》“民所燎矣”，陸德明釋文：“燎，柴祭天也。”《吕氏春秋·十二月紀》“及百祀之薪燎”，高誘注：“燎者，積聚柴薪置壁與牲於上而燎之，升其煙氣。”“周”字下當依《漢書》補一“廟”字。

③維予冲子綏文，或涉下文“惟予冲子綏文考”衍。

武王降自車，乃俾史佚繇書于天號。

孔晁云：“使史佚用書重薦俘于天也。”

【疏證】

降自車，謂下車。俾，使也。史佚，亦見于《克殷》，其所言“尹逸”，或即史佚。繇，顧頡剛引王國維説言“繇”即“籀”字，古籀、讀二字同音同義，籀書即讀書之義，説甚是。北大漢簡《周馴》簡103—104有“賢主之貴善言也，令工誦之於廟，令史繇之於朝，日聞於耳”。“號”當爲“室”之形訛，楊寬説是。天號，即西周金文常見之“大室”。

武王乃廢于紂，矢惡臣人百人①，伐右厥甲小子②、鼎、大師③。

孔晁云：“廢其惡人，伐其小子，乃鼎之衆也。”

【疏證】

①廢，當作“發”，如前文“射之三發”之“發”。北大漢簡《周馴》簡78—79言“二子已發，夷吾乃代”，整理者即讀“發”爲“廢”。矢，陳也，不煩從顧頡剛説改作“共”。惡臣，謂亞臣，人百人，前“人”或爲衍文。

②右，或即“氒”字形訛，氒，郭店簡《緇衣》作“”，與“又”字“”形近易訛，又，即通爲“右”。“氒”即“厥”字，即與下句“伐厥四十夫”結構相同。甲，本或作“示”，甲、示形近易訛，“示”，讀如“宗”，“甲小子”即何尊銘文（《集成》06014）所見“宗小子”。小子，毛公鼎銘文（《集成》02841）言“命汝纘嗣公族，與三有司、小子、師氏、虎臣”，裘錫圭《關于商代的宗族組織與貴族和平民兩個階級的初步研究》（《裘錫圭學術文集》第5卷，復旦大學出版社，2012年，第129—131頁）謂卜辭所見“小子”，是跟“子”相對的一種稱呼，猶金文常見之“宗小子”，小子，即王室直屬的諸小宗之宗子。

③鼎大師，此“鼎”字本或寫作“貞”，即“正”之義，後來貞、鼎二字多相通，故訛此“貞”爲“鼎”。無叀鼎銘文（《集成》02814）“官嗣穆王遉側虎臣”，“遉”即釋爲“正”。塱盨銘文（《集成》04469）有“邦人、正人、師氏人”，其“正”與“師氏”并稱，正與《世俘》相合。又上博簡七《君人者何必安哉》甲、乙本簡2、3皆有“飤田五貞”，即讀爲“飤田五正”。

伐厥四十夫家君①、鼎、帥、司徒、司馬②，初厥于郊號③。

孔晁云："言初克紂于商郊，號令所伐也。"

【疏證】

①夫，猶人也，大盂鼎銘文（《集成》02837）"人鬲千又五十夫"，四十夫，猶四十人。"家"爲"冢"之形訛，冢君，即班簋銘文（《集成》04341）言"王令毛公以邦冢君、徒馭"所見"邦冢君"，亦即《尚書·牧誓》所見"友邦冢君"，《召誥》所見"庶邦冢君"，《商誓》所見"爾冢邦君"。

②鼎帥，謂正人、師氏。冢君鼎帥，猶塱盨銘文（《集成》04469）所言"邦人、正人、師氏人"。司徒，西周金文作"𤔲土"，與司馬、司工并稱"參有司"，見于五祀衛鼎（《集成》02832）、裘衛盉（《集成》09456）、盠方彝（《集成》09899）等器。

③"號"字或從上文"天號"而衍。初厥于郊，"厥"，顧頡剛以爲當作"禘"，説甚是。《國語·魯語上》言"周人禘嚳而郊稷，祖文王而宗武王"，《國語·周語》中亦言"禘郊之事，則有全烝"，則以"禘郊"連用。禘，《禮記·大傳》"王者禘其祖之所自出"，鄭玄注："凡大祭曰禘，謂郊祀天也。"又《左傳》定八年"禘于僖公"，孔穎達正義："大祭于太廟，以審定昭穆，謂之禘。"是"禘"兼言祭天與祭祖。

武王乃夾于南門①，用俘②，皆施佩③，衣衣④，先馘入。

孔晁云："言陳列俘馘于宗廟南門夾道以示衆也，取乃表乏施之以耻也。"

【疏證】

①此"夾"或當作"筴"，即"策"字，二字形近而誤，言作策用俘于南門。

②用，當如《左傳》僖十九年"夏宋公使邾文公，用鄫子于次睢之社，欲以屬東夷"之"用"，《周禮·天官·庖人》"凡用禽獻"，賈公彦疏："殺牲謂之用。"此雖未必殺之，然言用之以祭，則差近其義。

③施，猶設也，《國語·晋語八》"從欒氏者爲大戮施"，韋注：

“施，陳也，陳其尸也。”佩，《左傳》定三年“蔡昭侯爲兩佩與兩裘”，杜注：“佩，佩玉也。”新蔡楚簡有“嬰之以兆玉”，《山海經》有“嬰用吉玉”，皆謂“將玉飾纏繫于祭牲之上，以求神靈滿意”（見羅新慧《説新蔡楚簡“嬰之以兆玉”及其相關問題》，《文物》2005年第3期）。

④衣衣，謂著以衣服，亦飾牲之類，謝肅《〈世俘〉“皆施佩，衣衣，先馘入”解》一文（《中國史研究》2017年第1期）説是。先馘入，言俘在前而馘在後。

武王在祀①，太師負商王紂，懸首白旂，妻二首赤旂，乃以先馘入，燎于周廟②。

孔晁云：“王在祀主，使樂師以紂首及妻首所馘入廟燎也。”孔注或當作“使樂師以所馘紂首及妻首入廟燎也”。

【疏證】

①祀，《禮記·檀弓下》“斬祀殺厲”，鄭玄注：“祀，神位有屋樹者也。”在祀，泛言在祭祀之處。

②太師，當謂太公望。孔注及朱右曾等言樂師，非是。負，猶荷也。懸首白旂，猶《克殷》所見“折，懸諸太白”。“赤旂”所言與《克殷》“懸諸小白”不同。“赤旂”見于《墨子·明鬼下》：“武王逐奔入宫，萬年梓株折紂而繫之赤環，載之白旗，以爲天下諸侯僇。”西周金文“縣”多作“還”，《方言》卷五言：“胡以縣㮶，關西謂之㯎，東齊海岱之間謂之縺，宋魏陳楚江淮之間謂之繯，或謂之環。”則此“赤環”亦可讀爲“赤縣”。

若翼日辛亥，祀于位，用籥于天位。

孔晁云：“此説詳庚戌明日郊天祭俘所用籥、衣事也。”

【疏證】

翼日，猶次日，今多以“翌日”爲之。位，《國語·楚語下》“是使制神之處位次主”，韋注：“位，祭位也。”籥，《小雅·鼓鐘》“以籥不僭”，毛傳：“以爲籥舞。”鄭箋：“籥舞，文樂也。”天位，見于《禮記·禮運》：“故先王患禮之不達於下也，故祭帝於郊，所以定天位也。”

越五日乙卯，武王乃以庶祀馘于國周廟①，翼予冲子，斷牛六，斷羊二②。

孔晁云："於辛亥五以諸侯祭日，其有斷煞者。"孔注"五"後或脱一"日"字，孫詒讓言孔注"者"當作"也"，或是。

【疏證】

①"武王乃以庶祀馘于國周廟"當作"武王乃以庶國馘祀于周廟"，"庶國"即從下句"庶國乃竟"。言武王乃用衆國之馘祀于周廟，庶國馘，即言前文所征伐各國之馘，顧頡剛説是。

②"翼予冲子"，"予冲子"是自稱，與上下文人稱不合，或涉下文"至于冲子"而衍。斷，猶斬截之義，《戰國策·趙策三》言"夫吴干之劍，肉試則斷牛馬，金試則截盤匜"，即以"斷、截"對舉。牛六，則前文所言"太王、太伯、王季、虞公、文王、邑考"各用牛一，猶《尚書·洛誥》"戊辰，王在新邑烝，祭歲，文王騂牛一，武王騂牛一"。孔注"斷煞"猶"斷殺"。

庶國乃竟。告于周廟曰①："古朕聞文考修商人典②，以斬紂身。"告于天、于稷③。

孔晁云："言諸侯竟殺牲，自周廟天稷也。"

【疏證】

①竟，朱右曾訓爲"儆"，甚是，儆，戒也。告于周廟曰，謂武王告于周廟。

②古，昔也，陳逢衡説是。聞，謂知聞。文考，武王稱文王。修，《國語·晋語五》"而不修天罰"，韋注："修，行也。"商人典，即《尚書·多士》言"惟爾知，惟殷先人有册有典，殷革夏命"。修商人典，猶《尚書·康誥》"我時其惟殷先哲王德，用康乂民作求"。此與下文"惟予冲子綏文考，至于冲子"皆不完整，所缺甚多。李學勤《〈世俘篇〉研究》謂當時應有專録文辭的全篇，此處不過是"摘録片段，示意而已"，説甚是。

③于天、于稷，《周頌·思文》言"思文后稷，克配彼天"，《魯

頌·閟宫》言“皇皇后帝，皇祖后稷。享以騂犧，是饗是宜”。皆言以后稷配天。

用小牲羊犬豕[①]於百神[②]水土于誓社[③]。

孔晁云：“百神，天宗。水土，山川。誓，告也。”

【疏證】

①小牲，猶故書所見“少牢”。卜辭多見“犬、羊、豕”并用之例，如《合集》738：“乙亥卜，𣪊貞：今日燎三羊、三豕、三犬。”《合集》40514言：“庚戌卜，争貞：燎于西，𡆥一犬、一青，燎三豕、三羊、青二，卯十牛、青一。”此組合亦見于《尚書·召誥》《新蔡葛陵楚簡》。

②“百神”西周時謂祖先神，㝬鍾銘文（《集成》00260）言“惟皇上帝、百神保余小子”，“皇上帝”與“百神”并稱，蓋非一事。而後則泛言群神，如《孟子·萬章上》“使之主祭而百神享之，是天受之”、《禮記·禮運》“故禮行於郊，而百神受職焉，禮行於社，而百貨可極焉”。

③水土，猶言山川，如《國語·周語上》所見“夫水土演而民用也”。“于誓”或當作“誓于”，誓，告也，朱右曾説是，《儀禮·大射》“司射西面誓之曰”，鄭玄注：“誓，猶告也。”

曰：“惟予冲子綏文考，至于冲子。”用牛于天、于稷五百有四。

孔晁云：“乃宗廟山川也。”孔注“乃”當作“及”，盧校是。

【疏證】

冲子，即童子，《尚書·盤庚下》“肆予冲人”，僞孔傳：“故我童人。”亦金文習見之“沈子”“沈人”。綏，《尚書·顧命》“綏爾先公之臣服于先王”，王引之《經義述聞》卷四言：“綏，讀爲緌，緌，繼也。”至于冲子，言至于武王。

用小牲羊豕于百神水土社二千七百有一。

孔晁云：“所用甚多，似皆益之。”

【疏證】

“羊、豕”後或當脱一“犬”字，當從前文補之，孫詒讓説是。

商王紂于商郊。

孔晁云：“更説始伐紂時。”

【疏證】

此或爲原文篇後附益之獨立篇章，以“商王紂于商郊”爲篇題，與《世俘》同抄于一卷，猶《伊尹朝獻》之于《王會》“以事類來附”。此例簡帛多見，如上博簡二《魯邦大旱》《子羔》與《孔子詩論》、上博簡四《昭王毀室》與《昭王與龔之月隼》、清華簡一《尹誥》《尹至》與《赤鳩之集湯之屋》，皆異篇而同抄于一卷。

時甲子夕，商王紂取天智玉琰①，璲身厚以自焚②。

孔晁云：“天智，玉之上天美者也。璲環以自厚也。”

【疏證】

①時甲子夕，明其爲事後追溯。盧校據《史記正義》于“琰”下增“五”，參下文“天智玉五”觀之，或是。案：下文多言“天智玉”，不以“琰”字，則“琰”或爲“天智玉”之注文竄入。

②璲，猶蒙之義，不煩從盧校改作“環”。“厚”字當從顧頡剛説，或爲衍文。

凡厥有庶，告焚玉四千。

孔晁云：“衆人吉武王焚玉四千也。”孔注“吉”當爲“告”字形訛。

【疏證】

是句俞樾改作“凡厥有庶玉四千告焚”，或是。

五日，武王乃俾於千人求之①，四千庶則銷，天智玉五在火中不銷②。

孔晁云：“紂身不盡，玉亦不銷。”

【疏證】

①俾，使也。“於”字盧校疑爲衍文，或是。求，《戰國策·齊策一》“欲有求於我也”，高誘注：“求，索也。”

②“庶”下或脱一“玉”字，盧校是。銷，《淮南子·本經訓》“以銷銅鐵”，高誘注：“銷，鑠。”

凡天智玉，武王則寶與同。

孔晁云：“言王者所宝不銷也。”

【疏證】

“武王則寶與同”或當作“武王則與寶同”。與，《廣雅·釋言》“與，如也”條，王念孫疏證：“與，又有相當之義。”寶，《荀子·富國》“是猶使處女嬰寶珠佩寶玉”，楊倞注：“寶，謂珠玉中可寶者。”同，猶等也。武王則與寶同，言武王視天智玉爲寶。

凡武王俘商舊玉億有百萬。

【疏證】

此句王念孫引《藝文類聚》卷八十三、《太平御覽》卷六百九十二引文，改作“得舊寶玉萬四千，佩玉億有八萬”，甚是。《北堂書鈔》卷一百二十八言“得舊寶玉萬四千，佩玉億有八萬”，亦可爲證。十萬爲億，則“億”不當以百萬爲零數。

箕子第四十一（佚）

耆德第四十二（佚）

卷五

商誓第四十三

【題解】

是篇取全篇大意概括爲題。誓，朱右曾以篇中“商先誓王”當讀爲“商先哲王”，故以篇題當作“商哲”，非是。此“誓”與《尚書·甘誓》《牧誓》《費誓》《秦誓》不同，非“誓命”之“誓”，當解爲“約誓”之義。

王若曰：“告爾伊舊何父①□□□□幾、耿、肅、執②，

【疏證】

①若，如是也。“王若曰”猶“王如是説”，其下每段則各以“王曰”領起，此蓋史官轉述王命之文體。伊，或是伊尹之後，陳逢衡、劉師培皆主此説，然亦未必即是伊尹，清華簡三《良臣》簡2言“湯有伊尹，有伊陟，有臣扈。”舊，劉師培言舊、咎古通，此“舊”即《史記·殷本紀》所言“咎單”，説或是。何，莊述祖讀爲“阿”，或即謂《史記·殷本紀》所謂“阿衡”，阿衡，或爲官稱，未必是伊尹私名，即清華簡三《良臣》簡2所見“保衡”。父，劉師培謂通“傅説”之“傅”，甚是，清華簡三《良臣》簡2言“武丁有傅説，有保衡”，即以“保衡”與“傅説”并稱。

②幾，朱右曾以爲即《左傳》定四年所見分康叔之“殷民七族”之“饑氏”，甚是。耿，朱右曾以爲或是《史記·殷本紀》所言之“祖乙遷于邢”，甚是。司馬貞索隱言：“邢音耿，近代本亦作‘耿’，今河東皮氏縣有耿鄉。”張守節正義引《括地志》言：“絳州龍門縣東南十二里耿城，故耿國也。”即《左傳》閔元年“賜趙夙耿”，杜注：“平陽皮氏縣東南有耿鄉。”肅，朱右曾以爲即《左傳》定四年所見分伯禽之“殷民六族”之“蕭

氏”，甚是。執，朱右曾言通“摯”，即《大雅·大明》所見“摯仲氏任”，甚是。所缺四字，或亦即族氏之名。

乃殷之舊官人序文□□□□[①]，及太史比、小史昔[②]，

【疏證】

①乃，孫詒讓言當作“及”，甚是。“序”，當從下文作“庶刑、庶義”，庶、序形近易訛，劉師培説是。文，本或爲“井”字形訛，史牆盤銘文（《集成》10175）言“型帥宇謀”，即寫作“井”。序文，即“庶刑”，劉師培讀“庶義”失之。所缺四字，前兩字或即下文所言“庶義”，後兩字或當從下文“爾冢邦君”，補以“冢君”二字，此得與下“太史”“小史”并舉。庶，衆也。刑，《大雅·文王》“儀刑文王”，毛傳：“刑，法也。”此言“效法”之義。義，宜也。庶刑、庶義，此前接“舊官人”，後文亦有“百姓、庶義庶刑”，舊官人即百官、百姓之義，而下句又言“百姓里居獻民”，則此“庶刑庶義”，當與“獻民”類似，謂百姓中賢而足爲人效法者。

②太史比、小史昔，當從莊述祖作“太史友、小史友”，即《尚書·酒誥》所見“太史友、内史友”。

及百官里居獻民[①]，□□□來尹師之[②]。敬諸！戒疾聽朕言[③]，用胥生蠲尹[④]。

【疏證】

①里居，即里君。獻民，李學勤言解爲賢民，甚是。獻民，即對應下文所言“百姓里居君子”之“君子”。

②來，或當爲“策”之形訛，即西周金文常見之“作册”。尹，謂尹氏。之，或爲“正”字形訛，師、正，猶正人、師氏。脱字或當從下文“爾多子其人自敬”，補作“及多子”。

③敬諸，猶敬之，下文“今惟新誥命爾，敬諸”，亦將“敬諸”分讀，甚是。戒，丁浮山改作“咸”，或是，咸，皆也，承上諸多族氏官職而言。疾，速也，朱右曾説是。聽朕言，猶《尚書·康誥》“聽朕告”、《尚書·

湯誓》"悉聽朕言"。

④胥，相也，蠲，明也，朱右曾説是。尹，猶治也，用如《尚書·多方》"尹爾多方"，令方彝銘文（《集成》09901）"王令周公子明保尹三事四方"之"尹"。

王曰："嗟，爾衆！予言非敢顧天命①，予來致上帝之威命明罰②。

【疏證】

①嗟，爾衆，猶《尚書·秦誓》言"嗟！我士"。孫詒讓謂"予言"前或脱一"聽"字，甚是。《尚書·湯誓》言"格爾衆庶，悉聽朕言"，可與此相參。"非"或爲"恭"字形訛，敢，當讀爲"嚴"，敬也。恭嚴，猶恭敬，《尚書·無逸》有"嚴恭寅畏，天命自度"。顧，《商頌·那》"顧予烝嘗"，鄭箋："顧，猶念也。"用如《尚書·君奭》"弗永遠念天威"。

②致，猶至也。威，《尚書·召誥》"保受王威命明德"，周初多以"畏"字爲之。致上帝之威命明罰，猶《尚書·湯誓》"爾尚輔予一人，致天之罰"，《多士》"予亦致天之罰于爾躬"。

今惟新誥命爾，敬諸！朕話言自一言至于十話言，其惟明命爾。"

【疏證】

新，當作"親"。《官人》篇有"誠勇必有可新之色"，《禮記·文王官人》作"誠忠必有可親之色"。十，朱駿聲謂故書作"千"，并據改之，未必是。話言，猶善言，《大雅·板》"出話不然"，毛傳："話，善言也。"《大雅·抑》有"告之話言"，《尚書·立政》"自一話一言"，清華簡八《攝命》簡13亦有"汝毋敢有退于之，自一話一言"。"十話言"或當作"十言"，"話"或涉上文"朕話言"而衍。命，《商頌·殷武》"命于下國"，馬瑞辰《毛詩傳箋通釋》："命謂教令也。"明命，猶言明教。

王曰："在昔后稷，惟上帝之言，克播百穀，登禹之績。

【疏證】

在昔，猶今所謂"從前"，追述之語。惟，《大雅·生民》"載謀載惟”，鄭箋：“惟，思也。”克，《齊風·南山》“匪斧不克”，鄭箋：“克，能也。”播，種也。績，或通“迹”，《大雅·文王有聲》“維禹之績”，馬瑞辰《毛詩傳箋通釋》：“績當爲蹟之假借。”秦公簋銘文（《集成》04315）言：“丕顯朕皇祖受天命，鼏宅禹迹。”《商頌·殷武》言“天命多辟，設都于禹之績”，《左傳》襄四年有“芒芒禹迹，畫爲九州”，是知“禹迹”“禹績”不别。

凡在天下之庶民，罔不維后稷之元穀用蒸享。

【疏證】

庶民，猶衆人。罔不，言無不。元，《國語·周語上》“衆非元后”，韋注：“元，善也。”蒸，即“烝”，《左傳》僖三十三年“烝嘗禘於廟”，杜注：“冬祭曰烝。”朱右曾訓爲“祭”，亦是。享，獻也。烝享，猶祭享，《周月》言“至於敬授民時，巡守祭享”。

在商先誓王，明祀上帝，□□□□①，亦維我后稷之元穀用告和，用胥飲食②。

【疏證】

①先誓王，即《尚書·康誥》《酒誥》所言“殷先哲王”，《經義述聞·尚書》“誓字古文”條，王引之舉《商誓》《皇門》二篇之“誓王”爲例，言“皆借誓爲哲”。明，《小雅·楚茨》“祀事孔明”，鄭箋：“明猶備也，絜也。”明祀，亦見于《左傳》僖二十一年“崇明祀，保小寡，周禮也”，《皇門》有“恭明祀，敷明刑”。脱字朱駿聲補作“克集于亯”，朱右曾補作“社稷宗廟”，未必是，或當從前引《左傳》“保小寡”，作“懷保小民”或“惠保小民”，即承上句“天下之庶民”而言。

②用，猶以也。告和，謂用此元穀，以和告上帝，與上文“明祀上帝”文義相承。胥，相也。以相飲食，謂小民以此元穀相養，與所補之“懷保小民”文義相承。

肆商先誓王維厥故，斯用顯我西土。

【疏證】

肆，故也。維，讀同上文“惟上帝之言”之“惟”，思也。厥，猶其也。斯，猶于是也。用，猶以也。顯，爲光顯之義。西土，周人多以“西土”自稱，如《尚書·牧誓》“西土之人”“以役西土”、《大誥》“有大艱于西土，西土人亦不静”、《康誥》“越我一、二邦以修我西土”、《酒誥》“乃穆考文王肇國在西土”等。

今在商紂，昏憂天下①，弗顯上帝，昏虐百姓，奉天之命②。

【疏證】

①憂，俞樾言當作“擾”，李學勤從之，甚是。昏，《國語·楚語上》“而爲之昭明德而廢幽昏焉”，韋注：“昏，亂也。”擾，《左傳》襄四年“德用不擾”，陸德明釋文：“擾，如小反，亂也。”

②弗顯，謂不見，《周頌·敬之》“天維顯思”，毛傳：“顯，見。”猶《尚書·牧誓》所言“昏棄厥肆祀弗答，昏棄厥遺王父母弟不迪”。百姓，猶《牧誓》所言“王父母弟”。“奉天之命”當作“棄天之命”，奉、棄形近易訛，丁宗洛説是，即如《牧誓》所見“昏棄”連用。

上帝弗顯，乃命朕文考曰：‘殪商之多罪紂。’

【疏證】

此“弗顯”或涉上文“弗顯上帝”衍，抑或作“不顯”，即西周金文常見之“丕顯”，上帝弗顯，猶丕顯上帝。命朕文考，殪商云云，猶《尚書·康誥》“帝休，天乃大命文王，殪戎殷”。殪，猶殺也。《國語·周語下》言“底紂之多罪”，韋注：“底，致也。”則此“殪商之多罪紂”或當從《國語》校作“殪商紂之多罪”。

肆予小子發，弗敢忘天命，朕考胥翕稷政，肆上帝曰：‘必伐之。’

【疏證】

肆，故也。予小子，武王自稱，《周頌·閔予小子》有“閔予小子，遭家不造”，㝬鐘銘文（《集成》00260）有“唯皇上帝、百神保余小子”，師𩛥鼎銘文（《集成》2830）有“惟余小子肇淑先王德”。發，武王私名，予小子與私名連用，此例亦見于《論語·堯曰》“予小子履”。朕考，謂文王。胥，相也。翕，《小雅·大東》“載翕其舌”，鄭箋：“翕，猶引也。”翕稷政，言導引后稷之政，用如清華簡一《祭公之顧命》簡6所言“玆迪袭學文武之曼德”。

予惟甲子，剋致天之大罰①，□帝之來，革紂之□②。

【疏證】

①甲子，即利簋銘文（《集成》04131）所見“惟甲子朝”。剋，《爾雅·釋詁》：“勝也。”亦作“克”。《尚書·湯誓》《多士》《多方》皆有“致天之罰”之語。“帝”上脱字，孫詒讓以《墨子·非攻下》“成帝之來”，補“成”字，甚是。

②來，當作“賚”，莊述祖校是。“革紂之”後或脱一“命”字，孫詒讓補“政”，皆通，亦可從上文“殪商之多罪紂”補“罪”字。

予亦無敢違天命。敬諸！昔在我西土，我其齊言，胥告商之百無罪，其維一夫。

【疏證】

違，《左傳》哀十四年“且其違者不過數人”，杜注：“違，不從也。”齊言，各本作“有言”，盧校從。“百”後或脱一“姓”字。其維一夫，謂罪在一人，此謂紂。《孟子·梁惠王下》“殘賊之人謂之一夫。聞誅一夫紂矣，未聞弑君也”，李學勤言其説或本《商誓》而來，甚是，然其以“一夫”爲專名，則恐誤解語境。

予既殛紂承天命，予亦來休命①。爾百姓里居君子，其周即命②。

【疏證】

①殛，《左傳》僖二十八年“明神殛之”，杜注：“殛，誅也。”承，奉也。來，即從前文讀“賚”，予也。休，美也。休命，即《尚書·康誥》

“帝休，天乃大命文王”之“帝休”，言上帝以休命賚武王。

②百姓，即前所言“百官”，亦可作“百工”。里居，即里君。百姓、里君并稱，見于史頌鼎銘文（《集成》02787）、史頌簋銘文（《集成》04229），令方彝銘文（《集成》09901）亦以“諸尹”“里君”“百工”“諸侯”并稱。君子，即前所言“獻民”。即，《左傳》定四年“以法則周公，用即命于周”，杜注：“即，就也。”其周即命，言周其受命。

□□□□□□□□□□□□□□□□□□□□□□□□□□□爾冢邦君，無敢其有不告見于我有周。其比冢邦君我無攸愛，上帝曰：‘必伐之’。

【疏證】

冢邦君，或當作“邦冢君”，孫詒讓説是。告，當讀爲“造”，言至詣之義。告見，謂來朝見。比冢邦君，當作“友邦冢君”，孫詒讓説是。攸，猶所也。愛，《國語·魯語上》“人其以子爲愛”，韋注：“愛，吝也。”用如《左傳》哀二年“大命不敢請，佩玉不敢愛”。

今予惟明告爾，予其往追□紂①，達𨔵集之于上帝②。

【疏證】

①《孟子·滕文公下》《告子下》皆有“吾明告子”，《商君書·定分》有“皆各以其故所欲問之法令明告之”，明告，猶言昭告。其，猶將也，用如《尚書·微子》“今殷其淪喪”。脱字或當從朱駿聲補“商”，或是。

②達，或讀爲《商頌·殷武》“撻彼殷武”之“撻”，此“達”或屬上句讀，上句或當作“予其往追達紂”，追達，猶《小雅·六月》所見“薄伐玁狁”。𨔵，盧校讀爲“臻”，諸家從之。臻，至也，此或取“聚”之義，“集”或即後人注“𨔵”之語，竄入正文，“集之”，黄懷信以爲是“及”之誤，恐非是。𨔵之于上帝，猶《尚書·君奭》“其集大命于厥躬”、《文侯之命》“惟時上帝，集厥命于文王”。集，《大雅·大明》“有命既集”，毛傳：“集，就。”

天王其有命爾百姓獻民，其有綴艻。

【疏證】

“王”字盧校疑爲衍文，甚是。艻，陳逢衡讀爲“荔”，非是。綴，《商頌・長發》“爲下國綴旒”，毛傳：“綴，表。”艻，疑爲“井”字形訛。井，即刑也。綴艻，即解爲表刑，即《大雅・文王》所見“儀刑文王，萬邦作孚”。《大戴禮記・千乘》言“所以爲儀綴於國”，即取此義。是句言天其有命爾百姓獻民，其有儀型。

夫自敬其有斯天命①，不令爾百姓無告②。

【疏證】

①自，《尚書・召誥》“自服于土中”，鄭玄注：“自，用也。”自敬，猶《尚書・顧命》“用敬保元子釗弘濟于艱難”。斯，猶此也。

②無告，故書以“無告”言窮民及鰥寡孤獨者，此解于比文義扞格，此“無告”當解爲“無教”，《禮記・玉藻》“燕居告温温”，鄭玄注：“告，謂教使也。”

西土疾勤，其斯有何重？天維用重勤，興起我罪勤我，無克乃一心。

【疏證】

疾，《荀子・大略》“使民疾與”，楊倞注：“疾，苦。”勤，《周頌・賚》“文王既勤止”，毛傳：“勤，勞也。”西土疾勤，猶《尚書・大誥》所言“有大艱于西土，西土人亦不静”。重，《左傳》襄四年“武不可重”，孔穎達正義引服虔云：“重，猶大也。”其斯有何重，言其是有何大，故周人以“小邦周”自稱，如《尚書・大誥》“興我小邦周”、《多士》“非我小國敢弋殷命”。丁宗洛疑“勤”字似衍，説或是。“興起我罪勤我”或作“興我罪伐”，興，亦起也，此或是注文竄入。後“我”當爲“伐”字形訛，罪伐，言伐罪也，即前所言“殪商之多罪紂”。

爾多子其人自敬，助天永休于我西土。

【疏證】

多子，卜辭有“多子”“多子族”等稱，朱鳳瀚《商周家族形態研究》（天津古籍出版社，2004年，第56頁）言：“王卜辭中所見‘子某’一般是指王子；王卜辭中的‘多子’是指多位‘子某’，一般均是指多位王子；王卜辭中稱其他貴族家族内的‘多子’與‘非王卜辭’中所見‘子某’，是指這些商人家族内族長之子。”其説甚是。自敬，謂用敬。永久也。休，美也。

爾百姓其亦有安處在彼，宜在天命①，□及惻興亂②。予保奭其介，有斯勿用天命③。

【疏證】

①百姓，猶百官。安處，即安居，亦後世所謂“安堵”。宜，《小雅·鴛鴦》“福禄宜之”，馬瑞辰《毛詩傳箋通釋》：“宜、綏皆安也。”在，猶于也。

②脱字或爲“弗”，“及”當爲“反”字形訛，丁宗洛説是。反，《齊風·猗嗟》“四矢反兮”，《韓詩》作“變”，馬瑞辰《毛詩傳箋通釋》從《經典釋文》，亦讀爲“變”。惻，或通“側”，一作“仄”。側，《小雅·賓之初筵》“側弁之俄”，鄭箋：“側，傾也。”興亂，猶言作亂。

③保，謂太保。奭，召公私名。保奭，見于《尚書·君奭》“朕允保奭”，傳山東壽張縣所出梁山七器亦有“太保”，作册大鼎銘文（《集成》02758）“大揚皇天尹大保崇”。介，《小雅·小命》“介爾景福”，鄭箋：“介，助也。”是句謂我之太保奭其助之，有其輔助則可不用天命以征伐之。

若朕言在周曰：商百姓無罪，朕命在周，其乃先作，我肆罪疾。

【疏證】

“若朕言在周”猶“若朕在周言”。百姓，謂百官。“在周”或涉前文“在周”而言，當作“在天”，黄懷信校是。其，謂商紂。乃，猶爲也。作，《左傳》襄二十三年“今君聞晋之亂而後作焉”，杜注：“作，起兵也。”此“先作”猶“先作亂”。肆，故也。罪，《吕氏春秋·八月紀》“行罪無疑”，高誘注：“罪，罰也。”疾，猶惡也。罪疾，猶《武稱》所見“發亂、伐疾”。是句謂若朕在周所言，商之百官無罪，朕命在天，以商紂先作亂，我故伐其罪。

予惟以先王之道御，復正爾百姓①。越則非朕負亂，惟爾在我②。

【疏證】

①御，《大雅·思齊》“以御于家邦”，鄭箋：“御，治也。”以先王之道御，猶前文所言“胥翕稷政”。正，《吕氏春秋·順民》“湯克夏而正天下”，高誘注：“正，治也。”

②越，《尚書·盤庚中》“顛越不恭”，僞孔傳：“越，墜也。”墜，謂殷墜其命，如《尚書·召誥》“惟不敬厥德，乃早墜厥命”，《君奭》“殷既墜厥命，我有周既受”。負，《國語·吴語》“億負晋衆庶”，韋注：“負，恃也。”爾，謂天命。是句言我惟用先王之道治爾百官，殷墜其命則非我恃亂，惟天命在我，猶《尚書·湯誓》“非臺小子，敢行稱亂，有夏多罪，天命殛之”。

王曰：“百姓，我聞古商先誓王成湯克辟上帝，保生商民，克用三德①，疑商民弗懷，用辟厥辟②。

【疏證】

①古，故也。誓，從前文讀爲“哲”。克，能也。辟，法也。保，《左傳》僖二十一年“保小寡”，杜注：“保，安也。”生，《周禮·天官·太宰》“以生萬民”，鄭玄注：“生，猶養也。”保生商民，是句《文選》卷四十六《三月三日曲水詩序一首》“遷鼎息大坰之慚”李善注引《周書》作“我聞古商先王成湯保生商人”，猶《尚書·無逸》“懷保小民”。三德，清華簡三《傅説之命下》簡8—9言：“惟時大戊謙曰：‘余不克辟萬民。余罔墜天休，式惟三德賜我，吾乃敷之于百姓。余惟弗雍天之嘏命。’”唐大沛、黄懷信以爲《商誓》所言即《洪範》所見“正直、剛克、柔克”，亦或爲上博簡五《三德》簡1所謂“天共時，地共材，民共力，明王無思，是謂三德”，似兩可。

②疑，《禮記·雜記下》“皆爲疑死”，鄭玄注：“疑，猶恐也。”

懷，《大雅·板》"懷德維寧"，毛傳："懷，和也。""用辟"之"辟"，莊述祖、孫詒讓讀爲"嬖"，甚是，嬖，猶何尊銘文（《集成》06014）"余其宅玆中國，自之辥民"之"辥"，讀爲"乂"，訓爲"治"。用嬖厥辟，猶用治其法。

今紂弃成湯之典，肆上帝命我小國曰：革商國。

【疏證】

典，《國語·周語上》"修其訓典"，韋注："典，法也。"肆，故也。小國，避漢諱，本當作"小邦"。革，猶更也，用如《尚書·多士》"乃命爾先祖成湯革夏"。商國，猶故書多見之"商邑""大邑商"。

肆予明命汝百姓，其斯弗用朕命，其斯爾冢邦君商庶百姓，予則□劉滅之。"

【疏證】

肆，故也。明命，猶昭告。斯，猶有也，用如《小雅·小旻》"何日斯沮"。"其斯爾冢邦君"或當作"其爾友邦冢君"，"友"即"有"字，後涉前句"斯"字而誤。其，猶于也，用如《墨子·尚賢下》"然而不識以尚賢爲政其國家百姓"。脱字孫詒讓據下文"予肆劉殷之命"，補"肆"，説是。劉，《尚書·盤庚上》"重我民，無盡劉"，僞孔傳："劉，殺也。"

王曰："霍予天命維既咸①，汝克承天休于我有周，斯小國于有命不易②。昔我盟津，帝休辨，商其有何國③。

【疏證】

①霍，卜辭用爲地名，與此文義扞格，疑爲"雧"字形訛，上所从"雨"或爲"隹"之壞字。雧，即集字，"集"亦作"雧"。集予天命，猶《尚書·君奭》所言"集大命"、《嘗麥》所言"集天之顯"。集，就也。咸，或爲"成"字形訛，是句謂我既成就天命。

②克，能也。承，奉也。休，美也。克承天休，謂克奉天之休命。斯，猶是也。小國，本作"小邦"。不易，猶不變，即《大雅·文王》"命之不

易，無遏爾躬"，《大雅·韓奕》"虔共爾位，朕命不易"。

③盟津，唐大沛讀爲孟津，甚是，《史記》"孟津""盟津"通用，《左傳》昭四年"周武有孟津之誓"。《漢書·地理志》"又東至于盟津"，顔師古注："盟讀曰孟。孟津在洛陽之北，都道所湊，故號孟津。孟，長大也。"帝休，即《尚書·康誥》"帝休，天乃大命文王"。辨，朱駿聲讀爲"徧"，甚是，徧謂周遍也。商其有何國，言諸侯之不戴商。

命予小子，肆我殷戎[①]，亦辨百，度□□美左右予[②]，予肆劉殷之命[③]。

【疏證】

①命予小子，謂上帝命予小子。"我"當爲"伐"字形訛，殷戎，即"戎殷"，孫詒讓謂當作"肆伐戎殷"，甚是，即《尚書·康誥》"殪戎殷"。

②亦辨百度□□美左右予，當從孫詒讓作"亦辯百姓，庶刑庶義左右予"。辨，當通"辯"，《左傳》昭元年"誰能辯焉"，杜注："辯，治也。""百"後或脱一"姓"字，用如《尚書·堯典》"平章百姓"。"度"或爲"庶"字形訛，不當與"百"字連讀。"美"爲"義"字形訛，當從下文"百姓，越爾庶義庶刑"改。左右，謂輔助之義，湖北省隨州市文峰塔墓地M1：1所出曾侯與鐘言"左右文武"，湖北省隨州市文峰塔墓地M4：016所出曾侯鐘言"左右楚王"。

③肆，猶故也。劉，謂殺滅。是句謂上帝命我伐殷，亦治百姓，庶刑庶義輔佐我，我故劉滅殷之天命。

今予維篤祐，爾予史太史違我史。

【疏證】

篤，《大雅·公劉》"篤公劉于京斯依"，毛傳："厚乎公劉之居於此京依。"篤祐，猶西周金文所見"純佑"。西周金文"純佑"後不加人稱，故"爾"字或當屬下讀。"予"或爲"小"字形訛，小史、大史，即前所言"太史友、小史友"。李學勤言下文"予爾拜拜□百姓，越爾庶義、庶刑"等句當在"今予維篤祐爾"後，雖是，然或當將"爾予史太史違我史"

句置于“則上帝之明命”之後，“予爾拜拜□百姓”之前，説解亦見下文。

視爾靖疑胥敬，請其斯一話①，敢逸僭予則上帝之明命②。

【疏證】

①視，通“示”，《戰國策·秦策二》“武王示之病”，高誘注：“示，語也。”靖，《尚書·盤庚上》“自作弗靖”，陸德明釋文引馬融云：“靖，安也。”胥，相也。請，丁宗洛謂當作“誥”。“其”或爲“恭”字形訛。斯，猶此也。一話，《尚書·立政》有“時則勿有間之，自一話一言”，可與此對讀。

②“敢”字之前或脱一“無”字。逸，《尚書·盤庚上》“予亦拙謀作乃逸”，僞孔傳：“逸，過也。”僭，即“僭”，《左傳》僖九年“不僭不賊”，杜注：“僭，過差也。”朱右曾説是。則，猶法也。則上帝之明命，猶《度邑》所言“予克致天之明命”。是句言示爾安疑相敬，請敬此一言，不敢過差我所法上帝之明命。此句言其所敬事，下句言其所畏罰。

予爾拜拜□百姓，越爾庶義、庶刑①，子維及西土，我乃其來即刑。乃敬之哉！庶聽朕言，罔胥告②。”

【疏證】

①是句當作“爾小史、大史，予爾拜拜□百姓，越爾庶義、庶刑違我史”。“予爾”當作“雩爾”，即下文“越爾”，前“拜”或爲“友”字形訛，後“拜”或爲“邦”字形訛，脱字當作“君”，唐大沛校作“邦君”甚是。予爾拜拜□百姓，當作“雩爾友邦君百姓”，此則上承“小史”“大史”，下啓“庶義”“庶刑”。違，《芮良夫》“無道左右臣妾乃違”，孔晁注：“違，畔也。”“我史”之“史”，當作“事”，《左傳》昭九年“禮以行事”，杜注：“事，政令。”

②子，當作“予”，形近而誤。“維”當從唐大沛讀爲“雖”。乃，猶于是也。其，猶將也。即刑，《國語·晋語三》“臣是以待即刑”，徐元誥案：“即，就也。”是句言爾等若違我政令，我雖至西土，我于是將來成其罰。乃，猶爾也。庶，衆也。罔，無也。胥，相也，告，猶求請。

度邑第四十四

【題解】

是篇取末句“其曰兹曰度邑”爲題。所述史事或有較早來源，未可輕視，然究其性質，終是春秋戰國時追述之語，所記言論對話，未必可以如周初“八誥”作徵實之論。另，是篇所言有度邑與傳位二事，所言傳位，未必即是武王有意傳位周公，是説古書及出土文獻僅此孤證，暫不得引爲史實，以託孤攝政解之，于《度邑》上下文亦無不妥。

維王剋殷，國君諸侯①，乃厥獻民徵主②、九牧之師見王于殷郊③。

【疏證】

①剋，即“克”，《文選》卷四十六《三月三日曲水詩序一首》“遷鼎息大坰之慚”李善注引作“維王克殷乃永歎曰”，是知“國”字當屬下讀。國君諸侯，即《小雅·雨無正》所見“邦君諸侯”，作“國君”，避漢高帝諱。

②“乃”當爲“及”字形訛，莊述祖校是。獻民，謂賢民也。徵，本或作“正”，“正”後讀爲“征伐”之“征”，後轉寫爲“徵”。正，《吕氏春秋·君守》“可以爲天下正”，高誘注：“正，主。”正、主，皆長之義。

③九牧，盧文弨言爲“九州之牧”，然其時尚未有“九州”觀念，此或係後世追述，如《大匡第十一》“三州之侯咸率”、《程典》“文王合六州之侯”。九牧之師，謂諸侯之師。殷郊，謂牧野。

王乃升汾之阜，以望商邑①，永歎曰：“嗚呼，不淑兑天對遂命一日②，維顯畏弗忘③。”

【疏證】

①升，登也。汾，《史記》作“豳”，或以爲即《大雅·公劉》“于豳斯館”之“豳”，一作“邠”。是處在今陝西彬州市，去殷郊甚遠，未可望商邑。此“汾”或是《左傳》襄十八年“子庚帥師治兵于汾”之“汾”，杜注：“襄城縣東北有汾丘城。”竹添光鴻《左氏會箋》以爲即《戰國策·楚策一》“楚北有汾陘之塞”之“汾”，并引顧祖禹《讀史方輿紀要》卷四十七言“蓋與新鄭陘山俱爲南北隘道，楚嘗于此爲塞，以禦北方”。然是處去殷郊亦遠，未必可望，故存一説。阜，《小雅·天保》“如山如阜”，毛傳：“大陵曰阜。”

②永歎，謂長歎。不淑，謂不善，“不淑天”爲周人習語，亦作“不吊天”，如《尚書·大誥》“弗吊天降割于我家”、《祭公》“不吊天降疾病”、《小雅·節南山》“不吊昊天，亂靡有定”。兑，《文選》卷四十六李善引作“不淑充天之對”，元刊本作“兊”，或即“天”之壞字，後人補以正字“天”。遂，即爲“對”字注文竄入，《大雅·皇矣》“以對于天下”，毛傳：“對，遂也。”此處原文或作“不淑天之對命一日”，對命，或即古書習見之“墜命”，如《尚書·酒誥》“今惟殷墜厥命”、《召誥》“今時既墜厥命”、《君奭》“殷既墜厥命，我有周既受”。一日，謂甲子日，即利簋銘文（《集成》04131）所見“克昏夙有商”。

③顯畏，謂天之顯威，用如《尚書·康誥》“庸庸祗祗威威，顯民”。是句謂武王乃登汾之高陵，以望商邑，長歎曰：不善之天墜殷之命于甲子一日，是不敢忘天之顯威。

王至于周，自□至于丘中①，具明不寢②。

【疏證】

①周，謂宗周。脱字處《文選》卷四十六李善注引作“自鹿至于丘中”。既已至于宗周，則鹿、丘不當在宗周以外。“丘中”，《文選》又引作“苑中”。自，猶從也。鹿，當讀爲“麓”。丘，《廣雅·釋詁二》：

"居也。"小臣夌鼎銘文(《集成》02775)言:"正月,王在成周,王逊于楚禁。令小臣夌先省楚应。"此"禁"與《尚書·堯典》"納于大麓"之"麓"隸古定字形相合,即讀爲"麓","应"讀爲"居"。宰甫卣銘文(《集成》05395)言"王來獸自豆录","录"亦讀爲"麓"。則"麓"或就武王"征伐歸狩"而言,言其在宗周狩獵之所,"居"則謂王之宫室。

②具明不寢,《史記·周本紀》作"自夜不寐"。"具"爲"自"字形訛。自,猶在也。明,《尚書·堯典》"曰暘谷",僞孔傳:"暘,明也。"孔穎達正義:"日未出前二刻半爲明。"後多以"昧"爲之,《鄭風·女曰鷄鳴》"士曰昧旦",陳奂《詩毛氏傳疏》:"昧,明未全明也。"故《史記》以"夜"换讀之。寢,《論語·衛靈公》"吾嘗終日不食,終夜不寢",皇侃義疏:"寢,眠也。"

王小子御告叔旦[①],叔旦亟奔即王,曰:"久憂勞,問周不寢?"曰:"安,予告汝[②]。"

【疏證】

①王小子,潘振、朱右曾謂"内豎"不確。西周金文多見"×小子"之稱,謂從屬某大宗之小宗。王小子,即王族之小宗,亦即何尊銘文(《集成》06014)所見"宗小子"。御,《國語·鄭語》"寔御在側",韋注:"御,侍也。"王小子御,謂王室小宗而爲王近侍者。叔旦,謂周公旦,以其行爲中子,故稱叔,旦,周公私名。

②亟,《邶風·北風》"既亟只且",毛傳:"亟,急也。"奔,走也。即,就也。久,《吕氏春秋·誣徒》"雖賢者猶不能久",高誘注:"久,長也。"憂,恤也。勞,勤也。憂勞,即《皇門》所見"勤恤"。"問"當爲"何"字形訛。"周"當爲"用"字形訛。問周不寢,猶何用不寢,如《邶風·雄雉》"何用不臧"、《小雅·節南山》"何用不監"。用,猶爲也,正與《周本紀》作"曷爲不寐"相合。盧校以"周"爲"害"字形訛,恐非是。安,《爾雅·釋詁下》:"坐也。"

王曰:"嗚呼,旦!惟天不享于殷,發之未生,至于今六十年[①]。

夷羊在牧[②]，飛鴻過野[③]。

【疏證】

①享，《荀子·彊國》"則君享其成，群臣享其功"，楊倞注："享，獻也，謂受其獻也。"亦即《左傳》僖十年"神不歆非類"之"歆"，杜注："歆，饗也。"天不享于殷，謂天不歆饗其祭祀于殷。發之未生，言自武王出生之前。六十年，但舉其成數而言，未必是清華簡一《保訓》簡1"惟王五十年"加以武王十一年伐商之確數。

②夷羊在牧，亦見于《國語·周語上》，韋注："夷羊，神獸。"《淮南子·本經訓》"夷羊在牧"，高誘注："夷羊，土神。"《史記·周本紀》則作"麋鹿在牧"。陳逢衡以《國語·魯語下》"土之怪曰羵羊"爲説，或是。牧，由《國語·周語上》"昔夏之興也，融降於崇山；其亡也，回禄信於聆隧。商之興也，檮杌次於丕山，其亡也，夷羊在牧。周之興也，鸑鷟鳴於岐山；其衰也，杜伯射王于鄗"觀之，其所涉地名皆爲特指，則此"牧"亦當指殷郊之牧野，非泛指郊野而言。

③飛鴻過野，《周本紀》作"蜚鴻滿野"，《淮南子·本經訓》作"飛蛩滿野"，《藝文類聚》卷九十四、《太平御覽》卷九百〇二引作"飛蛤滿野"。前句以夷言羊，則此亦當以飛言鴻，故不當作"蜚"。蛩，《淮南子·本經訓》高誘注："蛩，蟬蠛蠓之屬也，一曰蝗也。"蝗，即《召南·草蟲》"趯趯阜螽"之"螽"。過，當從各本作"滿"。野，郊外也。

天自幽不享于殷，乃今有成[①]。維天建殷，厥徵天民名，三百六十夫[②]。

【疏證】

①幽，莊述祖、陳逢衡校爲"豳"，恐非是。前所言"六十年"，至多可逆推至王季在位，其時周人不居于豳久矣，故作"豳"非是。幽，當爲"茲"字形訛，玆，猶此也。"乃"爲"及"字形訛。成，猶終也，《周禮·天官·司書》"及事成"，鄭玄注："成，猶畢也。"

②建，立也。厥，猶其也。徵，召也，唐大沛讀爲"登進"，亦是。

天民，《史記·周本紀》作“名民”，莊述祖、唐大沛、朱右曾等皆以“賢民”解之，或從《孟子·盡心上》“有天民者，達可行於天下而後行之者也”而來，姑從之。名，或即爲“天民”注文竄入，《史記》即用注説作“名民”。三百六十夫，謂三百六十人。

弗顧，亦不賓成[①]，用戾于今[②]。

【疏證】

①顧，《史記·周本紀》作“顯”，當作“顧”。顧，《商頌·那》“顧予烝嘗”，鄭箋：“顧，猶念也。”賓成，盧校從《周本紀》改作“賓滅”。賓，《管子·四稱》“不賓事左右”，尹知章注：“賓，敬也。”《尚書·盤庚下》有“念敬我衆”，可與此對讀。成，猶終也。

②用，猶以也。戾，至也。此句承上句天自此不歆其祭祀于殷，至今有終，天建殷，其登進賢民三百六十人，不念之，亦不敬其終，以至于今。

嗚呼！于憂兹難，近飽于恤[①]，辰是不室[②]。我來所定天保，何寢能欲[③]？”

【疏證】

①于，猶乃也。憂，《論語·子罕》“仁者不憂”，皇侃義疏：“憂，患也。”兹，猶此也。難，亦患也。近，猶言近來、近時。飽，《廣雅·釋詁一》：“滿也。”恤，《邶風·谷風》“遑恤我後”，鄭箋：“恤，憂也。”

②辰，丁宗洛改作“依”，非是。辰，諸家讀爲“時”，或是。室，可通爲“節”，訓爲“制”。具體用例裘錫圭《由郭店簡〈性自命出〉的“室性者故也”説到〈孟子〉的“天下之言性也”章》（《裘錫圭學術文集》第二卷）一文備舉之，可參看。辰是不室，猶《禮記·樂記》“天地之道，寒暑不時則疾，風雨不節則饑”。以其時令無節，故夷羊在牧，飛鴻滿野。

③來所定天保，《周本紀》作“我未定天保”，來，爲“未”字形訛。所，語助，無義。定，《小雅·六月》“以定王國”，鄭箋：“定，安也。”保，《小雅·天保》“天保定爾，亦孔之固”，鄭箋：“保，安。”

欲，朱右曾訓爲“安”，或是。是句謂乃憂此患，近來厭滿于憂，時令是以無節制，我未安天之所保，何能安寢？

王曰：“旦，予克致天之明命，定天保①，依天室②。志我共惡，俾從殷王紂③。

【疏證】

①克，能也。致，《禮記·中庸》“致中和”，鄭玄注：“致，行之至也。”《五權》亦有“克致天之命”。《商誓》有“予來致上帝之威命明罰”。定天保，謂安天之所保。

②依，猶因也。天室，恐非前人所謂“太室”“大室”，而當從前文“辰是不室”讀，讀爲“節”。此“依天室”承前文“辰是不室”而言因天節。天節，用如《國語·越語下》“臣聞之，得時無怠，時不再來，天予不取，反爲之灾。贏縮轉化，後將悔之。天節固然，唯謀不遷”。又有“天節不遠，五年復反，小凶則近，大凶則遠”，天節，謂天之制。

③志我共惡，《周本紀》作“悉求夫惡”。志、悉二字形訛，當從《度邑》讀“志”，志，《儀禮·聘禮》“將授志趨”，鄭玄注：“志，猶念也。”共、夫二字形訛。共惡，未必與《世俘》所言“矢惡臣”對讀。共惡，謂同惡者，即言紂也。俾，使也，《周本紀》作“貶”，非是。從，《齊風·還》“并驅從兩肩兮”，毛傳：“從，逐也。”是句謂我克行至天之明命，安天之所保，因天之制，念我所同惡者，使逐殷王紂。

四方赤宜未定我于西土①，我維顯服及德之方明②。”

【疏證】

①《周本紀》作“日夜勞來”。日、四相訛，“夜”从夕亦聲，即本“赤”字而來，“赤”爲“亦”字形訛。“勞”“宜”皆爲“肎”之形訛，肎，即“肯”字。“未”爲“來”字形訛。“赤宜未”當從洪頤煊校爲“亦肯來”。定，安也。西土，謂周邦。

②維，猶乃也，用如《尚書·多士》“予惟時命有申”。顯，明也。服，事也。“及”或爲“乃”字形訛。乃，猶此也。之，語辭。方，猶正

也，用如《左傳》宣十五年“天方授楚”。明，《爾雅·釋詁下》：“成也。”是句謂四方以肯來安我于西土，我乃明事此德之正成。

叔旦泣涕于常，悲不能對①。王□□傳于後②。

【疏證】

①泣，《小雅·雨無正》“鼠思泣血”，孔穎達正義引《説文》：“泣，無聲出淚也。”涕，《廣雅·釋言》：“淚也。”常，通“裳”，盧校是。《邶風·緑衣》“緑衣黄裳”，毛傳：“上曰衣，下曰裳。”對，《大雅·皇矣》“以對于天下”，鄭箋：“對，答也。”

②脱字莊述祖補“命叔”，陳逢衡補“其敬”，唐大沛、孫詒讓補“命旦”，朱右曾補“欲旦”，朱駿聲補“乃命”，用字雖有出入，然其大意皆同，是命周公傳于後。是句至“相我不難”，《周本紀》所無。

王曰：“旦，汝維朕達弟，予有使汝①。汝播食不遑暇食②，矧其有乃室③。

【疏證】

①維，猶是也。達，朱右曾解爲“明達”，或是。《論語·雍也》“賜也達”，何晏集解引孔安國云：“達，謂通於物理也。”子，當作“予”。有，猶乃也。使，命也，朱右曾説是。

②播，種也。食，《漢書·食貨志》言：“食，謂農殖嘉穀可食之物。”遑，《召南·殷其雷》“莫敢或遑”，毛傳：“遑，暇也。”則此“暇”字或是“遑”字注文竄入。

③矧，猶况也。其，猶又也，《左傳》僖二十三年言“其何以報君”，《國語·晋語四》作“又何以報”。乃，猶其也。室，朱右曾解爲“家室”，近是。是句言周公爲武王諸弟之明達者，故武王乃命之。周公種食而不暇食之，况又有其家室？

今維天使予①，惟二神授朕靈期②，于未致予休，□近懷予朕室③。

【疏證】

①使，從前文“予有使汝”訓爲“命”。

②二神，莊述祖改作“帝神”，非是，故書無“帝神”連用之例。陳逢衡言二神爲王季、文王，近是。案：“二神”或爲“三神”之誤。《尚書·金縢》言周公爲武王禱病，所告者爲“太王、王季、文王”，并稱爲“三王”。《尚書·無逸》周公追述周人先祖，亦先言“太王、王季”而後言“文王”。《世俘》所言“以列升”者，亦是太王、王季、文王三代。再者，新蔡楚簡常見“就禱三楚先”之語，三楚先爲“老童、祝融、鬻熊”，另，《左傳》哀二年“敢告無絶筋，無折骨，無面傷，以集大事，無作三祖羞，大命不敢請，佩玉不敢愛”，所言“三祖”爲“皇祖文王、烈祖康叔、文祖襄公”。可見，因事祭禱多以三位先祖爲對象。故，此“二神”或當爲“三神”之訛，三神，謂太王、王季、文王。清華簡十《四告》簡27—28“用告三神”，所指或亦是太王、王季、文王。授，予也。靈，《國語·晋語七》“君之靈也”，韋注：“靈，神也。”用猶《金縢》所謂“能事鬼神”。靈期，謂事鬼神之期，即死期。

③于，猶而也，未必從盧校改作“予”。致，讀如“致天之罰”之“致”，謂行而成之。休，美也。脱字各本補作“于”，盧校作“予”，恐非是，脱字或當補爲“故”“肆”等字。近，《大雅·崧高》“往近王舅”，鄭箋：“近，辭也，聲如‘彼記之子’之‘記’。”懷，《召南·野有死麕》“有女懷春”，毛傳：“懷，思也。”予，《大雅·大明》“維予侯興”，鄭箋：“天乃予諸侯有德者，當起爲天子。”孔穎達正義：“予，宜爲授予之義。”是句謂今天命我，三神予我死期，而未至于美，我思授予我家室。

汝維幼子，大有知[①]。昔皇祖底于今[②]，勖厥遺得顯義，告期付于朕身[③]，肆若農服田，饑以望獲[④]。

【疏證】

①維，讀爲“雖”。幼，《左傳》僖二十七年“蔿賈尚幼”，杜注：

“幼，少也。”此言周公幼于武王，非實指其年少。此“幼子”或用如西周金文習見之“小子”。知，讀爲“智”，諸家多以《尚書·金縢》“多才多藝”解之，或是。

②皇，大也。皇祖，泛指太王、王季、文王也，下所言“皇祖”亦同。底，當爲“厎”，《小雅·小旻》“伊于胡底”，唐石經作“厎”，陸德明釋文：“厎，至也。”

③勖，勉也。厥，其也。遺，當從孫詒讓讀爲“貴”，貴、顯二字義近，故得并舉。得，當作“德”，莊述祖説是。顯，明也。義，宜也。期付，朱右曾解爲期望託付，或是，此猶清華簡一《保訓》簡2—3言“恐不汝及訓”。肆，故也。

④服，事也。饑，《小雅·雨無正》“降喪饑饉”，毛傳：“穀不熟曰饑。”以，猶而也。望，謂期望。獲，得也。是句言汝雖少子，然大有智。在昔皇祖至于今日，勉其貴德明義，告其期望託付于我身，故如農事田，穀不熟而望有所得。

予有不顯，朕卑皇祖不得高位于上帝①。汝幼子庚厥心②，庶乃來③，班朕大環④，兹于有虞意⑤。

【疏證】

①予有不顯，謂我有不明。卑，莊述祖、朱右曾讀爲“俾”，使也。高，《廣雅·釋詁一》：“上也。”位，《國語·周語上》“大夫、士日恪位著以儆其官”，韋注：“中廷之左右曰位。”高位于上帝，猶《大雅·文王》所見“文王陟降，在帝左右”。

②汝幼子，謂周公。庚，莊述祖、朱駿聲讀爲“賡續”之“賡”，朱右曾則訓爲“更”。案：“庚”當爲“康”字形訛。此“庚厥心”即用如《尚書·康誥》所謂“用康乃心，顧乃德，遠乃猷”。康，安也。

③庶，《爾雅·釋言》：“侈也”，謂侈多之義。乃，猶其也。來，通“賚”，《商頌·烈祖》“賚我思成”，毛傳：“賚，賜也。”庶乃來，謂厚其賞賜。

④班，布也，陳逢衡、朱右曾説是。環，讀爲“縣”，訓爲“憲”，考證詳《世俘》“武王乃翼矢圭矢憲”句。憲，《小雅·六月》“萬邦爲憲”，毛傳：“憲，法也。”下文“其有憲令”，即承此而言。大環，即《尚書·顧命》所言“嗣守文武大訓”。

⑤兹，此也。于，猶乃也。虞，謂謀度，朱右曾讀“虞度”甚是。意，亦度也，此“意”或是“虞”字注文竄入。是句謂我有不明，我使皇祖不得上在上帝之左右。汝叔旦安其心，厚其賜，布我之大法，此乃有謀度。

乃懷厥妻子，德不可追于上[①]，民亦不可答于朕，下不賓在高祖[②]，維天不嘉，于降來省[③]，汝其可瘳于兹[④]？

【疏證】

①乃，猶若也。懷，安也。不可，猶不能，《左傳》哀十三年“可勝也而弗能居也”，可、能二字對文。追，猶《尚書·文侯之命》“追孝于前文人”之“追”，“追孝”爲金文習語，“追”或爲致送之義，《周頌·有客》“薄言追之”，鄭箋：“追，送也。”上，謂上帝。

②答，猶報也。下，謂下土、下國。“朕”“下”二字當倒，作“民亦不可答于下，朕不賓在高祖”，孫詒讓説是。賓，朱右曾訓爲“列”，或是。賓，即賓配之義。在，猶于也。高祖，謂前所言三神。

③維，猶是也。嘉，《豳風·東山》“其新孔嘉”，鄭箋：“嘉，善也。”于，猶乃也。降，下也。來，猶是也，王引之《經傳釋詞·通説下》“語詞誤解以實義”條，備舉其例，可參看之。省，當從孫詒讓説通爲“眚”。眚，《國語·周語上》“脉其滿眚”，韋注：“眚，灾也。”于降來省，用如《左傳》僖十五年“上天降灾”。

④其，猶是也。瘳，《大雅·瞻卬》“靡有夷瘳”，毛傳：“瘳，愈也。”兹，此也。是句謂若安其妻子，而德不能致于上，民不能報于下，我不賓配于高祖。是天不善，乃降灾眚，汝是能愈于此。

乃今我兄弟相後[①]，我筮龜其何所即？今用建庶達[②]。

【疏證】

①乃，猶而也。後，諸家多以此爲武王欲傳位周公，以“後”爲後嗣之義，恐非是。傳位之説，故書僅此一見，是爲孤證，且若此誠是欲傳位，則不當言“相後”。此“後”或讀爲“厚”。上博簡二《容成氏》簡45言“或爲酒池，[illegible]樂於酒”，是字隸定爲“誒”，整理者讀爲“厚”。上博簡三《中弓》簡10言“惑過舉罪，則民可夋”，整理者讀爲“後”。惑，晁福林讀爲“改”（《上博簡〈仲弓〉疏證》，《孔子研究》2005年第2期，第5頁），如此，則“夋”字似亦可讀爲“厚”，如《禮記·緇衣》言“有國者章善癉惡，以示民厚，則民情不貳。”故从“夋”得聲者可與“厚”相通。古書亦有“後”“厚”二字爲異文之例，《韓非子·十過》言“而後爲由余請期”，《説苑·反質》作“而厚爲由余請期”。另《戰國策·東周策》“收周最以爲後行”，《史記·孟嘗君列傳》作“收周最以厚行”。故此“乃今額兄弟相後”，當解爲“乃今我兄弟相厚”。乃今，猶而今。厚，言親厚、篤厚之義。《大雅·卷阿》“亦孔之厚矣”，陳奂《詩毛氏傳疏》言“厚，篤厚也……言法度章明，又能篤厚而行之”。我兄弟相後，謂我兄弟相親厚。

②筮龜，謂卜筮之事。《禮記·表記》有“是以不廢日月，不違龜筮”，不違龜筮，猶《左傳》昭三年“違卜不祥”。其，猶是也。即，就也。用，猶以也。建，孫詒讓從趙本作“逮”，未必是。建，可徑讀本字，訓爲“立”。庶達，盧文弨作“素達”，非是。庶，衆也。達，即前文所謂“達弟”。用建庶達，即《左傳》僖二十四年“封建親戚，以蕃屏周”。是句謂而今我兄弟相篤厚，我卜是何所就？今以立衆達弟。

叔旦恐，泣涕共手①。王曰：“嗚呼，旦！我圖夷茲殷，其惟依天②，其有憲命，求茲無遠③。

【疏證】

①恐，懼也。共，讀爲“拱”，《商頌·長發》“受小共大共”，魯詩“共”作“拱”。拱，《左傳》僖三十二年“爾墓之木拱矣”，杜注：“合手曰拱。”

②圖，謀也。夷，《大雅·召旻》“實靖夷我邦”，毛傳：“夷，平

也。”兹，此也。其，猶必也。惟，猶有也，與下“其有”對言。依，猶因也。依天，即前所言“定天保、依天室”。

③憲，法也。命，《左傳》隱十一年“宋不告命”，杜注：“命者，國之大事政令也。”求，《禮記·曲禮下》“不求變俗”，鄭玄注：“求，猶務也。”無，猶毋也。遠，《左傳》昭二十八年“遠不忘君”，杜注：“遠，疏遠也。”是句謂周公恐，泣涕拱手。武王命周公曰我謀平靖此殷，必有因天，必有法令，務此而毋疏遠。

天有求繹[①]，相我不難[②]。自洛汭延于伊汭[③]，居陽無固，其有夏之居[④]。

【疏證】

①求，《大雅·下武》“世德作求”，鄭箋：“求，終也。”繹，通“斁”，斁，《説文》：“厭也，一曰終也。”求、繹二字，皆取“終”義，或是同義連用。終，《國語·周語下》“純明則終”，韋注：“終，成也。”

②相，助也。不，讀爲“無”，《尚書·洪範》“無偏無黨”，《墨子·兼愛下》引《周詩》作“不偏不黨”。難，《左傳》哀十二年“而藩其君舍以難之”，杜注：“難，苦困也。”

③自，猶從也。洛，謂洛水，伊謂伊河，即《尚書·禹貢》“導洛自熊耳，東北，會于澗、瀍，又東，會于伊，又東北，入于河”之“洛”“伊”，非謂西土宗周之“洛”。汭，《尚書·堯典》“釐降二女于嬀汭”，陸德明釋文：“汭，水之内也。”延，及也，朱右曾説是。

④陽，山南水北曰陽，《周本紀》作“易”非是。固，《周禮·夏官·掌固》“掌固”，鄭玄注：“固，國所依阻者也，國曰固，野曰險。”無固，謂無險阻，莊述祖言“無四塞之固”則失之。有夏，一作有夏氏，言因夏人之所居。又可解爲“肆于時夏”之“夏”，謂其有廣大之居，考之上下文，似後説較通，若是夏人之故所居，又何必四下瞻顧？是句謂天有成，助我無難，自洛汭及于伊汭，居于山南水北無險阻之處，其有廣大之居。

我南望過于三塗[①]，我北望過于有嶽[②]，丕顧瞻過于河[③]，宛瞻于伊洛。無遠天室④。”其曰兹曰《度邑》⑤。

【疏證】

①《周本紀》無“過于”二字，“北望”“顧瞻”後亦無“過于”二字。三塗，《左傳》昭十七年“請有事於雒與三塗”，杜注：“三塗，山名，在陸渾南。”又《左傳》昭四年言“四嶽、三塗、陽城、大室、荆山、中南，九州之險也”，服虔言“大行、轘轅、崤黽也”，昭公四年所舉皆爲山名，且“三塗”得與“四嶽”并舉，似是三山合稱，未必爲一山。《左傳》亦未明指“三塗”爲一處，其每言“有事於”者，可指“文武”“群望”，未必即指單一地望。然服虔所謂“大行”，即《左傳》定公八年“樂祁歸，卒於大行”，杜注：“大行，晋東南山。”轘轅，又見于《左傳》襄公二十一年“使候出諸轘轅”，杜注：“轘轅關，在緱氏縣東南。”“崤黽”即崤山、澠池的合稱。此三者當洛陽之東、西、南三處要道，塗，猶道也，故名“三塗”。然此三處似不盡在洛陽之南，言南望恐非指此“三塗”。《水經注·洛水》載“《周書》‘南望’之文或言宜爲轘轅、大谷、伊闕”。《後漢書·皇甫嵩傳》言“詔敕州郡修理攻守，簡練器械，自函谷、大谷、廣城、伊闕、轘轅、旋門、孟津、小平津諸關，并置都尉”，李賢注：“大谷、轘轅在洛陽東南。”伊闕，《左傳》昭公二十六年“闕塞”，杜注“闕塞，洛陽西南伊闕口也”，可見三處皆在洛陽之南，嵩山之西南，且皆當要道，故可合稱“三塗”，并可言南望。

②有嶽，《周本紀》作“嶽鄙”，此“嶽”在洛陽、嵩山之北，且臨近黄河，顯非後世“岱、華、衡、恒”四嶽。此“嶽”，陳逢衡指爲“太嶽”，爲山西霍州西南之霍太山，或是。“太嶽”古有單稱“嶽”者。《尚書·禹貢》言“既載壺口，治梁及岐。既修太原，至於嶽陽；覃懷厎績，至於衡漳”，“嶽陽”即“嶽”之南，此句所列諸多地名，其分布大體沿河而下，故“嶽”當在太原與“覃懷”之間。所謂“太原”，非古之晋陽，而當是今晋南運城、臨汾。覃懷，僞《孔傳》：“近河地名。”《正義》言“覃、懷二字共爲一地”，多信其爲河内郡之懷縣。案：此“懷”，即《左傳》隱公十一年“蘇忿生之田”中所見之“懷”。《職方》言“河内曰冀州。其山鎮

曰霍山，其澤藪曰楊紆，其川漳，其浸汾、露”，亦以此一組地名連用，懷縣爲河内，川爲漳水，其地爲汾水、潞水流域。則“嶽陽”之嶽當在黄河流域晋南運城、臨汾盆地與懷縣間。《禹貢》“嶽陽”之嶽或即《度邑》所言之“嶽”，二者皆臨黄河，似是一處，亦即《職方》所言之“霍山”，即“太嶽”。嶽鄙，謂太嶽之邊鄙。

③顧，《小雅·蓼莪》“顧我復我”，鄭箋：“顧，旋視也。”瞻，《周本紀》作“詹”，瞻，《邶風·燕燕》“瞻望弗及”，毛傳：“瞻，視也。”河，謂黄河。

④宛，諸家或解爲“宛曲”，或訓爲“順”，皆非是。案：宛，或讀爲“環”。古書“宛”字多作“[illegible]”形，即“肙”，包山楚簡所見地名“⿰肙阝”，陳偉先生即讀爲“宛”。上博簡一《孔子詩論》簡3“多言難而⿱肙心懟者也”，有學者釋“⿱肙心”爲“怨”，清華簡一《尹誥》簡2“作怨”之“怨”，即作“[illegible]”形，从“肙”。古書从“肙”者多與从“睘”者通。《論語·子路》“必也狂狷乎”，《孟子·盡心下》引作“必也狂獧乎”。《説文》“餶”字，段注“嬛即餶字”，又言“甘而不餶”，一作“不嬛”。王念孫《廣雅疏證》言：“梋者，《玉篇》音‘涓’，云：‘椀謂之梋，盂屬也’。《方言》云‘椀謂之梋柍，亦器之圓者也’，曹憲音‘沿’。《爾雅》環謂之捐，捐與梋亦同義。”清華簡二《繫年》簡12“車[illegible]高之渠彌”，“[illegible]”字作“[illegible]”，其左側所从者形即與“肙”相近，而不似从“睘”者，如簡129所見“還”字作“[illegible]”。故“宛”字之“夗”，亦可代爲“睘”，則字作“寰”，即“環”也。《尚書·召誥》言“惟太保先周公相宅”，《洛誥》言“我卜河朔黎水，我乃卜澗水東，瀍水西，惟洛食；我又卜瀍水東，亦惟洛食”，《左傳》成六年言晋國遷都事，亦考察郇、瑕氏及新田等處。故言“環視”者，即環視洛汭至伊汭等處，亦符合古人相宅卜居之習慣。無遠天室，言不遠天之制，解爲“太室山”之“太室”，或亦可通。

⑤曰，猶言也，《玉海》卷十五作“名”。兹，猶此也。度，謂謀度也。其曰兹曰度邑，謂其言此曰度邑，《周本紀》無此句，考之文意，此句或是後人追題，作用類于題解，非原文即有此句。

武儆第四十五

【題解】

是篇概括全文主旨爲題，主要爲託名武王之儆戒，故題爲武儆，是篇亦當出自後人僞託，非武王當時所作，時間或當在戰國。篇中所記儆戒之文寥寥，與其他箴戒性質篇章有别，或有闕文。

惟十有二祀四月，王告夢。

【疏證】

以武王繼位之年通計之，當從劉師培作“十有一祀”。告，通“造”，遭也。

丙辰，出金枝①，郊、寶、開和、細書②，命詔周公旦立後嗣，屬小子誦文及③寶典④。

【疏證】

①出，《禮記·月令》“出土牛以送寒氣”，鄭玄注：“出，猶作也。”金枝，孫詒讓謂當作“金版”，即《大聚》所言“銘之金版”，或是。

②郊，《國語·魯語上》“郊堯而宗舜”，韋注：“祭上帝於南郊曰郊。”以其所言“立後嗣”爲國之大事，故郊天以告。《史記·封禪書》“古者天子夏親郊，祀上帝於郊，故曰郊”，篇首言“四月”，正是孟夏。“寶”或爲“賓”字形訛。《國語·周語上》“賓饗贈餞如公命侯伯之禮”，韋注：“賓者，主人所以接賓致餐饔之屬也。”賓，謂會諸侯。開，謂啓也。和，《謚法》言“和，會也”，《小雅·常棣》“和樂且孺”，毛傳：“九族會曰和。”細書，當從朱駿聲作“紬書”，即《世俘》《嘗麥》所見“繇書”，謂籀讀其書。

③詔，或讀爲“召”。屬，《國語·越語下》“請委管籥屬國家”，韋注：“屬，付也。”《戰國策·燕策一》“燕王因舉國屬子之”，鮑彪注：“屬，猶付與。”誦，成王私名。“文”字之下，劉師培疑有缺字，或爲《文開》《文儆》之屬，然此類篇題或是戰國時人追題，未必當時既有，以此遽斷，恐爲不確。“文及”或爲“文王”形訛。

④寶典，諸家皆以爲是本書第二十九篇《寶典》，然是篇顯非周人手筆，故不當爲確指。寶典，當如潘振所言釋爲“先王所寶之典”，猶清華簡一《保訓》簡1所言“恐墜保訓”之“保訓”。是句謂丙辰日，出金版，郊祭、賓諸侯、啓而會之，籀讀金版之書，命召周公旦立後嗣，付與成王文王之寶典。

王曰：“嗚呼，敬之哉！汝勤之無盖①。□周未知所周，不周，商□無也②。朕不敢望，敬守勿失③。”

【疏證】

①勤，《周頌·賚》“文王既勤止”，毛傳：“勤，勞。”盖，當讀爲“害”。古書害、曷、盍、蓋等字一聲之轉，多見互用。

②“周”前脱字或當從朱駿聲作“惟”。前“周”是周人之“周”，後“周”或訓爲“遍”。“商”後脱字或爲“庶”，如《克殷》《商誓》等篇所見“商庶百姓”。無，本或作“亡”，《戰國策·秦策五》“亡趙自危”，高誘注：“亡，失也。”

③望，孫詒讓讀爲“忘”，或是。守，謂保守。是句謂武王言敬哉，汝勞之無害。惟我周未知其所周遍，不周遍，則失商庶百姓。我不敢忘，敬保不失。

以詔賓小子曰①：“允哉。汝夙夜勤心，之無窮也②。”

【疏證】

①以，猶乃也。詔，告也。賓，《儀禮·士喪禮》“有賓則拜之”，鄭玄注：“賓，僚友群士也。”小子，謂王室直屬諸小宗之宗子。

②允，信也。夙夜，謂晝夜。勤，勞也。心，孫詒讓疑爲“念”之壞字，或是。之，猶至也。是句言乃告僚友群士及諸小宗宗子，命其晝夜勞心至于無窮。

五權第四十六

【題解】

是篇題取自篇中所言“政有三機五權”，雖託名武王不豫而囑周公之語，然當不出自西周之世。考其内文，或是戰國時所流傳爲政之箴戒，其託名武王周公，或爲自重其説。

維王不豫，于五日召周公旦，曰①：“嗚呼，敬之哉！昔天初降命于周，維在文考，克致天之命②。

【疏證】

①不豫，即“不舒”，言病篤之義。于，猶及也，用如《豳風·東山》“自我不見，于今三年”之“于”。

②初，《大雅·生民》“厥初生民”，鄭箋：“初，始。”維，猶是也。文考，謂文王。“克致天之命”亦見于《度邑》“克致天之明命”。是句言武王病篤，及五日召周公，言昔天始降大命于周，是在文考，能致天之命。

汝維敬哉先後①，小子，勤在維政之失②。

【疏證】

①哉，猶兹也。先後，當與“敬哉”連讀，《尚書·梓材》“和懌先後迷民”，僞孔傳：“先後，謂教訓。”

②小子，謂周公。勤，《豳風·鴟鴞》“恩斯勤斯”，馬瑞辰《毛詩傳箋通釋》：“勤、勞皆憂也。”是句謂汝是敬此教訓，小子，憂于政之失。

政有三機、五權①，汝敬格之哉！克中無苗②，以保小子于位③。

【疏證】

①機，《戰國策·秦策二》"存亡之機"，高誘注："機，要也。"權，《戰國策·趙策二》"權甲兵之用"，鮑彪注："權，猶度。"

②格，至也。克，能也。中，或讀爲"忠信"之"忠"，與後文"無苗"對言。苗，陳逢衡讀爲"緢"，朱駿聲引申讀爲"貌"，朱駿聲説或是。《尚書·吕刑》"惟貌有稽"，《説文》引《周書》作"惟緢有稽"，《史記·周本紀》作"惟訊有稽"。貌，亦即《文政》"遠慎而近額"之"額"，如《芮良夫》"王貌受之"，孔晁注："貌，謂外相悦而無實也。"

③以，猶用也。保，安也。小子，當謂成王。位，謂君位。是句言政有三要、五度，汝敬至之哉。能忠而不無實，以安成王于位。

三機：一疑家，二疑德，三質士①。疑家無授衆，疑德□舉士，質士無遠齊②。吁，敬之哉！天命無常，敬在三機③。

【疏證】

①疑，《禮記·坊記》"所以章疑别微"，孔穎達疏："疑，謂是非不决。"家，謂卿大夫之采邑。質，即"質勝文則野"之"質"，謂質樸之義。

②疑家無授衆，謂家之是非不决，則不可授民。脱字當參上下句，補"無"字。疑德無舉士，謂德之是非不决，則不可舉薦士人也。齊，當讀爲"濟"，《廣雅·釋詁一》："憂也。"質士無遠齊，言質樸之士無遠憂。

③吁，歎詞。天命無常，猶故書習見之"天畏棐忱""天命靡常"。在，猶于也。

五權：一曰地，地以權民；二曰物，物以權官；三曰鄙，鄙以權庶；四曰刑，刑以權常；五曰食，食以權爵。

【疏證】

地，謂土地，以其載養萬物，可以度民。物，《大雅·烝民》"有物有則”，毛傳：“物，事也。”以事任其人，可以度官。鄙，謂都鄙，朱右曾説是。庶，衆也。以都鄙之遠近多寡，可以度衆庶。刑，法也。常，未必從丁宗洛説校改爲“賞”，下文“極賞”是就“食”而言，非就“刑”而言，此“常”當謂“常法”之義。食，《周禮·天官·醫師》“以制其食”，鄭玄注：“食，禄也。”朱右曾言“班禄視爵”，甚是。

不遵承括，食不宣，不宣授臣①。極賞則淈，淈得不食②。極刑則仇，仇至乃别③。

【疏證】

①遵，《鄭風·遵大路》“遵大路兮”，毛傳：“遵，循。”承，《左傳》定元年“將承王官”，杜注：“承，奉也。”括，言約束之義，《小雅·車舝》“德音來括”，馬瑞辰《毛詩傳箋通釋》引韓《詩》言“括，約束也”。由上下文觀之，“不宣”前或脱一“乃”字。宣，《大雅·江漢》“來旬來宣”，鄭箋：“宣，遍也。”“不宣授臣”四字，朱右曾以爲是“孔注之脱爛僅存”，雖未必是孔注，然注文誤入正文則是。

②極，至也。淈，諸家讀爲“屈”，《荀子·王制》“財物不屈”，楊倞注：“屈，竭也。”得不，當從唐大沛、朱右曾倒作“不得”。不得食，《論語·子張》“見得思義”，皇侃義疏：“得，得禄也。”

③仇，《孟子·滕文公下》“葛伯仇餉”，趙岐注：“仇，怨也。”至，謂至極。别，猶離也，用如《大明武》“其謀乃離”。此句論賞罰者，或可與《命訓》“極賞則民賈其上”“極罰則民多詐”，及《文酌》“頻禄貭潰”對讀。是句謂不循奉約束，則禄不周遍。賞盡則竭，竭不得禄。法盡則怨，怨極乃離。

鄙庶則奴，奴乃不滅①。國大則驕，驕乃不給②。官無庶則荷，荷至乃辛③。物庶則爵，𣟴不和④。

【疏證】

①鄙庶，謂都鄙衆多。奴，孫詒讓從《水經注·滱水》“水黑曰盧，不流曰奴”，言此爲民聚止不移之義，聚而不移，是乃不滅。此雖單句可通，

然猶上下文觀之，皆是傾向負面之辭，此言正面之事，似有未安。案：此“奴”或作“帑”，《戰國策·趙策一》“宫室小而帑不衆”，鮑彪注：“帑，金幣所藏也。”是“帑”有聚斂之義。鄙庶則帑，言都鄙衆多則聚斂。滅，《大雅·桑柔》“滅我立王”，鄭箋：“滅，盡也。”奴乃不滅，謂好聚斂則無盡。

②驕，謂驕慢。給，《國語·周語上》“事之供給於是乎在”，韋注：“給，足也。”驕乃不給，謂驕慢則不知足，與上句“奴乃不滅”對文。

③“官”後之“無”字，諸家以爲衍文，當删去，由上下文觀之甚是。荷，諸家作“苛”，甚是。苛，《國語·周語上》“觀其苛慝而降之禍”，韋注：“苛，煩也。”辛，或當從俞樾作“㚔”，然俞以《説文》“所以驚人”讀之則非是，此或從《説文》“一曰俗語以盗不止爲㚔”，以其爲政苛煩，故盗不止。

④爵，當從丁宗洛説爲“鬱”之形訛。鬱，本作“欝”，《成開》“發鬱”即書作“發欝”，字與“爵”形近。鬱，《左傳》昭二十九年“鬱湮不育”，杜注：“鬱，滯也。”㷊各本作“乃”，盧文弨引梁處素言“‘㷊’當爲‘㷠’字形訛”，説未必是。由上下文“奴”“驕”“苛”等字觀之，此“鬱”字亦當重。和，盧校以爲必誤，未必是。和有“順調”之義，有所滯鬱，故不順調。

地庶則荒，荒則聶[①]。人庶則匱，匱乃匿[②]。

【疏證】

①則，當從上下文作“乃”。上句所見“㷊”若通“㷠”，則讀爲“蕪”，與“荒”意近，或本此處誤衍。荒，《周禮·夏官·大司馬》“野荒民散則削之”，鄭玄注：“荒，蕪也。”聶，當讀爲“懾”，《吕氏春秋·論威》“威所以懾之也”，高誘注：“懾，懼也。”

②匱，《大雅·既醉》“孝子不匱”，毛傳：“匱，竭也。”匿，當讀爲“慝”，俞樾、陳漢章説是。慝，《大雅·民勞》“無俾作慝”，毛傳：“慝，惡也。”此句謂地多則荒蕪，荒蕪則懼，人多則匱竭，匱竭乃作

惡，可與《文傳》“土多民少，非其土也。土少人多，非其人也”“土廣無守，可襲伐；土狹無食，可圍竭”等句對讀。

嗚呼，敬之哉！汝慎和稱五權①，維中是以，以長小子于位，實維永寧②。”

【疏證】

①慎，《小雅·巷伯》“慎爾言也”，鄭箋：“慎，誠也。”和，王引之《經義述聞·禮記上》“布德和令”條言：“和，當讀爲宣。”宣，《左傳》昭十二年“寵光之不宣”，杜注：“宣，揚也。”稱，亦揚也，與“宣”同義連用。

②維中是以，言惟以中。中，讀本字，或讀爲“衷”，訓爲“善”，亦通。以，猶用也。長，《國語·吴語》“以民生之不長”，韋注：“長，久也。”永，長也。寧，安也。

成開第四十七

【題解】

此篇取首句“成開”二字爲題，性質當爲箴戒。雖託名周公，然其言九州、五行等事，又以“敬人畏天”對舉，是知其最終編纂成型，當在戰國。

成王九年[①]，大開告用[②]。

孔晁云：“周公大開告道，成王用之也。”

【疏證】

①上篇言武王不豫，下篇言周公作雒，則此篇所言宜在二事之間，乃合于全書編纂次序。周公七年致政成王，則此不當作“九年”，此“九”當爲“元”字形訛，盧校改是。

②開，當作“啓”，猶導發之義。告，《國語·魯語上》“卿出告糴”，韋注：“告，請也。”是句謂成王元年，請用大啓。

周公曰：“嗚呼！余夙夜之勤[①]，今商孽競時[②]，逋播以輔[③]。余何循，何循何慎[④]？王其敬文命，無易天不虞[⑤]。

孔晁云：“言商餘紂子禄父競求是逋播逃越之人以自輔，當敬天命，備不度者也。”孔注“逋播逃越”或當從朱右曾引改作“逋逃播越”。

【疏證】

①夙夜，謂晝夜。之，猶是也。勤，勞也。“夙夜之勤”見于《武儆》“汝夙夜勤心”，謂晝夜是勞。

②孽，謂庶孽。競時，或當倒作“時競”。時，猶是也。競，《周頌·

執競》“執競武王”，鄭箋：“競，彊也。”商庶競時，謂商之庶孽是强。

③逋，《左傳》僖十五年“六年其逋”，杜注：“逋，亡也。”播，《國語·晋語二》“隱悼播越”，韋注：“播，散也。”《尚書·大誥》有“予惟以爾庶邦于伐殷逋播臣”，謂逃亡之臣。以，猶是也，輔，助也。此即《尚書·牧誓》所言“乃惟四方之多罪逋逃，是崇是長，是信是使，是以爲大夫卿士”。

④循，《荀子·性惡》“上不循於亂世之君”，楊倞注：“循，順從也。”慎，亦順也，劉師培言“何循何慎”四字疑係注文，甚是。

⑤其，猶是也。“文”當爲“天”之形訛，當從孔注校爲“天”字，盧校是。易，《左傳》昭十八年“土不可易”，杜注：“易，輕也。”無易天不虞，謂毋輕慢天之不度。此句冠以“周公曰”，非是，此“余夙夜之勤，今商孽競時，逋播以輔。余何循，何循何慎”等句，當是成王口吻。另，文末“嗚呼，余夙夜不寧”與前文意不相承，或當置于此。此處當校改作：“王曰：‘嗚呼，余夙夜不寧，今商孽競時，逋播以輔。余何循？’周公曰：‘嗚呼，余夙夜之勤，王其敬天命，無易天不虞。’”

在昔文考躬修五典[①]，勉兹九功[②]，敬人畏天，教以六則、四守、五示、三極[③]，祇應八方，立忠協義，乃作[④]。

孔晁云：“祇，敬。協，和。”

【疏證】

①躬，《大雅·烝民》“王躬是保”，鄭箋：“躬，身也。”引申爲親力爲之之義。修，《國語·晋語二》“釋其閉修”，韋注：“修，治也。”典，《周禮·秋官·大司寇》“掌建邦之三典”，鄭玄注：“典，法也。”

②勉，謂勖勉。兹，猶此也。功，《大雅·崧高》“世執其功”，毛傳：“功，事也。”

③敬人畏天，亦見于《命訓》“使信人畏天”。則，法也。守，謂保守。示，或訓爲“視”，《國語·晋語八》“其母視之”，韋注：“視，猶相察也。”極，當讀爲“恒”，常也。

④祇，敬也。應，《周頌·賚》“我應受之”，毛傳：“應，當。”立，《廣雅·釋詁三》：“成也。”協，《國語·周語上》“和協輯睦”，韋注：“協，合也。”作，猶興也。

三極：一天有九列，别時陰陽①；二地有九州，别處五行②；三人有四佐，佐官維明③。五示顯允明所望④。

孔晁云：“四佐謂天子前疑、後丞、右輔、左弼也。當明謂五示，示于民也。”孔注“當明謂”或當作“謂當明”，朱右曾改是。

【疏證】

①列，行也，《漢書·天文志》有“日有中道，月有九行”，又言：“月有九行者：黑道二，出黄道北；赤道二，出黄道南；白道二，出黄道西；青道二，出黄道東。立春、春分，月東從青道；立秋，秋分，西從白道；立冬、冬至，北從黑道；立夏、夏至，南從赤道。然用之，一决房中道。青赤出陽道，白黑出陰道。”故曰别時陰陽。别，《周禮·秋官·士師》“正之以傅别約劑”，鄭玄注：“古書别爲辨。”時，《左傳》昭七年“歲時日月星辰”，孔穎達正義：“時，謂四時。”清華簡一《保訓》簡5—6有“易位設稽，測陰陽之物”，或可與此對讀。另，“九列”，《小開武》作“一維天九星”，朱右曾言“蒼龍、朱鳥、歲星、熒惑、填星，陽也；咸池、元武、太白、辰星，陰也”，此爲“九列”，即九星也，亦通。九州，各家説法不一，參《小開武》篇疏證。

②處，《經義述聞·通説上》“處”字條言：“處之爲居，爲止，常訓也；而又爲審度，爲辨察。《大戴禮·文王官人》篇曰‘聽其聲，處其氣’，謂審其氣也。《吕氏春秋·有始覽》‘察其情，處其形’，謂審其形也。”别處五行，猶辨察五行。

③佐，助也。官，《荀子·解蔽》“經緯天地而材官萬物”，楊倞注：“官，謂不失其任。”佐官維明，謂佐以其明乃不失其任。

④顯允，謂明信。明，劉師培讀爲“萌”，即民也，用如《小雅·都人士》“萬民所望”。

五示：一明位示士①，二明惠示衆②，三明主示寧③，四安宅示孥④，五利用示産⑤。

孔晁云："王明三明，安宅，妻子寧。固利用則産業衆。"孔注"三明"即"明位""明惠""明主"。

【疏證】

①位，《國語·魯語上》"夫位，政之建也"，韋注："位，謂爵也。"明位示士，言明爵位以相察士人。

②惠，《尚書·皋陶謨》"安民則惠"，僞孔傳："惠，愛也。"衆，謂百姓。明惠示衆，謂明惠愛以相察百姓。

③主，《論語·學而》"主忠信"，何晏集解引鄭玄曰："主，親也。"寧，安也。明主示寧，言明其所親以察其所安。

④安宅，謂安居。孥，當從潘振讀爲"帑"，謂金幣所藏。安宅示帑，言安居以相察其財。

⑤利用，《左傳》文七年"正德、利用、厚生，謂之三事"，杜注："禮以制財用之節。"利用，當謂利其材用。産，《國語·晋語六》"其産將害大"，韋注："産，生也。"利用示産，言利其材用以相察生産。

産足窮①，家懷思終，主爲之宗②，德以撫衆，衆和乃同③。

孔晁云："言五示之義，同爲和同也。"

【疏證】

①此"産"上或脱一"示"字，此或是"示産"二字有重文記號，後傳抄時，僅重"産"字，是致此誤。盧校"窮"前增一"不"字，非是。足窮，《荀子·賦》"可以禁暴足窮"，楊倞注："足窮，謂使窮者足也。"

②懷，安也。思，《孟子·公孫丑上》"思與鄉人立"，趙岐注："思，念也。"終，猶成也。主，即從前文訓爲"親"。宗，《國語·晋語四》"禮之宗也"，韋注："宗，本也。"

③撫，安也。和，《國語·周語下》"言惠必及和"，韋注："和，睦也。"是句謂相察生産以使窮者足，家安則念其成，以其所親者爲之本，以

德安其衆，衆睦乃和同，此五句與上五句倒叙對應。窮、終、宗、衆，皆冬部字，同爲東部字，旁轉可通。

四守：一政盡人材，材盡致死①；二土守其城溝②；三障水以禦寇③；四大有沙炭之政④。

孔晁云："任人盡其材，則死力效致。大沙、熾炭，可以政適人也。"孔注"政適人"當作"攻敵人"，盧校是。

【疏證】

①政，治也。材，《左傳》僖二十八年"公欲殺之而愛其材"，杜注："才力。"材盡致死，謂有材之人皆致力效死。

②"土"或爲"士"字形訛，士謂士卒也。城謂城墻。溝，《禮記·禮運》"城郭溝池以爲固"，孔穎達疏："溝池，城之塹。"

③障，《吕氏春秋·貴直》"是障其源而欲其水也"，高誘注："障，塞也。"禦，《國語·周語上》"其有以禦我矣"，韋注："禦猶應也，距也。"寇，《左傳》文七年言"兵作於内爲亂，於外爲寇"。障水以禦寇，謂湮塞河水，外敵至則决而禦之。

④大有沙炭之政，當從劉師培作"矢石沙炭之攻"，如《墨子·備梯》"城上繁下矢、石、沙、炭以雨之"。石，《淮南子·修務訓》"蒙矢石"，高誘注："矢，弩也，一曰矢石也。"矢石沙炭之攻，言若敵蟻附而登，則以箭矢、矢弩、砂石、火炭攻之。

六則：一和衆，二發鬱①，三明怨，四轉怒②，五懼疑，六因欲③。

孔晁云："鬱，謂穀帛滯積省也，怨則轉之，懼則疑之，欲則因之，此文王所以尅紂也。"孔注"省"當作"者"，形近而誤。

【疏證】

①和衆，謂和同民衆。發，《邶風·谷風》"毋發我笱"，馬瑞辰《毛詩傳箋通釋》："發，宜訓開。"鬱，即"鬱"，謂滯積也。發鬱，即《左傳》成十八年所言"振廢滯"。明，《管子·宙合》言"見察謂之明"。

②怨，恚恨也。明怨，謂見察其所恚恨。轉，《小雅·祈父》"胡轉予

于恤”，鄭箋：“轉，移也。”怒，《戰國策·秦策二》“先王積怒之日久矣”，高誘注：“怒，詬。”轉怒，謂移其詬耻。

③懼，《荀子·解蔽》言“是有知非以慮是則謂之懼”。疑，《禮記·坊記》“所以章疑别微”，孔穎達疏：“疑，謂是非不决。”因，《吕氏春秋·盡數》“因智而明之”，高誘注：“因，依也。”欲，猶好也。因欲，言依其所好尚。

九功：一賓好在笥①，二淫巧破制②，三好危破事③，四任利敗功④，五神巫動衆⑤，六盡哀民匱⑥，七荒樂無别⑦，八無制破教，九任謀生詐⑧。

孔晁云：“在笥，謂實幣於司，無節限也。盡，謂送終過制也。無别，亂同也。任謀，謂權變也。不犯此，則成功也。”孔注“盡”下或脱一“哀”字，盧校是。

【疏證】

①賓，《國語·楚語下》“公貨足以賓獻”，韋注：“賓，饗贈也。”好，謂好貨，《國語·周語中》“交酬好貨皆厚”，韋注：“好貨，宴飲以貨爲好。”在，猶于也。笥，《禮記·曲禮上》“凡以弓劍苞苴簞笥問人者”，鄭玄注：“簞、笥，盛飯食者。圜曰簞，方曰笥。”賓好在笥，謂宴饗用好貨而無節限也，孔晁説是。

②淫，《左傳》昭元年“淫生六疾”，杜注：“淫，過也。”巧，謂工巧，《老子》“絶巧棄利”，王弼注：“巧，利用之善也。”破，《廣雅·釋詁一》：“壞也。”制，《禮記·曲禮上》“必告之以其制”，鄭玄注：“制，法度。”

③危，《管子·大�》“而違老治危”，尹知章注：“危，傾險也。”事，《左傳》昭九年“禮以行事”，杜注：“事，政令。”好危破事，言好傾險而壞政令。

④任利，朱右曾謂“貪利”，或是。任利敗功，謂貪利則敗其事。

⑤神，《國語·魯語上》“其周公太公及百辟神祇實永饗而賴之”，

韋注："天曰神，地曰祇。"巫，《國語·楚語下》"家爲巫史"，韋注："巫，主接神。"動，《淮南子·精神訓》"隨物而動"，高誘注："動，猶惑也。"神巫動衆，言信鬼神巫祝則惑衆。

⑥哀，《禮記·檀弓下》"哀之至也"，鄭玄注："哀，痛甚。"匱，《大雅·既醉》"孝子不匱"，毛傳："匱，竭也。"盡哀則匱，謂竭盡哀痛則匱竭。

⑦荒，《唐風·蟋蟀》"好樂無荒"，毛傳："荒，大也。"荒樂，謂樂之過甚。别，《禮記·仲尼燕居》"長幼失其别"，孔穎達疏："别，即辨也。"

⑧無制破教，謂無度而壞教化。任謀生詐，謂放任謀略則勝詐僞。

和集集以禁，實有離，莫遂通其。

【疏證】

是句或當作"和實有離"，和，會也，亦"集"之義，或是流傳時以"集"注"和"，而後用"集以禁"注"和實有離"。禁，《戰國策·秦策四》"於以禁王之爲帝有餘"，鮑彪注："禁，制也。"離，《管子·侈靡》"昭穆之離"，尹知章注："離，位次之别也。"和實有離，謂會實有位次之别，故曰集以禁。莫，《大雅·皇矣》"求民之莫"，毛傳："莫，定也。"遂，成也。通，達也。下句"五典"二字當重。莫遂通其五典，謂定成達其五典。

五典：一言父典祭，祭祀昭天，百姓若敬①；二顯父登德，德降爲則，則信民寧②；

孔晁云："言祭祀見享受福，民乃化，則法信民心也。"

【疏證】

①言父，考其職司，當是宗伯，朱右曾言"宗伯相禮，有辭命之節，故曰言父"，或是。典，《管子·任法》"國更立法以典民則祥"，尹知章注："典，主也。"昭，明也。若，順也。

②顯父，《大雅·韓奕》"顯父餞之"，鄭箋："顯父，周之公卿

也。”盧校言爲“司徒之官”，或是。登，《禮記·月令》“農乃登麥”，鄭玄注：“登，進也。”降，下也。則，法也。“德降爲則”亦見于《和寤》“德降爲則，振於四方”。“則信民寧”當從《本典》“顯父登德，德降則信，信則民寧”改作“信則民寧”。寧，安也。是句謂言父主祭祀之事，祭祀以明天，百姓順敬之，顯父登進其德，德降下而爲法，信法則民安。

三正父登過①，過慎于武②，設備無盈③。

孔晁云：“使正舉事過於前，無自滿。”

【疏證】

①正父，盧校言爲司馬之官，劉師培以爲是司寇之官，盧校是。此“正”或即“征”字，言征伐也。

②過，或讀爲“禍”，《荀子·富國》“行私而無禍”，楊倞注：“禍，患也。”此讀“禍”正與前句“登德”對言。慎，《荀子·君子》“忠者，惇慎此者也”，楊倞注：“慎，讀如順。”于，猶以也。

③設，《戰國策·韓策三》“兵衛設”，鮑彪注：“設，陳也。”備，《國語·吴語》“審備則可以戰乎”，韋注：“備，守禦之備。”案：盈，或讀爲“逞”，《穀梁傳》昭二十三年有“沈子盈”，《左傳》昭二十三年作“沈子逞”，《左傳》襄十六年有“欒盈”，《史記·晋世家》作“欒逞”。北大漢簡《周馴》簡83“大盈其志”，即“大逞其志”。逞，《左傳》桓六年“今民餒而君逞欲”，杜注：“逞，快也。”快，《戰國策·趙策二》“恭於教而不快”，鮑彪注：“快，謂縱逸”。是句謂正父登進禍患，禍患以武順之，陳設守備而無縱逸。

四機父登失，修□□官，官無不敬①；五□□□□，制哀節用，政治民懷②。

孔晁云：“使刺譏之士，舉政之失，其官，官無不敬矣。懷，猶歸之也。”孔注“其官”前疑脱一“戒”字，從朱右曾補。

【疏證】

①機，當從孔晁作“譏”。譏，《廣雅·釋詁四》：“諫也。”陳漢

章謂“機父”爲《小雅·祈父》所見“祈父”，亦即《尚書·酒誥》之“圻父”，或是。此官盧校以爲“師氏、保氏”，潘振、孫詒讓言爲“司寇”，陳漢章言爲“司馬”，“司寇”近是。盧校“師氏、保氏”之説，或本《周禮·地官·師氏》“掌國中失之事”而來，鄭玄注：“失，失禮者也。”或即此“登失”之義。“修”後所脱二字，前字當從孔注作“政”，丁宗洛所補是，後字丁補爲“戒”，意亦差近。清華簡一《祭公之顧命》簡7有“修和周邦”，清華簡五《湯處於湯丘》簡7—8有“以和利萬民，以修四時之政”，則此句或可補作“修政和官”。修，治也。和，《禮記·表記》“邇臣守和”，鄭玄注：“和，謂調和君事者也。”

②“五”後脱字，朱駿聲補“宗父典禮”，非是。陳漢章從《尚書·酒誥》“若保宏父”，以爲所言“制哀節用，政治民懷”即言“若保”，故當補爲“宏父”，陳逢衡言制哀節用是司空之職，甚是，則其所登者或是“器用、材用”之屬。制，謂節制，《吕氏春秋·貴生》“必有所制”，高誘注：“制，制於心也。”治，《大戴禮記·虞戴德》“居大則治”，王聘珍解詁：“治，不亂也。”懷，安也。是句謂機父登進失禮之事，治政而調和君臣，則官無不敬；宏父登進器用，制哀痛而節器用，則政不亂而民安。

五典有常，政乃重開之守①，内則順意，外則順敬，内外不爽，是曰明王②。”

孔晁云：“重開，言無爽也。”

【疏證】

①常，《魯頌·閟宫》“魯邦是常”，鄭箋：“常，守也。”後文“之守”二字，盧校以爲衍文，或即由此而來。乃，猶于是也。重，《吕氏春秋·貴生》“天下重物也”，高誘注：“重，大。”重開，即篇首所言“大開”。

②内，《大戴禮記·文王官人》“察其内以揆其外”，王聘珍解詁：“内，心也。”意，《國語·越語下》“臣行意”，韋注：“意，志也。”爽，差也，朱右曾説是。是句謂五典有守，政乃大啓，于心則順其志，于行

則順而敬，内外無差，是謂明王。

王拜曰："允哉！維予聞曰何鄉非懷，懷人惟思，思若不及，禍格無日。

孔晁云："格，至。"

【疏證】

允，信也。維，猶是也。何鄉非懷，言鄉懷也。鄉，嚮也。懷，安也。思，謂思慮。格，至也。無日，言克日之義，猶《國語·魯語上》"其不存也，亡無日矣"。是句謂王拜曰信哉，是我聞曰可向者非安乎？惟思慮可以安人，思慮若不及，則禍患不日將至。

式皇敬哉。余小子思繼厥常，以昭文祖，定武考之列。

孔晁云："式，用。皇，天。"孔注"天"當作"大"。

【疏證】

式，猶乃也。繼，謂紹續。厥，其也。昭，明也。文祖，謂文王。定，《大雅·民勞》"以定我王"，陳奐《詩毛氏傳疏》："定，亦安也。"列，當讀爲"烈"，丁宗洛説是。《孟子·滕文公下》引"書"曰"丕顯哉，文王謨！丕承哉，武王烈"，即作"烈"。烈，《周頌·雝》"既右烈考"，鄭箋："烈，光也。"

嗚呼，余夙夜不寧。"

【疏證】

説見前文"周公曰：'嗚呼！余夙夜之勤，今商孽競時，逋播以輔。余何循，何循何慎？王其敬文命，無易天不虞'"句疏證。

作雒第四十八

【題解】

是篇概括全篇内容爲題，言周公作雒之事。以“周公敬念于後”爲界，全文可粗分爲來源不同之兩部分。前半部記述史事爲主，時代及其性質頗似清華簡二《繫年》，後半部以鋪陳禮制爲主，時代及性質則似《禮記》之文。二部分由不同角度言作雒之事，爲後人彙集，或是整合成篇，或是别爲二篇而同抄于一卷。

武王克殷，乃立王子禄父①，俾守商祀②。

孔晁云：“封以鄁祭成湯。”案：孔注“鄁”當讀爲“纘”，繼也，言滅國不絶其祀之義。盧校爲“鄭”，非是。陳逢衡、孫詒讓以“鄁”通“邶”，即“邶鄘衛”之“邶”，亦恐非是。

【疏證】

①王子禄父，即武庚，太保簋銘文（《集成》04140）作“录子耶”，王子觚銘文（《集成》07296）、王子耶觥銘文（《集成》09282）作“王子耶”，清華簡二《繫年》簡13作“录子耿”。

②俾，使也。守，言主守之義。祀，謂祭祀其祖，如《左傳》襄二十四年所言“若夫保姓受氏，以守宗祊，世不絶祀”。

建管叔于東①，建蔡叔、霍叔于殷②，俾監殷臣③。

孔晁云：“東謂衛□鄘。霍叔，相禄父也。”孔注脱字當爲“邶”。

【疏證】

①建，立也。東，或當作“柬”，即利簋銘文（《集成》04131）等器所見之“𨵦”地，其地望傳統以爲在河南鄭州之管城區，雷晋豪《金文中的“闌”地及其軍事地理新探》（《歷史地理》第二十六輯）則言其地在今河南鶴壁之山城區，其説可從。

②“霍叔”前或脱“蔡叔”二字。蔡，在今河南駐馬店之上蔡縣。霍，在今山西臨汾之霍州市。此二地去殷王畿甚遠，或是二叔未之國，亦或是二叔未實封，而以後代所封追稱之，如以“衛”稱康叔之例。

③監，《國語·周語上》“使監謗者”，韋注：“監，察也。”臣，即《商誓》篇首所言各色殷臣。

武王既歸，成歲十二月[①]，崩鎬，肂于岐周[②]。

孔晁云：“乃，謂乃後之歲也，肂，攢塗。”孔注“攢塗”，當作“欑塗”，或本《禮記·喪大記》“君殯用輴，欑至于上，畢塗屋”而來。輴，《禮記·檀弓下》“天子龍輴而椁幬”，鄭玄注：“輴，殯車也。”

【疏證】

①“成歲”當從孔晁改作“乃歲”。《尚書·金縢》言“既克殷二年，王有疾弗豫”，清華簡一《金縢》簡1作“武王既克殷三年，王不豫有遲”。二説之所以出入，或是其用正不同所致。以《世俘》觀之，武王二月甲子克殷，四月已歸于宗周，乃後之歲，即是次年，十二月崩鎬。若以夏正計之，四月至次年正月是一年，次年正月至十二月是一年，故《尚書·金縢》言既克殷二年；若以周正計之，四月至十月是一年，十一月至次年十月是一年，次年十一月至十二月是第三年，故簡本言三年。要言之，乃歲十二月，去武王克殷歸于宗周爲二十一個月。

②崩，《禮記·曲禮下》言“天子死曰崩”。崩鎬，謂崩于鎬。肂，字亦作“殔”，清華簡六《鄭武夫人規孺子》簡1有“鄭武公卒，既肂”，整理者解爲“厝而待葬”，甚是。《儀禮·士喪禮》“掘肂見衽”，鄭玄注：“肂，埋棺之坎者也。”賈公彦疏：“肂，訓爲陳，謂陳尸於坎。”肂于岐

周，謂暫厝于岐周之地。

周公立相天子①，三叔及殷東徐奄及熊、盈以略②。

孔晁云："立，謂爲宰攝政也。殷，禄父；徐，戎；奄，謂殷之諸侯。"

【疏證】

①立，猶定也，當就成王而言。相，謂輔助。周公立相天子，謂周公定天子而輔助之。

②三叔，謂管、蔡、霍。然《左傳》襄二十一年言"管蔡爲戮"，定四年言"管蔡啓商"，是霍叔或未預其事，事後黜陟亦未及霍叔，故此"三叔"或當從《左傳》校爲"二叔"，然王念孫以二叔爲管、霍，則非是。徐，盈姓國，朱右曾説是。盈，即"嬴"字。此"徐"即《大雅·常武》"率彼淮浦，省此徐土"、《魯頌·閟宫》"保有鳧繹，遂荒徐宅"及《尚書·費誓》"徂兹淮夷，徐戎并興"之"徐"，其地在漢臨淮郡徐縣，即今安徽泗縣與江蘇泗洪縣之間。奄，朱右曾謂爲熊姓國，則非是。《左傳》昭元年"周有徐奄"，杜注："二國皆嬴姓。""奄"故書亦作"蓋"，清華簡二《繫年》簡14—15言"飛廉東逃于商蓋氏，成王伐商蓋，殺飛廉，西遷商蓋之民于邾吾，以禦奴且之戎，是秦之先"，秦爲嬴姓。奄地即在今山東曲阜。熊、盈爲徐、奄之同姓國，朱右曾説是。《韓非子·五蠹》言"徐偃王處漢東，地方五百里，行仁義，割地而朝者三十有六國"，熊、盈或即此類。"略"當爲"畔"字形訛，朱右曾説是。

周公、召公内弭父兄，外撫諸侯①。九年夏六月，葬武王于畢②。

孔晁云："弭，安畢也。"孔注"畢"或涉上文"葬武王于畢"衍。

【疏證】

①内、外，即《尚書·酒誥》所謂"内服""外服"。弭，《左傳》成十六年"憂猶未弭"，杜注："弭，息也。"父兄，謂同姓庶孽，即《酒誥》所謂"奔走事厥考厥長"，此内服職官多以同姓小宗爲之，即《酒誥》所言"百僚庶尹惟亞惟服宗工越百姓里居"。撫，《國語·魯語下》"子以

君命鎮撫弊邑”，韋注：“撫，安也。”諸侯，即《酒誥》所謂“侯甸男衛邦伯”。

②九年，當從盧校改作“元年”。十二月崩而六月葬，《左傳》隱元年“天子七月而葬，同軌畢至”。畢，《左傳》僖二十四年“畢、原、酆、郇、文之昭也”，杜注：“畢國在長安縣西北。”

二年，又作師旅[①]，臨衛政殷，殷大震潰[②]。

孔晁云：“下叛其上曰潰。”

【疏證】

①作，興也，《左傳》哀十六年“使興國人以攻白公”，陸德明釋文：“興，謂興發也。”作師旅，言發兵。

②臨，《戰國策·西周策》“以臨韓魏”，高誘注：“臨，猶伐也。”衛，朱右曾言“衛在殷南”，是地在朝歌附近，爲康叔所封之“衛”，即今河南鶴壁之浚縣。政，通“征”，伐也。殷，謂殷遺。震，《大雅·常武》“震驚徐方”，鄭箋：“震，動也。”

降辟三叔[①]，王子禄父北奔[②]，管叔經而卒[③]，乃囚蔡叔于郭凌[④]。

孔晁云：“郭凌，地名。囚，拘也。”

【疏證】

①降，《左傳》隱十一年“其能降以相從也”，杜注：“降，降心也。”辟，《左傳》襄八年“辟殺子狐”，杜注：“辟，罪也。”降辟，謂致法，陳逢衡説是。“三叔”或當從前文校作“二叔”，即管蔡。

②清華簡二《繫年》簡14言“殺录子耿”，《史記·魯周公世家》亦言“誅管叔、殺武庚、放蔡叔”，二處與《作雒》或是傳聞異辭。北，亦未必實指方向，《左傳》桓九年“以戰，而北”，杜注：“北，走也。”奔，亦走也。

③經，《荀子·仲尼》“救經而引其足也”，楊倞注：“經，縊也。”卒，《爾雅·釋詁下》：“死也。”一作“猝”。

④乃囚蔡叔，《左傳》昭元年“周公殺管叔而蔡蔡叔”，杜注：“蔡，

放也。”定四年言“王於是乎殺管叔而蔡蔡叔，以車七乘，徒七十人”。《尚書·禹貢》“二百里蔡”，僞孔傳：“蔡，法也。”孔穎達正義引鄭玄云：“蔡之言殺，减殺其賦。”郭凌，陳逢衡、惠棟等以僞古文《尚書》“郭鄰”爲説，言其附近城郭仍在蔡境内，恐非是。是字或當從潘振，讀爲“虢”。《尚書·君奭》“有若虢叔”，《王會》則作“郭叔”。此“虢”或非初在陝西後東遷于河南者，當是《左傳》昭七年“齊侯次于虢”之“虢”，杜注：“虢，燕竟。”囚于郭凌，以其去王畿甚遠，故是流放之義，以服等言之則爲要服，故可稱“蔡蔡叔”。

凡所征熊、盈族十有七國，俘維九邑。

孔晁云：“俘，囚爲奴。十七國之九邑罪重，故囚之。”孔注或當作“俘十七國之囚爲奴。九邑罪重，故囚之。”

【疏證】

族，或言其族姓，如《左傳》定四年所謂“殷民六族”。國，謂方國。維，猶有也。邑，《左傳》桓十一年“且日虞四邑之至也”，杜注：“邑，亦國也。”言所征伐熊、盈之族姓者十七國，俘其九國。

俘殷獻民①，遷于九里②。

孔晁云：“賢民，士大夫也。九里，成周之地，近王化也。”孔注“賢民”前或脱“獻民”二字。

【疏證】

①此“獻民”當讀如㝬簋銘文（《集成》04317）中“肆余以餗士獻民，爯盩先王宗室”，由此觀之，孔注甚是。

②九里，各本作“九畢”，盧校從，王念孫以“九畢”或涉上文“葬武王于畢”而誤，當從《玉海》引文作“九里”，王説是。九里，于鬯言《戰國策·韓策三》“魏王爲九里之盟，且復天子”，鮑彪注作“九重”，非是。《韓非子·説林上》作“魏惠王爲臼里之盟”，則此“九里”或亦作“臼里”。《戰國策·韓策》所言之事，于鬯以爲即是《戰國策·秦策四》所言“魏伐邯鄲，因退爲逢澤之遇，乘夏車，稱夏王，朝爲天子，天下皆

從"，逢澤與臼里，當相去不遠。逢澤，亦見于《左傳》哀十四年"逢澤有介麇焉"，杜注引《漢書·地理志》言"逢澤在熒陽開封縣東北，遠，疑非"，孔穎達正義引臣瓚案："汲郡古文：'梁惠王廢逢忌之藪以賜民。'今浚儀縣有逢忌陂是也。"《水經注·睢水》有"逢洪陂"，在商丘縣南，楊伯峻以爲即是《左傳》所言"逢澤"。案：或當從《水經注》說。《管子·宙合》言"故微子不與於紂之難，而封於宋，以爲殷主"，則遷殷遺于宋，較之成周附近似更合情理，則"九里"或亦當在宋地。另，于鬯言"殷之獄稱里"，如文王所居之"羑里"，故以"九里"本其獄名之稱，恐非是。

俾康叔宇于殷①，俾中旄父宇于東②。

孔晁云："康叔代霍叔，中旄代管叔。"

【疏證】

①俾，使也。清華簡二《繫年》簡18言"乃先建衛叔封于康丘，以侯殷之餘民"，以其封于康，故稱"康叔"，金文亦見"康侯丰"（康侯丰鼎銘文，《集成》02153），即"康侯封"。宇，猶宅也。殷，謂朝歌。

②前多言"管叔""蔡叔""霍叔""康叔"，此獨言"中旄父"，似與前文不協。中旄父，此"中旄父"恐不當理解爲西周青銅器所見"中"氏，據韓巍説，中氏爲凡氏小宗，而《左傳》僖二十四年言凡氏爲周公之胤，其地位與前所述管蔡等懸殊，恐不當并舉。中旄父或爲康叔之子康伯髦，即《左傳》昭十二年所言"王孫牟"，詳孫詒讓《周書斠補》，兹不贅引。

周公敬念于後①，曰："予畏周室克追，俾中天下②。"

孔晁云："成王二年秋迎周公，二年春歸也。周公追長，尊王也。"孔注"二年春歸也"當作"三年春歸也"。

【疏證】

①念，謂思慮。後，《國語·周語上》"其君必無後"，韋注："後，後嗣也。"

②畏，懼也。周室，盧校改作“同室”，非是。元刊本“周”字字形殘壞，形似“同”字，是以致誤。克追，王念孫言“克追”當從《初學記》改作“不延”，唐大沛、朱右曾皆從之，甚是。不延，謂不長，《左傳》成十三年“君亦悔禍之延”，杜注：“延，長也。”中，謂天下之中，即《尚書·召誥》《洛誥》所言“其自時中乂”，何尊銘文（《集成》06014）“宅兹中國，自之乂民”。

及將致政①，乃作大邑成周于土中②。

孔晁云：“王城也，於天下上爲中。”孔注“王城也”前或脱“大邑”二字，“上”當作“土”。

【疏證】

①致政，言歸政于成王，此是成王七年之事，《尚書·洛誥》言“惟周公誕保文武受命，惟七年”。

②作，《春秋》僖二年“新作南門”，孔穎達正義：“作者，興事之辭。”大邑，《尚書·康誥》稱“新大邑”，《召誥》《多士》稱“大邑”，亦有稱“新邑”“新邑洛”者。陳公柔《西周金文中的新邑、成周與王城》（《慶祝蘇秉琦考古五十五年論文集》，文物出版社，1989年）言“西周金文中稱洛邑爲成周者，皆晚于稱新邑的銅器”，至成王時始稱新邑爲“成周”。則此“大邑成周”，或是後世追稱。土中，謂四土之中。

城方千七百二十丈①，郛方七百里②。南繫于洛水③，地因于郟山，以爲天下之大湊④。

孔晁云：“郛，郭也。繫、因，皆連接也。湊，會也。”

【疏證】

①方，謂見方也。“千七百二十丈”當作“千六百二十丈”。千七百二十丈，不得以“三”“九”分之，故不合于下文“大縣”“小縣”之制。《周禮·考工記》“匠人營國方九里”，《左傳》襄二十五年“井衍沃”，杜注：“六尺爲步。”《穀梁傳》宣十五年言“古者三百步爲里”，是一里爲一千八百尺。《國語·周語下》“不過墨丈尋常之間”，韋注：“五尺爲

墨，倍墨爲丈。”則一里合一百八十丈，九里則爲一千六百二十丈，孫詒讓引焦循之説甚是。

②郛，謂外郭。七百里，王念孫據盧校所引宋本并唐宋類書，謂當作“七十二里”，或是。然“七十二里”仍似過大，或當作“二十七里”，後有作“十七里”者，或脱一“二”字，作二十七里，亦合于後文三三逹之之數。

③繫，《周禮·天官·大宰》“以九兩繫邦國之民”，鄭玄注：“繫，聯綴也。”洛水，即《尚書·洛誥》所言“我卜河朔黎水，我乃卜澗水東，瀍水西，惟洛食；我又卜瀍水東，亦惟洛食”。河朔，謂河之北，故言南繫。

④“地”當從盧校改作“北”。因，依也。郟，即《左傳》成三年所言“成王定鼎于郟鄏，卜世三十，卜年七百，天所命也”及昭二十六年所言“用遷郟鄏”之“郟鄏”。《水經注·穀水》“河南河南縣，故郟、鄏地也。京相璠曰：‘郟，山名；鄏，地邑也。’”凑，謂會聚。

制郊甸，方六百里，國西土，爲方千里。

孔晁云：“西土岐周，通爲圻内。”孔注“圻”爲“畿”字。

【疏證】

制，《孟子·梁惠王下》“可使制梃”，趙岐注：“制，作也。”郊甸，《左傳》昭九年“入我郊甸”，杜注：“邑外爲郊，郊外爲甸。”《國語·周語上》“邦内甸服”，韋注：“甸，王田也。”“國”或爲“因”字形訛。《漢書·地理志》言“初雒邑與宗周通封畿，東西長而南北短，短長相覆爲千里”，鄭玄《毛詩譜·秦譜》言“遂橫有周西都宗周畿内八百里之地”，《王城譜》孔穎達正義引臣瓚言“西周方八百里，八八六十四，爲方百里者六十四。東周方六百里，六六三十六，爲方百里者三十六。二都方百里者百，方千里也”。説甚是。《商頌·玄鳥》言“邦畿千里，維民所止”，或亦是受此影響。

分以百縣，縣有四郡，郡有□鄙①。大縣城，方王城三之一，小縣立城，方王城九之一②。

孔晁云：“三三，九分居其一。”

【疏證】

①以，猶以爲。縣、郡，《左傳》哀二年“上大夫受縣，下大夫受郡”，孔穎達正義：“縣方百里，縣有四郡，郡方五十里。”此所言“縣、郡”與後世所行郡縣不同。由先秦實際所見置郡觀之，二者或是平行，或是郡高于縣，如《戰國策·秦策一》言“上黨十七縣”，而《戰國策·趙策一》言“上黨之守”，則其時上黨或已置郡。又陳偉《包山楚簡中的宛郡》（《武漢大學學報》1998年第6期）指出包山楚簡所見“子郿（宛）公”地位較高，行政上地位介于陰地官員和左尹之間，“陰”當爲楚國一縣。《戰國策·楚策二》所見宛公昭鼠“以十萬軍漢中”，其所統轄的兵力遠非一縣可比。由此可知“子郿（宛）公”或即是宛郡長官。而“宛”亦是楚縣縣名，故宛郡當轄宛縣。“口”當是“四”字形訛。四鄙，由上引孔穎達説推之，則鄙方二十五里。《周禮·天官·宰夫》“以考百官群都縣鄙之治”，鄭玄注：“五百家爲鄙。”

②大縣城，王念孫校作“大縣立城”，甚是。由此觀之，“縣”爲地域範圍之稱，非就“縣邑”而言。王城，謂洛邑，“王城”之稱，始于康、昭而非東周，詳前所引陳公柔文。由此推之，大縣城方三里，郛方九里，小縣城方一里，郛方三里，《墨子·非攻中》《孟子·公孫丑下》所言“三里之城，七里之郭”，《戰國策·齊策六》所言“三里之城，五里之郭”，或即本此而言。

郡鄙不過百室，以便野事。

孔晁云：“耕桑之事。”

【疏證】

郡鄙，當從盧校作“都鄙”。室，《豳風·鴟鴞》“無毀我室”，孔穎達正義：“人居謂之室。”便，《吕氏春秋·本經》“以便一生”，高誘注：“便，利也。”野，《周禮·地官·旅師》“掌聚野之耡粟”，鄭玄注：“野，謂遠郊之外也。”

農居鄙，得以庶士①，士居國、家，得以諸公、大夫②。

孔晁云："居，治也。治鄙以農，治國家以大夫。"

【疏證】

①居，訓爲"處"，孔注訓"治"不確。以，猶由也，用如《論語·爲政》"視其所以，觀其所由，察其所安"，《國語·晋語八》"必長者之由"，韋注："由，從也。"庶，衆也。

②國家，《孟子·離婁上》"皆曰天下國家"，趙岐注："國，謂諸侯之國。家，謂卿大夫之家。"此"國"與"諸公"呼應，"家"與"大夫"呼應。公，《儀禮·既夕禮》"公賵"，鄭玄注："公，國君也。"大夫，《廣雅·釋詁一》："君也。"

凡工賈胥市臣撲[①]，州里俾無交爲[②]。

孔晁云："工商百胥人臣撲各異州里而居，不相雜交也。胥，侍也。"孔注"撲"當改作"僕"。

【疏證】

①工，《國語·晋語四》"工商食官"，韋注："工，百工。"賈，《周禮·天官·大宰》"六曰商賈"，鄭玄注："行曰商，處曰賈。"胥，朱右曾言"胥，庶人在官給徭役"，此或從《荀子·儒效》所言"鄉也胥靡之人"，楊倞注："胥靡，刑徒人也。"説或是。市，《禮記·王制》"命市納賈"，鄭玄注："市，典市者。"撲，盧校改作"僕"，甚是。臣僕，《小雅·正月》"并其臣僕"，毛傳："古者有罪不入於刑則役之圜土以爲臣僕。"《尚書·費誓》"臣妾逋逃"，鄭玄注："臣妾，厮役之屬也。"僕，《禮記·禮運》"仕于家曰僕"，孔穎達疏："僕者，謂卿大夫之僕，又賤於臣。"朱右曾解爲"私家僕從"，或本此來。

②州，《左傳》宣十一年"謂之夏州"，杜注："州，鄉屬。"州里，猶言鄉里。俾，使也。交，謂雜錯，《小雅·楚茨》言"獻醻交錯"，即以交、錯同義連用。爲，當從劉師培讀爲"譌"，即"訛"也。交爲，言錯訛之義。其事即如《國語·齊語》所言"管子于是制國以爲二十一鄉：工商之鄉六，士鄉十五，公帥五鄉焉，國子帥五鄉焉，高子帥五鄉焉"。是句謂士

農工商各居其鄉而不相错訛。

乃設丘兆于南郊[①]，以上帝，配□后稷[②]，

孔晁云："設，築壇城内。郊，南郭也。"

【疏證】

①設，《戰國策·秦策一》"張樂設飲"，高誘注："設，置也。"丘，《尚書·禹貢》"是降丘宅土"，僞孔傳："地高曰丘。"兆，《周禮·春官·小宗伯》"兆五帝於四郊"，鄭玄注："兆，爲壇之營域。"丘兆，謂郊天之圜丘。南郊，《大戴禮記·朝事》言"率而祀天於南郊，配以先祖，所以教民報德，不忘本也"。

②"以"字下盧校增一"祀"字。上帝，即言天。"配"下脱字，諸家補爲"以"，甚是。《左傳》襄七年言"夫郊祀后稷，以祈農事也"，故後文言"日月星辰"。以后稷配天，亦見于《大雅·雲漢》"不殄禋祀，自郊徂宫。上下奠瘗，靡神不宗。后稷不克，上帝不臨"及《魯頌·閟宫》"皇皇后帝，皇祖后稷，享以騂犧，是饗是宜"，《世俘》亦有"告于天于稷"。

日月星辰先王皆與食。

孔晁云："先王、后稷，謂郊時。"

【疏證】

《左傳》昭元年有"山川之神，則水旱癘疫之灾，於是乎禜之，日月星辰之神，則雪霜風雨之不時，於是乎禜之"，則日月星辰，即主歲時農事者，如昭七年所言"六物"，爲"歲時日月星辰"也。王念孫從《藝文類聚》卷三十八改"日月星辰"爲"農星"，恐未必是。"農星"恐是後人不明"日月星辰"所指誤改。先王，或即言《世俘》《尚書·金縢》所見之"三王"，即太王、王季、文王，又或如《禮記·祭法》所言"周人禘嚳而郊稷，祖文王而宗武王"，非盧校所言《月令》之"五帝"，即朱右曾所言"太皞、炎帝、少皞、顓頊、黄帝"。與食，謂受饗。食，用如《尚書·洛誥》所見"洛食"之"食"，俞樾《群經平議·尚書四》解爲"用"，或是。

諸受命於周，乃建大社于周中，

孔晁云："受，封也。"

【疏證】

"諸"下或脱一"侯"字，"周"當爲"國"字形訛，二處當從盧校改之，孔注"受"爲"封"則非是。受命，謂受王之册命。建，立也。社，《禮記·祭法》言"王爲群姓立社，曰大社"，《郊特牲》言"社祭土而主陰氣也"，是"社"本爲土神之稱，後祭土神處亦稱爲社。國，《禮記·曲禮上》"入國而問俗"，鄭玄注："國，城中也。"

其壝東青土①，南赤土，西白土，北驪土②，中央亹以黄土③。將建諸侯，鑿取其方一面之土，苞以黄土，苴以白茅，以爲土封④。故曰受則土於周室⑤。

孔晁云："其方，謂建東方諸侯以青土也。覆茅苴，裹土，封之爲社也。"

【疏證】

①壝，當爲"壝"字形訛。壝，《周禮·春官·鬯人》"社壝用大罍"，鄭玄注："壝，謂委土爲墠壇，所以祭也。"以五色配五方，見于《儀禮·覲禮》"方明者，木也，方四尺，設六色，東方青，南方赤，西方白，北方黑，上玄，下黄"，《墨子·貴義》《迎敵祠》《周禮·春官·大宗伯》皆有五色配五方之語。《史記·三王世家》"故將封於東方者取青土，封於南方者取赤土，封於西方者取白土，封於北方者取黑土，封於上方者取黄土。各取其色物，裹以白茅，封以爲社"，即本《作雒》而來。

②驪，《禮記·檀弓上》"戎事乘驪"，鄭玄注："馬黑色曰驪。"《魯頌·駉》"有驪有黄"，毛傳："純黑曰驪。"此字與"黎""盧"等字皆取黑爲義。

③亹，當從劉師培作"㒼"，亦轉爲"冒"，如《白虎通·社稷》引《春秋傳》作"上冒以黄土"。冒，《邶風·日月》"下土是冒"，毛傳："冒，覆也。"㒼，《説文》言："平也。"中央亹以黄土，謂中央平覆以

黄土。

④建，謂封建。鑿，《廣雅·釋詁三》："穿也。"苞，盧校作"燾"，甚是。《尚書·禹貢》"厥貢惟土五色"，僞孔傳："使立社燾以黄土。"陸德明釋文："燾，覆也。"即與上句"中央亹以黄土"對讀，作"苞"者，或涉下文"苴"字而衍。苴，《禮記·禮運》"飯腥而苴孰"，陸德明釋文："苴，子餘反，苞也。"《管子·霸言》"夫上夾而下苴"，尹知章注："苴，包裹也。"白茅，《召南·野有死麕》"白茅包之"，毛傳："白茅，取潔清也。"以爲土封，王念孫從各唐宋類書引文校作"以土封之"，恐非是。前引《史記·三王世家》作"封以爲社"，孔注亦是此義，此皆早于唐宋類書。封，《國語·楚語下》"將何以封矣"，韋注："封，封國也。"言封國以白茅包覆之土而爲社，以有此土而有國。《國語·晋語四》言晋公子重耳過五鹿，乞食于野人，野人與之塊，子犯言："天賜也。民以土服，又何求焉！天事必象，十有二年，必獲此土。"或即此觀念之影響，故改校作"以土封之"則失此義。

⑤"則"當爲"列"字形訛，盧校是。列，分也，後亦以"裂"爲之。

乃位五宫①：大廟②、宗宫③、考宫④、路寢⑤、明堂⑥。

孔晁云："五宫，宫府寺也。大廟，后稷。二宫，祖、考廟也。路寢，王所居也。明堂，在國南者也。"

【疏證】

①位，立也。五宫，盧校疑作"五官"，非是，五者皆宫室。

②大廟，即太廟。《禮記·祭統》"然後會於大廟"，鄭玄注："大廟，始祖廟也。"亦作"太廟"，孔注以爲是后稷之廟，或是。

③宗，《禮記·大傳》"尊祖故敬宗"，鄭玄注："宗者，祖禰之正體。"孔穎達疏："宗是祖之正胤。"宫，《召南·采蘩》"公侯之宫"，毛傳："宫，廟也。"《大雅·雲漢》"自郊徂宫"，鄭箋："宫，宗廟也。"宗宫，爲歷代先王之宗廟。孔注以宗宫、考宫爲二宫，以宗宫爲祖廟，是指文王之廟。

④考宫，父之廟，即武王之廟。

⑤路寢，謂國君所居宫室。《魯頌·閟宫》“路寢孔碩”，毛傳：“路寢，正寢也。”《禮記·喪大記》“君夫人卒於路寢”，鄭玄注：“君謂之路寢，大夫謂之適寢，士或謂之適室。”路，《周禮·天官·宫人》“掌王之六寢之修”，鄭玄注：“路，大也，人君所居皆曰路。”

⑥明堂，《孟子·梁惠王下》有“明堂者，王者之堂也。”《淮南子·本經訓》“是故古者明堂之制”，高誘注：“明堂，王者布政之堂，上圓下方。堂四出，各有左右房，謂之个。凡十二所，王者月居其房，告朔朝歷，頒宣其令，謂之明堂。”《吕氏春秋·仲夏》“天子居明堂大廟”，高誘注：“明堂，南向堂也。”此或是孔晁注所本。

咸有四阿①、反玷②、重亢③、重郎④、常累⑤、復格藻棁⑥。設移⑦、旅楹⑧，惷常⑨，畫⑩。

孔晁云：“咸，皆也。廟四下曰阿。反玷，外尚室也，重亢，累棟也。重郎，累屋也。常累，系也。復格，累之孺也。井藻棁，昼梁柱也。承屋曰移。旅，别也。惷，謂藻井之飾也，言皆昼列柱爲之。”孔注“昼”當作“畫”，“藻棁”前之“井”字，盧校以爲衍文，甚是。“别”當爲“列”字形訛。

【疏證】

①四阿，《左傳》成二年“椁有四阿，棺有翰檜”，杜注：“四阿，四注椁也。”《周禮·考工記·匠人》“殷人重屋，堂修七尋，堂崇三尺，四阿，重屋”，鄭玄注：“四阿，若今四柱屋。”孫詒讓《周禮正義》言：“蓋屋之極謂之阿，猶後文門阿之爲門極也。”孫説可從。

②反玷，當作“反坫”，孫詒讓謂作“反坫”，恐非是。坫，《儀禮·士冠禮》“執以待于西坫南”，鄭玄注：“坫，在堂角。……古文‘坫’作‘襜’。”阮元校勘作“檐”。反坫，即今所謂“飛檐”，非《論語·八佾》所見在兩楹之間之“反爵之坫”。

③亢，《戰國策·燕策一》“亢義益國”，鮑彪注：“亢，高極也。”

極、棟二字《説文》互訓。《儀禮·鄉射禮》"序則物當棟"，鄭玄注："正中曰棟，次曰楣。"重亢，謂重棟。

④郎，即讀爲"廊"，《戰國策·秦策一》"式于廊廟之内"，鮑彪注："廊，東西序也。"重廊，謂兩廊，即《尚書·顧命》所見"東序、西序、東房、西房"。

⑤常累，孫詒讓疑爲"累常"，甚是。累，《戰國策·秦策四》"而有累世之怨矣"，高誘注："累，猶重也。"常，本或作"堂"，《吕氏春秋·知接》有"常之巫"，《管子·小稱》作"堂巫"。堂，《鄭風·丰》"俟我乎堂兮"，陸德明釋文："堂，門堂也。"《周禮·考工記·匠人》"門堂三十二"，孫詒讓正義："堂，即門側之堂。"孔注讀"常累"爲"系"，不確。

⑥復格，當從王引之作"復格"，格，亦作"笮"，謂柱上方木。復，本當作"覆"，《大雅·緜》"陶復陶穴"，陸德明釋文："復，《説文》作'覆'。"藻梲，《禮記·明堂位》"山節藻梲"，鄭玄注："藻梲，畫侏儒柱爲藻文也。"梲，《禮記·禮器》"山節藻梲"，鄭玄注："梁上楹謂之梲。"復格藻梲，謂以藻文覆格梲也，甚是。

⑦設，猶立也。移，潘振、朱右曾讀爲"簃"，《爾雅·釋宫》"連謂之簃"，郭璞注："堂樓閣邊小屋，今呼之簃厨連觀也。"

⑧楹，《左傳》莊二十三年"丹桓宫楹"，杜注："楹，柱也。"旅楹，謂列柱。

⑨惷，盧校作"春"，然作"春"文義亦未塙。案："惷"或爲"蠢"字形訛。蠢，《爾雅·釋詁下》："作也。"常，如前文讀"堂"。

⑩"畫"後盧校增一"旅"字，甚是。"畫旅"之"旅"，本或作"序"，即東西兩序之"序"，後《作雒》流傳時誤以爲是"次序"之"序"，故涉前文"旅楹"，誤改爲"旅"，用如《儀禮·鄉飲酒禮》"司正升，相旅"，鄭玄注："旅，序也。"蠢常畫旅，謂設堂而畫其兩序，與上句"設移旅楹"對文。

内階[1]、玄階[2]、堤唐[3]、山廧[4]。

孔晁云："以黑石爲階。唐，中庭道。堤，謂爲高之也，廧謂昼山雲。"孔注"爲高"當從盧校作"高爲"，"廧"前或脱一"山"字，"謂"後脱一"廧"字，"昼"當爲"畫"字形訛。

【疏證】

①内階，朱右曾言爲"納陛"，甚是。陛，《漢書·高帝紀下》"大王陛下"，顔師古注引應劭曰："陛者，升堂之階。"《釋名·釋宫室》有"天子殿謂之納陛，言所以納人言之階陛也"。《韓詩外傳》卷八有"諸侯之有德，天子錫之：一錫車馬，再錫衣服，三錫虎賁，四錫樂器，五錫納陛，六錫朱户，七錫弓矢，八錫鈇鉞，九錫秬鬯"，是知納陛爲天子所用之階。

②玄，《豳風·七月》"載玄載黄"，毛傳："玄，黑而有赤也。"故孔注言"以黑石爲階"。

③堤，亦作"隄"，《爾雅·釋宫》"隄謂之梁。"《孫子兵法·行軍》言"凡軍好高而惡下"，後有"丘陵隄防"，故孔注言"高爲之"。唐，《爾雅·釋宫》言"廟中路謂之唐"。《陳風·防有鵲巢》"中唐有甓"，毛傳："唐，堂塗也。"孔穎達正義："唐是門内之路。"

④廧，即"墻"字。山墻，或本《周禮·春官·司尊彝》"其再獻用兩山尊皆有罍"，鄭玄注："山罍，亦刻而畫之爲山雲之形"及《荀子·大略》"天子山冕"，楊倞注："山冕，謂畫山於衣而服冕，即衮冕。蓋取其龍澤謂之衮冕，取其山則謂之山冕。"

應門[1]、庫臺[2]、玄閫[3]。

孔晁云："門者，皆有臺。於庫門見之後可知也，又以黑石爲門階也。"

【疏證】

①應門，《大雅·緜》"乃立應門"，毛傳："王之正門曰應門。"鄭箋："朝門曰應門。"庫，《周禮·秋官·朝士》"朝士"，鄭玄注引鄭

司農云："王有五門，外曰皋門，二曰雉門，三曰庫門，四曰應門，五曰路門。"應門之外爲庫門，應門之内爲路寢之門，下篇《皇門》周公所格"庫門"，是以庫門而别内外朝。

②臺，謂門臺《左傳》定三年"邾子在門臺"，杜注："門上有臺。"庫臺，謂庫門之臺。

③玄，黑也。閫，《儀禮·士冠禮》"闑西閾外"，鄭玄注："閾，閫也。"《左傳》僖二十二年"見兄弟不踰閾"，杜注："閾，門限。"孔穎達正義："經傳諸注皆以閾爲門限，謂門下横木，爲内外之限也。"即今所謂"門檻"。

皇門第四十九

【題解】

《清華大學藏戰國竹簡》（一）亦有《皇門》篇，内容與今本大體一致，可與此對勘。簡本原無篇題，以與今本《皇門》内容大致重合，故徑以《皇門》爲題。由全文字形訛誤狀况可知，今本《皇門》應直接來源于楚文字流傳系統，與所見簡本或是直接淵源關係，或有共同文獻來源。孔晁以爲《皇門》之題源于“閎門”，恐非是。閎，簡本作“⿱耂古”，从耂从古。西周晚期吴盉銘文言：“王乎巂郘召作册吴，立⿸广⿱耂古門。”黄杰言“吴盉的‘⿸广⿱耂古門’也就是《皇門》的⿱耂古門”，説甚是（《再議清華簡〈皇門〉“⿱耂古”及相關問題》，《中國文字研究》第19輯，第74—75頁）。

維正月庚午，周公格左①閎門②會群門③。

孔晁云：“格，至也。路寢左門曰皇門。閎，音皇也。”

【疏證】

①簡本“正”下脱一“月”字，“周公”作“公”，“左”作“才”，格在，猶至于。

②閎，簡本作“⿱耂古”，从耂从古，整理者讀爲“庫”。庫門，《禮記·月令》“賞公卿諸侯大夫于朝”，鄭玄注：“朝，大寢門外。”孔穎達疏：“天子有三朝：一是燕朝，在路寢也；二是治朝，則此路寢門外，應門之内，以其賞賜公卿大夫，宜在治事之朝，故云大寢門外；三是外朝，在庫門之外，臯門之内，大詢衆庶，聽斷罪人之處也。”是知此周公格在庫門，即臨外朝以詢衆庶。王志平先生則指出此在外朝庫門會群臣，不合朝儀，當從

孔晁注説（《清華簡“皇門”異文與周代的朝儀制度》，《清華大學藏戰國竹簡（壹）國際學術研討會會議論文集》，清華大學出土文獻研究與保護中心，2011年，第110—111頁）。考前引黄杰之文，似後説更勝，然不知孔晁注説由來，可暫闕疑。

③“會群門”三字簡本所無，或是“在閎門”三字之注釋竄入。“群門”之“門”或爲“臣”字之訛。

曰①：“嗚呼！下邑小國②，克有耇老據屏位③，建沈人非不用明刑④，

孔晁云：“耇，老之賢人也，又建立沈伏賢人，不用明法。”

【疏證】

①簡本“曰”前有“公若”二字。若曰，猶如是説，爲史官轉記之語。

②“下邑小國”，簡本作“朕寡邑小邦”。寡，少也。寡邑，猶《左傳》習見之“敝邑”。小邦，周人自稱，即《尚書·大誥》“興我小邦周”。

③“克有耇老”，簡本作“蔑有耆耇”。蔑，《國語·晋語二》“蔑天命矣”，韋注：“蔑，無也。”耇、耆，皆老也，即《尚書·召誥》所見“壽耇”、《文侯之命》所見“耆壽”、《國語·周語上》所言“耆艾”、《國語·吴語》所見“黎老”。“據屏位”，簡本作“慮事屏朕位”，今本“據”或即“慮”字形訛。慮，《吕氏春秋·安死》“爲無窮者之慮”，高誘注：“慮，謀也。”屏，言輔保之義，班簋銘文（《集成》04341）、番生簋蓋銘文（《集成》04326）有“甹王位”，即讀爲“屏”，《嘗麥》“以屏助予一人”，朱右曾言：“屏，輔也。”

④“建沈人”，簡本作“肆朕冲人”，今本“建”即“肆”字形訛，肆，故也。“非”字下簡本有“敢”字。古書冲、沈多通，沈，定紐侵部，冲，定紐冬部，侵、冬旁轉，清華簡一《金縢》簡11“冲人”即作“沓人”，从沈得聲。明刑，整理者解爲顯明之刑罰，或是。清華簡五《封許之命》簡2—3有“則惟汝吕丁，肇右文王，毖光厥烈，□司明刑”，可與此對讀。

維其開告于予嘉德之説。

孔晁云：“言下邑所行而我法之，是開告我於善德之説。”

【疏證】

其，簡本作“莫”，形近而訛。莫，《邶風·谷風》“德音莫違”，鄭箋：“莫，無。”開，簡本無“告于”二字，此二字或爲“開”字注文竄入。開，言開通之義，《國語·晋語八》“夫樂以開山川之風”，韋注：“開，通也。”整理者亦訓爲“通”，故可以“告于”二字注之。予，簡本作“余”。嘉德，《左傳》襄九年有“體仁足以長人，嘉德足以合禮，利物足以和義，貞固足以幹事”。嘉，《大雅·大明》“文王嘉止”，毛傳：“嘉，美也。”説，《吕氏春秋·當務》“備説非六王五伯”，高誘注：“説，道也。”

命我辟王小至于大①。我聞在昔有國誓王之不綏于恤②。

孔晁云：“小至于大者，小大邦君也。恤，憂，言思治也。”

【疏證】

①“命我辟王小至于大”，簡本作“今我卑少于大”，“命”爲“今”字形訛。“卑”讀爲“譬”，後轉寫爲“辟”。“王”爲“辟”字注文竄入。少，即“小”也。今我譬小于大，猶言以小比喻于大。

②“在昔”，簡本作“昔在”。“有國誓王”，簡本作“有或之折王”，誓、折，即“哲”字，猶《尚書·康誥》所見“先哲王”。之，簡本作“則”。不，發語詞，無意。綏，簡本作“共”，整理者讀爲“恐”。共，即讀爲“恭”，敬也。恤，《國語·晋語三》“吾君慙焉其亡之不恤”，韋注：“恤，憂也。”“不共于恤”，用如《尚書·大誥》“無毖于恤”，此“無”亦發語詞，言敬慎于憂。

乃維其有大門宗子勢臣①，内不茂揚肅德②，訖亦有孚③，以助厥辟勤王國王家④。

孔晁云：“大門宗子，適長。勢臣，顯仕。茂，勉。肅，敬。訖，既也。孚，信也。”

【疏證】

①簡本無“其有”二字。大門，大族也，朱右曾説是。宗子，《大雅·板》“大邦維屏，大宗維翰。懷德維寧，宗子維城”，鄭箋：“宗子，謂王之嫡子。”勢臣，簡本作“埶臣”，整理者讀爲“邇臣”，甚是。邇臣，謂王之近臣。清華簡九《治政之道》簡19言“彼其輔相、左右、邇臣皆和同心”，可與此對讀。

②簡本無“内不”二字，今本“内不”，當爲“罔不”形訛。茂揚肅德，簡本作“懋揚嘉德”，古書“茂”“懋”多見通用。《國語·周語上》“懋正其德”，四部叢刊本即作“茂正其德”，韋注：“懋，勉也。”“懋德”爲古書習語，如《國語·周語中》“叔父其懋昭明德”，清華簡九《迺命一》簡2“尚布德之懋”。揚，言稱揚之義，如清華簡一《祭公之顧命》簡7“公稱丕顯德，以余小子揚文武之烈”。“肅”爲“嘉”字形訛。

③“訖亦有孚”，簡本作“迄有寶”。迄，《大雅·生民》“以迄于今”，毛傳：“迄，至也。”寶，本或作“保”，保，《説文》古文作“𠈃”。“孚”，《説文》古文作“𤓽”，故“寶”得轉寫爲“孚”。迄有寶，謂寶守至今，猶《嘗麥》所見“至于今不亂”。

④辟，君也。簡本“勤”後有“恤”字。勤恤，猶《度邑》所見“憂勞”。王國，簡本作“王邦”，漢諱。王邦王家，即古書習見之“邦家”，如清華簡九《治政之道》簡40所言“邦家之多病、萬民之不恤”。

乃方求論擇①元聖武夫②，羞于王所③。

孔晁云：“言旁自。羞，進。”孔注“言”或當爲“方”字之誤。“自”字當在下句正文“其善臣”之上，錯在注中。朱右曾從丁如金説改之，今以簡本觀之，甚是。

【疏證】

①方求，謂旁求。旁求，《國語·楚語上》有“旁求聖人”，《經義述聞》“旁行而不留”條言“旁、溥、遍，一聲之轉”，則“旁求”猶“遍求”，亦即《尚書·康誥》所見“敷求”。論，簡本作“選”。論，讀爲

“掄”，《周禮·地官·山虞》“凡邦工入山林而掄材，不禁”，鄭玄注：“掄，猶擇也。”選、掄二字同義换讀。

②元，《國語·周語上》“衆非元后”，韋注：“元，善也。”聖，《小雅·小宛》“人之齊聖”，鄭箋：“中正通知之人。”《墨子·尚賢中》引《湯誓》有“聿求元聖”，“聿”讀爲“肆”。北大漢簡《周馴》簡34亦有“今汝不能聰明元聖”。是句不見于《尚書·湯誓》，蓋當時流傳之《湯誓》或非一篇。武夫，《周南·兔罝》有“赳赳武夫，公侯好仇”，鄭箋：“有武力，可任爲將帥之德。”

③羞，《左傳》隱三年“可羞于王公”，杜注：“羞，進也。”王所，言王之處所。

其善臣①，以至十有分私子②，苟克有常③，罔不允通④，咸獻言在于□□⑤。

孔晁云：“私子，庶孽也。常，謂常德，言皆信通於義，以益王也。”

【疏證】

①其善臣，簡本作“自釐臣”，釐臣，整理者解爲“治臣”，或是。釐，《周頌·臣工》“王釐爾成”，鄭箋：“釐，理。”此或即《論語·泰伯》《左傳》襄二十八年所見“亂臣十人”之“亂臣”。

②簡本無“以”字，至十，簡本作“至于”，“十”爲“亍”字形訛。分，謂職分，有分私子，謂有職分之庶孽，陳逢衡説近是。

③常，簡本作“諒”，“常”或即“京”之形訛。諒，《小雅·何人斯》“諒不我知”，鄭箋：“諒，信也。”

④罔不允通，簡本作“無不䜌達”，整理者讀爲“懔”，訓爲“敬”，陳劍先生改釋爲“䜌”，讀爲“遂”，遂達，即順達，陳説甚是。

⑤簡本無“咸”“于”二字。獻，《國語·吴語》“大夫種乃獻謀”，韋注：“獻，進也。”今本脱字國圖本漫漶不清，静嘉堂文庫本補“王所”二字，與簡本同，故當從簡本補“王所”二字。是句言其治臣至于有職分之庶孽，若能有信，無不和順通達，進言在王之所。

人斯是助王恭明祀，敷明刑。

孔晁云："言善人君子皆順是助法王也。"

【疏證】

人斯是，簡本作"是人斯"。是，猶故也。斯，猶乃也。恭，敬也。敷，布也。

王用有監明憲朕命①，用克和有成②，用能承天嘏命③。

孔晁云："監視，明此事法，故能承天命，王天下也。"

【疏證】

①明，簡本作"多"，形近而訛。監，《國語·周語上》"后稷監之"，韋注："監，察也。"憲，《小雅·六月》"萬邦爲憲"，毛傳："憲，法也。"朕，簡本作"正"，讀爲"政"。政命，猶《左傳》成十六年"政令於是乎成"之"政令"。

②"用"前簡本多一"王"字。克，能也。和，整理者解爲和諧之義，或通。案：此"和"或亦可讀爲"宣"，《經義述聞·禮記上》"布德和令"條，王引之言"和，當讀爲宣"。此上下文即言布德和令等事，故亦可讀爲"宣"。宣，《左傳》昭十二年"寵光之不宣"，杜注："宣，揚也。"克和有成，謂能宣揚其成就。

③承天嘏命，簡本作"承天之魯命"。《大雅·卷阿》《小雅·賓之初筵》《魯頌·閟宫》等篇所見"純嘏"，即金文習見之"純魯"，二字古通，表嘉美之義。

百姓兆民①，用罔不茂在王庭②。

孔晁云："勉在王庭，獻言于王所也。"

【疏證】

①兆民，簡本作"萬民"，十萬曰兆，引申爲衆多之義，與"萬"同義换讀。

②茂，簡本作"腼比"，整理者讀爲"擾比"，并以《大雅·皇矣》"克

順克比”讀之。案：脜即“柔”字，不煩作“擾”，柔，亦順也。比，謂親比。“庭”，簡本作“廷”。

先用有勸永有□于上下。

孔晁云：“上謂天，下謂地也。”

【疏證】

“先”後簡本多一“王”字。永有□于上下，簡本作“以賓佑于上”，今本“永有”二字，或即“賓”字形訛，故今本脱字當作“右”。勸，整理者訓爲“力”，恐非是。勸，當讀如《尚書·君奭》“在昔上帝割申勸寧王之德”之“勸”，猶勉也。賓，簡本作“瀕”，整理者讀爲“賓”，訓爲“導”，朱鳳瀚《讀清華竹簡〈皇門〉》則讀爲“頻”，今暫從整理者之説。是句謂先王用勉以導佑于天。

人斯既助厥勤勞王家，

孔晁云：“助君也，謂大明衆于也。”孔注“衆于”或當倒作“于衆”。

【疏證】

“人”前簡本多一“是”字。“厥”後簡本多一“辟”字，辟，君也。“王家”之前簡本多“王邦”二字。是，猶故也。斯，猶乃也。勤，亦勞也。《尚書·金縢》有“昔公勤勞王家”，可與此對讀。

先人神祇報①，職用休②，俾嗣在厥家③，

孔晁云：“先人及天地報之，王用善詔家。”孔注“詔”或讀爲“紹”，紹，言繼嗣。

【疏證】

①“先”字後簡本無“人”字。神祇，簡本作“神示”。報，簡本作“復”，二字同義换讀，報謂反報、酬報之義。

②職，簡本作“式”，形訛。式，語辭，猶乃也。休，美也。式用休，亦見于《祭公》“康受乂之，式用休”，《尚書·多方》亦有“天惟式教我用休”。故當與上句分讀。

③俾，使也。嗣，簡本作“備”，備，讀爲“服”。服、嗣，皆事也，二字同義换讀。

王國用寧，小人用格，□能稼穡①，咸祀天神，戎兵克慎②，軍用克多③。

孔晁云：“神祐之故。”

【疏證】

①王國，簡本作“王邦”。寧，安也。小人，簡本作“小民”。格，簡本作“假”，格、假，皆至也，同義换讀。簡本“用假”後無脱字。今本脱字或爲“爰”字，如《尚書·洪範》“土爰稼穡”，爰，猶乃也，用如《尚書·無逸》“爰知小人之依”。小人用假，謂小民至也，如《大聚》言“不召而民自來”。稼穡，《大雅·桑柔》“稼穡卒痒”，鄭箋：“耕種曰稼，收斂曰穡。”

②咸，簡本作“[illegible]”，从并从戈，整理者讀爲“并”。咸、并二字或是同義换讀。戎，亦兵也，戎兵，謂武事，《管子·内業》言“善氣迎人，親於弟兄。惡氣迎人，害於戎兵”。克慎，簡本作“以能興”，能、克二字同義换讀，“興”字或訛爲“真”，又轉讀爲“慎”，由下句“軍用多實”可知讀“興”是。

③克多，簡本作“多實”。實，《左傳》文十八年“聚斂積實”，杜注：“實，財也。”

王用奄有四鄰①，遠土丕承②，萬子孫用末被先王之靈光③。

孔晁云：“奄，同。丕，大。末，終。”

【疏證】

①“用”後簡本多一“能”字。奄，《魯頌·閟宫》“奄有龜蒙”，鄭箋：“奄，覆。”奄有，猶金文習見之“匍有”，亦作“敷有”。四鄰，猶四方。

②遠土，猶遠方，《墨子·尚同中》有“山林遠土之民”。丕，大也。承，《國語·晋語八》“非起也敢專承之”，韋注：“承，受也。”

③簡本無“萬”字。末，簡本作“穫”，當通“蔑”，《論語·子罕》“末由也已”，《史記·孔子世家》作“蔑由也已”。蔑，勉也，整理者訓“終”非是。被，猶《尚書·堯典》“光被四表”之“被”，覆也。靈光，簡本作“耿光”。耿，《國語·晋語二》“其光耿于民矣”，韋注：“耿，猶昭也。”耿光，周人習語，見于《尚書·立政》“以覲文王之耿光，以揚武王之大烈”、禹鼎銘文（《集成》02833）“敢對揚武公丕顯耿光”、毛公鼎銘文（《集成》02841）“亡不覲于文武耿光”。

至于厥後嗣①，弗見先王之明刑②，維時及胥學于非夷③，

孔晁云：“時，有。胥，相。爲是相斈与非常也。”孔注“有”當作“是”，“斈”即“學”字。

【疏證】

①“後嗣”之後，簡本有“立王”二字。嗣，《尚書·洪範》“禹乃嗣興”，僞孔傳：“嗣，繼也。”後嗣立王，謂後世繼立之王，馮勝君以“立王”二字爲衍文，亦通。

②弗見，簡本作“乃弗肯用”。

③維時及，簡本作“乃維訯訯胥驅”。訯訯，整理者讀爲“急急”，是即故書習見之“汲汲”“彶彶”，《廣雅·釋訓》：“彶彶，勮也。”今本“及”即從“訯”而來。胥，相也。驅，當讀“毆”，用如《孟子·離婁上》“爲湯武毆民者，桀與紂也。今天下之君有好仁者，則諸侯皆爲之毆矣，雖欲無王，不可得已”。學，簡本作“教”，整理者解爲“教唆”，或是。夷，簡本作“彝”。彝，《大雅·烝民》“民之秉彝”，毛傳：“彝，常。”是句《孟子·告子上》引作“民之秉夷”。非彝，猶言亂常，《國語·周語中》引“先王之令”言“天道賞善而罰淫，故凡我造國，無從非彝，無即慆淫，各守爾典，以承天休”。胥驅教于非彝，言以亂常相驅策教唆。是句可與清華簡五《厚父》簡6“弗用先哲王孔甲之典刑，顛覆厥德，沉湎于非彝”對讀。上句言先王之善，此則言後嗣之不善。

以家相厥室，弗恤王國王家，維德是用，

孔晁云："言勢人以大夫私家，不憂王家之用德。"

【疏證】

家，《國語·魯語下》"合家事于内朝"，韋注："家，大夫。"相，《尚書·盤庚下》"予其懋簡相爾"，僞孔傳："相，助也。"室，《國語·楚語上》"燮及儀父施二帥而分其室"，韋注："室，家資也。"恤，憂也。王國，簡本作"王邦"。

維德是用，簡本作"維俞德用"，俞，整理者讀爲"媮"，訓爲"巧黠"，復旦讀書會讀"媮"，轉讀爲"偷"，馮勝君亦讀爲"偷"，謂爲苟且之義，朱鳳瀚讀爲"踰"。案：馮勝君説是，"俞"可徑讀爲"偷"，即《論語·泰伯》"故舊不遺，則民不偷"之"偷"。《國語·周語上》"守固不偷"，韋注："偷，苟且也。"即《常訓》所見"民乃苟"。是句謂大夫各助其家資，而不憂王之邦家，維用苟且之德。

以昏求臣①，作威不祥②，不屑惠聽無辜之亂③，

孔晁云："祥，善也，不察無罪以惡民也。"

【疏證】

①"以昏求臣"，簡本作"以問求于王臣"，字或當從今本讀爲"昏"，是與上下文義相合。問，簡本作"䎽"，从昏从耳，即可讀爲"昏"。上博簡二《容成氏》簡50有"今受爲無道，昏諸百姓"，"昏"即作"䎽"。昏，《尚書·牧誓》"昏棄厥肆祀弗答"，僞孔傳："昏，亂也。"

②作威，簡本作"弗畏"，威、畏通假，故書多見。此當從簡本作"畏"，所畏之不祥，是天之不祥，如《國語·吴語》"畏天之不祥，不敢絶祀，許君成，以至于今"。是句亦可與清華簡五《厚父》簡9—10"民式克恭心敬畏，畏不祥，保教明德，慎肆祀"及簡10"廼弗畏不祥，亡顯于民，亦惟禍之攸及，惟司民之所取"對讀。

③屑，簡本作"肯"，二字形近而訛。惠，愛也。聽，《吕氏春秋·應同》"臣不能聽"，高誘注："聽，從。"無辜之亂，簡本作"無辠之辭"，"辜"爲"辠"字形訛，即"罪"字。

辭是羞于王。

孔晁云："言順不進之辭于王。"孔注"順不進"或當作"進不順"。

【疏證】

簡本無此句。此句之"辭"或即上句"亂"之正字。"是羞"，或當作"是治"，即下句簡本所謂"不順是治"。治，簡本作"[illegible]"，或通爲"[illegible]"，如郭店簡《性自命出》簡27"[illegible]其德也"，上博簡一《性情論》簡16作"[illegible]其德也"，上博簡二《容成氏》簡32有"[illegible]爵而行禄"，即讀爲"治"。"羞"，清華簡六《子産》簡24作"[illegible]"。

王①皐良②，乃惟不順之③，言于是人，斯乃非維直以應④，維作誣以對⑤，俾無依無助⑥。

孔晁云："皐，大。良，善也。王求善而是人作誣以對，故王無依助也。"

【疏證】

①是句語序顛倒，諸家多從王念孫校作"以昏臣作威不祥，不屑惠聽無辜之辭，乃維不順之辭是羞于王，王皐求良言，于是人斯乃非維直以應，維作誣以對，俾無依無助"，校甚是。

②"王皐良"當是移至"言"字之前，即簡本所見"我王訪良言于是人"。是人，謂前文所言"弗恤王國王家，維德是用"之人。皐，孔晁注"王皐良"三字，則此句在孔晁前已訛入正文。訪，猶詢也，訪良言，如《尚書·康誥》"紹聞衣德言"。

③不順之，簡本作"不順是治"，不順是治，猶"治不順"也。

④維直，簡本作"休悳"。"休"訛爲"佳"，後轉寫爲"維"。"直"爲"悳"字訛誤。休悳，美德也。應，《國語·晋語一》"龜往離散以應我"，韋注："應，答也。"

⑤維作誣以對，簡本作"乃惟詐區以答"，作，即"詐"字形訛。區，或訛爲"巫"，後轉讀爲"誣"。區，整理者讀爲"詬"。案："區"可讀本字，訓爲"虚"，不煩改讀爲"詬"，《管子·宙合》："區者，虚也，

人而無良焉，故曰虚也。”對、答二字同義换讀。

⑥“俾”字下簡本多“王之”二字。依，猶倚也，用如《管子·宙合》“依賢可用也”。是句謂王以昏亂求于臣下，不畏天之不祥，不肯愛聽無罪之辭，是以治而不順。王詢求良言于此弗恤王國王家之人，是乃不以美德應對，而以詐虚作答，使王無依無助。

譬若畋犬[①]，驕用逐禽[②]，其猶不克有獲[③]。

孔晁云：“驕，謂不習也，言□□之無得，猶驕犬逐禽不能獲。”孔注脱字或從前文補“良言”二字。

【疏證】

①譬若畋犬，簡本作“譬如戎夫”，戎夫，清華簡八《治邦之道》簡16有“大夫守政，士守教，工守巧，賈守賈鬻聚貨，戎守稼穡，此之曰修”、簡19“工商、戎夫之惰於其事以偷求生”，戎，整理者讀爲“農”，甚是。畋，清華簡二《繫年》簡4“王是始棄帝籍弗畋”，畋，讀爲“田”，則“畋夫”即“田夫”，與“農夫”同義换讀。《史記解》以“戎夫”爲人名，或誤。

②驕，簡本作“喬”，整理者從今本讀爲“驕”。案：“驕”字或當讀爲“矯”。馬王堆帛書《名理》72下“如由如驕”，“驕”即讀爲“矯”。上博簡六《競公虐》簡10“之臣，出喬于鄙”，今本《晏子春秋》作“外寵之臣，矯奪於鄙”。《漢書·嚴安傳》“帶劍者夸殺人以矯奪”，顔師古注：“矯，僞也。”矯，言詐僞之義，《國語·周語上》“其刑矯誣”，韋注：“以詐用法曰矯。”此所言“詐僞”，即與上句“詐區以答”文義相承。逐，簡本作“從”，二字皆追之義，同義换讀。禽，《戰國策·趙策一》“虎將即禽”，鮑彪注：“禽，走獸總名。”

③其猶不克有獲，簡本作“其猶克有獲”，由上下文義觀之，當從今本。猶，猶尚也。是句謂譬如農夫，以詐僞逐獸，則不能有獲。

是人斯乃讒賊媢嫉[①]，以不利于厥家國[②]。

孔晁云：“言賊仁賢，忌媢嫉妒，以不利其君。”

【疏證】

①是，猶故也。斯，猶乃也，與“乃”同義連用。讒賊，《荀子·修身》言：“傷良曰讒，害良曰賊。”簡本“讒賊”後脱二字，當據今本補之。媢，《禮記·大學》“媢嫉以惡之”，鄭玄注：“媢，妒也。”嫉，亦妒也。

②于厥家國，簡本作“厥辟厥邦”。辟，君也。

譬若匹夫之有婚妻①，曰予獨服在寢②，以自露厥家③。

孔晁云：“寢，室也，言百露於家，言謂美好喻昏臣也。”孔注“百”當作“自”。

【疏證】

①譬若匹夫之有婚妻，簡本作“如嚞夫之有妻”。嚞，整理者讀爲“梏”，訓爲“正直”，朱鳳瀚讀爲“苦”，未必是。是字作“梏”無誤，王念孫《廣雅疏證·釋詁一》“覺，大也”條，言“梏與覺通”。《大雅·抑》《左傳》昭五年作“有覺德行”，《禮記·緇衣》引作“有梏德行”，郭店簡《緇衣》作“[illegible]”，上博簡《緇衣》作“[illegible]”形，此字象雙手在桎梏之形，故今本作“梏”。今本《詩經》作“覺”，“覺”字上半部即从雙手，爻聲，與簡本所見“[illegible]”形近，或由此而作“覺”。覺，《大雅·抑》毛傳訓爲“直”，《左傳》文四年“以覺報宴”，杜注：“覺，明也。”忞，整理者讀爲“媢”，“婚”爲“媢”字形訛，與上文“讒賊媢嫉”文義相承。

②獨，《小雅·正月》“哀此惸獨”，毛傳：“獨，單也。”服，事也。寢，當從孔晁訓爲“室”。

③露，簡本作“[illegible]”，整理者讀爲“落”，恐非是。是字上博簡一《孔子詩論》簡21“審”，今本《詩經》作《湛露》，安大簡《詩經》簡29亦作“[illegible]”，則其讀“露”甚明。露，《左傳》昭元年“以露其體”，杜注：“露，羸也。”王引之《經義述聞·左傳下》言：“露爲疲憊之義。”《管子·五輔》“振罷露”，王念孫《讀書雜志·管子第二》言：“露之言羸也。”是句謂譬如明直之夫有妒嫉之妻，言我獨事于室，而自罷其家。

媢夫有邇無遠①，乃食蓋善夫②，俾莫通在士王所③。

孔晁云："食爲野□。媢夫見近利而無遠慮，利爲掩蓋善夫使莫通。"

【疏證】

①媢夫，簡本作"媢夫"。清華簡六《鄭武夫人規孺子》簡7有"媢妒之臣躬恭其顏色"，讀爲"媢妒之臣"，是媢、媢二字有别。有邇無遠，言用爲近臣而不疏遠之。

②食，當作"弇"，形訛，王念孫説是，簡本即作"弇"。弇，即掩，故孔晁注爲掩蓋。善夫，謂善人。乃弇蓋善夫，用如清華簡一《祭公之顧命》簡16"汝毋以嬖士塞大夫卿士"，亦可與《芮良夫》"賢智箝口，小人鼓舌"對讀。

③簡本"善夫"有重文，無"俾"字。通，簡本作"達"，同義换讀。簡本無"士"字，今本"士"字或是"于"字形訛。是句善妒者用爲近臣而不疏遠之，則掩蓋善人，使善人不達于王之所。

乃維有奉狂夫①是陽是繩②，是以爲上③，是授司事于正長④。

孔晁云："言陽舉征夫以爲上人，□爲官長。正，主其事也。"孔注"陽"當作"揚"，舉也。孔注□脱字當補"以"字。

【疏證】

①有，讀爲"又"。奉，《廣雅·釋詁二》："進也。"狂夫，簡本作"俟夫"，整理者讀爲"疑夫"，疑爲"嫉"字。疾，猶賊也，《大雅·瞻卬》"蟊賊蟊疾"，竹添光鴻《毛詩會箋》言"蟊疾，亦蟊賊也"，然以"疾"訓速，或失之。《韓非子·詭使》言"損仁逐利謂之疾險"是"疾夫"謂損仁逐利之人。疾、狂皆有"亂"之義，二字同義换讀。

②是，語辭，無義。陽，簡本作"揚"。繩，簡本作"䌌"，整理者舉上博簡一《孔子詩論》簡28"青蠅"作"青䗂"爲證，清華簡多見"䌌"字，皆讀爲"繩"，清華簡七《子犯子餘》簡8—9言："凡民秉度，端正僭忒，在上之人，上繩不失，近亦不僭。"繩，或當讀如《大雅·下武》"繩其祖武"，馬瑞辰《毛詩傳箋通釋》讀"承"或是。

③上，《國語・齊語》“不用上令者”，韋注：“上，君長也。”

④授，謂授予。司事，謂主事。于正長，簡本作“帀長”，讀爲“師長”。今本“于”或即“帀”字形訛。師，《國語・晋語四》“官師之所材也”，韋注：“師，長也。”是句謂乃奉承稱揚損仁逐利之人，以之爲君長，以授主事正長。

命用迷亂[①]，獄用無成[②]。小民率穡[③]

孔晁云：“命者，教也。率，皆。痛，愁困也。”孔注“痛”或即正文“獄用”之“用”。

【疏證】

①命，簡本作“正”，讀爲“政”。小民率穡當屬下句讀。命，《禮記・緇衣》“苗民匪用命”，鄭玄注：“命，謂政令也。”迷亂，猶惑亂、昏亂，見于《尚書・無逸》“無若殷王受之迷亂”。《大雅・板》“威儀卒迷”，陳奐《詩毛氏傳疏》：“迷，迷亂也。”

②“獄用”之“用”，即孔注之“痛”。此“用”或讀爲“庸”，《鄘風・桑中》“美孟庸矣”，馬瑞辰《毛詩傳箋通釋》言：“庸、用古通用。”庸、痛形近易訛，故孔注誤爲“痛”。此“庸”本或作“訟”，上博簡二《容成氏》簡53背即書作“訟成氏”，《穆天子傳》卷二“容成氏之所守”，洪頤煊校：“成，本作‘□’，從《太平御覽》六百十八引改。《路史・前紀五》引作‘庸成氏’，庸、容古通用。”故“庸”可通爲“訟”。“獄訟”連用，古書習見。獄，《國語・魯語上》“余聽獄雖不能察”，韋注：“獄，訟也。”成，《大雅・緜》“虞芮質厥成”，毛傳：“成，平也。”

③“小民率穡”當連下句讀。

保用無用壽亡以嗣，天用弗保。

孔晁云：“安民之用無所宣施，是故民失其性，天所不安，用非其人故也。”

【疏證】

小民率穡保用無用壽亡以嗣，簡本作“小民用禱無用祀”，當從簡本，“率穡保用無”五字當是衍文。“壽”當爲“禱”字形訛，“亡”與“無”同義换讀。祀，可作“巳”，郭店簡《成之聞之》簡40“以祀天常”，即作“[illegible]”。而“以”多以“巳”爲之，古書常見。故“祀”得轉訛爲“以”，作“以”則文義未完，故後人補一“嗣”字以完其義。禱，告事求福也，臨事則禱，祀謂常祀也，此可與《糴匡》言大荒之年“有禱無祭”對讀，言以禱而不以常祀，則天不保佑之。

媢夫先受殄罰①，國亦不寧。嗚呼，敬哉！監于兹②！朕維其及③

孔晁云：“殄，絶其世也，及其人也。”

【疏證】

①媢，簡本作“忞”，亦當從前文讀“媢”。殄，簡本作“[illegible]”。簡本“吝”字當讀爲“閔”，上博簡二《容成氏》簡52—53“以告吝于天”，即讀爲“閔”。清華簡一《尹至》簡1—2“余[illegible]其有夏衆吉好”，“[illegible]”整理者亦讀爲“閔”。安大簡《鄘風·君子偕老》“[illegible]髮如雲”，今本《説文》引作“㐱發如雲”。又以下字爲“罰”，故讀爲“殄”。是今本《皇門》所據底本“閔”作“[illegible]”形，與簡本當非同一底本。閔，亦凶也，《左傳》宣十二年“寡君少遭閔凶”，杜注：“閔，憂也。”

②國，簡本作“邦”。寧，安也。監，猶察也，或可通“鑒”。兹，猶此也。

③“朕維其及”四字當屬下讀。

朕藎臣夫明爾德①，以助予一人憂②。

孔晁云：“藎，進也，言我進用之臣夫明明之德助我憂天下者。”

【疏證】

①朕維其及朕藎臣，簡本作“朕遺父兄眔爾儱臣”。遺，《左傳》昭三年“及遺姑姊妹”，杜注：“遺，餘也。”父兄，謂諸父諸兄，泛言其宗族，用如《左傳》隱十一年“寡人唯是一二父兄不能共億”。眔、及同義换

讀。“俥臣”即前文所見“埶臣”，謂邇臣。“俥”可讀爲“近”，上博簡二《容成氏》簡19“近者悦治而遠者自至”，近，作“遳”，二字皆從“聿”得聲，當可通假。清華簡三《芮良夫毖》簡9所見“及爾藎臣，胥糾胥由”，亦讀爲近臣。

②予一人，王自稱也。憂，當從《説文》解爲“和之行也”。明爾德，以助予一人憂，用如《左傳》定四年“選建明德，以藩屏周”。是句言朕所餘父兄及爾之近臣，明爾德以助我和之行。

無維乃身之暴，皆恤爾①，假予德憲②，資告予元③。

孔晁云：“假，借資用也。借我法用德之告我我大德之所行也。”孔注或當校作“借我用德之法，告我大德之所行也”。

【疏證】

①無維乃身，簡本作“毋惟爾身”。暴，簡本作“嚚”，整理者讀爲“懔”，敬也。當從陳劍説訓爲“遂”。無惟乃身之懔，猶不當獨善其身之義。恤，憂也。

②假，《大雅·文王》“假哉天命”，毛傳：“假，固也。”憲，猶法令。假予憲，用如《左傳》宣十五年“申固其命”，亦即毛公鼎銘文（《集成》02841）“申圝大命”。“爾”字後簡本多一“邦”字。“德憲”之“德”，當在“資告予元”後。

③資告予元，簡本作“既告汝元德之行”。資，清華簡九《治政之道》作“𢍑”，同篇“既”則作“𣄼”，二字形近易訛。既，猶終也。告，猶教也。元德，謂善德。是句言不惟敬乃身，皆當憂爾邦，固我之法令，終教汝善德之行。

譬若衆畋①，常扶予險②，乃而予于濟③。

孔晁云：“如衆令畋獵相扶持也。濟，遂也。”

【疏證】

①譬若衆畋，簡本作“譬如舡舟”，“衆畋”即“舡舟”形訛，或是隸定時將“舡”誤寫爲“衆”。舡舟，猶《尚書·盤庚中》“爾惟自鞠自苦，

若乘舟，汝弗濟，臭厥載。”

②常扶予險，簡本作“輔余于險”。輔、扶，皆助也，二字同義换讀。險，《國語·周語下》“君子將險哀之不暇”，韋注：“險，危也。”

③乃而予于濟，簡本作“𨟻余于淒”，𨟻，當從前引陳劍説訓爲“遂”。

汝無作。

【疏證】

汝無作，簡本作“毋作祖考羞哉”。北大漢簡《周馴》簡132言“此《書》之所謂曰‘汝毋遺祖考羞哉’”，整理者以爲所引出此，恐未必是。無作某羞，或作“無貽某羞”，爲先秦習語，《左傳》哀二年有“無作三祖羞”，上博簡三《仲弓》簡26有“愚恐貽吾子羞，願因吾子而訋”，清華簡八《攝命》簡31有“弗爲我一人羞”，清華簡九《廼命二》簡5有“藉以貽我祖考羞”，皆可與此對讀。貽，《國語·周語中》“欲以貽女”，韋注：“貽，遺也。”

大戒第五十

【題解】

是篇總括全篇内容爲題，其性質當爲箴戒，未必即是成王、周公坐而論道之語，其後人僞託成分或較多，語言有着意仿古痕迹。

維正月既生魄，王訪于周公曰①：“嗚呼！朕聞維時兆厥工②，非不顯，朕實不明③。

孔晁云：“兆，始。工，官。言政治維是始正其官。”

【疏證】

①訪，《周頌·訪落》“訪予落止”，毛傳：“訪，謀。”

②時，猶是也。兆，《國語·晋語三》“其魄兆於民矣”，韋注：“兆，見也。”工，讀爲“功”，事也。時兆厥工，謂是見其事。

③非不顯，朕實不明，謂非其事不顯，而是我不明其事。《説文》引《逸周書》言“朕實不明，以侊伯父”，盧校以爲即出自此篇。然此句未必即是此處所脱，孫詒讓以爲“以侊伯父”當在後文“念不知”之下，言許慎約引，二句不必相次，或是。侊，《説文》段注以爲“溷”字假借，又作“慁”。《漢書·陸賈傳》“毋久溷女爲也”，顔師古注引服虔曰：“溷，辱也。”此“辱”或用如《左傳》僖二十六年“寡君聞君親舉玉趾，將辱於敝邑”之“辱”，謙辭，謂辱問于伯父，是“溷”字不必通爲“問”。

維士非不務，而不得助①，大則驕，小則懾，懾謀不極②。

孔晁云：“言務求士而不得助如此之難。極，中也。”

【疏證】

①士，《荀子·議兵》"好士者强"，楊倞注："士，賢士也。"務，孔注訓爲"務求"，説或本《吕氏春秋·孝行》"務其人也"高誘注"務，猶求也"而來。而，猶却也。

②驕，謂驕慢。慑，《吕氏春秋·論威》"威所以慑之也"，高誘注："慑，懼也。"大、小，謂尊卑，《魯頌·泮水》"無小無大，從公于邁"，鄭箋："臣無尊卑，皆從君行而來。"大則驕，小則慑，謂尊之則驕慢，卑之則恐懼。慑謀不極，言恐懼則其謀無常。

予重位，與輕服[①]，非共得福，厚用遺[②]。

孔晁云："重所重在於重位輕服。所立非夫德而厚福用之，是求益之言也。"孔注似有訛脱，意有未塙。

【疏證】

①予，《荀子·修身》"喜不過予"，楊倞注："予，賜也。"重位，言尊位。與，亦賜予也。輕，《吕氏春秋·知接》"桓公非輕難而惡管子也"，高誘注："輕，易。"服，事也。

②劉師培以"共"爲"夫"字形訛，似不通。案："非"爲"共"字形訛，抄手誤"共"爲"非"，後補綴正字于後。此"非共得福"，當作"共得福"。共，讀爲"恭"，敬也。得，《論語·子張》"見得思義"，皇侃義疏："得，得禄也。"福，《小雅·瞻彼洛矣》"福禄如茨"，鄭箋："爵命爲福，賞賜爲禄。"共得福，謂敬得爵命。厚，《周禮·考工記·弓人》"是故厚其液而節其帤"，鄭玄注："厚，猶多也。"用，猶以也。遺，《周禮·地官·序官》"遺人"，鄭玄注："遺，以物有所饋遺。"此承前文言"務士"之道，言賜高位，與易事，敬得爵命而多用饋遺。

庸止生郄[①]，庸行信貳[②]，衆輯群政[③]，不輯多匿[④]。嗚呼！予夙勤之[⑤]，無或告余[⑥]。非不念，念不知[⑦]。"

孔晁云："止，容也。常信貳則難得中也。我雖勤之，無有告我者，徒知而不得明知也。"

【疏證】

①庸，《齊風·南山》“齊子庸止”，毛傳：“庸，用也。”“止”與下句之“行”對文，不當從孔注訓爲容止之“止”。止，《孟子·公孫丑上》“可以止則止”，趙岐注：“止，處也。”郄，朱右曾訓爲“間隙”，甚是。

②貳，當作“貣”，即“忒”字，《左傳》文二年“享祀不忒”，杜注：“忒，差也。”

③輯，《國語·魯語上》“契爲司徒而民輯”，韋注：“輯，和也。”群政，孫詒讓解爲“衆和輯則群自正”，并以《大匡》“不遠群正”解之，恐非是。由上下文觀之，此所言者爲跋前疐後、進退維谷之事，則“群政”亦當時負面含義。此“群政”，或讀如《左傳》桓十八年“并后，匹嫡，兩政，耦國，亂之本也”之“兩政”，謂政出多門。

④匿，讀爲“慝”，《大雅·民勞》“無俾作慝”，毛傳：“慝，惡也。”

⑤“夙”後或脱一“夜”字，唐大沛説是。《成開》有“余夙夜之勤”。勤，勉也。

⑥或，《左傳》昭二十八年“或賜二小人酒”，杜注：“或，他人也。”

⑦“念”字不當重，是句即如《大開武》所見“非不敬，不知”。念，慮也。極、貣、匿，職部字。遺，微部字，職、微二部旁對轉。是句言用人之難，謂用之安處則生間隙，用之行事則信有差，衆和則政出多門，衆不和則多惡。我夙夜勉之，而無人告我。非不念此道，實爲不知。

周公曰：“於！敢稱乃武考之言曰①：微言入心，夙喻動衆，大乃不驕。行惠於小，小乃不懾②。

孔晁云：“言汝之武王有此言。”孔注“之”或爲“父”字之誤，又或後脱一“考”字。

【疏證】

①於，發聲之辭，無義。稱，《國語·晋語八》“其知不足稱也”，韋注：“稱，述也。”武考，謂武王也。各本改作“武王”不確，“乃武王”

是不辭矣。

②微，或讀爲“媺”，即“美”字。微言，即美言也，解爲幽微、隱微之言，或失其詁。夙，猶敬也，《大雅·生民》“載震載夙”，鄭箋：“夙之言肅也。”喻，《漢書·項籍傳》“喻以所爲”，顔師古注：“喻，曉告之。”美言、夙喻，是寬嚴相濟之義。動衆，《大戴禮記·五帝德》“其動也時”，王聘珍解詁：“動，謂動衆使民也。”惠，愛也。是句謂周公乃稱述武王之言曰：幽微之言而入其心，敬肅曉告以使民，尊位者乃不驕慢。行惠愛于卑者，卑者乃不恐懼。

連官集乘①，同憂若一②，謀有不行，予惟重告爾③。

孔晁云：“連官則同憂戚，集衆事則同憂濟，謀有不行，必行也。”

【疏證】

①連，《吕氏春秋·明理》“犬彘乃連”，高誘注：“連，合。”官，《國語·晋語八》“固醫官也”，韋注：“官，猶職也。”集，亦合也。乘，《豳風·七月》“亟其乘屋”，鄭箋：“乘，治也。”朱右曾言“連事共職相爲佐助”，説甚是。

②憂，《爾雅·釋詁下》：“思也。”

③行，猶用也。重告，《左傳》襄四年“武不可重”，杜注：“重，猶數也。”《管子·問》有“明道以重告之”，《尚書·堯典》“申命羲叔”，僞孔傳：“申，重也。”是重告猶申告之義。是句謂合其職，集其治，同思而如一，謀有所不行，我惟申告爾。

庸厲□以餌士①，權先申之②，明約必遺之③。

孔晁云：“餌，謂爵禄，權，謂勢重。”

【疏證】

①庸，用也。“厲”後脱字，國圖藏本漫漶不清，静嘉堂藏本補一□，朱駿聲補“材”，丁宗洛補“毋”。案：此或可從《尚書·皋陶謨》“庶明勵翼”及《和寤》“王乃厲翼于尹氏八士”補一“翼”字。《皋陶謨》孔穎達正義引鄭玄云：“厲，作也。”“厲”或可從金文習見之“蔑曆”，讀爲

"勉"，亦通。翼，《小雅·六月》"有嚴有翼"，毛傳："翼，敬也。"餌，《廣雅·釋詁三》："食也。"餌士，即養士之義。

②權，謂謀度。《戰國策·趙策二》"權甲兵之用"，鮑彪注："權，猶度。"申，本或作"伸"，信也。

③"明"或爲"申"之注文竄入。約，《荀子·正名》"是謹於守名約之功也"，楊倞注："約，要約。"遺，《豳風·鴟鴞》序"公乃爲詩以遺王"，孔穎達正義："遺者，流傳致達之稱。"是句謂作敬勉以養士，謀度先信之，要約必致達之。

其位不尊，其謀不陽。我不畏敬，材在四方。

孔晁云："言當畏敬聖者。尊其位，陽其謀也。在四方，言畔。"孔注"陽"讀爲"揚"。

【疏證】

陽，潘振讀爲"揚"，甚是。揚，舉也。材，謂賢才。材在四方，盧校言"野多遺賢，或且以資敵"，甚是。是句謂賢才之位不尊，則其謀度不舉。我不畏敬賢才，則賢才流于四方而不爲我所用。

無擅于人，塞匿勿行①。惠戚咸服，孝悌乃明②。

孔晁云："擅人，專己。塞逆，陰忌事。惠，順。戚，近也。"

【疏證】

①擅，《管子·法法》"故明君知所擅"，尹知章注："擅，專也。"《大戴禮記·子張問入官》"有善勿專"，盧辯注："專，謂自納于己。"無擅于人，言勿剛愎自用。塞，《國語·晋語八》"是自背其信而塞其忠也"，韋注："塞，絶也。"匿，如前文"不輯多匿"讀爲"慝"，惡也。

②惠，爲"患"字形訛，下句以"孝悌"連言，則此或亦是"患戚"并用。患，《吕氏春秋·慎大》"天下顫恐而患之"，高誘注："患，憂也。"戚，《小雅·小明》"自詒伊戚"，毛傳："戚，憂也。"是句謂無擅專于他人，絶惡而不行，灾患憂戚皆服，孝悌之道乃明。陽、方、行、明，皆陽部字。

明立威耻亂①。使衆之道，撫之以惠②，内姓無惑，外姓無讁③。

孔晁云："鄙耻其亂則思治矣。内，長同姓同宗，外，異姓。讁，過。"孔注"長"或爲"言"字之誤。

【疏證】

①此"立"或是"明"字注文竄入，明威，即立威。威，《周頌·有客》"既有淫威"，毛傳："威，則也。"

②使衆，謂使民也。撫，《廣雅·釋詁一》："安也。"惠，謂恩惠。

③内姓、外姓，《左傳》宣十二年"其君之舉也，内姓選於親，外姓選於舊"，孔穎達正義："内姓，謂同姓也。"外姓，異姓也。"惑"，各本作"感"，非是。惑，《戰國策·秦策二》"聽無失本末者難惑"，高誘注："惑，亂也。""惑"與下句"讁"對文。是句謂明于法而耻于亂，使民知道，以恩惠安之，則同姓不亂，異姓無過。

人知其罪，上之明審①。教幼乃勤②，貧賤制□③。設九備，乃無亂謀④。

孔晁云："上明則不隱情，故曰知罪。"

【疏證】

①審，《大戴禮記·本名》"審倫而明其别"，王聘珍解詁："審，察也。"上之明審，謂上能明察小大之獄，故人能知其罪。

②教，《管子·侈靡》"政與教孰急"，尹知章注："教者，訓誘以感心。"乃，猶以也。勤，《左傳》僖二十八年"令尹其不勤民"，杜注："盡心盡力，無所愛惜爲勤。"

③"制"後脱字，陳逢衡疑爲"敬"，朱駿聲補爲"節"。案：此脱字或當補爲"度"，《荀子·王制》有"故制禮義以分之，使有貧富貴賤之等，足以相兼臨者，是養天下之本也"，是言貧賤者則作法度而制之。

④設，置也。備，本或作"服"，事也。乃，猶則也。是句謂上之明察，則民知其罪。以盡力教幼者，貧賤制以法度，置九事，則無亂謀。

九備：一忠正不荒美好，乃不作惡；

孔晁云："順人心明察，則民化而善。"

【疏證】

忠，《吕氏春秋·孝行》"事君不忠非孝也"，高誘注："忠，正也。"荒，《尚書·盤庚中》"無荒失朕命"，僞孔傳："荒，廢。""美好"或爲"忠正"注文竄入。乃，猶則也。是句言不廢于正，則不作惡。"作惡"後脱"二""三"兩條。

四□説聲色，憂樂盈匿[①]；五碩信傷辯，曰費□□[②]；六出觀好怪，内乃淫巧[③]；

孔晁云："碩，大。怪，異。"

【疏證】

①"説"上脱字，朱駿聲補爲"戒"，恐非是。《管子·戒》有"禁止聲色之淫"，則脱字或補爲"淫"。淫，《尚書·無逸》"則其無淫于觀于逸"，孔穎達正義引鄭玄云："淫，放恣也。"説，讀爲"悦"。《國語·晋語八》"平公説新聲"，韋注："説，樂也。"憂，《爾雅·釋詁下》："思也。"盈，《左傳》文十八年"不可盈厭"，杜注："盈，滿也。"匿，讀爲"慝"，惡也。是句言放恣而樂于聲色，思惡之充盈于樂也。

②信，孫詒讓以爲是"言"字之訛，甚是。傷，害也。辯，《左傳》昭元年"誰能辯焉"，杜注："辯，治也。"曰，丁宗洛疑爲"□"，或是，是句殘缺甚多，文義未足。

③出，《禮記·月令》"出土牛以送寒氣"，鄭玄注："出，猶作也。"觀，《左傳》哀元年"宫室不觀"，杜注："觀，臺榭。"好，《小雅·彤弓》"中心好之"，毛傳："好，説也。"内，言心也。巧，謂巧飾。

七□□謀躁，内乃荒異[①]；八□□好威，民衆日逃[②]；九富寵極足，是大極[③]，内心其離[④]。

孔晁云："離，室也。"孔注"室"或當作"失"，《北史·室韋傳》言："室韋國在勿吉北千里，去洛陽六千里。室或爲失，蓋契丹之類，其南者爲契丹，在北者號爲失韋。"

【疏證】

①“謀”上脱字，朱駿聲補爲“慮淺”，恐非是。下句有“謀和適用”，“用”盧校作“同”，甚是，則此脱字或當作“適塞”，適，主也，塞，閉也。躁，《廣雅·釋言》“赦，妄也”，王念孫疏證：“《論語》云：‘言未及之而言謂之躁，躁亦妄也。’”荒，《唐風·蟋蟀》“好樂無荒”，鄭箋：“荒，廢亂也。”異，《墨子·經上》：“異，二。不體，不合，不類。”

②“好”上脱字，朱駿聲補爲“違德”。威，《左傳》襄三十一年言“有威而可畏，謂之威”。逃，當從孫詒讓訓爲“偷”，偷，苟且也。《寶典》“説咷輕意”之“咷”，即讀爲“偷”，亦即《常訓》所言“困在坌，誘在王，民乃苟”。

③寵，《國語·楚語下》“寵神其祖”，韋注：“寵，尊也。”富寵，猶言富貴。極，盡也。“是”後或脱一“謂”字，“是謂大極”四字，或是“極足”之注文竄入，由上下文觀之，恐非正文。

④其，猶乃也。離，《國語·周語下》“日離其名”，韋注：“離，失也。”是句言謀妄則心乃廢亂不合，好以威畏民則衆趨苟且，富貴盡足，內心乃失。

九備既明，我貴保之①，應協以動，遠邇同功②。

孔晁云：“應協以動，動必以和。”

【疏證】

①貴，《國語·晋語七》“貴貨而易土”，韋注：“貴，重也。”保，謂保守。

②應，《大雅·下武》“應侯順德”，毛傳：“應，當。”協，《國語·齊語》“論比協材”，韋注：“協，和也。”以，猶而也。邇，近也，陳逢衡謂遠爲外姓，邇爲同姓，可備一説。同功，謂同其事，用如《戰國策·中山策》“不謀而信，一心同力，死不旋踵”。是句謂九備既明，我重而保守之，當和而動，則遠近同其事。

謀和適同，覆以觀之①，上明仁義，援貢有備②。

孔晁云："上，謂君也。"

【疏證】

①"謀和"，或是承上文"謀躁"而言。適，《衛風·伯兮》"誰適爲容"，毛傳："適，主也。"覆，《周禮·考工記·弓人》"覆之而角至"，鄭玄注："覆，猶察也。"

②援，《戰國策·秦策四》"楚國，援也"，高誘注："援，助也。"貢，《荀子·正論》"貢禄厚"，楊倞注："貢，謂所受貢賦。"備，具也，朱右曾説是。是句謂所謀者和而主同之，察而視之，上能明仁義，則援助、貢賦皆得以具。

聚財多□，以援成功。克禁淫謀，衆匿乃雍。

孔晁云："言閉塞不行也。"

【疏證】

脱字朱駿聲補爲"士"，甚是。克，能也。淫，《左傳》襄二十九年"遷而不淫"，杜注："淫，過蕩。"匿，如前文通"慝"，惡也。乃，猶于是也。雍，通"壅"，《國語·晉語一》"胡可壅也"，韋注："壅，防也。"功、雍，皆東部字。是句謂聚其財貨而多其賢士，以助成功，能禁過蕩之謀，衆惡于是得防。

順得以動，人以立行[①]。輯佐之道，上必盡其志，然後得其謀[②]。

孔晁云："言和輯求助，當先順人也。"

【疏證】

①"得"當作"德"，朱右曾説是。是句或可校作"順以動人，德以立行"。動，《吕氏春秋·具備》"其動人心不神"，高誘注："動，感。""人"當屬下讀。

②輯，當從上文"不輯多匿"訓爲"和"。佐，助也。志，《禮記·緇衣》"爲下可述而志也"，鄭玄注："志，猶知也。"得其謀，謂成其謀也。是句言以順感人，以德立行。和助之道，上必窮盡其知，然後可以成其謀。

無棄其信，雖危不動[1]。□□以昭，其乃得人[2]。

孔晁云："轉，移。貞，信。如此得其用也。"

【疏證】

①"棄"字各本脱去，王念孫從下文補爲"轉"，可即從元刊本作"棄"，不煩改字。危，謂傾危，《管子·大匡》"而違老治危"，尹知章注："危，傾險也。"動，《吕氏春秋·論威》"物莫之能動"，高誘注："動，移也。""動"與下句"轉"對文。

②"以昭"前脱字當從王念孫補爲"貞信"。昭，明也。其，猶後文所稱"上"。得人，謂得民，啓下文"下乃不親"而言。是句謂無棄其信，雖傾危而不移，以明正信，上乃得民。

上危而轉，下乃不親。

孔晁云："上危而下不親之，不足信故也。"

【疏證】

轉，亦動也，《小雅·祈父》"胡轉予于恤"，鄭箋："轉，移也。"下，謂民。乃，猶則也。親，謂親與、親近之義。人、親，皆真部字。

王拜曰："允哉，允哉，敬行天道。"

【疏證】

《吕氏春秋·貴信》引"周書"曰"允哉允哉"，或本此來。

卷六

周月第五十一

【題解】

此篇取正文“是謂周月，以紀于政”爲題。是篇内容駁雜，應是《逸周書》中編次較晚之篇章。前半部分所言曆法或爲戰國時物，然“天地之正”之後所論，與前文純論曆法有别，或爲後人附益，以所論“三統”“改正”之説觀之，其時代當在戰國晚期乃至更晚之時，甚至可晚至向、歆父子校書之時附録于《周書》中，亦未可知。

惟一月既南至①，昏，昴、畢見②，日短極，基踐長③，微陽動于黄泉④，陰慘于萬物⑤。

【疏證】

①此用周正，故所言一月，即夏正十一月，即冬至之月。南至，言冬至正午，日影最長而指北，故言日南至。《左傳》僖五年“五年春，王正月，辛亥朔，日南至”、昭二十年“二十年春，王二月，己丑，日南至”，清華簡八《八氣五味五祀五行之屬》簡2亦言“日南至”，皆是朔日冬至之歲。

②昏，《尚書·堯典》“日中星鳥”，孔穎達正義：“日入後二刻半爲昏。”昴，《尚書·堯典》“日短星昴”，僞孔傳：“昴，白虎之中星。”畢，《吕氏春秋·有始》“其星胃、昴、畢”，高誘注：“昴、畢，西方宿，一名大梁，趙之分野。”見，《荀子·勸學》“天見其明”，楊倞注：“見，顯也。”

③短極，言日影至短，即《堯典》所言“日短”。基，始也，踐，履

也，朱右曾説是，言日影由至短而始轉長。

④微，謂隱微、幽微之義。動，《吕氏春秋·音律》“草木繁動”，高誘注：“動，生也。”《白虎通·文質》言“北陰極而陽始起”，皆就此而言。黄泉，《左傳》隱元年“不及黄泉”，杜注：“地中之泉，故曰黄泉。”此言幽微之陽生于地中。

⑤“陰”後盧校補“降”字，孫詒讓從《玉燭寶典》作“隆陰”，孫説是，降、隆形近而誤，“隆陰”與“微陽”對文。隆，《國語·晋語六》“無德而福隆”，韋注：“隆，盛也。”慘，有寒之義，《漢書·揚雄傳》“下陰潜以慘廪兮”，顔師古注：“慘廪，亦寒凉之意也。”

是月①，斗柄建子②，始昏北指③，陽氣虧④，草木萌蕩⑤。

【疏證】

①是月，承前，言一月。

②斗柄，亦稱斗杓、招摇，《漢書·揚雄傳》“招摇紀于周正”，顔師古注引應劭曰：“招摇，斗杓星也，主天時。”建子，《淮南子·時則訓》言“仲冬之月，招摇指子”。建，《周禮·春官·占夢》“觀天地之會”，鄭玄注：“建厭所處之日辰”，賈公彦疏：“建，謂斗柄所建，謂之陽建。”

③始昏北指，謂初昏之時則指北，古人以子辰在北而午辰在南，故建子即謂北指。《鶡冠子·環流》言“斗柄北指，天下皆冬”。

④“虧”字上，孫詒讓據《玉燭寶典》補一“肇”字，恐非是，冬至之日，陽氣始生，故前文言“微陽動于黄泉”，此補“肇”字，是言陽氣始虧，則失其義。虧，《戰國策·趙策三》“奚虧於王之國”，鮑彪注：“虧，猶損。”

⑤萌，《廣雅·釋詁一》：“始也。”《荀子·勸學》“天下不能蕩也”，楊倞注：“蕩，動也。”草木萌蕩，謂即《淮南子·時則訓》所謂“草木萌動”，盧校言《通鑑前編》作“不萌蕩”，非是。

日月俱起于牽牛之初①，右回而行②。

【疏證】

①俱，皆也。牽牛，《小雅·大東》"睆彼牽牛"，毛傳："河鼓謂之牽牛。"《吕氏春秋·仲秋》"昏牽牛中"，高誘注："牽牛，北方宿，越之分野。"牽牛之初，謂牽牛之初度。

②回，《大雅·雲漢》"昭回于天"，毛傳："回，轉也。"《武順》言"天道尚右，日月西移"，可與此對讀。《漢書·律曆志》言："故傳不曰冬至，而曰日南至。極於牽牛之初，日中之時景最長，以此知其南至也。斗綱之端連貫營室，織女之紀指牽牛之初，以紀日月，故曰星紀。"又《漢書·天文志》："光道北至東井，去北極近；南至牽牛，去北極遠；東至角，西至婁，去極中。夏至至於東井，北近極，故晷短；立八尺之表，而晷景長尺五寸八分。冬至至於牽牛，遠極，故晷長；立八尺之表，而晷景長丈三尺一寸四分。"或皆本此而來。

月周天起一次①，而與日合宿②。

【疏證】

①周天，《後漢書·律曆志》："日發其端，周而爲歲，然其景不復，四周千四百六十一日，而景復初，是則日行之終。以周除日，得三百六十五四分度之一，爲歲之日數。"此是周天之數也。《白虎通·日月》"日日行一度，月日行十三度十九分度之七"，則日月之行，一日相差十二度十九分度之七，以此除之，則月周天超一次，爲二十九又九百四十分之四百九十九日，故一月之日數，間之以大小，大者三十，小者廿九，以合于朔日。起，盧校改作"進"，孫詒讓謂當作"超"，爲"超辰"之"超"，孫説甚是。

②與日合宿，言日月會止也，謂日月同升同落，是朔日也，一會爲一辰。

日行月一次周天①，歷舍于十有二辰②，終則復始，是謂日月權輿③。

【疏證】

①孫詒讓言"一次"下并有"十月二次"四字，當據《玉燭寶典》補，恐非是。"月"字或涉上"月周天"而衍，當作"日行一次周天"。

②歷，《漢書·天文志》"陵歷鬭食"，顔師古注引韋昭曰"經之爲

歷”，用如《尚書·堯典》“歷象日月星辰”。舍，《鄭風·羔裘》“舍命不渝”，鄭箋：“舍，猶處也。”處，謂居處。辰，《國語·周語下》“辰在斗柄”，韋注：“辰，日月之會。”《尚書·堯典》“歷象日月星辰”，鄭玄注：“辰，謂日月所會十二次。”《尚書·洪範》“四曰星辰”，孔穎達正義：“辰，謂日月别行會於宿度，從子至於丑，爲十二辰。”《後漢書·律曆志》言“察日月俱發度端，日行十九周，月行二百五十四周”，其間日月會十二次，終則復始。

③權輿，《秦風·權輿》“不承權輿”，毛傳：“權輿，始也。”

周正歲道①，數起于時一而成于十，次一爲首，其義則然②。

【疏證】

①周正，謂建子，以夏正之十一月爲一歲之首。道，當從盧校改作“首”。

②數，《史記·律書》“形然後數”，張守節正義：“數，謂天數也。”《春秋繁露·陽尊陰卑》言“天之大數，畢於十旬。旬天地之間，十而畢舉。旬生長之功，十而畢成。十者，天數之所止也”。以夏正一月爲一，十月爲十，則次一，謂十月後次之以一，即十一月。是句謂以十一月爲歲首，其義則是數起于時一而成于十。陳逢衡言次一爲孟春建寅之月，非是。

凡四時成歲，有春夏秋冬，各有孟仲季，以名十有二月①，中氣以著時應②。

【疏證】

①王念孫言“歲”字當重，甚是。孟，長也。季，少也。名，《荀子·正論》“分職名象之所起”，楊倞注：“名，謂指名。”

②中氣，《左傳》僖五年“日南至”，孔穎達正義：“中氣者，月半之氣也。”《鄘風·定之方中》“樹之榛栗，椅桐梓漆，爰伐琴瑟”，孔穎達正義：“十二月皆有節氣，有中氣。”是二十四氣以配十二月，則月有二氣，前者稱節氣，後者稱中氣。著，明也。應，《吕氏春秋·責信》“寒暑四時當矣”，高誘注：“當，猶應也。”是言以中氣而明時之當。

春三月中氣：雨水、春分、穀雨。夏三月中氣：小滿、夏至、大暑；秋三月中氣：處暑、秋分、霜降；冬三月中氣：小雪、冬至、大寒。

【疏證】

朱右曾言“古曆皆以中數，朔不必在其月，中必在其月”，説甚是。是自立春始，孟春中氣爲雨水，仲春爲春分，季春爲穀雨。孟夏中氣爲小滿，仲夏爲夏至，季夏爲大暑。孟秋中氣爲處暑，仲秋爲秋分，季秋爲霜降。孟冬中氣爲小雪，仲冬爲冬至，季冬爲大寒。陳逢衡引《周禮·考工記·韗人》“必以啓蟄之日”鄭玄注“啓蟄，孟春之中也”及《禮記·月令》“始雨水，桃始華”鄭玄注“漢始以雨水爲二月節”，證原文當從盧校改“雨水”爲“啓蟄”，説甚是。《左傳》桓五年“凡祀，啓蟄而郊”，杜注：“啓蟄，夏正建寅之月，祀天南郊。”亦可證此校當是，啓蟄爲建寅之月中氣。然言此爲漢制始與《周月》合，則未必，或是後人從當時之制誤改《周月》，未必即是《周月》晚出。戰國時，啓蟄當在雨水之前，上句所引《月令》言“桃始華”爲“雨水”，《時則》作“驚蟄”，誤，當從《月令》改之。另，《時則》言“清明之日，桐始華”，《月令》言“桐始華”在季春之月，是以清明爲季春之中氣，恐非是。《時則》所言“穀雨之日”“萍始生，鳴鳩拂其羽，戴勝降於桑”等，亦在《月令》季春之月，且清明去上一中氣春分甚近，似不當與穀雨調換。要之，春三月中氣當爲“啓蟄、春分、穀雨”，後以漢景帝諱，改“啓蟄”爲“驚蟄”。

閏無中氣，斗指兩辰之間①。萬物春生，夏長，秋收，冬藏②。

【疏證】

①《後漢書·律曆志》言“察日月俱發度端，日行十九周，月行二百五十四周”。制曆一年十有二月，則日行十九周，當月行二百二十八周，加日自行之十九周，則爲二百四十七周。是每十九年，而月實多行七周，故十九年置七閏，以全其數度而協于時令。置閏之事，以日數順推之，若是月無中氣，斗指于兩辰之間，則順置爲閏月，即《漢書·律曆志》所言“朔不得

中，是謂閏月，言陰陽雖交，不得中不生”。如二〇二〇年之閏四月，得芒種而不得夏至，故爲閏月。五月朔日爲夏至，雖不得芒種而有夏至，故爲五月。

②《禮記·樂記》言“春作夏長，仁也；秋斂冬藏，義也”。作、生，斂、收，同義换讀。

天地之正，四時之極，不易之道①。夏數得天②，百王所同③。

【疏證】

①正，《周禮·天官·宰夫》“歲終則令群吏正歲會”，鄭玄注：“正，猶定也。”天地之正，謂天地之定數。極，當從《命訓》“六極”讀爲“常”。四時之極，謂四時之恒常。易，《國語·晋語八》“子常易之”，韋注：“易，變也。”

②數，《淮南子·氾論訓》“周室之執數者也”，高誘注：“數，曆術。”得，《禮記·大學》“慮而後能得”，鄭玄注：“得，謂得事之宜。”得天，謂得天數之宜。

③百王，《荀子·禮論》“郊者，并百王于上天而祭祀之也”，楊倞注：“百王，百神也。”即㝬鐘銘文（《集成》00260）“隹皇上帝、百神保余小子”、寧簋蓋銘文（《集成》04021）“用各百神，用綏多福”所言“百神”，謂歷代先王。同，《國語·周語上》“其惠足以同其民人”，韋注：“同，猶一也。”先秦古書多見周正與夏正并用，如前《作雒》疏證所言《金縢》簡本今本所言既克殷二年、三年之别，或即用正不同所致。《禮記·月令》“孟春之月”，孔穎達疏：“秦以十月爲歲首，不用秦正而用夏時者，以夏數得天正，故用之也。周禮雖以建子爲正，其祭祀田獵，亦用夏正也。”

其在商湯，用師于夏，除民之災①，順天革命②，改正朔，變服殊號③，一文一質④，示不相沿⑤，以建丑之月爲正，易民之視，若天時大變，亦一代之事⑥。

【疏證】

①其，猶而也。用，猶則也。除，《戰國策·秦策三》“若於除宋罪”，鮑彪注：“除，解免也。”灾，《國語·周語下》“天灾降戾”，韋注：“灾，謂水旱、蟲螟之屬。”以歲時不爽，故無水旱蝗螟之灾。

②順天，謂順天志，《孟子·離婁上》“順天者存，逆天者亡”。革，《大雅·皇矣》“不長夏以革”，毛傳：“革，更也。”革命，見于《易·革》“天地革而四時成，湯武革命，順乎天而應乎人，革之時大矣哉”，《尚書·多士》亦有“殷革夏命”，革命，謂變更其所得之天命。

③改正朔，《禮記·大傳》“立權度量，考文章，改正朔，易服色，殊徽號，異器械，别衣服，此其所得與民變革者也”，孔穎達疏：“改正朔者，正謂年始，朔謂月初，言王者得政，示從我始，改故用新，隨寅丑子所損也。周子，殷丑，夏寅，是改正也。周夜半，殷鷄鳴，夏平旦，是易朔也。”周曆建子，以仲冬之月爲正，以夜半爲朔；殷曆建丑，以季冬之月爲正，以鷄鳴爲朔；夏曆建寅，以孟春之月爲正，以平旦爲朔。變服，謂變服色，如《禮記·檀弓上》言“夏后氏尚黑……殷人尚白……周人尚赤”。殊號，《禮記·大傳》“殊徽號”，孔穎達疏：“殊徽號者，殊，别也。徽號，旌旗也。周大赤，殷大白，夏大麾，各有别也。”《禮記·明堂位》言“夏后氏之綏，殷之大白，周之大赤”。

④文，謂文飾，引申則指禮法，《國語·周語上》“以文修之”，韋注：“文，禮法也。”《荀子·禮論》“情文俱盡”，楊倞注：“文，謂禮物威儀也。”以其自外而作，故稱文。質，《禮記·曲禮上》“禮之質也”，鄭玄注：“質，猶本也。”後引申爲自内而作之“性”，如《禮記·禮器》“增美質”，鄭玄注：“質，猶性也。”一文一質，如《禮記·表記》“虞夏之質，殷周之文，至矣。虞夏之文不勝其質；殷周之質不勝其文”。

⑤示，古書多以“視”字爲之，《小雅·鹿鳴》“視民不恌”，鄭箋：“視，古示字也。”沿，《史記·樂書》“禮樂之情同，故明王以相沿也”，裴駰集解引鄭玄曰：“因，猶因述也。”

⑥建丑之月，謂季冬之月。易民之視，謂變民之所垂示。若天時大變，當從劉師培解爲"若天時之變"，若，順也，言順天時之變化。"亦一代之事"之"亦"，孫詒讓言疑當作"示"，甚是。事，《左傳》昭九年"禮以行事"，杜注："事，政令。"

亦越我周王致伐于商[①]，改正異械[②]，以垂三統[③]。

【疏證】

①越，一作"雩""粵"，發語詞。我周，周人自稱，亦作"我有周"。"王"字疑爲衍文。青銅器所見"周王"爲辭者，僅小盂鼎銘文（《集成》02839）"用牲禘周王、武王、成王"，此"周王"與"武王"并舉，顯不指武王，或指文王。而故書及青銅器所見"致伐""𢦏殷""克大邑商""撻殷畯民"者，皆是武王。是此處"我周王"如非衍文，則是後世追稱武王。致伐，謂行伐，可與《尚書·多士》《多方》所見"致天之罰"對讀。

②改正，謂改正朔。異械，即《禮記·大傳》所謂"異器械"，孔穎達疏："異器械者，器爲楬豆、房俎，禮樂之器也，械謂戎路、革路，兵甲之屬也。"《禮記·明堂位》言"夏后氏以楬豆，殷玉豆，周獻豆""夏后氏以嶡，殷以椇，周以房俎""鉤車，夏后氏之路也。大路，殷路也。乘路，周路也"。

③垂，《荀子·富國》"垂事養民"，楊倞注："垂，下也。"俞樾《諸子平議》言："垂，猶委也。……垂事養民者，委事養民也，言委置其事以養民也。"垂三統，言委置三統。統，本也，朱右曾説是。《尚書大傳》卷三"天有三統"，鄭玄注："統，本也。"《禮記·檀弓上》"夏后氏尚黑"，孔穎達疏："統者，本也，謂天地人之本也。"

至於敬授民時[①]，巡狩祭享[②]，猶自夏焉[③]。是謂周月，以紀于政[④]。

【疏證】

①敬授民時，即《尚書·堯典》所見"敬授人時"，今本《尚書》以唐諱改"民"作"人"，《史記·五帝本紀》正作"敬授民時"。授，《豳風·七月》"九月授衣"，馬瑞辰《毛詩傳箋通釋》："凡言授者，皆授使

爲之也。”時，《國語·越語下》“時將有反”，韋注：“時，天時。”

②巡狩，又作“巡守”，《孟子·梁惠王下》言：“天子適諸侯曰巡狩，巡狩者，巡所守也。”《左傳》莊二十一年“王巡虢守”，杜注：“天子省方，謂之巡守。”祭，當從孫詒讓、劉師培説改作“烝”字。烝，亦作“蒸”，如《商誓》“罔不維后稷之元穀用蒸享”。烝，《左傳》襄十六年“烝于曲沃”，杜注：“烝，冬祭也。”享，《國語·魯語上》“嘗禘蒸享之所致君胙者有數矣”，韋注：“春祭曰享。享，獻物也。”烝享，謂四時祭祀。

③猶自夏焉，謂敬授民時、四方巡狩、四時祭享，則自夏而始，然就西周金文考之，每言曆日，多不與四時連言，亦無四時祭享痕迹。四方巡狩則或有之，而敬授民時則不詳，故此當是後人總結當時之事，推想之于西周，非西周即有此制。

④是謂周月，言此篇爲《周月》，是自題篇名。紀，《國語·晋語四》“禮以紀政”，韋注：“紀，理也。”

時訓第五十二

【題解】

是篇概括全篇内容爲題，時訓，謂時令之教。是篇所言物候，與《豳風·七月》《大戴禮記·夏小正》數處相似，且多與《禮記·月令》《吕氏春秋·十二月紀》《淮南子·時則訓》同，此數篇或有共同來源，故全文引爲互校。《吕氏春秋》相關文句散列于《十二月紀》中，逐一列舉小題則失之繁瑣，除必須説明之情况，所引文句皆在對應月中，不再一一注明，而徑以《吕氏春秋》稱之。

立春之日①，東風解凍②。又五日，蟄蟲始振③。又五日，魚上冰④。風不解凍，號令不行⑤，蟄蟲不振，陰姧陽⑥，魚不上冰，甲冑私藏⑦。

【疏證】

①《禮記·月令》《淮南子·時則訓》《吕氏春秋》皆以此諸項屬“孟春之月”。《月令》是句孔穎達疏“凡二十四氣，每三分之，七十二氣，氣間五日有餘，故一年有七十二候也”。故《時訓》所言“又五日”者，謂一候。立春之日，謂建春之日。

②各本皆作“東風解凍”。東風，即《國語·周語上》“先時五日，瞽告有協風至”及《鄭語》所言“虞幕能聽協風，以成樂物生者也”之“協風”，亦即《夏小正》所言“俊風”。《合集》14295“東方曰析，風曰劦”，是協風即東風，不煩從《國語集解》所引諸家改讀爲“融風”“條風”，詳説見胡厚宣《甲骨文四方風名考證》（《甲骨學商史論叢初集》，河北

教育出版社，2002年，第265頁）。以協風能“成樂物生”，故曰解凍。解，此“解凍”之“解”或用如“啓蟄”之“啓”。《大戴禮記·夏小正》“言解蟄也”，王聘珍解詁：“解，猶開也。”凍，《説文》“凍，仌也”，段注：“初凝曰仌，仌壯曰凍。又於水曰冰，於他物曰凍。故《月令》曰：‘水始冰，地始凍。’”

③蟄蟲始振，《時則》作“蟄蟲始振蘇”。蟄，謂蟄伏，《爾雅·釋詁上》：“静也。”《説文》“蟄”字段注：“凡蟲之伏爲蟄。”蟲，《爾雅·釋蟲》：“有足謂之蟲，無足謂之豸。”振，《月令》鄭玄注：“振，動也。”蘇，《時則》高誘注：“蘇，生也。”

④魚上冰，《夏小正》作“魚陟負冰”，《時則》作“魚上負冰”。陟，《周南·卷耳》“陟彼崔嵬”，毛傳：“陟，升也。”上，亦升也，三字同義换讀。負，《夏小正》王聘珍解詁：“負之言背也。”魚上冰，《月令》孔穎達疏：“魚上冰者，魚當盛寒之時，伏於水下，逐其温暖。至正月，陽氣既上，魚游於水上近於冰，故云魚上冰也。”

⑤號，《禮記·樂記》“鏗以立號”，鄭玄注：“號，號令，所以警衆也。”號、令同義連用。行，《吕氏春秋·適音》“行理義也”，高誘注：“行，猶通也。”號令不行，謂政令不通達。

⑥姧，即“奸”字，《左傳》昭二十年“是再奸也”，杜注：“奸，犯也。”朱右曾于“陰”字下增“氣”字，亦通。陰奸陽，謂陰氣犯于陽氣而使陽氣不生。

⑦胄，爲“胄”字形訛。胄，《左傳》僖三十三年“左右免胄而下”，杜注：“胄，兜鍪。”甲胄私藏，言欲興内亂，如《史記·绛侯周勃世家》言周亞夫之子爲父買甲楯五百以備葬，後廷尉責之以欲反之事。行、陽、藏，皆陽部字。

雨水之日，獺祭魚①。又五日，鴻雁來②。又五日，草木萌動③。獺不祭魚，國多盗賊④；鴻雁不來，遠人不服⑤。草木不萌動，果蔬不熟⑥。

【疏證】

①雨水，當從盧校改作“啓蟄”，見前文《周月》“春三月中氣”疏證。《夏小正》言：“啓蟄，言始發蟄也。”獺祭魚，《夏小正》作“獺獻魚”。獺，《説文》：“如小狗也，水居，食魚。”一作“獱”，《孟子·離婁上》“爲淵毆魚者，獺也”，趙岐注：“獺，獱也。”祭，《廣雅·釋言》：“薦也。”《左傳》昭十五年“故能薦彝器於王”，杜注：“薦，獻也。”是祭、獻皆取薦之義，二字同義换讀。獺祭魚，《吕氏春秋》高誘注：“獺、獱，水禽也。取鯉魚，置水邊，四面陳之，世謂之祭魚。”

②鴻雁來，《夏小正》作“雁北鄉”，《吕氏春秋》《時則》作“候雁北”。鴻，《小雅·鴻雁》“鴻雁于飛”，毛傳：“大曰鴻，小曰雁。”候雁，亦雁也，《吕氏春秋》高誘注：“候時之雁。”《月令》鄭玄注：“雁自南方來，將北反其居。”

③草木萌動，《吕氏春秋》作“草木繁動”，即《周月》所言“草木萌蕩”。萌，謂始生，《周禮·春官·占夢》“乃舍萌于四方”，鄭玄注：“萌，菜始生也。”繁，《孟子·滕文公上》“禽獸繁殖”，焦循《孟子正義》言：“繁，通作蕃，繁、殖二字同義。”蕃，《國語·晋語四》“不能蕃廡”，韋注：“繁，滋也。”萌、繁二字皆取“滋生”之義，同義换讀。動，《吕氏春秋》《時則》高誘皆訓爲“生”。

④盜，《左傳》文十八年言“竊賄爲盜”，孔穎達正義：“竊人財賄謂之爲盜。”賊，《左傳》文十八年言“毁則爲賊”，杜注：“毁則，壞法也。”孔穎達正義：“有人毁法則者是爲賊，言其賊敗法也。”

⑤遠人，《左傳》定元年“而好用遠人”，杜注：“遠人，異族也。”服，《大雅·文王》“侯于周服”，馬瑞辰《毛詩傳箋通釋》：“服，訓爲臣服之服。”

⑥熟，《孟子·告子上》“苟爲不熟”，趙岐注：“熟，成也。”賊、服，爲職部字，熟爲覺部字。

驚蟄之日[①]，桃始華[②]。又五日，倉庚鳴[③]。又五日，鷹化爲鳩[④]。桃始不華，是謂陽否[⑤]。倉庚不鳴，臣不□主[⑥]。鷹不化鳩，寇戎數起⑦。

【疏證】

①《月令》有“中春之月……始雨水，桃始華……”，《吕氏春秋》亦然，故此“驚蟄”當作“雨水”，盧校是。雨讀去聲，《春秋》隱九年“大雨雪”，孔穎達正義：“雨者，天上下水之名。”雨水者，謂所雨者始爲水而非雪，如《月令》孔穎達疏言“謂之雨水者，言雪散爲雨水也”。《月令》“仲冬……行秋令，則天時雨汁”，鄭玄注：“雨汁者，水雪雜下也。”

②桃始華，《吕氏春秋》作“桃李華”，《時則》作“桃李始華”。華，《國語·魯語上》“以德榮爲國華”，韋注：“以德榮顯者可以爲國光華。”《爾雅·釋草》言“木謂之華，草謂之榮”，《夏小正》言正月“梅、杏、杝桃則華”。故此處作“桃”亦可，“桃李”亦可，不煩一之。

③倉庚鳴，《豳風·七月》言：“春日載陽，有鳴倉庚。”《夏小正》作“有鳴倉庚”，《吕氏春秋》《時則》則作“蒼庚鳴”。倉庚，《夏小正》言“倉庚者，商庚也”，《七月》毛傳：“倉庚，離黄也。”《月令》鄭玄注則作“驪黄”，《爾雅·釋鳥》作“鵹黄”，即《詩經》多見之“黄鳥”，今所謂黄鸝、黄鶯。倉、蒼，皆从倉得聲。

④鷹化爲鳩，各本皆同。鷹，《大雅·大明》“時維鷹揚”，鄭箋：“鷹，鷙鳥也。”《爾雅·釋鳥》言：“鷹，鶆鳩。”郭璞注：“鶆，當爲鷞字之誤耳，《左傳》作鷞鳩是也。”案：即昭十七年、二十年所見“爽鳩”，郭説恐非是。鳩，鄭玄、高誘皆注爲“布穀”。《衛風·氓》“于嗟鳩兮”，毛傳：“鳩，鶻鳩也。”《禮記·王制》“不覆巢”，孔穎達疏：“以《月令》二月時鷹化爲鳩，則八月鳩化爲鷹也。”

⑤否，塞也，朱右曾説是。《月令》“田事既飭，先定準直，農乃不惑”，孔穎達疏：“否，塞也，言天地隔塞。”

⑥“不”後脱字，諸家從《御覽》補爲“從”，可從之。從，《左傳》昭五年“從而不失儀”，杜注：“從，順也。”是篇“□”元刊本皆誤爲“口”，以下徑改，不更注明。

⑦寇，《左傳》文七年言："兵作於内爲亂，於外爲寇。"戎，兵也。數，猶驟也，《爾雅·釋詁下》："數，疾也。"起，言興作之義。《吕氏春秋·直諫》"百邪悉起"，高誘注："起，興也。"寇戎數起，言外寇驟興。否、起爲之部字，主爲侯部字。

春分之日[①]，玄鳥至[②]。又五日，雷乃發聲[③]。又五日，始電[④]。玄鳥不至，婦人不□[⑤]；雷不發聲，諸侯□民[⑥]。不始電，君無威震[⑦]。

【疏證】

①春分，即《月令》《時則》之"日夜分"，《淮南子·天文訓》有"八月、二月，陰陽氣均，日夜分平"，此即《尚書·堯典》所謂"日中"。《吕氏春秋》《時則》高誘皆注爲"等"，亦可從《月令》"死生分"，鄭玄注："分，猶半也"，言晝夜各半，是二月仲春則謂春分，八月仲秋則謂秋分。

②玄鳥至，《夏小正》作"來降燕"。玄，《小雅·何草不黄》"何草不玄"，鄭箋："玄，赤黑色。"玄鳥，《商頌·玄鳥》"天命玄鳥"，毛傳："玄鳥，鳦也。"陸德明釋文："玄鳥，燕也，一名鳦。"故鄭玄、高誘皆注爲"燕"。

③雷乃發聲，《時則》作"雷始發聲"。雷，《淮南子·天文訓》言"陰陽相薄，感而爲雷"。乃，猶方也，甫也，用如《國語·晋語五》"吾求君子久矣，今乃得之"，是"乃"有"始"義。發，《月令》鄭玄注："發，猶出也。"

④始電，《時則》無"始電"。電，《大戴禮記·曾子天圓》"陰陽之氣，各静其所則静矣，偏則風，俱則雷，交則電"。《吕氏春秋》高誘注："震氣爲雷，激氣爲電。"

⑤"婦人不"後脱字盧校從《御覽》補作"娠"。娠，《左傳》哀元年"后緡方娠"，杜注："娠，懷身也。"

⑥"諸侯"後脱字盧校言据《後漢書》補爲"失"。是句非出自《後漢書》正文，而見于《後漢書·郎顗傳》"雷當發聲，發聲則歲氣和，王道興

也”，李賢注：“《周書時訓》曰：‘春分之日，玄鳥至，又五日，雷乃發聲。雷不發聲，諸侯失人。’”李賢注避太宗諱改“民”作“人”。失民，謂喪其民。

⑦威，《左傳》襄三十一年：“有威而可畏，謂之威。”《戰國策·齊策一》“聲威天下”，高誘注：“威，震。”威、震同義連用。民、娠爲真部字，震爲文部字，真、文二部旁轉。

清明之日①，桐始華②，又五日，田鼠化爲鴽③。又五日，虹始見④。桐不華，歲有大寒⑤。田鼠不化鴽，國多貪殘⑥。虹不見，婦人苞亂⑦。

【疏證】

①清明，《月令》孔穎達疏：“謂之清明者，謂物生清净明絜。”

②桐始華，《夏小正》作“拂桐芭”。桐，《吕氏春秋》《時則》高誘皆注爲“梧桐”。華，榮也。拂，或讀爲“茀”，《大雅·生民》“茀厥豐草”，毛傳：“茀，治也。”韓詩作“拂”。芭，《夏小正》孔廣森補注、王聘珍解詁皆讀爲“葩”，葩，《廣雅·釋草》：“葩，華也。”葩、華同義换讀。

③田鼠化爲鴽，各本皆同。《吕氏春秋》高誘注爲“鼸鼠”，《時則》高誘則注爲“鼢，鼸鼠也”，《夏小正》則言“嗛鼠”。鼢，《説文》：“地行鼠，伯勞所作也，一曰偃鼠。”鼸，即“鼶”字，《爾雅·釋獸》“鼶鼠”，郝懿行義疏：“鼶，蓋田鼠之大者。”《爾雅·釋獸》“寓鼠曰嗛”，郭璞注：“嗛，頰裏貯食處。”鼸，《廣雅·釋獸》“鼢鼠”，王念孫疏證：“鼸與鼢聲近義同，鼸之言嗛也。”即今所謂“倉鼠”。化，變也。鴽，《夏小正》言：“鴽，鵪也。”《時則》高誘注：“鴽，鶉也。青徐謂之鴾，幽冀謂之鶉。”故《爾雅·釋鳥》作“鴽，鴾母”。《月令》鄭玄注爲“母無”，《儀禮·公食大夫禮》“以雉兔鶉鴽”，鄭玄注：“鴽，無母。”是與“鴾母”一聲之轉。鴽，即今所謂“鵪鶉”。

④虹始見，各本皆同。虹，諸家皆以“螮蝀”釋之，螮，字亦作“蝃”，

蝴蝀，連綿詞。見，顯也。

⑤桐不華，或當從前文“桐始華”，改作“桐不始華”，孫詒讓説是。寒，《尚書·洪範》“曰燠曰寒”，孔穎達正義：“寒是冷之極。”歲有大寒，謂是歲陰氣大盛，天不回暖。

⑥貪，《大雅·桑柔》“民之貪亂”，鄭箋：“貪，猶欲也。”《大雅·民勞》“國無有殘”，毛傳：“賊義曰殘。”

⑦苞亂，《太平御覽》卷三十作“亂色”，寒、殘、亂，皆元部字，而“色”爲職部字，故作“亂色”非是，當作“色亂”。色，《孟子·盡心上》“形色，天性也”，趙岐注：“色，謂婦人妖麗之容。”色亂，言以容色而爲亂，如晋之驪姬、陳之夏姬。

穀雨之日，萍始生[①]。又五日，鳴鳩拂其羽[②]。又五日，戴勝降于桑[③]。萍不生，陰氣憤盈[④]。鳴鳩不拂其羽，國不治兵[⑤]；戴勝不降于桑，政教不中[⑥]。

【疏證】

①穀雨，《月令》孔穎達疏：“謂之穀雨者，言雨以生百穀。”萍始生，各本皆同。萍，《月令》陸德明釋文：“萍，水上浮萍也。”朱右曾言“楊花入水所化”，非是。

②鳴鳩拂其羽，《夏小正》作“鳴鳩”，《時則》作“鳴鳩奮其羽”。鳴鳩，《小雅·小宛》“宛彼鳴鳩”，毛傳：“鳴鳩，鶻鵰。”《左傳》昭十七年“鶻鳩氏司事也”，杜注：“鶻鳩，鶻鵰也。”《吕氏春秋》高誘注：“斑鳩也。”高誘説是。毛傳、杜注作“鵰”誤，當從《爾雅·釋鳥》“鵃鳩，鶻鵃”，校作“鵃”字，郝懿行義疏言“鵰、鵃古字通，亦猶舟、周古通用”，甚是。《方言》卷八：“鳩，自關而西，秦漢之間，其小者或謂之鶻鳩。”拂，《大戴禮記·文王官人》“怒色拂然以侮”，王聘珍解詁：“拂者，拂汩鼓動之貌。”奮，《禮記·曲禮上》“奮衣由右上”，鄭玄注：“奮，振去塵也。”拂、奮皆取“振”之義，同義换讀，如《豳風·七月》所言“六月莎鷄振羽”。

③戴勝降于桑，《吕氏春秋》作“戴任降于桑”，《時則》作“戴鵀降于桑”。《廣雅·釋鳥》言：“戴紝，戴勝也。”《月令》鄭玄注：“織紝之鳥。”任、鵀、紝等字，從任得聲可通，紝，即絍字。勝，《商頌·玄鳥》“武王靡不勝”，毛傳：“勝，任也。”又，《方言》卷八言：“鳸鳩，東齊海岱之間或謂之戴勝。”降，《禮記·曲禮下》“羽鳥曰降”，鄭玄注：“降，落也。”以其降于桑，桑引申爲蠶桑之事，故鄭玄云爲“織紝之鳥”。

④萍不生，或當從前文“桐不生”之例，校作“萍不始生”。憤，《廣雅·釋詁一》：“盈也。”憤、盈二字同義連用。盈，《左傳》文十八年“不可盈厭”，杜注：“盈，滿也。”

⑤治，《吕氏春秋·振亂》“欲民之治也”，高誘注：“治，整也。”《管子·小匡》有“春以田曰蒐，振旅。秋以田曰獮，治兵”，治兵，猶振旅，皆謂整軍。

⑥政教，謂政令教化。中，謂正當，《大戴禮記·主言》“政之既中”，王聘珍解詁：“中，正也。”盈，耕部字。兵，陽部字。中，冬部字。耕、陽、冬三部旁轉。

立夏之日，螻、蟈鳴①。又五日，蚯蚓出②。又五日，王瓜生③。螻蟈不鳴，水潦淫漫④；蚯蚓不出，嬖奪后；王瓜不生，困於百姓⑤。

【疏證】

①立夏，謂建夏之日。螻，《時則》高誘注爲“螻蛄”，即俗所謂“拉拉蛄”“蝲蝲蛄”。蟈，《周禮·秋官·蟈氏》“蟈氏下士一人”，鄭玄注：“蟈，今御所食蛙也。”《月令》陸德明釋文亦言蟈爲蛙，是《吕氏春秋》高誘注“蟈”爲“蝦蟆”。

②蚯蚓出，《月令》作“蚯螾出”，《吕氏春秋》《時則》作“丘蚓出”，蚯从丘得聲，可通。《吕氏春秋·應同》“天先見大螾大螻”，高誘注：“螾，蚯蚓。”《荀子·勸學》“螾無爪牙之利”，楊倞注：“螾與蚓同。”出，謂出于土。

③王瓜生，《夏小正》作"乃瓜""王萯秀"，《月令》鄭玄注"又言'今《月令》云"王萯生"'"，《吕氏春秋》作"王菩生"，《豳風·七月》作"七月食瓜"。乃瓜，謂乃結瓜。菩，四部叢刊本《吕氏春秋》作"善"，非是，畢沅言"古菩、萯通用"，故當作"菩"。《吕氏春秋》高誘注："菩，或作瓜，瓠瓠也。"《月令》鄭玄注"王瓜，萆挈也"，萆，《山海經·西山經》言"其草有萆荔，狀如烏韭，而生于石上，亦緣木而生"，即言藤。挈，《説文》："縣持也。"故萆挈，言其懸于藤。《時則》高誘注"王瓜，栝樓也"，《爾雅·釋草》"果蠃之實，栝樓"，郭璞注："栝樓，今齊人呼之天瓜。"朱右曾《逸周書集訓校釋》言"王瓜，一名土瓜，四月生苗延蔓，五月開黄花，子如彈丸，生青，熟赤"，即今所謂黄瓜。

④潦，《禮記·曲禮上》"水潦降"，陸德明釋文："雨水謂之潦。"淫，謂浸淫。漫，《方言》卷十三"漫，敗也"，郭璞注："漫、淹，皆謂水潦漫澇壞物。"

⑤嬖，《左傳》隱三年"嬖人之子也"，杜注："嬖，親幸也。"奪，《禮記·仲尼燕居》"給奪慈仁"，鄭玄注："奪，猶亂也。"嬖奪后，即《祭公》所言"以嬖御固莊后"。困，窮也。漫，元部字。后，侯部字。姓，耕部字，是處韵部不協，暫存疑。

小滿之日，苦菜秀①。又五日，靡草死②。又五日，小暑至③。苦菜不秀，賢人潛伏④。靡草不死，國縱盜賊⑤。小暑不至，是謂陰慝⑥。

【疏證】

①滿，《吕氏春秋·審時》"多粃而不滿"，高誘注："滿，成也。"小滿，謂稍成，即《月令》孔穎達疏所言："謂之小滿者，言物長於此小得盈滿。"苦菜秀，各本皆同。苦菜，朱右曾言："苦菜，荼也。生于秋，凌冬不凋，至夏乃秀，葉似苦苣而細，斷之有白汁，花黄似菊。"即今所謂"苦苣菜"。秀，《豳風·七月》"四月秀葽"，毛傳："不榮而實曰秀。"《韓非子·難勢》"此味非飴密也，必苦萊、亭歷也"，亭歷，即下所言"靡

草”，則此“苦菜”或亦作“苦荼”。

②靡草死，《吕氏春秋》作“㢠草死”。《月令》鄭玄注引舊説“靡草，薺亭歷之屬”。《時則》高誘注：“靡草則亭歷之屬。”薺，《淮南子·墬形訓》：“薺冬生中夏死。”《淮南子·天文訓》：“故五月爲小刑，薺麥亭歷枯，冬生草木必死。”《廣雅·釋草》言“大室，葶藶也”。是亭歷，亦作葶藶，《急就篇》卷四“亭歷桔梗龜骨枯”，顔師古注：“亭歷，一名丁歷、一名蕇、一名狗薺。”

③小暑至，《月令》《吕氏春秋》《時則》皆在仲夏之月言之。暑，《説文》：“熱也。”段注：“暑之義主謂溼，熱之義主謂燥。”小暑，謂微熱。

④潛，《左傳》昭二十九年“潛醢以食夏后”，杜注：“潛，藏也。”伏，《國語·晋語八》“物莫伏於蠱”，韋注：“伏，藏也。”潛、伏二字同義連用。

⑤縱，《國語·晋語一》“有縱君而無諫臣”，韋注：“縱，放縱也。”盗賊，見前文“國多盗賊”條。

⑥慝，惡也。陰慝，謂陰氣過盛，故小暑不至。伏、賊、慝，皆職部字。

芒種之日①，螳螂生②。又五日，鵙始鳴③。又五日，反舌無聲④。螳螂不生，是謂陰息⑤。鵙不始鳴，令姦壅偪⑥。反舌有聲，佞人在側⑦。

【疏證】

①芒種，《周禮·地官·稻人》“種之芒種”，鄭玄注引鄭司農云：“芒種，稻麥也。”孫詒讓正義：“芒種，謂有芒束之種也。”故《月令》孔穎達疏：“謂之芒種者，言有芒之穀可稼種。”

②螳螂生，《月令》《吕氏春秋》作“螳蜋生”。蜋，即“螂”字，今亦謂之螳螂。《吕氏春秋》高誘注“螳蜋，一曰天馬，一曰齕疣，兖州謂之拒斧也”，《時則》高注略同，個别用字不一。

③鵙始鳴，《夏小正》作“鴃則鳴”。《豳風·七月》言“七月鳴鵙”，《時則》作“貝鵙始鳴”，《月令》《吕氏春秋》作“鶪始鳴”。《豳風·

七月》毛傳言："鵙，伯勞也。"《時則》高誘注："鵙，伯勞，鳥也。"鵙，《月令》鄭玄注、《吕氏春秋》高誘注皆爲"伯勞"。《孟子·滕文公上》"今也南蠻鴃舌之人"，趙岐注："鴃，博勞鳥也。"今亦謂之伯勞。

④反舌無聲，各本皆同。《月令》鄭玄注："反舌，百舌鳥。"《吕氏春秋》高誘注："反舌，伯舌也。能辨反其舌，變易其聲，效百鳥之鳴，故謂之百舌。"伯、百古書多通用，故"百舌"得作"伯舌"。今稱之爲"烏鶇"。無聲，言其不鳴。

⑤息，當讀爲"塞"。陰息，謂陰氣所塞，故螳螂不生，與上所言"陰慝"義近。

⑥姦，即奸字，謂干犯。令奸，謂干犯政令。壅，《戰國策·齊策一》"宣王因以晏首壅塞之"，高誘注："壅，弊。"偪，《國語·鄭語》"不可偪也"，韋注："偪，迫也。"

⑦佞，即"佞"字。壅偪，言爲閉塞所迫。《管子·明法》言"令出而留謂之壅"，即是此義，言政令不通。息、偪、側，皆職部字。

夏至之日①，鹿角解②。又五日，蜩始鳴③。又五日，半夏生④。鹿角不解，兵革不息⑤。蜩不鳴，貴臣放逸⑥。半夏不生，民多厲疾⑦。

【疏證】

①夏至，即《尚書·堯典》所言"日永"，《月令》所言"日長至"，永，長也。《月令》孔穎達疏言："長至者，謂此月之時，日長之至極。"

②鹿角解，各本皆同。解，《時則》高誘注"解，墮也"言鹿角脱落。

③蜩始鳴，《月令》《時則》作"蟬始鳴"。蜩，《大雅·蕩》"如蜩如螗"，毛傳："蜩，蟬也。"

④半夏生，各本皆同。半夏，《吕氏春秋》高誘注、《月令》鄭玄注皆言"藥草"而不詳。《急就篇》"半夏皂莢艾橐吾"，顔師古注："半夏，五月苗始生，居夏之半，故爲名也。一名地文，亦名守田。"今亦稱"半夏"。

⑤兵，謂兵器。革，《戰國策·秦策一》"兵革大强"，鮑彪注："革，甲也，以革爲札。"兵革不息，以韵協之故，當作"兵革不塞"。

塞，《國語·晋語八》“是自背其信而塞其忠也”，韋注：“塞，絶也。”兵革不塞，謂戰不絶。

⑥貴，《國語·晋語七》“貴貨而易土”，韋昭注：“貴，重也。”貴臣，謂重臣。放，《左傳》宣十六年“獄之放紛”，杜注：“放，縱也。”逸，《左傳》成十六年“乃逸楚囚”，杜注：“逸，縱也。”放、逸同義連用。逸，亦可從《國語·吴語》“而又不自安恬逸”，韋注：“逸，樂也。”言重臣縱于逸樂。

⑦厲，《大雅·瞻卬》“降此大厲”，毛傳：“厲，惡。”厲疾，謂惡疾，如《尚書·金縢》所見“遘厲虐疾”。塞、逸、疾，皆質部字。

小暑之日，温風至①。又五日，蟋蟀居壁②。又五日，鷹乃學習③。温風不至，國無寬教④。蟋蟀不居壁，急怕之暴⑤。鷹不學習，不備戎盗⑥。

【疏證】

①暑，《尚書·洪範》“曰雨曰暘”，孔穎達正義：“暑是熱之極。”温風至，《月令》作“温風始至”，《吕氏春秋》《時則》作“凉風始至”。“凉風始至”或涉下文“凉風至”誤改，非是。温，《禮記·王制》“七十非帛不煖”，鄭玄注：“煖，温。”《水經注·延江水》：“温水，一曰煖水。”《淮南子·墬形訓》“煖濕生容”，高誘注：“煖，一讀‘暵’，當風乾燥之貌也。”温風至，謂乾熱之風至。

②蟋蟀居壁，《豳風·七月》有“七月在野，八月在宇，九月在户，十月蟋蟀入我床下”，《吕氏春秋》作“蟋蟀居宇”，《時則》作“蟋蟀居奥”。蟋蟀，《唐風·蟋蟀》“蟋蟀在堂”，毛傳：“蟋蟀，蛬也。”蛬，即“蛩”字。《吕氏春秋》高誘注：“蟋蟀，蜻蛚。”故《爾雅·釋蟲》“蟋蟀，蛬”，郭璞注言“今促織也，亦名青蛚”。壁，墻也。《吕氏春秋》作“宇”或涉《豳風·七月》而改。宇，《豳風·七月》陸德明釋文：“屋四垂爲宇。”奥，《儀禮·士喪禮》“設于奥東面”，鄭玄注：“室中西南隅謂之奥。”壁、宇、奥，泛言其在屋之邊角。

③鷹乃學習，各本皆同。學習，《吕氏春秋》高誘則注爲“故鷹順殺

氣，自習肄爲將搏鷙也”，《月令》鄭玄注：“鷹學習，謂攫搏也。”孔穎達疏言：“鷹乃學習者，於時二陰既起，鷹感陰氣，乃有殺心，學習搏擊之事。”又言：“攫謂以足取物，搏謂以翼擊物。”《説文》言：“習，數飛也。”數，《淮南子·説林訓》“數之則弗中”，高誘注：“數，猶疾也。”以其疾飛，故引申爲搏、擊等義。

④寬教，《玉燭寶典》引作“完教”，非是，當作“寬”。寬，《荀子·堯問》“其爲人寬好自用以慎”，楊倞注：“寬，寬弘也。”《禮記·表記》“以德報怨，則寬身之仁也”，鄭玄注：“寬，猶愛也。”教，《荀子·大略》“以其教出畢行”，楊倞注：“教，謂戒令。”寬教，謂政令寬惠，無寬教，謂行苛政。

⑤怕，《御覽》作“恒”，非是，“怕”字當從盧校讀爲“迫”。迫，《廣雅·釋詁一》：“急也。”急、迫同義連用。暴，《大戴禮記·用兵》“以禁殘止暴於天下也”，王聘珍解詁：“暴，虐亂也。”急迫之暴，如前文“國無寬教”，亦謂苛政。

⑥備，謂預備、防備。戎，兵也。盜，謂盜賊。教、盜，宵部字，暴爲藥部字，宵、藥二部陰陽對轉。

大暑之日，腐草化爲螢①。又五日，土潤溽暑②。又五日，大雨時行③。腐草不化爲螢，穀實鮮落④。土潤不溽暑，物不應罰⑤。大雨不時行，國無恩澤⑥。

【疏證】

①腐草化爲螢，《月令》作“腐草爲螢”，《吕氏春秋》作“腐草化爲螢蚈”，《時則》作“腐草化爲蚈”，《玉燭寶典》《北户録》等“螢”皆作“蛙”。腐，《吕氏春秋·盡數》“流水不腐”，高誘注：“腐，臭敗也。”螢，《月令》鄭玄注：“螢，飛蟲，螢火也。”《吕氏春秋》高誘注：“蚈，馬蚿也。蚈，讀如‘蹊徑’之‘蹊’。幽州謂之秦渠，一曰螢火也。”《時則》則注爲：“蚈，馬蛟也。幽冀謂之秦渠，蚈，讀奚徑之徑也。”“蚿”或爲“蛟”字形訛，馬蛟，今所謂馬陸。王引之言“螢本作

蛙”，并言蛙爲蠲之借字。《周禮·秋官·蜡氏》“令州里除不蠲”，鄭玄注：“蠲，讀如吉圭惟饎之圭，圭，絜也。”《吕氏春秋·尊師》“必蠲絜”，高誘注：“蠲，讀曰圭也。”蛙，从圭得聲，故亦可讀爲“蠲”。劉師培亦以“蠲”爲正字，并言蠲即馬蚿之蟲，異名爲蚈，説甚是。

②土潤溽暑，各本皆同。潤，《廣雅·釋詁一》：“溼也。”溽，《月令》陸德明釋文：“溽，溼也。”溽暑，即濕熱。大雨時行，各本皆同。

③時，《周禮·春官·大宗伯》“時見曰會”，賈公彦疏：“時者，言其無常期也。”行，《戰國策·齊策三》“孟嘗君出行國”，鮑彪注：“行，之。”之，即至也。大雨時至，謂大雨無常期而至，即言陣雨。

④實，《國語·晋語三》“而又愛其實”，韋注：“實，穀也。”穀、實二字同義連用。鮮落，《吕氏春秋》作“解落”。王引之《經義述聞·禮記上》“穀食鮮落”條，引王念孫説言：“鮮之言散也，謂穀實散落也。”説甚是，“解落”即“散落”之義。

⑤物不應罰，朱右曾言刑罰不當，説甚是。

⑥恩，《豳風·鴟鴞》“恩斯勤斯”，毛傳：“恩，愛。”澤，《孟子·離婁下》“君子之澤”，趙岐注：“澤，滋潤之澤。”落、澤，鐸部字，罰爲月部字，鐸、月二部旁轉。

立秋之日，凉風至①。又五日，白露降②。又五日，寒蟬鳴③。凉風不至，無嚴政④。白露不降，民多邪病⑤。寒蟬不鳴，人皆力争⑥。

【疏證】

①立秋之日，謂建秋之日。凉風至，各本皆同。凉，《尚書·洪範》“曰燠曰寒”，孔穎達正義：“凉是冷之始。”

②白露降，各本皆同。露，《小雅·蓼蕭》“零露湑兮”，鄭箋：“露者，天所以潤萬物。”《廣雅·釋詁二》：“露，潰也。”王念孫疏證：“露者，潤之潰也。”

③寒蟬鳴，各本皆同。寒蟬，一作寒蜩，《爾雅·釋蟲》言“蜺，寒蜩”，郭璞注：“寒蜩，又名寒螿，似蟬而小，青赤。”

④“無”前盧校從《太平御覽》卷二十五增一“國”字，甚是。嚴政，朱右曾解爲“嚴肅之政”，甚是。嚴，《小雅・六月》“有嚴有翼”，毛傳：“嚴，威嚴也。”《左傳》昭六年“嚴斷刑罰”，孔穎達正義：“嚴，謂威可畏。”凉風不至，則肅殺之氣不起。《管子・禁藏》言：“秋行五刑誅大罪，所以禁淫邪、止盗賊。”是刑罰不興，故曰國無嚴政。

⑤邪，當從《藝文類聚》卷三、《太平御覽》卷二十五校爲“欬”。欬，《禮記・曲禮上》“車上不廣欬”，孔穎達疏：“欬，聲欬也。”王引之《經義述聞・春秋名字解詁》“樂欬字子聲”條言：“氣逆之聲曰欬。”即今“咳嗽”之“咳”。

⑥人皆，《玉燭寶典》《藝文類聚》《太平御覽》并作“人臣”，當從之校改。力，《禮記・坊記》“食時不力珍”，鄭玄注：“力，猶務也。”人臣力争，謂人臣務于争鬭。政、争，爲耕部字，病爲陽部字。耕、陽二部旁轉。

處暑之日[①]，鷹乃祭鳥[②]。又五日，天地始肅[③]。又五日，禾乃登[④]。鷹不祭鳥，師旅無功[⑤]。天地不肅，君臣乃□[⑥]。農不登穀，暖氣爲灾[⑦]。

【疏證】

①處，《大雅・鳧鷖》“公尸來燕來處”，毛傳：“處，止也。”處暑，謂暑熱漸止，如《月令》孔穎達疏言：“謂之處暑者，謂暑既將退伏而潛處。”

②鷹乃祭鳥，各本皆同。《月令》鄭玄注言“鷹祭鳥者，將食之，示有先也”，孔穎達疏：“謂鷹欲食鳥之時，先殺鳥而不食，與人之祭食相似，猶若供祀先神，不敢即食，故云示有先也。”《吕氏春秋》并《時則》高誘皆注爲“鷹摯殺鳥於大澤之中，四面陳之，世謂之祭鳥”。考之前文“獺祭魚”之説，則高説稍勝。

③天地始肅，各本皆同，四部叢刊本作“如肅”或誤。肅，《吕氏春秋》《時則》高誘皆注爲“殺也”。《時則》“草木皆肅”，高誘注：“草木上疏

曰肅也。”《管子·幼官》“春行冬政，肅”，尹知章注：“肅，寒也。”

④禾乃登，《豳風·七月》有“九月築場圃、十月納禾稼。”納禾稼，即此所言“登禾”。《月令》作“農乃登穀”，《吕氏春秋》作“農乃升穀”，《時則》作“農始升穀”，後文亦作“農不登穀”，故當從《月令》。《孟子·滕文公上》“五穀不登”，趙岐注：“登，升也。”登、升同義换讀。

⑤功，王引之《經義述聞·爾雅上》“功績明成也”條引《國語·魯語下》“社而賦事，烝而獻功，男女效績”言“功、績皆成也”。師旅無功，謂師旅興而無成。

⑥脱字潘振疑爲“訌”，朱駿聲補爲“怠”。潘振義稍勝，《大雅·召旻》“蟊賊内訌”，毛傳：“訌，潰也。”鄭箋：“訌，争訟相陷入之言也。”字或亦可作“訟”，訟，争也，如《左傳》僖二十八年“衛侯與元咺訟”。君臣乃訟，言君臣乃争。

⑦灾，《太平御覽》作“凶”，《玉燭寶典》作“灾”。案：作“凶”稍勝。功、訟、凶皆東部字，灾爲之部字，“凶”字協韵，此其一。《周禮·春官·大司樂》言“大札大凶”，鄭玄注：“凶，凶年也。”《墨子·七患》言“三穀不收謂之凶”，字又與“荒”連用，《周禮·秋官·掌客》“凶荒殺禮”，鄭玄注：“凶荒，無年也。”以其無年，故農不登穀，此其二。暖氣爲凶，言暖氣不消，肅殺之氣不至，故穀不熟落。

白露之日[①]，鴻雁來[②]。又五日，玄鳥歸。又五日，群鳥養羞[③]。鴻雁不來，遠人背畔[④]。玄鳥不歸，室家離散[⑤]。群鳥不養羞，下臣驕慢[⑥]。

【疏證】

①白露，《月令》孔穎達疏：“謂之白露者，陰氣漸重，露濃色白。”

②鴻雁來，《吕氏春秋》作“候鳥來”，《時則》作“候雁來”。鴻雁來，見前文“啓蟄之日”條疏證。玄鳥歸，各本皆同，見前文“春分之日玄鳥至”條疏證。前所言“鴻雁來、玄鳥至”，即言其北歸，此所謂“鴻雁來、玄鳥歸”，即言其南來。

③群鳥養羞，《時則》作“群鳥翔”。《夏小正》有“丹鳥羞白鳥”。

《夏小正》言“丹鳥者，謂丹良也。白鳥，謂閩蚋也。其謂之鳥，何也？重其養者也。有翼者爲鳥。羞也者，進也，不盡食也”。《吕氏春秋》高誘注：“寒氣將至，群鳥養進其毛羽禦寒也，故曰群鳥養羞。”《時則》高誘注：“群鳥翔，寒氣至，群鳥肥盛，試其羽翼而高翔。翔者，六翮不動也。或作養，養育其羽毛也。”案：養，楚文字多作“羕”，郭店簡《性自命出》簡11—12“羕眚者，習也”，即言“養性者，習也”。漢時人誤“羕”爲“詳”。郭店簡《老子》甲“賹生曰羕”，北大漢簡作“益生曰詳”，帛書甲本、王弼本作“益生曰祥”，乙本作“益生□祥”。《漢書·西域傳》“其土地山川王侯户數道里遠近翔實矣”，顔師古注：“翔與詳同，假借用耳。”故字當從《時則》作“養”。養，猶蓄也，《周禮·天官·庖人》“掌共六畜”，鄭玄注：“始養之曰畜。”畜，即蓄也。羞，《左傳》昭二十七年“羞者獻體改服於門外”，杜注：“羞，進食也。”群鳥養羞，高誘言“養進”則是，《夏小正》并鄭玄言“食”者亦是，二者各得其義之半，養羞，即朱右曾所謂“蓄食以備冬”之義。

④背，《荀子·解蔽》“背而走”，楊倞注：“背，棄去也。”畔，《戰國策·秦策一》“楚必畔天下而與王”，鮑彪注：“畔，猶背。”

⑤室家，《小雅·斯干》“室家君王”，鄭箋：“室家，一家之内。”離，《廣雅·釋詁三》：“散也”，離、散二字同義連用。室家離散，謂同族不和。

⑥下臣，王念孫引《藝文類聚》卷三、《太平御覽》卷二十五校作“臣下”，言“謂爲群臣也”，孫詒讓言《玉燭寶典》作“群臣”，王念孫校是。驕，《戰國策·秦策五》“王兵勝而不驕”，高誘注：“驕，驕慢也。”驕、慢二字同義連用。畔、散、慢皆元部字。

秋分之日，雷始收聲①。又五日，蟄蟲培户②。又五日，水始涸③。雷不始收聲，諸侯淫佚。蟄蟲不培户，□靡有賴④。水不始涸，甲蟲爲害⑤。

【疏證】

①雷始收聲，《吕氏春秋》作“雷乃始收聲”，《時則》作“雷乃始

收”。收，《戰國策·楚策二》“秦可以少割而收害也”，鮑彪注：“收，猶息。”

②蟄蟲培户，《月令》作“蟄蟲閉户”，《吕氏春秋》作“蛰蟲俯户”，《時則》作“蟄蟲倍户”，《玉燭寶典》作“附”，《太平御覽》作“閉”。字當從《玉燭寶典》作“附”，《廣雅·釋詁四》“附，依也”，即《豳風·七月》所言“九月在户，十月蟋蟀入我床下”。《左傳》襄二十四年“部婁無松柏”，杜注：“部婁，小阜。”《説文》“附”字繫傳言“附婁，小土山也。从𨸏付聲。《春秋傳》曰：“附婁無松栢。”徐鍇繫傳言曰：“今《左傳》作‘培’。”是“培”得讀爲“附”。倍，《左傳》定四年“分之土田倍敦”，陸德明釋文：“倍，本亦作陪。”《大雅·蕩》“以無陪無卿”，陸德明釋文：“陪，本又作培。”俯，《荀子·非相》“府然若渠匽檃栝之于己也”，楊倞注：“府與俯同，就物之貌。或讀爲附。”《大戴禮記·文王官人》“推前惡忠府知物焉”，王聘珍解詁：“府當爲附，聲近而訛也。”壞，王念孫《讀書雜志·荀子第三》“諸侯莫不懷交接”條言：“壞、懷古字通。”懷，即《尚書·堯典》“蕩蕩懷山襄陵”之“懷”，僞孔傳：“懷，包。”包、附皆取近依之義，同義换讀。是“蟄蟲培户”，當讀爲“蟄蟲附户”，即蟄蟲依于户。

③水始涸，各本皆同。《國語·周語中》“天根見而水涸”，韋注：“涸，竭也。”言雨季已過。

④淫逸，謂放縱也。脱字盧校作“民”，甚是。靡，《大雅·雲漢》“靡神不舉”，鄭箋：“靡，無也。”賴，《國語·周語中》“先王豈有賴焉”，韋注：“賴，利也。”

⑤甲蟲，即《月令》所言“介蟲敗穀”之“介蟲”，《太平御覽》亦作“介蟲”。《月令》鄭玄注：“介，甲也。甲蟲屬冬，敗穀者稻蟹之屬。”佚爲質部字，賴、害爲月部字，質、月二部旁轉。

寒露之日[①]，鴻雁來賓[②]。又五日，爵入大水，化爲蛤[③]。又五日，菊有黄華[④]。鴻雁不來，小民不服。爵不入大水，失時之極。菊無黄華，土不稼穡⑤。

【疏證】

①《月令》孔穎達疏："謂之寒露，言露氣寒將欲凝結。"

②鴻雁來賓，《夏小正》作"遰鴻雁"，《吕氏春秋》《時則》作"候雁來"。賓，劉師培言《藝文類聚》卷九十一亦無"賓"字，下言"鴻雁不來"，亦不言"賓"，則"賓"字疑衍，或屬下讀如《吕氏春秋》《時則》作"賓雀"，説甚是。

③爵入大水，化爲蛤，《月令》無"化"字，《夏小正》作"雀入于海爲蛤"，《國語·晋語九》有"雀入于海爲蛤，雉入于淮爲蜃"，《吕氏春秋》《時則》作"賓雀入大水爲蛤"。爵，當從各本作"雀"，《孟子·離婁上》"爲叢毆爵者，鸇也"，字即讀爲"雀"，《禮記·三年間》"小者至於燕雀"，陸德明釋文："雀，本又作爵。"《夏小正》孔廣森補注："雀，黄雀也。"大水，即海也，故《王會》言"東越海蛤"。蛤，《國語·晋語九》韋注："小曰蛤，大曰蜃，皆介物，蚌類。"字亦作"蚧"，《大戴禮記·易本命》："故冬燕雀入於海，化而爲蚧。"

④《月令》作"鞠有黄華"，《夏小正》作"榮鞠"，菊，《月令》"天子乃薦鞠衣于先帝"，陸德明釋文："鞠，居六反，如菊華也。"孔穎達疏："菊者，草名，花色黄。"榮，《荀子·賦》"志意之榮也"，楊倞注："榮，華。"

⑤小民，謂小人、下民。服，從也。極，常也。稼穡，《魏風·伐檀》"不稼不穡"，毛傳："種之曰稼，斂之曰穡。"服、極、穡，皆職部字。

霜降之日①，豺乃祭獸②。又五日，草木黄落③。又五日，蟄虫咸附④。豺不祭獸，爪牙不良⑤。草木不黄落，是謂愆陽⑥。蟄虫不咸附，民多流亡⑦。

【疏證】

①霜，《大戴禮記·曾子天圓》言："陽氣勝，則散爲雨露，陰氣勝，則凝爲霜雪。"

②豺乃祭獸，《月令》《吕氏春秋》《時則》皆作“豺乃祭獸戮禽”，《夏小正》作“豺祭獸”。豺，《時則》高誘注：“豺，似狗而長尾，其色黄。”祭獸，《吕氏春秋》高誘注：“於是月殺獸，四圍陳之，世所謂祭獸。”

③草木黄落，各本皆同。落，《説文》：“凡艸曰零，木曰落。”

④蟄蟲咸附，盧校“附”作“俯”。《月令》“咸附”之後有“在内”二字，《吕氏春秋》作“蟄蟲咸俯在穴”，《時則》作“蟄蟲咸俯”。《吕氏春秋》高誘注：“俯，伏。”言蟄伏之義。

⑤爪牙，猶《小雅·祈父》“予王之爪牙”，鄭箋：“爪牙之士，當爲王閑守之衛。”良，《唐風·蟋蟀》“良士瞿瞿”，鄭箋：“良，善也。”

⑥愆陽，亦見于《左傳》昭四年“冬無愆陽”，杜注：“愆，過也，謂冬温。”

⑦流，《禮記·樂記》“其政散，其民流”，孔穎達疏：“流，謂流亡。”流、亡同義連用，謂四方流散。良、陽、亡，皆陽部字。

立冬之日，水始冰①。又五日，地始凍②。又五日，雉入大水爲蜃③。水不冰，是□陰負④。地不始凍，咎徵之咎⑤。雉不入大水，國多淫婦⑥。

【疏證】

①立冬之日，謂建冬之日。

②水始冰，地始凍，各本皆同。《説文》“凍，仌也”，段注：“初凝曰仌，仌壯曰凍。又於水曰冰，於他物曰凍。故《月令》曰：‘水始冰，地始凍。’”

③雉入大水爲蜃，《國語·晋語九》言“雉入于淮爲蜃”，《夏小正》有“玄雉入于淮，爲蜃”。雉，謂野鷄。大水，謂淮，《左傳》昭十二年“有酒如淮”，陸德明釋文：“淮，舊如字，四瀆水也。”蜃，《月令》鄭玄注：“大蛤爲蜃。”

④“陰負”前脱字，元刊本漫漶不清，當同上文“是謂愆陽”補“謂”字。負，《戰國策·東周策》“公負令秦與强齊戰”，鮑彪注：“負，猶失

也"，言陰氣失而陽氣盛，故水不結冰。

⑤咎徵之咎，當從王念孫引《太平御覽》卷二十八校作"灾咎之徵"。咎，《吕氏春秋·侈樂》"棄寶者必離其咎"，高誘注："咎，殃也。"灾、咎同義連用。徵，《荀子·富國》"觀國之强弱貧富有徵"，楊倞注："徵，驗，言其驗先見也。"灾咎之徵，謂灾殃之徵兆。

⑥淫，《國語·齊語》"男女不淫"，韋注："淫，見淫略也。"負、婦皆之部字，徵，爲蒸部字，之、蒸二部陰陽對轉。

□雪之日，虹藏不見①。又五日，天氣土騰，地氣下降②。又□日，閉塞而成冬③。虹不藏，婦不專一④。天氣不上騰，地□不下降，君臣相嫉⑤。不閉塞而成冬，母后淫佚⑥。

【疏證】

①"雪"前脱字，元刊本漫漶不清，當是"小"字。虹藏不見，各本皆同。藏，《大戴禮記·曾子制言》"良賈深藏如虚"，王聘珍解詁："藏，匿也。"見，猶顯也。是時不雨，故虹隱而不顯。

②土，當從上下文改作"上"。天氣上騰，地氣下降，《時則》所無。騰，《淮南子·原道訓》"蹈騰昆侖"，高誘注："騰，上也。"上騰、下降，皆同義連用。

③"又"後脱字當從上下文補"五"字。閉塞而成冬，《吕氏春秋》作"閉而成冬"，《時則》所無。閉，《廣雅·釋詁三》："塞也。"塞，亦閉也。《淮南子·主術訓》"外邪不入謂之塞"，《吕氏春秋·君守》則作"外欲不入謂之閉"。閉、塞，朱右曾言"謂物盡蟄"，甚是。

④專，《吕氏春秋·必己》"而無肯專爲"，高誘注："專，一。"專、一同義連用。

⑤"地"後脱字，元刊本漫漶不清，當從前文補"氣"字。嫉，《廣雅·釋詁一》："妒也。"

⑥后，《禮記·曲禮下》："天子之妃曰后。"母、后當爲并舉，爲君之母及其妻。淫佚，謂淫亂放縱。一、嫉、佚，皆質部字。

大雪之日，鴠鳥不鳴[①]。又五日，虎始交[②]。又五日，荔挺生[③]。鴠鳥，□□□□[④]。虎不始交，□□□□[⑤]。荔挺不生，卿士專權[⑥]。

【疏證】

①鴠鳥不鳴，《月令》作“鶡旦不鳴”，《吕氏春秋》作“鶡鴠不鳴”，《時則》作“鳱鴠不鳴”。盧校“鴠”作“䳘”，王引之謂“鴠鳥”當作“鶡旦”，王校是。作“䳘”者，或是“鴠”字形訛。《唐月令》避唐睿宗諱，改“旦”爲“鴠”，後各本據《唐月令》追改之。鶡旦，《月令》鄭玄注爲“求旦之鳥”，《方言》卷八言：“鴇且，周魏齊宋楚之間謂之定甲，或謂之獨春。自關而東謂之城旦，或謂之倒縣，或謂之鴇旦，自關而西秦隴之内，謂之鴇旦。”郭璞注：“鳥，似鷄，五色，冬無毛赤倮，晝夜鳴。”《廣雅·釋鳥》言：“城旦、倒縣、鶡鴠、定甲、獨春，鴇鴠也。”《時則》之“鳱”，則或即“鴇”字。鴇爲元部字，鶡爲月部字，元、月二部陽入對轉。

②虎始交，各本皆同。交，《月令》鄭玄注：“交，猶合也。”東北虎發情于夏正十一月，故曰始交。

③荔挺生，《月令》《吕氏春秋》《時則》作“荔挺出”。荔，《吕氏春秋》并《時則》高誘皆注爲“馬荔”，《月令》鄭玄注爲“馬䪥”，《後漢書·陳寵傳》“芸荔之應”，李賢注：“荔，馬薤。”朱右曾言“又名馬藺”。《爾雅·釋草》陸德明釋文：“䪥，鴻薈，本又作薤。”《廣雅·釋草》：“馬䪥，荔也。”王念孫疏證：“藺，荔，一聲之轉。”又言：“荔葉似䪥而大，則馬䪥之所以名矣。”挺，當作“莛”，《説文》：“莛，莖也。”《廣雅》王念孫疏證言：“荔草抽莖作華，因謂之荔莛矣。”説甚是。荔以莖爲名，故亦稱“荔莛”，“挺”字不當訓爲“生出”之義。生，各本作“出”，《管子·四時》“其德喜嬴而發出節時”，尹知章注：“出，生也。”出、生二字同義换讀。

④“鴠鳥”二字之後，元刊本疑脱一“鳴”字，逗號之後四空圍當從《太平御覽》卷二十八補作“國有訛言”，盧校是。訛，《小雅·正月》“民之訛言”，鄭箋：“訛，僞也。”訛言，謂虚僞之言。

⑤“始交”後所脱，盧校補“將帥不和”，孫詒讓謂“和”當讀“桓”，《爾雅·釋訓》：“桓桓，威也。”將帥不桓，言將帥無威，甚是。

⑥卿士，《大雅·假樂》“百辟卿士”，鄭箋：“卿士，卿之有事也。”《左傳》隱三年“爲平王卿士”，杜注：“卿士，王卿之執政者。”專，《國語·周語上》“夫榮公好專利而不知大難”，韋注：“專，擅也。”卿士專權，謂權臣擅政。言、桓、權皆爲元部字。

冬至之日，蚯蚓結①。又五日，麋角解②。又五日，水泉動③。蚯蚓不結，君政不行④。麋角不解，兵甲不藏⑤。水泉不動，陰不承陽⑥。

【疏證】

①冬至之日，謂日短至之日。蚯蚓結，《月令》作“蚯螾結”，《時則》作“丘蚓結”，見前“蚯蚓出”條。結，《廣雅·釋詁一》：“曲也。”《吕氏春秋》高誘注：“結，紆也。”朱右曾言“結，盤屈如結也”，或是。

②麋角解，《夏小正》作“隕麋角”，余本皆同。麋，《山海經·西山經》“其獸多麋鹿”，郭璞注：“麋，大如小牛，鹿屬也。”隕，《春秋》僖公十六年“隕石于宋五”，杜注：“隕，落也。”解、隕皆取落之義，同義换讀。

③水泉動，各本皆同。《月令》鄭玄注爲“潤上行”，《吕氏春秋》高誘則注爲“水泉湧動，皆應微陽氣也”。泉，或謂黄泉，水泉動，即《周月》所言“微陽動于黄泉”。

④政，《論語·爲政》“道之以政”，何晏集解引孔安國云：“政，謂法教。”

⑤兵，謂兵器，甲，謂甲胄。藏，《戰國策·秦策一》“兵革不藏”，高誘注：“藏，戢也。”《左傳》宣十二年“載戢干戈”，杜注：“戢，藏也。”

⑥承，《玉燭寶典》作“烝”，非是。承，《秦風·權輿》“不承權輿”，毛傳：“承，繼也。”陰不承陽，謂陰氣不繼以陽，是微陽不生。行、藏、陽，皆陽部字。

小寒之日①，雁北向②。又五日，鵲始巢③。又五日，雉始雊④。雁不北向，民不懷主⑤。鵲不始巢，國不寧。雉不始雊，國大水⑥。

【疏證】

①寒，《尚書·洪範》“曰燠曰寒”，孔穎達正義：“寒是冷之極。”小寒，謂初寒。

②雁北向，《月令》《吕氏春秋》作“雁北鄉”，鄉、向二字古通。《月令》孔穎達疏：“雁北鄉，有早有晚。早者則此月北鄉，晚者二月乃北鄉。”

③鵲始巢，《時則》作“鵲加巢”，余本皆同。“加”讀爲“架”，《時則》高誘注：“鵲感陽而動，上加巢也。”王念孫《讀書雜志·淮南内篇第五》“鵲加巢”條言：“加，讀爲架，謂搆架之也。”故《鄘風·鶉之奔奔》“鵲之彊彊”，陳奂《詩毛氏傳疏》言：“鵲，今謂之乾鵲，即季冬架巢之鳥。”《召南·鵲巢》“維鵲有巢”，馬瑞辰《毛詩傳箋通釋》：“鵲，即乾鵲，今之喜鵲也。”

④雉始雊，《月令》《吕氏春秋》《時則》作“雉雊”。雉謂野鷄，雊，《小雅·小弁》“雉之朝雊”，鄭箋：“雊，雉鳴也。”

⑤懷，《國語·周語上》“無所依懷”，韋注：“懷，歸也。”雁生于北，冬就食于南，不北向，言不歸，是民不懷，亦言民不歸之義。“主”與後文韵部不協，或爲衍文。

⑥寧，安也。水，《淮南子·天文訓》言：“積陰之寒氣爲水。”大水，謂陰氣隆盛而陽氣不來，即《周月》所言“隆陰慘于萬物”。主爲侯部字，寧，耕部字，懷、水皆微部字。

大寒之日，鷄始乳①。又五日，鷙鳥厲②。又五日，水澤腹堅③。鷄不始乳，淫女亂男④。鷙鳥不厲，國不除兵⑤。水澤不腹堅，言乃不從⑥。

【疏證】

①大寒，謂寒氣正盛。鷄始乳，《月令》《吕氏春秋》作“鷄乳”，《時則》作“鷄呼卵”。乳，《説文》：“人及鳥生子曰乳，獸曰産。”呼卵，高誘注：“鷄呼鳴求卵也。”呼，當作“孚”，《廣雅·釋詁一》

“孚，生也”，王念孫疏證：“伏卵謂之孚，卵化亦謂之孚。”“呼”字或書爲“乎”，乎、孚形近易訛。卵，《國語·魯語上》“鳥翼鷇卵”，韋注：“未乳曰卵。”孚卵，即乳之義。

②鷙鳥厲，《月令》《吕氏春秋》作“征鳥厲疾”，《時則》所無。鷙，朱右曾謂爲“鷹隼”之屬，甚是。《月令》鄭玄注：“征鳥，題肩也，齊人謂之擊征，或名曰鷹。”《説文》“鷙，擊殺鳥也”，或即從“擊征”而來。厲，《史記·樂書》“發揚蹈厲”，裴駰集解引王肅曰：“厲，疾貌。”《漢書·息夫躬傳》“鷹隼横厲”，顔師古注：“厲，疾飛也。”厲、疾二字同義連用。

③水澤腹堅，《吕氏春秋》作“水澤復”，《時則》所無。腹，《月令》陸德明釋文：“腹，本又作複。”《小雅·蓼莪》“出入腹我”，毛傳：“腹，厚也。”馬瑞辰《毛詩傳箋通釋》：“腹，與複通。”複，即復字。《吕氏春秋》高誘注：“復，亦盛也。”堅，《爾雅·釋詁下》：“固也。”水澤腹堅，言水澤成冰厚固。

④淫女亂男，言男女行淫亂之事。除，《易·萃》“君子以除戎器”，孔穎達疏：“除者，治也。”

⑤國不除兵，當從《易》作“國不除戎”，戎、兵同義换讀，《太平御覽》卷二十七作“人”非是。除戎，謂治兵，即上博簡九《陳公治兵》簡7所言“整師徒”。《國語·周語上》言“三時務農而一時講武”，韋注：“三時，春、夏、秋。一時，冬也。”馬王堆帛書《論約》66上言“三時成功，一時刑殺，天地之道也”，故冬時治兵是先秦舊制。

⑥言，《大雅·公劉》“于時言言”，毛傳：“直言曰言。”不從，言不順。男爲侵部字，戎爲冬部字，冬、侵二部可通。從爲東部字，東、冬旁轉。

月令第五十三（佚）

謚法第五十四

【題解】

是篇取首句“制謚叙法”爲題。“一人無名曰神”之前及“和，會也”之後者，或是後世編纂者所加注，前者託名周公，開宗明義，自重其説，後者爲便説解，引爲參考。此篇所言應是後人總結前人用謚之法所作，“隱，哀之也”之後諸條，與全文主體來源或有差别，編纂者以其内容近似，故整合爲一。

維周公旦、太公望開嗣王業①，攻于牧野之中，終，葬②，乃制謚叙法③。

【疏證】

①開，本或作“啓”，用如《左傳》定四年“皆啓以商政”之“啓”。嗣，《國語·鄭語》“武其嗣乎”，韋注：“嗣，繼也。”“嗣王”二字，或不當連讀。業，《國語·晋語六》“敢不承業”，韋注：“業，事也。”王業，以下言“牧野之中”，故其所啓所繼者，乃武王之功業。

②攻于牧野之中，盧校從《史記正義》改作“建功于牧之野，終，將葬，乃制謚，遂叙《謚法》”，説甚是。建功于牧之野，謂立功于牧野。終，《國語·周語上》“今自大畢、伯仕之終也”，韋注：“終，卒也。”謚號當議于已死而未葬之時，如《左傳》文元年言“丁未，王縊，謚之曰靈，不瞑，曰成，乃瞑”，故盧校改“葬”作“將葬”，甚是。

③制，作也。謚，《禮記·樂記》“聞其謚，知其行也”，鄭玄注：“謚者，行之迹也。”説或本此而來。叙，《國語·晋語三》“紀言以叙

之”，韋注：“叙，述也。”乃叙謚法，謂作謚法，盧校意以此句爲全篇小序，甚是。

謚者，行之迹也①。號者，功之表也②。車服，位之章也③。

孔晁云：“古者有大功，則善號以爲福也。”

【疏證】

①行，《左傳》昭二十五年“民之行也”，杜注：“行者，人所履行。”迹，《荀子·正名》“如是則其迹長矣”，楊倞注：“迹，王者所立之迹也。”

②號，《周禮·春官·大祝》“辨六號”，鄭玄注：“號，謂尊其名，更爲美稱焉。”功，《國語·晋語七》“無功庸者”，韋注：“國功曰功，民功曰庸。”表，謂彰明之義，《管子·輕重丁》“表稱貸之家”，尹知章注：“旌表也。”

③車服，《尚書·堯典》有“車服以庸”，車服，謂車馬、衣服。《國語·魯語上》有“車服，表之章也”。盧校謂“車服”下當脱一“者”字，亦通。位，《周禮·天官·大宰》“四曰禄位”，鄭玄注：“位，爵次也。”章，《大雅·抑》“維民之章”，毛傳：“章，表也。”今多以“彰”字爲之。

是以大行受大名①，細行受小名②，行出於己，名生於人③。

孔晁云：“名，謂號謚。”孔注“號謚”二字當倒。

【疏證】

①是以，猶是故。受，《廣雅·釋詁三》：“得也。”

②細，《吕氏春秋·首時》“以魯衛之細”，高誘注：“細，小也。”

③出，亦生也，出、生二字對讀。是句言所履行者由己所致，而號、謚則由他人所出。

一人無名曰神。

孔晁云：“不名壹善。”

【疏證】

一人，《尚書·君奭》“故一人有事于四方”，僞孔傳：“一人，天子也。”《禮記·大學》“一人貪戾，一國作亂”，鄭玄注：“一人，謂人君也。”無名，猶《論語·泰伯》所言“民無能名”之略。名，《史記·張儀列傳》“是我一舉而名實附也”，司馬貞索隱：“名，謂傳其德也。”無名，言無所傳其德，猶《老子》所謂“太上，下知有之；其次，親而譽之；其次，畏之；其次，侮之”，孔晁注亦取此義。盧校亦據《史記正義》改作“民無能名”，其意或是，然原文似亦可通，未必據改。神，《左傳》莊三十二年言“神，聰明正直而壹者也”。

稱善□簡曰聖，

孔晁云：“所稱得人，所善得實，所別得簡。”孔注“別”亦當從盧校改作“賦”字。

【疏證】

稱，揚也，《史記正義》亦作“揚”。脱字盧校據《史記正義》補“賦”，校是。賦，《大雅·烝民》“明命使賦”，毛傳：“賦，布也。”簡，《禮記·王制》“有旨無簡不聽”，鄭玄注：“簡，誠也。”聖，《荀子·臣道》“是聖臣者也”，楊倞注：“聖者，無所不通之謂也。”揚善而布誠，則無不通達，故謂之聖。

敬賓厚禮曰聖。

孔晁云：“聖於禮也。”

【疏證】

賓，《國語·楚語下》“公貨足以賓獻”，韋注：“賓，饗贈也。”敬賓，言敬其饗贈，與下“厚禮”對文。厚，《戰國策·東周策》“得九鼎，厚寶也”，鮑彪注：“厚，猶重。”《荀子·禮論》言“厚者，禮之積也”。《謚法》此句或與《禮記·鄉飲酒義》“仁義接，賓主有事，俎豆有數曰聖，聖立而將之以敬曰禮”有共同來源。

德象天地曰帝。

孔晁云："同於天地。"

【疏證】

象，《禮記·樂記》"在天成象"，鄭玄注："象，光耀也。"或從《廣雅·釋詁三》"象，效也"，亦通。天地，《史記正義》作"天帝"，非是。德象天地，猶言德配天地。《鄘風·君子偕老》"胡然而帝也"，毛傳："審諦如帝。"如帝，言如天。《尚書·堯典序》"昔在帝堯"，孔穎達正義："帝者，諦也，言天蕩然無心，忘於物我，言公平通遠，舉事審諦，故謂之帝也。"或即因于此説。

静民則法曰皇。

孔晁云："静，安。"

【疏證】

静，用如《尚書·大誥》"西土人亦不静"之"静"，孔注訓"安"甚是。盧文弨謂《正義》作"靖"，亦通。則，《國語·晋語一》"德義不行，禮義不則"，韋注："則，法也。"《論語·泰伯》"唯天爲大，唯堯則之"，何晏集解引孔安國曰："則，法也，美堯能法天而行化也。"法，是言效法之義，則法，謂以法爲準則而效之。皇，《周頌·執競》"上帝是皇"，毛傳："皇，美也。"

仁義所在曰王。

孔晁云："民從之也。"

【疏證】

所在，《正義》作"所往"，盧校以爲校非，王念孫以爲校是。王念孫言王、往二字同聲而互訓，甚是。《吕氏春秋·下賢》言"王也者，天下之往也"，《吕氏春秋·順説》"桓公則難與往也"，高誘注："往，王也。"《荀子·正論》言"天下歸之之謂王"。《大雅·板》"及爾出王"，毛傳："王，往。"故王念孫説是，當作"往"。仁義所往，謂仁義所歸往。此句下盧校據《史記正義》補“賞慶刑威曰君，從之成群曰君”，或是。慶，《大雅·皇矣》“則篤其慶”，毛傳：“慶，善。”刑，猶罰也。威，猶虐也，如《嘗麥》“是威厥邑”。從之成群，猶《太子晋》“侯能成群謂之君”，孔晁注：“群，謂之爲長也。”

立制及衆曰公。

孔晁云：“志無私也。”

【疏證】

制，《吕氏春秋·節喪》“以軍制立之”，高誘注：“制，法。”及，猶至也。衆，《荀子·修身》“庸衆而野”，楊倞注：“衆，衆人。”公，《太子晋》言“伯能移善於衆，與百姓同，謂之公”，《新書·道術》亦言“兼覆無私謂之公”。

執應八方曰侯。

孔晁云：“所執行八方應之也。”

【疏證】

執，孔注爲“執行”，非是。案：執，《禮記·曲禮上》“執爾顔”，鄭玄注：“執，猶守也。”應，《大雅·下武》“應侯順德”，毛傳：“應，當也。”侯，《史記·夏本紀》“甸外五百里侯服”，裴駰集解引孔安國曰：“侯，候也，斥候而服事也。”周制，侯在外服，爲王斥候，裘錫圭言“侯本是駐在邊地保衛王國的主要武官”（《甲骨卜辭中所見的“田”“牧”“衛”等職官的研究——兼論“侯”“甸”“男”“衛”等幾種諸侯的起源》，《裘錫圭學術文集》第5卷，第165頁），説甚是。故執應八方，是爲王守當八方，故可稱侯。

壹德不解曰簡，

孔晁云：“壹，不委曲。”

【疏證】

壹，《左傳》昭二十六年“壹行不若”，杜注：“壹，專也。”《小雅・都人士序》“則民德歸壹”，鄭箋：“壹者，專也，同也。”壹德，謂專一于德。盧校言《左傳》昭二十二年孔穎達正義作“壹意不解曰簡”。意，志也，亦通。解，諸家皆讀爲“懈”，甚是。懈，《爾雅・釋言》：“怠也。”簡，如前文“稱善賦簡曰聖”，訓爲“誠”。

平易不疵曰簡。

孔晁云：“疵，多病也。”

【疏證】

易，《荀子・富國》“則其道易”，楊倞注：“平易可行。”平、易同義連用。《國語・晋語八》“不敢安易”，韋注：“易，簡也。”《大戴禮記・文王官人》“信氣中易”，王聘珍解詁：“易，謂平易，不險難也。”疵，《禮記・禮運》“是謂疵國”，鄭玄注：“疵，病也。”《戰國策・齊策一》“齊貌辨之爲人也多疵”，鮑彪注：“疵，病也，謂過失。”《左傳》定元年“周鞏簡公棄其子弟而好用遠人”，孔穎達正義引《謚法》作“平易不從曰簡”，此“從”或讀爲放縱之“縱”。平易不疵，謂不險難而無過失，《禮記・樂記》“大樂必易，大禮必簡”，鄭玄注：“易、簡，若於清廟大饗然。”則此“簡”當取“易”爲義，與上句取“誠”爲義有别。

經緯天地曰文，

孔晁云：“成其道也。”

【疏證】

《大戴禮記・易本命》“凡地東西爲緯，南北爲經”，又《周禮・考工記・匠人》“國中九經九緯”，鄭玄注：“經、緯，謂涂也。”後引申爲凡爲法者，皆可稱“經”，故孔晁注言“成其道”。故經緯天地，朱右曾言爲“能經緯順從天地之道，德之盛也”，説甚是。文，《國語・晋語八》“文錯其服”，韋注：“文，文織。”

道德博厚曰文，

孔晁云：“無不知之。”

【疏證】

"愽"當爲"博"字形訛，下同。博厚，《史記正義》作"博聞"，非是。博，《左傳》桓六年"博碩肥腯"，杜注："博，廣也。"厚，亦廣大之義，《左傳》隱元年"厚將得衆"，杜注："厚，謂土地廣大。"博厚，亦言敦厚。文，《國語·周語下》"文之恭也"，韋注："文者，德之總名。"

學勤好問曰文，

孔晁云："不耻下問。"

【疏證】

此即《論語·公冶長》所言："子貢問曰：'孔文子何以謂之文也？'子曰：'敏而好學，不耻下問，是以謂之文也。'"勤，《論語·微子》"四體不勤"，皇侃義疏："勤，勤勞也。"此"文"用如《論語·學而》"行有餘力，則以學文"之"文"，陸德明釋文引鄭玄曰："文，道藝也。"

慈惠愛民曰文，

孔晁云："惠以成文也。"孔注"成文"，《史記正義》作"成政"，非是。

【疏證】

慈，《國語·周語上》"慈保庶民親也"，韋注："慈，愛也。"惠，《大雅·民勞》"惠此中國"，鄭箋："惠，愛也。"慈、惠皆取"愛"之義，同義連用。此"文"訓如《國語·晋語七》"公以趙文子爲文也"，韋注："文，有文德。"朱右曾引《吕氏春秋·召數》言"文者，愛之徵也"，亦是。

愍民惠禮曰文，

孔晁云："以禮安人。"

【疏證】

愍，《左傳》昭元年"吾代二子愍矣"，孔穎達疏引服虔云："愍，憂也。”後亦以“閔”字爲之。愍民，謂憂民。惠，愛也。此“文”用如《國語·周語上》“以文修之”，韋注：“文，禮法也。”

錫民爵位曰文。

孔晁云：“與可舉也。”

【疏證】

錫，《左傳》宣十五年“陳錫哉周”，杜注：“錫，賜也。”爵，《禮記·王制》“王者之制禄爵”，鄭玄注：“爵，秩次也。”位，《國語·魯語上》“夫位，政之建也”，韋注：“位，謂爵也。”此“文”或如《國語·周語上》“有不享則修文”，韋注：“文，典法也”，言有法度之義。

剛疆直理曰武，

孔晁云：“剛，無欲。疆，不撓。直，正無曲。理，忠恕也。”

【疏證】

剛，《國語·鄭語》“剛四支以衛體”，韋注：“剛，彊也。”疆，即“彊”字，下同，剛、彊同義連用。直理，盧校作“理直”，各家皆從，甚是。直，《魏風·碩鼠》“爰得我直”，鄭箋：“直，猶正也。”理，《左傳》成二年“先王疆理天下”，杜注：“理，正也。”直、理皆取“正”之義，同義連用，故未必讀理爲“忠恕”。剛彊直理，謂剛正之義。

威彊睿德曰武，

孔晁云：“思有德者睿也。”

【疏證】

威，《周頌·有客》“既有淫威”，馬瑞辰《毛詩傳箋通釋》言：“古者威有德訓。”王念孫《讀書雜志·漢書第十五》亦言“威，與德同義”。故此處“威彊”或即與“睿德”并舉。彊，《淮南子·修務訓》“功可彊成”，高誘注：“彊，勉也。”王念孫《讀書雜志·史記第五》“特刧於威彊耳”條言：“彊，讀如勉彊之彊。”睿，《史記正義》作“敵”，非是。睿，《吕氏春秋·審時》“心意睿智”，高誘注：“睿，明也。”威彊睿德，謂勉于威而明于德。

克定禍亂曰武，

孔晁云："以兵征，故解也。"

【疏證】

克，能也。定，《小雅·六月》"以定王國"，鄭箋："定，安也。"禍，《戰國策·趙策一》"秦禍安移於梁矣"，鮑彪注："禍，兵禍。"亂，《左傳》文七年言"兵作於内爲亂"。《左傳》宣十二年言"夫武，禁暴，戢兵，保大，定功，安民，和衆，豐財者也"，可與《謚法》此句對讀。

刑民克服曰武，

孔晁云："法正民，能使服。"

【疏證】

刑，《周禮·秋官·司寇》"以五刑糾萬民"，鄭玄注："刑，亦法也。"是篇又有"以佐王刑邦國"，鄭玄注："刑，正人之法。"克，能也。服，《尚書·堯典》"五刑有服"，僞孔傳："服，從也。"是句謂以刑治民，而民能服從之。

大志多窮曰武。

孔晁云："大志行兵，多所窮也。"

【疏證】

大志，盧校從《史記正義》改作"夸志"，并改孔注"窮也"作"窮極"，皆是。夸，《廣雅·釋詁一》："大也。"夸志，謂矜夸其志，猶《左傳》習見之"逞志"。窮，謂竭盡之義。《荀子·富國》"縱欲而不窮"，楊倞注："窮，極也。"

敬事供上曰恭，

孔晁云："恭，奉也。"孔注"恭"字當從盧校作"供"。

【疏證】

事，《國語・楚語上》“臨事有瞽史之道”，韋注：“事，戎祀也。”供，《荀子・修身》“行而供冀”，楊倞注：“供，恭也。”敬、供二字同義對文。上，《國語・齊語》“不用上令者”，韋注：“上，君長也。”

尊賢貴義曰恭，

孔晁云：“尊貴賢人，寵貴義士。”孔注“尊貴”盧校作“尊事”，亦通。

【疏證】

尊，《孟子・盡心上》“尊德樂義”，趙岐注：“尊，貴也。”賢，《周禮・秋官・小司寇》“三曰議賢之辟”，鄭玄注：“賢，謂有德行者。”貴，《吕氏春秋・尊師》“養心爲貴”，高誘注：“貴，尚也”，與尊同義對舉。義，宜也，或從《大雅・文王》“宣昭義問”，毛傳“義，善”，訓爲“善”。言尊有德行者而貴善者。

尊賢敬讓曰恭，

孔晁云：“敬有德，讓有功。”

【疏證】

敬，亦尊也。讓，《國語・晋語四》言“讓，推賢也”，《周語下》“讓於德也”，韋注：“謂推功也。”

既過能改曰恭，

孔晁云：“言有智也。”

【疏證】

既，孫詒讓言《獨斷》作“知”。古書多檃栝之語，作“知”亦通。《國語・楚語上》言“夫事君者，先其善不從其過。赫赫楚國，而君臨之，撫征南海，訓及諸夏，其寵大矣。有是寵也，而知其過，可不謂恭乎”，韋注言：“《謚法》：‘既過能改曰恭。’”故原文不煩改作“知”。

執事堅固曰恭，

孔晁云："守正不移。"

【疏證】

執，《禮記·月令》"執干戚戈羽"，鄭玄注："治其器物，習其事之言。"事，《國語·魯語上》"卿大夫佐之受事焉"，韋注："事，職事也。"堅，亦固也。固，《國語·晋語二》"夫固國者"，韋注："固，定也。"執事堅固，謂行事堅定。

安民長悌曰恭，

孔晁云："順長接弟。"

【疏證】

安民，盧校從《史記正義》作"愛民"。安民，謂静民。"長悌"，即故書所見"長弟"，長弟，《國語·吴語》"將不長弟以力征一二兄弟之國"，韋注："弟，言幼也。"又"孤敢不順從君命長弟"，韋注："長，先也。弟，後也。"故長弟，即言長幼、老幼。安民長弟，言安民之老幼者。

執禮敬賓曰恭，

孔晁云："迎待賓也。"

【疏證】

執，《禮記·曲禮上》"執爾顔"，鄭玄注："執，猶守也。"執禮，亦見于《論語·述而》"子所雅言，詩、書、執禮，皆雅言也"。敬，盧校從《史記正義》改作"御"，或是。孔晁注或亦注"御"字。賓，《儀禮·士喪禮》"有賓則拜之"，鄭玄注："賓，僚友群士也。"

芘親之門曰恭，

孔晁云："無德以益之也。"孔注"無德以益之也"當從盧校作"修德以蓋之也"。

【疏證】

芘，即庇字，《大雅·桑柔》"菀彼桑柔，其下侯旬"，鄭箋："人庇陰其下者"，陸德明釋文："庇，必寐反，又音祕，本亦作芘。"《國語·

晋語四》“民之所庇也”，韋注：“庇，蔭也。”庇、蔭皆有覆蓋之義，故盧校是。門，當從盧校作“闕”，《國語·魯語下》“周恭王能庇昭、穆之闕而爲恭”，韋注：“庇，覆也。恭王，周昭王之孫、穆王之子。昭王南征而不反，穆王欲肆其心，皆有闕失。言恭王能庇覆之，故爲恭也。”

尊長讓善曰恭，

孔晁云：“不尊己善，推於他人。”孔注“不尊”，盧校改作“不專”，非是。

【疏證】

尊，敬也。長，年長也。讓善，言推讓于善。陳逢衡言“尊長，尚齒也，讓善，貴德也”，説甚是。《孟子·公孫丑下》言“天下有達尊三：爵一，齒一，德一”，或即陳逢衡説所本。

淵源流通曰恭。

孔晁云：“性無所忌也。”

【疏證】

淵，《左傳》文十八年“齊聖廣淵”，杜注：“淵，深也。”源，《漢書·禮樂志》“猶濁其源”，顔師古注：“源，水泉之本。”流，《廣雅·釋詁一》：“行也。”通，達也。淵源流通，謂其本原深而所行通達。恭，當從盧校引《史記正義》改作“康”。《爾雅·釋宫》言“五達謂之康”，亦可證此當作康。

照臨四方曰明，

孔晁云：“以明照之。”

【疏證】

照，讀爲“昭”，明也。臨，《大雅·皇矣》“臨下有赫”，鄭箋：“臨，視也。”照臨四方，猶明察四方，故曰明。

譖訴不行曰明。

孔晁云：“逆知之，故不行。”

【疏證】

譖，《大雅·瞻卬》“譖始競背”，鄭箋：“譖，不信也。”陳奐《詩毛氏傳疏》：“譖，讒言也。”訴，《左傳》成十六年“而訴公于晋侯”，杜注：“訴，譖也。”字亦作“愬”，《春秋》僖二十八年“衛元咺出奔晋”，杜注：“訟，訴”，陸德明釋文：“訴，本又作愬。”《論語·顔淵》言：“子張問明。子曰：‘浸潤之譖，膚受之愬，不行焉，可謂明也已矣。’”可與此句對讀。

威儀悉備曰欽。

孔晁云：“威則可畏，儀則可象。”

【疏證】

威，謂威嚴，儀，《尚書·皋陶謨》“鳳皇來儀”，僞孔傳：“儀，有容儀。”悉，盡也。備，《國語·周語下》“財以備器”，韋注：“備，具也。”悉，馬融《堯典》注引作“表”，亦通。表，《禮記·檀弓下》“君子表微”，鄭玄注：“表，猶明也。”欽，《尚書·堯典》“欽明文思安安”，僞孔傳：“欽，敬也。”

大慮静民曰定，

孔晁云：“思樹惠也。”

【疏證】

大，《魯頌·泮水》“大賂南金”，鄭箋：“大，猶廣也。”慮，《小雅·雨無正》“弗慮弗圖”，鄭箋：“慮、圖，皆謀也。”静，《衛風·氓》“静言思之”，鄭箋：“静，安。”然此“静民”與後文“安民大慮”重複，故盧校作“慈仁”，孫詒讓謂本作“慈民”，避唐諱改作“慈人”，後轉作“慈仁”，孫説是。慈，《國語·周語上》“慈保庶民”，韋注：“慈，愛也。”孔晁注“樹惠”，亦言“愛”也，故“静民”本當或作“慈民”。

安民大慮曰定，

孔晁云："以慮安民。"

【疏證】

大，廣也。慮，謀也，言以廣謀安民。

安民法古曰定，

孔晁云："不失舊意也。"

【疏證】

法，《荀子·不苟》"畏法流俗"，楊倞注："法，效也。"法古，用如《大雅·烝民》"古訓是式"，毛傳："古，故。"鄭箋："故訓，先王之遺典也。"式，《烝民》鄭箋："式，法也。"

純行不□曰定。

孔晁云："行壹不傷。"原文"傷"字元刊本墨釘，各本作"不二"，盧校從《史記正義》作"不爽"，王念孫言當作"爽"，否則不得訓爲"不傷"，説甚是。

【疏證】

純，《國語·晋語九》"德不純"，韋注："純，壹也。"行，讀如《論語·述而》"子以四教：文、行、忠、信"之"行"，謂德行也。脱字元刊本爲墨釘，當補"爽"字，爽，《廣雅·釋詁三》："敗也。"傷，《吕氏春秋·順民》"不足以傷吴"，高誘注："傷，敗。"純行不傷，謂壹其德而不敗。此"定"或取正之義，如《邶風·日月》"胡能有定"，馬瑞辰《毛詩傳箋通釋》："定，訓爲正。"

謀慮不威曰德。

孔晁云："不以威相拒也。"盧校改"謀慮"作"諫争"，并改孔注"相拒"作"拒諫"。

【疏證】

慮，亦謀也。威，疑作"烕"。王引之《經義述聞》卷三"威侮五行"條言："'威'疑當作'烕'。"烕，今多作"滅"，《爾雅·釋詁下》：

“滅，絶也。”謀慮不絶，猶𤔲簋銘文（《集成》04317）所見“宇慕遠猷”，即“宇謀遠猷”，史牆盤銘文（《集成》10175）所見“遠猷腹心”。

辟地有德曰襄，

孔晁云：“取之以義。”

【疏證】

辟，《大雅·召旻》“日辟百里”，毛傳：“辟，開也。”辟地，如《戰國策·秦策三》“再辟千里”，鮑彪注：“辟，拓地也。”地，各本亦作“土”。德，或讀爲“得”，《老子》“上德不德”，王弼注：“德者，得也。”《左傳》定九年“凡獲器用曰得。”辟地有德，言拓土而有所獲。

甲冑有勞曰襄。

孔晁云：“言成征伐。”

【疏證】

“冑”爲“胄”字形訛，下同。朱右曾引《左傳》襄元年孔穎達正義言“因事有功曰襄”。劉師培言“甲胄”與“因事”形近致訛，甚是。因，《國語·鄭語》“不可因也”，韋注：“因，就也。”因事，言成事之義。勞，《大雅·民勞》“無棄爾勞”，鄭箋：“勞，猶功也。”襄，《左傳》定十五年“不克襄事”，杜注：“襄，成也。”

有伐而還曰釐，

孔晁云：“知難而退。”

【疏證】

伐，盧校引《史記正義》作“罰”。伐，《左傳》莊二十八年“且旌君伐”，杜注：“伐，功也。”還，《廣雅·釋詁二》：“歸也。”還，即《左傳》襄十年所見“請班師”之“班”。還，又可讀爲“旋”，《漢書·律曆志》“周還五行之道也”，顔師古注：“還，讀曰旋。”有伐而還，即今所謂“凱旋”。釐，福也，多見于西周金文，後世多以“禧”字爲之。

質淵受諫曰釐，

孔晁云："深，故能受。"

【疏證】

質，《國語·齊語》"聰慧質仁"，韋注："質，性也。"淵，用如《左傳》文十八年"齊聖廣淵"，杜注："淵，深也"。諫，《荀子·臣道》言"大臣父子兄弟有能進言於君，用則可，不用則去，謂之諫"。受諫，即納諫。後似脱一句"小心畏忌曰僖"，當從《史記正義》補。忌，《左傳》昭十四年"殺人不忌爲賊"，杜注："忌，畏也。"畏、忌同義連用。

慈惠愛親曰釐。

孔晁云："言周愛親族也。"

【疏證】

慈、惠皆愛也，同義連用。親，謂親族。盧校從《史記正義》改"釐"作"孝"，移至"五宗安之曰孝"句下，甚是。

慱聞多能曰獻，

孔晁云："雖多能，不至大道。"

【疏證】

"慱"爲"博"之形訛。博，廣也。《戰國策·齊策三》"吾所未聞者"，高誘注："聞，知也。"博、多同義對舉。能，《國語·晋語四》"夫教者，因體能質而利之者也"，韋注："能，才也。"獻，盧校從《史記正義》"博聞多能，憲"改之。憲，《大雅·崧高》"文武是憲"，鄭箋："憲，表也。"劉師培疑宣、憲本一謚，後人因傳寫不同析分爲二，説或是。

聰明睿哲曰獻。

孔晁云："有通知之聰也。"孔注"知"讀爲"智"。

【疏證】

聰，《廣雅·釋詁四》"聽也"，王念孫疏證："聽之言通也。"明，

《管子·宙合》言“見察謂之明”。睿，《吕氏春秋·審時》“心意睿智”，高誘注：“睿，明也。”哲，《大雅·下武》“世有哲王”，鄭箋：“哲，知也。”知，即智，《漢書·河間獻王傳》即作“睿智”。獻，《論語·八佾》“文獻不足故也”，何晏集解引鄭玄曰：“獻，猶賢也。”

温柔聖善曰懿。

孔晁云：“性純淑也。”

【疏證】

温，《小雅·小宛》“飲酒温克”，陸德明釋文引王肅曰：“柔也。”柔，《管子·四時》“然則柔風甘雨乃至”，尹知章注：“柔，和也。”温、柔皆取“和”義，同義連用。聖，《邶風·凱風》“母氏聖善”，毛傳：“聖，睿也。”孔穎達正義：“聖者，通智之名。”《史記正義》“聖”作“賢”，《博物志》三“聖”作“性”。善，《吕氏春秋·古樂》“以見其善”，高誘注：“善，美。”懿，《大雅·烝民》“好是懿德”，毛傳：“懿，美也。”

五宗安之曰孝，

孔晁云：“五世之宗也。”

【疏證】

《禮記·大傳》“有五世則遷之宗”，鄭玄注：“小宗四，與大宗凡五。”孔穎達疏：“小宗四與大宗凡五者，小宗四謂一是繼禰與親兄弟爲宗，二是繼祖與同堂兄弟爲宗，三是繼曾祖與再從兄弟爲宗，四是繼高祖與三從兄弟爲宗，是小四，并繼别子之大宗，凡五宗也。”《左傳》桓二年“大夫有貳宗”，孔穎達正義：“禮有大宗、小宗。天子、諸侯之庶子，謂之别子。及異姓受族，爲後世之始祖者，世適承嗣百世不遷，謂之大宗。爲父後者，諸弟宗之，五世則遷，謂之小宗。”是五宗者，謂自高祖以下五世所别出之各小宗。五宗安之，謂能安其宗族。此“孝”或取“孝友”之義，如杜伯盨銘文（《集成》04452）“其用享孝于皇神、祖考，于好朋友”，金文所見“朋友”，即同族之人，孝之對象，亦可及之，故能安其宗族則可稱孝。

協時肇享曰孝，

孔晁云："協，合。肇，始也，常如始。"

【疏證】

恊，即"協"字。時，謂四時。享，謂祭享。是句謂四時祭享當合于時。《禮記·祭統》言"凡祭有四時：春祭曰礿，夏祭曰禘，秋祭曰嘗，冬祭曰烝"，《穀梁傳》桓八年"八年春，正月己卯，烝。烝，冬事也，春興之，志不時也"。此"孝"即取"享"之義，《小雅·楚茨》"苾芬孝祀"，馬瑞辰《毛詩傳箋通釋》："享祀，亦謂之孝祀。"

秉德不回曰孝，

孔晁云："順於德而不逆。"

【疏證】

秉，《大雅·烝民》"民之秉彝"，鄭箋："秉，執也。"《大戴禮記·曾子立事》"後人秉之"，王聘珍解詁："秉，持也，謂持守之也。"回，《大雅·大明》"厥德不回"，毛傳："回，違也。"秉德不回，謂持守德行而不違之。朱右曾疑此"孝"作"考"，恐非是。

大慮行節曰孝。

孔晁云："言成其節。"

【疏證】

慮，謀也。節，《國語·魯語上》"國之大節也"，韋注："節，制也。"孝，盧校以《史記正義》此句在"威""祈"之後，不與"孝"謚連文，又以《公羊傳》隱元年疏引作"考"，故改"孝"作"考"，說甚是。考，成也，朱右曾說是。

執心克莊曰齊，

孔晁云："能自齊也。"

【疏證】

執，謂秉持。克，能也。莊，劉師培言《穀梁傳》襄二年楊疏引作“壯”。莊，亦以“壯”字爲之，上博簡四《曹沫之陣》簡1“莊公”即書作“臧公”。臧，可讀爲“臧”，清華簡一《祭公》簡11言“亦尚宣臧厥心”，即讀爲“臧”，同篇簡16“汝毋以嬖御息爾臧后”之“臧后”，今本作“莊后”。《小雅·隰桑》“中心臧之”，鄭箋：“臧，善也。”齊，《小雅·小宛》“人之齊聖”，毛傳：“齊，正。”《左傳》文十八年“齊聖廣淵”，杜注：“齊，中也。”秉心能善，即中正之謂，故曰齊。

輔輕供就曰齊。

孔晁云：“輕有所輔而供成也。”

【疏證】

《史記正義》作“資輔就共”。輔，《國語·周語下》“王又章輔禍亂”，韋注：“輔，助也。”輕，《韓非子·喻老》言“無勢謂之輕”。供，讀爲共。就，成也。輔輕供就，言助無勢者而共成其治。齊，《國語·周語下》“外內齊給”，韋注：“齊，整也。”此“齊”當取整治之義。

温年好樂曰康，

孔晁云：“好豐年，勤民事。”

【疏證】

温，《荀子·榮辱》“其温厚矣”，楊倞注：“温，猶足也。”《漢書·張敞傳》“居皆温厚”，顏師古注：“温厚，言富足也。”温年，即《糴匡》所言“成年年穀足”。故盧校改作“豐年”。好樂，謂樂其樂。《唐風·蟋蟀》“好樂無荒”，鄭箋：“君之好樂，不當至於廢亂政事。”康，《唐風·蟋蟀》“無已大康”，毛傳：“康，樂。”

安樂撫民曰康，

孔晁云：“無四方之虞。”

【疏證】

撫，《國語·魯語下》“子以君命鎮撫弊邑”，韋注：“撫，安也。”

安樂撫民，言以安樂安其民。

令民安樂曰康。

孔晁云：“富而教之。”

【疏證】

《戰國策·秦策一》“挾天子以令天下”，高誘注：“令，教也。”故孔晁言“富而教之”。

安民立政曰成。

孔晁云：“政以安之。”

【疏證】

立，建也。政，《論語·爲政》“導之以政”，皇侃義疏：“政，謂法治也。”成，《吕氏春秋·謹聽》“五帝三王之所以成也”，高誘注：“成，成其治。”

布德執義曰穆，

孔晁云：“穆，純也。”

【疏證】

布，即敷、溥之義，言周遍之義。執，謂持守。布德執義，謂散播其德而持守其義。穆，《周頌·清廟》“於穆清廟”，毛傳：“穆，美。”

中情見貌曰穆。

孔晁云：“任□路也。”孔注脱字或作“情”，路，或即“露”字，《左傳》昭十二年“篳路藍縷”，《史記·楚世家》作“篳露藍縷”。

【疏證】

中，謂心也。情，《荀子·正名》言“性質好惡喜怒哀樂謂之情”。見，《戰國策·韓策三》“不見内行”，鮑彪注：“見，顯示之。”貌，《尚書·洪範》“一曰貌”，僞孔傳：“貌，容儀也。”《國語·晋語四》言“中不勝貌”，即以“中”“貌”對舉。中情見貌，謂心之情顯于其容，言表裏如一。

敏以敬順曰傾。

孔晁云："無所不敬順也。"

【疏證】

敏，《國語·晋語四》"且晋公子敏而有文"，韋注："敏，達也。"以，猶而也。順，《史記正義》作"慎"。傾，當作"頃"。然"頃"多取傾側不正之義，與"敏以敬慎"文義不合，故黄懷信言此句當作"敏以敬順曰慎"，或是。又《左傳》昭八年"桓子稽顙曰頃靈福子"，孔穎達正義引《謚法》曰"祇動追懼曰傾"，黄懷信武"動"爲"勤"非是，然謂次于此句之下則或是。敏以敬慎曰傾，或即是"敏以敬順曰慎，祇動追懼曰傾"二句誤合爲一句。祇，《商頌·長發》"上帝是祇"，鄭箋："祇，敬。"動，《吕氏春秋·知士》"宣王太息動於顔色曰"，高誘注："動，變也。"追，謂事後追及。懼，恐也。祇動追懼，言敬其變動而事後恐之。頃，言傾側，引申爲凡不平正之義。

昭德有勞曰昭，

孔晁云："能勞謙也。"

【疏證】

《唐會要》七十九作"明德有功"，昭，《小雅·鹿鳴》"德音孔昭"，鄭箋："昭，明也。"勞，《國語·吴語》"是天王之無成勞也"，韋注："勞，功也。"昭、明，勞、功，皆爲同義换讀。

聖文周達曰昭。

孔晁云："聖文，通治也。"孔注"治"，盧校改作"洽"，甚是。

【疏證】

聖，《國語·楚語下》"其聖能光遠宣朗"，韋注："聖，通也。"文，盧校改作"聞"，甚是。聞，謂知聞。周，《大雅·崧高》"周邦咸喜"，鄭箋："周，遍也。"達，《國語·晋語四》"奔而易達"，韋注："達，至也。"聖聞周達，言通達之名遍至，故謂昭。

保民耆艾曰胡，

孔晁云："六十曰耆，七十曰艾。"

【疏證】

保，《國語·周語上》"事神保民"，韋注："保，養也。"耆艾，又作耆老、黎老，謂長者，見《皇門》"克有耇老據屏位"句疏證。保民耆艾，如《孟子·離婁上》"吾聞西伯善養老者"。胡，《周頌·載芟》"胡考之寧"，毛傳："胡，壽也。"

彌年壽考曰胡。

孔晁云："大其年也。"彌，孔注訓爲"大"非是，當從下文訓"彌，久也"。

【疏證】

年，謂年齒之義，《吕氏春秋·下賢》"坐必以年"，高誘注："年，齒也。"壽，《吕氏春秋·尊師》"以終其壽"，高誘注："壽，年也。"亦可訓爲"考"，《魯頌·閟宫》"三壽作朋"，毛傳："壽，考也。"考，老也。彌年壽考，言久年而長壽，故謂之胡。

彊毅果敢曰剛，

孔晁云："彊於仁義，致果曰毅。"

【疏證】

彊，《國語·晋語一》"吾聞申生甚好仁而彊"，韋注："彊，彊禦也。"毅，《左傳》宣二年言"致果爲毅"。《論語·泰伯》"士不可以不弘毅"，何晏集解引包融曰："疑，强而能斷也。"果，《國語·晋語六》"其身果而辭順"，韋注："果，謂敢行其志也。"敢，《墨子·經上》"勇，志所以敢也"，《荀子·性惡》"敢直其身"，楊倞注："敢，果决也。"剛，《國語·鄭語》"剛四支以衛體"，韋注："剛，彊也。"

追補前過曰剛。

孔晁云："勸善以補過也。"

【疏證】

追，言追及。補，《荀子·臣道》“以德調君而補之”，楊倞注：“謂匡救其惡也。”前過，謂先前之過失。追補前過，猶《禮記·中庸》所言“知耻近乎勇”。劉師培從《唐會要》八十言有作“密”者，有作“定”者，并以“密”爲是，解爲“密勿”之“密”，言黽勉之義，説甚是。以其訓爲黽勉，故孔注言“勸善”，勸，亦勉也。

柔德考衆曰静，

孔晁云：“成衆使安也。”

【疏證】

《史記正義》“考”作“安”，“静”作“靖”。《魏書·源懷傳》作“柔直考終曰靖”。案：“德”或書爲“悳”，从直得聲可通。《廣雅·釋詁一》“竫，善也”，王念孫疏證言：“静、竫、靖并通。”柔，《小雅·桑扈》“旨酒思柔”，馬瑞辰《毛詩傳箋通釋》言：“柔之義爲嘉善。”《大雅·抑》亦言“無不柔嘉”，柔、嘉二字同義連用。嘉德，言美德、善德。考，《周頌·載芟》“胡考之寧”，毛傳：“考，成也。”《禮記·檀弓下》“邾婁考公之喪”，鄭玄注：“考，或作定。”成，《國語·晋語二》“謀既成矣”，韋注：“成，定也。”安，亦定也，故可作“安”。柔德考衆，言以美德定民。

供己鮮言曰静，

孔晁云：“供己之身，鮮言而正。”

【疏證】

供，《史記正義》作“恭”，盧校從改之，甚是。恭己，如《禮記·樂記》“恭儉而好禮者”，孔穎達疏：“恭，謂以禮自持。”鮮，《大雅·蕩》“鮮克有終”，鄭箋：“鮮，寡。”鮮言，即寡言。静，《國語·晋語一》“吾其静也”，韋注：“静，默也。”

寬樂令終曰静。

孔晁云："性寬樂義，以善自終。"

【疏證】

寬，《荀子·堯問》"其爲人寬好自用以慎"，楊倞注："寬，寬弘也。"樂，《魯頌·有駜》"于胥樂兮"，陸德明釋文："喜樂。"令終，即金文習見之"靈終"，謂善終。

治而清省曰平，

孔晁云："無失闕之病也。"

【疏證】

清省，《史記正義》作"無眚"。治，《國語·齊語》"教不善則政不治"，韋注："治，理也。"眚，《國語·楚語下》"夫誰無疾眚"，韋注："眚，猶灾也。"平，《吕氏春秋·知度》"四夷乃平"，高誘注："平，和。"

執事有制曰平，

孔晁云："在位平意也。"

【疏證】

執，謂執掌。《淮南子·説山訓》"執獄牢者無病"，高誘注："執，主也。"《國語·魯語上》"卿大夫佐之受事焉"，韋注："事，職事也。"制，《國語·越語下》"君行制"，韋注："制，法也。"《國語·鄭語》"平八索以成人"，韋注："平，正也。"

布綱治紀曰平。

孔晁云："施之政事。"

【疏證】

布，謂敷布。綱，亦紀也，綱、紀皆取"法"之義，二字同義對舉。治，盧文弨言《左傳》昭二十二年正義引"治"作"持"。治、持皆取"主"之義，同義换讀。此"平"亦取"正"之義。

由義而濟曰景，

孔晁云："用義而成也。"

【疏證】

由，《小雅·小弁》"君子無易由言"，鄭箋："由，用也。"義，宜也。濟，《左傳》文十八年"世濟其美"，杜注："濟，成也。"景，《小雅·楚茨》"以介景福"，鄭箋："景，大也。"

布義行剛曰景。

孔晁云："以剛行義也。"

【疏證】

布，謂敷布。剛，各本作"綱"，亦通。剛，彊也。景，或讀爲"競"，上博簡《競公瘧》簡1"齊競公"即"齊景公"，清華簡《繫年》簡66"晋競公"即"晋景公"、簡81"楚競坪王"即"楚景平王"。競，《周頌·執競》"執競武王"，鄭箋："競，彊也。"盧校在此條後補"耆意大慮曰景"，并孔注："耆，彊也。"甚是。《左傳》昭二十三年"不懦不耆"，杜注："耆，强也。"意，《國語·越語下》"臣行意"，韋注："意，志也。"耆意大慮，謂志强而謀大。

清白守節曰貞，

孔晁云："行清白志固也。"

【疏證】

《論語·微子》"身中清"，何晏集解引馬融云："清，純潔也。"白，《荀子·王霸》"仁人之所務白也"，楊倞注："白，明白也。"節，《荀子·王霸》"莫不敬節死制者矣"，楊倞注："節，忠義。"是句節、制對舉，節亦制也，《國語·魯語上》"國之大節也"，韋注："節，制也。"貞，《國語·晋語三》"貞之無報也"，韋注引賈逵云："貞，正也。"

大慮克就曰貞，

孔晁云："能大慮非正則不可。"孔注"可"後或脱一"成"字。

【疏證】

慮，《戰國策·秦策一》“願大王有以慮之也”，高誘注：“慮，謀也。”克，能也。就，《吕氏春秋·貴當》“所以就大務也”，高誘注：“就，成也。”貞，《尚書·洛誥》“我二人共貞”，陸德明釋文引馬融云：“當也。”以大謀能成，故取“當”之義。

不隱無克曰貞。

孔晁云：“坦然無私也。”

【疏證】

隱，《吕氏春秋·圜道》“分定則下不相隱”，高誘注：“隱，私也。”故孔注爲“無私”。無克，盧校改作“無屈”，校是。屈，《老子》“大直若屈”，陸德明釋文：“屈，丘物反，僞也。”無私無僞，故謂之正。是句下朱右曾據《禮記·檀弓》疏、《左傳》昭二十年疏補“外内用情曰貞”，甚是。情，《禮記·大學》“無情者不得盡其辭”，鄭玄注：“情，猶實也。”又《荀子·禮論》“情貌之盡也”，楊倞注：“情，忠誠也。”内外皆以誠實，故曰貞。

彊以剛果曰威，

孔晁云：“彊甚於剛也。”

【疏證】

彊，《尚書·皋陶謨》“彊而義”，鄭玄注：“彊，謂性行堅强。”以，猶而也。剛，《國語·周語中》“旅力方剛”，韋注：“剛，强也。”果，《論語·雍也》“由也果”，何晏集解引包曰：“果，謂果敢决斷。”威，《禮記·學記》“收其威也”，鄭玄注：“威，威儀也。”

猛以彊果曰威，

孔晁云：“亦彊甚於剛也。”

【疏證】

猛，《大戴禮記·文王官人》“取猛毅而度斷者”，王聘珍解詁：

“猛，剛也。”是句意與上句同。

彊毅信正曰威。

孔晁云：“信正，言無邪也。”

【疏證】

毅，《尚書・臯陶謨》“擾而毅”，僞孔傳：“致果爲毅。”信，《國語・晋語二》“申生甚好信而彊”，韋注：“信，言必行之。”正，《小雅・小明》“正直是與”，毛傳：“正直爲正。”彊毅信正，言性行堅强致果，正直而言必行之。威，可與《左傳》襄三十一年所言“故君子在位可畏，施舍可愛，進退可度，周旋可則，容止可觀，作事可法，德行可象，聲氣可樂，動作有文，言語有章，以臨其下，謂之有威儀也”對讀。

辟土服遠曰桓。

孔晁云：“兼人，故啓土也。”

【疏證】

辟土，謂開辟疆土。服遠，謂征服遠人。桓，《魯頌・泮水》“桓桓于征”，毛傳：“桓桓，威武貌。”此句下盧校補“克敬勤民曰桓”及注“敬以使之”，“辟土兼國曰桓”及注“兼人，故啓土也”，校甚是。勤，《國語・周語上》“則增修於德而無勤民於遠”，韋注：“勤，勞也。”故注言“敬以使之”。兼，《戰國策・齊策一》“夫魏氏兼邯鄲”，高誘注：“兼，猶并也。”

道德純一曰思，

孔晁云：“道大而德一也。”

【疏證】

道，《荀子・議兵》“由其道則行，不由其道則廢”，楊倞注：“道，即禮也。”純，《周頌・維天之命》“文王之德之純”，毛傳：“純，大。”又《國語・晋語九》“德不純”，韋注：“純，壹也。”純一，盧校言《尚書・堯典》馬融注引作“純備”，亦是。備，《禮記・祭統》言：

“上則順於鬼神，外則順於君長，内則以孝於親，如此之謂備。”思，《尚書·洪範》“五曰思”，僞孔傳：“思，心慮所行。”孔穎達正義：“思者，心慮所行，使行得中也。”

不眚兆民曰思，

孔晁云：“大親民而不殺。”

【疏證】

不眚，盧校據《史記正義》改作“大省”，甚是。“不”爲“大”字形訛，孔注亦作“大”。眚、省二字故書常見通用。省，《國語·魯語上》“民有旁慝，無由省之”，韋注：“省，察也。”是句可與《左傳》莊公十年“小大之獄，雖不能察，必以情”對讀。兆民，謂庶民。《尚書·堯典》“欽明文思安安”，孔穎達正義引鄭玄云：“慮深通敏謂之思。”

外内思索曰思，

孔晁云：“言求善也。”

【疏證】

外、内，或即上引《禮記·祭統》所言“外則順於君長，内則以孝於親”，謂宗族内外。索，《國語·齊語》“索訟者三禁而不可上下”，韋注：“索，求也。”

追悔前過曰思。

孔晁云：“思而能改也。”

【疏證】

悔，《大雅·抑》“庶無大悔”，鄭箋：“悔，恨也。”過，《吕氏春秋·達鬱》“上無過舉”，高誘注：“過，失。”是句下盧校補“柔質慈民曰惠”及注“知其性也”，“愛民好與曰惠”及注“與，謂失也”兩條，甚是。柔質慈民，謂性和而愛民。好與，言好施恩惠。惠，愛也。

柔質受諫曰惠。

孔晁云："以惠愛人。"

【疏證】

柔質，謂性和。受諫，謂能用諫言。誤"課"者，是"諫"之壞字。盧校從《史記正義》改"慧"，慧，智也。劉師培以惠、慧二字古通，且各本所引亦有作"惠"者，言此不必析分爲二，説甚是。

能思辯衆曰元，

孔晁云："别之使各有次也。"

【疏證】

思，慮也。辯，當作"辨"，别也。元，《廣雅·釋詁四》"長也。"王念孫疏證："長爲長幼之長。"朱右曾雖讀爲"長"，然以"長久"釋之，非是。慮别衆之次，使有長幼大小之序，故曰元。

行義説民曰元，

孔晁云："民説其義。"

【疏證】

行，劉師培言《續博物志》"行"作"仁"。説，讀爲"悦"，《國語·周語上》"厲王説榮夷公"，韋注："説，好也。"行所宜而使民悦之，故曰元。元，《國語·晋語五》"抑人之有元君"，韋注："元，善也。"

始建國都曰元，

孔晁云："非善之長，可一始也。"

【疏證】

始，盧校言《左傳》昭十年正義"始"作"好"。朱右曾言作"好"非是。朱説是。建，立也。元，《爾雅·釋詁上》："始也。"

主義行德曰元。

孔晁云："以義爲主，作德政也。"

【疏證】

主，《國語·晋語五》"主言而無謀"，韋注："主，尚也。"主義行德，言尚義而用德，故元，亦取“善”之義。

兵甲亟作曰莊，

孔晁云：“以數征爲嚴。”

【疏證】

兵謂兵器，甲謂甲胄。劉師培言《通考》“甲”作“革”，“莊”作“壯”。亟，《左傳》隱五年“亂政亟行”，陸德明釋文：“亟，欺冀反，數也。”作，興也。兵甲亟作，言數興征伐，故“莊”當讀爲“壯”。壯，《易·大壯》“大壯”，鄭玄注：“壯，氣力浸强之名。”

睿通克服曰莊，

孔晁云：“通，達，使能服也。”

【疏證】

睿，明也，《史記正義》作“圉”，劉師培言作“叡”，皆非是。睿通，即《大戴禮記·哀公問五義》所言“思慮明達，而辭不争”。克，能也。服，《大戴禮記·誥志》“衆服以立天下”，王聘珍解詁：“服，悦服也。”莊，《禮記·曲禮上》“非禮不誠不莊”，鄭玄注：“莊，敬也。”

死於原野曰莊，

孔晁云：“非嚴，何以死難。”《論語·爲政》“臨民以莊則民敬”，何晏集解引包曰：“莊，嚴也。”故孔注作“嚴”。

【疏證】

陳逢衡言“不辱社稷，不辱宗廟，以身殉焉，可謂莊矣”，説或是。此“莊”亦讀爲“壯”。

屢征□伐曰莊，

孔晁云：“以嚴□之。”孔注脱字或亦當作“伐”。

【疏證】

脱字盧校補“殺”字，孔注則可據《史記正義》補“釐”字。《永樂大典》卷一萬三千三百四十五作“屢行征伐”，亦通。屢，《左傳》宣十二年“屢豐年”，杜注：“屢，數也。”征，讀爲“正”，《吕氏春秋·順民》“湯克夏而正天下”，高誘注：“正，治也。”釐，《尚書·堯典》“允釐百工”，僞孔傳：“釐，治。”正、釐，皆取“治”義。此“莊”亦讀爲“壯”。

武而不遂曰莊。

孔晁云：“武功不成。”

【疏證】

遂，《國語·晋語三》“置而不遂”，韋注：“遂，成也。”武而不遂，言用兵而無成。莊，讀爲“壯”，《廣雅·釋詁四》言“壯，傷也”，《廣雅·釋詁二》“壯，箴也”，王念孫疏證：“壯之言創也。”

克殺秉正曰夷，

孔晁云：“秉正，不任賢也。”孔注“正”讀爲“政”。

【疏證】

克，能也。秉，《小雅·小弁》“君子秉心”，鄭箋：“秉，執也。”正，盧校改作“政”，正、政二字古通，各本作“正”，無礙其讀爲“政”。秉政，即執政。夷，《左傳》成十三年“芟夷我農功”，杜注：“夷，傷也。”又《荀子·君子》“故一人有罪，而三族皆夷”，楊倞注：“夷，滅也。”

安心好静曰夷。

孔晁云：“不爽正也。”孔注“正”讀爲“政”。

【疏證】

安，《儀禮·少牢饋食禮》“心皆安下切上”，鄭玄注：“安，平也。”心，盧校從《左傳》僖二十八年正義改作“民”。爽，《小雅·蓼蕭》“其德不爽”，毛傳：“爽，差也。”孔注言“不爽正”，言爲政不差，爲政對民而言，故“心”當從盧校作“民”。静，亦安也。夷，《大雅·召旻》“實靖夷我邦”，毛傳：“夷，平也。”

執義揚善曰懷，

孔晁云："稱人之善。"

【疏證】

執，謂持守。義，宜也。揚，即孔注所言"稱"。懷，《邶風·終風》"願言則懷"，鄭箋："懷，安也。"

慈義短折曰懷。

孔晁云："短，未六十，折，未三十。"

【疏證】

慈，《國語·晉語一》"甚寬惠而慈於民"，韋注："慈，愛也。"義，盧校作"仁"。慈仁，言仁愛。短折，《尚書·洪範》"一曰凶短折"，僞孔傳："短，未六十，折，未三十。"此或即孔晁注所本。懷，《小雅·正月》"終其永懷"，陳奂《詩毛氏傳疏》："懷，傷也。"

夙夜警戒曰敬，

孔晁云："敬身思戒。"

【疏證】

夙夜，言日夜。警，《通考》作"敬"，《周頌·閔予小子》"夙夜敬止"，鄭箋："敬，慎也。"《大雅·常武》"既敬既戒"，鄭箋："敬之言警也。"故作"警"亦是。戒，《左傳》襄三年"不虞之不戒"，杜注："戒，備也。"夙夜警戒，謂日夜戒備。

夙夜恭事曰敬，

孔晁云："敬以莅事也。"

【疏證】

恭，《大戴禮記·衛將軍文子》"恭老恤孤"，王聘珍解詁："恭，敬也。"《左傳》閔元年孔穎達正義引"恭"作"勤"。事，《國語·晉語八》"夫爵以建事"，韋注："事，職事也。"《大戴禮記·曾子大孝》"莅官不敬"，王聘珍解詁："敬，謂敬其事。"

象方益平曰敬，

孔晁云："法常而加之以敬也。"

【疏證】

象，《儀禮·士冠禮》"繼世以立諸侯，象賢也"，鄭玄注："象，法也。"方，《國語·晋語四》"官方定物"，韋注："方，常也。"象方，言效法于常，孔注是。益，《國語·周語下》"而益之以三怨"，韋注："益，猶加也。"平，《商頌·那》"既和且平"，毛傳："平，正平也。"

合善法典曰敬。

孔晁云："非敬，何以善也。"

【疏證】

合善，盧校倒作"善合"。合，《國語·齊語》"合群叟"，韋注："合，會也。"善，或讀爲"繕"，繕，《鄭風·叔于田序》"繕甲治兵"，鄭箋："繕之言善也。"繕，《左傳》成十六年"繕甲兵"，杜注："繕，治也。"典，《國語·魯語上》"故慎制祀以爲國典"，韋注："典，法也。"合善法典，言會而修治法典，此"敬"或取"戒"之義，如《小雅·沔水》"我友敬矣"，馬瑞辰《毛詩傳箋通釋》："敬者，戒也。"

述善不克曰丁，

孔晁云："不能成義。"

【疏證】

述，《邶風·日月》"報我不述"，毛傳："述，循也。"不克，言不能。丁，潘振訓爲"悪"，朱右曾訓爲"强"，皆非是。今案：丁，訓爲"停"。清華簡三《芮良夫毖》簡6言"其由不攝[illegible]"，是字李學勤釋爲"丁"，整理者讀爲"停"。停，有定、止之義，述善不克，是言循善而不達，不達即半途而止，故曰丁。下句所言之"丁"義亦同。

述義不悌曰丁。

孔晁云："不悌，不遜順也。"

【疏證】

述，盧校改作"迷"，或是。迷，《大戴禮記·文王官人》"迷隱遠而不相舍"，王聘珍解詁："迷，惑也。"悌，古書多以"弟"字爲之，《孟子·告子下》"徐行後長者謂之弟"，趙岐注："弟，順也。"述義不悌，言惑于義而不順，故有定、止之義。

有功安民曰烈，

孔晁云："以武立功。"

【疏證】

功，《爾雅·釋詁下》"成也"，郭璞注："功、績皆有成。"烈，《國語·晋語六》"君驕泰而有烈"，韋注："烈，功也。"下"烈"亦訓爲"功"。

秉德遵業曰烈。

孔晁云："遵世業，不墮改。"

【疏證】

秉，執也。遵，《鄭風·遵大路》"遵大路兮"，毛傳："遵，循。"業，《國語·晋語七》"守業而不淫"，韋注："業，所學事業。"秉德遵業，謂秉上天之德，遵先祖之功。

剛克爲伐曰翼，

孔晁云："成，功也。"孔注"成"盧校作"伐"，校是。

【疏證】

剛，彊也，克，能也。此"剛克"不連讀，非《尚書·洪範》所謂"剛克"。爲，《國語·晋語四》"黍不爲黍"，韋注："爲，成也。"伐，《國語·齊語》"桓公令官長期而書伐"，韋注："伐，功也。"翼，《左傳》文三年"以燕翼子"，杜注："翼，成也。"

思慮深遠曰翼。

孔晁云："好遠思任能也。"

【疏證】

慮，亦思也。思慮，猶言謀慮。翼，《大雅·行葦》"以引以翼"，毛傳："翼，敬也。"

剛德克就曰肅，

孔晁云："成其不欲，使爲就。"孔注當從盧校改作"成其敬，使爲終"。

【疏證】

剛，彊也。克，能也。就，成也。肅，《左傳》文十八年"忠肅共懿"，杜注："肅，敬也。"劉師培言《慧琳音義》引作"强德剋義曰肅"，剋，勝也，亦通。此"肅"則或取《禮記·玉藻》"色容厲肅"，孔穎達疏"肅，威也"爲義。

執心決斷曰肅。

孔晁云："言嚴果也。"

【疏證】

執心，謂秉心。決，《禮記·樂記》"臨事而屢斷"，鄭玄注："斷，猶决也。"決斷，言果斷。肅，《國語·周語中》"寬肅宣惠"，韋注："肅，整也。"

愛民好治曰戴，

孔晁云："好民治也。"

【疏證】

好，《荀子·解蔽》"善射以好思"，楊倞注："好，喜也。"治，《荀子·解蔽》"是以與治雖走"，楊倞注："治，謂正道也。"戴，《國語·周語上》"欣戴武王"，韋注："戴，奉也。"

典禮不塞曰戴。

孔晁云："□，過。"脱字元刊本漫漶不清，考之文義，所注者當是"塞"字。

【疏證】

典，《國語·周語中》"將和協典禮"，韋注："典，常也。"塞，盧校改作"寒"，言《史記正義》作"愆"，《通鑑前編》作"愋"，皆非是。案：塞，讀爲"息"，楚簡多見"塞""賽"讀爲"息"字之例，前文多見，此不煩舉。息，《召南·殷其雷》"莫敢遑息"，毛傳："息，止也。"典禮不塞，謂常禮不止，以其禮之不止，故曰奉戴。

死而志成曰靈，

孔晁云："立志不□命也。"孔注脱字盧校補作"丢"，讀爲"悋"，即今"吝"字，言立志而不惜命。

【疏證】

此"靈"或取"善"之義，《鄘風·定之方中》"靈雨既零"，鄭箋："靈，善也。"諸家以此"靈"非惡謚，甚是。

亂而不損曰靈，

孔晁云："不□以治。"盧校從《史記正義》改孔注作"不能以治損亂"，甚是。

【疏證】

《荀子·不苟》言"非禮義之謂亂也"，《韓非子·八説》言"人主肆意陳欲曰亂"，以晋靈公、陳靈公等事觀之，"亂"當是放縱違禮之義。損，《荀子·正名》"奚以損之而亂"，楊倞注："損，滅也。"靈，本作"霝"，上博簡二《緇衣》引《吕刑》言"苗民非用霝"，今本《吕刑》作"靈"。《鄘風·定之方中》"靈雨既零"，馬瑞辰《毛詩傳箋通釋》："零者，霝之假借。"包山楚簡有地名"霝陽"，即《漢書·地理志》所言武陵郡之"零陽"。零，《鄘風·定之方中》毛傳："零，落也。"《廣雅·釋詁二》言"零，墮也"，正合"亂而不損"之義。

極知鬼事曰靈，

孔晁云："知其能聽徹也。"孔注盧校改"知其能"爲"其知能"，或是。孔注"知"讀爲"智"。

【疏證】

極，常也。知，孔注解爲"知能"，恐非是。案：《吕氏春秋·長見》"三年而知鄭國之政也"，高誘注："知，猶爲也。"鬼事，盧校改作"鬼神"，考之上文"知"訓爲"爲"，校非是。鬼事，謂鬼神之事。《吕氏春秋·順民》"使上帝鬼神傷民之命"，高注："天神曰神，人神曰鬼。"以其常爲鬼神之事，故曰靈。靈，《國語·晋語四》"若以君之靈"，韋注："靈，神也。"

不勤成名曰靈，

孔晁云："本任性，不見賢思齊。"

【疏證】

勤，勞也。靈，《廣雅·釋言》："福也。"王引之《經義述聞·左傳下》"寵靈"，靈即當從《廣雅》訓爲"福"，昭三十二年言"徼福假靈"、哀二十四年"欲徼福於周公，願乞靈於臧氏"，"靈"皆訓爲"福"。不勞而成名，是謂神靈所福佑也，故曰靈。

死見鬼能曰靈，

孔晁云："有鬼爲厲。"厲，《左傳》襄十七年"爾父爲厲"，杜注："厲，惡鬼。"

【疏證】

見，當從劉師培讀爲"現"，即顯也。鬼，盧校改作"神"，非是。能，朱駿聲讀爲"態"之省，甚是。態，言容態，《荀子·臣道》"是態臣也"，楊倞注："以佞媚爲容態。"死而顯鬼之容態，故曰靈，此"靈"亦爲"神"之義。

好祭鬼神曰靈。

孔晁云："敬鬼神，不能遠也。"盧校作"瀆鬼神，不敬遠也"，恐非是。

【疏證】

好，喜也。祭，謂祭祀。神，《史記正義》作"怪"，好祭鬼神，謂淫祀、瀆祀，如前文所言"極知鬼事"，故曰靈。

短折不成曰殤，

孔晁云："有知而夭殤也。"

【疏證】

短折，《尚書·洪範》"一曰凶短折"，僞孔傳："短，未六十，折，未三十。"成，《禮記·喪服小記》"除成喪者"，鄭玄注："成，成人也。"殤，《左傳》哀十一年"可無殤也"，陸德明釋文："八歲至十九爲殤。"

未家短折曰殤。

孔晁云："未家者，未室家也。"

【疏證】

家，《周禮·地官·小司徒》"上地家七人"，鄭玄注："有夫有婦，然後爲家。"《儀禮·喪服》"子、女子子之長殤、中殤"，鄭玄注："殤者，男女未冠笄而死可殤者，女子子許嫁不爲殤也。"據此，《史記正義》"殤"作"傷"則誤。

不顯尸國曰隱，

孔晁云："以闇主國也。"

【疏證】

《左傳》隱元年陸德明釋文引《謚法》作"不尸其位曰隱"。顯，《大雅·抑》"無日不顯"，鄭箋："顯，明也。"尸，《召南·采蘋》"誰其尸之"，毛傳："尸，主。"隱，《禮記·學記》"隱其學而疾其師"，鄭玄注："隱，不稱揚也。"

隱拂不成曰隱。

孔晁云："言其隱拂改其性也。"

【疏證】

隱，謂蔽塞，《吕氏春秋·重言》"弗能隱矣"，高誘注："隱，蔽。"拂，《荀子·性惡》"則兄弟相拂奪矣"，楊倞注："拂，違戾也。"不成，謂不終。隱，《管子·君臣下》"故法不隱"，尹知章注："隱，謂伏而不行。"

年中早夭曰悼，

孔晁云："年不肆志。"孔注"肆"字，盧校改作"稱"，甚是。

【疏證】

年中，謂中年，各本亦皆作"中年"。中年，猶《尚書·無逸》"文王受命惟中身"所見"中身"。旱，爲"早"字之誤。夭，《左傳》昭四年"民不夭札"，杜注："短折爲夭，夭死爲札。"年中早夭、年不稱志，謂不得享天年。悼，《衛風·氓》"躬自悼矣"，毛傳："悼，傷也。"

肆行勞祀曰悼，

孔晁云："縱於心，勞於淫祀，言不修德也。"

【疏證】

肆，《左傳》襄十四年"豈其使一人肆於民上"，杜注："肆，放也。"肆行，謂行事放縱。勞，《周禮·秋官·大行人》"三問三勞"，鄭玄注："勞，謂苦倦之也。"勞祀，謂苦倦于祭祀，猶前文所言淫祀、瀆祀。悼，《小雅·菀柳》"上帝甚蹈"，鄭箋："蹈，讀曰悼。"陸德明釋文："'蹈'音'悼'，鄭作'悼'，病也。"

恐懼從處曰悼，

孔晁云："從處，言□地也。"孔注脱字盧校補"險"，"地"盧校作"圮"，甚是。

【疏證】

從，王念孫讀爲“聳”，甚是。聳，《左傳》襄四年“邊鄙不聳”，杜注：“聳，懼。”處，居也。悼，《國語·晋語二》“隱悼播越”，韋注：“悼，懼也。”

不思忘愛曰剌，

孔晁云：“忘其愛己者也。”孔注元刊本即爲“忘”，與“忌”形近易誤，故各本作“忌”。

【疏證】

思，《荀子·解蔽》“仁者之思也恭”，楊倞注：“思，慮也。”忘，《唐會要》八十作“妄”，非是。案：忘，讀爲亡。王念孫《讀書雜志·逸周書第四》“盡忘吾其度”條言“忘，與亡同”。妄、忘皆从亡得聲，可通。亡，《論語·八佾》“不如諸夏之亡也”，何晏集解引包融曰：“亡，無也。”愛，謂惠愛。剌，亦作“戾”，《廣雅·釋詁二》：“剌，衺也。”衺，即“邪”字。戾，《荀子·修身》“勇膽猛戾”，楊倞注：“戾，忿惡也。”

愎佷遂過曰剌。

孔晁云：“去諫曰愎，反是曰佷。”

【疏證】

愎，《左傳》僖十五年“愎諫違卜”，杜注：“愎，戾也。”孔注“去諫曰愎”或即本《左傳》此處而來。愎，《左傳》宣十二年“剛愎不仁”，杜注：“愎，很也。”佷，《國語·晋語九》“宵也佷”，韋注：“佷，佷戾不從人。”字亦作“很”，《廣雅·釋詁三》：“戾，很也。”愎、佷二字同義連用。遂，《國語·晋語二》“無不遂也”，韋注：“遂，行也。”過，《禮記·樂記》“過制則亂，過作則暴”，鄭玄注：“過，猶誤也。”

外内從亂曰荒，

孔晁云：“官不治，家不理。”

【疏證】

外言宗族之外，謂事君，内言宗族之内，謂事親。從，《禮記·曲禮上》"欲不可從"，陸德明釋文："從，足用反，放縱也。"字亦作"縱"。荒，《唐風·蟋蟀》"好樂無荒"，鄭箋："荒，廢亂也。"

好樂怠政曰荒。

孔晁云："淫於聲色，故怠政事。"

【疏證】

好，喜也。樂，《國語·越語下》"吴王淫於樂而忘其百姓"，韋注："樂，聲色也。"此或孔注所本。怠，《國語·晋語二》"喜亂必怠德"，韋注："怠，懈也。"荒，朱右曾、劉師培皆從《史記·漢興以來諸侯年表》索隱引蕭該言"好樂怠政曰康"，字當作"糠"，亦是，然字不必改作"康"。康，《小雅·賓之初筵》"酌彼康爵"，鄭箋："康，虚也。"馬瑞辰《毛詩傳箋通釋》言"康，當爲荒之假借"，説甚是。《穀梁傳》襄二十四年"四穀不升謂之康"，《韓詩外傳》"康"作"荒"。故此作"荒"甚是，荒，言廢亂之義。

在國逢難曰愍，

孔晁云："逢兵寇之事也。"

【疏證】

在國，猶言在位。逢，《左傳》宣三年"莫能逢之"，杜注："逢，遇也。"難，朱右曾解爲"外患"可從。盧校言《史記正義》"難"作"艱"。艱，《國語·魯語上》"固國之艱急是爲"，韋注："艱，難也。"艱、難二字同義换讀。愍，《廣雅·釋詁二》："痛也"，即"閔"字，亦作"湣"。

使民折傷曰愍，

孔晁云："苛政賊害。"

【疏證】

折，《史記正義》《通鑑前編》作“悲”，恐非是。折，《鄭風·將仲子》“無折我樹杞”，毛傳：“折，言傷害也。”折、傷同義連用。

在國連憂曰愍，

孔晁云：“仍多大喪。”

【疏證】

連，《史記正義》《通鑑前編》皆作“遭”，盧校以孔注“仍”正釋“連”字，甚是。連，《易·蹇》“往蹇來連”，陸德明釋文引鄭玄曰：“遲久之意。”憂，朱右曾言“内難”，或是。

禍亂方作曰愍。

孔晁云：“國無政，動長亂。”

【疏證】

方，即“并”，亦書爲“并”“旁”。《老子》“萬物并作”，郭店簡《老子甲》作“萬物方作”，帛書甲乙本作“萬物旁作”，北大漢簡本作“萬物并作”，傳世諸本皆作“萬物并作”，故此“方作”亦當作“并作”。并，《廣雅·釋言》：“俱也。”

蚤孤短折曰哀，

孔晁云：“早者，未知人事。”

【疏證】

蚤，讀爲“早”。《漢書·文帝紀》“有司請蚤建太子”，顔師古注：“蚤，古以爲早晚字也。”孤，《國語·周語上》“司民協孤終”，韋注：“無父曰孤。”早孤，謂幼而無父。短折，謂不享天年。哀，《禮記·檀弓下》“哀之至也”，鄭玄注：“哀，痛甚。”

恭仁短折曰哀。

孔晁云：“體恭質仁，功未施也。”

【疏證】

恭，敬也。仁，一本作“人”，二字古通，《墨子·經説下》：“仁，愛也。”言其行敬，其德愛，而不得天年，故曰哀。

蚤孤有位曰幽，

孔晁云：“有喪即位而卒也。”

【疏證】

有位，盧校據《史記正義》改作“鋪位”，朱右曾則校作“隕位”。若讀爲“有位”，早孤有位，言幼年即位，故“幽”當從《大戴禮記·誥志》訓爲“幼”。鋪，《大雅·江漢》“淮夷來鋪”，毛傳：“鋪，病也。”病，《儀禮·士冠禮》“以病吾子”，鄭玄注：“病，猶辱也。”鋪位，言辱其位。隕，《國語·齊語》“恐隕越于下”，韋注：“隕，墜也。”隕位，猶言喪其位。若讀爲“鋪”“隕”，則“幽”當訓爲“闇”，如《國語·楚語上》“而爲之昭明德而廢幽昏焉”，韋注：“幽，闇也。”下二句之“幽”，亦皆訓爲“闇”。

壅遏不通曰幽，

孔晁云：“弱損不□也。”孔注“弱損不□”，劉師培謂當是“弱殞不達”，甚是。案：孔注“弱”，當讀爲“溺”，《左傳》文五年“沈漸剛克”，杜注：“沈漸，猶滯溺也。”陸德明釋文：“一本作‘滯弱’。”溺，猶滯也，與壅義近。《禮記·緇衣》“小人溺於水，君子溺於口”，鄭玄注：“溺，謂覆没不能自理出也。”殞，亦作“隕”，《爾雅·釋詁上》：“落也。”溺、隕，皆取没落之義，同義連用。

【疏證】

壅，《淮南子·主術訓》“業貫萬世而不壅”，高誘注：“壅，塞。”遏，《大雅·民勞》“式遏寇虐”，毛傳：“遏，止也。”壅、遏皆取止塞之義，同義連用。《吕氏春秋·審分》“幽厲之臣不獨辟”，高誘注：“壅過不達曰幽。”過，或爲“遏”字形訛，通、達，同義换讀。不通，謂不明達。

動祭亂常曰幽。

孔晁云："易神之班。"

【疏證】

動，作也。常，謂常法、常祀。班，《左傳》文六年"班在九人"，杜注："班，位也。"孔注言"易神之班"，謂變神之位，是亂常法也，如《左傳》文二年所言"躋僖公"。朱右曾言"起居無節，號令不時"，謂行祭亂四時之常也，亦是。

克威捷行曰魏，

孔晁云："有威而敏行。"

【疏證】

克，能也。威，《左傳》襄三十一年言"有威而可畏，謂之威"。捷，《廣雅·釋詁一》："慧也。"慧，《論語·衛靈公》"好行小慧"，陸德明釋文："魯讀爲惠。"克威捷行，謂有威儀而行惠愛。魏，《史記·魯周公世家》"是爲魏公"，《漢書·律曆志》作"微公"，《左傳》文十六年"如先君之數"，陸德明釋文"伯禽至僖公十七君"條言："魏公，《世本》作徽公。"魏，當讀爲"巍"，《左傳》閔元年"魏，大名也"。《史記·晋世家》"魏，大名也"，裴駰集解引服虔曰："魏喻巍，巍，高大也。"微、徽，皆訓爲"美"，與高大之義得通。

克威惠禮曰魏。

孔晁云："有威而敏行也。"孔注與上句重，盧校從《史記正義》改作"雖威不逆禮"，甚是。

【疏證】

惠，愛也。克威惠禮，謂有威儀而愛禮。

去禮遠衆曰煬。

孔晁云："内好多淫，外則荒政。"盧校改孔注作"不率禮，不親長"，又言"長字疑是民字"，甚是。

【疏證】

去，《戰國策·齊策二》“不能相去”，高誘注：“去，離也。”遠衆，謂遠其民。盧校又言此處脱去之“好内怠政曰煬”“好内遠禮曰煬”及孔注“朋淫于家，不奉禮”，甚是。内好多淫，外則荒政，即是“好内怠政”之注，説甚是。内，《荀子·大略》“内十日一御”，楊倞注：“内，謂妾御也。”怠政，謂懈于政事。朋，《國語·吴語》“請王厲士以奮其朋勢”，韋注：“朋，群也。”朱右曾又據《穀梁傳》定元年疏補“肆行勞祀曰煬”，肆行，謂放縱其行，勞祀，謂疲于祭祀。煬，《方言》卷十三言“煬，暴也”，《廣雅·釋詁二》則訓爲“煬，曝也”。古“曝”多以“暴”字爲之，暴，《孟子·告子上》“凶歲子弟多暴”，趙岐注：“暴，惡也。”

甄心動懼曰甄。

孔晁云：“甄，積也。”

【疏證】

甄心動懼曰甄，《史記正義》作“甄心動懼，頃”，當從《正義》。甄，孔注爲“積”，《正義》注爲“精”，皆非是。孫詒讓訓爲“震”，甚是。《周禮·春官·典同》“薄聲甄”，鄭玄注：“甄，讀爲甄燿之甄。”孫詒讓正義言：“甄，讀爲震，震動之意。”甄心，猶《吕氏春秋·具備》“其動人心不神”，高誘注：“動，感。”動懼，言作懼。《左傳》昭八年“頃靈福子”，孔穎達正義引《謚法》言“祗動追懼曰頃”。

容儀恭美曰勝。

孔晁云：“有義可象，行恭可美。”孔注“義”讀爲“儀”。

【疏證】

盧校移至“昭德有勞曰昭”下，并據《史記正義》改“勝”爲“昭”，甚是。容謂容貌，儀謂舉止，其容美，其容敬，故曰昭。勝，《國語·晋語四》“中不勝貌耻也”，韋注：“勝，當爲稱。”

威德剛武曰圉。

孔晁云："圉，御也，能御亂患也。"

【疏證】

《史記·高祖功臣侯者年表》司馬貞索隱引《謚法》"威德彊武曰圉"，剛、彊同義换讀。威德剛武，謂其德威重，其武剛彊。圉，《戰國策·韓策二》"治列子圉寇之言"，鮑彪注："圉、禦同。"

聖善周聞曰宣。

孔晁云："聞，謂所聞善事也。"

【疏證】

聖，《邶風·凱風》"母氏聖善"，毛傳："聖，睿也。"周，《周禮·天官·司會》"以周知四國之治"，鄭玄注："周，猶遍也。"聞，《吕氏春秋·重言》"謀未發而聞於國"，高誘注："聞，知。"宣，《左傳》文十八年"宣慈惠和"，孔穎達正義："宣者，遍也，應受多方，知思周遍也。"知思周遍，猶此"聖善周聞"。

治民克盡曰□。

孔晁云："克盡，無恩惠也。"《文獻通考》卷一二三引孔注作"克盡思慮"，恩惠，或是"思慮"形訛。

【疏證】

脱字盧校據《正義》補作"使"。盡，《墨子·經説下》"説在盡"，孫詒讓閒詁："盡，猶適足，言無所絀。"使，《大戴禮記·曾子制言下》"慎者不見使"，孔廣森補注："使，用也。"治民克盡，謂人盡得其用，故曰使。

行見中外曰慤。

孔晁云："言表裏如一也。"

【疏證】

行，謂德行。見，《戰國策·韓策三》"不見内行"，鮑彪注："見，顯示之也。"中外，謂表裏。慤，又書作"愨"，《吕氏春秋·去宥》"不以善爲之愨”，高誘注：“愨，誠也。”

勝敵壯志曰勇。

孔晁云：“不□勝。”孔注盧校從《史記正義》作“不撓折”，并言“勝敵志强曰莊”，甚是。劉師培言“不撓折”或爲脱去“持義不撓曰勇”之注，或是。

【疏證】

《唐會要》卷八十有“率義恭用曰勇，率義死用曰勇，縣命爲仁曰勇，後身爲義曰勇，持義不撓曰勇，知死不避曰勇”，可與此對讀。勝敵，謂能戰勝。壯，或讀爲“莊”，《禮記·曲禮上》“非禮不誠不莊”，鄭玄注：“莊，敬也。”

照功寧民曰商。

孔晁云：“明有功也。”

【疏證】

照，《史記正義》作“昭”，照，从昭得聲，昭，明也。功，元刊本字作“切”，黄懷信言作“切”，非是，當是“功”之壞字。功，《爾雅·釋詁下》：“成也。”寧，安也。《爾雅·釋樂》“商謂之敏”，陸德明釋文引劉歆云：“商，章也，物成孰可章度也。”

狀古述今曰譽。

孔晁云：“言立人稱。”孔注惠棟校注作“言立之稱”，甚是，言立，即立言。

【疏證】

狀，《大戴禮記·少閒》“昔堯取人以狀”，王聘珍解詁：“狀，貌也。”劉師培謂“譽”當爲“訾”字形訛，言“訾”讀爲“咨”。陳漢章言“訾”讀爲“疵”。案：劉師培讀“訾”甚是。訾，讀爲“資”。《戰國策·齊策四》“訾養千鍾”，鮑彪注：“訾，資同。”《禮記·表記》“事君先資其言”，鄭玄注：“資，謀也。”此“資”即《老子》“故善人者，不善人之師；不善人者，善人之資”。壯古述今，故能立言，能立言，則可謂人之資。

心能制義曰庶，

孔晁云：“制得事宜。”盧校此作“制事得宜”，甚是。

【疏證】

制，《國語·晋語一》“以制百物”，韋注：“制，裁也。”庶，盧校改作“度”，即《大雅·皇矣》“帝度其心”之“度”，毛傳：“心能制義曰度。”《小雅·皇皇者華》“周爰咨度”，毛傳：“咨禮義所宜爲度。”《左傳》襄四年言“咨禮爲度”，《國語·魯語下》言“咨義爲度”。

好和不争曰安。

孔晁云：“失在少斷。”盧校據《史記正義》校作“生而少斷”。陳逢衡言文、注不符，好和不争失其注，失在少斷喪其正文，甚是。

【疏證】

和，《國語·周語下》“言惠必及和”，韋注：“和，睦也。”《左傳》文十八年“宣慈惠和”，孔穎達正義：“和者，體度寬簡，物無乖争也。”《後漢書·安帝紀》“恭宗孝安皇帝諱祜”，李賢注引《謚法》“寬容和平曰安”，或當據補之。

外内貞復曰白。

孔晁云：“正而□，終始一也。”孔注脱字盧校從《史記工義》補作“復”，甚是。

【疏證】

外内，謂身心。貞，《左傳》襄九年“貞，事之幹也”，杜注：“貞，正也。”復，《左傳》昭二十七年“季氏之復”，杜注：“復，猶安也。”《左傳》文十四年“趙宣子平王室而復之”，杜注：“復使和親。”白，《荀子·五霸》“仁人之所務白也”，楊倞注：“白，明白也。”又《荀子·儒效》“則貴名白而天下治也”，楊倞注：“白，明顯。”

不生其國曰聲。

孔晁云："生於外家。"

【疏證】

陳逢衡言《史記·衛康公世家》"聲公"，司馬貞索隱引《世本》作"聖公"，故聲、聖可通。今考楚之聲王，望山楚簡即書作"聖王"，故陳説甚是。案：生，本或作"眚"，上博簡一《性情論》簡1"凡人雖有生"，郭店簡《性自命出》簡1則作"凡人皆有眚"，即今之"性"字。郭店簡《語叢二》簡1言"情生於眚"，即讀爲"性"。眚，《左傳》僖三十三年"吾不以一眚掩大德"，杜注："眚，過也。"不眚其國，謂不使國有災過。聖，《左傳》文十八年"齊聖廣淵"，孔穎達正義："聖者，通也，博達衆務，庶事盡通也。"言"不生其國"爲"生于外家"，或是望文生義。下文言"治而無眚爲平"，可與此對讀。《左傳》隱三年孔穎達正義言"暴慢無親曰厲"，當補于此句之下，朱右曾説是。暴，謂虐亂。慢，謂驕慢。親，《左傳》僖五年"輕則失親"，杜注："親，黨援也。"厲，《大雅·瞻卬》"降此大厲"，毛傳："厲，惡也。"

致戮無辜曰厲。

孔晁云："賊良善人。"

【疏證】

致，猶行也。戮，《廣雅·釋詁一》："殺也。"辜，《小雅·正月》"民之無辜"，鄭箋："辜，罪也。"殺戮無罪，故曰惡。

官人應實曰知。

孔晁云："能官人也。"

【疏證】

官，《荀子·解蔽》"經緯天地而材官萬物"，楊倞注："官，謂不失其任。"官人，猶任人。《荀子·天論》"官人守天"，楊倞注："官人，任人。"應，《國語·周語下》"以應成德"，韋注："應，當也。"實，

《吕氏春秋·觀世》"嬰聞察實者不留聲"，高誘注："實，功實也。"知，讀爲"智"。官人應實，言任人得當，故曰知。

凶年無穀曰糠。

孔晁云："不務稼穡。"

【疏證】

凶，《周禮·春官·大司樂》"大札大凶"，鄭玄注："凶，凶年也。"《墨子·七患》言"三穀不收謂之凶"。糠，《史記正義》《唐會要》皆作"荒"，甚是。糠、穅、荒等字古通，"糠"亦省作"康"，故《小雅·賓之初筵》"酌彼康爵"，鄭箋："康，虚也。"又可轉訓爲"空"，《史記·屈原賈生列傳》"斡棄周鼎寶康瓠"，裴駰集解引應劭曰："康，空也。"各書轉讀爲"濂""歉"等字，説皆迂曲。

名實不爽曰質。

孔晁云："不爽，應也。"盧校改作"言相應也"，或是。

【疏證】

名實，《墨子·經説上》言"所以謂，名也，所謂，實也"。爽，《小雅·蓼蕭》"其德不爽"，毛傳："爽，差也。"名實不爽，言名副其實。質，《禮記·聘義》"君子於其所尊弗敢質"，鄭玄注："質，謂正自相當。"

不悔前過曰戾。

孔晁云："知而不改。"

【疏證】

戾，《小雅·節南山》"降此大戾"，鄭箋："戾，乖也。"以其不改過，故有乖違之義。

温良好樂曰良。

孔晁云："言人行可好可樂也。"孔注"言人行"，《史記正義》作

“言其人”，當從改。

【疏證】

温，《邶風·燕燕》“終温且惠”，鄭箋：“温，謂顔色和也。”良，《小雅·常棣》“每有良朋”，鄭箋：“良，善也。”温良，即《論語·學而》所言“夫子温良恭儉讓以得之”，言和善也。好樂，謂好喜樂。

怙威肆行曰醜。

孔晁云：“肆意行威。”

【疏證】

怙，《唐風·鴇羽》“父母何怙”，毛傳：“怙，恃也。”威，《吕氏春秋·蕩兵》言“威也者，力也”。肆，放也。行，《墨子·經上》言“行，爲也”。醜，或如《命訓》，當作“耻”，辱也。此條後盧校據《史記正義》補“德正應和曰莫”及注“正其德，應其和”。應，當也。莫，《大雅·皇矣》“求民之莫”，毛傳：“莫，定也。”是句亦見于《左傳》昭二十八年。

勤政無私曰類。

孔晁云：“無私，惟義所在。”

【疏證】

《左傳》昭二十八年作“勤施無私曰類”，《史記正義》作“施勤”，《左傳》是。類，《大雅·皇矣》“克明克類”，鄭箋：“類，善也。”

好變動民曰躁。

孔晁云：“數移徙也。”

【疏證】

變，易也。動，《論語·子張》“動之斯和”，皇侃義疏：“動，謂勞役之也。”躁，《禮記·月令》“處必掩身，勿躁”，鄭玄注：“躁，猶動也。”

慈和遍服曰順。

孔晁云："能使人皆服其慈和。"

【疏證】

慈，爱也。遍，《淮南子·主術訓》"則天下遍謂儒墨矣"，高誘注："遍，猶盡也。"服，《尚書·堯典》"五刑有服"，僞孔傳："服，從也。"順，《魯頌·泮水》"順彼長道"，鄭箋："順，從也。"

滿志多窮曰感。

孔晁云："自足者，必不足也。"

【疏證】

感，《史記正義》《通鑑前編》皆作"惑"，盧校言"感"當讀爲"憾"，甚是。滿志，言其志盈。窮，《荀子·富國》"亂則窮矣"，楊倞注："窮，困。"憾，《國語·齊語》"則民不憾"，韋注："憾，恨也。"

危身奉上曰忠。

孔晁云："險不辭勞也。"孔注"勞"盧校改作"難"，二字同義換讀，不煩改之。

【疏證】

危，言傾危。奉，事也。其身傾危而能服事于君上，故曰忠。

思慮深遠曰□。

孔晁云："自任多近於專。"

【疏證】

盧校此句謂"思慮果遠曰趕"，朱右曾則謂"趕"當讀爲"悍"，是字讀"趕""悍""捍"等字義皆不通，黄懷信則前文補"翼"字，或是。此句兩見，或是流傳時抄撮之誤。盧校"果"或爲"罙"字形訛。

息政外交曰推。

孔晁云："不自明而恃外也。"

【疏證】

息，朱右曾從《獨斷》作“怠”，亦通。息政，猶言塞政，謂政令不通。外交，謂結交外援。推，盧校改作“攜”，甚是。攜，《左傳》襄二十九年“遠而不攜”，杜注：“攜，貳。”《國語·周語上》“百姓攜貳”，攜、貳同義連用。以其外交，故民兩屬。攜王，即謂時二王并立，亦謂兩屬。

疏遠繼位曰紹。

孔晁云：“非其次第，偶得之也。”

【疏證】

疏，亦遠也，二字同義連用。疏遠，謂遠支庶孽也。紹，《大雅·抑》“弗念厥紹”，毛傳：“紹，繼。”

彰義掩過曰堅。

孔晁云：“明義以盖前過。”

【疏證】

彰，明也。掩，蓋也。彰義掩過，謂彰明所宜而掩蓋其過失。堅，或讀爲“賢”，下文言“堅，長也”，朱右曾亦讀爲“賢”，言“自多其能”之義。賢，《禮記·内則》“獻其賢者於宗子”，鄭玄注：“賢，猶善也。”

肇敏行成曰直。

孔晁云：“始疾行成，言不深也。”

【疏證】

肇，王念孫言“肇與敏同義”，甚是。《大雅·江漢》“肇敏戎公”，毛傳：“肇，謀。”馬瑞辰《毛詩傳箋通釋》言“敏與謀通”，甚是。敏，《左傳》襄十四年“有臣不敏”，杜注：“敏，達也。”直，《魏風·碩鼠》“爰得我直”，鄭箋：“直，猶正也。”

内外賓服曰正。

孔晁云："言以正□也。"孔注脱字盧校補"服"字，甚是。

【疏證】

元刊本"正"上半部泐，當從孔注作"正"，作"止"非是。内外，謂宗族内外，潘振言"内指國，外指敵"，非是。賓，《管子·四稱》"不賓事左右"，尹知章注："賓，敬也。"服，從也。正，《周禮·天官·小宰》"四曰廉正"，鄭玄注："正，行無傾邪也。"以行無傾邪，故内外皆敬而從之。

華言無實曰□。

下脱孔晁注五字。

【疏證】

正文脱字盧校從《史記正義》補"夸"。華，《大戴禮記·文王官人》"華如誣"，王聘珍解詁："華，不實也。"《尚書大傳》卷二"時則有華孽"，鄭玄注："華，當爲夸。"夸，《吕氏春秋·本生》"非夸以名也"，高誘注："夸，虚也。"孔注脱五字，盧校據《史記正義》補"恢誕"，可從，五字或作"言其恢誕也"。恢，猶大之義，《左傳》襄四年"用不恢于夏家"，杜注："羿以好武雖有夏家而不能恢大之。"誕，《國語·楚語上》"是誕言也"，韋注："誕，虚也。"

教誨不倦曰長。

孔晁云："以道教之也。"

【疏證】

誨，亦教也。倦，《國語·晋語七》"則遍而不倦"，韋注："惓，懈也。"長，《大戴禮記·保傅》"習與智長"，王聘珍解詁："長，益也。"是句亦見于《左傳》昭二十八年，《大雅·皇矣》"克長克君"，鄭箋亦引此爲説。

愛民在刑曰克。

孔晁云："道之以政，齊之以刑。"

【疏證】

在，朱右曾訓爲"察"，甚是。刑，法也。愛民在刑，謂能察小大之獄。克，勝也，訓"能"亦通。

嗇於賜與曰愛。

孔晁云："言貪也。"

【疏證】

嗇，《左傳》襄二十六年"嗇於禍"，杜注："嗇，貪也。"孔穎達正義："嗇，是吝惜之名。"與，《荀子·富國》"其於貨財取與計數也"，楊倞注："與，謂賜與"。愛，《國語·魯語上》"人其以子爲愛"，韋注："愛，吝也。"以其吝惜于賞賜，故曰貪吝。

逆天虐民曰煬。

孔晁云："所尊天而逆天。"孔注盧校從《史記正義》改作"背尊大而逆之"，大，或當作"天"，其餘如校，言違所遵之天而逆之。

【疏證】

孫詒讓言正文當作"逆大虐民曰抗"，言大爲"大國"之義。逆于大國，未必虐其民，亦不當至于煬，故孫説非是。逆，《廣雅·釋詁三》："亂也"，《國語·晋語八》"未退而逆之"，韋注："逆，反也。"逆天，謂逆亂天命。虐，《尚書·金滕》"遘厲虐疾"，僞孔傳："虐，暴也。"煬，盧校言煬字已見于前，當從《史記正義》《通鑑前編》作"抗"，前文有煬，此復見之，或是抄撮之誤，未必别是兩謚，故盧校改"抗"，或當存疑。煬，暴也。抗，或與"亢"通，亢，《左傳》宣三年"可以亢寵"，杜注："亢，極也。"

好廉自克曰節。

孔晁云："自節以情欲也。"

【疏證】

廉，《大戴禮記·衛將軍文子》“廉於其事上也”，王聘珍解詁：“廉，猶儉也。”克，讀如《論語·顔淵》“克己復禮爲仁”之“克”，何晏集解引馬融曰：“克己，約身。”節，《禮記·樂記》“好惡無節於内”，鄭玄注：“節，法度也。”好廉自克，言恭儉，故曰節。

擇善而從曰比。

孔晁云：“比方善而從之。”

【疏證】

擇，《吕氏春秋·驕恣》“其所擇而莫如己者亡”，高誘注：“擇，取也。”是句亦見于《左傳》昭二十八年，作“擇善而從之曰比”，杜注：“比方善事使相從也。”比，《國語·晋語四》“比於諸弟”，韋注：“比，親也。”

好更改舊曰易。

孔晁云：“變改故常。”

【疏證】

更，《吕氏春秋·召類》“更易其俗”，高誘注：“更，改。”改，《文獻通考》作“故”，當據改。故，《左傳》定十年“齊魯之故”，杜注：“故，舊典。”舊，亦故也。易，《國語·晋語八》“子常易之”，韋注：“易，變也。”

名與實爽曰謬。

孔晁云：“言名美而實傷。”

【疏證】

爽，差也，《史記·漢興以來諸侯年表》司馬貞索隱作“名與實乖”，乖，亦違、差之義，與“爽”同義换讀。名與實爽，言名不副實。謬，《廣雅·釋詁二》：“欺也。”

思厚不爽曰愿。

孔晁云："不差所思而得也。"

【疏證】

盧校從《史記正義》改"厚"爲"慮"，甚是，二字形近易訛。思慮不爽，言謀慮無差錯。愿，《左傳》襄三十一年"愿，吾愛之"，杜注："愿，謹善也。"

貞心大度曰匡。

孔晁云："心正而明察也。"

【疏證】

貞，正也。度，謂器度。匡，《小雅·六月》"以匡王國"，鄭箋："匡，正也。"

隱，哀之也①；施，爲文也②；除，爲武也③。

孔晁云："除惡。"

【疏證】

①隱，哀之方，盧校從《通鑑前編》作"隱，哀之方，景，武之方"，甚是。隱，《邶風·柏舟》"如有隱憂"，毛傳："隱，痛也。"哀，《廣雅·釋詁二》："痛也。"方，《國語·周語中》"官不易方"，韋注："方，道也。"景，又通"競"，上博簡《競公虐》簡1"齊競公"即"齊景公"，清華簡二《繫年》簡66"晋競公"即"晋景公"、簡81"楚競坪王"即"楚景平王"。競，《周頌·執競》"執競武王"，鄭箋："競，彊也。"故謂武之道。

②施，盧校謂孔注當有"施德"二字，甚是。施德，即施以文德，故言爲文。

③除，謂除惡，故曰爲武。

辟地爲襄，視遠爲恒①，剛克爲發，柔克爲懿②，履亡爲莊，有過爲僖③，施而不成曰宣，惠無内德曰獻④。

孔晁云："無内德，惠不成也。"

【疏證】

①辟地，謂開疆。視遠爲恒，盧校改作“服遠爲桓”，甚是，上文有“辟土服遠曰桓”。

②剛克，謂以彊勝之。發，盧文弨引蘇洵説通“伐”，甚是。《官人》“發其所能”，《大戴禮記·文王官人》作“伐其所能”。《周頌·噫嘻》“駿發爾私”，鄭箋：“發，伐也。”懿，《大雅·烝民》“好是懿德”，毛傳：“懿，美也。”

③履，《國語·吴語》“而後履之”，韋注：“履，行也。”“亡”當爲“正”之壞字。朱右曾言“莊，嚴正也”，甚是。有過，《通考》引作“無過”，劉師培言前文所言之“釐”皆非惡謚，故當作“無過”，甚是。丁宗洛言解爲“宥過”，亦似有理。僖，即釐字，言福之義。

④施，《國語·晋語四》“施舍分寡”，韋注：“施，施德也。”不成，劉師培言涉孔注“惠不成”而誤，《通考》作“不私”，又引注言“雲行雨施，日月無私”，不私與“宣”義合，甚是。是句與下句之“曰”當從上下文改作“爲”，盧校是。施德而無私，亦與上文“聖善周聞曰宣”含義略同。宣，《左傳》昭十二年“寵光之不宣”，杜注：“宣，揚也。”惠，即《論語·里仁》“小人懷惠”之“惠”，皇侃義疏：“惠，恩惠利人也。”内，《周禮·天官·内竪》“内竪掌内外之通令”，鄭玄注：“内，后六宫。”《國語·周語下》“外内齊給”，韋注：“内，治家事。”惠無内德，謂行恩惠而無治内之德，如晋獻公故事。獻，盧校從《史記正義》作“平”，并言“獻”爲美謚，恐非是，如衛獻公之獻，恐非美謚。《正義》作“平”，或涉下句“治而生眚爲平”誤。

治而生眚爲平，亂而不損爲靈，由義而濟爲景，失無□則以其明，餘□象也。

孔晁云：“以其明所及爲謚。象，謂象其事行也。”

【疏證】

平、靈、景三句重見于前，盧校疑衍當删，未必是。自“隱，哀之方”

以下，與前文句式有别，且以隱始，多除襄外，桓、莊、僖、宣等次序不亂，材料來源當或與魯國世系有涉。以其材料來源有别，中有一二重文錯出，亦屬常見，不當遽删。平、靈、景三句之義，各見前文疏證，此不贅言。“囗”“口”皆當爲“□”。失無則以其明，《史記正義》無此句，《通鑑前編》作“失志無轉”，當據《通鑑前編》校之。失，朱右曾言作“矢”，甚是。矢，《廣雅·釋詁一》：“正也。”轉，《小雅·祈父》“胡轉予于恤”，鄭箋：“轉，移也。”以，猶謂也，《老子》“是謂早服”，《韓非子·解老》作“是以蚤服”，其，猶之也。正志而不移，則謂之明。

和，會也；勤，勞也。遵，循也①；爽，傷也；肇，始也；乂，治也；康，安也；怙，恃也。享，祀也；胡，大也；服，敗也。康，順也②；就，會也；懫，過也；錫，與也③；典，常也；肆，□也④；糠，虚也；睿，聖也；惠，愛也；綏，安也；堅，長也；耆，彊也⑤；考，成也；周，至也；懷，思也；式，法也⑥；敏，疾也⑦；捷，克也；載，事也⑧；彌，久也。

【疏證】

①遵，循也，《史記正義》“循”作“修”，非是。

②服，敗也，盧校疑爲“伏也”，敗、伏同義换讀，不煩改詁。康，盧校改作“秉”，王念孫亦謂作“秉”甚是。

③就，俞樾言與“集”字一聲之轉，集，就也，亦訓爲“會”，故此言“就，會也”，甚是。懫，當是“寋”，即“愆”字，《大雅·假樂》“不愆不忘”，鄭箋：“愆，過。”錫，即“賜”字。

④肆，□也。脱字元刊本泐右半部，左半部作“方”，或當補爲“放”字。此段劉師培以爲非《謚法》正文，是後人注釋此篇之辭，前人爲書作詁均與本篇别行，故詮釋之詞不復分繫于各條之下，後儒取以附篇末，劉説甚是，《經典釋文》即是此例。肆，《左傳》襄十四年“豈其使一人肆于民上”，杜注：“肆，放也。”

⑤“堅，長也；耆，彊也”或倒，當作“堅，彊也；耆，長也”。耆，

《大雅·皇矣》“上帝耆之”，鄭箋：“耆，老也。”長，《國語·晋語四》“齊侯長矣”，韋注：“長，老也。”耆、長皆取老之義，同義連用。

⑥“式，法也”之後，盧校從《史記正義》補“布，施也”。

⑦“疾也”下《史記正義》有“速也”二字，劉師培疑上有脱文，或是，敏，亦可訓爲“速”，亦通。

⑧載，《周禮·春官·大宗伯》“則攝而載果”，鄭注：“載，爲也。”事，《韓非子·喻老》言“事者，爲也”。載、事皆取行、爲之義，同義連用。

明堂第五十五

【題解】

是篇與《禮記·明堂位》存大量重文，或是同出一源。“明堂”二字，或是撮全篇之要概括爲題。

大維商紂暴虐①，晡鬼侯以享諸侯②，天下患之③。

【疏證】

①《明堂位》作“昔殷紂亂天下”。大，當爲“夫”字形訛。虐，《禮記·檀弓下》“虐，毋乃不可與”，鄭玄注：“暴之是虐。”暴、虐同義連用。

②晡，當作“脯”，《吕氏春秋·行論》“殺鬼侯而脯之”，高誘注：“肉熟曰脯。”鬼侯，《史記·殷本紀》作“九侯”，鬼爲微部字，九爲幽部字，“軌”“宄”等字，亦皆从“九”得聲，二字音近可通。享，《明堂位》作“饗”，字本或當作“獻”，獻，《周禮·夏官·大司馬》“獻禽以祭社”，鄭玄注：“獻，猶致也，屬也。”以致諸侯，是震懾其心之義，其事如《史記·黥布列傳》所言吕后“漢誅梁王彭越，醢之，盛其醢遍賜諸侯”。患，《吕氏春秋·慎大》“天下顫恐而患之”，高誘注：“患，憂也。”

③《明堂位》無“天下患之”四字。

四海兆民欣戴文武①，是以周公相武王以伐紂，夷定天下②。

【疏證】

①四海，《周禮·夏官·校人》“凡將事于四海山川”，鄭玄注：

“四海，猶四方也。”兆民，《禮記·内則》“降德于衆兆民”，鄭玄注：“萬億曰兆，天子曰兆民，諸侯曰萬民。”兆民，泛言其多，猶庶民。欣戴，《國語·周語上》“欣戴武王”，韋注：“戴，奉也。”文武，謂文王、武王。《明堂位》無“四海兆民欣戴文武”句。

②相，輔也。夷，平也。《明堂位》無“夷定天下”四字。

既克紂六年而武王崩①，成王嗣，幼弱②，未能踐天子之位③。

【疏證】

①六，當從《作雒》作“二”。六，楚簡多作“[illegible]”，與“二”形近易訛。《明堂位》無“既克紂六年而”六字。崩，《禮記·曲禮下》言“天子死曰崩”。

②嗣，《尚書·洪範》“禹乃嗣興”，僞孔傳：“嗣，繼也。”《明堂位》無“嗣”字。弱，《左傳》文十二年“有寵而弱”，杜注：“弱，年少也。”

③踐，謂履行之義，《禮記·文王世子》“周公相踐阼而治”，鄭玄注：“踐，履也。”《明堂位》作“周公踐天子之位以治天下”。

周公攝政君天下①，弭亂，六年而天下大治②。乃會方國諸侯於宗周③，大朝諸侯明堂之位④。

【疏證】

①攝，《禮記·明堂位》“昔者周公朝諸侯于明堂之位”，鄭玄注：“周公攝王位”，孔穎達疏：“攝，代也。”君，當作“尹”，《左傳》昭二十年“棠君尚謂其弟員”，陸德明釋文：“君，或作尹。”尹，《左傳》定四年“以尹天下”，杜注：“尹，正也。”

②弭，《國語·周語上》“吾能弭謗矣”，韋注：“弭，止也。”六年，《尚書大傳》卷四言“周公攝政，一年救亂，二年克殷，三年踐奄，四年建侯衛，五年營成周，六年制禮樂，七年致政成王”。治，《國語·齊語》“教不善則政不治”，韋注：“治，理也。”

③會，《禮記·月令》“以會天地之藏”，鄭玄注：“會，猶聚也。”

方，《尚書·立政》“方行天下”，僞孔傳：“方，四方。”宗周，《小雅·正月》“赫赫宗周”，毛傳：“宗周，鎬京也。”朱右曾言宗周爲雒邑，非是。

④朝，《小雅·沔水》“朝宗于海”，鄭箋：“諸侯春見天子曰朝。”位，《國語·楚語上》“位寧有官師之典”，韋注：“中庭之左右謂之位。”

天子之位，負斧扆①，南面立，率公卿士侍于左右②。

【疏證】

①《明堂位》作“天子負斧依，南鄉而立”，“之位”二字或涉後文“諸侯”“諸伯”等句衍。負，《淮南子·氾論訓》“負扆而朝諸侯”，高誘注：“負，背也。”斧扆，即《尚書·顧命》所言“黼扆”，《周禮·春官·司几筵》作“黼依”。斧，《禮記·檀弓上》“加斧于椁上”，鄭玄注：“斧之謂黼，白黑文也。”扆，《明堂位》作“依”，《荀子·儒效》“負扆而坐”，楊倞注：“户牖之間謂之扆。”依、扆皆从衣得聲，可通。扆，即今所謂“屏風”。

②南面，爲尊位。《明堂位》無“率公卿士侍于左右”句。“率”當從王念孫改作“群”字。公，《國語·魯語下》“公帥之”，韋注：“公，謂諸侯爲王卿士者也。”卿士，亦作“卿事”，《左傳》隱三年“爲平王卿士”，杜注：“卿士，王卿之執政者。”侍，《論語·先進》“閔子侍側”，皇侃義疏：“卑者在尊者之側曰侍。”

三公之位①，中階之前，北面東上②。諸侯之位，阼階之東，西面北上③。諸伯之位，西階之西，東面北上。諸子之位，門内之東，北面東上。諸男之位，門内之西，北面東上④。

【疏證】

①《明堂位》“三公”後無“之位”二字。三公有兩説，其一，爲《大戴禮記·保傅》所言“召公爲太保，周公爲太傅，太公爲太師。保，保其身體；傅，傅其德義；師，導之教順，此三公之職也”。其二，爲《韓詩

外傳》卷八言“三公者何？曰：司空、司馬、司徒也”。二説自古至今争訟不休，各有論據。然前文已有“群公卿士”，此言“三公”，似文理不通，且下文依“侯伯子男”之序，則此“公”當是爵稱。《周禮·秋官·司儀》“土揖庶姓，時揖異姓，天揖同姓”，鄭玄注作“諸公”。于鬯言“三公”當作“上公”，其説或是。案：“三”或爲“二”之形訛，古“上”即作“二”形，故“三”可訛爲“上”。《周禮·春官·大宗伯》“公執桓圭”，鄭玄注：“公，二王之後及王之上公。”“諸伯”“諸子”“諸男”後“之位”作“之國”，或涉下文“九夷”等句而誤。

②中階，《明堂位》孔穎達疏：“中階者，南面三階，故稱中。”以天子南面，故中階當是明堂南面之階，諸公上階，則北面。東上，謂由明堂東側而升。

③阼階，《儀禮·鄉射禮》“席主人於阼階上”，鄭玄注：“阼階，東階。”《論語·鄉黨》“朝服而立於阼階”，皇侃義疏：“阼階，東階，主人之階也。”此“阼階”與後文“西階”對舉，故當爲東階。諸侯由東階而上，故西面。北上者，自明堂北側而升。

④“門内之東”“門内之西”《明堂位》作“門東”“門西”。門内之“門”，當是庫門，以路門爲路寢之門，明堂無之，故明堂最内當是庫門，下文言東西南北門之外，亦庫門，謂蠻夷戎狄之國，在庫門之外，應門以内，而四塞等國，在應門以外。《尚書·顧命》言“王出，在應門之内，太保率西方諸侯入應門左，畢公率東方諸侯入應門右”，即言四方諸侯在庫門之外、應門之内，所言“王出在應門之内”，即謂出于庫門，猶《皇門》“周公格在庫門”。此由公侯伯子男至于蠻夷戎狄之天下秩序，當出戰國時人之手，非西周既有之制，詳見劉源《“五等爵”制與殷周貴族政治體系》，《歷史研究》2014年第1期。

九夷之國，東門之外，西面北上①。八蠻之國，南門之外，北面東上②。六戎之國，西門之外，東面南上③。五狄之國，北門之外，南面東上④。

【疏證】

①九夷，《國語·魯語下》"通道于九夷、百蠻"，韋注："九夷，東夷九國。"另，《墨子·非攻中》"九夷之國莫不賓服"，孫詒讓閒詁云："此九夷與吴楚相近，蓋即淮夷，非海外東夷也"，亦是。朱右曾以爲"九夷"，即《尚書·禹貢》所謂"嵎夷"之地，或是。于鬯以爲當是"西面南上"，與六戎"東面南上"方位相對，且與侯、伯之"北上"相變，説有理。下文"八蠻""五狄"之國，皆由東上，故此"九夷、六戎"亦當皆由南上。

②八蠻，亦見于《職方》，《禮記·王制》"南方曰蠻"。前引《國語》"通道于九夷百蠻"，《大雅·下武》"四方來賀"，孔穎達正義引《魯語》作"通道於九夷八蠻"。另，《王會》有"十蠻"，與此或别是二事。

③六戎，《職方》作"五戎"，《禮記·王制》言"西方曰戎"，《大戴禮記·千乘》言"西辟之民曰戎"。

④五狄，《職方》作"六狄"，《禮記·王制》言"北方曰狄"，字亦作"翟"。清華簡二《繫年》簡43—44言"令尹子玉遂率鄭、衛、陳、蔡及群蠻夷之師以交文公，文公率秦、齊、宋及群戎之師以敗楚師於城濮"，則或春秋時即有蠻夷戎狄之稱，其早期或多與族姓相關，未必直接對應方位。《周禮·夏官·職方》"辨其邦國、都鄙、四夷、八蠻、七閩、九貉、五戎、六狄之人民"，鄭玄注："四、八、七、九、五、六，周之所服國數也。"

四塞九□之國[①]，世告至者，應門之外，北面東上。宗周明堂之位也[②]。

【疏證】

①是句《明堂位》作"九采之國，應門之外，北面東上。四塞，世告至，此周公明堂之位也"，故脱字當從《明堂位》補作"采"。四塞，《明堂位》鄭玄注言"四塞謂夷服、鎮服、藩服在四方爲蔽塞者"。塞，爲境之義，《荀子·彊國》"則雖爲之築明堂於塞外"，楊倞注："塞外，境外

也。”九采，《明堂位》鄭玄注言：“九采，九州之牧典貢職者也。”《周禮·夏官·職方》言男服外方五百里爲采服。采，或即“采邑”之“采”，《春秋》莊元年“單伯送王姬”，杜注：“單，采地。”孔穎達正義：“人君賜臣以邑，令采取賦税，謂之采地。”

②世告，《明堂位》鄭玄注“九州之外謂之蕃國，世一見”，即《國語·周語上》所謂“荒服者王”及“終王”。“宗周明堂之位”前當從《明堂位》補一“此”字，各句次序則當從《逸周書》，《明堂位》作“周公明堂之位也”，且後文無“周公建焉”句，或是誤將此二句合一。

明堂，明諸侯之尊卑也①，故周公建焉②，而明諸侯于明堂之位③。

【疏證】

①“明堂”二字之後，王念孫補一“者”字，甚是。《明堂位》作“明堂也者，明諸侯之尊卑也”。明諸侯之尊卑，其位愈尊，其位愈近于天子。

②建，《國語·周語下》“顓頊之所建也”，韋注：“建，立也。”“而明諸侯”之“明”，盧校改爲“朝”，劉師培補《文選·東都賦》“覲明堂”，李善注引《周書》作“明堂者，明諸侯之尊卑也，故周公建焉，而朝諸侯於明堂之位”爲證，甚是。

③“而明諸侯于明堂之位”，《明堂位》作“六年，朝諸侯於明堂”，亦可證“明”當作“朝”。朝，會也。

制禮作樂，頒度量，而天下大服①，萬國各致其方賄。七年，致政於成王②。

【疏證】

①頒，《明堂位》鄭玄注：“頒，讀爲班。”班，《周禮·春官·大史》“頒告朔于邦國”，鄭玄注：“班，布也。”度，《荀子·榮辱》“循法則度量”，楊倞注：“度，尺丈。量，斗斛。”服，從也。

②致，《漢書·武帝紀》“存問致賜”，顔師古注：“致，送至也。”

方，猶邦也。賄，亦訓爲“貨”，謂財貨。各致其方賄，即如《尚書·禹貢》《王會》及其所附《伊尹朝獻》所言。《明堂位》無“萬國各致其方賄”句。致政，言歸政。

嘗麥第五十六

【題解】

是篇取首句二字爲題，然所涉事體概與“嘗麥”之禮無涉。其所言者以四月王之所爲諸事爲綱，并舉“嘗麥”“正刑書”“祠風雨”等事，其時間地點皆不屬連，非謂王于嘗麥之禮時正刑書、祠風雨百享。此諸事并舉之體例及叙述方式近于《禮記·月令》，而由“爽明”至“王則退”，爲編者據其他來源材料，如當時禮儀記録或傳世禮書，補説“正刑書”一事細節。其中，編者又以“王若曰”數段，從中補説“繇書”内容，更以“箴大正曰”補入箴戒，此二者皆是對正刑書所涉事項之補充交代，兩處文書材料來源，或又與前似《月令》者、似禮書者有别。

維四年孟夏①，王初祈禱于宗廟②，乃嘗麥于太祖③。

【疏證】

①孟夏，夏正四月也，劉師培以爲當作“四月孟夏”，甚是，《玉燭寶典》即引作“四月”。

②由上下篇目觀之，此“王”編者以爲是成王。然此篇未必實録，孟夏等句，或取自《月令》類文獻，故所言之“王”當是泛指，未必即指成王。初，始也。祈，《小雅·賓之初筵》“以祈爾爵”，毛傳：“祈，求也。”禱，《周禮·春官·小宗伯》“及執事禱祠于上下神示”，鄭玄注：“求福曰禱。”宗廟，盧校言《太平御覽》卷八三八引作“岱宗”，《玉燭寶典》謂有作“天宗”者，《北堂書鈔》卷九十則作“宗周”，皆非是。

③乃，猶以也。嘗，《禮記·少儀》“未嘗不食新”，鄭玄注：“嘗，

謂薦新物於寢廟。"《左傳》桓五年"始殺而嘗"，孔穎達正義："嘗者，薦於宗廟，以嘗新爲名，知必待嘉穀熟乃爲之也。"太祖，始祖之廟，潘振、陳逢衡言爲后稷之廟，莊述祖以爲是文王之廟，如前所言"王"爲泛指，則此"太祖"亦是泛指始祖之廟，未必落實至文王、后稷。

是月，王命大正正刑書。

【疏證】

正，《左傳》成十八年"師不陵正"，杜注："正，軍將命卿也。"昭二十九年"木正曰句芒"，杜注："正，官長也。"大正，謂執政之卿，諸家言爲"司寇"，亦通。清華簡十《四告一》簡3言"王所立大正"，簡10又言"大正、小子、師氏、御事"，"大正"與"師氏""御事"并舉，則地位當差近。後一"正"字，《大戴禮記·盛德》"所以正法也"，王聘珍解詁："正，定也。"《大戴禮記·千乘》有"陳刑制辟"，刑即謂"刑書"。

爽明①，僕告②。既駕，少祝導王③，亞祝迎王，降階④。即假于大宗、少宗⑤，少祕于社⑥，各牡羊一、牡豖三⑦。

【疏證】

①爽，即《尚書·牧誓》所言"昧爽"，《禮記·内則》有"昧爽而朝"。《荀子·哀公》"君昧爽而櫛冠"，楊倞注："爽，明。"古書無作"爽明"者，此"明"字，或是注"爽"字之文竄入。

②僕，《左傳》襄三年"魏絳戮其僕"，杜注："僕，御也。"告，本或作"造"，《大雅·公劉》"乃造其曹"，王先謙《詩三家義集疏》："三家'造'作'告'。"造，《儀禮·士喪禮》"造於西階下"，鄭玄注："造，至也。"

③駕，《廣雅·釋詁一》："行也。"少祝，即《周禮·春官》所言"小祝"，爲"掌小祭祀，將事侯、禳、禱、祠之祝號，以祈福祥"者也。祝，《國語·楚語下》"以爲之祝"，韋注："祝，太祝也，掌祈福祥。"《禮記·曾子問》"祝迎四廟之主"，鄭玄注："祝，接神者也。"導，

《周禮·地官·遂師》“道野役及窆”，鄭玄注：“道野役帥以至墓也”，賈公彦疏：“導是帥引之言。”少祝導王，言少祝爲王之前導。

④亞，《儀禮·特牲饋食禮》“亞獻尸”，鄭玄注：“亞，次也，次猶貳。”亞祝迎王降階，亞祝本在階上，王至，則降階而逆迎之。

⑤假，訓爲“格”，至也。大宗，盧校作“太宗”。大宗、小宗，盧校引惠棟言爲大、小宗伯，或是，下文言“于社”，則諸家釋爲“太廟、昭穆之廟”者，似與社矛盾。

⑥“少祕”各家連讀非是，“少”字或涉前文“少宗”而衍，祕，即祕告之義，孫詒讓、劉師培之説甚是。祕于社，即告于社，《尚書·甘誓》言“用命，賞于祖；弗用命，戮于社”，則正刑書之事，即當在社。前文言“王祈禱于宗廟”，而此言“祕于社”，其地前後不一，是兩段來源各異之證。

⑦牡，《邶風·匏有苦葉》“雉鳴求其牡”，毛傳：“飛曰雌、雄，走曰牝、牡。”

史導王于北階①，王涉階，在東序②。乃命太史尚太正③，即居于户西，南向④。

【疏證】

①前文言“少祝導王”，則此導王之“史”，亦當是“少史”，此或脱一“少”字。少史，或即《商誓》所見之“小史友”。北階，言社北之階，王者南面，故自北階而登。

②涉，當作“陟”，《周南·卷耳》“陟彼高岡”，鄭箋：“陟，登也。”序，《儀禮·士冠禮》“直東序”，鄭玄注：“堂東西墻謂之序。”

③太史，即西周金文習見之“大史”，亦即《商誓》所見“太史友”。“尚”字本或居于“太正”之後，作“上”字，言“登”之義。王已登，而令太史、太正亦登。太正，即前文所言“大正”，大正，或即謂卿士。毛公鼎（《集成》02841）言：“已曰及兹卿事寮、大史寮于父即尹”，即以大史、卿事兩寮并稱。

④“西”後或脱一“序”字，王在東序，太史、太正在西序，故下文承此言“在中”。

九州□伯咸進①，在中，西向②。宰乃承王中③，升自客階④，作策執策從中⑤。

【疏證】

①“九州”後之脱字，莊述祖、陳逢衡補作“之”，丁宗洛、于鬯、朱右曾補作“牧”。伯，《左傳》哀十三年“伯合諸侯”，杜注：“伯，諸侯長。”《衛風·伯兮》“伯兮朅兮”，毛傳：“伯，州伯也。”牧，《禮記·王制》“州有伯”，鄭玄注：“殷之州牧曰伯，虞夏及周皆曰牧。”故脱字作“之”或“牧”，當在兩可之間。咸，皆也。進，謂登進之義，此“進”即承前文“陟”字而言。

②在中，莊述祖謂當作“廷中”，非是。此九州之伯，當進于堂，或不當在廷中。《明堂》言“三公之位”在中階之前北面東上，前文言王在東序，太史、大正居于户西，天子正刑書，九州之伯當爲受者，故居堂中。西向，于鬯以爲當作“北向”，甚是。《禮記·曲禮下》：“天子當依而立，諸侯北面而見天子，曰覲。天子當宁而立，諸公東面，諸侯西面，曰朝。”依，即前文所言“扆”。宁，陸德明釋文言“門屏之間曰宁”。此言九州之伯見于天子，故當北向。

③宰，《儀禮·特牲饋食禮》“宰自主人之左贊命”，鄭玄注：“宰，群吏之長。”《周禮·天官·宰夫》“諸臣之復，萬民之逆”，賈公彦疏：“諸經單稱宰者，皆大宰”，亦即故書所言“冢宰”。《儀禮·大射》“宰戒百官”，鄭玄注：“宰，於天子冢宰治官卿也，作大事則掌以君命戒於百官。”乃，猶于是。承，《左傳》成十六年“承寡君之命以請”，杜注：“承，奉也。”承王中，前言王在東序，九州之伯既進，則宰乃奉王由東序而立于中，陳逢衡言“奉王升中堂”，甚是。

④升，登也。客階，謂西階。《禮記·坊記》“子云升自客階，受吊於賓位，教民追孝也”，孔穎達疏：“謂既葬反哭之時，孝子升自客階，受吊

於堂上西方賓位之處，不敢在東方以即父位，示民追孝之心也。”其所在者爲西方賓位，則客階即當爲西階。王在東序，則不當升自西階。此“升自客階”者，或即下文所言之“太祝”，王立于中，太祝乃升自西階。

⑤作策，即西周金文常見之“作册”。執，持也。策，《左傳》僖二十三年“策名委質”，杜注：“名書於所臣之策”，孔穎達正義：“策，簡策也。”《周禮·春官·内史》“則策命之”，鄭玄注引鄭司農云：“策，謂以簡策書王命。”從，《大雅·既醉》“從以孫子”，鄭箋：“從，隨也。”從中，謂作策從大祝而中。

宰坐，尊中于大正之前①。太祝以王命，作策，策告太宗②。

【疏證】

①尊，朱右曾言“猶奠也”，甚是。“尊”或即“奠”字形訛。中，《禮記·投壺》“司射奉中”，孔穎達疏：“中，謂受筭之器。”朱右曾以爲“中本盛算器，此改盛作策之具筆記鉛槧也”。可暫從之。案：此“尊中”二字或倒，“中”字或屬上讀，言宰坐于中。奠，《儀禮·士冠禮》“贊者奠纚、笄、櫛於筵南端”，鄭玄注：“奠，停也。”言太宰坐于中，停定于大正之前，似亦可通。

②太祝，即大祝，《周禮·春官·大祝》言“掌六祝之辭，以事鬼神示，祈福祥，求永貞”。以，猶用也。“命”字當重，下文言“作策許諾，乃北向繇書”，則策告太宗者，當是“作册”，故此當解作太祝用王命命作策策告太宗。

王命□□祕①，作策許諾②，乃北向繇書于内楹之門③。

【疏證】

①王命，謂太祝所傳之王命，非王親命之。脱字當即是“作策”二字，非諸家所謂“大”“少宗”“進少”等字。祕，告也，即啓下文之“繇書”而言。

②許，《吕氏春秋·首飾》“王子許”，高誘注：“許，諾。”諾，《廣雅·釋詁一》：“譍也。”二字同義連用。

③繇書，亦見于《世俘》，言宣讀策書，孫詒讓讀爲“紬書”，甚是。内楹之門，當作“兩楹之間”，“兩”訛爲“内”，“間”誤爲“門”，盧校是。楹，《國語·魯語上》“莊公丹桓宫之楹”，韋注：“楹，柱也。”

王若曰[①]：“宗揜、大正[②]，昔天之初，□作二后，乃設建典[③]，命赤帝分正二卿[④]，命蚩尤于宇少昊以臨四方[⑤]，司□□上天末成之慶[⑥]。

【疏證】

①王若曰，即王如是説，作策代宣王命之辭也。

②揜，即“掩”字，莊述祖解爲“尹”字，非是。宗揜大正，孫詒讓謂當作“格爾大正”，亦非是。案：“揜”，舊注多疑爲“大宗”之私名，此呼大宗以私名而大正不以，似有不安，故私名之説，恐未必是。此“揜”本或作“弇”，訓爲“大”，如《大雅·皇矣》“奄有四方”，毛傳：“奄，大也。”上博簡三《中弓》簡10言“夫賢才不可弇也”，即讀爲“揜”。故“宗揜”或爲“揜宗”之倒文，即言大宗。

③設，置也，建，立也，二字皆取“置立”之義，或是同義連用，亦或“建”字是“設”之注文竄入。天，或即言“上帝”之“天”，後文“命赤帝”“命蚩尤”者，或皆自天。“作”前脱字當從朱右曾補作“誕”，如《蔡中郎集·胡黄二公贊》“誕育二后”。后，《商頌·玄鳥》“商之先后”，鄭箋：“后，君也。”後文言“赤帝”“黄帝”，則此“二后”，或不當從莊述祖、朱右曾改作“元后”。

④赤，从大从火，《説文》古文作“烾”，从炎、土，故“赤帝”得轉寫爲“炎帝”。《廣雅·釋天》“南方，赤天”，王念孫疏證：“《初學記》《太平御覽》引《廣雅》‘赤天’并作‘炎天’。”典，《周頌·維清》“文王之典”，毛傳：“典，法也。”分正，猶分治，《吕氏春秋·順民》“湯克夏而正天下”，高誘注：“正，治也。”二卿，朱右曾謂是《史記·五帝本紀》所見之“左右大監”，或是。

⑤于宇，當倒作“宇于”。少昊，朱右曾言魯，説或本《史記·魯周公

世家》“封周公旦于少昊之虚曲阜，是爲魯公”。另，《史記·封禪書》言“秦襄公既侯，居西垂，自以爲主少皞之神，作西畤”，《淮南子·天文訓》亦言“西方，金也，其帝少昊”，故亦有言少昊在西者。然《史記·封禪書》亦言“三曰兵主，祠蚩尤。蚩尤在東平陸監鄉，齊之西境也”，則似魯國之説較是。蓋蚩尤、少昊本或分居兩傳説系統，彼此并不相混，戰國時期傳説體系整合，二帝地望各本舊説，有所出入，亦不足怪。故莊述祖、陳逢衡改“以臨四方”爲“以臨西方”，或未必是。

⑥“司”後脱字，唐大沛從楊慎説補“明明”二字，或本《大雅·大明》“明明上帝”爲説，未必是。朱駿聲補“承左”二字，或是。司，主也。承，奉也。左，即佐，助也。末，《尚書·立政》“我則末惟成德之彦”，僞孔傳：“如此我則終惟有成德之美。”慶，《國語·周語下》“有慶未嘗不怡”，韋注：“慶，福也。”末成之慶，言終成之福，其用或即如《立政》所言。

蚩尤乃逐帝①，争于涿鹿之河②，九隅無遺③。

【疏證】

①逐，追也，帝，謂赤帝。

②争，鬬也。涿鹿，山名，銀雀山漢簡《孫臏兵法·見威王》簡255言“黄帝戰蜀禄”，即“涿鹿”，各書亦作“涿鹿之野”，唯《戰國策·魏策二》“黄帝戰於涿鹿之嶽，而西戎之兵不至”作“嶽”。河，盧校謂或當作“阿”，校是。《水經注·㶟水》言“涿水出涿鹿山，世謂之張公泉，東北流逕涿鹿縣故城南，王莽所謂布陸也。黄帝與蚩尤戰于涿鹿之野，留其民于涿鹿之阿”。是知其爲山名。阿，《大雅·皇矣》“我陵我阿”，鄭箋：“大陵曰阿。”

③隅，《大雅·抑》“維德之隅”，毛傳：“隅，廉也。”廉，《儀禮·鄉飲酒禮》“設席于堂廉，東上”，鄭玄注：“側邊曰廉。”前言“九州之伯”，則此“九隅”或即九州之邊。遺，《左傳》昭三年“及遺姑姊妹”，杜注：“遺，餘也。”此“無遺”或即禹鼎銘文（《集成》02833）

所言“撲伐鄂侯馭方，勿遺壽幼”，以其無遺壽幼，故赤帝乃懼。

赤帝大慴[①]，乃説于黄帝[②]，執蚩尤，殺之于中冀[③]。

【疏證】

①慴，《禮記·樂記》“柔氣不慴”，鄭玄注：“慴，猶恐懼也。”

②説，劉師培言“説、税古通”，并言“税”當讀爲“脱”，并言“猶言以天下委與黄帝也”。案：劉師培所説文義甚確，然釋字頗迂曲。税，《禮記·檀弓上》“不敢税人”，鄭玄注：“税，謂遺于人也。”陸德明釋文：“税，始鋭反，謂以物遺人也。”不煩轉讀爲“脱”。此“説”字本或作“敚”，郭店簡《緇衣》簡11“民致行己以敚上”，上博簡一《緇衣》簡7作“兑”，今本作“説”。敚，包山楚簡100“以其敚源汸瀰澤之故”，敚，劉信芳讀爲“税”。

③執，《禮記·檀弓下》“而妻妾執”，鄭玄注：“執，拘也。”中冀，謂冀中，猶《作雒》“中土”得作“土中”。冀，即故書所言“冀州”，《職方》言“河内曰冀州，其山鎮曰霍山，其澤藪曰揚紆，其川漳，其浸汾、露，其利松、柏，其民五男三女，其畜宜牛羊，其穀宜黍稷”，《尚書·禹貢》則言“既載壺口，治梁及岐。既修太原，至于岳陽。覃、懷厎績，至于衡漳”，即今黄河以北，山西、河北等處。

以甲兵釋怒[①]，用大正順天思序[②]，紀于大帝[③]，用名之曰絶轡之野[④]。

【疏證】

①以，猶用也。甲謂甲胄，兵謂兵器，甲兵，言刑。釋，《國語·晋語一》“惑不釋也”，韋注：“釋，解也。”釋怒，猶《左傳》隱五年、襄十六年所見“釋憾”，即今所謂“泄憤”。以甲兵釋怒，謂誅殺蚩尤以釋民之怒。

②正，莊述祖讀爲“政”，恐非是。案：字或讀爲“征”，《魯頌·泮水》“桓桓于征”，鄭箋：“征，征伐也。”用大正，謂用征伐。順，《吕氏春秋·懷寵》“上不順天”，高誘注：“順，承。”思，語辭。序，

王念孫《讀書雜志·墨子第二》"天不序其德"條言："序，順也。"順天思序，猶言承天之順。

③紀，《國語·越語下》"四時以爲紀"，韋注："紀，猶法也。"大帝，盧文弨、莊述祖等校作"太常"，朱駿聲、孫詒讓以爲"帝"作"常"。案："帝"作"常"甚是，大帝，即"大常"。常，謂常法，即《常訓》所言之"常"。

④"用名之曰"句，或當在"以甲兵釋怒"之後，言用兵，故曰絶轡之野，後文言法于常法，故言正五常之官。絶，斷也。轡，《禮記·曲禮上》"執策分轡"，孔穎達疏："轡，御馬索也。"即西周金文習見"攸勒"之"勒"。絶轡，猶《左傳》哀二年所言"兩靷將絶"，《國語·晋語九》作"兩鞁將絶"，絶轡，言戰事之烈。絶轡之野，陳逢衡言"一曰凶黎之丘"，説或本《藝文類聚》卷十一、《太平御覽》卷七十九"使應龍殺之于凶黎之丘"，《太平御覽》之説則或本《史記·五帝本紀》"遂禽殺蚩尤"司馬貞索隱引皇甫謐説"黄帝使應龍殺蚩尤于凶黎之谷"。馬王堆帛書《五正》95上言"反義逆時，其刑視蚩尤"，亦可與此對讀。野，《鄘風·干旄》"在浚之野"，毛傳："郊外曰野。"

乃命少昊請司馬鳥師，以正五帝之官，故名曰質。

【疏證】

請，當作"清"，少昊之私名。《漢書·律曆志》引劉歆《世經》言"少昊曰清。清者，黄帝之子清陽也。"司，劉師培言當讀爲"嗣"，《國語·鄭語》"武其嗣乎"，韋注："嗣，繼也。"馬，劉師培謂是"爲"字形訛，甚是。鳥師，《左傳》昭十七年："我高祖少皞摯之立也，鳳鳥適至，故紀於鳥，爲鳥師而鳥名。鳳鳥氏歷正也，玄鳥氏司分者也，伯趙氏司至者也，青鳥氏司啓者也，丹鳥氏司閉者也。祝鳩氏司徒也，鴡鳩氏司馬也，鳲鳩氏司空也，爽鳩氏司寇也，鶻鳩氏司事也，五鳩，鳩民者也。"五帝之官，或即此"五鳥五鳩"之官，孫詒讓言"五帝"爲"五常"，恐未必是。正，當讀爲"政"，《管子·白心》"以政爲儀"，尹知章注：

“政者，所以節制其事。”質，或當從朱右曾讀“摯”，即《左傳》昭十七年“少皞摯”，《漢書·律曆志下》“清者，黄帝之子清陽也，是其子孫名摯立”。質亦或取“正”之義，如《吕氏春秋·知度》“賢不肖各反其質”，高誘注：“質，正。”所言“正五帝之官”，亦通。

天用大成，至于今不亂。

【疏證】

成，盧校言本或作“戒”，各家從之。案：此讀“大成”亦通，不煩改字。《小雅·車攻》“展也大成”，鄭箋：“大成，謂致太平也。”成，《國語·楚語下》“未有成”，韋注：“成，定也。”以天用大定，故至今不亂。至于今不亂，猶《皇門》所見“迄有寶”。

其在殷之五子①，忘伯禹之命②，假國無正③，用胥興作亂，遂凶厥國④，皇天哀禹，賜以彭壽，思正夏略⑤。

【疏證】

①殷，盧校言“殷”當作“夏”，非是。莊述祖、丁宗洛、唐大沛、朱右曾皆言“殷”當爲“啟”字形訛，甚是。啓之五子，即《國語·楚語上》“故堯有丹朱，舜有商均，啓有五觀，湯有太甲，文王有管、蔡”所見之“五觀”，韋注：“五觀，啓子，太康昆弟也。”《墨子·非樂上》作“武觀”。段玉裁《古文尚書撰異》卷三十二言：“五子必非五人。汲郡古文云：‘放王季子武觀于西河’，云季子，則一人也。”

②忘，猶棄也，《爾雅·釋言》：“棄，忘也。”伯禹，《國語·周語下》言“其在有虞，有崇伯鯀，播其淫心，稱遂共工之過，堯用殛之于羽山。其後伯禹念前之非度，釐改制量，象物天地，比類百則，儀之于民，而度之于群生”，則“伯禹”或即“崇伯禹”之省稱。伯禹，亦可稱“崇禹”，如《世俘》言“崇禹生開”。

③假，劉師培解爲《禮記·曲禮上》“假爾大龜有常”之“假”，孔疏“因也”，恐非是。王引之《經義述聞·左傳上》“天之不假易”條言：“假，寬縱之義也。”假國，言寬縱其國。無，本或作“亡”，《尚書·洛

誥》“咸秩無文”，《漢書·翟方進傳》作“咸秩亡文”。亡政，猶《荀子·致士》所言“國家失政，則士民去之”之“失政”。

④胥，相也。作，或爲“興”字注文竄入，興亂，即作亂。凶，《爾雅·釋言》：“咎也。”咎，《吕氏春秋·侈樂》“棄寶者必離其咎”，高誘注：“咎，殃也。”厥，其也。遂凶厥國，言于是殃其國。

⑤皇，大也。哀，閔也。彭壽，莊述祖謂彭伯壽，朱右曾言彭即大彭，夏之伯諸侯者，壽爲其私名。二説或皆本今本《竹書紀年》。思，孫詒讓言當作“卑”，是“俾”之省，甚是。俾，使也。略，《左傳》定四年“封畛土略”，杜注：“略，界也。”正夏略，猶《國語·齊語》所言“正封疆”。

今予小子聞有古遺訓[①]，予亦述朕文考之言不易[②]。

【疏證】

①予小子，王之自稱。聞，《吕氏春秋·異寶》“名不可得而聞”，高誘注：“聞，知也。”古，通“故”。遺訓，《國語·周語中》“必問於遺訓”，韋注：“遺訓，先王之教。”

②予亦述，《四部叢刊》本作“而不述”，非是。述，《邶風·日月》“報我不述”，毛傳：“述，循也。”前文已言“王”爲虛指，則“文考”即言其考，“文”爲嘉美之稱，非“文王”之“文”，故不當從朱右曾校爲“文祖”。易，變也。

予用皇威[①]，不忘祗天之明典[②]，令□我大治[③]，用我九宗正州伯教告于我[④]。

【疏證】

①皇，大也。威，《周頌·有客》“既有淫威”，毛傳：“威，則。”諸家讀“畏”，亦通。

②祗，當爲“祇”字形訛，敬也。典，《周頌·維清》“文王之典”，毛傳：“典，法也。”

③“令□我大治”句，莊述祖校作“今我大治我周宗正周伯”，恐非是。“令”後脱字，陳逢衡、唐大沛作“底”，丁宗洛補爲“昭”，讀

“底”或是。底，《左傳》昭元年“底禄以德”，杜注：“底，致也。”

④九宗正州伯，或當作“宗正、九州伯”，宗正，即前所言“大宗”，九州伯，即前所言“九州之伯”。教，《吕氏春秋·貴公》“願仲父之教寡人也”，高誘注：“教，猶告也。”教、告同義連用，又或是“告”爲“教”之注文竄入。

相在大國有殷之□辟①，自其作□于古②，是威厥邑，無類于冀州③。嘉我小國④，小國其命余克長國王⑤。

【疏證】

①相，大國有殷，言大邦殷，即故書習見之“大邑商”。《大雅·棫樸》“金玉其相”，鄭箋：“相，視也，猶觀視也。”是句用如《尚書·召誥》“相古先民有夏”，孔穎達正義：“相、監俱訓爲視。”“辟”前脱字，莊述祖補“末”，陳逢衡補“多”，丁宗洛補“哲”，朱駿聲補“嗣”。辟，君也，由上下文觀之，“□辟”即言紂，《克殷》《大戴禮記·少閒》皆稱紂爲“末孫”，故莊述祖説或是，此當補“末”字。

②“作”後脱字，莊述祖作“亂”，陳逢衡作“虐”，丁宗洛作“訓”，朱駿聲作“戾”，丁説之外，三説于文義似皆可讀通，然《韓非子·難二》有“桀、紂作亂，湯、武奪之”而“作虐”“作戾”則不見于故書，故或當從莊述祖作“亂”。

③威，王念孫言爲“烕”字形訛，即“滅”字，甚是。類，《大雅·皇矣》“克明克類”，鄭箋：“類，善也。”《荀子·大略》“多言而類”，楊倞注：“類，謂皆當其類而無乖越。”無類，言不善。冀州，《墨子·兼愛中》“以利冀州之民”，孫詒讓閒詁：“古通以中土爲冀州。”《淮南子·覽冥訓》“殺黑龍以濟冀州”，高誘注：“冀，九州中，謂今四海之内。”以商紂作亂，是滅商邑，故言其不善于九州之内。

④“嘉”前或當脱一“天”字，嘉我小國及命余者，或皆是天。嘉，《大雅·大明》“文王嘉止”，鄭箋：“嘉，美也。”“小國”二字或不當重，陳逢衡删一或是。小國，即《尚書·大誥》所言“天休于寧王，興我小

邦周”之“小邦周”。

⑤克，《左傳》昭二十三年“作事威克其愛”，杜注：“克，勝也。”《尚書·多方》“爾罔不克臬”，江聲《尚書集注音疏》言“克，任”。長，《國語·晋語二》“夫長國者”，韋注：“長，君也。”“國王”二字倒。王國，亦見于《皇門》“勤王國王家”，本或作“王邦”。其命余克長王國，謂天命我任王邦之君。

嗚呼，敬之哉！如木，既顛厥巢①，其猶有枝葉作休②。

【疏證】

①顛，《尚書·盤庚中》“顛越不恭”，僞孔傳：“顛，隕。”巢，莊述祖改作“本”，唐大沛疑作“窠”，朱駿聲言當作“櫱”，孫詒讓則訓爲“椔”。案：孫詒讓説是。椔，《爾雅·釋木》“立死，椔”，郭璞注：“不斃頓”，郝懿行義疏：“《詩·皇矣》篇作‘菑’。”《大雅·皇矣》“其菑其翳”，毛傳：“木立死曰菑。”斃，《説文》言“頓仆”，《史記·平津侯諸父列傳》“靡斃中國”，司馬貞索隱曰：“斃，猶凋敝也。”是“菑”與“斃”皆取敗竭枯死之義，其立者曰椔，其頓仆者曰斃。既顛厥椔，謂隕其凋敝者。

②猶，《大雅·常武》“王猶允塞”，鄭箋：“猶，尚。”言去其凋敝者，其尚有枝葉。

爾弗敬恤爾執①，以屏助予一人集天之顯②，亦爾子孫其能常憂恤乃事③？

【疏證】

①孫詒讓謂“爾弗”當與上句“作休”連讀，劉師培從之，甚是。“作休”與“敬恤”對文，作，《左傳》成八年“遐不作人”，杜注：“作，用也。”休，美也，作休，猶《皇門》所言“報職用休”，《祭公》所言“式用休”。弗，孫詒讓言讀爲《周頌·敬之》“佛時仔肩”之“佛”，鄭箋：“佛，輔也。”案：字即是《孟子·告子下》“法家拂士”之“拂”。拂，《廣雅·釋詁四》：“輔也。”王念孫疏證：“拂，讀爲弼。”執，劉

師培言或爲“埶”字形訛，甚是。恤，《邶風·谷風》“遑恤我後”，鄭箋：“恤，憂也。”埶，即《皇門》所見“大門宗子勢臣”之“勢臣”，謂近臣。作休爾弗，謂用美爾輔弼，敬恤爾埶，謂敬憂爾近臣，二句對文。

②屏，猶保、蔽之義，《荀子·大略》“天子外屏”，楊倞注：“屏，猶蔽也。”西周金文“屏”多作“甹”，逆鐘銘文（《集成》00063）“用屏朕身”，番生簋蓋銘文（《集成》04326）、班簋銘文（《集成》04341）“屏王位”及史牆盤銘文（《集成》10175）“上帝降懿德大屏”，皆是保衛、蔭蔽之義。助，或是“屏”之注文竄入。集，《左傳》昭十七年“辰不集于房”，杜注：“集，安也。”顯，《左傳》僖二十二年“天惟顯思”，杜注：“顯，明也。”

③爾子孫，言大宗、大正之子孫。“憂”字劉師培言《玉海》六十七所引無之，或爲校者旁注之文竄入，説甚是。事，《國語·魯語上》“卿大夫佐之受事焉”，韋注：“事，職事也。”

勿畏多寵，無愛乃嚚[①]，亦無或刑于鰥寡罪罪[②]。惠乃其常，無别于民[③]。”

【疏證】

①畏，《廣雅·釋詁二》：“懼也。”寵，《國語·楚語下》“寵神其祖”，韋注：“寵，尊也。”愛，《大雅·烝民》“愛莫助之”，鄭箋：“愛，惜也。”乃，猶其也。嚚《左傳》僖二十四年言“口不道忠信之言爲嚚”，《廣雅·釋詁一》言“嚚，愚也”。是句朱右曾解爲“用法者勿憚貴寵之臣，勿惜嚚言之奸”，説甚是。

②或，《尚書·微子》“殷其弗或亂正四方”，僞孔傳：“或，有也。”刑，《國語·越語下》“雜受其刑”，韋注：“刑，害也。”鰥寡，《小雅·鴻雁》“哀此鰥寡”，毛傳：“老無妻曰鰥，偏喪曰寡。”罪罪，當從盧校作“非罪”，非罪，猶《小雅·正月》所言“民之無辜”，鄭箋：“辜，罪也。”

③惠，《大雅·抑》“惠於朋友”，鄭箋：“惠，順也。”乃，猶其

也，“其”或是“乃”字旁注竄入。常，謂常法。别，孫詒讓讀“别”爲“偏”，是《尚書·洪範》“無偏無黨”之“無偏”，以“别”通爲“遍”，又借爲“偏”字，甚是。

衆臣咸興，受大正書，乃降。太史策刑書九篇，以升，授大正，乃左還自兩柱之間。

【疏證】

咸，皆也，興，《儀禮·鄉飲酒禮》“奠爵于薦西，興”，鄭玄注：“興，起也。”受，通“授”。書，即前作册所籀讀之書。乃，猶而後也。降，謂衆臣降階，太史亦降，而大正仍在階上，故後文言太史“以升”。策，《周禮·春官·内史》“則策命之”，鄭玄注引鄭司農云：“策，謂以簡策書王命。”策，謂書刑書九篇于策。《左傳》昭六年、昭二十九年皆言“鑄刑書”，鄭、晋皆鑄刑書于鼎，非書于策。此“刑書九篇”或即《左傳》文十八年所言“毁則爲賊，掩賊爲藏，竊賄爲盜，盜器爲姦，主藏之名，賴姦之用，爲大凶德，有常無赦，在九刑不忘”之“九刑”，可備一説。還，《禮記·内則》“遂左還授師”，陸德明釋文：“還，音旋，轉也。”兩柱之間，猶前文所言“兩楹之間”。前文言大史、大正在户西，授書則當北面面君，自兩柱之間左還，即歸于户西，故作“左”是。

□箴大正曰①：“欽之哉，諸正②！敬功爾頌③，審三節④，無思民因⑤，順爾臨獄無頗⑥，正刑有掇⑦。

【疏證】

①下文言“王命太史正升”，又言“王則退”，且所箴之語令諸正“欽之哉”，是上對下之語，則此“箴”前脱字，或當是“王”，如《尚書·堯典》所見“欽哉”，皆是“帝曰”。莊述祖補“因”，陳逢衡補“布”，丁宗洛補“史”，朱駿聲補“進”，朱右曾删之，或皆非是。箴，朱右曾解爲“規戒”，甚是，此“箴”用如清華簡六《鄭武夫人規孺子》之“規”，《左傳》宣十二年“箴之曰”，杜注：“箴，誡。”

②欽，《尚書·堯典》“欽明文思安安”，僞孔傳：“欽，敬也。”

正，長也。

③功，或通爲“攻”，古書二字多通，攻，《管子·幼官》“攻之以官”，尹知章注：“攻，治。”頌，莊述祖讀爲“訟”甚是。《韓非子·問辯》“智者無以訟”，王先慎集解：“訟，讀爲誦。”《周禮·春官·大師》“曰頌”，鄭玄注：“頌之言誦也，容也。誦今之德，廣以美之。”故二字得通。訟，言“獄訟”之“訟”，下文“臨獄”或即承此而言。

④審，《吕氏春秋·音律》“審民所終”，高誘注：“審，慎。”三節，莊述祖言爲《周禮·秋官·大司寇》所言“掌建邦之三典”，丁宗洛言爲上三作策，朱右曾則謂是上所言蚩尤、五觀、殷紂，朱説良是。節，《禮記·文王世子》“其有不安節”，鄭玄注：“節，謂居處故事。”《戰國策·秦策三》“秦三世積節於韓魏”，鮑彪注：“節，猶事也。”

⑤思，當從孫詒讓爲“卑”之形訛，讀爲“俾”，“因”則爲“困”字形訛。無思民因，即無使民困，其句意已完，故“順”字當從朱駿聲屬下讀，孫詒讓讀“無思民因順”或誤。

⑥順，讀爲“訓”，如《常訓》“人有常順”讀爲“人有常訓”。臨，《大雅·大明》“上帝臨女”，鄭箋：“臨，視也。”臨獄，猶言察獄。頗，《左傳》昭十二年“書辭無頗”，杜注：“頗，偏也。”無頗，即《尚書·洪範》所言“無偏無頗，遵王之義”。孫又以《洪範》有“無反無側，王道正直”，及與“節、德、國、服、若”等字爲韵，謂“無頗”後或有“無側”二字，雖未必是，可姑存一説。

⑦正，治也。刑，法也。掇，莊述祖、孫詒讓讀爲“綴”，訓爲“表”，丁宗洛、朱右曾讀爲“惙”。案：讀“綴”是，孫詒讓謂即《商頌·長發》“爲下國綴旒”之“綴”，毛傳：“綴，表。”表，《禮記·内則》“不表禮焉”，鄭玄注：“表，猶明也。”

夫循乃德，式監不遠[1]，以有此人[2]，保寧爾國，克戒爾服，世世是其不殆。維公咸若[3]。”

【疏證】

①夫，語辭，莊述祖校“矢”，丁宗洛引丁浮山語校“天”，皆非是。循，順也。乃，猶此也，用如《尚書·君奭》“告君乃猷裕”。式，語辭，猶乃也。監，《小雅·節南山》“何用不監”，毛傳：“監，視也。”不遠，用如《國語·周語下》“言無遠”，韋注：“遠，謂非耳目所及也。”監不遠，謂察耳目之所及，言以上所述三事爲鑒戒。

②以，猶用也。有，《禮記·哀公問》“不能有其身”，鄭玄注：“有，猶保也。”人，本或作“民”，唐太宗諱。以有此人，即用保此民。保、寧，皆安也。國，本或作“邦”。保寧爾國，猶《皇門》所言“王國用寧”。

③克，能也。戒，《國語·吴語》“息民不戒”，韋注：“戒，儆也。”服，事也。殆，讀“危”或可，然字通“怠”似更順，不怠，即不懈。世世是其不殆，即其代代不懈。公，謂大正。咸，皆也。若，順也。

太史乃降①。太正坐，舉書，乃中降，再拜稽首②。王命太史正升，拜于上，王則退③。

【疏證】

①降，謂升授大正刑書而後降階。

②太正，當從前文校作“大正”。案：“舉”或是“奉”字形訛。奉書，古書習語，《大戴禮記·武王踐祚》“師尚父亦端冕，奉書而入，負屛而立”，上博簡七《武王踐祚》簡3作“師尚父奉箸”。乃中降，朱右曾言“由中階降，尊刑憲”，甚是。莊述祖言“乃”爲“及”字形訛，蓋以此“中”爲前文“尊中”之“中”，非是。

③升，登也。“正”前或脱一“大”字，丁宗洛説是，朱右曾删“史”則誤。前言“太史尚太正，即居于户西，南向”而後“宰乃承王中”，則此亦當先令大史、大正并拜于上而後退，不當單令大史或大正。

是月①，士師乃命太宗序于天時②，祠大暑③；

【疏證】

①是句以下所言諸事，與嘗麥、正刑書爲并列事項，不相屬連，非謂其作于一時一地，孫詒讓言以下爲享祀之事，與正刑書事咸不相涉，甚是。

②士師，莊述祖改作“工師”，唐大沛删此二字。案：《周禮·秋官·士師》言“士師之職：掌國之五禁之法，以左右刑罰。一曰宫禁，二曰官禁，三曰國禁，四曰野禁，五曰軍禁。皆以木鐸徇之于朝，書而縣于門閭”，鄭玄注：“士，察也，主察獄訟之事者。”其職司或與刑書相關，然其是司寇屬官，爲下大夫。雖《周禮》官制不得坐實，其地位仍去大宗遠甚，言其命大宗，則恐非是。此“士師”疑即《世俘》《小雅·節南山》《大雅·板》《常武》等篇所言“大師”。序，言順之義，《國語·周語中》言“周旋序順”，序、順同義連用。

③祠，《爾雅·釋詁下》：“祭也。”此事在四月孟夏，故不當從陸德明釋文解爲春祭之名。祠大暑，孫詒讓謂即《禮記·祭法》所言“埋少牢於泰昭，祭時也；相近於坎壇，祭寒暑也”，説甚是。《周禮·春官·籥章》“掌土鼓、豳籥。中春，晝擊土鼓、吹豳詩，以逆暑”。此所言“中春”本或作“四月”，當是言孟夏之事，《周禮》撰者以周正，誤四月爲周正四月，故改作“中春”。

乃命少宗祠風雨百享①。士師用受其馘，以爲之資②。

【疏證】

①風、雨，《禮記·祭法》言“四坎壇，祭四時也。山林、川谷、丘陵，能出云爲風雨，見怪物，皆曰神”，《禮記》所言“風雨”，多與“四時”“寒暑”連用，《禮記·禮器》言：“升中于天，而鳳凰降、龜龍假；饗帝於郊，而風雨節、寒暑時。”是四時風雨爲帝之所主，莊述祖、陳逢衡、唐大沛言爲“風師”“雨師”，或未必是。百享，朱右曾言爲“百神在祀典者”，或是。

②莊述祖改“馘”爲“職”，甚是，如下句所見“宰用受其職馘”。用受其職，猶《禮記·禮運》“故禮行於郊，而百神受職焉”之“受職”。

職，謂祭祀之職事，孫詒讓説是。《周禮·夏官·掌固》“民皆有職焉”，鄭玄注：“職，謂守與任。”以，猶而也。資，或從孫詒讓讀爲“粢”，謂粢盛，《國語·周語上》“上帝之粢盛於是乎出”，韋注：“器實曰粢。”《周禮·天官·甸師》“喪事，代王受眚灾”，鄭玄注：“粢盛者，祭祀之主也。”言士師受祭祀之職事，而爲祭祀之主。由下兩句“以爲之資”觀之，此“資”不當與下句之“邑”連讀，朱右曾説非是。

邑乃命百姓遂享于富①，無思民疾②，供百享歸祭③，閭率里君以爲之資④。

【疏證】

①遂，《國語·晉語二》“無不遂也”，韋注：“遂，行也。”享，《左傳》莊三十二年“以其物享焉”，杜注：“享，祭也。”富，丁宗洛、朱右曾改作“家”，甚是，孫詒讓讀爲“副”之説迂曲。

②思，爲“卑”字形訛，讀爲“俾”，始也。疾，朱右曾解爲“疾苦”，甚是。《荀子·大略》“使民疾與”，楊倞注：“疾，苦。”案：此“無思民疾”或是前句“百姓遂享于富”之注文竄入，此句文義與上句重，且“遂享于家”與下句“供百享歸祭”文義貫通無礙。有此注文之時，“富”或即已訛爲“家”，故言無使民困苦。

③供，《廣雅·釋詁二》：“進也。”歸，或訓爲“饋”，《國語·晉語五》“敢歸諸下執政”，韋注：“歸，饋也。”《荀子·禮論》“几筵饋薦告祝”，楊倞注：“饋，獻牲體也。”此“饋”“薦”皆取“進”之義，同義連用。供百享歸祭，謂進百神之祭饋。

④閭，謂里門，亦指代鄉里。率，《荀子·富國》“將率不能則兵弱”，楊倞注：“率與帥同。”帥，《國語·齊語》“五鄉之帥帥之”，韋注：“帥，長也。”里君，矢令尊銘文（《集成》06016）言“眔諸尹、眔里君”。君，亦長也。閭率里君，即後世所謂里長、里正。

野宰乃命家邑縣都祠于太祠①，乃風雨也。宰用受其職葴，以爲之資②。

【疏證】

①野，《周禮·秋官·縣士》"凡野有大事"，鄭玄注："野，距王城二百里以外及縣都。"宰，《禮記·禮器》"子路爲季氏宰"，鄭玄注："宰，治邑吏也。"《左傳》襄三十年"趙孟問其縣大夫"，孔穎達正義："公邑稱大夫，私邑則稱宰。"野宰，即王畿以外縣邑之宰也，野言其去王畿之遠近，非國野之"野"。冢，《大雅·緜》"乃立冢土"，毛傳："冢，大也。"冢邑，即大邑。縣，猶邑也，《周禮·秋官·縣士》"縣士掌野"，鄭玄注："都縣野之地，其邑非王子弟公卿大夫之采地，則皆公邑也，謂之縣"，此即周振鶴所謂"縣邑之縣"。都，《左傳》莊二十八年言"凡邑有宗廟先君之主曰都，無曰邑"。祠，祭也。"太祠"之"祠"，《漢書·陳勝傳》"次所旁叢祠中"，顔師古注："祠，神祠也。"大祠，或即都邑祭百神之所。

②"乃風雨也"或是"太祠"注文竄入，言太祠是祭風雨者也，朱右曾删此四字或是。"職"即爲"截"之正字，補注于側，後竄入正文。

采君乃命天御豐穡①，享祠爲施，大夫以爲資②。

【疏證】

①采，《周禮·天官·太宰》"以八則治都鄙"，鄭玄注："都鄙，公卿大夫之采邑"，孫詒讓正義："凡公卿大夫，貴戚有功德得世禄者，皆頒邑以爲禄，是謂采邑。"采君，即謂采邑之君，朱右曾説是。"天"或爲"大"字形訛。御，《大雅·崧高》"王命傅御"，毛傳："御，治事之官也。"豐，《鄭風·丰》"子之丰兮"，毛傳："丰，豐滿也。"

②享祠，言享祭之義。爲，猶是也，施，《禮記·禮器》"施則行"，孔穎達疏："施，用也。"亦可訓爲"行"。享祠爲施，言用行祭享。大夫，即前所言"采君"。

箴，太史乃藏之于盟府①，以爲歲典②。

【疏證】

①此"箴"字孫詒讓以爲當作"蔵"，《左傳》文十七年"以蔵陳事"，

杜注："蕆，敕也。"然若訓爲"敕"，則作"箴"亦無不可，二字皆訓爲"戒"，不煩改讀。案：此"箴"或歲，遂也。又或通爲"咸"，即作册般甗銘文（《集成》00944）、小盂鼎銘文（《集成》02839）所見之"咸"，終也。此句或當上承"王則退"，言正刑書之事皆終，則太史藏刑書于盟府。盟府，亦見于《左傳》僖五年、僖二十六年、襄十一年，僖五年"藏於盟府"，杜注："盟府，司盟之官。"載書、盟誓、常典等皆藏于此，如襄十一年"夫賞，國之典也，藏在盟府"。馬王堆帛書《九主》403言："乃□三公，以爲葆守，藏之重屋。"可與此對讀。

②歲典，潘振言爲"每歲之祀典"，莊述祖言爲"歲事之常"，似皆可通。案：《廣雅·釋言》："歲，遂也"，遂有成、順之義，則此"歲典"，或可讀爲《尚書·西伯戡黎》"不迪率典"之"率典"。以爲歲典者，言以爲所率之法也，亦通。

本典第五十七

【題解】

篇題或源于是篇末句“以爲本典”。此篇所言背景當是後世僞託之文，必不出自成王、周公間，後世之人以周公居攝之事附會之，故篇首以成王居于東宫，篇末又加“以爲本典”等語。究其性質，當是從政者爲政之箴戒。全篇主體部分當編成于戰國時期，首尾之附會或稍晚，《逸周書》編者采信其説，故次于《皇門》等篇之後、《祭公》之前。

維四月既生魄，王在東宫①，召公告周公曰②：“嗚呼！朕聞武考不知乃問③，不得乃學④，俾資不肖，永無惑矣⑤。

【疏證】

①東宫，其時成王已即位，不當居于東宫。此“東宫”或可《尚書·顧命》及《儀禮》所言之“東堂”，清華簡一《耆夜》簡2有“作策逸爲東堂之客”，東堂，即在東序以東。

②“召公告周公曰”當作“召周公，告曰”，此王問周公之言，作“召公”，或是誤衍，召公不得稱武王爲考，盧校删“召公”二字，甚是。

③武考，謂武王。“聞”後或脱一“之”字，如下文言“臣聞之文考”。“不知乃問”等句，是成王聞之于武王之語，而非武王爲“不知乃問”者。乃，猶則也。

④得，《吕氏春秋·先己》“故心得而聽得”，高誘注：“得，猶知也。”《禮記·樂記》“禮得其報則樂”，鄭玄注：“得，謂曉其義，知其

吉凶之歸。”

⑤俾，使也。資，《老子》“不善人者，善人之資”，王弼注：“資，取也。”不肖，言不賢者，古書多以“賢不肖”并舉，如《孟子·離婁下》言“賢不肖之相去”。永，久也。惑，迷亂也。

今朕不知明德所則，政教所行①，字民之道，禮樂所生②，非不念，而知③，故問伯父④。”

【疏證】

①則，法也。政，謂政令，教，謂教化。行，《周禮·夏官·司爟》“掌行火之政令”，鄭玄注：“行，猶用也。”

②字，《左傳》昭十一年“使字敬叔”，杜注：“字，養也。”“之道”之“之”，或當從上下各句改作“所”，故“道”當讀爲“導”。所導，即所由。禮樂所生，謂禮樂之始。

③“而”當爲“不”字形訛，“非不念而知”，猶《大戒》“非不念，念不知”，王念孫校作“非不念念而不知”，亦是。

④伯父，丁宗洛言當作“叔父”，未必是。周公固爲成王叔父，然《禮記·曲禮下》言“天子同姓，謂之伯父；異姓，謂之伯舅”。此篇後人附會時，或踵《禮記》之説，以天子同姓之故，泛稱周公爲“伯父”。

周公再拜稽首曰：“臣聞之文考，能求士□者，智也①；與民利者，仁也②；能收民獄者，義也③；能督民過者，德也；爲民犯難者，武也④。

【疏證】

①聞之文考，謂由文王處聞之。“求士”之後脱字，王念孫引後文“士有九等皆得其宜”并《玉海》第六十七所引，言此當無闕文，甚是，陳逢衡補“材”非是。求，《禮記·學記》“求善良”，鄭玄注：“求，謂招來也。”能招來士人，故謂之智。

②《荀子·富國》“其於貨財取與計數也”，楊倞注：“與，謂賜

與。”利，《大戴禮記·五帝德》“撫教萬民而利誨之”，王聘珍解詁：“利，養也。”與民利，言使民有所養，故曰仁。

③收，《禮記·學記》“夏楚二物，收其威也”，鄭玄注：“收，謂收斂整齊之。”朱右曾即取此説。獄，《左傳》襄十年“坐獄於王庭”，杜注：“獄，訟也。”收民獄，謂能齊民之訟，故曰義。

④督，正也，朱右曾説是。督民過，謂正民之過失，故曰德。犯，《爾雅·釋詁上》：“勝也。”

智能親智，仁能親仁，義能親義，德能親德，武能親武。五者昌于國曰明。

【疏證】

親，《左傳》僖五年“輕則失親”，杜注：“親，黨援也。”智能親智，謂有智則能以智者爲黨援，陳逢衡謂“以類召類”，朱右曾謂“君有是德然後能用是人”，皆是。昌，《國語·楚語下》“天明昌作”，韋注：“昌，盛也。”

明能見物，高能致物①。物備咸至曰帝②，帝鄉在地曰本③，本生萬物曰世④，世可則□曰至⑤。

【疏證】

①見，《荀子·勸學》“天見其明”，楊倞注：“見，顯也。”高，《廣雅·釋詁一》：“敬也。”致，《禮記·禮器》“禮也者，物之致也”，鄭玄注：“致之言至也，極也。”

②備，《廣雅·釋言》：“咸也。”備、咸二字同義連用。帝，《鄘風·君子偕老》“胡然而帝也”，毛傳：“審諦如帝。”《論語·堯曰》“審法度”，皇侃義疏：“審，猶諦也。”“諦”亦作“諟”，《廣雅·釋詁三》：“審，諟也。”審、諦、諟，皆取“正”之義。

③鄉，孫詒讓以爲是“饗”，即“享”之借字，甚是，如《墨子·尚賢中》“則天鄉其德”，即讀爲“享”。《尚書·吕刑》“配享在下”，孔穎達正義：“享，訓當也。”地，《大戴禮記·主言》“不以其地治之”，

王聘珍解詁：“地，猶道。”帝鄉在地，言審當于道。本，《管子·七臣七主》“夫上好本”，尹知章注：“本，謂道德之政。”《荀子·大略》“制禮反本成末”，楊倞注：“本，謂仁義。”

④世，《吕氏春秋·誣徒》“羈神於世”，高誘注：“世，時也。”言道生萬物以成時，如《禮記·中庸》所謂“致中和，天地位焉，萬物育焉”。

⑤“則”後脱字陳逢衡補“度”，朱右曾補“效”，朱説或是。則，法也，效，亦法也，二字同義連用。至，《禮記·樂記》“樂至則無怨”，鄭玄注：“至，猶達也，行也。”時可效法，故曰達。

至德照天①，百姓□驚②。備有好醜，民無不戒③。顯父登德，德降則信，信則民寧④。爲畏爲極，民無淫慝⑤。

【疏證】

①至德，猶《禮記·中庸》“知仁勇三者，天下之達德也”之“達德”。照，通“昭”，《大雅·文王》“於昭于天”，毛傳：“昭，見也。”

②“百姓”之後脱字，朱駿聲補爲“震”，恐非是。達德昭見于天，則百姓當不驚方是，脱字或當作“不”，驚，《吕氏春秋·慎大》“其生若驚”，高誘注：“驚，亂貌。”

③備，本或作“服”，事也。醜，《小雅·十月之交》“亦孔之醜”，毛傳：“醜，惡也。”戒，《左傳》襄二十三年“臧孫聞之戒”，杜注：“戒爲備也。”

④《成開》有“顯父登德，德降爲則，則信民寧”，當從改之，言“顯父登進其德，德降下而爲法，信法則民安”。

⑤爲，猶是也。畏，敬也。極，《荀子·正名》“辭足以見極”，楊倞注：“極，中也，本也。”淫，《左傳》昭元年“淫生六疾”，杜注：“淫，過也。”慝，《大雅·民勞》“無俾作慝”，毛傳：“慝，惡也。”

生民知常利之道①，則國彊，序明好醜□必固其務②。

【疏證】

①生民，謂養民也。常，讀爲“長”或“尚”，言“久”之義。

②序，王引之《經義述聞・尚書》“百揆時叙”條言：“《國語》曰‘周旋序順’，序，亦順也。”好醜，言好惡之義。脱字陳逢衡删，丁宗洛補“民”，朱右曾補“先”，丁説或是，上文言“備有好醜，民無不戒”，故好惡是對民而言。固，《國語・魯語上》“晋始伯而欲固諸侯”，韋注：“固，猶安也。”務，《禮記・曲禮上》“其次務施報”，孔穎達疏：“務，猶事也。”

均分以利之則民安①，□用以資之則民樂②；明德以師之則民讓③；生之樂之，則母之禮也。政之教之，遂以成之，則父之禮也④。

【疏證】

①均，謂平治，《國語・周語下》“度律均鐘”，韋注：“均，平也。”字又與“度”對舉，是“平治”之義。分，《禮記・樂記》“男有分”，鄭玄注：“分，猶職也。”利，《説文》引《逸周書》作“均分以筭之也”，筭，《説文》言“明視以筭之”，均分以筭之，謂平治其職而明視之。

②“用”前脱字陳逢衡補“阜”，丁宗洛補“足”，朱右曾補“利”，朱駿聲補“日”，朱右曾補或是，《左傳》文七年言“正德，利用，厚生，謂之三事”，所言三事與此約可對應，故可據補作“利用以資之”。利，《老子》“絶巧棄利”，王弼注：“巧、利，用之善也。”用，謂器用，《左傳》隱公五年有“器用之資”。資，《吕氏春秋・情欲》“又損其生以資天下之人”，高誘注：“資，猶給。”

③師，《禮記・文王世子》言“師也者，教之以事而喻諸德者也”。讓，《尚書・堯典》“允恭克讓”，孔穎達正義引鄭玄云：“推賢尚善曰讓。”《左傳》昭十年言“讓，德之主也”，可與此對讀。

④生謂生養，樂，《史記・樂書》“而民康樂”，張守節正義：“樂，安也。”則，猶是也。禮，猶道也。政，正也，教，謂教化。遂，《國語・晋語二》“無不遂也”，韋注：“遂，行也。”以，猶而也。

父母之禮以加于民，其慈□□①。古之聖王，樂體其政②。

【疏證】

①以，猶用也。加，《吕氏春秋·孝行》"光耀加於百姓"，高誘注："加，施也。"慈，《國語·周語上》"慈保庶民"，韋注："慈，愛也。""其慈"之後脱字陳逢衡作"惟博"，丁宗洛補"惠乎"，朱駿聲補"至矣"，朱駿聲説稍胜。父母之禮，加之于民，即是《大雅·泂酌》所謂"豈弟君子，民之父母"，《小雅·南山有臺》"樂只君子，民之父母"。

②體，《吕氏春秋·誣徒》"若此則師徒同體"，高誘注："體，行也。"其政，謂前述父母之禮。

士有九等①，皆得其宜曰材多②。人有八政，皆得其則曰禮服③。

【疏證】

①士，《太子晋》言"胄子成人能治上官，謂之士"。等，《禮記·文王世子》"乃進其等"，孔穎達疏："等，輩類也。"

②宜，《淮南子·主術訓》"皆失其宜矣"，高誘注："宜，適。"材，《禮記·王制》"凡居民材"，孔穎達疏："材，謂氣性材藝。"

③政，《論語·爲政》"道之以政"，何晏集解引孔安國曰："政，謂法教。"則，《大雅·抑》"維民之則"，鄭箋："則，法也。"服，當作"備"，王引之《經義述聞·左傳下》"備物典策"條："服與備古字通。"備，《國語·周語下》"財以備器"，韋注："備，具也。"

士樂其生而務其宜①，是故奏皷以章樂，奏舞以觀禮，奏歌以觀和。禮樂既和，其上乃不危②。"

【疏證】

①樂，《禮記·禮運》"玩其所樂"，陸德明釋文："樂，音岳，又音洛，又五孝反，好也。"生，或讀爲"性"，《左傳》昭十九年"吾聞撫民者，節用於内，而樹德於外，民樂其性，而無寇讎"。務，《荀子·大略》"務其業而勿奪其時"，楊倞注："務，謂勸勉之。"

②奏，《小雅·六月》"以奏膚公"，毛傳："奏，爲。""皷"即"鼓"字。章，讀爲"彰"，明也。觀，《國語·周語上》"先王耀德不

觀兵”，韋注：“觀，示也。”歌，《魏風·園有桃》“我歌且謡”，毛傳：“曲合樂曰歌。”和，謂調和。其上，謂君也。《吕氏春秋·驕恣》“不知化者舉自危”，高誘注：“危，敗。”

王拜曰：“允哉，幼愚敬守，以爲本典。”

【疏證】

允哉，信哉。幼，《左傳》僖二十七年“蔿賈尚幼”，杜注：“幼，少也。”愚，《論語·爲政》“不違如愚”，皇侃義疏：“愚者，不達之稱也。”幼愚，王自謙之稱。守，猶遵保之義。本，《禮記·禮運》“必以天地爲本”，孔穎達疏：“本，根本也。”典，法也。

卷七

官人第五十八

【題解】

是篇係概括篇章大意爲題，文句多與《大戴禮記·文王官人》同，二本當是同源。由“四曰民有五性”處觀之，《逸周書》較之《大戴禮記》檃栝更甚，《大戴》分述者，《逸周書》括言之，且《大戴》于“六徵”之後，尚有九用、七屬，文義似較《逸周書》更爲完備。《逸周書》似是《大戴》所論撮要節録而成，至于二本先後，則難斷言。

王曰：“嗚呼，大師①！朕維民務官，論用有徵②。觀誠、考言、視聲、觀色、觀隱、揆德，可得聞乎③？”

【疏證】

①《大戴》作“女何慎乎非倫，倫有七屬，屬有九用，用有六徵。一曰觀誠，二曰考志，三曰視中，四曰觀色，五曰觀隱，六曰揆德”。大師，《大戴》作“太師”，似王所問者爲“太師”而非周公。後“周公曰”句，《大戴》所無，似是後人將此“太師”之言附會爲周公之語。此“太師”亦未必是“太公望”，猶清華簡五《殷高宗問于三壽》之“三壽”，託其人亦説理，未必實有其人。

②“朕”後或脱一“聞”字。務，《吕氏春秋·孝行》“務其人也”，高誘注：“務，猶求也。”論用，即《大戴》“倫有七屬，屬有九用，用有六微”之檃栝。論、倫同聲可通。倫，《儀禮·少牢饋食禮》“雍人倫膚九”，鄭玄注：“倫，擇也。”字亦作“掄”，《廣雅·釋詁一》“掄，擇

也”，王念孫疏證：“掄、倫、論并通。”論用，謂擇而用之。徵，《左傳》昭元年“徵爲五聲”，杜注：“徵，驗也。”

③“觀誠、考言、視聲、觀色、觀隱、揆德”當在下文“亦有六徵”之後，如此文義方塙。觀，《廣雅・釋詁一》：“視也。”《國語・晋語八》“其母視之”，韋昭注：“視，猶相察也。”誠，《小雅・車攻》“展也大成”，鄭箋：“展，誠也”，孔穎達正義：“誠，實也。”考，《周禮・夏官・大司馬》“以待考而賞誅”，鄭玄注引鄭司農云：“考謂考校其功。”考言，當從《大戴》作“考志”，王念孫言“志”或涉篇内“言”字而誤，甚是。志，《孟子・公孫丑上》“夫志，氣之帥也”，趙岐注：“志，心所念慮也。”視聲，言相察其聲，《大戴》作“視中”，或涉“誠在其中”之“中”誤。色，爲容色、神色，《左傳》昭二十五年“發爲五色”，孔穎達正義：“色是形之貌。”隱，《大戴禮記・主言》“上好德則下不隱”，王聘珍解詁：“隱，匿也。”觀隱，謂察其所匿者。揆，《左傳》文十八年“以揆百事”，杜注：“揆，度也。”“可得聞乎”當接于“有徵”之後，文義方塙。

周公曰：“亦有六徵，嗚呼！乃齊以揆之。

【疏證】

乃，猶于是。齊，《淮南子・原道訓》“齊靡曼之色”，高誘注：“齊，列也。”以，猶而也。是句《大戴》無。

一曰：富貴者，觀其有禮施①，貧賤者，觀其有德守②，嬖寵者，觀其不驕奢③，隱約者，觀其不懾懼④；

【疏證】

①富，《論語・學而》“富而無驕”，皇侃義疏：“積蓄財帛曰富。”貴，《論語・里仁》“富與貴，是人之所欲也”，劉寶楠正義：“古稱有爵禄者爲貴，無爵禄者爲賤。”富貴，謂財豐而位尊者。觀其有禮施，《大戴》作“觀其禮施也”，“德守”“驕奢”“懾懼”後皆有“也”字，當從《逸周書》。有禮施，謂施禮，下“有德守”亦謂“守德”。施，《大戴禮

記·本命》“然後其施行”，盧辯注：“施道，行道。”

②貧賤，言財寡而位卑者。守，謂持守。此“富貴、貧賤”二句可與《論語·學而》“未若貧而樂，富而好禮者也”對讀。

③嬖，《左傳》隱三年“嬖人之子也”，杜注：“嬖，親幸也。”寵，謂愛幸。驕，《禮記·少儀》“諫而無驕”，鄭玄注：“驕，謂恃知而慢也。”奢，《左傳》隱三年“驕奢淫泆”，孔穎達正義：“奢，謂夸矜僭上。”

④隱，《左傳》定三年“君以弄馬之故，隱君身”，杜注：“隱，憂約也。”《荀子·宥坐》“奚居之隱也”，楊倞注：“隱，謂窮約。”約，《國語·吴語》“約辭行成”，韋注：“約，卑也。”隱、約二字同義連用。懾，《吕氏春秋·論威》“威所以懾之也”，高誘注：“懾，懼也。”懾、懼二字皆取“恐”之義，同義連用。

其少者，觀其恭敬好學而能悌[1]，其壯者，觀其廉潔務行而勝私[2]，其老者，觀其思慎而□彊，其所不足者觀其不踰[3]。

【疏證】

①“少”“壯”“老”後，《大戴》皆無“者”字。恭，亦敬也。好，愛也。能悌，《大戴》作“能弟也”。悌，《左傳》僖十二年“愷悌君子”，陸德明釋文：“本亦作弟。”《禮記·大學》：“弟者，所以事長也。”

②廉潔，《大戴》作“絜廉”。廉，《老子》“廉而不劌”，王弼注：“廉，清廉也。”此篇所見“潔”字，《大戴》皆作“絜”，《廣雅·釋器》“潔，白也”，王念孫疏證：“潔，經傳通作絜。”絜，《禮記·鄉飲酒義》“主人之所以自絜”，鄭玄注：“絜，猶清也。”廉、潔皆取“清”之義，二字同義連用。務，勉也。勝私，《大戴》作“勝其私”，非是。勝，私，《吕氏春秋·知分》“不以感私傷神”，高誘注：“私，邪。”

③觀其思慎而□彊，其所不足者觀其不踰，《大戴》作“觀其意憲慎强其所不足而不踰”，故脱字作“憲”。案：是句當作“觀其意慎而憲彊，其所不足而不踰”。思、意同義換讀。《禮記·王制》“意論輕重之序”，

鄭玄注："意，思念也。"慎，敬也。憲，《小雅·六月》"萬邦爲憲"，毛傳："憲，法也。"彊，《淮南子·修務訓》"功可彊成"，高誘注："彊，勉也。"踰，讀如《論語·爲政》"從心所欲不踰矩"之"踰"，皇侃義疏："踰，越也。"是句謂其年老者，觀其念敬而勉于法度，其所不足觀其無所逾越。

父子之間，觀其和友①。君臣之間，觀其忠惠②。鄉黨之間，觀其信誠③。

【疏證】

①"父子之間"後或脱"觀其孝慈。兄弟之間"八字，當從《大戴》"觀其孝慈也。兄弟之間"補之。孝，《周禮·春官·大司樂》"中和祗庸孝友"，鄭玄注："善父母曰孝。"慈，《周禮·地官·大司徒》"一曰慈幼"，鄭玄注："慈幼，謂愛幼少也。"孝慈，即《禮記·禮運》所謂"父慈子孝"。和，《國語·周語下》"言惠必及和"，韋注："和，睦也。"友，《大雅·皇矣》"因心則友"，毛傳："善兄弟曰友。"

②忠，《管子·形勢解》言"忠者，臣之高行也"。惠，愛也。

③黨，《禮記·鄉飲酒義》"鄉飲酒之禮"，鄭玄注："州、黨，鄉之屬也。"《禮記·玉藻》"必引而去君之黨"，鄭玄注："黨，鄉之細者。"鄉、黨同義連用，謂鄉里。"信誠"，《大戴》作"信憚"。信，《豳風·九罭》"於女信處"，鄭箋："信，誠也。"故當作"信誠"。《大戴》之"憚"，王引之《經義述聞·大戴禮下》"信憚"條謂當爲"亶"，甚是。王引之《經義述聞·禮記下》"堯能賞"條引王念孫言："賞，當爲亶，字之誤也。亶，與單通，即《魯語》之堯能單均刑法以儀民也。"亶，《大雅·生民》"胡臭亶時"，毛傳："亶，誠也。"

省其居處，觀其方□①。省其喪哀，觀其貞良②。省其出入，觀其交友③。□其交友，觀其任廉④。

【疏證】

①處，亦居也，二字同義連用。觀其方□，《大戴》作"觀其義方"，

當從《大戴》。義，宜也。方，《左傳》襄九年“官不易方”，杜注：“方，猶宜也。”《論語·先進》“且知方也”，何晏集解：“方，義方。”

②喪，《國語·周語下》“偏喪有咎”，韋注：“喪，亡也。”哀，《周禮·春官·大宗伯》“以喪禮哀死亡”，鄭玄注：“哀，謂親者服焉，疏者含襚。”喪哀，謂居喪。貞，《左傳》襄九年“貞，事之幹也”，杜注：“貞，正也。”良，《小雅·常棣》“每有良朋”，鄭箋：“良，善也。”《大戴禮記·曾子立事》言“居哀而觀其貞也”，可與此對讀。

③出入，《左傳》成十三年“余雖與晋出入”，杜注：“出入，猶往來。”交，《荀子·哀公》“止交不知所定”，楊倞注：“交，謂接待於物。”友，謂相親友者。

④“省其交友”之“省”，元刊本泐，當據上下文補。任，保也，以信相親也，朱右曾説是。廉，《管子·正世》“人君不廉而變”，尹知章注：“廉，察也。”

設之以謀，以觀其智①。示之以難，□觀其勇②。煩之以事，以觀其治③。臨之以利，以觀其不貪④。濫之以樂，以觀其不荒⑤。

【疏證】

①“設之”前，《大戴》有“考之，以觀其信”。考，《大雅·文王有聲》“考卜維王”，鄭箋：“考，猶稽也。”信，誠也。設之以謀，以觀其智，《大戴》作“挈之，以觀其知”。挈，《荀子·王霸》“挈國以呼禮義而無以害之”，楊倞注：“挈，提舉也。”設，《廣雅·釋詁二》：“施陳也。”挈、設皆取舉、立之義，同義换讀。知、智古書多通。

②示之以難，《大戴》作“示之難”。示，《小雅·鹿鳴》“示我周行”，鄭箋：“示，當作寘。”“寘”即“置”字。難，《左傳》哀十二年“而藩其君舍以難之”，杜注：“難，苦困也。”“以觀其勇”之“以”，元刊本泐，當據上下文補。勇，《國語·晋語七》“其勇不疚於刑”，韋注：“勇，能决斷。”

③煩之以事，《大戴》作“煩之”。煩，《禮記·樂記》“衛音趨數

煩志”，鄭玄注：“煩，勞也。”事，《左傳》昭九年“禮以行事”，杜注：“事，政令。”治，《國語·齊語》“教不善則政不治”，韋昭注：“治，理也。”

④臨，《大戴》作“淹”，《大戴》是。淹，讀爲“奄”，《魯頌·閟宫》“奄有下國”，鄭箋：“奄，猶覆也。”《大雅·皇矣》“奄有四方”，毛傳：“奄，大也。”臨，《廣雅·釋詁一》：“大也。”奄、臨皆取“大”之義，二字同義連用。

⑤濫，《大戴》作“藍”，盧辯注：“藍，猶濫也。”《禮記·樂記》“奸聲以濫”，鄭玄注：“濫，濫竊也。”荒，《大戴》作“寧”。《尚書·無逸》《文侯之命》皆以“荒寧”連用。于省吾《雙劍誃尚書新證》謂“荒寧”即毛公鼎、晋姜鼎銘文所見“妄寧”，甚是。妄，《廣雅·釋詁三》：“亂也。”

喜之以觀其輕①，怒之以觀其重②，醉之酒以觀其恭③，縱之色以觀其常④，遠之以觀其不二⑤，昵之以觀其不狎⑥，復徵其言以觀其精⑦，曲省其行以觀其備⑧。此之謂觀誠。

【疏證】

①喜之以觀其輕，《大戴》作“喜之以物，以觀其不輕”。輕，《荀子·不苟》“喜則輕而翾”，楊倞注：“輕，謂輕佻失據。”此“觀其輕”與“觀其不輕”，含義相同，謂使之喜以觀其輕佻與否。

②重，《國語·晋語一》“而大志重”，韋注：“重，惇重也。”《大戴》王聘珍解詁解爲“持重不遷”，亦是。

③醉之酒以觀其恭，《大戴》作“醉之以觀其不失”。醉，《左傳》昭十二年“而無醉飽之心”，孔穎達疏：“酒卒其量爲之醉。”恭，《禮記·樂記》“恭儉而好禮者”，孔穎達疏：“恭，謂以禮自持。”《大戴》之“不失”，或讀爲“不佚”，《尚書·君奭》“遏佚前人光”，《漢書·王莽傳》作“遏失前人光”。不佚，言不縱逸，即恭之義。

④縱之色，《大戴》作“縱之”。縱，《國語·楚語下》“夫民氣縱則

底”，韋注：“縱，放也。”常，謂常度、常法，朱右曾説是。

⑤遠之，《大戴》作“遠使之”。遠，《左傳》昭二十八年“遠不忘君”，杜注：“遠，疏遠也。”二，《大戴》作“貳”。不二、不貳，當讀爲“不貣”，即“不忒”，謂不更變。

⑥昵，《大戴》作“邇”。昵，《左傳》昭十六年“皆昵燕好也”，杜注：“昵，親也。”昵，亦訓爲“近”，如《左傳》昭二十五年“私降昵宴”杜注。邇，《大雅·民勞》“柔遠能邇”，鄭箋：“能柔遠者必能柔近。”昵、邇二字同義换讀。狎，《大戴》作“倦”。狎，《左傳》昭二十年“民狎而翫之”，杜注：“狎，輕也。”倦，《淮南子·道應訓》“方倦龜殼而食蛤梨”，高誘注：“楚人謂倨爲倦。”倨，《左傳》襄二十九年“直而不倨”，杜注：“倨，傲也。”狎、倨二字同義换讀。

⑦復徵其言，《大戴》作“覆其微言”，由下句“曲省”觀之，當作“復徵”。復，《論語·顔淵》“克己復禮爲仁”，皇侃義疏：“復，猶反也。”即郭店簡《窮達以時》簡15所言“故君子敦于反己”之“反”。徵，《左傳》襄二十一年“可明徵也”，杜注：“徵，驗也。”精，《大戴》作“信”。精，王念孫《讀書雜志·管子第七》“水地”條言：“《逸周書·官人》篇：‘復徵其言以觀其精’，精即情字”。情，《禮記·大學》“無情者不得盡其辭”，鄭玄注：“情，猶實也。”

⑧曲，當讀“回”，各家讀“委曲”之義恐非是。《國語·晋語八》“若之何其回於富也”，韋注：“回，曲也。”回、復皆有“反”義，二字同義對舉。省，《國語·魯語上》“民旁有慝，無由省之”，韋注：“省，察也。”曲省，猶反省。“備”字後《大戴》有“成”字。備，讀爲“服”，事也。

二曰：方與之言以觀其志[①]。□以淵[②]，其器寬以悌[③]，

【疏證】

①“方與之言以觀其志”，俞樾謂當在上文“以觀其備”後，三句相對成文。然“方與之言”與“復徵其言”語涉重複，加之下文言“此之謂

考志”，觀其志，即考志之義，則此“以觀其志”句當屬下讀。方，《孟子·萬章上》“故君子可欺以其方”，趙岐注：“方，類也。”方，即“比類”之義。與，讀爲“舉”，王引之《經義述聞·禮記中》“選賢與能”條言：“與，當讀爲舉。”之，猶其也。方與之言，謂類舉其言。志，《左傳》昭九年“志以定言”，杜注：“在心爲志。”

②“志”後之字，元刊本泐。“□以淵，其器寬以悌”，《大戴》作“志殷如深，其氣寬以柔”。“志”字當重，脱字當從《大戴》補“殷”。殷，《禮記·喪服大記》“主人具殷奠之禮”，鄭玄注：“殷，猶大也。”如，當作“以”，下文“少言以行”，《大戴》作“如行”。淵，《邶風·燕燕》“其心塞淵”，毛傳：“淵，深也。”深、淵二字同義换讀。

③器，《禮記·王制》“各以其器食之”，鄭玄注：“器，能也。”《淮南子·説山訓》“此全其天器者”，高誘注：“器，猶性也。”寬，《荀子·堯問》“其爲人寬好自用以慎”，楊倞注：“寬，寬弘也。”寬、弘與前文之“殷”皆取“大”之義。悌，《孟子·滕文公下》“出則悌”，趙岐注：“悌，順也。”柔，《公羊傳》昭二十五年“而柔焉”，何休注：“柔，順。”柔、悌皆取順之義，同義换讀。

其色儉而不諂①，其禮先人，其言後人②，見其所不足，曰益者也③。

【疏證】

①色，《左傳》昭二十五年“發爲五色”，孔穎達正義：“色是形之貌。”儉，朱右曾言“卑約”，甚是。《左傳》莊二十四年言“儉，德之共也”。諂，《大戴》作“諂”，二字形近而誤，當從《大戴》作“諂”。諂，《左傳》襄三年“稱其讎，不爲諂”，杜注：“諂，媚也。”

②其禮先人，其言後人，言其禮以人爲先，其言擇遜人之後。

③見，《大戴禮記·誥志》“夫民見其禮”，王聘珍解詁：“見，猶知也。”“益”前《大戴》有“日”字，當據補之。益，謂增益。《國語·周語下》“而益之以三怨”，韋注：“益，猶加也。”

好臨人以色①，高人以氣②，賢人以言③，防其所不足④，發其所能⑤，曰損者也⑥。

【疏證】

①好，《大戴》作“如”，非是。好，喜也。臨，《大雅·皇矣》“臨下有赫”，鄭箋：“臨，視也。”色，《戰國策·韓策二》“怒於室者色於市”，鮑彪注：“色，作色。”

②高，《大戴》王聘珍解詁曰“陵”，或是。案：高，或訓爲“驕”。馬王堆帛書《五行》195“尊而不驕”之“驕”，即讀爲“驕”。《論語·學而》“富而無驕”，皇侃義疏：“陵上慢下曰驕也。”《禮記·中庸》“是故居上不驕”，陸德明釋文：“驕，本亦作喬。”喬，《小雅·伐木》“遷於喬木”，毛傳：“喬，高也。”氣，《孟子·公孫丑上》“氣，體之充也”，趙岐注：“氣，所以充滿形體爲喜怒也。”《大戴禮記·曾子立事》“君子慮勝氣”，王聘珍解詁：“氣，謂血氣。”

③賢，《禮記·禮運》“以賢勇知”，孔穎達疏：“賢，猶崇重也。”賢人以言，謂以其言而崇重之。

④防，言障蔽之義，《國語·周語下》“不防川”，韋注：“防，障也。”《大戴》孔廣森補注：“防，蔽也。”其所不足，《大戴》無“所”字。

⑤發，《大戴》作“伐”，《周頌·噫嘻》“駿發爾私”，鄭箋：“發，伐也。”《左傳》襄十三年“小人伐其技以馮君子”，杜注：“自稱其能爲伐。”發，亦可讀爲“廢”，亦通。伐其所能，謂自稱其所能。

⑥“損”前《大戴》有“日”字。損，《荀子·彊國》“損己之所不足”，楊倞注：“損，减也。”

其貌直□□□①，其言正而不私②，不飾其美，不隱其惡，不防其過③，曰有質者也④。

【疏證】

①貌，《尚書·洪範》“一曰貌”，僞孔傳：“容儀。”直，《魏風·碩鼠》“爰得我直”，鄭箋：“直，猶正也。”直，與下句“正”同義對舉。“直”後三字元刊本泐，《大戴》作“而不侮”，可據補。侮，《禮

記·曲禮上》“不侵侮”，陸德明釋文：“侮，徐亡撫反，輕慢也。”

②私，《吕氏春秋·知分》“不以感私傷神”，高誘注：“私，邪。”

③飾，《禮記·三年問》“所以爲至痛飾也”，鄭玄注：“飾，情之章表也。”不飾其美，謂不章表其美。隱，《國語·齊語》“則事可以隱令”，韋注：“隱，匿也。”不防其過，言不蔽其過。

④質，《吕氏春秋·知度》“賢不肖各反其質”，高誘注：“質，正。”

其貌曲媚，其言工巧①，飾其見物，務其小證②，以故自説，曰無質者也③。

【疏證】

①曲媚，《大戴》作“固嘔”，“曲媚”是。曲，或讀爲“詘”，王引之《經義述聞·禮記下》“其立之也敬以詘”條言：“曲，卑詘也。”媚，《國語·周語上》“乃能媚於神而和於民矣”，韋注：“媚，説也。”工，《小雅·楚茨》“工祝致告”，毛傳：“善其事曰工。”巧，亦工也，工、巧二字同義連用。

②物，《大雅·烝民》“有物有則”，毛傳：“物，事也。”飾其見物，謂章表其外見之事。務，猶勉也。證，《大戴》作“徵”，證、徵皆取“驗”之義，二字同義换讀。小證，猶言小節，朱右曾説是。

③故，《左傳》昭二十五年“昭伯問家故”，杜注：“故，事也。”即前所謂“小證”。説，《國語·吴語》“諸侯必説”，韋注：“説，喜也。”以故自説，謂以此小節而自喜。自喜，言其不持重，如《史記·魏其武安侯列傳》言“魏其者，沾沾自喜耳，多易，難以爲相持重”。

喜怒以物其色不變①，煩亂以事而志不營②，深導以利而心不移③，臨懾以威□氣不卑④，曰平心而固守者也⑤。

【疏證】

①物，謂外物，《禮記·樂記》“其本在人心之感於物也”，孔穎達疏：“物，外境也。”其色不變，《大戴》作“而色不作”，由下文觀之，當從《大戴》作“而”。作，《禮記·哀公問》“孔子愀然作色而對”，鄭

玄注："作，猶變也。"作、變二字同義換讀。

②煩亂以事，《大戴》作"煩亂之而志不營"。煩，《國語·楚語上》"若民煩，可教訓"，韋注："煩，亂也。"煩、亂二字同義連用。營，《吕氏春秋·尊師》"心則無營"，高誘注："營，惑也。"

③深，陳逢衡疑讀爲"探"，或是，然讀本字亦可，《漢書·溝洫志》"有决河深川"，顔師古注："深，浚治也。"導，《大戴》作"道"。《論語·學而》"道千乘之國"，何晏集解引包融云："道，治也。"深、導皆取"治"之義，同義換讀。利，《禮記·表記》"事君大言入則望大利"，鄭玄注："利，禄賞也。"移，《吕氏春秋·蕩兵》"而工者不能移"，高誘注："移，易。"

④懾，《淮南子·氾論訓》"聲懾海内"，高誘注："懾，服也。"威，《廣雅·釋詁二》："力也。"爲彊力之義。"威"後之字元刊本泐，當從上下文補"而"。氣，《國語·楚語下》"夫民氣縱則底"，韋注："氣，志氣也。"卑，《國語·周語上》"晋侯執玉卑"，韋注："卑，下也。"

⑤平，《小雅·常棣》"喪亂既平"，鄭箋："平，猶正也。"固，《國語·晋語二》"亦固大子以攜之"，韋注："固，固持也。"守，謂所保守。

喜怒以物而心變易①，煩亂以事而志不治②，導之以利而心遷移③，臨懾以威而氣慄懼④，曰鄙心而假氣者也⑤。

【疏證】

①《大戴》"變易"前無"心"字。變、易二字同義連用。

②煩亂以事而志不治，《大戴》作"煩亂之而志不裕"，"裕"當作"治"。治，《大戴禮記·虞戴德》"居大則治"，王聘珍解詁："治，不亂也"，與前文"營"對文。

③導之以利而心遷移，《大戴》作"示之以利而易移"，"示"當從前文作"導"。遷，移也，前言"不移"，故"遷"或是"移"字旁注竄入。

④氣慄懼，《大戴》作“易懾”。慄，《後漢書·班固傳》“慄然意下”，李賢注：“慄者，猶恐懼也。”王念孫謂此二句當作“導之以利而心移，臨懾以威而氣慄”，甚是。

⑤鄙，《漢書·叔孫通傳》“若真鄙儒”，顏師古注：“鄙，言不通。”假，《國語·晉語一》“無必假手於武王”，韋注：“假，借也。”氣，《大戴禮記·曾子立事》“君子慮勝氣”，王聘珍解詁：“氣，謂血氣。”

設之以物而數决①，敬之以卒而度應②，不文而辯③，曰有慮者也④。

【疏證】

①設，《大戴》作“執”。“執”本或作“埶”，形近而誤。埶，即《孟子·滕文公上》“樹蓺五穀”之“蓺”，趙岐注：“蓺，殖也。”設，《戰國策·秦策一》“張樂設飲”，高誘注：“設，置也。”埶、設皆取“置”之義，二字同義換讀。物，事也。數决，《大戴》作“遬驚”，《大戴》决、敬二字倒，非是。遬，《吕氏春秋·辯土》“弱不相害故遬大”，高誘注：“遬，疾也。”《荀子·議兵》“輕利僄遬”，楊倞注：“遬，與速同。”數，《禮記·祭義》“其行也趨趨以數”，鄭玄注：“數之言速也。”數、遬皆取“速”之義，二字同義換讀。數决，猶速决。

②敬，當從《大戴》讀爲“驚”，朱右曾説是。《爾雅·釋詁下》：“驚，懼也”。卒，《戰國策·趙策二》“卒有秦患”，鮑彪注：“卒、猝同。”盧文弨言“卒，倉卒”，甚是。度，謂有法度。料，《廣雅·釋詁二》：“度，理也。”王念孫疏證：“料者，度之理也。”度應，《大戴》作“度料”，度、料同義連用，《大戴》或脱一“應”字。應，《左傳》襄二十三年“弗應”，陸德明釋文：“應，應對之應。”度應，謂應對有度。

③不文而辯，《大戴》作“不學而性辨”。學，或是由“文”同義換讀而來。文，當讀爲“紊”，朱駿聲説是。王引之《經義述聞·尚書下》“咸秩無文”條言：“文，當讀爲紊。”紊，《尚書·盤庚上》“有條而不紊”，僞孔傳：“紊，亂也。”辯，《左傳》昭元年“誰能辯焉”，杜注：“辯，

治也。”

④慮，《小雅·雨無正》“弗慮弗圖”，鄭箋：“慮、圖，皆謀也。”

難决以物[①]，難悦以守[②]，一而不可變[③]，因而不知止[④]，曰愚依人也[⑤]。

【疏證】

①决，《大戴》作“投”。决，王念孫言當作“設”，與上文“設之以物”對應，“决”亦涉上“數决”而誤，《大戴》作“投”，亦從“設”而誤。

②難悦以守，《大戴》作“難説以言”，當從《大戴》改之，謂難以事置之，難以言説之。

③一而不可變，《大戴》作“知一如不可以解也”，則上句“守”字或當屬下讀。一，《淮南子·説林訓》“而又况一不信者乎”，高誘注：“一，猶常。”《荀子·禮論》“古今之所一也”，楊倞注：“一，謂不變。”

④因，《大戴》作“困”，《大戴》是。困，《吕氏春秋·情欲》“身以困窮”，高誘注：“困，猶危。”“止”前《大戴》有“其”字。止，《鄘風·相鼠》“人而無止”，毛傳：“止，所止息。”

⑤“曰”前《大戴》有“無辨而自慎”，或涉上“不文而辯”衍，當删去。愚依人，《大戴》作“愚贛者”。依，或當從朱右曾訓爲“隱”。隱爲闇蔽之義。愚依人，謂愚蔽者。贛，或讀爲“戇”，《大戴》盧辯注：“戇，謂闇恨也。”《荀子·儒效》“而狂惑戇陋之人”，楊倞注：“戇，愚也。”

瞀之以物而不誤[①]，犯之以卒而不懼[②]，置義而不可遷，臨之貨色而不過[③]，曰果敢者也[④]。

【疏證】

①瞀，亂也。誤，《大戴》作“虞”。虞，《魯頌·閟宫》“無貳無虞”，毛傳：“虞，誤也。”

②犯，謂干犯，《禮記·文王世子》“雖親不以犯有司”，鄭玄注：“犯，猶干也。”卒，讀爲“猝”。猝，言暴之義，《説文》：“犬從艸暴出逐人也。”懼，謂恐懼。

③置，立也，朱右曾説是。“臨之”後《大戴》有“以”字。貨色，謂財貨美色。過，《大戴》作“可營”。過，《國語·魯語上》“若過其序”，韋注：“過，失也。”不過，謂不失，不可營，謂不亂，二處文義相同。

④“果敢”前《大戴》有“絜廉而”三字。果，《禮記·檀弓下》“於是弗果用”，鄭玄注：“果，决。”敢，亦果之義。

移昜以言[①]，志不能固[②]，已諾無決，曰弱志者也[③]。

【疏證】

①“昜”或爲“易”之形訛，移昜，《大戴》作“易移”。移、易，皆取“變”義，二字同義連用。

②志不能固，《大戴》作“存志不能守錮”，固，《國語·晋語二》“夫固國者”，韋注：“固，定也。”

③諾，《荀子·王霸》“刑賞已諾信乎天下矣”，楊倞注：“諾，許也。”决，《大戴》作“斷”，决、斷二字同義换讀。弱，《尚書·洪範》“六曰弱”，孔穎達正義引鄭玄注：“愚懦不毅曰弱。”

順予之弗爲喜，非奪之弗爲怒[①]，沉静而寡言[②]，多稽而險貌[③]，曰質静者也。

【疏證】

①順，猶承也。予，《廣雅·釋詁三》：“與也。”爲，猶以爲。非，《廣雅·釋言》：“違也。”奪，《吕氏春秋·慎行》“無極勸王奪”，高誘注：“奪，取也。”非奪，猶逆取。順予之弗爲喜，非奪之弗爲怒，言承而與之不以爲喜，違而取之不以爲怒。

②沉，《大戴》作“沈”，古書二字通用。沈，《國語·周語下》“水無沈氣”，韋注：“沈，伏也。”静，安也。寡，少也。

③稽，《周禮·天官·宫正》“稽其功緒”，鄭玄注：“稽，猶考也，

計也。”險，《大戴》作“儉”，二字或讀爲“斂”，潘振、劉師培説是。斂，《廣雅·釋詁三》：“收也。”質，性也。

屏言弗顧①，自順而弗護②，非是而彊之③，曰始誣者也④。

【疏證】

①屏言不顧，《大戴》作“辨言而不顧行”。屏，或讀爲“便”，陳逢衡言讀爲“便言”，甚是。便，《論語·季氏》“友便佞”，何晏集解引鄭玄云：“便，辯也。”《大戴禮記·子張問入官》“則謹其所便”，王聘珍解詁：“便，謂便嬖。”顧，《商頌·那》“顧予烝嘗”，鄭箋：“顧，猶念也。”“顧”後《大戴》有“有道而先困”五字。困，《論語·季氏》“困而學之”，何晏集解引孔安國曰：“困，謂有所不通。”《吕氏春秋·審應覽》“雖黄帝猶若困”，高誘注：“困，不能諧。”有道而先困，謂有道而不能通。

②自順而弗護，《大戴》作“自慎而不讓”，盧校謂作“讓”，甚是。順，《大雅·下武》“應侯順德”，王先謙《詩三家義集疏》：“魯順作慎。”字當讀爲“順”，承順之義。讓，《禮記·儒行》“其尊讓有如此者”，孔穎達疏：“讓，謂卑謙。”

③非是而彊之，《大戴》作“當如强之”，《大戴》前或脱一“非”字。是，《禮記·樂記》“而凝是精粗之體”，孔穎達疏：“是，謂正也。”當，《吕氏春秋·義賞》“豈非用賞罰當耶”，高誘注：“當，正也。”是、當皆取“正”之義，二字同義换讀。彊，或謂《大雅·蕩》“曾是彊禦”之“彊”，毛傳：“彊禦，彊梁禦善也。”孔穎達正義：“彊梁者，任威使氣之貌。”“言”後或脱一“而”字。

④曰始誣者也，《大戴》作“曰始妒誣者也”，“始”或爲“妬”字形訛，或是整理者即書正字“妬”于側，當作“曰妬誣者也。”盧校是。妬，《戰國策·趙策二》“奉陽君妬”，鮑彪注：“妬，嫉賢也。”字亦作“妒”，《荀子·大略》言“隱良者謂之妒”。誣，《左傳》襄十四年“不可誣也”，杜注：“誣，欺也。”

微而能發[①]，察而能深[②]，寬順而恭儉，温柔而能斷，果敢而能屈，曰志治者也[③]。

【疏證】

①微，《大戴》作“徵”，當從《大戴》。徵，驗也。“徵”後《大戴》有“清”字，或讀爲“情”，實也。發，《商頌·長發》“遂視既發”，鄭箋：“發，行也。”徵清而能發，謂徵驗于實而能行之。

②“察”前《大戴》有“度”字。度，《左傳》文十八年“事以度功”，杜注：“度，量也。”察，《吕氏春秋·審分覽》“察乘物之理”，高誘注：“審，明也。”深，《大戴》作“盡”，《孟子·滕文公上》“面深墨”，趙岐注：“深，甚也。”盡、深或皆取“甚、極”之義，二字同義換讀。後三句《大戴》脱。

③寬，謂寬弘，順，謂和順，恭，謂恭敬，儉，謂約儉。温，謂和潤，柔，謂安順，斷，謂决斷。果、敢二字同義連用。屈，或讀爲“詘”，王引之《經義述聞·禮記下》“其立之也敬以詘”條言：“詘，卑詘也。”“志治”，《大戴》倒。志治，謂其志不亂。

華廢而誣[①]，巧言令色[②]，皆以無爲有者也[③]。此之謂考言[④]。

【疏證】

①華，《禮記·檀弓上》“華而睆”，鄭玄注：“華，畫也。”引申爲“飾”之義。《大戴》無“廢”字。廢，或訓爲“伐”，如前文“伐其所能”之“伐”，自矜其功之義。誣，欺也。華廢而誣，謂誇飾自矜而欺。

②而，《大戴》作“如”。“令色”後《大戴》有“足恭一乜”四字。巧言令色，即巧僞之言，和善之色。

③以無爲有，《墨子·非命下》言“彼用無爲有，故謂矯”。《國語·周語上》“其刑矯誣”，韋注：“以詐用法曰矯。”

④考言，《大戴》作“考志”。考志，謂稽考其心志。

三曰：誠在其中，必見諸外[①]，以其聲，處其實[②]。氣初生物，物生有聲[③]，聲有剛柔清濁好惡，咸發于聲[④]。

【疏證】

①誠，《孟子·盡心上》“反身而誠”，趙岐注：“誠者，實也。”見，《荀子·勸學》“天顯其明”，楊倞注：“見，顯也。”中，謂心，外，言貌。《謚法》言“中情見貌曰穆”，可與此對讀。必，《大戴》作“此”，誤。

②“以其聲”上，《大戴》有“以其見，占其隱；以其細，占其大”，或涉後文“以其前觀其後”誤衍。處，王引之《經義述聞·通説上》“處”字條言：“處之爲居，爲止，常訓也，而又爲審度，爲辨察。”并舉《大戴》此句爲證，甚是。聲，謂聲氣。《史記·太史公自序》“神者，生之本也”，裴駰集解引韋昭曰：“聲氣者，神也。”實，《大戴》作“氣”，非是。此“實”即承前文“誠在其中”而言。

③“氣初”二字《大戴》倒。氣，謂性，下所謂“心氣”即是“心性”。物，《禮記·樂記》“物以群分”，鄭玄注：“物，謂殖生者也。”初，《大雅·生民》“厥初生民”，鄭箋：“初，始也。”

④“剛柔清濁好惡”各字前，《大戴》皆有“有”字。剛，彊也。柔，和也。清，明也。濁，謂不清。好，美也。惡，鄙醜也。“咸發于聲”當作“咸發于氣”，涉上文“有聲”而誤，《大戴》亦作“聲”，并誤。

心氣華設者[①]，其聲流散[②]，心氣順信者，其聲順節[③]。心氣鄙戾者，其聲醒醜[④]，心氣寬柔者，其聲温和[⑤]。

【疏證】

①設，《大戴》作“誕”。設，《周禮·考工記·桃氏》“中其莖，設其後”，賈公彦疏引《易·繫辭下》“益長裕而不設”鄭玄注言“設，大也”。誕，《大雅·皇矣》“誕先登于岸”，鄭箋：“誕，大。”設、誕皆取“大”義，二字同義换讀，此處字當從《大戴》作“誕”。誕，《荀子·哀公》“口哼，誕也”，楊倞注：“多妄誕。”華設，猶言誇誕。

②流，《禮記·樂記》“使其聲足樂而不流”，鄭玄注：“流，謂淫放也。”散，《禮記·樂記》“馬散之華山之陽”，鄭玄注：“散，猶放

也。”流、散皆取“放”之義，二字同義連用。

③“順信”之“順”，當讀爲“慎”。“順節”之“順”，訓爲“循”。節，《荀子·成相》“言有節”，楊倞注：“節，謂法度。”

④鄙，《史記·樂書》言“鄙者，陋也”。戾，《荀子·榮辱》“猛貪而戾”，楊倞注：“戾，乖背。”醒，《大戴》作“斯”，盧校謂或讀爲“嘶”，甚是。嘶，《禮記·内則》“鳥皫色而沙鳴”，鄭玄注：“沙，猶嘶也。”陸德明釋文：“嘶，音西，字又作斯。”《漢書·王莽傳》“大聲而嘶”，顔師古注：“嘶，聲破也。”醜，《小雅·十月之交》“亦孔之醜”，毛傳：“醜，恶也。”

⑤寬，謂寬弘。柔，言和順。和，《大戴》作“好”，二字同義换讀。

信氣中易①，義氣時舒②，和氣簡備③，勇氣壯力④。聽其聲，處其氣，考其所爲，觀其所由⑤。

【疏證】

①中，《國語·晋語九》“夫以回鬻國之中”，韋注：“中，平也。”易，《大戴》王聘珍解詁“易，謂平易，不險難也”，説甚是。信氣中易，言信之性平易。

②時，《小雅·頍弁》“爾殽既時”，毛傳：“時，善也。”舒，《大雅·常武》“王舒保作”，毛傳：“舒，徐也。”

③和，《大戴》作“智”，當從《大戴》。“和”爲“知”字形訛，知，讀爲“智”，如此則得與“信、義、勇”并舉。簡，《尚書·盤庚下》“予其懋簡相爾”，僞孔傳：“簡，大。”備，《廣雅·釋詁二》：“成也。”

④壯，《廣雅·釋詁二》：“健也。”力，《大戴》作“亘”。力，《禮記·禮運》“其行之以貨力”，鄭玄注：“力，筋骸强者也。”

⑤處，如前文所言訓爲“察”。考，稽考也。觀，視也。由，《小雅·小弁》“君子無易由言”，鄭箋：“由，用也。”

以其前觀其後①，以其隱觀其顯②，以其小占其大，此之謂視聲③。

【疏證】

①以，猶由也。此二“觀”字，《大戴》皆作“占”。占，或讀爲“覘”，《廣雅·釋詁一》：“覘，視也。”《周禮·天官·掌次》“師田，則張幕”，鄭玄注：“王或迴顧占察”，孫詒讓正義：“占，即覘之假字。占察，猶言視察。”

②“隱”“顯”二字，《大戴》倒，當從之改正，此“視聲”言察其聲而觀其氣，是察顯于外者而觀隱于内者，故當作“以其顯觀其隱”。

③聲，《大戴》作“中”，非是。視聲，言察其聲之義。

四曰：民有五氣，喜、怒、欲、懼、憂①。喜氣内蓄，雖欲隱之，陽喜必見②。怒氣内蓄，雖欲隱之，陽怒必見。欲氣、懼氣，憂悲之氣皆隱之，陽氣必見③。

【疏證】

①氣，《大戴》作“性”，《孟子·公孫丑上》“氣，體之充也”，趙岐注：“氣，所以充滿形體爲喜怒也。”亦“性”之義，氣、性二字同義换讀。欲，《禮記·曲禮上》“欲不可從”，孔穎達疏：“心所貪愛爲欲。”憂，即下文所言“憂悲”。“憂”後《大戴》有“也”字。

②蓄，《大戴》作“畜”，《邶風·谷風》“我有旨蓄”，陸德明釋文：“蓄，本亦作畜。”蓄，《廣雅·釋詁三》：“聚也。”隱，《國語·齊語》“隱五刃”，韋注：“隱，藏也。”陽，《豳風·七月》“我朱孔陽”，毛傳：“陽，明也。”見，顯也。喜氣内蓄，雖欲隱之，陽喜必見，謂喜之性聚于内，雖欲藏之，明喜必顯于外，後數句皆同。

③《大戴》後三條“欲”“懼”“憂”，皆從前句式分而言之。憂悲之氣，《大戴》作“憂氣”，憂，即悲也，《小雅·鼓鐘》言“憂心且悲”。《左傳》昭元年言“天有六氣，降生五味，發爲五色，徵爲五聲，淫生六疾”，可與此對讀。

五氣誠于中，發形于外①，民情不可隱也②。喜色猶然以出③，怒色薦然以侮④，欲色嫗然以愉⑤，懼色薄然以下⑥，憂悲之色瞿然以静⑦。

【疏證】

①誠，或讀爲“成”，《禮記·經解》“規矩誠設”，鄭玄注：“誠，或作成。”發，《左傳》昭元年“發爲五色”，杜注：“發，見也。”形，《國語·越語下》“天地形之”，韋注：“形，見也。”發、形皆取“見”之義，二字同義連用。

②情，《論語·子路》“則民莫敢不用情”，何晏集解引孔安國云：“情，情實也。”不可隱，《大戴》作“不隱”。《尚書·康誥》“民情大可見”，可與此“民情不可隱”對讀。

③色，《大戴禮記·誥志》“民之悲色”，王聘珍解詁：“色謂形色。”猶然以出，《大戴》作“由然以生”。猶，《左傳》莊十四年“猶有妖乎”，孔穎達正義：“古者由、猶二字，義得通用。”猶然，朱右曾言“舒和之貌”，甚是。

④以，猶而也。出，《吕氏春秋·大樂》“安由出哉”，高誘注：“出，猶生。”出、生二字同義换讀。薦，《大戴》作“拂”。王引之謂“薦”當爲“茀”字形訛，甚是。然《大雅·生民》“茀厥豐草”，陸德明釋文：“茀，音拂，韓詩作拂。”不必從王引之轉讀爲“艴”。又，《漢書·李尋傳》“而爲彗茀”，顔師古注：“茀，與孛同。”故“拂然”即今所謂“勃然”。侮，言輕慢倨陵，《左傳》昭元年“不侮鰥寡”，杜注：“侮，陵也。”

⑤嫗然以愉，《大戴》作“嘔然以偷”。嘔、嫗二字并通，《廣雅·釋詁二》“嘔，色也”，王念孫疏證：“傴、嫗、嘔古通用。”揚雄《劇秦美新》“上下相嘔”，李善《文選》注：“煦與嘔同。”煦、嫗皆言和也，《禮記·樂記》“煦嫗覆育萬物”，鄭玄注：“氣曰煦，體曰嫗。”《大戴》“偷”當從《逸周書》作“愉”，《禮記·祭義》“愉愉乎其忠也”，孔穎達疏：“愉愉，和悦之貌。”《禮記·坊記》“先亡者而後存者，則民可以託”，鄭玄注：“言不愉于死亡”，陸德明釋文：“愉，音偷，本亦作偷。”

⑥薄，《左傳》僖二十三年“薄而觀之”，杜注：“薄，迫也。”下，《吕氏春秋·慎人》“讓賢而下之”，高誘注：“下，避也。”

⑦瞿然以静，《大戴》作“纍然而静”。瞿，當從《大戴》作“纍”，王念孫校是。纍，《禮記·玉藻》“喪容纍纍”，鄭玄注：“羸憊貌也。”静，《國語·晋語一》“吾其静也”，韋注：“静，默也。”《大戴》王聘珍解詁以取此説。

誠智必有難盡之色[①]，誠仁必有可尊之色[②]，誠勇必有可新之色[③]，誠潔必有難污之色[④]，誠□必有可信之色[⑤]。

【疏證】

①誠，實也。盡，或從下文“佯爲不窮”本作“窮”，窮、盡二字同義换讀。窮，困也。《大戴禮記·哀公問五義》“應變而不窮”，王聘珍解詁：“窮，困也。”

②尊，《廣雅·釋詁一》：“敬也。”

③“誠勇”後脱“必有難懾之色，誠忠”八字，當從《大戴》補。難懾，謂不恐。忠，《禮記·禮器》“忠信，禮之本也”，孔穎達疏：“忠者，内盡於心也。”新，《大戴》作“親”，二字古書多通，以其盡心，故可親，當從《大戴》改。

④潔，《大戴》作“絜”。潔，《廣雅·釋器》“潔，白也”，王念孫疏證：“潔，經傳通作絜。”誠絜，言其性廉潔。

⑤“誠”後脱字《大戴》作“静”。静，《邶風·静女》“静女其姝”，毛傳：“静，貞静也。”貞，正也，以其正，故可信。

質浩然固以安[①]，僞蔓然亂以煩[②]，雖欲改之，中色弗聽。此之謂觀色[③]。

【疏證】

①“質”“僞”，《大戴》作“質色”“僞色”。質，《國語·楚語下》“忠信之質”，韋注：“質，誠也。”浩，《大戴》作“晧”，《大戴》是。晧，《爾雅·釋詁下》言“晧，光也”，字亦作“皓”。固，亦安

也。以，猶而也。

②僞，《荀子·正論》“不能以僞飾性”，楊倞注：“僞，謂矯其本性也。”《廣雅·釋詁二》言：“僞，欺也。”蔓，《大戴》作“縵”。《和寤》“蔓蔓若何”，《戰國策·魏策一》引作“縵縵奈何”。案：二字或皆通“漫”，《荀子·儒效》“行不免於污漫”，楊倞注：“漫，誕漫欺誑也。”又，漫有放亂之義，《漢書·藝文志》“則漫羨而無所歸心”，顔師古注：“漫，放也。”煩，《吕氏春秋·音初》“禮煩而樂淫”，高誘注：“煩，亂。”此“煩”又與“淫”對舉，淫，即放也，故蔓、縵當讀爲“漫”，取“放”之義。

③改，《大戴》作“故”，形近而誤，當作“改”。中色，中，謂其心，色，謂其形色。弗，《大戴》作“不”。聽，《戰國策·西周策》“寡人請以國聽”，高誘注：“聽，從也。”“色”後《大戴》有“也”字。

五曰：民生則有陰有陽[①]，人多隱其情，飾其僞[②]，以攻其名[③]。

【疏證】

①民生則有陰有陽，《大戴》作“生民有陰陽”。生，謂生而有之，《大雅·緜》“民之初生”，孔穎達正義：“生者，初始之辭。”陰，《説文》言“闇也”，陽，從前文訓爲“明”，陰、陽言其内隱者與外見者。

②人多隱其情，《大戴》作“人有多隱其情”，《大戴》此“有”或當在上文“陽”字之前。隱，匿也。情，謂情實，與下句“僞”對讀。飾，如前文爲“章表”之義。

③“以攻其名”前，《大戴》有“以賴于物”四字，當據補之。賴，《左傳》襄二十四年“若吾子賴之”，杜注：“賴，恃用之。”攻，《大雅·靈臺》“庶民攻之”，毛傳：“攻，作也。”“名”後《大戴》有“也”字。

有隱於仁賢者[①]，有隱於智理者[②]，有隱於文藝者[③]，有隱於廉勇者[④]，有隱於交友者，如此不可不察也[⑤]。

【疏證】

①賢，《大戴》作“質”。質，誠也。下句所言者皆是其德而非其能，

故作“質”是。智，《大戴》作“知”。

②理，《禮記·喪服四制》“知者可以觀其理焉”，鄭玄注：“理，義也。”

③文，《論語·學而》“則以學文”，陸德明釋文引鄭玄云：“文，道藝也。”藝，《禮記·樂記》“藝成而下”，鄭玄注：“藝，才技也。”

④廉，謂省察之義，《大戴禮記·衛將軍文子》“廉於其事上也”，孔廣森補注：“廉，省也。”《管子·正世》“人君不廉而變”，尹知章注：“廉，察也。”“廉勇”後或脱“有隱於忠孝者”六字，當從後文及《大戴》補。

⑤“如此”後，《大戴》有“者”字，後文“如此”《大戴》皆作“如此者”。察，《左傳》莊十年“雖不能察”，杜注：“察，審也。”

小施而好德①，小讓而争大②，言願以爲質③，□愛以爲忠④，尊其得以改其名⑤，如此，隱於仁賢者也⑥。

【疏證】

①施，《國語·周語下》“布憲施舍於百姓”，韋注：“施，施惠。”小施，謂好行小惠。

②好德，《大戴》作“好大得”，德、得二字古通，此當從《大戴》作“得”。得，《論語·季氏》“戒之在得”，何晏集解引孔安國曰：“得，貪得也。”讓，謂推讓、辭讓。争大，《大戴》作“好大事”，“事”或爲“争”字形訛，當作“好大争”。争，謂争鬬。

③願，當讀爲“愿”，《國語·楚語上》“吾有妾而願”，韋注：“愿，慤也。”《尚書·皋陶謨》“愿而恭”，孔穎達正義：“愿者，慤謹良善之名。”言願以爲質，謂以其言慤謹良善爲誠，猶《論語·陽貨》所謂“鄉愿”。

④“愛”前脱字《大戴》作“僞”，當據補之。《禮記·樂記》“著誠去僞”，孔穎達疏：“僞，謂虚詐也。”愛，《禮記·大傳》“五曰存愛”，孔穎達疏：“愛，仁也。”“忠”後《大戴》有“面寬而貌慈，假節以示

之”十字。寬，謂寬弘。慈，謂惠愛。假，《説文》：“非真也。”節，《吕氏春秋·論人》“怒之以驗其節”，高誘注：“節，性。”假節，謂矯飾其性。示，謂垂示。

⑤尊其得以改其名，《大戴》作“故其行以攻其名”。《大戴》或脱一“尊”字。尊，或讀爲“遵”，循也。得，或爲“行”字形訛。改，爲“攻”字形訛，如前文“以攻其名”。

⑥隱，《管子·君臣下》“故法不隱”，尹知章注：“隱，謂伏而不行。”

前總唱功①。慮誠弗及，佯爲不言②；内誠不足，色示有餘③。自順而不讓④，措辭而弗遂⑤，此隱於智理者也⑥。

【疏證】

①前總唱功，當從《大戴》作“推前惡，忠府知物焉。首成功，少其所不足”。推前惡忠，府知物焉，或當作“推前府忠，惡知物焉”。推，《淮南子·主術訓》“推之而弗猒”，高誘注：“推，求也，奉也。”《公羊傳》昭三十一年“故於是推而通之也”，何休注：“推，猶因也。”前，《禮記·檀弓上》“我未之前聞也”，鄭玄注：“前，猶故也。”推前，謂奉因于故。府，《大戴》王聘珍解詁讀爲“附”，或是。附，《廣雅·釋詁四》：“依也。”推、附皆取“因”之義，二字同義對舉。忠，當讀爲“衷”，《國語·周語上》言“考中度衷，忠也”。府忠，言依其心。惡，《論語·陽貨》“君子亦有惡乎”，皇侃義疏：“惡，謂憎疾也。”物，謂萬物。首，始也。少，《史記·蘇秦列傳》“皆少之”，司馬貞索隱引劉氏云：“少，謂輕之也。”首成功，少其所不足，《大戴》盧辯注：“有先功者因首之，有不足者因薄之，詐以爲知”，甚是。

②慮，《吕氏春秋·慎行》“君子計行慮義”，高誘注：“慮，度也。”誠，語辭，猶實也。弗及，《大戴》作“不及”，謂不至。佯，《大戴》王聘珍解詁“僞也”，甚是。慮誠弗及，佯爲不言，謂本是智慮謀度不至，而佯裝知之而不言。

③内誠不足，色示有餘，謂其心實不足，而顯示有餘力之容色。

④“自順”前《大戴》有“故知以動人”五字。故，謂巧詐之義，王引之《經義述聞·大戴禮記下》“以故自説”條言：“古謂詐爲故也。”又“進退工故”條多舉“巧故”連用之例，言“故與巧同義”。動人，謂感人。自順，言自循，不讓，謂不卑謙，自順而不讓，謂剛愎自用之義。

⑤措辭而不遂，《大戴》作“錯辭而弗遂”。《禮記·祭義》“舉而措之無難矣”，陸德明釋文：“措，本又作錯，七故反。”後更多“莫知其情”四字。措，置也。遂，《禮記·月令》“百事乃遂”，鄭玄注：“遂，猶成也。”措辭而不遂，莫知其情，即《禮記·大學》所謂“無情者不得盡其辭”。

⑥“此”上或當從上下文例增一“如”字。智，《大戴》作“知”。

動人以言[①]，竭而弗終[②]。問則不對，佯爲不窮[③]，□貌而有餘，假道而自順[④]，因之□初，窮則託深，如此者，隱於文藝者也[⑤]。

【疏證】

①“動”前《大戴》有“素”字。素，《戰國策·齊策五》“素用强兵而弱之”，鮑彪注：“素，猶常也。”動人以言，謂以言辭感人。

②竭而弗終，《大戴》作“涉物而不終”。涉，《大戴》王聘珍解詁：“涉，猶歷也。”歷物，猶盡物之義。竭，亦盡也。終，成也。是句謂以言感人，言辭盡而事不成。

③對，《大雅·桑柔》“聽言則對”，鄭箋：“對，答也。”佯，《大戴》作“詳”，作“佯”是。窮，訓爲困，又《戰國策·秦策二》“寡人數窮焉”，鮑彪注：“辭屈也。”

④□貌而有餘，假道而自順，因之□初，窮則託深，《大戴》作“色示有餘，有道而自順用之，物窮則爲深”。“貌”前脱字或當從《大戴》補“示”字。示貌，即“示色”。假，《管子·君臣上》“大臣假於女之能”，尹知章注：“假，因也。”

⑤“因之”二字，或即是“假”字注文竄入。窮，困也。託，《孟子·

萬章下》“士之不託諸侯”，趙岐注：“託，寄也。”深，《易·繫辭上》“唯深也”，韓康伯注：“極未形之理則曰深。”窮則託深，謂困則寄託于不可測者。

□言以爲廉①，矯厲以爲勇②，内恐外誇，亟稱其説，以詐臨人，如此，隱於廉勇者也③。

【疏證】

①□言以爲廉，《大戴》作“廉言以爲氣”。脱字或當從前文“飾其見物”作“飾”，謂矯飾其言以爲清。

②矯，《大戴》作“驕”，作“矯”是。矯，謂虚詐。《國語·周語上》“其刑矯誣”，韋注：“以詐用法曰矯。”厲，《左傳》定十二年“與其素厲”，杜注：“厲，猛也。”《戰國策·齊策六》“乃厲氣循城”，鮑彪注：“厲，激昂也。”矯厲以爲勇，言矯飾其猛以爲勇。

③恐，懼也。誇，《大戴》作“悴”。誇，謂誇誕。“誇”此句後《大戴》有“無所不至”四字。亟稱其説，《大戴》作“敬再其説”，盧校言“敬”爲“亟”字形訛，甚是。“再”或爲“再”字形訛，讀爲“稱”。亟，數也，朱右曾説是。稱，揚也。亟稱其説，謂頻繁揚舉其辭説。以詐臨人，謂以虚詐視人。

自事其親而好以告人①，飾其見物，不誠於内②，發名以事親③，自以名私其身，如此，隱於忠孝者也④。

【疏證】

①事，謂事奉。好以告人，謂好以事親之行告人，言孝而欲人知。《大戴》無“而”字。“告人”後《大戴》有“乞言勞醉而面於敬愛”，乞，當讀爲“訖”，《尚書·吕刑》“非訖于威”，孔穎達正義：“訖是盡也。”醉，《大戴》盧辯注讀爲“悴”。案：此“勞醉”即《小雅·蓼莪》“生我勞瘁”之“勞瘁”，鄭箋：“瘁，病也。”乞言勞醉而面於敬愛，謂盡言勞病之事而面示以敬愛之色，是言行不一之義。

②飾其見物，謂矯飾其外見之物。“見物”後《大戴》有“故得其名。

名揚於外”八字。名，《禮記·中庸》“必得其名”，鄭玄注：“名，令聞也。”不誠於内，謂其心不誠。

③發名以事親，《大戴》作“伐名以事其親戚”。伐，《荀子·子道》“奮於行者伐”，楊倞注：“伐，矜也。”伐名，謂矜誇其名。“親”後《大戴》有“好以告故取利”六字。“好”讀去聲，謂喜好。告，《荀子·禮論》“告不用也”，楊倞注：“告，示也，言也。”故，謂巧詐，如前文據《大戴》所補“故知以動人”句。好以告故取利，謂喜以示巧詐而獲利。

④自以名私其身，《大戴》作“分白其名，以私其身”，非是，當從《逸周書》。私，《吕氏春秋·長利》“而以私其子孫”，高誘注：“私，利也。”

比周以相譽①。知賢可徵，而左右不同，不同而交，交必重□②。心説而身弗近，□□而實不至③，懼不盡見於衆而貌克，如此，隱於交友也，此之謂觀隱④。

【疏證】

①“比周”前《大戴》有“陰行以取名”五字。陰，《大戴》盧辯注爲“陰竊”，甚是。陰行，謂私行。比周，《戰國策·齊策一》“夫從人朋黨比周”，鮑彪注：“比周，親周相比也。”《漢書·谷永傳》“無用比周之虚譽”，顔師古注：“比周，言阿黨親密也。”譽，爲稱揚之義。

②知賢可徵，《大戴》作“明知賢可以征”，當從《大戴》。知賢，或讀爲“智賢”。徵，《論語·八佾》“杞不足徵也”，何晏集解引包融曰：“徵，成也。”而，《大戴》作“與”。左右，《漢書·蕭望之傳》“何暇欲爲左右言”，顔師古注：“左右者，謂同列在其左右，若今言旁人也。”“不同”二字，《大戴》不重。不同，謂不能和同。知賢可徵而左右不同，言其智能才具堪用，而不能與旁人和睦。交，謂相交。重，《管子·權修》“必重盡其民力”，尹知章注：“重爲矜惜之也。”“重”後脱字《大戴》作“己”。重己，言自矜。

③“懼”或作“懽”。心説而身弗近，《大戴》作“心悦之而身不

近之”。“近”後脱字《大戴》作“身近”，且“身近”後有“之”字。實，《吕氏春秋·審應覽》“取其實以責其名”，高誘注：“實，德行之實也。”

④懼不盡見於衆而貌克，《大戴》作“而懽忠不盡，懽忠盡見於衆而貌克”。懽，或爲“懼”字形訛，“不”或爲“中”字形訛。此句或當作“懼中盡見於衆而貌克”。中，謂其心。克，《論語·憲問》“克伐怨欲不行焉”，何晏集解引馬融云：“克，好勝人。”皇侃義疏：“克，勝也，謂性好凌人。”懼中盡見於衆而貌克，謂恐其心爲衆所見而以好勝之貌掩飾之。

六曰：言行不類，終始相悖，外内不合①，雖有假節見行，曰非成質者也②。

【疏證】

①類，《國語·吴語》“類有大憂”，韋注：“類，似也。”終始，謂事之始終。悖，《荀子·正名》“以其所受，悖其所辭”，楊倞注：“悖，違也。”“外内不合”前《大戴》有“陰陽克易”四字。陰陽，從前文解爲顯隱。克，能也。易，謂變易。外内，謂其貌與其心。

②假，《大戴》作“隱”。假節，謂矯飾之性。隱節，謂隱匿之性，與“假節”文義相似。成，《大戴》作“誠”，當從《大戴》，非成質，言其性不誠。

言忠行夷。争靡及私，□弗求及。情忠而寬，貌莊而安，曰有仁者也。

【疏證】

“言忠行夷”等句，《大戴》作“其言甚忠，其行甚平，其志無私，施不在多，静而寡類，莊而安人，曰有仁心者也”。忠，實也。夷，平也。争，謂争鬬。靡，《大雅·雲漢》“靡神不舉”，鄭箋：“靡、莫皆無也。”靡及私，即無及私。“弗”前脱字或當從《大戴》補“施”字。及，或通爲“亟”，數也，故《大戴》作“多”。《大戴》“静”或當從《逸周書》作“情”，與下句“貌”對文。情，實也。忠，《國語·周語中》“忠非親禮”，韋注：“忠，厚也。”類，讀爲“戾”，《史記解》“昔穀平之君，愎類無親”，孔晁注：“類，戾也。”《爾雅·釋詁上》“類，善也”，郝懿行義疏：“類，與戾通。”戾，謂乖戾。寡戾即寬之義。貌，謂容儀。莊，《吕氏春秋·孝行》“居處不莊”，高誘注：“莊，敬。”

事變而能治①。效窮而能達②，措身立方而能遂③，曰有知者也④。

【疏證】

①變，謂變易。治，《國語·齊語》“教不善則政不治”，韋注：“治，理也。”“事變”後或脱“物善而能説”五字，當從《大戴》補之。物，亦事也。善，或讀爲“繕”，《爾雅·釋詁上》“儀，善也”，郝懿行義疏：“善，通作繕。”繕，《左傳》襄九年“繕守備”，杜注：“繕，治也。”此句或承上句言變而能治之，治而能悦之。

②效，《大戴》作“浚”，作“效”是。效，《戰國策·秦策一》“臣請奏其效”，鮑彪注：“效，功也。”朱右曾亦取此説，甚是。

③措，《大戴》作“錯”。措身，謂置身。方，《禮記·樂記》“樂行而民鄉方”，鄭玄注：“方，猶道也。”措身立方，言置身而立于道。遂，成也。

④有，《大戴》作“廣”，作“有”是。

少言以行，恭儉以讓①。有知而言弗發，有施而□弗德②，曰謙良者也③。

【疏證】

①少言，謂寡言。以，《大戴》作“如”，猶而也。恭，謂恭敬。儉，謂卑謙。讓，謂辭讓。

②知，讀爲“智”。言弗發，《大戴》作“不伐”，伐，從前文解爲“自矜”之義。施，謂用行。弗德，《大戴》作“不置”，王引之《經義述聞·大戴禮記上》“躬行忠信而心不置”條言“德、置古字通”。德，《左傳》文十八年“則以觀德”，孔穎達正義：“德者，得也，自得於心。”是句謂有智而言不自矜，有所施行而行不自得。

③“謙良”前《大戴》有“慎”字，當删去。謙，謂謙遜。良，謂温良。

微忽之久而可復①，幽間之獨而弗克②，其行亡，如存，曰順信者也③。

【疏證】

①微，謂隱微，忽，亦微也，二字同義連用。“久”前《大戴》有“言”字，當據補之。復，爲酬報之義。《儀禮·聘禮》“復見之以其摯”，鄭玄注：“復，報也。”是句謂隱微之言，雖久而可酬報，《論語·學而》有“信近於義，言可復也”，可與此句對讀。

②幽，《荀子·正論》“上幽險，則下漸詐矣”，楊倞注：“幽，隱也。”間，《大戴》作“閒”，當從《大戴》改，《荀子·王制》有“無幽閒隱僻之國”。閒，《漢書·韓信傳》“疑信數閒使”，顔師古注：“閒，私也。”“獨”前《大戴》有“行”字。獨，《大戴》王聘珍解詁謂“獨善其身”，甚是。弗克，謂不能，是句言隱私之行雖獨而不能，言慎獨之義。

③“如”後《大戴》有“其”。亡，王念孫《讀書雜志·荀子第三》“王制”條言“制與在此，亡乎人”，王念孫按：“亡，不在也。”其行亡如其存，言其行不在者如其在，《論語·八佾》“祭如在，祭神如神在”，可與此句對讀。

貴富恭儉而能施①，嚴威有禮而不驕，曰有德者也②。

【疏證】

①“貴富”後《大戴》有“雖尊”二字，當删去。貴謂位尊，富謂財多，恭謂恭敬，儉謂謙卑。能施，謂能施恩惠。

②“嚴威”前《大戴》有“衆强”二字，亦當删去。嚴，《商頌·殷武》“下民有嚴”，毛傳：“嚴，敬也。”威，《周頌·有客》“既有淫威”，馬瑞辰《毛詩傳箋通釋》：“古者威有德訓。”驕，謂驕慢。

隱約而不懾①，安樂而不奢②，勤勞而不變③，喜怒而有度④，曰有守者也⑤。

【疏證】

①隱，《吕氏春秋·重言》“弗能隱矣”，高誘注：“隱，蔽。”約，《論語·里仁》“不仁者不可以久處約”，皇侃義疏：“約，猶貧困也。”

②安樂，猶康樂。奢，《左傳》隱三年“驕奢淫泆”，孔穎達正義：“奢，謂夸矜僭上。”

③而不變，《大戴》作“之不變”。變，謂改易。

④而有度，《大戴》作“如度晰”。度，法度也。晰，即“晢”字，《大戴》盧辯注：“晰，明也。”度晰，即言有度。

⑤曰有守者也，《大戴》作“曰守也”。守，謂持守。

直方而不毁①，廉潔而不戾②，彊立而無私，曰有經者也③。

【疏證】

①直，《大戴》作“置”，當從《逸周書》。直，《魏風·碩鼠》“爰得我直”，鄭箋：“直，正也。”方，《廣雅·釋詁一》：“正也。”毁，《廣雅·釋言》：“虧也。”

②潔，《大戴》作“絜”。廉潔，謂清白。戾，謂乖違。

③“彊立”二字《大戴》倒。彊，《大戴禮記·曾子立事》“彊其所不能”，王聘珍解詁：“彊，勉也。”立，《吕氏春秋·用民》“功名猶可立”，高誘注：“立，成也。”有經，《大戴》作“經正”，《大戴》是。經，《左傳》宣十二年“武之善經也”，杜注：“經，法也。”

虚以待命①，不召不至，不問不言。言不過行，行不過道，曰沈静者也②。

【疏證】

①虚，《大戴》作“正静”。虚，《邶風·北風》“其虚其邪”，馬瑞辰《毛詩傳箋通釋》“虚者，舒之同音假借”。陸德明釋文訓爲“徐”。舒、徐皆是舒緩、從容之義。待，《大戴》作“待”，形近而訛，《大戴》是。待，俟也。命，謂上命。

②召，《吕氏春秋·分職》“今召客者酒酣”，高誘注：“召，請

也。”不過，言不逾。沈，字亦作“沉”，《戰國策·燕策三》“其勇沉”，鮑彪注：“沉，猶深。”

忠愛以事親①，驩以盡力而不回，敬以盡力而不□，曰忠孝者也②。

【疏證】

①忠，《論語·憲問》“忠焉，能無誨乎”，皇侃義疏：“忠者，盡中心也。”愛，《禮記·哀公問》“愛與敬”，孔穎達疏：“愛，謂親愛。”事親，《大戴》作“事其親”。

②驩以盡力而不回，敬以盡力而不□，《大戴》作“歡欣以敬之，盡力而不面，敬以安人，以名故不生焉”，當從《大戴》。回，《大雅·大明》“厥德不回”，毛傳：“回，違也。”安人，謂安民。名，或訓爲“命”，《廣雅·釋詁三》“命，名也”，王念孫疏證：“名、命古同聲同義。”故，《周禮·天官·宫正》“過有故”，鄭玄注引鄭司農云：“故，謂禍災。”以名故不生焉，謂以命災禍不生。

合志而同方①，共其憂而任其難②，行忠信而不疑③，□隱遠而不舍，曰□友者也④。

【疏證】

①合，《廣雅·釋詁四》：“同也”，合、同二字同義對舉。而，《大戴》作“如”。方，《國語·晋語二》“利方以求成人”，韋注：“方，道也。”同方，謂同道。合志而同方，謂志同道合。

②共，《廣雅·釋詁四》言“同也”。憂，言憂勞，《禮記·曲禮下》“某有負薪之憂”，孔穎達疏：“憂，勞也。”任，《國語·晋語三》“任大惡三”，韋注：“任，荷也。”難，《左傳》哀十二年“而藩其君舍以難之”，杜注：“難，苦困也。”

③行，《大戴禮記·盛德》“能行德法者爲有行”，王聘珍解詁：“行，用也，謂奉行也。”不疑，《大戴》作“不相疑”。疑，惑也。

④“隱”前脱字，《大戴》作“迷”。案：迷，字本作“邇”，朱右曾讀“迹”非是。《左傳》定六年“彌子瑕”，《大戴禮記·保傅》作“迷子

瑕”，是知“迷”可从“爾”聲。上博簡六《孔子見季桓子》簡22言“吾子迷言之，猶恐弗知”，“迷言”，即《禮記·中庸》所言“邇言”。邇，近也。隱，《荀子·宥坐》“奚居之隱也”，楊倞注：“隱，謂窮約。”遠，《左傳》昭二十八年“遠不忘君”，杜注：“遠，疏遠也。”不舍，《大戴》作“不相舍”。舍，《國語·楚語上》“女無亦謂我老耄而舍我”，韋注：“舍，棄也。”“友”前脱字《大戴》作“至”。《管子·法法》“夫至用民者”，尹知章注：“至，善也。”

志色亂氣，其人甚偷①，進退多巧，就人甚數②，辭不至，少其所不足，謀而不已，曰僞詐者也③。

【疏證】

①志色亂氣，《大戴》作“心色辭氣”，非是，當作“亂”，亂、辭二字形近而誤。志，謂心志。色，謂顔色。氣，猶性也。“人”前《大戴》誤衍一“入”字。偷，《左傳》襄三十一年“其語偷”，杜注：“偷，苟且也。”

②進退，《國語·晉語二》“且可以進退”，韋注：“進退，猶改易也。”多巧，《大戴》作“工故”，工，《廣雅·釋詁三》：“巧也。”此句後《大戴》有“其與人甚巧，其就人甚速，其叛人甚易，曰位志者也。飲食以親，貨賄以交，接利以合，故得望譽征利而依隱于物，曰貪鄙者也。質不斷，辭不至，少其所不足，謀而不已，曰僞詐者也”。與，《管子·形勢》“見與之交幾於不親”，尹知章注：“與，親與也。”巧，《戰國策·西周策》“君爲多巧”，鮑彪注：“巧，猶詐。”“就”前《大戴》有“其”字。就，《禮記·學記》“就賢體遠”，鄭玄注：“就，謂躬下之。”數，《大戴》作“速”，《禮記·曾子問》“不知其已之遲數”，鄭玄注：“數，讀爲速。”速，疾也。

③辭不至，少其所不足，謀而不已，《大戴》作“其叛人甚易”。辭不至，或謂言辭不能盡其情，如《禮記·大學》所謂“無情者不得盡其辭”。少其所不足，謂輕其所不足。謀而不已，言詐謀不止。僞詐，《大戴》作

“位志”，非是。

言行亟變，從容克易[①]，好惡無常，行身不篤，曰無誠者也[②]。

【疏證】

①亟，《左傳》成十六年“吾先君之亟戰也，有故”，杜注：“亟，數也。”從，讀爲“縱”，放縱也，各家讀本字非是。容，《廣雅·釋詁三》：“寬也。”此“從容”，即寬縱之義。克，《大戴》作“謬”，非是，上下文“亟”“無”“不”與後字皆非并列，故此不當作“謬”。克，能也。易，謂變易。

②好，謂喜好。惡，謂厭惡。常，謂常法、常德。行，謂奉持之義，《吕氏春秋·恃君》“而立其行君道者”，高誘注：“行，奉也。”行身，言持身。篤，《大戴》作“類”，作“篤”是。篤，《爾雅·釋詁下》訓爲“固”，類，讀爲“戾”，《大雅·雲漢》“以戾庶正”，毛傳：“戾，定也。”戾、篤皆取固定之義，二字同義换讀。“誠”後《大戴》有一“志”字，考之前後文，當删去。

少知而不大決[①]，少能而不大成[②]，規小物而不知大倫[③]，曰華誕者也[④]。

【疏證】

①少，《大戴》作“小”，當從《大戴》。知，讀爲“智”。少知，即小智，《韓非子·飾邪》言“小知不可使謀事，小忠不可使主法”，可與此對讀。決，《吕氏春秋·節喪》“聖人之所獨決也”，高誘注：“決，知。”

②能，《國語·晋語四》“夫教者，因體能質而利之者也”，韋注：“能，才也。”成，《吕氏春秋·謹聽》“五帝三王之所以成也”，高誘注：“成，成其治。”

③規，《大戴》作“顧”，作“規”是。規，《淮南子·主術訓》“是故心知規而師傅諭導”，高誘注：“規，謀也。”倫，《大戴》作“論”。《儀禮·公食大夫禮》“倫膚七”，鄭玄注：“今文‘倫’或作‘論’。”

《廣雅·釋詁一》“掄，擇也”，王念孫疏證：“掄、倫、論并通。”倫，《國語·晋語八》“而以國倫數而遣之”，韋注：“倫，理也。”

④華，謂雕飾，引申爲誇飾之義。誕，《國語·楚語上》“是言誕也”，韋注：“誕，虚也。”

規諫而不類[①]，道行而不平[②]，曰竊名者也[③]。

【疏證】

①規，《國語·楚語上》“在輿有旅賁之規”，韋注：“規，規諫也。”規、諫二字同義連用。類，《大戴》作“類”，作“類”是，二字形近而誤。類，《大雅·皇矣》“克明克類”，鄭箋：“類，善也。”劉師培解爲“猈”字之誤，非是。

②道，或讀爲“導”，《國語·楚語下》“而導之以訓辭”，韋注：“導，行也。”平，《國語·鄭語》“平八索以成人”，韋注：“平，正也。”

③竊，《大戴》作“巧”，此當作“竊”。《墨子·經説上》“巧也，若爲盗”，孫詒讓閒詁：“巧，疑當爲竊，竊與盗文義正相貫。竊，俗書作窃，下半與巧相似，故訛。”并引此《逸周書》與《大戴》異文爲證，説甚確。竊，言竊居之義，《論語·衛靈公》“臧文仲其竊位者與”，皇侃義疏：“竊，盗也。”名，謂名位，《左傳》成二年“唯器與名，不可以假人”，杜注：“名，爵號。”

故曰事阻者不夷[①]，時□者不回[②]，果敢者也[③]，飾貌者不静，假節者不平[④]，多私者不義，揚言者寡信。此之謂揆德[⑤]。

【疏證】

①《大戴》“故”後無“曰”字。事，《韓非子·喻老》：“事者，爲也。”阻，《邶風·雄雉》“自詒伊阻”，毛傳：“阻，難也。”夷，平也。

②“時□者不回”，《大戴》作“畸鬼者不仁”。畸，或爲“時”字形訛。此字本或作“待”，《讀書雜志·晏子春秋第二·内篇雜上》“不待

時而入見”，王念孫言：“時即待字也。”此“待”當讀爲“恃”，《吕氏春秋·審時》“不得恃定熟”，高誘注：“恃，或作待。”恃，《小雅·蓼莪》“無母何恃”，陸德明釋文：“恃，恃負也。”此處文義亾作“恃”，字書作“待”，《逸周書》抄録者書作“時”，《大戴》更形訛爲“畸”。“時”後脱字當從《大戴》補“鬼”字，鬼，讀爲“威”，上博簡二《民之父母》簡8言“槼我遲遲”，《邶風·柏舟》作“威儀遲遲”。上博簡《鬼神之明》即以“槼”字爲“鬼神”之“鬼”。清華簡五《命訓》簡9“極禍則民鬼”亦書作“槼”，讀爲“畏”。威，《吕氏春秋·蕩兵》：“威也者，力也。”時鬼，即讀爲“恃威”，言怙恃其力。回，或爲“仁”字形訛，當從《大戴》作“仁”。

③“果敢者也”或涉上文衍，當删去。

④“飾貌”前或脱“面譽者不忠”五字。譽，謂稱譽。面譽者不忠，謂當面稱譽者不誠。飾貌，謂掩飾其形貌。静，《大戴》作“情”，當從《大戴》。情，實也。假，《大戴》作“隱”。假節，謂矯飾其性。不平，從前文“道行而不平”，解爲“不正”。

⑤多，《説文》：“重也。”多私，謂重私利。揚，謂稱揚，朱右曾以《漢書·五行傳》“驕揚奢侈，恣睢者衆”，顔師古注“揚，謂振揚張大也”爲説，甚是。寡信，言無信。揆德，謂揆度其德。

王會第五十九

【題解】

是篇概括全文主旨爲題。篇章内多見旁注性質文本竄入正文，形態如《大戴禮記·夏小正》，其已與正文無别，孔晁注時即視之如一，而不加區别。孔晁見此篇章時，其或已夾雜前人旁注整理，其或出自《逸周書》編者，亦或是更早時期輾轉流傳成于衆手，未必出自一時一地。

成周之會①，墠上張②赤弈陰羽③。

孔晁云："王城既成，大會諸侯及四夷也。陰，鶴也，以羽飾帳也。除地曰墠。弈，帳也。"孔注之"陰，鶴也"，洪頤煊謂讀爲"翳"，并舉《山海經·海外西經》"左手操翳"，郭璞注："羽葆幢也。"或是。《戰國策·齊策五》"君翳釀"，鮑彪注："翳，華蓋也。"翳，又可讀爲"鷖"，《山海經·海内經》"名曰翳鳥"，郭璞注："鳳屬也。"《廣雅·釋鳥》"翳鳥，鳳皇屬也"，王念孫疏證言《離騷》"駟玉虬而乘翳"句，"今《離騷》翳作鷖"。《文選·南都賦》"陽侯澆兮掩鳧鷖"，呂向注："鷖，水鳥名。"以"鷖""鶴"皆爲水鳥，故孔晁注以"鶴"訓"鷖"，而漢時人書"鷖"爲"翳"，孔晁不解此例，故以"陰"訓"翳"。

【疏證】

①成周，謂洛邑，此或是後世構擬，置此事于成周，未必實有其事。會，謂諸侯朝見天子。《小雅·車攻》"會同有繹"，毛傳："時見曰會，殷見曰同。"

②墠，《鄭風·東門之墠》"東門之墠"，陳奂《詩毛氏傳疏》言：

“古者家室必有場圃，春夏爲圃，秋冬則爲場。墠即場也。”《國語·楚語下》“壇場之所”，韋注：“除地曰場。”故書多以“除地”釋“墠”，除，言修治之義，《國語·周語下》“身聳除潔”，韋注：“除，治也。”修治地面，使之平整，以便祭祀朝會等事。張，謂張設。《左傳》襄二十三年“張武軍於熒庭”，孔穎達正義：“張，謂張設筑作之具。”

③弈，或爲“帟”字形，盧校是，下“弈”皆同。帟，《周禮·天官·幕人》“幕人掌帷幕幄帟綬之事”，鄭玄注引鄭司農云：“帟，平帳也。”又言：“帟，主在幕，若幄中坐，上承塵。”《禮記·檀弓上》“君於士有賜帟”，鄭玄注：“帟，幕之小者，所以承塵。”陰，王引之言讀爲“闇”，并引《爾雅·釋畜》“陰白雜毛駰”爲説，更言“陰羽”與“示弈”對文，説甚是。《爾雅》郭璞注謂“陰，淺黑也”。羽，《國語·楚語下》“龜珠角齒皮革羽毛”，韋注：“羽，鳥羽，所以爲旌。”《周禮·考工記·鍾氏》“鍾氏染羽”，鄭玄注：“羽，所以飾旌旗及王后之車。”

天子南面立，絻無繁露①，朝服八十②，物揞挺③。

孔晁云：“繁露，冕之所垂也，所尊敬則有焉八十。物，大小所服。揞，插也。挺，笏也。”“八十”當從正文作“九采”，詳下文。

【疏證】

①天子南面立，謂面南而立，如《明堂》言“天子之位，負斧扆，南面立”。絻，即“冕”，《國語·周語上》“太宰以王命命冕服”，韋注：“冕，大冠也。”繁露，即冕旒。《後漢書·蔡茂傳》“黼黻冕旒”，李賢注：“旒，謂冕前後所垂玉也，天子十二旒，上公九旒。”

②朝服，《儀禮·鄉飲酒禮》“鄉朝服而謀賓介”，鄭玄注：“朝服，冠玄端、緇帶素韠、白屨。”八，由下文七十、五十及《左傳》襄二十六年“自上以下，降殺以兩，禮也”推之，當作“九”。十，孫詒讓以爲當是“才”字形訛，“才”讀爲“采”，九采，即九章，説甚是。《大戴禮記·朝事》言“冕服九章，建常九旒”。《小雅·裳裳者華》“維其有章矣”，鄭箋：“章，禮文也。”《左傳》昭二十五年“五章以奉五色”，杜注：

"赤與白謂之章。"

③物，當作"曶"，讀爲"笏"，孫詒讓説是。《穆天子傳》卷一"搢曶"，郭璞注："曶，長三尺，杼上椎頭，一名珽，亦謂之大圭。"洪頤煊言："《太平御覽》六百九十二引作'笏'，曶，古笏字。"搢，《禮記·樂記》"裨冕搢笏"，鄭玄注："搢，猶插也。"挺，當從盧校讀爲"珽"，《周禮·考工記·玉人》"大圭長三尺"，鄭玄注："王所搢大圭也，或謂之珽。"《禮記·玉藻》"天子搢珽"，鄭玄注："珽，此亦笏也，謂之珽。珽之言珽然無所屈也，或謂之大圭。"《荀子·大略》"天子御珽"，楊倞注："珽，大珪，長三尺，杼上，終葵首，謂剡上至其首而方也。"

唐叔、荀叔、周公在左，太公望在右①，皆絻，亦無繁露，朝服七十，物搢笏，旁天子而立於堂上②。

孔晁云："唐、荀，國名，皆成王弟，故曰叔。旁，差在後也。近天子後，故其冕謂亦無旒也。"差，《廣雅·釋詁三》："次也。""天子後"當作"天子"，"後"字或涉前"差在後"衍，當删。"冕"後"謂"字，當在"差在後"前。

【疏證】

①唐叔，唐叔虞，成王之弟，封于唐。唐，西周金文作"昜"，中國國家博物館所藏覭公簋言"令昜伯侯于晋"，是知其所言者爲"唐"。《左傳》定四年"命以唐誥而封於夏虚"，杜注："《唐誥》誥命篇名也。夏虚，大夏，今大原晋陽也。"荀，諸家多以爲是《左傳》僖二十四年所言"郇"，或是。《曹風·下泉》"四國有王，郇伯勞之"，毛傳："郇伯，郇侯也。"孔穎達正義并舉其證，以之爲侯爵，故陳逢衡言"伯爵"之説非是。郇，或即《左傳》僖二十四年"師退，軍于郇"之"郇"，杜注："解縣西北有郇城。"又《左傳》成六年所言"必居郇瑕氏之地"，杜注："郇、瑕，古國名。河東解縣西北有郇城。"孔晁以稱"叔"，謂荀叔是成王之弟，或誤。唐、荀及周公，皆姬姓，故居左。太公望，即《大雅·

大明》所言“師尚父”，姜姓，故居右，以示與同姓有别。

②絻，言服冕。“七十”當作“七采”。笏，謂笏板，《禮記·内則》“搢笏”，鄭玄注：“笏，所以記事也。”旁天子，謂在天子兩側。堂，《禮記·檀弓上》“吾見封之若堂者矣”，鄭玄注：“堂，形四方而高。”堂上，或即承前文“墠上”而言。

堂下之右①，唐公、虞公南面立焉②。

孔晁云：“唐、虞二公，堯、舜後也。”

【疏證】

①堂下，朱右曾謂“中階之左右”，甚是。

②《禮記·樂記》言“武王克殷反商，未及下車而封黄帝之後於薊，封帝堯之後於祝，封帝舜之後於陳”。祝，《史記·周本紀》“黄帝之後於祝，帝堯之後於薊”，《史記》此處或誤倒黄帝、帝堯之後所封。張守節正義引《左傳》云：“祝其，實夾谷。”杜預云：“夾谷，即祝其也。”服虔云：“東海郡祝其縣也。”王應麟即取此説。祝其，即何秋濤所謂江蘇贛榆縣西南五十里，即今江蘇省連雲港市贛榆區。陳，《漢書·地理志》言“陳國，今淮陽之地。陳本太昊之虚，周武王封舜後嬀滿于陳，是爲胡公，妻以元女大姬”，即今河南省周口市淮陽區。“立焉”二字後或當從下句孔注之意，補“絻有繁露，朝服五十，物皆搢笏”。

堂下之左，殷公、夏公立焉①，皆南面，絻有繁露，朝服五十，物皆搢笏②。

孔晁云：“杞、宋二公。冕有繁露，搢笏，則唐虞闕也。”孔注“闕”字盧校作“同”。

【疏證】

①《論語·八佾》“夏禮，吾能言之，杞不足徵也；殷禮，吾能言之，宋不足徵也”，此“殷公、夏公”或當倒作“夏公、殷公”。杞，《史記·陳杞世家》言“周武王克殷紂，求禹之後，得東樓公，封之於杞，以奉夏后氏祀”，裴駰集解引宋忠曰：“杞，今陳留雍丘縣也。”即今河南省開封市

杞縣。宋，《管子·宙合》言“故微子不與於紂之難，而封於宋，以爲殷主，先祖不滅，後世不絶，故曰大賢之德長”，《漢書·地理志》：“周封微子於宋，今之睢陽是也，本陶唐氏火正閼伯之虚也。”即今河南省商丘市睢陽區。此處以“唐虞殷夏”而非“祝陳杞宋”言之，意似强調周之法統紹繼自此四代。

②五十，當作“五采”。此“絻有繁露，朝服五十，物皆搢笏”是總“唐虞殷夏”而言，非謂唐虞無搢笏，孔注非是。

爲諸侯之有疾病者[①]，阼階之南[②]，祝、淮氏、榮氏次之[③]，皆西南[④]，彌宗旁之[⑤]。

孔晁云：“淮、榮，二祝之氏也。彌宗，官名，次珪瓚南，差在浚。”孔注“浚”當爲“後”字之誤。

【疏證】

①此句盧校疑爲衍文，甚是，或涉下句“爲諸侯有疾病者醫藥所居”而衍，當删去。

②阼階，《儀禮·鄉射禮》“席主人於阼階上”，鄭玄注：“阼階，東階。”

③祝，《國語·楚語下》“虔其宗祝”，韋注：“宗，主祭祀。祝，主祝祈也。”“祝”後或脱一“者”字，當從下文“相者”補。淮，何秋濤言淮夷之淮，非是。淮，或爲“準”字之誤。準氏，猶《尚書·立政》所言“準人”“準夫”，僞孔傳：“準人，平法，謂士官。”榮，此上下文言“祝”“彌宗”及太史、大行人等，皆爲官稱而不及族氏，故此“榮”或亦不當言西周之榮氏家族。案：榮，或爲“禜”字形訛，《周禮·地官·族師》“春秋祭酺亦如之”，鄭玄注：“蓋亦爲壇位如雩禜”，陸德明釋文：“禜，榮敬反，本亦作榮。”《周禮·春官·大祝》言“掌六祈以同鬼神示，一曰類，二曰造，三曰禬，四曰禜，五曰攻，六曰説”。則“禜氏”或是祝之屬官，故此處“祝、淮氏、榮氏”，或當作“祝、禜氏、準氏”。下句以“相者、太史、魚、大行人”連用，而二者職司不同，則此“祝”

“準氏”“禜氏”所指，亦可有别。

④“西南”當作“西面”，面、南二字形近而誤。其在東階之南，西面，言面階而立。

⑤下文言“郭叔”“應侯”等，皆是王室近支，故此“彌”或讀爲“邇”，言近之義。彌宗，猶他篇所見“邇臣”，謂王之近支宗族。

爲諸侯有疾病者醫藥所居。

孔晁云：“使諸左右也，居則至也。”

【疏證】

此句與上下文義不合，唐大沛爲當在後文“堂後東北爲赤帟焉”之下，或是。疾，亦病也。醫，《論語·子路》“人而無恒，不可以作巫醫”，皇侃義疏：“醫，能治人病者。”藥，《荀子·富國》“不足以藥傷補敗”，楊倞注：“藥，猶醫也。”疾、病，醫、藥皆同義連用。

相者、太史①、魚②、大行人③，皆朝服，有繁露④。

孔晁云：“魚，太史名。及太行人，皆賛相賓客禮儀也。”

【疏證】

①相，《左傳》成二年“使相告之”，杜注：“相，相禮者。”《禮記·雜記下》“相者由左”，鄭玄注：“相，相主人之禮。”太史，西周金文多見之，亦作“大史”。

②魚，孔晁注爲太史私名，然上下文所言觀之，皆無具私名者，故此“魚”或屬下讀，不當作私名解。案：魚，本或作“御”。上博簡六《孔子見季桓子》簡5“是故魚道之君子，行，冠弗視也”，包山楚簡121有“大魰尹”，劉釗疑讀爲“虞”，爲虞衡之虞，乃掌山之官（《包山楚簡文字考釋》，《東方文化》1998年第1、2期合刊，第59頁）。《尚書·堯典》“汝作朕虞”，僞孔傳：“虞，掌山澤之官。”前所言《孔子見季桓子》之“魚道之君子”，即可讀爲“虞道之君子”，虞，爲慮度之義。然陳偉指上博簡六《競公虐》簡8有“今薪蒸使虞守之，澤梁使魰守之”，以“虞、魰”并列，故當是二官（《楚地出土戰國簡册（十四種）》，經濟科學出版社，2009

年，第59頁），甚是。故讀“虞”雖可解爲職官，然存在矛盾文例，此不取之。“魚”亦可讀爲“御”，上博簡一《緇衣》“以儢民淫”，今本《緇衣》作“御”。故“御”可从“魚”得聲。王子揚亦指出：“何組二類卜辭用‘[illegible]’（《合》28011）表示‘禦’，在‘禦’字初文上添加聲旁‘魚’。”（《甲骨文字形類組差異現象研究》，中西書局，2013年，第30頁。）可見，以聲符“魚”而言“御”字相關各字之用例可追溯至商代。此“御”與“太史”并舉，或即《尚書》習見之“御事”。

③禮書中“行人”多冠以“大”字。而《左傳》等則徑作“行人”，如《論語·憲問》所言“爲命：裨諶草創之，世叔討論之，行人子羽修飾之，東里子產潤色之”。故“大”字可屬上讀。行人，亦作“行李”，《左傳》僖三十年“行李之往來”，杜注：“行李，使人。”襄八年“亦不使一介行李告于寡君”，杜注：“行李，行人也。”

④“有”前脱“絻”字，當據前文補之。

堂下之東面，郭叔①掌爲天子菉幣焉，絻有繁露②。

孔晁云：“郭叔，虢，文王弟。菉，録諸侯之幣也。”

【疏證】

①郭，《戰國策·秦策一》“臣恐王之如郭君”，高誘注：“古文言虢也。”鮑彪注：“郭、虢同。”《左傳》僖五年“虢仲，虢叔，王季之穆也，爲文王卿士”，《國語·晋語四》“文王在母不憂，在傅弗勤，處師弗煩，事王不怒，孝友二虢，而惠慈二蔡，刑于大姒，比于諸弟”，故孔注“虢”爲文王弟。

②掌，《國語·晋語七》“使掌公族大夫”，韋注：“掌，主也。”菉，當從孔注讀爲“録”，《荀子·修身》“程役而不録”，楊倞注：“録，檢束也。”幣，贄也，謂摯見之禮，《左傳》十二年“交贄往來”，杜注：“贄，幣也。”下文言“受贄者”即承此而言。

内臺西面者正北方①，應侯②、曹叔③、伯舅、中舅④。

孔晁云：“内臺，中臺也。應侯，成王弟。”

【疏證】

①下文言“中臺之外”，前文又無“中臺之内”，故孔注以“内臺”爲“中臺”。此“内臺”或即謂“中臺之内”，以與下文“中臺之外”相應。王應麟本無“者”字，各家從删，下句“西方東面正北方”，亦無“者”字。

②應，《左傳》僖二十四年“邘、晋、應、韓，武之穆也”，故孔注言是成王弟。其地望，王應麟謂在汝州葉縣，何秋濤言在今河南魯山縣，皆甚是。二地爲臨縣，地望甚近且與1986年前後于河南省平頂山市新華區薛莊鎮所發現的40餘座應國墓葬相去甚近。其中，M84所出應侯爯盨銘文言“應侯爯肇作厥丕顯文考釐公尊彝，用妥朋友，用寧多福，爯其萬年永寶”，器主即稱“應侯”。

③曹，《左傳》僖二十八年言“曹叔振鐸，文之昭也”，是知曹叔爲武王弟。《漢書·地理志》言“濟陰定陶，詩風曹國也”，地在今山東定陶縣、曹縣。

④伯舅，《儀禮·覲禮》言“同姓大國則曰伯父，其異姓則曰伯舅。同姓小邦則曰叔父，其異姓小邦則曰叔舅”。故此處“中舅”，或當作“叔舅”。伯舅、叔舅爲異姓諸侯，與下句“伯父”“中子”相向而立。

比服次之①，要服次之②，荒服次之③。西方東面正北方，伯父、中子次之④。

孔晁云：“此要服於比服轉遠殊，故殊其名，非夷狄之四荒也。伯父，姬姓之國，中子，於王子中行者也。”轉，《廣雅·釋詁一》：“行也。”“遠殊”之“殊”，《漢書·宣帝紀》“骨肉之親粲而不殊”，顔師古注：“殊，絶也。”爲隔絶之義。轉遠殊，謂行遠而隔絶。“殊其名”之“殊”，《吕氏春秋·論人》“人同類而智殊”，高誘注：“殊，異。”

【疏證】

①比，《左傳》文十八年“是與比周”，杜注：“比，近也。”服，《周禮·夏官·職方氏》“乃辨九服之邦國”，鄭玄注：“服，服事天子

也。”次，《儀禮·特牲饋食禮》“酌亞獻尸”，鄭玄注：“亞，次也。次，猶貳。”

②要，《國語·周語上》“蠻夷要服”，韋注：“要者，要結好信而服從之。”

③荒，《吕氏春秋·知度》“若何而服四荒之外”，高誘注：“荒，裔遠也。”《國語·周語上》“戎狄荒服”，韋注：“荒忽無常之言也。”

④伯父，如前引《儀禮·覲禮》所言，謂同姓之國。中子，盧文弨言“舉伯父可以包叔父，中子則仲叔季弟之倫也”，何秋濤引《尚書·吕刑》“伯父、伯兄、仲叔、季弟、幼子、童孫，皆聽朕言”爲證，甚是。王應麟言“中子，王之支子也”，亦甚是。王之支子，出就封而爲諸侯，故得與“伯父”并稱。

方[①]千里之外爲比服[②]，方千里之内爲要服，三千里之内爲荒服，是皆朝於内者[③]。

孔晁云：“此服名因於殷，非周制也。”

【疏證】

①此句與上下文不類，或爲“比服次之，要服次之，荒服次之”句旁注竄入正文。此所言“要服”“荒服”者，或如孔晁注説，是襲舊説之名，未必可徵其實，又或是大一統之勢已定，所謂“甸服”“侯服”“賓服”皆已爲王直接控制，故近服則無，遠服則近。

②“外”當從下文作“内”，王應麟即作“内”。

③“方”當作“二”，啓下文“三千里之内”而言。王應麟以“方”後脱“二”，下文“三千里”前脱“方”字，亦通。朝，謂朝見。内，《左傳》文十八年“内平外成”，杜注：“内諸夏，外夷狄。”

堂後東北爲赤弈焉[①]，浴盆在其中[②]。

孔晁云：“雖不用而設之，敬諸侯也。”

【疏證】

①爲，《周禮·春官·典同》“以爲樂器”，鄭玄注：“爲，作也。”

②浴，言洗身，《禮記·雜記下》“身有瘍則浴，首有創則沐，病則飲酒食肉。毁瘠爲病，君子弗爲也”。其雖言居喪之時，然言有傷則浴，故前文“爲諸侯有疾病者醫藥所居”當在“浴盆”之前，“其中”即“醫藥之中”。

其西，天子車立馬乘①，亦青②陰羽鳧旌③。

孔晁云：“鶴鳧羽爲旌旄。”

【疏證】

①“馬”當是“焉”字形訛，此句當校作“天子乘車立焉”，孫詒讓説甚是。乘車，《周禮·夏官·司戈盾》“建乘車之戈盾”，鄭玄注：“乘車，王所乘車也。”《周禮·天官·夏采》“以乘車建綏，復于四郊”，孫詒讓正義：“此乘車實當爲象路。”

②亦，王應麟作“六”，屬上讀，盧校從之，非是。亦，當爲“帟”字之省，孫詒讓説是。亦青，即青帟。青帟，後或即漢時所見“青蓋”。蓋，《周禮·春官·巾車》“皆有容蓋”，鄭玄注：“蓋，如今小車蓋也。”帟，亦謂覆蓋之帳，二者或是有淵源。漢時，青蓋多爲天子所用，如《後漢書·董卓列傳》言“卓遂僭擬車服，乘金華青蓋，爪畫兩轓，時人號‘竿摩車’，言其服飾近天子也”，《蔡邕列傳》又言“初平二年六月，地震，卓以問邕。邕對曰：‘地動者，陰盛侵陽，臣下踰制之所致也。前春郊天，公奉引車駕，乘金華青蓋，爪畫兩轓，遠近以爲非宜。’卓於是改乘皁蓋車”，武漢博物館藏漢代銅鏡亦有銘文“青蓋作鏡四夷服”，故此以“青帟”言天子乘車，或是。

③陰羽，謂黑旌。鳧，謂野鴨，《大雅·鳧鷖》“鳧鷖在涇”，毛傳：“鳧，水鳥也。”鳧旌，謂以鳧羽爲旌。

中臺之外①，其右泰士②，臺右彌士③。

孔晁云：“外，謂臺之東西也，外臺右太士，右彌士，士言尊王。太、彌，相儀之事也。”

【疏證】

①中臺，即前文所謂“内臺”。外，謂旁其左右而立。

②其右，或當作“臺左”。元刊本“臺”字作“臺”，上半部與“其”字形近易訛。右，當從盧校作“左”。泰士，惠棟言是“理官”，即“大士”，孫詒讓亦以爲是大司寇，恐非是。若是理官，則何以要服、荒服者在内臺，而重臣司寇反在中臺之外？故此“士”恐不當解爲司寇之官。此“士”或即《孟子·萬章下》所言“天子之制，地方千里，公侯皆方百里，伯七十里，子、男五十里，凡四等。不能五十里，不達於天子，附於諸侯，曰附庸。天子之卿受地視侯，大夫受地視伯，元士受地視子、男”之“元士”，此“元士”又得拆爲上、中、下，泰士，或即“上士”，王應麟説是。《禮記·王制》言“天子之元士視附庸”，故“元士”可次于要服、荒服之後。

③彌，或取廣多周遍之義，《周禮·春官·大祝》“彌祀社稷禱祠”，鄭玄注：“彌，猶徧也。”彌士，猶庶士，《荀子·正論》“三公奉軶、持納，諸侯持輪、挾輿、先馬，大侯編後，大夫次之，小侯元士次之，庶士介而夾道，庶人隱竄，莫敢視望”，以小侯與元士并舉，又次于庶士之前。王應麟言彌士謂中士、下士或是。

受贄者八人，東面者四人。

孔晁云：“受賓幣士也。四人東面，則西面四人也。”受賓幣士，謂受賓客獻幣之士，不必從王應麟、何秋濤改“賓”爲“贄”，幣即言贄也。

【疏證】

贄，即前所言“録幣”，于此受諸侯進獻之幣，而報于虢叔録之。東面四人，則西面亦四人，孔注是。

陳弊當外臺①，天玄嶽②、宗馬十二③，

孔晁云：“陳束帛被馬於外臺。天玄，黑嶽。宗，尊也。”

【疏證】

①陳，《國語·齊語》“相陳以功”，韋注：“陳，亦示也。”弊當爲“幣”字之誤。陳幣當外臺，言于正當外臺之處，陳諸侯所獻之幣。

②天玄，或當作“大玄”。玄，《豳風·七月》“載玄載黄”，毛傳：“玄，黑而有赤也。”嶡，王應麟作“罽”，盧校從。罽，朱右曾言爲“𦋺”，《漢書·東方朔傳》“狗馬被缋𦋺”，顔師古注：“𦋺，織毛也，即氍毹之屬。”氍毹，蓋氈毯之屬。天玄嶡，即氈毯之大黑者也。何秋濤言“罽”讀爲“氍”，非是。玄色之氈，或爲北方所貢。

③宗馬，潘振言爲群馬所尊，是“種馬”之義，朱右曾讀“宗”爲“先”，皆非是。案：“宗馬”或即是下文所言“青馬”，宗、青二字形近而誤。又，宗，或讀爲“崇”，《大雅·思齊》“惠于宗公”，馬瑞辰《毛詩傳箋通釋》言“宗、崇古通用”。另《史記·周本紀》言“伐崇侯虎”，上博簡二《容成氏》簡46則以“宗”與“密須氏”連用，是可證此“崇”，亦書爲“宗”。《程典》所言“宗讒”即爲崇侯之讒。崇，《國語·周語上》“崇立上帝明神而敬事之”，韋注：“崇，尊也。”是知孔晁所見，或是“崇”字，故訓爲“尊”。此“崇”當訓爲“高”，《國語·周語下》“夫宫室不崇”，韋注：“崇，高也。”宗馬，謂馬之高者。《公羊傳》隱元年“賵者蓋以馬，以乘馬束帛”，何休解詁云：“天子馬曰龍，高七尺以上，諸侯曰馬，高六尺以上，卿大夫、士曰駒，高五尺以上。”故所用之馬愈高，其位愈尊。

王玄繚碧基十二，

孔晁云：“此下三‘碧’皆玉，故自下以至王之。玄繚，謂之黑組紐之。基，玉名，有十二基也。”孔注組，《尚書·禹貢》“厥篚玄纁玑組”，僞孔傳：“組，綬類。”紐，《禮記·喪服大記》“纁紐六”，鄭玄注：“紐，所以結連帷荒者也。”孔注“謂之”或當作“謂以”。“故自下以至王之”等字或爲衍文。

【疏證】

“王”或爲“玉”字形訛，“碧”當是“璧”字形訛，下文“璧”皆同。基，或作“綦”，盧校從王應麟本改，甚是。玄，黑也。繚，《禮記·玉藻》“再繚四寸”，孔穎達疏：“繚，繞也。”綦，《周禮·夏官·弁師》“會五采玉璂”，鄭玄注：“璂，讀如‘薄借綦’之‘綦’。綦，結也，皮弁之縫中每貫結五采玉十二以爲飾，謂之綦。”

參方玄繚璧、豹虎皮十二，

孔晁云：“參方，陳幣三所也，璧、皮兼陳也。”正文并孔注之“壁”，當作“璧”。

【疏證】

參，讀爲“三”，三方十二，則每方各四。《禮記·郊特牲》言“虎豹之皮，示服猛也。束帛加璧，往德也”，可與此對讀。前所言“黑髭”或是北方所貢，則此“參方”，或謂東、西、北三方。

四方玄繚璧琰十二。

孔晁云：“琰，珪也，有鋒疾。陳之，四方所列之也。”孔注“疾”當從盧校作“鋭”。

【疏證】

琰，《周禮·考工記·玉人》“琰圭九寸，判規，以除慝，以易行”，鄭玄注：“琰圭，琰半以上，又半爲瑑飾。諸侯有爲不義，使者征之，執以爲瑞節也。”四方十二，則每方各三。上博簡二《容成氏》簡31言“方有三借”“東方爲三借”“西方有三借”“南方有三借”“北方有三借”，或可與此對讀。

外臺之四隅，張赤弈[①]，爲諸侯欲息者皆息焉，命之曰爻閭[②]。

孔晁云：“每角張，息者隨所近也。侯稱爻也。”孔注“張”後或脱一“帟”，當從盧校補。

【疏證】

①隅，《論語·述而》“舉一隅而示之”，皇侃義疏：“隅，角也。”張，謂張設。

②息，《荀子·大略》“願息事君”，楊倞注：“息，休息。”命，《國語·魯語上》“黄帝能成命百物”，韋注：“命，名也。”爻，陳逢

衡疑作“安”，唐大沛疑爲“友”，朱右曾則以爲其設于四隅如卦爻，皆非是。案：爻，本或作“效”，《易·繫辭下》“爻也者，效天下之動者也”。《左傳》文八年“效節於府人而出”，杜注：“效，猶致也。”閭，當爲“廬”，《墨子·非攻中》“闔閭”，清華簡七《越公其事》簡11則作“盍膚”，《左傳》昭二十七年、北大漢簡《周馴》簡59則作“闔廬”。《漢書·董賢傳》“止賢廬”，顏師古注：“廬，謂殿中所宿止處。”爻閭，猶言致廬，正承前文“諸侯欲息者皆息”而言。

周公旦主東方所之①。青馬、黑歍，謂之母兒②。

孔晁云：“周公主東方，則太公主西方，東青馬，則西白馬矣，馬名未聞。”

【疏證】

①主，謂主掌。《公羊傳》隱五年言“自陝而東者，周公主之；自陝而西者，召公主之，一相處乎内”，可與此對讀。之，《鄘風·柏舟》“之死矢靡它”，毛傳：“之，至也。”東方所之，謂自東方所至之諸侯。

②母，劉師培疑爲“鞪”字音轉，非是。母，《禮記·内則》“淳母”，鄭玄注：“母讀曰模。模，象也。”即今所言“摹”字，《廣雅·釋詁四》“摹，刑也”，王念孫疏證：“摹與模通。”丁宗洛言“兒”讀爲“貌”，甚是，陳逢衡讀“猊”不確。母兒，即言摹貌，以青而摹東方之貌，以黑而摹北方之貌，如《左傳》宣三年所言“昔夏之方有德也，遠方圖物，貢金九牧，鑄鼎象物，百物而爲之備”，以其方所貢之物，象其地之形。

其守營墻者衣青，操弓執矛。

孔晁云：“戟也。各異方。”“戟”前或脱一“矛”字。各異方，言其守東墻者衣青，西者衣白，南者衣赤，北者衣黑。

【疏證】

守，或爲“營墻者”之旁注竄入，營墻者，即守者。營，猶“縈”字，謂旋繞之義，《周南·樛木》“葛藟縈之”，毛傳：“縈，旋也。”《漢書·揚雄傳上》“然至羽獵田車戎馬器械儲偫禁禦所營”，顏師古注：

“營，謂圍守也。”操、執，皆持也。

西面者正北方①，稷慎②，大麈③。

孔晁云：“稷慎，肅慎也。貢麈，似鹿。正比，内臺北也。”孔注“比”爲“北”字形訛。

【疏證】

①此即當作“西面者”，“正北方”三字或涉下文“正北方義渠以兹白”誤衍，以其西面，故爲東方，謂下列諸國皆東夷之國。

②肅慎，見于《左傳》昭九年“肅慎、燕、亳，吾北土也”。《國語·魯語下》“此肅慎氏之矢也。昔武王克商，通道于九夷、百蠻，使各以其方賄來貢，使無忘職業”，韋注：“肅慎，北夷之國。”《大戴禮記·五帝德》作“北山戎、發、息慎”，則“肅慎”亦作“息慎”，《史記·五帝本紀》“息慎”，裴駰集解引鄭玄曰：“息慎，或謂之肅慎，東北夷。”肅，心紐覺部，息，心紐職部，稷，精紐職部，息、稷二字音近可通。

③麈，《史記·司馬相如列傳》“沈牛麈麋”，張守節正義：“麈，似鹿而大。”是物亦見于《世俘》。

穢人①前兒②。前兒若彌猴，立行，聲似小兒③。

孔晁云：“穢，韓穢，東夷别種。”

【疏證】

①穢，或作“濊”，《漢書·匈奴傳》“是時漢東拔濊貉、朝鮮以爲郡”，顔師古注：“濊與穢同，亦或作薉。”故“穢”即是《管子·小匡》所言“北至於孤竹、山戎、穢貉、拘秦夏”之“穢貉”，亦即《漢書·地理志》言“玄菟、樂浪，武帝時置，皆朝鮮、濊貉、句驪蠻夷”之“濊貉”。東漢則作“濊貊”，《後漢書·明帝紀》言“烏桓、濊貊咸來助祭”，是知其在今東北、朝鮮之地。

②“前”字或涉下句“前兒”而誤衍。兒，讀爲“鯢”，《爾雅·釋魚》“鯢，大者謂之鰕”，郭璞注：“鯢，今鯢魚似鮎，四脚，前似獮猴，後似狗，聲如小兒啼，大者長八九尺。”即今俗所謂“娃娃魚”者。

③“前兒若彌猴，立行，聲似小兒”句，旁注竄入，後文多見此例，徑以“旁注”注之。據郭璞注“前兒”或當倒作“兒前”，解爲“鯢前若獮猴”。以其有四脚，故言“立行”。

良夷[①]在子[②]。在子□身人首，脂其腹，炙之霍，則鳴曰在子[③]。

孔晁云：“良夷，樂狼之夷也，貢奇獸。”孔注“狼”亦當作“浪”。

【疏證】

①良，讀爲“浪”。樂浪，《漢書·武帝紀》言“夏，朝鮮斬其王右渠降，以其地爲樂浪、臨屯、玄菟、真番郡”，又《後漢書·東夷列傳》言“馬韓在西，有五十四國，其北與樂浪，南與倭接”。三韓在今朝鮮半島南部，是知樂浪之地在今朝鮮北部。

②在子，何秋濤以爲是《山海經·北山經》所言“竦斯”，或是《海内北經》所言之“陵魚”，陳漢章以爲是“鰨”。陳漢章説或是，鰨，《説文》言“魚，似鼈，無甲，有尾，無足，口在腹下”。

③“在子□身人首，脂其腹，炙之霍，則鳴曰在子”句，旁注。脱字王應麟作“幣”，各家皆以其字通爲“鼈”，甚是。脂，《禮記·内則》“脂用葱”，鄭玄注：“脂，肥凝者。”脂其腹，言其腹肥，或當作“其腹脂”。炙，《小雅·楚茨》“或燔或炙”，毛傳：“炙，炙肉也。”鄭箋：“炙，肝炙也。”霍，王應麟讀爲“藿”，陳逢衡以爲是“劘”。案：王應麟讀“藿”之説或差近，然不當以本字解爲“豆葉”。字或當爲“蒦”字形訛，蒦，即讀爲“鼎鑊”之“鑊”。《周禮·春官·大宗伯》“省牲鑊”，鄭玄注：“鑊，烹牲器也。”炙之霍，猶言烹之于鼎鑊。在子，或以其鳴聲名之。

楊州[①]禺。禺，魚名[②]。

【疏證】

①楊，各本作“揚”。揚州，恐非是《尚書·禹貢》及《職方》所見東南淮海之“揚州”。《吕氏春秋·恃君》言“非濱之東，夷、穢之鄉，大解、陵魚、其、鹿野、摇山、揚島”，何秋濤以此“揚島”爲“揚州”，甚

是。此正與《説文》所言“鰅出於樂浪東暆”相合。然何秋濤以其地在朝鮮國京畿道城西南之“揚州”，恐非是。

②禺，當讀爲“鰅”，《説文》：“鰅，魚名。皮有文，出樂浪東暆。神爵四年，初捕收輸考工。周成王時，揚州獻鰅。从魚禺聲。”《説文》所言“揚州獻鰅”之事，或即本《王會》而來。“禺，魚名”句，旁注。

解，隃寇。

孔晁云：“亦奇魚也。”

【疏證】

解，或即《吕氏春秋·恃君》所言“大解”，與前所言“揚島”并爲東北夷之國名。隃，當讀爲“羭”，《爾雅·釋畜》“夏羊牡，羭”，郭璞注：“羭，黑羝也。”寇，爲“冠”字形訛。隃寇，言黑羊皮所爲之冠。

發人①鹿。鹿者，若鹿迅走②。

孔晁云：“發亦東夷。迅，疾。”

【疏證】

①發，《管子·輕重甲》言“吴越不朝，珠象而以爲幣乎。發朝鮮不朝，請文皮毤。服而以爲幣乎”，前以“吴越”并稱，則後句亦或是以“發”與“朝鮮”并舉。發，即《大戴禮記·少閒》所言“海外肅慎、北發、渠搜、氐羌來服”之“北發”。

②鹿，王應麟本“鹿”下有人字，盧校讀爲“麃”，陳逢衡讀爲“麀”，作“麀”近是。案：此或即“麇”，《左傳》哀十四年“逢澤有介麇焉”，陸德明釋文：“麇，九倫反，獐也。”即《召南·野有死麕》之“麕”，馬瑞辰《毛詩傳箋通釋》“用其皮，非用其肉”。《廣雅·釋獸》“麇，麞也”，王念孫疏證：“麞，或作獐。”其似鹿而小，善奔走跳躍，亦出于朝鮮之地，或即此所謂“鹿”。“鹿者，若鹿迅走”，旁注。

俞人①雖，馬②。

孔晁云：“俞，東北夷。雖馬，舊駕，一角大者曰麟也。”舊駕，當從王應麟作"雟如馬"。故正文不當以"雖馬"連讀，孔注連讀之，或是所見已誤。

【疏證】

①俞，當讀爲"渝"。《漢書·地理志》有"臨渝"，下言"渝水首受白狼，東入塞外"。《水經注·大遼水》言"渝水首受白狼，水西南循山，逕一故城，西世以爲河連城，疑是臨渝縣之故城，王莽曰'馮德'者矣。渝水南流東屈，與一水會，世名之曰檻倫。水蓋戎方之變名耳，疑即《地理志》所謂侯水北入渝者也。《十三州志》曰：'侯水南入渝。'《地理志》蓋言自北而南也，又西南流注于渝。渝水又東南，逕一故城東，俗曰女羅城。又南逕誉丘城西，誉丘在齊而名之于遼燕之間者，蓋燕齊遼迥僑分所在。其水東南入海，《地理志》曰：'渝水自塞外，南入海。'"劉師培據此以爲渝水即今之大凌河，或是。

②雖，王應麟以爲是"雟"，甚是。《爾雅·釋獸》"雟，如馬，一角"，郭璞注："元康八年，九真郡獵得一獸，大如馬，一角，角如鹿茸，此即雟也。今深山中人時或見之，亦有無角者。"然九真郡在今之越南之地，與東北夷相去甚遠，此頗可疑。《廣雅·釋器》"鑴，錐也"，王念孫疏證："雟，亦以其角形狀如錐而名之，故《逸周書·王會篇》謂之雖馬。雖、錐聲相近也。"説恐非是。"馬"爲"雟"字旁注。

青丘，狐九尾，

孔晁云："青丘，海東地名。"

【疏證】

《吕氏春秋·求人》言"禹東至榑木之地，日出、九津、青羌之野，攢樹之所，揞天之山，鳥谷、青丘之鄉，黑齒之國"。各家引《史記·司馬相如列傳》司馬貞索隱及《漢書·司馬相如傳》顔師古注引服虔云："青丘國在海東三百里。"《山海經·南山經》言："又東三百里，曰青丘之山，其陽多玉，其陰多青雘。有獸焉，其狀如狐而九尾，其音如嬰兒，能食人，食者不蠱。"

周頭[①]，煇羖。煇羖者，羊也[②]。

孔晁云："周頭，亦海東名也。"

【疏證】

①周，或當從陳逢衡所引或曰讀爲"雕"，其字本或作"彫"。言爲《山海經》所見"驩頭國""周饒國"則非是。頭，《史記·司馬相如列傳》"赤首圜題"，裴駰集解引郭璞曰："題，額也。"雕題，謂彫畫其額頭。《史記·趙世家》言："夫翦髮文身，錯臂左衽，甌越之民也。黑齒雕題，却冠秫絀，大吴之國也。"則其地或在吴越，孔注言海東非是。紋面之習俗今尚可見于臺灣省之高山族及雲南省之獨龍族、怒族。

②"煇羖者，羊也"，旁注。羖，當從盧校作"羝"，《大雅·生民》"取羝以軷"，毛傳："羝羊，牡羊也。"煇，何秋濤以蒙古語呼"羊"爲"煇"爲旁證，言"煇"即是"羊"之義，非是。蒙古語"羊"讀若qonin，與"煇"音聲有别。案：或讀爲"韗"，《周禮·考工記·韗人》"韗人爲臯陶"，《説文》言此爲"攻皮治鼓工"。則"煇羖"或爲"以其皮製鼓之羊"。

黑齒，白鹿、白馬。

孔晁云："黑齒，西遠之夷也。貢白鹿、白馬。"

【疏證】

孔晁言黑齒爲西遠之夷，非是，《吕氏春秋》以"黑齒之國"與"青丘之鄉"并舉，并言其爲禹東至之地。《淮南子·修務訓》言"西教沃民，東至黑齒，北撫幽都，南道交趾"，亦以黑齒爲東。染齒爲黑之俗，多見于古之日本、東南亞等地，西南傣族亦有。

白民[①]乘黄。乘黄者似騏，背有兩角[②]。

孔晁云："白民，亦南夷。"

【疏證】

①白民，王應麟言或即《後漢書·東夷列傳》所言"白夷"，陳逢衡

非之，以爲當是《山海經》所言“白氏之國”，然此“白氏之國”在西而非東，故非是。何秋濤從《太平御覽》引《博物志》説，以“白民”爲“裸國”，亦非是。《淮南子·墬形訓》以“肅慎民、白民”并舉爲“自西北至西南方”之國，“西北”當作“東北”，肅慎在東北，則白民亦當在東北。高誘注此“白民”言“白民，白身民，被髮，髮亦白”，以前述幾説權之，似王應麟説較妥，孔晁注“南夷”，或涉下文南蠻之“白州”而誤，非是。

②“乘黄者似騏，背有兩角”，旁注。王念孫引《山海經》注校作“乘黄者似狐，其背有兩角”，甚是。王應麟取《淮南子·覽冥訓》“青龍進駕，飛黄伏皁”，高誘注：“飛黄，乘黄也，出西方，狀如狐，背上有角，乘之壽千歲”之説，或是，然言其出西方，與白民出東北或有齟齬。乘黄，亦見于《管子·小匡》“昔人之受命者，龍龜假，河出圖，雒出書，地出乘黄”及《墨子·非攻下》“泰顛來賓，河出綠圖，地出乘黄”，又作“翠黄”，《史記·司馬相如列傳》“招翠黄乘龍於沼”，裴駰集解引《漢書音義》曰：“翠黄，乘黄也，龍翼馬身，黄帝乘之而登仙。”又作“訾黄”，《漢書·禮樂志》“訾黄其何不徠下”，應劭曰：“訾黄一名乘黄，龍翼而馬身，黄帝乘之而仙。”顔師古以“黄”爲“乘黄”，而以“訾”爲語辭，讀爲“咨”，或是。

東越，海蛤。

孔晁云：“東越則海際，蛤，文蛤。”文，謂其蚌殼上之花紋，或即今所謂“花蛤”者。

【疏證】

東越，《史記》有《東越列傳》，言“孝惠三年，舉高帝時越功，曰閩君摇功多，其民便附，乃立摇爲東海王，都東甌，世俗號爲東甌王”。裴駰集解引應劭言“在吴郡東南濱海云”，又引徐廣言“今之永寧也”。即在今浙江温州。蛤，《國語·晋語九》韋注：“小曰蛤，大曰蜃，皆介物，蚌類。”字亦作“蚧”，《大戴禮記·易本命》：“故冬燕雀入於海，化而爲蚧。”蛤出于海，故言海蛤。

歐人①，蟬蛇。蟬蛇，順，食之美②。

孔晁云："東越，歐人也。比交州，蛇特多，爲上珍也。"孔注"東越，歐人也"或當校作"歐，東越人也"。比，近也。

【疏證】

①歐，當作"甌"。《史記·趙世家》"甌越之民也"，司馬貞索隱引劉氏云："今珠崖、儋耳謂之甌人，是有甌越。"珠崖、儋耳，即今之海南省。

②"蟬蛇，順，食之美"，旁注。蟬，當從陳逢衡、朱右曾、俞樾、何秋濤讀爲"鱓"，蟬蛇，即今所謂"泥鰍"。

姑於越①納口②姑妹③珎④。

孔晁云："姑妹國，後屬越。"

【疏證】

①盧校從王應麟本删"姑"字，或是，此"姑"或涉下"姑妹"而衍。於越即越，於爲發語辭。《左傳》定五、定十四、哀十三年，皆稱越作"於越"。《淮南子·原道訓》亦言"匈奴出穢裘，於越生葛絺"。

②納，《禮記·曲禮下》"納女於天子"，孔穎達疏："納，猶致也。"口，或當作"曰"字，言越所納者爲姑妹之珍。亦有將"納"通爲"魶"者，亦通。《集韻》："魚名。似鼈，無甲有尾，口在腹中。"

③姑妹，當如王應麟説，即《國語·越語上》言"句踐之地，南至于句無，北至于禦兒，東至于鄞，西至于姑蔑"所言"姑蔑"，清華簡七《越公其事》簡48—49有"東夷、西夷、古蔑、句吴四方之民乃皆聞越地之多食"，則作"古蔑"。《史記·秦本紀》《楚世家》《韓世家》有楚將唐眛，《荀子·議兵》《商君書·弱民》則作"唐蔑"。是"蔑"字可與从"末"得聲者通。《左傳》哀十三年"彌庸見姑蔑之旗"，杜注："姑蔑，越地，今東陽大末縣。"《後漢書·循吏列傳》"吴有龍丘萇者，隱居太末"，李賢注："太末，縣，屬會稽郡，今婺州龍丘縣也。"即今之浙江省龍游縣。

④珎，即"珍"字。《淮南子·主術訓》"珍怪奇物"，高誘注："金

玉爲珍。”

且甌①，文蜃②。

孔晁云：“且甌，在越。文蜃，大蛤也。”

【疏證】

①且甌，當從朱右曾讀爲“具區”，《職方》言“東南曰揚州，其山鎮曰會稽，其澤藪曰具區”。《漢書・地理志》“會稽郡吴縣”言“故國，周太伯所邑。具區澤在西，揚州藪，古文以爲震澤”。吴縣，即江蘇省蘇州市吴中區。具區澤在其西，則“具區”或即今之太湖，朱右曾説甚是。《漢書・嚴助傳》“八藪爲囿”，顔師古注：“八藪，謂魯有大野，晋有大陸，秦有楊汙，宋有孟諸，楚有雲夢，吴越之間有具區，齊有海隅，鄭有圃田。”故孔注言且甌在越。

②文，謂成花紋。《戰國策・魏策三》“文馬二駟”，鮑彪注：“文，毛色成文。”蜃，《周禮・天官・鼈人》“以時簎魚鼈龜蜃”，鄭玄注：“蜃，大蛤。”文蛤，謂蛤蚌之有花紋者。

共人①，玄貝②。

孔晁云：“共人，吴越之蠻。玄貝，照貝也。”照貝，王應麟本作“班貽貝”，盧校從。

【疏證】

①共，王應麟本作“若”，多本皆從，注亦然。若，或當從劉師培解爲“苦”字形訛，甚是。苦，一作“楛”，《荀子・勸學》“問楛者勿告也”，楊倞注：“楛，與苦同，惡也。”即《尚書・禹貢》所言“惟箘、簵、楛，三邦厎貢厥名”，陸德明釋文引馬融云：“木名，可以爲箭。”是知“楛”爲國名，以其貢楛，故名之。其地望今不詳，以前後文觀之，當在東南揚州之地，各家有讀爲“若”者，非是。

②班，當作“斑”，《廣雅・釋詁三》“斑，次也”，王念孫疏證：“斑與班同。”《禮記・王制》“斑白者不提挈”，鄭玄注：“雜色曰斑。”貽貝，即今俗所謂“海虹”。

海陽，大蟹。

孔晁云："海水之陽，一蠏盈車。"

【疏證】

此"海陽"顯非《漢書·地理志》所記在遼西郡之海陽，亦非陳逢衡所引在南海郡之揭陽縣。《戰國策·楚策一》言"楚地西有黔中、巫郡，東有夏州、海陽，南有洞庭、蒼梧，北有汾陘之塞、郇陽"，吴師道引盧藏用之説言"海陽在廣陵東，今揚州海陵縣"。説或是，其地或即今江蘇省泰州市海陵區。蠏，即"蟹"字。

自深，桂。

孔晁云："自深，亦南蠻也。"

【疏證】

自深，朱右曾引謝云謂當爲"鼻深"。何秋濤校作"目深"，又言此"目深"或即下文《伊尹獻令》所言正東之"漚深"，何説或是，此前後文皆言在東之國，且姑蔑、具區等皆在東南，則此"目深"不當是《山海經·大荒北經》所言"深目氏之國"，且北方亦不出"桂"。漚，即前所見"甌"字。此"深"或即本《水經注》所言"深水"，朱右曾説是。深水，《水經注》"深水出桂陽盧聚"，注言："吕忱曰：'深水一名邃水，導源盧溪，西入營水，亂流營波，同注湘津。'許慎云：'深水出桂陽南平縣也。'"深水，即今之瀟水。桂，或即《禮記·檀弓上》《内則》所言"薑桂"之"桂"。《吕氏春秋·本味》言"陽樸之薑，招摇之桂"，高誘注："招摇，山名，在桂陽。"正與深水之地相合。

會稽以鼉①，皆西嚮②。

孔晁云："其皮可以爲鼓，首自麈以下至此嚮西也。"王應麟本作"其皮可以冠鼓，自大麈以下至此嚮西面也"。盧校從。由前文觀之，其歷數國名自稷慎、大麈始，則孔注言"自大麈以下"或非是。"首自麈"或當作"自首、麈"。首，或爲"慎"字形訛，自首、麈以下至此，言自稷慎、大麈以下至此。嚮西也，即言西嚮，或作“面西”“西面”亦可，作“嚮西面”則文義重複。

【疏證】

①會稽，或即漢之會稽郡。鼆，即“鼉”字，《大雅·靈臺》“鼉鼓逢逢”，毛傳：“鼉，魚屬。”陸德明釋文引陸璣《草木疏》言“形似蜥蜴，四足，長丈餘，甲如鎧，皮堅厚，宜冒鼓”，即今所謂“揚子鱷”。

②西嚮，即前文所言“西面者”。以其皆自東而來，當立于臺東，故言“西嚮”。

正北方義渠①以茲白。茲白者，若白馬，鋸牙，食虎豹②。

孔晁云：“亦在臺北，於大麈相對。義渠，西戎國。茲白，一名駮者也。”言其在臺北甚是，言與“大麈”相對則非是。其爲北方之狄，故立于臺北而南面，與前所述“大麈”者并不相對。

【疏證】

①下所言諸國由西北自西南，則“正北方”或當作“正西方”。義渠，《史記·匈奴列傳》“岐、梁山、涇、漆之北有義渠、大荔、烏氏、朐衍之戎”，《秦本紀》多見秦人與之攻伐之事，其地或在今甘肅省慶陽市及其北。

②茲白，或即《秦風·晨風》“隰有六駮”所言之“駮”，毛傳：“駮，如馬，倨牙，食虎豹。”王應麟說是。“茲白者，若白馬，鋸牙，食虎豹”，旁注，其說或即襲毛傳及《爾雅·釋畜》。若白馬，當從俞樾說作“若馬”，“白”字疑涉“茲白”而衍。倨牙，《毛詩》孔穎達正義：“倨牙者，蓋謂其牙倨曲也。”以，猶用也，下各條“以”皆同。

史林①以尊耳②。尊耳者，身若虎豹，尾長三尺其身，食虎豹。

孔晁云：“史林，戎之在西南者。”

【疏證】

①史林，王應麟本作“央林”，盧校言《山海經·海内北經》作“夾林”，何秋濤謂亦作“英林”。此“央林”即《史記解》所言召離戎之君之

林氏，以其地爲《左傳》襄十四年言“鄭司馬子蟜帥鄭師以進，師皆從之，至于棫林”之“棫林”，《左傳》昭十六年“昔我先君桓公，與商人皆出自周”，孔穎達正義言“《世本》云：‘鄭桓公封棫林。’漢之京兆鄭縣是也，本在周之西都畿内也”。㦰簋銘文（《集成》04322）有“奔追襲戎于䧅林”，此地唐蘭即解爲棫林，謂地當在“陝西省涇水以西”（《用青銅器銘文來研究西周史》，《唐蘭論文集》，上海古籍出版社，2018年，第1812頁）陝西之“棫林”，裘錫圭亦認同在今扶風、寶鷄一帶（《説㦰簋的兩個地名——“棫林”與“胡”》，《裘錫圭學術文集》第3册，復旦大學出版社，2012年，第36頁）。此“棫林”雖語音可通，地望有考，然如前所言“史林”當在正北，而“棫林”則在西，方位或不相合。

②尊耳，王應麟謂即《山海經·海内北經》所言“林氏國有珍獸，大若虎，五彩畢具，尾長於身，名曰騶吾，乘之日行千里”，甚是。其名又作“騶虞”，《淮南子·道應訓》言“於是散宜生乃以千金求天下之珍怪，得騶虞、鷄斯之乘”。于鬯言“酋耳”或爲“騶吾”之聲傳，或是，何秋濤謂當作“酋牙”。“尊耳者，身若虎豹，尾長三尺其身，食虎豹”，旁注。三尺，當爲“參”字之誤。參其身，謂三倍於其身。

北唐戎①以閭。閭以，隃冠②。

孔晁云：“北唐，戎在西北者也，射禮以閭象爲射器。”象，或爲“黨”字形訛，《周禮·地官·鄉師》“閭共祭器，族共喪器，黨共射器”，孔注之説或本此來。然注誤“閭”爲“閭里”之“閭”，未作“驢”解，誤。

【疏證】

①北唐，王應麟、何秋濤以爲即今山西太原附近之古晋陽，潘振以爲是故堯之國，陳逢衡亦以爲是《漢書·地理志》所言“中山國唐縣”。王、何之説近是。何秋濤引《左傳》定四年“命以唐誥，而封於夏虚，啓以夏政，疆以戎索”，言唐在戎境，或是。然何秋濤以古唐國在太原縣西南四十里，故疑“北唐”非今太原，則恐非是。劉師培以爲當在山西之西、陝西北境，

亦未必與太原之北矛盾。“戎”字或涉孔注“北唐戎在西北者也”誤增，當刪去。

②以閭、閭以，皆當從王應麟本作“閭似”，“冠”疑涉上文“解羭冠”而衍，當删去。是句或當作“北唐以閭。閭，似隃”。《山海經·北山經》郭璞注引《周書》言“北唐以閭”，即是。“閭以，隃冠”，爲旁注，是時“似”已作“以”，且屬上讀，故誤爲“閭以”，故注者以“閭以”爲一詞爲注之，非是。閭，前文“爻閭”讀爲“廬”，可知“閭”可作從“盧”得聲之字，何秋濤以爲是“驢”之異文，甚是。羭，《爾雅·釋畜》“夏羊牡，羭”，郭璞注：“羭，黑羝也。”是句即爲“驢，似公羊”。

渠叟[①]以鼩犬。鼩犬者，露犬也，能飛，食虎豹[②]。

孔晁云：“渠叟，西戎之别名也。”

【疏證】

①叟，或作“搜”。《尚書·禹貢》言“織皮崐崘、析支、渠搜，西戎即叙”，以其屬雍州之下。《大戴禮記·少閒》有“海外肅慎、北發、渠搜、氐羌來服”，盧辯注：“渠搜貢虚犬。”《漢書·揚雄傳》“右渠搜”，顔師古注引應劭曰：“屬雍州，在金城河間之西。”《水經注·河水》言“河水自朔方東轉，逕渠搜縣故城北”，是知“渠叟”當在今河套地區黄河以南。

②鼩，王應麟、王念孫、何秋濤作“鼩”，即《山海經·海内北經》所見之“蜪”，郭璞注：“音陶，或作蚼，蚼音鉤。”王念孫言其字當以“蚼”爲是，《説文》“蚼”言“北方有蚼犬，食人”，甚是。“鼩犬者，露犬也，能飛，食虎豹”，旁注。“鼩犬”當從前作“鼩犬”，即“鼩犬”。蚼犬，亦即《少閒》盧注所言“虚犬”，陳逢衡言“虚”爲“盧”之誤字，或是。盧，《齊風·盧令》“盧令令”，毛傳：“盧，田犬。”《史記·范雎蔡澤列傳》“譬若施韓盧而搏蹇兔也”，司馬貞索隱：“《戰國策》云：‘韓盧者，天下之壯犬也’，是韓呼盧爲犬。”露，來紐鐸部字，盧，來紐魚部字，二字雙聲，陰入對轉可通。

樓煩[①]以星施。星施者，珥旄[②]。

孔晁云：“樓煩，北狄。珥旄，所以爲旄羽耳。”

【疏證】

①《戰國策·趙策二》言：“自常山以至代、上黨，東有燕、東胡之境，而西有樓煩、秦、韓之邊，今無騎射之備。”《燕策一》言：“燕東有朝鮮、遼東，北有林胡、樓煩，西有云中、九原，南有呼沱、易水。”《鹽鐵論·伐功》言：“趙武靈王踰句注，過代谷，略滅林胡、樓煩。”是知樓煩當在代郡以北。匈奴有樓煩王，《史記·衛將軍驃騎列傳》言：“遂略河南地，至于隴西，捕首虜數千，畜數十萬，走白羊、樓煩王，遂以河南地爲朔方郡。”朔方在河套以南，亦在代北、定襄一帶。

②《北堂書鈔》卷一百二十引作“樓煩黑旌皃羽旗也”，故此“星”或爲“黑”字形訛，“施”或爲“旌”字形訛，“珥”或爲“羽”字形訛。“黑旌”二字當重，言樓煩以黑旌，黑旌爲皃羽旗。“星施者，珥旄”，旁注，言黑旌者，羽旄。羽旄，即篇首所見“陰羽”，《國語·楚語下》“龜珠角齒皮革羽毛”，韋注：“羽，鳥羽，所以爲旌。”

卜盧[①]以牛。牛者，牛之小者也[②]。

孔晁云：“卜盧，盧人，西北戎也，合盧水是。”孔注“合”當爲“今”字形訛。

【疏證】

①卜盧，或即《尚書·牧誓》所見“微、盧、彭、濮人”之“盧”，非是，亦恐非是《左傳》桓十三年所見楚莫敖所伐之“盧戎”，其地皆與前述北方不合。此所言者，或是陳逢衡、何秋濤所指《漢書·西域傳》所見“戎盧國”，傳謂：“戎盧國，王治卑品城，去長安八千三百里。户二百四十，口千六百一十，勝兵三百人。東北至都護治所二千八百五十八里，東與小宛、南與婼羌、西與渠勒接，辟南不當道。”

②“以牛”“牛者”或當作“以羊”“羊者”。二處王應麟本作“紈牛”，盧校作“紈牛”，盧校是。紈，或即如王應麟言讀爲“捄”，《周

頌·良耜》“有捄其角”，鄭箋：“捄，角貌。”馬瑞辰《毛詩傳箋通釋》言“捄即斛之假借”。案：字或可徑讀爲“糾”。糾，謂盤曲之貌。

區陽①以鼈封者若彘，前後有首②。

孔晁云：“區陽，亦戎之名也。”

【疏證】

①區陽，其名或從區水而來，謂在水北。《水經注·河六》引《山海經·西山經》言：“陰山……北百七十里，曰申山，其上多穀柞，其下多杻橿，其陽多金玉。區水出焉，而東流注于河”，又言“世謂之清水，東流入上郡長城”，何秋濤言其地在今陝西延安，甚是，此“區水”“清水”即今之延河。

③“鼈封”二字當重，“鼈封者若彘，前後有首”，旁注。鼈封，即《山海經·海外西經》所言“并封在巫咸東，其狀如彘，前後皆有首，黑”之“并封”。

規矩①以麟者，獸也②。

孔晁云：“規矩，亦戎也。麟似麈，牛尾，一角，烏蹄也。”“烏蹄”，盧校作“馬蹄”。

【疏證】

①規矩，盧校作“規規”。規，何秋濤讀爲“邽”，《史記·秦本紀》“十年，伐邽”，裴駰集解引《漢書·地理志》言“邽，隴西有上邽縣”。劉師培言此“規”當時《史記·西南夷列傳》所言“嶲”。然《史記·大宛列傳》《史記·西南夷列傳》載，此地近昆明，當在今雲貴一帶，與前所見諸國多在北不合。故此“規”仍宜從何秋濤，讀爲“上邽”，其地在今甘肅省天水市。

②“麟”字當重。“獸”字前當脱一“仁”字。“麟者，仁獸也”，旁注。“仁獸”之説，或本《公羊傳》哀十四年“麟者，仁獸也”而來，何休言：“狀如麕，一角而戴肉，設武備而不害，所以謂仁也。”《漢書·司馬相如傳》“其獸則麒麟角端”，顏師古注引張揖曰：“雄曰麒，雌曰麟，

其狀麇身牛尾，狼題一角，角端似牛，其角可以爲弓。”又《漢書·武帝紀》“獲白麟”，顔師古注：“麟，麇身，牛尾，馬足，黄色，圜蹄，一角，角端有肉。”顔注所述，頗似今所謂“長頸鹿”，然長頸鹿二角，與此有别。

西申①以鳳鳥。鳳鳥者②，戴仁，抱義，掖信，歸有德③。

孔晁云：“其形似鷄，蛇首魚尾。戴仁，向仁國。抱義，懷有義。掖信，歸有德之君也。”仁國，謂有仁之國。

【疏證】

①申，或謂申山，即前所引《山海經·西山經》“區水”所出，在今陝西省志丹縣北，何秋濤説是。《後漢書·西羌傳》言宣王所征之“申戎”，或即是。則此“西申”或即在申山以西，猶前所言“北唐”，當在唐地之北。

②鳳鳥，或即《國語·周語上》“周之興也，鸑鷟鳴于岐山”所言之“鸑鷟”，韋注：“鸑鷟，鸞鳳之别名也。”亦即《墨子·非攻下》所謂“赤鳥銜珪，降周之岐社”之“赤鳥”。《爾雅·釋鳥》“鶠，鳳，其雌皇”，郭璞注：“瑞應鳥，鷄頭，蛇頸，燕頷，龜背，魚尾，五彩色，其高六尺許。”

③“鳳鳥者，戴仁，抱義，掖信，歸有德”，旁注竄入。戴，《國語·周語上》“欣戴武王”，韋注：“戴，奉也。”抱，《戰國策·秦策五》“是抱空質也”，高誘注：“抱，持也。”掖，亦持也。“掖信”與“歸有德”不當連讀。歸，《曹風·蜉蝣》“於我歸處”，鄭箋：“歸，依歸。”又可從《禮記·緇衣》“私惠不歸德”，鄭玄注：“歸，或爲懷。”以前“戴仁、抱義、掖信”觀之，似訓“懷”稍勝。

丘羌①鸞鳥②。

孔晁云：“丘地之羌不同，故謂之丘。羌，今謂之丘矣。鸞，大於鳳，亦歸仁義也。”孔注“丘”亦當從王應麟改作“氐”。

【疏證】

①丘，王應麟本作“氐”，盧校從。氐羌，見于《商頌·殷武》“昔

有成湯，自彼氐羌，莫敢不來享，莫敢不來王，曰商是常”。《史記·五帝本紀》言“西戎、析枝、渠廋、氐、羌”，是知其在西。《匈奴列傳》言“右方王將居西方，直上郡以西，接月氏、氐、羌”，而《後漢書·杜篤傳》“捶驅氐、僰，寥狼卭、莋”，李賢注：“氐、僰、卭、莋，并西南夷號。”以其地在漢武都郡、隴西郡，故有言其在西南者，亦有言其在西北者。《漢書·地理志》“武都郡”下引應劭言：“故白馬氐羌。”“隴西郡”下有縣名“氐道”，顔師古注：“氐，夷種名也。氐之所居，故曰氐道。”《後漢書·馬援傳》言：“又遣羌豪楊封譬説塞外羌，皆來和親。又武都氐人背公孫述來降者，援皆上復其侯王君長，賜印綬，帝悉從之。乃罷馬成軍。”其地約在今甘肅甘南、四川阿垻一帶。

②“鸞”前或脱一“以”字，當據前後文補之。鸞，《山海經·西山經》言“有鳥焉，其狀如翟而五采文，名曰鸞鳥，見則天下安寧”。郭璞注引舊説言“鸞似鷄，瑞鳥也。周成王時西戎獻之”，其言“周成王時西戎獻之”，或即本《王會》。《漢書·息夫躬傳》“鸞俳佪兮”，顔師古注：“鸞，神鳥也，赤靈之精，赤色，五采，鷄形，鳴中五音。”以其“見則天下安寧”，故孔注言其“歸仁義”。

巴人①以比翼鳥②。

孔晁云：“巴人，在南者。不比不飛，其名曰鶼鶼。”“不比不飛”前或當從盧校增“比翼鳥”三字。

【疏證】

①此“巴人”，或即《左傳》桓九年“巴子使韓服告于楚請與鄧爲好”所言之“巴”。杜注：“巴國，在巴郡江州縣。”故孔晁注言其在南。

②《爾雅·釋地》言“南方有比翼鳥焉，不比不飛，其名謂之鶼鶼”。郭璞注：“似鳧，青赤色，一目一翼，相得乃飛。”

方揚①以皇鳥②，

孔晁云：“方煬，亦戎别名也。皇鳥，配於鳳者也。”孔注“煬”當作“揚”。

【疏證】

①方揚，何秋濤言即《左傳》僖十一年所言“揚拒、泉皋、伊雒之戎，同伐京師”之“揚拒”。此“戎”或即《左傳》襄十四年“來，姜戎氏，昔秦人迫逐乃祖吾離于瓜州”所言之一支，本居于西北，後爲秦人所迫，遷歸于晋。案：此戎所居者，或即《左傳》襄二十九年“虞、虢、焦、滑、霍、揚、韓、魏，皆姬姓也”所言之“揚”，杜注：“揚屬平陽郡。”此“方揚”之“方”，或涉下文“方人”而衍。

②皇，當作“凰”，《大雅·卷阿》“鳳凰于飛”，唐石經作“鳳皇于飛”。《爾雅·釋鳥》言“鶠，鳳，其雌皇”。

蜀人①以文翰。文翰者，若皋鷄②。

孔晁云：“鳥有文彩者，皋鷄，似鳧，冀州謂之澤特也。”

【疏證】

①蜀，即《尚書·牧誓》所言“庸、蜀、羌、髳、微、盧、彭、濮人”之“蜀”，或即秦所置蜀郡，在今四川西部。

②“文翰者，若皋鷄”，旁注。文，謂有文彩者。翰，《文選·羽獵賦》“攢以龍翰”，李善注引《尚書大傳》鄭玄注言：“翰，毛之長大者。”故文翰，或指長大而有文采之羽毛。未必即言鳥。皋鷄，《説文》“翰”字言：“翰，天鷄，赤羽也。从羽，倝聲。《逸周書》曰：‘大翰，若翬雉。’一名鷐風，周成王時蜀人獻之。”説即本《王會》。“皋鷄”當從《説文》所引改作“翬雉”，形近而誤。翬，《小雅·斯干》“如翬斯飛”，鄭箋：“伊洛而南，素質，五色皆備，成章曰翬。翬者，鳥之奇異者也。”

方人①以孔鳥②，

孔晁云：“亦戎别名。孔，與鸞相配也。”《史記·司馬相如列傳》“鵷雛孔鸞”，即以孔、鸞連用，孔注或本此。

【疏證】

①方夷，王應麟以爲即《後漢書·東夷列傳》所言“夷有九種，曰畎

夷，于夷，方夷，黄夷，白夷，赤夷，玄夷，風夷，陽夷”之“方夷”。何秋濤謂此“方”當是《大雅·蕩》“内奰于中國，覃及鬼方”所言“鬼方”，毛傳：“鬼方，遠方也。”并據《後漢書·西羌傳》“至于武丁，征西戎鬼方”，言鬼方爲西戎，并言其在今之貴州，恐非是。方，孫詒讓以爲即《尚書·牧誓》所見“微、盧、彭、濮人”之“彭”，并引《説文》“鬃或作祊”爲例，甚是。此“方人”，本或作“旁人”，《儀禮·士喪禮》“牢中旁寸”，鄭玄注：“牢讀爲樓。樓，謂削約握之中央以安手也。今文樓爲纋，旁爲方。”《廣雅·釋訓》“彭彭，盛也”，王念孫疏證：“騯、旁、彭并同義。”《魯頌·駉》“以車彭彭”，馬瑞辰《毛詩傳箋通釋》：“彭彭即騯騯，謂馬盛也。”彭，即《左傳》桓十二年“伐絞之役，楚師分涉于彭”之“彭”，杜注：“彭水，在新城昌魏縣。”《水經注·沔水》言：“沔水又南逕筑陽縣東，又南，筑水注之，杜預以爲彭水也。”其地在今湖北省房縣。

②孔，即今所謂“孔雀”。孔雀出于南，《漢書·西南夷兩粤朝鮮傳》趙佗上書漢文帝言“謹北面因使者獻白璧一雙，翠鳥千，犀角十，紫貝五百，桂蠹一器，生翠四十雙，孔雀二雙”。《後漢書·南蠻西南夷列傳》則言滇、哀牢等地出孔雀。故諸家多以“方”在極南。然《史記·司馬相如列傳》言雲夢澤有“鵷雛孔鸞”，若非修辭鋪排，則楚地亦當有孔雀。

卜人①以丹沙②。

孔晁云：“卜人，西南之蠻，丹沙所出。”

【疏證】

①卜，王應麟以爲即《尚書·牧誓》所言之“濮”，盧文弨、朱右曾皆從此説。濮，《牧誓》僞孔傳言：“庸、濮在江漢之南”，《左傳》文十六年有“庸人帥群蠻以叛楚，麇人率百濮聚於選，將伐楚，於是申息之北門不啓”，杜注：“庸，今上庸縣，屬楚之小國。選，楚地。百濮，夷也。”昭十九年“楚子爲舟師以伐濮”，杜注：“濮，南夷也。”《國語·鄭語》“楚蚡冒於是乎始啓濮”，韋注：“濮，南蠻之國。”是知濮與楚近，且有

水路相通。太保玉戈銘文言“命大（太）保省南國，帥漢，造殷南，命濮侯辟，用獻走百人”。（《銘圖》19764）《史記·周本紀》張守節正義引《括地志》言：“濮，在楚西南。”隨州葉家山M107有濮監簋，其地或近于是。《左傳》昭九年言“巴、濮、楚、鄧，吾南土也”，孔穎達正義：“建寧郡南有僕夷”，建寧郡在益州，其南則是雲貴，或失之過遠，何秋濤説非是。

②丹沙，即《尚書·禹貢》言荆州所貢之“礪砥砮丹”。《職方》亦言荆州“其利丹、銀”。《禹貢》僞孔傳言：“丹，朱類。”《説文》言“丹，巴越之赤石也”，明其出于巴、越之地。《漢書·地理志》作“厲砥砮丹”，顔師古注：“丹，赤石也，所謂丹沙者也。”

夷用①闔采②。

孔晁云：“夷，東北夷也。采生火中，色黑而光，其堅若鐵也。”孔注“采生火中”當作“闟木生水中”，先訛作“闔采生水中”，又脱去“采”字。元刊本作“火中”，誤。

【疏證】

①夷，當從劉師培解爲“矛”字之誤，矛，即《牧誓》之“髳”。髳，或即《小雅·角弓》所言“如髦如蠻”之“髦”，鄭箋：“髦，西夷别名。武王伐紂，其等有八國從焉。”其地僞孔傳言在巴蜀。言用，當從上下文改作“以”。

②闔采，王應麟本作“闟木”，盧校從。朱右曾引《南方草木狀》言“烏文木，樹高七八丈，色正黑，如水牛角”，謂即崔豹《古今注》所言“翳木”，言其“出交州，色黑而有文，亦謂之烏文木也”。此或即今俗所謂“陰沉木”。

康民①以稃苡②者，其實如李，食之宜子。

孔晁云：“康，亦西戎之别名也。食稃苡，即有身。”

【疏證】

①康民，王應麟本作“康人”，盧校從改，甚是。唐大沛疑指西域之

“康居”，非是。孫詒讓謂此“康”與“方”“卜”等國相次，疑當爲“庸”之訛，甚是。此“康民”庸，見于《尚書·牧誓》，《左傳》文十六年言“庸人帥群蠻以叛楚”，杜注：“庸，今上庸縣，屬楚之小國。”其地在今湖北省竹山縣附近。

②王應麟本“稃”作“桴”，“桴苡”重，盧校從改，甚是。桴苡，《説文》“苢”字條言：“芣苢，一名馬舄。其實如李，令人宜子。从艸㠯聲。《周書》所説。”故朱右曾從《説文》説，以爲即《周南·芣苢》所言“芣苢”，甚是。“桴苡者，其實如李，食之宜子”，旁注。

州靡①費費②，其形人身，枝踵，自笑，笑則上脣翕其目③。食人，北方謂之吐嘍④。

孔晁云：“州靡，北狄也。費費曰梟羊，好行立，行如人，被髮，前足稍長者也。”

【疏證】

①由前所言各國觀之，“州靡”亦當在西南，孔注言“北狄”非是。朱右曾言《史記·西南夷列傳》謂夜郎以西有“靡莫之屬以什數，滇最大”，張守節正義：“在蜀南以下及西也。靡非在姚州北，去京西南四千九百三十五里，即靡莫之夷。”姚州，《後漢書·南蠻西南夷傳》“夷渠帥棟蠶與姑復、楪榆、梇棟、連然、滇池、建伶、昆明諸種反叛，殺長吏”，沈欽韓疏證：“姚州，漢爲梇棟縣。”即《漢書·地理志》所見“弄棟”。朱右曾説言其地在雲南楚雄府，甚是，其下置姚安縣、大姚縣。

②“費費”前或脱“以”字，當從上下文補，惠棟校是。“費費”二字當重。費費，《説文》作“䆓”，《經典釋文》則言“字又作䆓，或作𥨍”《山海經·海内南經》言“梟陽國在北朐之西，其爲人，人面長唇，黑身有毛，反踵，見人笑亦笑，左手操管”，郭璞注：“《周書》曰：州靡髴髴者，人身反踵，自笑，笑則上唇掩其面。”是即今所謂“狒狒”。

③形，謂形狀。枝，王應麟本作“反”，考之前引郭璞注，甚是。反踵，謂其行時足跟在前。翕，當從王念孫校作“弇”，即“掩”字，前引

《山海經》郭璞注即作“掩”。目，當從郭璞注作“面”。

④吐嘍，王念孫言：“‘吐嘍’本作‘土螻’，此‘螻’誤爲‘嘍’，而‘土’因誤爲‘吐’也。”此“北方謂之吐螻”，王念孫引《山海經·西山經》言“昆侖之丘有獸焉，其狀如羊而四角，名曰土螻。此與費費同名而異物，然其字亦作土螻”，説恐非是。此“食人，北方謂之吐螻”，陳逢衡謂“定屬‘高夷’下錯簡”，謂本或當在下文“高夷嗛羊，嗛羊者，羊而四角”之後，如此方與《西山經》所載相合，其文錯簡于此，非謂費費又名吐螻。孔晁注言“費費謂梟羊”，是知此當錯簡于孔晁之前。

都郭[①]生生[②]，若黄狗，人面，能言。

孔晁云：“都郭，北狄。生生，二名也。”

【疏證】

①是句盧校從王應麟本改作“都郭生生欺羽，生生若黄狗，人面能言”，甚是。都郭，其地當如前所言各國同在西南，孔注“北狄”不確。都郭，地望不詳，何秋濤言此或即杜佑《通典》所見南蠻之“都昆國”，其地在扶南，可備一説。《後漢書·南蠻西南夷列傳》言猩猩出于哀牢。

②生生，《爾雅》作“狌狌”，《禮記·曲禮上》則言“猩猩能言，不離禽獸”。《山海經·南山經》言“有獸焉，其狀如禺而白耳，伏行人走，其名曰狌狌，食之善走”。即今所謂“猩猩”。

奇幹善芳。善芳者，頭若雄鷄[①]，佩之令人不昧[②]。皆東嚮[③]。

孔晁云：“奇幹亦北狄。善芳，鳥名。不昧，不□也。皆東，東嚮列次也。”孔注脱字當從下疏證補“魘”字。“皆東”後或脱一“嚮”字。

【疏證】

①奇幹，朱右曾引《山海經·西山經》言“有鳥焉，其狀如烏，三首六尾而善笑，名曰鵸鵌，服之使人不厭，又可以禦凶”。善芳，當從《山海經》作“善笑”。此句當連上句讀，言“都郭生生、欺羽。生生若黄狗，人面能言。奇幹，善笑，頭若雄鷄，佩之令人不昧”，欺羽，即“鵸鵌”音轉，而後“奇幹”之“幹”，則爲“鵌”字形訛，陳逢衡言“蓋一國貢二

物，故連叙而及”，説甚是。孔注言“奇幹”爲北狄，非是。

②佩，《淮南子·説林訓》“賢者以爲佩”，高誘注：“佩，服也。”佩、服二字同義换讀。盧文弨言：“郭注《西山經》引‘昧’作‘眯’。”《山海經·西山經》“服之使人不厭”，郭璞注：“不厭夢也。《周書》曰：‘服者不昧。’音莫禮反，或曰眯，眯，目也。”眯，《廣雅·釋言》“寱、寎，厭也”，王念孫疏證：“《説文》‘寱寐而厭也’，字亦作‘眯’。高誘注《淮南子·精神訓》云：‘楚人謂厭爲眯。’”《西山經》：“鵸鵌服之使人不眯。”郭璞注云：“不厭夢也。《周書》曰‘服者不眯’。”《莊子·天運》篇“彼不得夢，必且數眯焉”，司馬彪注云：“眯，厭也。”郭璞注云：“不厭夢也。《周書》曰‘服者不眯’。”厭，當讀爲“魘”，《説文》“厭”字段注言：“俗字作魘。”佩之使人不眯，謂佩戴之可使人無夢魘。

③皆東嚮，以其皆自西而來，當立于臺西，故言“東嚮”。

北方臺正東[①]，高夷[②]嗛羊。嗛羊者，羊而四角[③]。

孔晁云：“高夷，東北夷，高麗句。”孔注“高麗句”當從王應麟本作“高句麗”。

【疏證】

①北方臺正東，朱右曾謂“在臺北之東”，何秋濤言：“自高夷以下至山戎，凡七國，皆東北方之國也，故列于北方臺正東”，説甚是。

②高夷，《後漢書·東夷列傳》：“高句驪，在遼東之東千里，南與朝鮮、濊貊，東與沃沮，北與夫餘接。”地在今長白山脉，及朝鮮北部平安道、咸鏡道等地。

③“嗛羊者，羊而四角”，旁注，上文“食人，北方謂之吐螻”八字，當在此，陳逢衡説是。“羊而四角”前或脱一“似”字。《山海經·西山經》言“昆侖之丘有獸焉，其狀如羊而四角，名曰土螻”。嗛，潘振以爲是嚼食之名，即《爾雅·釋獸》“寓鼠曰嗛”，郭璞注：“頰里貯食處。”畢沅以爲是《西山經》所言“羬羊”，何秋濤亦引《爾雅》“羊六尺爲羬”，

以爲是羬。陳逢衡以爲是《北山經》所言“䍶羊”。案：前文所言比翼鳥又稱“鶼鶼”，《爾雅·釋鳥》陸德明釋文：“鳥有一目一翅，相得乃飛，故曰兼也。”此“兼”或取“倍”之義，嗛羊之“嗛”，或亦如此，取其角倍之之義，故亦曰兼。

獨鹿[①]邛邛，距虚，善走也[②]。

孔晁云：“獨鹿，西方之戎也。邛邛，獸似距虚，負厥而走也。”厥，王應麟本作“蟨”，或當從《爾雅·釋地》作“蟨”。《穆天子傳》卷一言“卬卬距虚走百里”，故言“善走”。

【疏證】

①《史記解》有“徙居至于獨鹿”，孔晁言“獨鹿”爲西方之戎，非是。王念孫言：“上下文六國，皆東北夷，則獨鹿亦東北夷，非西方之戎也。獨與涿古聲相近，獨鹿即涿鹿也。《漢書·武帝紀》‘行幸歷獨鹿、鳴澤’，服虔曰：‘獨鹿，山名，在涿郡。’”王説甚是，孫詒讓亦從之，敦煌伯3454《周志廿八國》即作“至于涿鹿之野”。涿鹿，山名，即《嘗麥》所言“涿鹿之阿”，《水經注·㶟水》言“涿水出涿鹿山，世謂之張公泉，東北流逕涿鹿縣故城南，王莽所謂布陸也。黄帝與蚩尤戰于涿鹿之野，留其民于涿鹿之阿，即于是也。其水又東北與阪泉合，水導源縣之東泉”。據《漢書·地理志》，涿鹿縣在漢上谷郡，在今河北省張家口。

②盧校言正文似本無“距虚”二字，二字或涉下句“孤竹距虚”誤衍。“邛邛”二字當重。邛邛距虚，各書多連用，以爲一物。《吕氏春秋·不廣》作“蛩蛩”，言“北方有獸名曰蹷，鼠前而兔後，趨則跲，走則顛，常爲蛩蛩距虚取甘草以與之。蹷有患害也，蛩蛩距虚必負而走”，《爾雅·釋地》言“西方有比肩獸焉，與邛邛岠虚比，爲邛邛岠虚齧甘草，即有難，邛邛岠虚負而走，其名謂之蟨”。此物當是馬之屬，王應麟、陳逢衡説或是，下句孔注亦言距虚爲驢騾之屬。

孤竹[①]距虚[②]，

孔晁云：“孤竹，東北狄。距虚，獸也，驴騾之屬。”王應麟本“狄”

作“夷”，“獸也”作“野獸”，盧校從。

【疏證】

①孤竹，《論語·公冶長》“伯夷叔齊不念舊惡”，何晏集解引孔安國曰：“伯夷、叔齊，孤竹君之二子。孤竹，國名。”《爾雅·釋地》作“觚竹”，言“觚竹、北户、西王母、日下，謂之四荒”，郭璞注：“觚竹在北。”《國語·齊語》言“遂北伐山戎，刜令支，斬孤竹而南歸”，韋注：“山戎，今之鮮卑……二國，山戎之與也……令支，今爲縣，屬遼西，孤竹之城存焉。”《漢書·地理志》言遼西郡有令支縣，應劭注言：“故伯夷國，今有孤竹城。令，音鈴。”李學勤、曹定雲指出金文所見“[illegible]”（孤竹父丁罍銘文，《集成》09810）當釋爲“孤竹”，説甚是（李學勤：《試論孤竹》，《社會科學戰綫》1983年第2期；曹定雲：《殷代的“竹”和“孤竹”——從殷墟“婦好”基石磬銘文論及遼寧喀左北洞銅器》，《華夏考古》1988年第3期）。《集成》02033、02363、05271、07293、09793等器皆見“孤竹”，斷代在商代晚期。孤竹父丁罍1973年出土于遼寧省喀喇沁左翼蒙古族自治縣平房子鄉北洞村，則殷代孤竹地望，當近于此。《史記·周本紀》“伯夷、叔齊在孤竹”，張守節正義引《括地志》言：“孤竹故城在平州盧龍縣南十二里，殷時諸侯孤竹國胎氏也，姓墨。”此或是其後遷徙之故。

②《漢書·司馬相如傳》“蛩蛩，驒距虚”，張揖曰：“距虚，似驘而小。”《説文》：“驘，驢父馬母。”驘，即今所謂“馬騾”。故“距虚”亦當是馬之屬，詳上“邛邛”句。

不令支①玄模②，

孔晁云：“不令支，皆東北夷。模曰狐，玄模，則黑狐也。”“皆”或當從陳逢衡改作“亦”，蓋孔晁以“不”“令支”爲二國之名，故曰“皆東北夷”。“狐”當作“豹”。

【疏證】

①“不”爲發語詞，此即《國語·齊語》言“遂北伐山戎，刜令支，斬孤竹而南歸”所言“令支”，韋注：“令支，今爲縣，屬遼西。”《漢書·

地理志》令支縣亦在遼西郡下。《管子·小匡》作“泠支”，《管子·輕重甲》《輕重戊》《史記·齊太公世家》作“離枝”，其地當在今河北省遷安市。

②玄，謂黑而有赤。模，王應麟本作“獏”，當從改。獏，或作“貘”，《爾雅·釋獸》“貘，白豹”，郭璞注：“似熊，小頭，庳脚，黑白駁，能舐食銅鐵及竹骨，骨節强直。中實少髓，皮辟濕，或曰豹。白色者别名貘。”郭璞所言，或今所謂“亞洲貘”“馬來貘”。字亦作“貊”，《後漢書·南蠻西南夷傳》“猩猩貊獸”，李賢注引《南中八郡志》言：“貊，大如驢，狀頗似熊。”所言者即貘也，以此物黑白駁雜，故言其玄可，言其白亦不爲誤。

不屠何①青能②。

孔晁云：“不屠何，亦東北夷也。”

【疏證】

①不屠何，即《管子·小匡》“中救晋公，禽狄王，敗胡貉，破屠何而騎寇始服”所言“屠何”，尹知章注言：“屠何，東胡之先也。”《漢書·地理志》遼西郡下有徒河縣，或即是其故地。陳逢衡以“屠何”與下句“東胡”并稱，言尹知章注有誤，未必是。屠何、東胡，或是同一族氏不同時期所用之稱，猶“崇”之于“夏”，又或是同一族氏之細分，而并稱細分之名，如前所言甌越諸夷。族氏有分合，國名有迭代，《王會》材料來源早晚有别，編排以方位爲次，或是統一編訂時未加細考而并列之，未必可言其族類不同。

②青能，王應麟本作“青熊”，盧校從。作“能”亦通，《左傳》昭七年“今夢黄熊入于寢門”，陸德明釋文：“黄熊，音雄，獸名，亦作能，如字。一音奴來反，三足鼈也。”以上句獻獏，下句言黄羆觀之，此當釋爲“熊”。

東胡①黄羆②，

孔晁云：“東胡，東北西卑。”孫詒讓言“西卑”當即“鮮卑”，西、鮮一聲之轉。

【疏證】

①東胡，《伊尹朝獻》言“正北東胡”，《史記·匈奴列傳》“燕北有東胡、山戎”。裴駰集解引《漢書音義》曰：“烏丸，或云鮮卑。”司馬貞索隱引服虔云：“東胡，烏丸之先，後爲鮮卑。在匈奴東，故曰東胡。”《後漢書·烏桓鮮卑列傳》言：“鮮卑者，亦東胡之支也，别依鮮卑山，故因號焉。”

②羆，《大雅·韓奕》有“王錫韓侯，其追其貊。奄受北國，因以其伯。實墉實壑，實畝實籍。獻其貔皮，赤豹黄羆”，《尚書·禹貢》有“熊羆狐狸”，陸德明釋文：“羆，彼宜反，如熊而黄。”

山戎[①]菽[②]。

孔晁云：“山戎，亦東北夷。戎菽，荳藥也。”王應麟云作“荳藥”作“巨豆”。

【疏證】

①“戎”字當重，如孔注。《國語·齊語》言“遂北伐山戎，剌令支，斬孤竹而南歸”，韋注：“山戎，今之鮮卑。”《春秋》莊三十年言“齊人伐山戎”，傳言“謀山戎也，以其病燕故也”，《左傳》僖九年言“故北伐山戎，南伐楚，西爲此會也”，以其地在北近燕，故謂東北夷。

②戎菽有兩説，一曰大豆，《大雅·生民》“蓺之荏菽”，毛傳：“荏菽，戎也。”鄭箋：“戎菽，大豆也。”又《史記·天官書》“西北，戎菽爲”，司馬貞索隱引韋昭云：“戎叔，大豆也。”一曰胡豆，《爾雅·釋草》云：“戎叔，謂之荏菽。”郭璞注：“即胡豆也。”《管子·戒》言“北伐山戎，出冬蔥與戎叔，布之天下”，尹知章注：“戎叔，胡豆。”此當解爲“大豆”是，《齊民要術》引《神農本草經》言“張騫使外國，得胡豆”，此“胡豆”即今所謂“蠶豆”，當非先秦所有，亦不産自東北，何秋濤亦解爲蠶豆，非是。

其西[①]般[②]，吾。白虎[③]。

孔晁云：“次西般吾，北狄近西也。”

【疏證】

①其西，當從前文“北方臺正東”，解爲臺北之西。自般吾至匈戎，凡七國，皆西北方之國。

②般吾，潘振以爲即番吾，《史記·廉頗藺相如列傳》“秦攻番吾”，司馬貞索隱言：“縣名，《地理志》在常山，音婆，又音盤。”張守節正義：“在相州房山縣東二十里也。”陳逢衡則言般吾當在青州左近，或即《漢書·地理志》濟南郡下之般陽縣，此二説與西北之地望不合。何秋濤疑“般吾”爲“昆吾”，言昆、般古聲同部，亦非是。此“般”或是“股”字形訛，《易·明夷》“夷于左股”，陸德明釋文：“王肅作般，云：‘旋也。’”《淮南子·墬形訓》言“凡海外三十五國，自西北至西南方，有修股民、天民、肅愼民、白民、沃民、女子民、丈夫民、奇股民、一臂民、三身民”，故此“般”或當作“股”，即“修股”。孔注亦“般吾”爲國名，失之。

③吾，或作“虞”，謂騶虞，朱右曾説是。“白虎”後，王應麟、盧校皆有“黑文”二字，《説文》“虞”字言“騶虞也。白虎黑文，尾長於身。仁獸，食自死之肉”。當從補。白虎，王應麟以爲當是“騶虞”，或是，此“白虎”或是“虞”字旁注竄入。

屠州黑豹，

孔晁云：“屠州，狄之别也。”王應麟本作“狄之别名”，非是。

【疏證】

屠州，何秋濤以爲是“休屠”，甚是。《史記·匈奴列傳》有“渾邪王與休屠王恐”。《漢書·地理志》武威郡下有縣名“休屠”，又言“自武威以西，本匈奴昆邪王、休屠王地”，《漢書·張騫李廣利傳》：“益發戍甲卒十八萬酒泉、張掖北，置居延、休屠以衛酒泉。”其地或在今甘肅省武威、張掖、酒泉之北及内蒙古之阿拉善盟。黑豹，《史記·司馬相如列傳》引《子虛賦》“其下則有白虎玄豹”，上句言“吾”爲白虎，則此“黑豹”

或即謂“玄豹”。《淮南子·道應訓》有“於是散宜生乃以千金求天下之珍怪，得騶虞、鷄斯之乘，玄玉百工，大貝百朋，玄豹、黄羆、青豻、白虎文皮千合，以獻於紂”，亦以“玄豹”“騶虞”對舉。

禺氏①騊駼②。

孔晁云：“禺氏，西北戎夷。騊駼，馬之屬也。”

【疏證】

①禺氏，何秋濤以爲是“月氏”之誤，言禺、月一聲之轉，并引下《伊尹獻令》“正北空同、大夏、莎車、姑他、旦略、貌胡、戎翟、匈奴、樓煩、月氏、孅犁、其龍、東胡，請令以橐駞、白玉、野馬、騊駼、駃騠、良弓爲獻”爲證，恐非是。《吕氏春秋·求人》有“北至人正之國，夏海之窮，衡山之上，犬戎之國，夸父之野，禺彊之所，積水、積石之山”，“禺氏”或即此所言“禺彊”。《山海經·海外北經》：“北方禺彊，人面鳥身，珥兩青蛇，踐兩青蛇。”《大荒北經》則言“有儋耳之國，任姓，禺號子，食穀。北海之渚中，有神，人面鳥身，珥兩青蛇，踐兩赤蛇，名曰禺彊”。又作“禺京”，《山海經·大荒東經》“黄帝生禺虢，禺虢生禺京，禺京處北海，禺虢處東海，是惟海神”，郭璞注：“即禺彊也。”

②騊駼，《爾雅·釋畜》“騊駼，馬”，《史記·匈奴列傳》“騊駼”，裴駰集解引徐廣曰：“似馬而青。”

大夏①兹白牛②。

孔晁云：“大夏，西北戎。兹白牛，野獸也，似白牛形也。”

【疏證】

①大夏，即《左傳》昭元年言實沈所遷之“大夏”，或即《史記解》所言“西夏”。《左傳》昭元年“遷實沈于大夏”，杜注：“大夏，今晋陽縣”，大夏固在晋地，然不當在晋陽。《史記·秦始皇本紀》“禹鑿龍門，通大夏”，張守節正義引《括地志》言“大夏，今并州晋陽及汾、絳等州是。昔高辛氏子實沈居之，西近河”，《吕氏春秋·本味》言“大夏之鹽”，“鹽”爲大夏所出，而周秦之際中原食鹽多出自河東鹽池，故“大夏”之

地望或當近于今山西省運城市之解池。後則多以“大夏”指西北之地，如《管子·封禪》“寡人北伐山戎，過孤竹，西伐大夏，涉流沙，東馬懸車，上卑耳之山”，《吕氏春秋·古樂》有“伶倫自大夏之西，乃之阮隃之陰”，《吕氏春秋·爲欲》則言“則北至大夏，南至北户，西至三危，東至扶木，不敢亂矣”。

②兹白牛，或即前文“正北方義渠以兹白”所言“兹白”，“牛”或爲“兹白”旁注竄入。大夏、義渠二地相去不遠，則獻物或同。前言“兹白”似馬，此言“牛”者，或亦是似牛之義，非謂其即是牛。

犬戎①文馬②，而赤鬣縞身，目若黄金，名古黄之乘③。

孔晁云：“犬戎，西戎之遠者也。”

【疏證】

①犬戎，《左傳》閔二年“虢公敗犬戎于渭汭”，杜注：“犬戎，西戎别在中國者。”《國語·周語上》“穆王將征犬戎”，韋注：“犬戎，西戎之别名，在荒服。”

②“文馬”二字或當重。文馬，《左傳》宣二年“宋人以兵車百乘，文馬百駟，以贖華元于鄭”，杜注：“畫馬爲文四百匹。”“而”字當從盧校删。“而赤鬣縞身，目若黄金，名古黄之乘”，旁注。《山海經·海内北經》有“有文馬，縞身朱鬣，目若黄金，名曰吉量，乘之壽千歲”，可與此對讀。

③鬣，謂馬項上之鬣毛。縞，《禮記·王制》“縞衣而養老”，孔穎達疏：“縞，白色生絹。”縞身，謂其身白。古黄，當從王念孫校作“吉黄”，《海内北經》作“吉量”，此“吉量”，或即《説文》“駁”條“馬赤鬣縞身，目若黄金，名曰媽。吉皇之乘，周文王時，犬戎獻之”所言之“吉皇”，量、皇二字形近而誤。《左傳》昭二十二年有“次于皇”，《水經注·洛水》言“春秋所謂次于黄者也”。吉黄，《東京賦》李善注引《瑞應圖》又作“吉光”。光、黄二字，古書多見異文，《公羊傳》襄二十年“陳侯之弟光出奔楚”，《左傳》襄二十年作“陳侯之弟黄出奔楚”。

“之乘”二字不通，或當倒作“乘之”，并據《山海經》補“壽千歲”三字。

數楚[①]每牛。每牛者，牛之小者也[②]。

孔晁云：“數楚，亦北戎也。”

【疏證】

①數楚，何秋濤以“數楚”爲西戎而非北戎，并以其爲《山海經·西山經》“又西一百七十里，曰數歷之山，其上多黄金，其下多銀，其木多杻橿，其鳥多鸚䳇。楚水出焉，而南流注于渭，其中多珠”。其説或有理，然其地在西北且與犬戎并舉，稱北戎亦無不可。數楚，爲數歷之山與楚水之合稱。《水經注·渭水》言“渭水又東南，出石門，度小隴山逕南由縣南，東與楚水合，世所謂長蛇水，水出汧縣之數歷山也”。其地在故吴山縣，即今陝西省寶鷄市陳倉區。

②每牛，盧文弨引《山海經·西山經》“有獸焉，其狀如牛，而蒼黑大目，其名曰犛”。或是，王應麟言爲“犤牛”則恐非是。犛，或爲“敏牛”二字連書，如《戰國策·趙策四》“觸讋”當作“觸龍言”之例。每，即讀爲“敏”，上博簡二《子羔》簡4有“每以學詩”，即讀爲“敏以學詩”。敏，言疾速之義。“每牛者，牛之小者也”，旁注。

匈戎[①]狡犬。狡犬者，巨身，四尺果[②]。皆北鄉[③]。

孔晁云：“匈奴者，北戎也。”

【疏證】

①“戎”當從孔注作“奴”。匈奴，或即故書習見之“玁狁”，《小雅·采薇》“不遑啓居，玁狁之故”，毛傳：“玁狁，北戎也。”鄭箋：“北狄，今匈奴也。”《小雅·出車》有“王命南仲，往城于方”，毛傳：“方，朔方，近玁狁之國也。”《出車》又有“天子命我，城彼朔方，赫赫南仲，玁狁于襄”，毛傳：“朔方，北方也。”故言匈奴爲北戎。

②狡，《廣雅·釋詁二》：“健也。”狡犬或即謂狡猛之犬。又何秋濤引《山海經·西山經》“有獸焉，其狀如犬而豹文，其角如牛，其名曰

狡，其音如吠犬，見則其國大穰”，亦可通。“狡犬者，巨身，四尺果”，旁注。尺，當從王應麟本作“足”。果，王念孫讀爲“裸”，朱右曾則讀爲“倮”，皆謂四足無毛，甚是。

③此“皆北嚮”或涉下文而誤，以上諸國或在東北，或在西北，立于臺之東北、西北，面臺而立，則當南嚮，故“北”當改作“南”，何秋濤説是。

權扶①，三目②。

孔晁云：“權扶，南蠻也。玉之有光明也，形甚小也。”孔注“玉”前或脱“玉目”二字，盧校説是。

【疏證】

①權扶，劉師培言當是“讙朱”之誤，即《孟子·萬章上》“舜流共工于幽州，放驩兜于崇山”所言之“驩兜”，説近是。銀雀山漢簡《孫臏兵法·見威王》簡252有“舜擊讙收（兜），放之崇”，《大戴禮記·五帝德》“放驩兜于崇山，以變南蠻”，《吕氏春秋·恃君》“揚、漢之南，百越之際，敝凱諸、夫風、餘靡之地，縛婁、陽禺、驩兜之國”，高誘注：“揚州漢水南。”是知“驩兜”爲南蠻之國，且當在漢水以南。

②三目，當作“玉目”。玉目，劉師培以爲是“貓睛”，即俗所謂“貓兒眼”，甚是。

白州①北閭②。北閭者，其革若於，伐其木以爲車，終行不敗③。

孔晁云：“白州，東南蠻也，與白民接也，水中可居者洲，洲中出此珍也。”孔注王應麟本“蠻”下無“也”字，“者”作“曰”，“洲”作“州”，“珍也”作“珍木”，盧校據改，甚是。

【疏證】

①白州，何秋濤以爲在福建延平府之栟櫚山，潘振以爲在廣西博白縣，恐皆失之。《山海經·大荒南經》言“又有白水山，白水出焉，而生白淵，昆吾之師所浴也”。此“白水”或即是“白州”所自。

②北閭，盧校從王應麟本改作“比閭”，王應麟疑即“并閭”，甚是。

比，《國語·吴語》“而孩童焉比謀”，韋注：“比，合也。”并，《戰國策·秦策二》“王其爲臣約車并弊”，吴師道注：“并，合也。”二字皆取“相次”“相從”之義，同義换讀。《史記·司馬相如列傳》“仁頻并閭”，裴駰集解引郭璞曰：“并閭，椶也，皮可作索。”椶，《山海經·西山經》“其木多椶柟”，郭璞注：“椶，樹高三丈許，無枝條，葉大而寬，枝生梢頭，實皮相裹，上行一皮者爲一節，可以爲繩，一名栟櫚。”即今俗所謂“棕櫚”。

③“北閭者，其華若於，伐其木以爲車，終行不敗”，旁注。其華，陳逢衡以爲當作“其葉”，或是。於，當從盧校作“羽”。

禽人①管②，

孔晁云：“亦東東蠻，菅草堅忍。”孔注“東”字不當重。忍，字本或作“刃”，《鄭風·將仲子》“無折我樹檀”，毛傳：“檀，彊忍之木。”陸德明釋文：“忍，本亦作刃。”《説文》“檀”字條段注：“《鄭風》傳曰：‘檀，彊刃之木。’刃，今韌字。”盧校讀“韌”甚是。

【疏證】

①禽，當從劉師培讀爲“黔”，《漢書·古今人表》有“禽放”，即《禮記·檀弓下》“黔敖爲食於路”所見“黔敖”。《周易·説卦》有“爲黔喙之屬”，“黔喙”即“禽喙”。

②“管”當從孔注作“菅”，盧校是。菅，《小雅·白華》“白華菅兮”，鄭箋：“白華於野，已漚，名之爲菅。”《爾雅·釋草》“白華，野菅”，郭璞注：“菅，茅屬也。”陸璣《毛詩草木鳥獸蟲魚疏》：“菅，似茅而滑澤，無毛，根下五寸中有白粉者，柔韌宜爲索，漚乃尤善也。”

路人大竹，

孔晁云：“路人，東方之蠻，貢大竹。”

【疏證】

路，當從朱右曾讀爲“駱”，即駱越，劉師培、陳漢章説是。亦作“越駱”，如《吕氏春秋·本味》有“越駱之菌”，又有“甌駱”，《史記·建元以來侯者年表》言湘成侯“以南越、桂林監聞漢兵破番禺，諭甌駱兵四十餘萬降”。《南越列傳》又言趙佗以“財物賂遺閩越、西甌、駱，役屬焉”，是知此“駱”當在甌越、閩越及南越之間。大竹，《説文》“簜”字條言：“簜，大竹也。《夏書》曰：‘瑶琨筱簜。’簜可爲幹，筱可爲矢。”所引《夏書》爲《禹貢》，謂此物出揚州。

長沙鼈。

孔晁云：“特大而美，故貢也。”

【疏證】

長沙，即故長沙郡，在今湖南省長沙市。鼈，即今所謂甲魚。

其西魚復①，鼓鍾②、鍾牛③。

孔晁云：“次西列也。魚復，南蠻國也，貢鼓及鐘而似牛形者，美遠致也。”

【疏證】

①其西，謂以下魚復、蠻揚、倉吾三國地在西南。魚復，王應麟以爲即《左傳》文十六年所言“魚人”，杜注：“魚，魚復縣，今巴東永安縣。”《漢書·地理志》巴郡下有“魚復縣”，即今重慶市奉節縣。

②鼓，劉師培以爲是“獻”字之誤，并以一國不貢二物爲由，校是句作“魚復獻鍾牛”，非是。前文有“都郭生生欺羽”，即是一國而貢二物。鼓鐘，金文習見，克鼎銘文（《集成》02836）有“賜汝史小臣、霝龠、鼓鐘”，師嫠簋銘文（《集成》04325）“命汝嗣乃祖舊官小輔、鼓鐘”，洹子孟姜壺銘文（《集成》09730）“玉二嗣、鼓鐘一肆”，故劉師培説非是。鼓，《儀禮·鄉飲酒禮》“北面鼓之”，鄭玄注：“鼓，猶擊也。”

③鍾，或當作“鐘”，劉師培言“鐘牛”，即“犝牛”，甚是。《爾雅·釋畜》“犝，牛”，郭璞注：“今無角牛。”

蠻揚①之翟②。

孔晁云：“揚州之蠻，貢翟鳥。”

【疏證】

①蠻揚，當從孔注倒作“揚蠻”，或亦作“楊越”，《戰國策·秦策三》言吴起“南攻楊越，北并陳蔡”，《史記·太史公自序》言“而佗能集楊越，以保南藩”，則“楊越”當在楚與南越之間。《史記·貨殖列傳》言“九疑、蒼梧以南至儋耳者，與江南大同俗，而楊越多焉”，是指“楊越”與下句所言“蒼梧”地望相近，皆近乎九疑山，其地或在今湘桂之間。

②翟，《邶風·簡兮》“右手秉翟”，毛傳：“翟，翟羽也。”《尚書·禹貢》“羽畎夏翟”，僞孔傳：“翟，雉名，羽中旌旄，羽山之谷有之。”

倉吾[①]翡翠。翡翠者，所以取羽[②]。

孔晁云：“倉吾，亦蠻也。翠羽，其色青而有黄也。”

【疏證】

①倉吾，即後所謂“蒼梧”。《尚書·堯典》“陟方乃死”。僞孔傳言“死於蒼梧之野”。上博簡二《容成氏》簡41言“之蒼梧之野”。《淮南子·原道訓》“九疑之南，陸事寡而水事衆”，高誘注：“九疑，山名也，在蒼梧，虞舜所葬也。”九疑，《史記·五帝本紀》“葬於江南九疑，是爲零陵”，《太史公自序》有“闚九疑，浮於沅、湘”，是知其當在湘江流域。《秦始皇本紀》“望祀虞舜於九疑山”，張守節正義引《括地志》言：“九疑山在永州唐興縣東南一百里。”地在今湖南省永州市寧遠縣、藍山縣間，蒼梧之地亦然。

②翡翠，《漢書·司馬相如傳》“揜翡翠”，顔師古注：“鳥赤羽者曰翡，青羽者曰翠。”《淮南子·人間訓》“翡翠珠璣”，高誘注：“翡，赤雀，翠，青雀也。”今謂之翠鳥。“翡翠者，所以取羽”，旁注竄入。

其餘皆可知自古之政。

孔晁云：“餘，謂衆諸貢物也。言政化之所至也。”孔注“諸”字後盧校據王應麟本補“侯”字，“至”，盧校據王應麟改作“致”，甚是。

【疏證】

是句何秋濤移至“皆北嚮”後，可備一説。

南人至衆，皆北嚮。

孔晁云："南人，南越。"

【疏證】

王應麟本"至"作"致"，"衆"後有"者"字，非是。南人至衆，謂前自權扶至倉吾等國所至之衆。北嚮，其立于臺南，面臺而立，故北嚮。

夏成①五服②，外薄四海③。

鄭玄注："言德廣之所及。"

【疏證】

①此段以下至"咸會于中國"，元刊本所無。王應麟本題爲"禹四海異物"，附録于此，與下文"咸會于中國"同。禹四海異物，係概括全段主旨爲題。此段或是獨立文獻，亦見于《尚書大傳》卷二，有鄭玄注，今据四部叢刊本《尚書大傳》補入。夏，非謂三代之夏，《戰國策·秦策四》"稱夏王"，鮑彪注："夏，中國也。"與下句之"外"對舉，"禹四海異物"所言"禹"，或是以此"夏"爲三代之夏而誤。成，《國語·晋語二》"謀既成矣"，韋注："成，定也。"

②五服，《國語·周語上》《荀子·正論》《史記·周本紀》作"甸服、侯服、賓服、要服、荒服"。《尚書·禹貢》《史記·夏本紀》《漢書·地理志》作"甸服、侯服、綏服、要服、荒服"。亦有言"九服"者，《周禮·夏官·職方氏》作"王畿、侯服、甸服、男服、采服、衛服、蠻服、夷服、鎮服、藩服"。

③薄，《廣雅·釋詁一》："至也。"四海，《小雅·蓼蕭》"澤及四海"，鄭箋："九夷、八翟、七戎、六蠻，謂之四海。"

東海魚須、魚目。

鄭玄注："所貢物，魚須，今以爲簪，魚目，今以雜珠。"

【疏證】

東海，謂東夷之地。魚須，《禮記·玉藻》言："笏：天子以球玉，諸侯以象，大夫以魚須文竹，士竹本，象可也。”陸德明釋文引崔云：“用文竹及魚班也。”魚須，即鯨須。魚目，何秋濤以爲即俗所謂“夜光”，即今所謂“夜明珠”，或是。

南海魚革、珠璣、大貝。

鄭玄注：“魚革，今以飾小車、纏兵室之口。貝，古以爲貨，王莽時亦然。”

【疏證】

南海，謂南蠻之地。革，《召南·羔羊》“羔羊之革”，毛傳：“革，猶皮也。”璣，《吕氏春秋·重己》“蒼璧小璣”，高誘注：“珠之不圜者曰璣。”大貝，《尚書·顧命》有“胤之舞衣、大貝、鼖鼓，在西房”。《爾雅·釋魚》言“大者魧”，郭璞注引《尚書大傳》言“大貝如車渠，車渠謂車輞，即魧屬”。

西海魚骨、魚幹。魚脅。

鄭玄注：“魚幹、魚脅，未聞。”

【疏證】

西海，謂西戎之地。幹，《儀禮·特牲饋食禮》“佐食舉幹”，鄭玄注：“幹，長脅也。”故“魚脅”或爲“魚幹”注文竄入。《山海經·南山經》“其羽在魼下”，郭璞注“魼”字言：“亦作脅。”《廣雅·釋親》“胠，脅也”，王念孫疏證引《山海經·南山經》“柢山有魚焉，其羽在魼下”，云“魼與胠同義”。魚脅，或謂魚之胸鰭。

北海魚劍、魚石、出瑱、擊誾。

鄭玄注：“魚劍，魚兵如劍也。魚石，頭中石也。出瑱，狀如凝膏，在水上。擊閭，狀如鮐魚，大五六尺，今海家謂之□□。”

【疏證】

北海，謂北狄之地，不必從何秋濤以今貝加爾湖説之。魚劍，或即今所謂鋸鯊，其吻前出如劍，又北極地區有一角鯨，其牙前出如劍，則“魚劍”或即此二者之類。魚石，王應麟言是“鯼魚”。《文選·郭璞〈江賦〉》“鯼鮆順時而往還”，李善注引《字林》：“鯼魚，出南海，頭中有石，一名石首。”然此物出南海而非北海，王應麟説存疑。出瑱，或即《博物志》所言“鮓魚”，即今俗所謂水母、海蜇，何秋濤説是。擊閭，或今所謂海豚，何秋濤説亦是。

河，鼋。

鄭玄注：“鼋，當作黿。黿，狀如鼈而大。《月令》季夏‘命漁人伐鮫取鼉，登龜取黿’也。”今本《禮記·月令》“漁人”作“漁師”。

【疏證】

河，謂黄河。鼋，《左傳》宣四年言“楚人獻黿於鄭靈公”，《孟子·盡心下》“苟非其人簞食豆羹見於色”，趙岐注：“誠非好名者，爭簞飯豆羹變色，訟之致禍，鄭子公染指鼋羹之類是也。”故“鼋”當作“黿”，鄭玄注是。

江，鱓。大龜。

鄭玄注：“鱓，或作鼉。鼉，狀如蜥蜴，長六七尺。鱓，或爲鱣，鱣，鯉也。”

【疏證】

江，謂長江。鱓、鼉二字皆从“單”得聲。《吕氏春秋·古樂》：“乃令鱓先爲樂倡，鱓乃偃寢，以其尾鼓其腹，其音英英。”《大雅·靈臺》言“鼉鼓逢逢”，鱓、鼉皆以爲鼓，故是一物，即今俗所謂鰐魚。“大龜”或是“鱓”字旁注竄入。

五湖①，**乇**唐①。

鄭玄注：“五湖，揚州浸也，今屬吴。元唐，未聞。”

【疏證】

①五湖，《周禮·夏官·職方氏》言揚州“其浸五湖”，鄭玄注：“五

湖在吴南”，即今太湖，與吴之澤藪“具區”係一地而異名。

②𠀐即“元”字，讀爲“玄”，黑也。唐，或即《淮南子·修務訓》“唐碧堅忍之類”所言“唐碧”，高誘注：“唐碧，石似玉，皆堅鑽之物。”

鉅野①，菱②。

鄭玄注：“鉅野，大野也，魯藪，今屬山陽。蔆，芰。”

【疏證】

①《史記·魏豹彭越列傳》“彭越者，昌邑人也，字仲。常漁鉅野澤中，爲群盜”，是知鉅野在昌邑附近。《漢書·地理志》山陽郡下有鉅野縣，即今山東省菏澤市之巨野縣。

②蔆，《國語·楚語上》“屈到嗜芰”，韋注：“芰，蔆也。”即今所謂“菱角”。

鉅定①，蠃②。

鄭玄注：“鉅定，澤也，今屬樂安所有。故縣則屬齊。蠃，蝸牛也。”

【疏證】

①鉅定，《史記·河渠書》“東海引鉅定”，裴駰集解引臣瓚曰：“鉅定，澤名。”後或因澤而置縣，《漢書·地理志》齊郡下有縣名鉅定。亦作“巨淀”，《水經注·淄水》言“東北逕蘢丘東，東北入巨淀”。其地在今山東省濱州市惠民縣。

②蠃，《國語·吴語》“其民必移就蒲蠃於東海之濱”，韋注：“蠃，蚌蛤之屬。”

濟中，詹諸。

鄭玄注：“詹諸，鼃黽也。”

【疏證】

濟中，謂濟水，《説文》言“出常山房子縣贊皇山，東入泜”。詹諸，即今所謂“蟾蜍”，《淮南子·原道訓》作“蟾蠩”。《淮南子·説林訓》“月照天下，蝕於詹諸”，高誘注：“蝦蟇食月，故曰食於詹諸。”蝦蟇，今作“蝦蟆”“蛤蟆”。《國語·越語下》“黿鼉魚鼈之與處，而鼃黽之與同陼”，韋注：“鼃黽，蝦蟇也。”

孟諸①，靈龜②。

鄭玄注：“孟諸，宋藪也。龜，俯首靈。《周禮》‘天龜曰靈屬’。”鄭玄注“首”後或脱一“者”字。

【疏證】

①孟諸，《左傳》文十六年“宋昭公將田孟諸”，《吕氏春秋·有始》則言“宋之孟諸”，亦作“孟豬”，《尚書·禹貢》“導菏澤，被孟豬”。亦作“明都”，《史記·夏本紀》“道荷澤，被明都”，上博簡二《容成氏》簡24言“禹親執耒耜，以陂明都之澤”。《職方》所見“望諸”，亦當作“孟諸”。此處黄河河道屢更，古望諸今或不存，《淮南子·墬形訓》言“孟諸在沛”，則今江蘇省沛縣所鄰之微山湖，或是古望諸之遺。

②靈龜，《周禮·春官·龜人》“天龜曰靈屬”。《墨子·親士》言“是以甘井近竭，招木近伐，靈龜近灼，神蛇近暴”。靈龜，或謂龜之靈驗者。《爾雅·釋魚》“二曰靈龜”，郭璞注：“涪陵郡出大龜，甲可以卜，緣中文似蝳蝐，俗呼爲靈龜，即今觜蠵龜，一名靈蠵，能鳴。”

降谷①𢆯玉②。

鄭玄注：“降，讀如‘厖降’之‘降’。或作函谷，今河南穀城西關山也。”

【疏證】

①降，何秋濤本作“隆”，非是。降谷，《尚書·立政》“三亳阪尹”，孔穎達正義引鄭玄注：“湯舊都之民，服文王者分爲三邑，其長居險，故言阪尹。蓋東成皋、南轘轅、西降谷也”，地即故函谷關，在今河南省靈寶市。

②𢆯玉，即“玄玉”，謂黑玉。《禮記·月令》言：“仲冬之月，天子服玄玉”。《玉藻》則言：“天子佩白玉而玄組綬，公侯佩山玄玉而朱組

綬，大夫佩水蒼玉而純組綬，世子佩瑜玉而綦組綬，士佩瓀玟而緼組綬。”

大都①，鮏魚②、魚刀③。

鄭玄注：“大都，明都。鮏，今江南以爲鮑。魚刀，魚兵如刀者也。”

【疏證】

①大都，王應麟以爲即是“孟諸”，然與前文重，非是。何秋濤引《太平御覽》卷九百三十九“望魚，側如刀，可以刈草，出豫章明都澤”，言鄭玄所注“明都”爲豫章之“明都澤”，或是。下“鮑魚”出自江淮，“鮆”出自九江，地望皆與豫章相合。

②鮑魚，《周禮·天官·籩人》“鮑魚”，鄭玄注：“鮑者，於楅室中糗乾之，出於江淮也。”《急就篇》卷三“鯉鮒蟹鱓鮐鮑鰕”，顔師古注：“鮑，亦海魚加之以鹽而不乾者也。”即今所謂鹹魚。鄭玄言江南以爲鮑魚，謂以鮏魚爲鮑魚之原料，非謂鮏魚即是鮑魚。

③《説文》“鮆”字條言：“飲而不食，刀魚也，九江有之。”《山海經·南山經》“其中多鮆魚”，郭璞注：“鮆魚，狹薄而長頭，大者尺餘，太湖中今饒之，一名刀魚。今人謂之鮤魚。”

咸會于中國。

鄭玄注：“言德能及之，異物來至也。”

【疏證】

會，《禮記·月令》“以會天地之藏”，鄭玄注：“會，猶聚也。”

伊尹朝獻，商書，

孔晁云：“言别有此書也。”

【疏證】

朝，謂朝見。獻，《儀禮·鄉射禮》“西北面進賓”，鄭玄注：“凡進物曰獻。”商書，其所託之時代爲商，故當編次歸類于商書之中，非謂其即成篇于商代。下所言“周書”亦然。

不周書，録中，以事類來附，

孔晁云："王會期朝貢事，故令附合。"

【疏證】

不，當作"非"，《儀禮·士相見禮》"某不敢爲儀"，鄭玄注："今文'不'爲'非'。"録，謂收録、存録之義，《漢書·董仲舒傳》"録德而定位"，顔師古注："録，謂存視也。"中，《漢書·藝文志》"劉向以中古文易經校施、孟、梁丘經"，顔師古注："中者，天子之書也。言中，以別於外耳。"録中，謂存録于宫中，即故書所謂"中秘"，言宫中所秘藏之書。《漢書·成帝紀》言"光禄大夫劉向校中秘書"，則此"商書，不周書，録中，以事類來附"，疑是劉向所加校語，孫詒讓説是。

湯問伊尹曰①："諸侯來獻②，或無馬牛之所生，而獻遠方之物，事實相反，不利。

孔晁云："非其所有而當遠求於民，故不利也。"

【疏證】

①湯、伊尹，皆後人託其名而爲之，孫詒讓言小説家有《伊尹》二十七篇，此或即其中之一，甚是，其性質或與清華簡《赤鵠之集湯之屋》《湯處于湯丘》《湯在啻門》等篇類似，多出于後人僞託，不可據以爲商代實有其事，亦不可據以爲商代實有此類觀念。

②獻，謂進物。馬牛之所生，謂其地土生之物。事實相反，謂其所獻者與其所有者乖别，故不利。

今吾欲因其地勢所有獻之①，必易得而不貴，其爲四方獻令②。"

孔晁云："制其品服之令。"品，謂品類，服，謂服事。

【疏證】

①因，依也。勢，《周禮·地官·載師》"掌任土之法"，鄭玄注："任其力勢所能生育"，孫詒讓正義："勢，謂形勢高下。"

②易得而不貴，王應麟本作"易得而必貴"，非是。以其所有，故易得而不貴。其，猶以也。爲，作也。四方獻令，言命四方各以其所有之物謂獻。

伊尹受命，於是爲四方令曰："臣請正東符、婁①、仇州、伊慮②、漚、深、九夷、十蠻、越漚③，鬋文身④，

孔晁云："十者，東夷蠻越之别稱，剪髮文身，因其事以名也。"

【疏證】

①符，王應麟以爲是《後漢書·東夷傳》之"夫餘"，何秋濤、朱右曾從之，其説或是。陳逢衡則以爲是《吕氏春秋·恃君》所見"縛婁"，然縛婁之國在"揚漢之南"，地望與上下文不合，故不取之。婁，王應麟言是古肅慎之國，可從。郭店簡《成之聞之》簡5言"是故畏服刑罰之婁行也"，"婁"讀爲"速"。肅，《國語·楚語下》"齊肅以承之"，韋注："肅，疾也。"故"婁""肅"皆取"速"之義，二字同義换讀。

②仇州，何秋濤以爲是琉球，非是，由其上下之"符、婁、伊慮"觀之，其地當亦在幽州、遼東之地。伊慮，朱右曾言即"醫閭"，甚是，即《職方》所言幽州之山鎮"醫無閭"，《後漢書·郡國志》作"醫無慮"。伊，《小雅·正月》"伊誰云憎"，鄭箋："伊，當讀爲緊。"緊、醫皆从殹得聲，可通。《爾雅·釋地》言"東方之美者有醫無閭之珣玗琪焉"，郭璞注："醫無閭，山名，今在遼東。"今作"醫巫閭山"。《漢書·地理志》所言遼東郡之無慮縣，即由此山得名，地在遼寧省北鎮市。

③"漚"，今作"甌"，即甌越之地。深，或即前所見"目深"，其地在漢之桂陽郡，詳前文。九夷，《論語·子罕》"子欲居九夷"，《管子·小匡》言"北伐山戎，制泠支，斬孤竹，而九夷始聽，海濱諸侯，莫不來服"。《淮南子·齊俗訓》"泗上十二諸侯皆率九夷以朝"，《戰國策·秦策三》"楚苞九夷"，是知"九夷"爲東夷泛稱，其居地自遼東、膠東以至于東南楚地。十蠻，或當作"百蠻"，《國語·魯語下》"昔武王克商，通道于九夷、百蠻，使各以其方賄來貢，使無忘職業"，又或可從《明堂》《職方》等作"八蠻"。越漚，即甌越，在今浙南。

④鬋，《淮南子·齊俗訓》"越人劗鬋"，高誘注："鬋斷。"《禮記·曲禮下》"不蚤鬋"，孔穎達疏："鬋，鬄治鬚髮也。"《莊子·逍遥

游》言“越人斷髮文身，無所用之”，可與此對讀。

請令以魚支之鞞，□鰂之醬，鮫、瞂、利劍爲獻。

孔晁云：“鞞，刀削。鰂，魚名，瞂，盾也，以鮫皮作之。文魚也。”孔注“削”今多以“鞘”字爲之。“文魚也”前或脱一“鮫”字，文魚，魚之有花紋者。

【疏證】

支，王應麟本作“皮”，盧校從改，甚是。魚支之鞞，謂魚皮所製之刀鞘。脱字王念孫引《北堂書鈔》卷一百四十六作“鯸鰂之醬”，朱右曾以爲即“烏鰂”之醬，甚是。烏鰂，即今俗所謂“烏賊”。醬，《周禮·天官·膳夫》“醬用百有二十罋”，鄭玄注：“醬，謂醯醢也。”鮫，《山海經·中山經》“多鮫魚”，郭璞注：“鮫，鮒魚類也，皮有珠文而堅，尾長三四尺，末有毒螫人，皮可飾刀劍口，錯治材角。”瞂，王應麟本作“瞂”，當據改。瞂，《方言》卷九“盾，自關而東或謂之瞂”。

正南甌鄧①、桂國②、損子③、産里、百濮、九菌④，

孔晁云：“六者，南蠻之别名。”

【疏證】

①甌鄧，《太平御覽》卷七百九十一作“歐隥”。鄧，或即《國語·鄭語》“南有荆蠻、申、吕、應、鄧、陳、蔡、隨、唐”，韋注：“鄧，曼姓。”《説文》言“今屬南陽”，《史記·秦本紀》“左更錯取軹及鄧”，裴駰集解引《漢書·地理志》言“南陽有鄧縣”。或即今河南省鄧州市。鄧，亦見于中甗銘文“中省自方、鄧”（《集成》00949），朱鳳瀚《論西周時期的“南國”》（《歷史研究》2013年第4期，第11頁）疑此“鄧”或在湖北襄樊西北，然亦言“鄧與噩，肯定即在南國範圍内”。故“鄧”可謂之“正南”。

②桂國，《太平御覽》卷七百九十一作“柱國”，非是。桂國，或即《漢書·地理志》所見“桂陽郡”。《戰國策·韓策一》言“今公與楚解，中封小令尹以桂陽”。今湖南省郴州市有桂陽縣。

③損子，《太平御覽》卷七百九十一作“指子”，劉師培讀爲“鄖”，甚是。鄖，《説文》以爲是“漢南之國”。《左傳》桓十一年“楚屈瑕將盟貳軫，鄖人軍於蒲騷”，杜注：“鄖國在江夏，雲杜縣東南有鄖城。”或即後楚昭王所奔之“鄖”。《漢書·地理志》江夏郡有竟陵縣，顔師古注：“鄖鄉，楚鄖公邑。”則其地當在今湖北省天門市及京山縣、安陸縣一帶。

④産里，《太平御覽》卷七百九十一引作“陸童”，里、童二字形近而誤。此“陸童”疑讀爲“陸終”。百濮，《左傳》文十六年“麇人率百濮聚於選”，杜注：“百濮，夷也。”“菌”即《尚書·禹貢》所見之“箘”，劉師培説是。箘，謂美竹。《吕氏春秋·本味》言“越駱之菌”，高誘注：“越駱，國名。菌，竹筍也。”則此“九菌”，或當是駱人之國，其地在甌越、閩越及南越之間，前文言“路人大竹”，正與此相合。

請令以殊璣、瑇瑁、象齒[①]、文犀、翠羽、菌、䳌、短狗爲獻[②]。

孔晁云：“璣，似珠而小。菌䳌，可用爲旌翳。短狗，狗之善者也。”

【疏證】

①殊，當爲“珠”字形訛。璣，《吕氏春秋·重己》“蒼璧小璣”，高誘注：“珠之不圜者曰璣。”瑇，王應麟本作“瑇”，盧校從。瑇瑁，《漢書·賈捐之傳》“又非獨珠厓有珠、犀、瑇瑁也”，顔師古注：“瑇瑁，文甲也。”《後漢書·杜篤傳》“甲瑇瑁”，李賢注引郭義恭《廣志》言：“瑇瑁，形似龜，出南海”，字今多作“玳瑁”。象齒，謂象牙。

②文犀，《國語·吴語》“奉文犀之渠”，韋注：“文犀，犀之有文理者。”翠羽，即前文所見“倉吾翡翠”，謂翠鳥之羽毛。菌，謂竹筍。䳌，即今所謂“鶴”。孔晁以“箘䳌”爲一物，非是。短，有“促”之義，《禮記·表記》“義有長短小大”，孔穎達疏：“短，謂世位淺促。”則此“短狗”，或言其促，猶故書習見之“走狗”。

正西昆侖[①]、狗國、鬼親[②]、枳巳[③]、闒耳、貫胸、雕題、離丘、漆齒[④]，

孔晁云：“九者，西戎之别名也。闒耳、貫胸、雕題、漆齒等，亦因其

事以名之也。”

【疏證】

①昆侖，亦作“崑崙”，《管子·輕重甲》言“崑崙之虛不朝，請以璆琳琅玕爲幣乎”，《大雅·韓奕》“以其介圭，入覲于王”，鄭箋引《書》曰：“黑水、西河，其貢璆琳琅玕。”《禹貢》言貢“球琳琅玕”者爲雍州，是知昆侖當在雍州以西。《淮南子·墬形訓》言“河水出昆侖東北陬，貫渤海”，《史記·夏本紀》言“織皮昆侖、析支、渠搜，西戎即序”，《山海經·海内西經》言“海内崑崙之墟，在西北，帝之下都。崑崙之墟，方八百里，高萬仞”，其又是黄河之源，故昆侖或泛指青藏高原。

②狗國，王應麟言：“狗國，犬戎也。”朱右曾從之，説甚是。《淮南子·墬形訓》言“流黄、沃民在其北方三百里，狗國在其東”。鬼，或當從劉師培讀爲“夔”，《春秋》僖二十六年“楚人滅夔，以夔子歸”，杜注：“夔，楚同姓國，今建平秭歸縣。”《公羊傳》作“隗”，得與“鬼”通。《國語·鄭語》言“芈姓，夔、越不足命也”，《左傳》僖二十六年言“我先王熊摯有疾，鬼神弗赦，而自竄于夔”，夔地在今湖北省宜昌市秭歸縣，其地在西南，故可謂之正西。親，劉師培讀爲“㜪”，通爲“莘”。然其地望與正西不合，恐非是。親，《左傳》昭十四年“禄勳合親”，杜注：“親，九族。”故“鬼親”即謂“夔族”，不當别爲二國。

③枳已，即《戰國策·燕策二》所言“楚得枳而國亡”之“枳”，《漢書·地理志》巴郡有枳縣，“已”爲“巴”之形訛，劉師培説是。其地在今重慶市長壽區、涪陵區。

④闟耳，或是聶耳，何秋濤説是。《山海經·海外北經》言“聶耳之國在無腸國東，使兩文虎，爲人兩手聶其耳”。貫胸，言雕鏤其胸以爲飾者，非謂胸背穿透，何秋濤説是。離丘，《山海經·海内南經》言：“離耳國、彫題國、北朐國皆在鬱水南，鬱水出湘陵、南山。”其皆西南之夷。雕題，言雕晝其額，謂紋面。漆齒，如前所言“黑齒”，謂染其齒爲黑色。

請令以丹青、白旄①、紕罽②、江歷③、龍角、神龜爲獻④。

孔晁云："江歷，珠名。龍解角，得也。"王應麟本"得"前有"故"字，盧校從補。"龍解角"前或脱"龍角"二字。

【疏證】

①丹，《尚書·禹貢》"礪砥砮丹"，孔穎達正義："丹者，丹砂，故云朱類。"青，《齊風·著》"充耳以青乎而"，毛傳："青，青玉。"丹青，又或謂丹青之雘，《尚書·梓材》言"惟其塗丹雘"，《漢書·司馬相如傳》"其土則丹青赭堊"，顔師古注引張揖曰："青，青雘也。"白旄，《尚書·牧誓》言武王"右秉白旄"。旄，《史記·夏本紀》"齒革羽旄"，張守節正義："西南夷常貢牦牛尾，爲旌旗之飾，《書》《詩》通謂之旄。"

②紕，《説文》："氐人𦆀也。"罽，《漢書·東方朔傳》"狗馬被繢罽"，顔師古注："罽，織毛也，即氍毹之屬。"紕、罽二字同義連用。紕罽，即今所謂毛毯、氈毯之類。

③江，或爲"玕"字形訛，玕，謂琅玕。歷，或書作"秝"，《説文》段注言秝、歷爲古今字。秝，或爲"林"字形訛。故江歷，即《尚書·禹貢》所謂"厥貢惟球琳琅玕"，謂琳琅、琅玕。琳，《淮南子·墬形訓》"有昆侖之球、琳、琅玕"，高誘注："球、琳、琅玕，皆美玉也。"琅玕，《禹貢》僞孔傳："琅玕，石而似玉。"《大雅·韓奕》鄭箋引《禹貢》此句，陸德明釋文引鄭玄注《尚書》言："琅玕，珠也。"故孔晁以"江歷"爲珠名。

④龍，潘振言讀爲"厖"，甚是。《周禮·考工記》"天子用全，上公用龍，侯用瓚，伯用將"，鄭玄注引鄭司農云："龍當爲尨，尨謂雜色。"故龍角，謂雜色之角。神龜，《爾雅·釋魚》"一曰神龜"，郭璞注："神龜，龜之最神明。"

正北空同①、大夏、莎車②、姑他③、旦略④、貌胡⑤、戎翟、匈奴、樓煩、月氏⑥、孅犁⑦、其龍、東胡⑧，

孔晁云："十二者，北狄之别名也。戎狄在西北界，戎翟之間國

名也。”

【疏證】

①空同，一作“崆峒”，《史記·封禪書》言“上遂郊雍，至隴西，西登崆峒，幸甘泉”，《史記·五帝本紀》“登鷄頭”，司馬貞索隱：“一曰崆峒山之别名。”張守節正義引《括地志》有二説，一説“空桐山在肅州禄福縣東南六十里”，一説“笄頭山一名崆峒山，在原州平高縣西百里，《禹貢》涇水所出”。肅州之地似去雍過遠，原州説近是，其地或在今寧夏固原市。《山海經·海内東經》言：“温水出崆峒，崆峒山在臨汾南，入河，華陽北。”所言地望或與“正北”不合，故不取之。

②大夏，本今晋南，爲實沈所居，詳“大夏茲白牛”條疏證。後西域之地亦稱大夏，《後漢書·西域傳》“初，月氏爲匈奴所滅，遂遷於大夏”，則大夏或在今中亞一帶。莎車，《漢書·西域傳》言“莎車國，王治莎車城，去長安九千九百五十里”，朱右曾言“今葉爾羌地”，甚是，今新疆喀什地區有莎車縣。

③姑他，有兩説。其一，陳逢衡引或曰與“虖沱”一聲之轉，説或有理。姑，見紐魚部字，虖，曉紐魚部字，音近可通。《禮記·禮器》“晋人將有事於河，必先有事於惡池”，鄭玄注：“惡，當爲呼，聲之誤也。呼池、嘔夷，并州川。”《職方》言并州之川爲虖池。《小雅·白華》“滮池北流”，王先謙《詩三家義集疏》：“三家‘池’作‘沱’。”虖池，《周禮·夏官·職方氏》鄭玄注：“虖池出鹵城。”《漢書·地理志》代郡下有鹵城縣，地在今山西省忻州市繁峙縣。其二，陳逢衡又以爲《史記·大宛列傳》所言“姑師”與“姑他”或爲一地，《大宛列傳》言“宛東姑師、扜罙、蘇薤之屬”，是知姑師在大宛以東。又言“而樓蘭、姑師小國耳”，裴駰集解引徐廣：“姑師，即車師也。”在今新疆吐魯番。二説未知孰是。

④旦，當是“且”字形近之誤。且，當從孫詒讓説讀爲《國語·晋語一》所見“翟柤”之“柤”。略，或當從陳逢衡所引或曰讀爲“貉”。柤稱“翟柤”，雖地望無考，然當爲北狄之類。貉，《孟子·告子下》“貉道也”，趙岐注：“貉，夷貉之人，在荒服者也。”《荀子·勸學》“于越夷

貉之子”，楊倞注：“貉，東北夷也。”

⑤貌胡，王應麟本作“豹胡”，盧校從改，孫詒讓言即《王會》前文所言之“不屠何青能”之“不屠”，然是句以“屠何”連讀，故孫説非是。豹，本或作“貘”，《爾雅·釋獸》“貘，白豹”，郭璞注：“或曰豹白色者，别名貘。”《大雅·皇矣》“貊其德音”，《左傳》昭二十八年、《禮記·樂記》皆引作“莫其德音”，故“貊”亦可通爲“貘”，《説文》“貘”字段注：“貘，字亦作貊。”貌胡、豹胡，當即貊胡，即言遼東朝鮮之穢貊、穢貉，亦即《王會》所言“穢人”。

⑥戎翟，盧校作“代翟”，誤，王念孫以“戎翟”爲國名，甚是。匈奴，《王會》前文作“匈戎”，故在北者亦可稱“戎”。樓煩，在古朔方之地，詳《王會》前文“樓煩以星施”條疏證。月氏，《史記·匈奴列傳》“既歸，西擊走月氏，南并樓煩”，《漢書·張騫傳》言“臣居匈奴中，聞烏孫王號昆莫。昆莫父難兜靡，本與大月氏俱在祁連、焞煌間，小國也”。是月氏故地即在敦煌，後以匈奴之故西遷。

⑦孅犁，朱右曾言亦作“纖離”。《漢書·司馬相如傳》“嫵媚孅弱”，顔師古注：“孅，即纖字耳。”犁，《禮記·少儀》“犁而不提心”，陸德明釋文：“犁，本又作離。”《荀子·性惡》“驊騮、騹驥、纖離、緑耳，此皆古之良馬也”，李斯《諫逐客書》有“服太阿之劍，乘纖離之馬”。此或以其貢物爲名。又或是《史記·大宛列傳》“其西則條枝，北有奄蔡、黎軒”所言“黎軒”，司馬貞索隱言：“《漢書》作犂軒。”又作“犂鞬”，《後漢書·西域傳》言“大秦國一名犂鞬”。

⑧其龍，或即《史記·衛將軍驃騎列傳》所見“青至蘢城，斬首虜數百”之“蘢城”，陳逢衡、何秋濤説是。《史記·韓長孺列傳》“破胡蘢城”，裴駰集解言：“蘢，音‘龍’。”《漢書·武帝紀》作“青至龍城”，顔師古引應劭曰：“匈奴單于祭天，大會諸國，名其處爲龍城。”然此“龍城”與慕容皝所筑遼西之龍城，當别是二地，陳漢章説是。東胡，爲後世烏桓、鮮卑之先。

請令[1]以槖駞、白玉、野馬[2]、騊駼、駃騠[3]、良弓爲獻。”湯曰：“善。”

【疏證】

①《博物志》引《周書》言：“西域獻火浣布，昆吾氏獻玉刀”，盧校以爲當出自此篇。

②槖駞，《史記·匈奴列傳》“其奇畜則槖駞”，司馬貞索隱引韋昭曰：“槖駞，背肉似槖，故云槖也。”《漢書·匈奴傳》作“槖佗”，《山海經·北山經》作“槖駝”，郭璞注：“有肉鞍，善行流沙中，日行三百里，其負千斤，知水泉所在也。”即今所謂駱駝。

③騊駼，《山海經·海外北經》有“北海内有獸，其狀如馬，名曰騊駼”，《史記·匈奴列傳》“騊駼”，裴駰集解引徐廣曰：“似馬而青。”駃騠，《説文》言“馬父贏子也”，朱右曾言：“馬父驢母曰駃騠。”即今所謂驢騾。

卷八

祭公第六十

【題解】

清華簡一有篇章自題《□公之顧命》，文句與此篇約同，整理者以爲“□”從丰得聲，與“祭”音近可通。是篇文句亦爲《禮記·緇衣》所引，稱《葉公之顧命》，郭店簡《緇衣》簡22作“□”，上博簡《緇衣》簡12則作“□”，此兩處字形皆與西周金文“□”（厚趠鼎銘文，《集成》02730）形關係密切。而清華簡三《良臣》簡6所見“葉公子高”作“□”，清華簡五《厚父》簡11“厥作惟葉”作“□”，楚文字中“葉”“祭”二字判然有别。戰國晚期秦器丞相觸戈（《集成》11294）有“□”，釋爲“葉”字，與楚文字形近，或是在楚文字轉寫爲其他文字時，訛“祭”爲“葉”。二處所用“顧”字皆从“寡”得聲，是字亦用作清華簡一《皇門》簡1“寡邑小邦”之“寡”。寡、顧皆見紐魚部，古音相近可通。清華簡八《天下之道》簡7有“如不得用之，乃寡察之”，亦用爲“顧”字。顧命，謂臨終之遺命，《尚書·顧命》即成王遺命。然并非凡類似遺命者皆可稱“顧命”，如清華簡一所見《保訓》，似是文王遺命，然取文中《保訓》爲題，不稱“顧命”。

王若曰：“祖祭公，

孔晁云：“祭公，周公之後，昭穆於穆王在祖列。”

【疏證】

王若曰，王如是説之義，此當是史官轉記王命之辭。王，謂穆王。祭公，《左傳》僖二十四年“凡、蔣、邢、茅、胙、祭，周公之胤也”。祭公謀父，當爲周公之孫，故穆王稱祖。其曾服事昭王，故後文言“朕辟昭王之所”。《吕氏春秋·音初》言“還反涉漢，梁敗，王及蔡公抎於漢中”，《左傳》僖四年“昭王南征而不復”，孔穎達正義即作“祭公”，李學勤以爲是謀父之父，陳穎飛以爲是謀父之兄，謀父之父稱“祭季”，陳穎飛説或是。祭，在今河南省鄭州市東北之祭城。

次予小子虔虔在位，

孔晁云：“虔，敬。”

【疏證】

次予小子，簡本作“[illegible]余少子”，整理者讀爲“哀余小子”。故今本“次”字，劉師培言爲“汶”字形訛，“汶”讀爲“閔”，甚是。閔予小子，爲周人習語。《尚書·文侯之命》有“閔予小子嗣，造天丕愆”，《周頌·閔予小子》有“閔予小子，遭家不造”。閔，猶哀也，故簡本作“哀”，二字同義換讀。虔虔，簡本作“[illegible]其”，整理者讀爲“昧其”，當從簡本。昧，《左傳》宣十二年“兼弱攻昧”，杜注：“昧，昏亂。”虔，本或即“文”字，當讀如《尚書·洛誥》“咸秩無文”之“文”，王引之《經義述聞·尚書下》“咸秩無文”條言：“文，當讀爲紊。”紊，《尚書·盤庚上》“有條而不紊”，僞孔傳：“紊，亂也。”紊、昧同義換讀。其，猶而也。

昊天疾威①，予多時溥愆②。

孔晁云：“溥，大也。言昊天疾威於我，故多是過失。”

【疏證】

①昊天，《周頌·昊天有成命》“昊天有成命”，鄭箋：“昊天，天大號也。”疾，猶急也。昊天疾威，簡本作“旻天疾畏”。昊天疾威，亦見于《小雅·雨無正》“昊天疾威，弗慮弗圖”，而《小雅·小旻》《大雅·召旻》則作“旻天疾威”，亦略作“天威”，即《尚書·康誥》“天畏棐忱”之“天畏”。

②時，猶是也。溥愆，簡本作“假懲”。假，《大雅·思齊》“烈假不遐”，毛傳：“假，大也。”假、溥同義換讀。愆，《衛風·氓》“匪我愆期”，毛傳：“愆，過也。”懲，《禮記·表記》“以怨報怨，則民有所

懲”，鄭玄注：“懲，謂創艾。”愆、懲或是同義換讀。溥愆，即《尚書·文侯之命》所見“丕愆”。

我聞祖不豫有加①，予維敬省②。不吊天降疾病，予畏之威，公其告予懿德③。”

孔晁云：“吊，至也。言己道不至，故天下病。王畏乎不美。懿，美也。”孔注“乎”當作“乎”。

【疏證】

①不豫，亦見于清華簡一《保訓》，《尚書·金縢》作“弗豫”，《顧命》作“不懌”。不豫，即不舒，《尚書·洪範》“曰豫”，孔穎達正義：“鄭、王本‘豫’作‘舒’。”舒，謂寬緩，不舒，猶《尚書·大誥》所謂“不少延”，言疾病災害之不緩解。有加，簡本作“有[illegible]”，整理者讀爲“有遲”，“加”即從“[illegible]”形訛而來。有遲，即“不豫”，《陳風·月出》“舒窈糾兮”，毛傳：“舒，遲也。”此“有遲”或是“不豫”注文竄入。

②敬省，簡本作“時來見”。敬，或即簡本“時”字形訛。省，謂省視也。時來見，言聞祭公病篤，故來見之。

③不吊天降疾病，簡本作“不淑疾甚”。不吊，周人習語，謂不善之義。疾，猶急也。畏之威，簡本作“畏天之作畏”。作威，見于《尚書·洪範》“惟辟作威”。予，簡本作“我”。懿德，即善德，《周頌·時邁》有“我求懿德，肆于時夏”。

祭公拜手稽首曰：“天子！

孔晁云：“拜手，頭至手。稽首，頭俯也。”孔注“也”當爲“地”。

【疏證】

拜手稽首，西周金文習語，亦作“拜稽首”。清華簡五《厚父》亦以“天子”稱王。

謀父疾維不瘳①，朕身尚在兹，朕魂在于天②，孔晁云："謀父，祭公名。我魂在於天，言必死也。"

【疏證】

①簡本"謀父"後有一"朕"字，是知"謀父"爲祭公𦣹稱，故是私名而非字。疾，病也。瘳，《鄭風·風雨》"云胡不瘳"，毛傳："瘳，愈也。"

②在于天，簡本作"在朕辟昭王之所"，故知今本下句之"昭王之所"當連此讀。"于天"二字或爲"朕辟"之壞字。尚，即猶之義，用如《左傳》僖四年"十年尚猶有臭"。辟，君也。是句祭公自謂我病不愈，我之身猶在此，我之魂則在我君昭王之處。

昭王之所勖宅天命。"

孔晁云："言雖魂在天，猶明王之所勉，居天下之事也。"

【疏證】

勖宅天命，簡本作"𠀀圖不智命"，整理者讀爲"亡圖不知命"。"𠀀"字當從清華簡五《殷高宗問於三壽》簡5解爲"喪"字或體。宅，本或作"度"。度，《大雅·皇矣》"度其鮮原"，鄭箋："度，謀也。"度，清華簡五《命訓》作"[illegible]"，隸定爲"庑"，清華簡五《殷高宗問於三壽》簡15"往宅毋徙"作"[illegible]"，度、宅或爲一字分化。圖，《小雅·常棣》"是究是圖"，毛傳："圖，謀也。"圖、度同義換讀。智，讀爲"知"，言喪謀且不知天命。

王曰："嗚呼！公，朕皇祖文王、烈祖武王①，度下國，作陳周②。維皇皇上帝度其心，寘之明德③，

孔晁云："下國，謂諸侯也。天度其心，所能寘明德於其身也。"

【疏證】

①簡本"朕"下多一"之"字，"皇祖"下多一"周"字，或爲衍文，亦或是楚人爲區别于楚文王而後加之追稱，劉國忠《試析清華簡〈金滕〉篇名中的稱謂問題》（《清華簡研究》第一輯，中西書局，2012年，第177頁）説是。皇，大也，烈，《左傳》哀二年"烈祖康叔"，杜注："烈，顯

也。”《左傳》哀二年衛太子蒯聵即以“皇祖文王，烈祖康叔，文祖襄公”并稱。西周金文祖父輩以上者，皆可稱“祖”，不特指祖父言。

②度，簡本作“[illegible]”，當讀爲“宅”，居也。下國，乃對天稱下，周人凡言“下邦”“下土”“下國”“下民”，皆對天而言，孔注謂諸侯非是。《商頌·殷武》“天命降監，下民有嚴。不僭不濫，不敢怠遑。命于下國，封建厥福”，簡本“作陳周”後多一“邦”字。作，猶興也。陳，當讀如《大雅·文王》“陳錫哉周”，鄭箋：“乃由能敷恩惠之施，以受命造始周國。”《國語·周語上》引是句，韋注：“陳，布也。”周邦，西周中晚期金文習語。作陳周邦，猶訇簋銘文（《集成》04321）所見“奠周邦”。奠，置也，亦有陳布之義。

③前“皇”簡本作“時”，或爲“時”字或體“旹”之形訛。皇上帝，見于㝬鐘（《集成》00260）“隹皇上帝、百神保余小子”。度其心，《大雅·皇矣》“維此王季，帝度其心”，亦即《尚書·康誥》“宅心知訓”之“宅心”，度、宅，皆居也。寘之，簡本作“卿其”，整理者讀爲“享其”。寘，清華簡二《繫年》簡52“而焉將[illegible]此子也”，“[illegible]”即讀爲“寘”，享，清華簡二《繫年》簡121“越公入享于魯”，“享”作“[illegible]”，二字形近。

付俾於四方①，用應受天命②，敷文在下③。

孔晁云：“付與四方，受命於天，而敷其文德在下士也。”孔注“下士”當作“下土”。

【疏證】

①簡本“俾”下無“於”字。俾，當從簡本作“畀”。畀，《鄘風·干旄》“何以畀之”，毛傳：“畀，予也。”付，亦予也，二字同義連用，《尚書·顧命》有“皇天用訓厥道，付畀四方”。

②用，猶以也。應，當讀“膺”，《魯頌·閟宫》“戎狄是膺”，毛傳：“膺，當。”天命，簡本作“天之命”，應受天命，即西周金文習見之“膺受大命”。

③敷文，簡本作“敷聞”。敷，布也。聞，謂令聞。《尚書·文侯之命》有“丕顯文、武，克慎明德，昭升于上，敷聞在下”，故當從簡本。聞，王念孫《讀書雜志·史記第五》“竊聞公之將死，故吊”，言聞字當從《漢書·蒯通傳》作“閔”。閔，可略作“文”，海昏侯墓所出《詩經》“閔予小子”，即作“文予小子”。《易·晋》“晋如愁如”，王弼注：“聞乎幽昧”，陸德明釋文言：“聞，亦作文。”

我亦維有若文祖周公暨列祖召公①，兹申予小子追學於文武之蔑②。

孔晁云：“言己追學文武之微德，此由周、召分治之化也。”

【疏證】

①若文祖周公，簡本作“若祖周公”，謂周公旦。以“有若”二字列舉臣名，亦見于《尚書·君奭》“亦惟有若虢叔，有若閎夭，有若散宜生，有若泰顛，有若南宫括”。若，猶如也。列祖召公，簡本作“祖召公”，謂召公奭。

②申予小子追，簡本作“由[illegible]”，整理者讀爲“迪襲”。“申”爲“由”字形訛，讀“迪”甚是。迪，道也，用如《尚書·君奭》“兹迪彝教”。予小子，或是“由”訛爲“申”後，後人不明本義誤加。[illegible]，整理者言字可通爲“隰”，轉讀爲“襲”。案：字可讀爲“翕”，二字皆輯部字，音近可通。如《商誓》“胥翕稷政”，翕，《小雅·大東》“載翕其舌”，鄭箋：“翕，猶引也。”由翕，猶導引也，二字同義連用。蔑，簡本作“曼德”。簡本“曼”或讀爲“勉”，郭店簡《老子乙》“大器曼成”，馬王堆帛書乙本作“大器免成”，北大漢簡本作“大器勉成”。蔑，于鬯以“蔑”爲“茂”字之誤，或是，“茂”有勉義，金文習見“蔑曆”，晁福林《金文“蔑曆”與西周勉勵制度》（《歷史研究》2008年第1期）亦言“蔑”有勵勉之義。蔑、曼二字同義换讀。

周克龕紹成康之業①，以將天命②，用夷居之大商之衆③。

孔晁云：“將，行。夷，平也。言大商，本其初也。”

【疏證】

①“周”字當屬上句讀，爲“悳”字形訛。龕紹，簡本作“夾卲”，即逨盤銘文所見“夾紹”。夾，用如《左傳》僖四年“五侯九伯，女實征之，以夾輔周室”之“夾”。王引之《經義述聞·爾雅上》“夾、介、乂，皆輔相之義也”。紹，《大雅·抑》“弗念厥紹”，毛傳：“紹，繼。”成、康，謂成王、康王。簡本無“之業以將天命”六字，或爲後人據前後文意擬補。業，功也。

②將，《商頌·烈祖》“我受命溥將”，鄭箋：“將，猶助也。”

③夷居之大商之衆，簡本作“用畢成大商”。用，猶以也。“畢”，整理者讀爲“畢”，或是。畢，猶盡也。成，《國語·晋語四》“民無成君”，韋注：“成，定也。”此言能輔佐繼承成康，以盡定大商。

我亦維有若祖祭公之執和周國①，保乂王家②。”

孔晁云：“執，謂執其政也。”

【疏證】

①執和周國，簡本作“修和周邦”。修和，亦見于《尚書·君奭》“惟文王尚克修和我有夏”，亦即史牆盤銘文（《集成》10175）所見“盭龢”，整理者説甚是。修，讀如《尚書·康誥》“以修我西土”之“修”。周邦，周人習語，作“國”，避漢高帝諱。

②保，安也。乂，大克鼎銘文（《集成》02836）有“諫辥王家”“保辥周邦”，“辥”讀爲“乂”。乂，古書多以“艾”爲之，《小雅·小旻》“或肅或艾”，毛傳：“艾，治也。”《左傳》哀十六年“是得艾也”，杜注：“艾，安也。”

王曰：“公稱丕顯之德，以予小子楊文武大勳①，弘成、康、照考之烈②。”

孔晁云：“稱，謂舉行也。昭考，昭王，穆王之父也。”

【疏證】

①稱，猶揚也，與下文“揚”“弘”對舉。“丕顯之德”，簡本作“丕

顯德”。丕，大也。顯，明也。以，猶則也。楊文武大勳，簡本作“揚文武之烈”，揚，謂稱揚。勳，《國語·周語中》“鄭武、莊有大勳于平、桓”，韋注：“王功曰勳。”勳、烈皆有“功”義，二字同義换讀。

②弘成康照考之烈，簡本作“揚成、康、昭主之烈”，弘，《大雅·民勞》“而式弘大”，鄭箋：“弘，猶廣也。”今本“照”讀爲“昭”，以昭王爲穆王之父，故今本稱“昭考”。主，《吕氏春秋·本生》“今世之惑主”，高誘注：“主，謂王也。”烈，訓爲“業”，《國語·晋語六》“唯無德而功烈多”，韋注：“烈，業也。”此句謂穆王曰祭公稱大明之德，則我得揚文武成康昭王之功業。

王曰：“公，無困我哉①！俾百僚乃心，率輔弼予一人②。”

孔晁云：“言公當使百官相率和輔弼我，不然則困我。”

【疏證】

①“王曰”之後簡本有“嗚呼”二字。無困我哉，簡本作“汝念哉”，簡本是。“汝念哉”爲周人習語，如《尚書·康誥》：“嗚呼！封，汝念哉！”念，《爾雅·釋詁下》：“思也。”

②俾百僚，簡本作“愻惜”，簡本是，“僚”或爲“惜”字訛誤。愻，順也，不煩改讀爲“遜”。郭店簡《緇衣》簡25有“恭以莅之，則民有愻心”。惜，整理者讀爲“措”，訓爲“置”，或是。率輔弼，簡本作“盡付畀”。率、盡，用猶皆也。付畀，皆“予”之義，今本作“輔弼”，或爲音聲之誤。師𩛥鼎銘文（《集成》02830）有“遜純乃用心，引正乃辟”，可與此句對讀。

祭公拜手稽首曰：“允①！”乃詔畢桓、于黎、民般②。

孔晁云：“般，樂也。言信如王告，盡治民樂政也。乃，汝。汝，王也。”

【疏證】

①祭公，簡本作“公懋”。懋，猶勉也，以其病篤，故曰勉。允，簡本作“允哉”，信也。

②乃，言于是之義，孔注“汝”非是。“畢桓于黎民班”，簡本作

“畢桓、井利、毛班”。于，爲“井”之壞字，讀爲“邢”。黎，从利得聲。民、毛楚文字形近，鄭邦宏《試論今本〈逸周書·祭公〉底本的地域來源——以出土簡帛字形爲據》（《文獻》2018年第3期）一文有詳細申論，可參看之，玆不贅舉。班、般古多通用，《春秋》僖七年及《穀梁傳》有“曹伯班”，《公羊傳》僖公七年作“曹伯般”。此三人即下文屢稱之“三公”，三公爲西周執政大臣之統稱，未必以三人爲限，此言“三公”，謂三人皆有“公”之地位，亦非後世合稱特指“師傅保”之“三公”。畢、邢、毛皆是畿内采邑名，不當理解爲外服封國。

畢，爲文王子畢公高之後，《左傳》僖二十四年杜注言：“畢國在長安縣西北。”據韓巍説，畢氏或世襲爲史官系統領袖，其在外服則稱楷國。

邢，《左傳》僖二十四年言爲周公之胤。陝西省長安縣張家坡出土有邢叔采鐘（《集成》00356、00357）、邢叔方彝（《集成》09875）、邢叔觶（《集成》06457）、邢叔鼎（《陝西金文集成》1227）、邢鼎（《陝西金文集成》1228），此或即邢之畿内采邑所在。井氏大宗大致在主管軍政之武官系統任職，官或有至“冢司馬”“周師”者。畿内之“邢”字形多作“井”，與外服之“邢”多作“井”不同，二者當不是大小宗關係。

毛，文王子毛叔鄭之後，毛班，即班簋（《集成》04341）器主，毛氏相關器物多出土于今陝西岐山、扶風二縣，則其西周時采邑應去此不遠。毛氏亦多在武官系統任職，其似在外服并無封國。

綜上，畢桓、井利、毛班爲當時執政大臣，充任各職官系統之領袖，地位尊崇，故稱公，非後世所謂“師傅保”之三公。

公曰：“天子！謀父疾維不瘳，敢告天子①。皇天改大殷之命②，維文王受之，維武王大剋之，咸茂厥功③。

孔晁云：“茂，美也。文王以受命爲美，武王以剋殷爲美，故曰咸也。”

【疏證】

①公曰，簡本作“曰”。天子，簡本作“三公”，當從簡本，此是對畢桓等三人之囑咐。“謀父”之後簡本多一“朕”字。敢，《左傳》莊二十二

年“敢辱高位”，杜注：“敢，不敢也。”

②改，《鄭風·緇衣》“敝予又改爲兮”，毛傳：“改，更也。”大殷，簡本作“大邦殷”，即文獻習見之“大邑商”。

③文王，簡本作“周文王”。是句可與《尚書·君奭》“弗弔天降喪于殷，殷既墜厥命，我有周既受”對讀。克，簡本作“敗”。克，即“克”字。克，勝也。敗，《大雅·民勞》“無俾正敗”，鄭箋：“敗，壞也。”克、敗二字同義换讀。咸茂，簡本作“成”。咸，或爲“成”字形訛。成厥功，謂武王大克殷以成文王之功業。

維天貞文王①，之重用威②，亦尚寬壯厥心③，康受乂之式用休④。

孔晁云：“貞，正也。重之用威，伐崇、黎也。既克之而安受治之，其治用美也。”

【疏證】

①貞，簡本作“奠”。奠，《尚書·禹貢》“奠高山大川”，僞孔傳：“奠，定也。”四十二年逨鼎、四十三年逨鼎皆有“奠周邦”。貞、奠皆取“正、定”之義。“文王”後簡本有“之志”二字。志，當從《國語·晋語四》“志，德義之府也”。文王之志，猶文王之德。

②之重用威，簡本作“違之用畏”，整理者讀爲“董”。是句即《左傳》文七年引“夏書”言：“戒之用休，董之用威。”是字當從韋婷《〈尚書〉“董之用威”辨正》（《中華文史論叢》2019年第1期，第70頁）讀爲“動”，如《命訓》所見“動之以事”，《常訓》作“動之以則”。動，《商頌·長發》“不震不動”，馬瑞辰《毛詩傳箋通釋》言：“動，即震驚。”

③寬壯，簡本作“宣臧”。宣讀爲“寬”之例，蔡哲茂《讀清華簡〈祭公之顧命〉札記五則》（《簡帛》第13輯），列之甚詳，可參看之。宣，《大雅·文王》“宣昭義問”，鄭箋：“宣，遍。”上博簡四《曹沫之陣》“莊公”即書作“臧公”，莊从壯得聲，故“壯”可當讀爲“臧”。臧，《邶風·雄雉》“何用不臧”，毛傳：“臧，善也。”似不必從蔡哲茂

解爲“寬綽”“绾綽”。

④康，《大雅·生民》“不康禋祀”，鄭箋：“康、寧，皆安也。”受，《國語·楚語下》“顓頊受之”，韋注：“受，承也。”乂之，簡本作“亦”。式，語辭，猶用也。式用，猶以也，言以休美安承文王。

亦先王茂綏厥心①，敬恭承之②。維武王申大命，戡厥敵③。”

孔晁云：“言武王申文王受命之意而勝殷也。”

【疏證】

①先王，簡本作“岦”，是字與“先”形近易訛。岦，上博簡四《内豊》簡9言“以食恶[illegible]下之”，即讀爲“美”，美，猶善之義。茂綏厥心，簡本作“懋綏心”。懋，即茂字，勉也。綏，安也。美茂綏心，言善勉以安心。“厥”或涉上文“寬壯厥心”而衍。

②敬恭承之，簡本無“承”字，“承”字或是後人注“恭”之字竄入。敬恭之，言敬恭天命。

③武王申大命，簡本作“文武中大命”，申，即“中”字形訛。中，讀去聲，《吕氏春秋·行論》“以中帝心”，高誘注：“中，猶得。”文武中大命，謂文武得天命。以前文有先王，今本抄録者或以爲指文王，爲免重複，故改“文武”作“武王”。戡，《爾雅·釋詁上》：“克也。”

公曰：“天子，自三公。上下辟于文武①。文武之子孫，大開方封于下土②。

孔晁云：“辟，法也。言我上法文武，方大開國，旁布於下士。”孔注“士”當作“土”。

【疏證】

①自三公，簡本無“自”字。“上下”前簡本有“我亦”二字。辟，簡本作“卑”，整理者讀爲“譬”。此或當從今本作“辟”，言效法之義，孔晁注是。“文武”後簡本多“之受命”三字。

②大開方封于下土，簡本作“皇䆌方邦”。皇，大也。䆌，整理者讀爲“戡”，訓爲“盛”，説甚是。是字即清華簡八《攝命》簡18“汝其有斁有

甚”之“甚”，甚，猶戩，《商頌·那》“庸鼓有戩”，毛傳：“戩戩然盛也。”方邦，即方國。今本“封”當爲“邦”字形訛。今本“大開方封”或即《魯頌·閟宫》“大啓爾宇”之義。“于下土”三字或爲後人爲完文義而加。是句言我亦當上下效法于文武之受命，文武之子孫乃大盛邦國。

天之所錫武王時疆土，丕維周之□①。□□后稷之受命，是永宅之②。

孔晁云：“錫，與。言天予武王，是疆所受，是大維周之開基，大維后稷所受命，是長居此也。”

【疏證】

①簡本無“天之所錫武王時疆土”，此或爲上句“下土”之注文竄入。錫，謂賜。時，猶是也。“丕維周之”後脱字，簡本作“旁”。丕維，亦作“丕惟”，語辭，猶是也。旁，或當解爲依旁、輔佐之義，如《魯頌·閟宫》言“大啓爾宇，爲周室輔”。

②“后稷”前脱字，簡本作“丕惟”。永，長也。宅之，簡本作“厚”。《戰國策·秦策一》“秦益强富厚”，高誘注：“厚，大也。”是句承前文大盛邦國言以邦國爲周室之輔，是后稷所受之命，故長且大。

維我後嗣，旁建宗子①，丕維周之始并②。

孔晁云：“旁建宗子，立爲諸侯，言皆始并天子之故也。”孔注“并”當從正文作“屏”。

【疏證】

①孔注“天子”當爲“天下”之誤。後嗣，言後繼之君。旁建宗子，簡本作“方建宗子”，當從今本讀“旁”，爲溥、遍之義。宗子，即《大雅·板》所言“大邦維屏，大宗維翰，懷德維寧，宗子維城”，鄭箋：“宗子，謂王之適子。”此所言“宗子”，當謂小宗，言遍立小宗而爲周室之屏藩。清華簡十《四告》簡18有“建侯設衛甸，出分子”，可與此對讀。

②始并，簡本作“厚屏”。“厚”，清華簡九《治政之道》簡37作“[illegible]”，或與“[illegible]”形近。屏，《國語·齊語》“以屏周室”，韋注：“屏，猶藩

也。”清華簡二《繫年》簡17—18有“旁設出宗子，以作周厚屏”，可與此對讀。

嗚呼，天子、三公！監于夏商之既敗①，丕則無遺後難，至于萬億年②，守序終之③。

孔晁云：“言當以夏商爲戒，大無後難之道，守其序而終也。”

【疏證】

①簡本“天子”後無“三公”二字。監，《論語·八佾》“周監于二代”，何晏集解引孔安國曰：“監，視也。”既，猶盡也。敗，《大雅·民勞》“無俾正敗”，鄭箋：“敗，壞也。”用如清華簡一《尹誥》簡1有“尹念天之敗西邑夏”。

②無遺後難，簡本作“無遺後”。遺，《左傳》成十六年“君唯不遺德刑”，杜注：“遺，失也。”億，十萬曰億。

③守序終之，簡本作“參舒之”。參，整理者以《荀子·解蔽》“參稽治亂而通其度”，楊倞注“參，驗”爲説，或是。舒，整理者讀爲“述”。案：《大戴禮記·五帝德》“貴而不豫”，《史記·五帝本紀》作“貴而不舒”，則此“舒”亦可讀爲“豫”，《荀子·大略》言“先患慮患謂之豫”，《禮記·學記》言“禁於未發之謂豫”，此或與上下文義更安。是句謂觀夏商之盡壞，則無失于後，至于萬億年，皆參驗而備豫之。

既畢①，丕乃有利宗②，丕維文王由之③。”

孔晁云：“既終之，則有利于宗，皆由文武之德也。”

【疏證】

①畢，簡本作“沁”，整理者讀爲“咸”，訓爲“終”，與“畢”同義换讀。

②丕乃有利宗，簡本作“乃有履宗”。履，《周南·樛木》“福履綏之”，毛傳：“履，禄。”與“利”同義换讀。宗，《國語·晋語八》“欒書實覆宗”，韋注：“宗，大宗。”

③文王由之，簡本作“文武之由”，當從簡本。由，道也。是句言參驗

備豫已畢，乃有利于大宗，是文王之道。

公曰："嗚呼，天子！我不則寅哉寅哉。

孔晁云："寅，敬也。不則，言則也。"

【疏證】

我不則寅哉寅哉，簡本作"丕則寅言哉"。是篇凡言"丕則""丕維""丕乃"，皆讀後字。丕，語詞，無義。則，猶乃也。寅言，謂敬文武之言，此承上文"文武之由"而言，下文亦承此言"時二王大功"。

汝無以戾□罪疾①，喪時二王大功②。

孔晁云："戾反罪疾，謂己所行也。是二王，文武。"

【疏證】

①以，猶可也，讀如《齊風·猗嗟》"以禦亂兮"之"以"。戾，整理者訓爲"辠"，恐非是。戾，《國語·周語下》"天灾降戾"，韋注："戾，至也。""戾"後缺字，簡本作"兹"。罪疾，簡本作"辠辜"。辜，《小雅·正月》"民之無辜"，鄭箋："辜，罪也。"疾，《禮記·緇衣》"毋以嬖御人疾莊後"，鄭玄注："疾，亦非也。"疾、辜同義换讀。

②喪時二王大功，簡本作"亡時遠大邦"。今本抄寫者誤"亡"爲死亡之義，故以"喪"换讀之。亡，猶無也。時，猶是也。遠，整理者從《説文》讀爲"遼"，恐非是。案：《國語·吴語》"以遠我一二兄弟之國"，韋注："遠，疏也。""功"或爲"邦"字形訛。大邦，謂周邦大宗，《小雅·采芑》"蠢爾蠻荆，大邦爲讎"，《大雅·皇矣》"密人不恭，敢距大邦"，以"大邦"稱"周邦"。《大雅·板》"大邦維屏，大宗維翰"，以"大邦"與"大宗"對舉。是句言汝不可至此罪，無是疏遠于周邦。

汝無以嬖御①固莊后②，

孔晁云："嬖御，寵妾也。固，疾也。"

【疏證】

①以，猶用也，後兩句"以"字亦同。嬖，《左傳》隱三年"嬖人之子

也”，杜注：“嬖，親幸也。”御，《儀禮·大射儀》“士御于大夫”，鄭玄注：“御，猶侍也。”

②固莊后，簡本作“息爾臧后”，郭店簡《緇衣》簡22引作“毋以卑御息妝句”，上博簡一《緇衣》簡12引作“毋以辟御衋妝后”。正字當作“塞”，塞，《國語·晋語八》“是自背其信而塞其忠也”，韋注：“塞，絶也。”息，清華簡二《繫年》簡23“賽侯亦取妻于陳，是賽嬀”。《左傳》莊十年“息侯亦娶焉，息嬀將歸”。《讀書雜志·史記第二》“冬賽禱祠”條，王念孫言：“賽，本作塞，古無賽字，以塞爲之。”《韓非子·外儲説右下》“殺牛塞禱”，包山楚簡214有“賽禱昭王，特牛，饋之”，王念孫“以塞爲賽”之説甚是。今本作“固”，固、塞皆有“蔽”義，爲同義换讀。上博簡“衋”字，或即《尚書·酒誥》所見“民罔不衋傷心”，《説文》言“衋，傷痛也”。下文“疾大夫卿士”之“疾”，上博簡一《緇衣》亦作“衋”形，疾，《左傳》成十三年“斯是用痛心疾首”，杜注：“疾，亦痛也。”疾、衋二字亦同義换讀。妝，讀爲“臧”，清華簡七《晋文公入於晋》簡1言“毋察于好妝媥妾皆見”，“妝”與“好”連用，即讀爲“臧”。上博簡四《曹沫之陣》“臧公”，即爲“莊公”，故臧、壯、妝可通。臧，善也。后，謂王后。是句謂汝無用寵嬖親近侍從之臣蔽絶良善之王后。

汝無以小謀敗大作，

孔晁云：“小謀，謂不法先王也。大作，大事也。”

【疏證】

是句簡本與今本同，郭店簡《緇衣》簡22—23引作“毋以小謀敗大作”，上博簡一《緇衣》12引作“毋以小謀敗大圖”。敗，壞也。作，《大雅·皇矣》“帝作邦作對”，鄭箋：“作，爲也。”圖，亦謀也。

汝無以嬖御士①疾大夫卿士②，

孔晁云：“言無親小人，疾君子。”

【疏證】

①是句簡本作“女毋以俾士息大夫、卿李”，郭店簡《緇衣》簡23引作

“毋以卑士息大夫、卿事”，上博簡一《緇衣》簡12引作“毋以辟士憲大夫、卿事”。今本“御”字或從上句“嬖御固莊后”誤衍。嬖士，謂寵嬖之士。周王爲固其威權，多以新興世族及衰落已久之舊世族與當政之世族互相牽制，此所言“嬖士”，蓋指此類。

②大夫、卿士，謂執政大臣，亦即前所言“畢桓、井利、毛班”等。“卿李”之“李”，从來从子，清華簡二《繫年》簡2亦見“卿李、諸正”，即謂“卿士、諸正”。

汝無以家相亂王室而莫恤其外。

孔晁云：“言陪臣執國命。恤，憂也。外，謂王室之外也。”

【疏證】

無以家相亂王室，簡本作“毋各家相乃室”。而，簡本作“然”。家，《尚書·盤庚中》“永建乃家”，僞孔傳：“卿大夫稱家。”相，《大雅·抑》“相在爾室”，鄭箋：“相，助。”乃，猶其也，用如《小雅·大田》“既備乃事”。室，謂家資。然，猶而也，二字同義換讀。莫恤其外，謂不憂室家之外。此句與《皇門》“以家相厥室，弗恤王國王家”可對讀。

尚皆以時中乂萬國。

孔晁云：“言當盡用是中道治天下也。”

【疏證】

尚，簡本作“亓”，即“其”字，猶必也。以，簡本作“自”，二字同義換讀，字或訓“用”，《尚書·召誥》“自服于土中”，鄭玄注：“自，用也。”時，猶是也。中，或讀爲“衷”，《國語·吴語》“今天降衷於吴”，韋注：“衷，善也。”乂，治也。萬國，簡本作“萬邦”，漢諱。是句謂其皆用是善以治萬邦。

嗚呼，三公，汝念哉①！汝無泯泯芬芬②。厚顔忍醜，時維大不吊哉③。

孔晁云：“戒三公使念我與王也。泯、芬，亂也。忍行亂，則厚顔忍醜也，如是則大不善之也。”

【疏證】

①“三公”前簡本有“天子”二字。念，思也。

②汝無泯泯芬芬，簡本作“汝毋□臤虐＝”，方框處當從賈連翔補爲“絸”。《包山楚簡》268、277兩見从糸从見之字，辭例皆爲“絸組”。何琳儀《包山竹簡選釋》（《江漢考古》1993年第4期）亦言有作“覞鞅”者，言二者均與駕牛之具有關。《曾侯乙墓竹簡》亦有作“䩴鞅”“顯鞅”者，此字或即《左傳》僖二十八年“晋車七百乘，韅靷鞅靽”之“韅”。組，《尚書·禹貢》“厥篚玄纁璣組”，僞孔傳：“組，綬類。”則“絸”亦當是繩索類，未必從《説文》讀爲“繭”字古文。臤字或爲“賢”，即承上文“莊后”“大夫卿士”而言。“虐＝”，整理者讀爲“唐唐”，訓爲“大”。案：古書作“唐”者，多从“昜”得聲，如叔尸鐘銘文（《集成》00275）“虩虩成唐”，言成湯，唐君簋中的（《集成》03578）“陽尹”，即讀爲“唐君”。是字或當讀爲“愓”，《廣雅·釋詁三》“愓，戲也”，王念孫疏證：“愓之言放蕩也。”絸賢虐＝，謂以放蕩而馭用賢者。

③厚顏，《小雅·巧言》“顏之厚矣”，鄭箋：“顏之厚者，出言虚僞，而不知慙於人。”忍，《國語·鄭語》“其民沓貪而忍”，韋注：“忍，忍行不義。”醜，簡本作“耻”，當從簡本。《荀子·解蔽》有“厚顏而忍詬”，詬，《左傳》定八年“公以晋詬語之”，杜注：“詬，耻也。”時，猶是也。不弔，謂不淑。此句謂天子、三公無以放蕩而馭用賢者。出言虚僞而不知慚，行不義耻辱之事，此是大不善。

（曰：三公，事求先王之恭明德①，刑四方，克中爾罰②）。

此處今本脱去一句，當從簡本補之。

【疏證】

①事，字讀“尃”，即“敷”字，季旭昇説是。“敷求”爲古人習語，即前所謂“旁求”。恭，敬也。《尚書·君奭》言“嗣前人，恭明德，在今予小子旦非克有正，迪惟前人光施于我冲子”，故“恭明德”後當絶句。

②刑，猶“儀刑文王”之“刑”，效法也。清華簡三《傅説之命下》簡5—6有“恫瘝小民，中乃罰”，是知“克中爾罰”當與上句分讀。克，能也。中，讀如《尚書·吕刑》“士制百姓于刑之中”，通“衷”，善也。罰，謂責罰。

昔在先王，我亦維丕以我辟險于難①，不失干正②，我亦以免没我世③。

孔晁云：“先王，穆父，祭公所事也。辟，君也。言我事先王遇大難險而不失，故能以善没世，言善終。”

【疏證】

①亦維丕以，簡本作“亦不以”。我辟，謂昭王。險，簡本作“陷”，清華簡六《鄭武夫人規孺子》簡3—4有“吾君陷于大難之中”，故當從簡本。陷，《國語·魯語上》“陷而不振”，韋注：“陷，墜也。”

②今本“干”當作“于”，不失干正，簡本作“弗失于政”，當從簡本。《國語·魯語下》有“夫失其政者，必毒于人，魯懼及焉，不可以不恭”。政，《大雅·皇矣》“其政不獲”，陸德明釋文：“政，政教也。”

③我亦以，簡本作“我亦維以”。簡本無“免”字。没，終也，朱右曾説是。没我世，讀如《論語·衛靈公》“君子疾没世而名不稱焉”，皇侃義疏：“没世，謂身没以後也。”免，王念孫言爲“克”字形訛，甚是。是句言昔在先王，我亦不以我君墜于難，不失政教，我亦能得此善終。

嗚呼，三公！予維不起朕疾①。汝其皇敬哉！兹皆保之②。”

孔晁云：“皇，大也，言當式敬我。言如此則天下皆安之。”

【疏證】

①嗚呼三公，簡本作“公曰天子，三公”。不，簡本作“弗”。起，讀如《國語·吴語》“君王之於越也，緊起死人而肉白骨也”之“起”，猶起復之義。

②簡本無“皇”字，皇，大也。保之，簡本作“保舍一人”，整理者讀“舍”爲“相”。案：“舍”可讀本字，不煩改讀爲“相”。舍，《鄭風·

羔裘》“舍命不渝”，鄭箋：“舍，猶處也。”孔穎達正義：“舍，息。”舍，猶安息、安處之義。一人，猶“予一人”，謂周天子。是句祭公謂天子三公言其病不起，令其敬之，是皆保安天子。

曰：“康子之，攸保①，勖教誨之，世祀無絶②，不我周有常刑③。”

孔晁云：“康，安也。子之所宜安以善道勉教之，則子孫有福，不然，則犯常刑也。”

【疏證】

①康子之攸保，簡本作“康□之，辪服之”。康，孔晁注是。“康”後之字，楊蒙生《清華簡〈祭公之顧命〉“康孨之，保伓之，肰母夕要”句解》（《出土文獻研究》第12輯）隸定爲“孨”，或是，然其通爲“孜”則不確。前文指出包山楚簡有作“䚂”者，亦有从革作“𩌦”者，二字含義相關，則此字亦或可讀爲从糸从子，亦即“孳”字。孳，《説文》：“汲汲生也。”辪，當爲“保”字形訛。辪，亦即金文所見之“辥”字，讀爲“乂”，訓爲“治”。服，用也。

②勖教誨之，簡本作“然毋夕□”，夕，整理者讀爲“斁”。然楊蒙生讀“厭棄”非是。故書凡言“無斁”，訓爲“不厭”，爲“厭足”“厭滿”之義，不讀爲“厭棄”。厭，《國語·晋語八》“民志不厭”，韋注：“厭，極也。”“夕”後之字楊蒙生讀爲“要”，或是。要，當爲“徼求”之義，《吕氏春秋·直諫》“將以要利矣”，高誘注：“要，求也。”斁要，猶聚斂之義。簡本無“世祀無絶”，或係今本爲完文義所補。

③不，簡本作“維”。今本“不”字或爲“丕”字形訛。刑，《左傳》襄二十八年“賞其德刑”，杜注：“刑，法也。”是句爲安而生息之，治而用事之，然無聚斂，則我周有常法。

王拜手稽首，黨言。

孔晁云：“王拜受祭公之黨言也。王拜，則三公拜可知也。”

【疏證】

黨言，簡本作“舉言”。“黨”爲“舉”字形訛。舉，《國語·周語下》“唯能釐舉嘉義”，韋注：“舉，用也。”“言”後當有“乃出”二字。是句言王拜手稽首，用其言乃出。

史記解第六十一

【題解】

是篇總括篇章主旨爲題，係記史事，或爲“説林”“語叢”等類。此篇見一異文版本于法國國家圖書館藏敦煌文書伯3454號，題爲《周志廿八國》，列于《六韜》之下（下簡稱“伯本”），其文句大意相同而各句次序有别。是知《逸周書》與《六韜》在文獻來源上，或有交會，其文獻性質，亦或可聯繫以觀之。至于《史記解》之編纂過程，拙作《〈逸周書·史記解〉成篇時代考》已有詳述，可參看之，此不贅言。

維正月①，王在成周，昧爽②，召三公、左史、戎夫③，

孔晁云：“王是穆王也。戎夫，左史名也。”

【疏證】

①伯本“維”前有一“周”字，或當校作“維周正月”。

②昧爽，言平旦之時，伯本無“昧爽”二字。

③三公，泛言重臣，未必確釋爲“師傅保”或“三有司”。左史，《左傳》昭十二年有“左史倚相”，伯本作“右史”，誤。戎夫，當從清華簡一《皇門》讀爲“農夫”，銀雀山漢簡《孫臏兵法·見威王》簡255“神戎戰斧遂”，即《戰國策·秦策一》所言“神農伐補遂”。非左史私名，孔注非是。

曰：“今夕朕寤遂事，驚予。”

孔晁云：“遂，成也。行成事，言驚夢宿欲知之也。”

【疏證】

伯本作“令昔朕語遂事之志”，或當作“令語朕昔遂事之志”。“夕”當爲“昔”字之誤，“瘖”爲“語”字形訛。令，命也。語，《禮記·文王世子》“語使能也”，鄭玄注：“語，言也。”昔，往也。遂，成也。“驚予”二字伯本所無，驚，或讀爲“警”，《易·震》“震驚百里”，鄭玄注：“驚之言警戒也。”

乃取遂事之要戒①，俾戎夫言之，朔望以聞②。

孔晁云：“集取要戒之言，月旦日望於王前讀之。”

【疏證】

①“乃取遂事之要戒”，或爲上句“昔遂事之志”之旁注。要，《荀子·王霸》“臣下曉然皆知其可要也”，楊倞注：“要，約也。”《周禮·天官·小宰》：“八曰聽出入以要會”，鄭玄注引鄭司農云：“月計曰要。”以其朔日奏聞，故爲月計，亦通。要戒，猶《周禮·天官·太宰》“則掌百官之誓戒”，鄭玄注：“誓戒，要之以刑，重失禮也。”戎夫，即農夫。

②是句伯本作“戎夫主之，朔如聞”。“如”當作“而”字，而，猶以也。主，謂主掌。聞，謂奏聞，《漢書·爰盎傳》“吴楚反，聞”，顔師古注：“聞，聞於天子。”北大漢簡《周馴》簡25言“汝勉毋忘歲正月更旦之訓”，更旦，即言朔日，或可爲之參照。

信不行，義不立①，則哲士凌君政②。

孔晁云：“言君不行信義，信義由智立，故哲士凌君之政也。”

【疏證】

①伯本作“信行立，義成俗”，若從伯本原文，信果行，義昊立，則何以凌君？其文義不確，故當從《史記解》，如此則“成俗”二字，或亦當從“信行”“立義”二處，校改作“俗不成”。是句或當爲“信不行，義不立，俗不成”，“不”字伯本皆脱。成俗，多見于《禮記》《荀子》，如《學記》言“就賢體遠，足以動衆，未足以化民。君子如欲化民成俗，其必

由學乎”。

②伯本“哲”作“貞”。哲，《左傳·襄二年》引《大雅·抑》“其維哲人”，杜注：“哲，知也。”貞，正也。凌君，伯本作“變君”。凌，《戰國策·秦策三》“凌齊、晋”，吴師道注：“凌、陵通。”《史記·范雎蔡澤列傳》即作“陵齊、晋”。《荀子·富國》“陵謹盡察”，楊倞注：“陵，侵陵。”變，猶亂也，《吕氏春秋·孟春》“無變天之道”，高誘注：“變，猶戾也。”政，《禮記·王制》“齊其政不易其宜”，孔穎達疏：“政，謂政令施爲。”

禁而生亂①，皮氏以亡②。

孔晁云：“禁義信則亂生。皮氏，古諸侯也。”孔注“義信”當從上正文倒作“信義”。

【疏證】

①禁，《禮記·曲禮上》“入竟而問禁”，鄭玄注：“禁，謂政教。”而，猶以也。禁而生亂，謂政教是以生亂。伯本作“禁人而生亂”，“人”字疑衍。

②皮氏，雲夢秦簡《編年紀》有“攻皮氏”，《漢書·地理志》河東郡下有縣名皮氏，或是其地，可暫從之。

諂諛日近，方正日遠①，則邪人專國政②。

孔晁云：“好順人意爲諂諛。”

【疏證】

①諂諛，伯本作“諂諫”，非是，諛、諫二字形近而誤。諂，《左傳》襄三年“稱其讎，不爲諂”，杜注：“諂，媚也。”諛，亦諂也。方正，謂品行正直。

②邪，伯本作“耶”，下句亦然。邪人，謂邪僻之人。《國語·周語上》“夫榮公好專利而不知大難”，韋注：“專，擅也。”

禁而生亂，華氏以亡。

孔晁云："華，聚也，亦古諸侯也。"

【疏證】

禁而生亂，謂政教是以生亂。華，恐非《國語·鄭語》"若克二邑，鄔、弊、補、舟、衣、柔、歷、華，君之土也"所言之"華"。字或當是"莘"字形訛，即《左傳》僖二十八年"晋侯登有莘之虚以觀師""晋師陳于莘北"之"莘"。有莘，爲伊尹所出，《孟子·萬章上》言"伊尹耕於有莘之野"，《墨子·尚賢中》言"伊摯，有莘氏女之私臣，親爲庖人，湯得之，舉以爲己相，與接天下之政，治天下之民"。《吕氏春秋·本味》又引作"有侁"。其地即城濮，在今山東省鄄城縣。

好貨財珍怪①，則邪人進，邪人進②，則賢良日蔽而遠③。

孔晁云："賢良不行貨，故蔽遠。"行貨，猶言行賄。

【疏證】

①貨財，即財貨。珍怪，猶《左傳》文十六年"時加羞珍異"所言"珍異"，謂珍奇之物。

②邪人進，伯本作"邪人因財而進，因財而進"。因，《吕氏春秋·盡數》"因智而明之"，高誘注："因，依也。"

③則賢良日蔽而遠，伯本作"進賢良日弊"。進，《吕氏春秋·論人》"貴則觀其所進"，高誘注："進，薦也。"弊，讀爲"蔽"，《韓非子·有度》"能者不可弊，敗者不可飾"，《管子·明法》作"能匿而不可蔽，敗而不可飾"。蔽，《廣雅·釋詁四》："隱也。"遠，謂疏遠。

賞罰無位，隨財而行，夏后氏以亡。

孔晁云："桀由好財亡也。"

【疏證】

無位，伯本作"無信"，當從伯本。馬王堆帛書《君正》21上言"精公無私而賞罰信，所以治也"，可與此對讀。隨，《廣雅·釋詁三》："逐也。"隨財，謂逐利。

嚴兵而不□者，其臣懾；其臣懾而不敢忠；不敢忠則民不親其吏。

孔晁云："不敢忠乃不仁，下効其上，故不親。"孔注"効"當作"效"。

【疏證】

嚴兵而不□者，伯本作"嚴疾不信者"，故脱字當補作"信"，"兵"當作"疾"。懾，恐也。"其臣懾"及"不敢忠"兩處，伯本皆不重。則民不親其吏，伯本作"則仁不親其君"。仁，當作"人"，人、民二字同義换讀。吏，或當從伯本作"君"。吏，本或作"尹"，二字皆取"官"之義，同義换讀。

刑始於親，遠者寒心，殷商以亡。

孔晁云："紂以暴虐亡也。"

【疏證】

刑始於親，伯本作"刑始加于親近"，始，或爲"加"字形訛。加，《吕氏春秋·孝行》"光耀加於百姓"，高誘注："加，施也。"或訓爲"誣"，《廣雅·釋詁二》："誣，加也。"遠者，謂遠人。《禮記·中庸》"柔遠人也"，鄭玄注："遠人，蕃國之諸侯也。"寒心，《戰國策·秦策四》"梁氏寒心"，高誘注："寒心，懼也。"

樂專於君者，權專於臣，權專於臣，則刑專於民。

孔晁云："君荒於樂，則權臣專斷，用刑濫矣。"

【疏證】

是句伯本作"專權争樂專君者權權專專"，當從《逸周書》。樂，《國語·越語下》"今吴王淫於樂而忘其百姓"，韋注："樂，聲色也。"專，擅也。則刑專於民，伯本作"則刑專臣"，當從《逸周書》。

君娱於樂，臣争於權，民盡於刑，有虞氏以亡。

孔晁云："專則致争而刑殺之，盡被刑也。有虞，商均之後。"

【疏證】

娱，伯本作“虞”。《鄭風·出其東門》“聊可與娱”，毛傳：“娱，樂也。”陸德明釋文：“娱，本亦作虞。”盡，《戰國策·西周策》“前功盡矣”，鮑彪注：“盡，猶滅。”伯本無“氏”字。有虞，即舜之後，《禮記》各篇多以“虞夏商周”四代并稱，清華簡八亦有《虞夏殷周之治》。

奉孤以專命者①，謀主必畏其威而疑其前事②。

孔晁云：“謀主，謂孤長大也。前事，謂專命。”孔注“謀”當作“其”，俞樾説是。

【疏證】

①奉，謂尊奉。孤，《禮記·雜記上》“孤某須矣”，孔穎達疏：“孤，謂嗣子也。”伯本無“以”字，以，猶而也。專命，伯本作“專會”，專命，謂擅專政令。

②謀主，伯本作“謀長”，長、主二字同義换讀。謀主，當從俞樾改作“其主”，伯本所見，或已是“謀主”，故以正長之義，改“主”爲“長”。其主，即所奉之孤。畏其威，謂懼其威勢。伯本無“其”字，前事，謂專命之事。

挾德而責數日疏①，位均而争，平林以亡②。

孔晁云：“挾其見奉之德而責其前專命事，此與周公反矣。位均，勢敵。”

【疏證】

①挾德，伯本作“臣俠德”，俠，當從孔注作“挾”。《孟子·盡心上》“挾貴而問”，焦循正義：“挾之爲持，即爲恃。”挾德，謂恃其德。責，謂責難之義，《説文》“責”字段注：“引伸爲誅責、責任。”數，亦責數之義，《漢書·高帝紀》“漢王數羽曰”，顔師古注：“數，責其罪也。”伯本無“日疏”二字，日疏，謂日益疏遠。劉嬌引《孔子家語·賢君》“故夫不比於數而比於疏，不亦遠乎”，王肅注：“數，近；疏，遠也。”以“數”爲“親密”之義，未必是（《敦煌唐寫本〈六韜·周志〉

與〈逸周書·史記〉對校札記》,《出土文獻與中國古典學》，中西書局，2018年）。

②均，伯本作“鈞”，當爲“鈞”字形訛，《戰國策·秦策四》“鈞吾悔也”，鮑彪注：“鈞、均同，平也。”平林，陳逢衡謂地在今湖北隨縣，可暫從之。

大臣有錮職①，譁誅者危②。昔者質沙三卿③，朝而無禮，君怒而久拘之④，譁而弗加⑤。

孔晁云：“錮職，謂事專權也。”

【疏證】

①錮，《漢書·貨殖傳》“下錮齊民之業”，顔師古注：“錮，亦謂專取之也。”職，《小雅·巧言》“職爲亂階”，鄭箋：“職，主也。”伯本作“去”，或即是“主”字形訛。錮職，謂專主其事，擅權之謂，孔晁注是。

②譁，伯本作“棄”，譁，多訓爲讙嘩、喧囂之義，與上下文義扞格，故當從伯本。此或先從“棄”訛爲“華”，後轉爲“譁”。朱右曾以爲“不服罪”，或是以“喧囂”之“囂”爲“囂張”之“囂”。棄，《左傳》昭二十九年“水官棄矣”，杜注：“棄，廢也。”誅，謂誅殺。此言大臣專權，君廢去其位而不誅殺則危。

③“質沙”之前，伯本無“者”字。質沙，伯本作“許師氏”。質，或書爲“所”，許，《小雅·伐木》“伐木許許”，王先謙《詩三家義集疏》言“三家‘許’作‘所’”。所、所二字形近易訛，或當讀爲“所”。沙，或爲“師”之壞字。所沙，或即《淮南子·墬形訓》“西北方曰一目，曰沙所”，高誘注：“沙所，蓋流沙所出也，一曰澤名也。”又或是《左傳》昭二十九年“令尹子常以舟師及沙汭而還”之“沙汭”，杜注：“沙，水名。”《水經注·渠水》：“沙水東流注于淮，謂之沙汭。”

④朝，謂朝見，《吕氏春秋·淫辭》“明日孔穿朝”，高誘注：“朝，見也。”無禮，伯本作“失禮”。拘，《爾雅·釋言》“囚，拘也”，郭璞

注："拘，謂拘執。"

⑤譁而弗加，伯本作"誅棄而相加"，或當作"棄誅而弗加"，《韓非子·亡徵》言"藏怨而弗發，懸罪而弗誅，使群臣陰憎而愈憂懼，而久未可知者，可亡也"，或可與此對讀。加，謂加罪。

譁卿謀變，質沙以亡。

孔晁云："有三卿，諸侯可知也。"

【疏證】

譁卿，伯本作"三卿"。馬王堆帛書《立命》79上言"立國，置君、三卿"，可證孔晁之說。變，猶亂也。《漢書·尹翁歸傳》"奴客持刀兵入市鬬變"，顔師古注："變，亂也。"

外内相間，下撓其民，民無所附①，三苗以亡②。

【疏證】

①伯本有"美言日聞于内，惡言日聞于外"。相間，伯本作"不相聞"。間，謂間塞，不相聞，即間塞，兩說皆通。《國語·吴語》"撓亂百度"，韋注："撓，擾也。"民，伯本作"其人"。附，伯本作"俯"，《廣雅·釋詁四》"依也"，謂依從之義。

②三苗，伯本作"三鐃氏"，《路史·國名紀》則作"三鐃"。苗，《管子·七臣七主》"而欲土地之毛"，尹知章注："毛，謂嘉苗。"《説文》"虦，虎竊毛謂之虦苗"，段注："毛、苗古同音，苗亦曰毛。"三苗，《山海經·海外南經》有"三苗國在赤水東，其爲人相隨。一曰三毛國"。銀雀山漢簡《孫臏兵法·見威王》簡252言"擊三苗，放之危"。堯，楚簡多作"[illegible]"形，而"毛"則作"[illegible]"形，二形存在訛誤可能。故"三苗"本或作"三毛"，後誤爲"三堯"，此雖未必是，然可備一說。

弱小在彊大之間，存亡將由之，則無天命矣。不知命者死。

孔晁云："無天命，命在彊壯者也，知命則大，不知命，則足以亡矣。"

【疏證】

存亡將由之，伯本作“存將曲之”，曲、由形近而誤，當作“由”。由，從也。由之，謂從彊大者也，《左傳》宣十一年“晋楚不務德而兵争，與其來者可也，晋楚無信，我焉得有信”，襄公八年言“敬共幣帛，以待來者，小國之道也，犧牲玉帛，待於二竟，以待彊者，而庇民焉”等句，可與此對讀。不知命者死，伯本作“不知天之者死”，“之”後或脱一“命”字。“則無天命矣”于前句文義有間，或有脱文。死，《孟子·告子下》“而死於安樂也”，趙岐注：“死，亡也。”

有夏之方興也，扈氏弱而不恭，身死國亡。

孔晁云：“有夏，啓也。戰於甘，滅扈也。”

【疏證】

有夏之方興也，扈氏弱而不恭，伯本作“昔有虞氏與，有扈氏弱而不龔”。“有虞氏”當作“有夏氏”。方，《廣雅·釋詁一》：“始也。”伯本“與”爲“興”字形訛，“龔”爲“龏”字形訛，“龏”即“恭”字。恭，敬也。《尚書·甘誓》即言啓滅有扈之事。文七年《春秋》“秋八月，公會諸侯、晋大夫盟于扈”，杜注：“扈，鄭地。滎陽卷縣西北有扈亭。”或即古有扈之地。

嬖子兩重者亡。昔者義渠氏有兩予異母，皆重。

孔晁云：“王不别長庶，寵秩同也。”

【疏證】

嬖，謂寵嬖。重，猶貴之義，《國語·晋語七》“貴貨而易土”，韋注：“貴，重也。”予，當爲“子”字之誤。嬖子兩重，即《左傳》桓十八年所言“并后，匹嫡，兩政，耦國，亂之本也”。亡，伯本作“危”。《吕氏春秋·分職》“國家之所以危”，高誘注：“危，亡也。”“皆重”，伯本作“背之”，“背”或爲“皆”字形訛。

君疾，大臣分黨而争，義渠以亡。

孔晁云：“各有所事而争力也。”

【疏證】

君疾，伯本作“君病”，疾、病二字同義换讀。黨，謂朋黨。“義渠”後伯本有一“氏”字。義渠，《史記·匈奴列傳》“岐、梁山、涇、漆之北有義渠、大荔、烏氏、朐衍之戎”，《秦本紀》多見秦人與之攻伐之事，其地或在今甘肅省慶陽市及其北。

功大不賞者危。昔平州之①，功大而不賞，謟臣日賞貴，功日怒而生變，平州之君以走出②。

孔晁云：“有功不賞而貴謟臣，有德不官而任奸佞，宜其出走也。”

【疏證】

平州，潘振以爲是宣元年《春秋》杜注“平州，齊地，在泰山牟縣西”或《隋書·地理志》所言“北平郡”所在之“平州”。陳逢衡則引《路史·國名紀》以爲“平州在汾州介休西”，朱右曾則以爲山東泰安府萊蕪縣西有平州城。陳漢章則以爲是《山海經·大荒北經》所言“程山”。案：朱右曾所言與杜注當是一地，可暫從之。“之”後或脱一“臣”字，當從伯本補之。

②不賞，伯本作“君賞”，誤，當作“君不賞”。“謟”，疑當作“諂”謟臣，伯本作“陰臣”。諂臣，謂諂諛之臣。伯本之“陰”或當訓爲“陰竊”，如《大戴禮記·文王官人》“陰行以取名”盧辯注。“日賞貴”當從伯本作“日貴”，“賞”或蒙前文而衍。功日，當作“功臣”。平州之君以走出，伯本作“君以出奔，平州以亡”，走出，當從伯本改作“出奔”。

召遠不親者危①。昔有林氏召離戎之君而朝之②，

孔晁云：“林氏，諸侯。”

【疏證】

①召遠不親者危，伯本作“爵重禄輕，此乃不成”，此或蒙下文而誤衍。召，謂召致，《吕氏春秋·分職》“今召客者酒酣”，高誘注：“召，請也。”召遠，猶來遠人。親，謂相親愛，《周禮·春官·大宗伯》“以飲

食之禮，親宗族兄弟”，鄭玄注：“親者，使之相親。人君有食宗族飲酒之禮，所以親之也。”

②此“林氏”孫詒讓、何秋濤皆以爲是《王會》所見之“史林”，伯本脱“氏”字。離戎，伯本作“麗戎”。此或即《左傳》莊二十八年晋所伐之“驪戎”。傳文所言驪姬，《左傳》宣公二年作“麗姬”。《儀禮·鄉飲酒禮》“歌《魚麗》”，陸德明釋文：“力知反，本或作離。”朝，伯本作“驕”。朝，見也。驕，謂驕慢，二字皆可通。

至而不禮，留而弗親，離戎逃而去之，林氏誅之，天下叛林氏。

孔晁云：“天下見其遇戎不以禮，遂叛林氏，林氏孤危也。”

【疏證】

禮，《墨子·經上》：“禮，敬也。”留，謂留滯。弗親，伯本作“不親”，親，謂相親近。離戎，伯本作“麗戎氏之君”。逃，伯本作“怒”，二字皆通。“天下叛林氏”後伯本有“林氏以亡”。

昔者曲集之君①伐智而專事②，彊力而不賤其臣，□良皆伏③。

孔晁云：“伐智，自足也，謂不爲之用。”孔注“謂”前或脱一“伏”字。

【疏證】

①“昔者”前伯本有“收亡糧”三字，或係誤衍。曲集，伯本作“典樵”，《北堂書鈔》卷四十二作“典焦”，《路史·國名紀》作“西譙”。典、西、曲三字形近而誤，或當作“曲”，《左傳》有地名“曲梁”“曲沃”“曲洧”“曲濮”等，則此或以當作“曲”。《唐風·揚之水》“從子于沃”，毛傳：“沃，曲沃。”是“曲沃”得省稱爲“沃”。故此處字或當作“曲譙”，或即《漢書·地理志》之譙縣。

②伐智，伯本作“廢知度”，字本或作“發”，《周禮·考工記·匠人》“一耦之伐”，鄭玄注：“伐之言發也。”《官人》“有知而言弗發”，《大戴禮記·文王官人》作“不伐”。《墨子·非命上》“廢以爲刑政”，孫詒讓閒詁：“發、廢古字通。”度，《國語·晋語四》“度於閎夭而謀於

南官”，韋注：“度，亦謀也。”伐智，謂自矜其智。專，伯本作“争”，專、争二字或形近而誤。專事，謂擅專政事。

③彊，即强，《周禮·天官·掌次》“合諸侯，亦如之”，鄭玄注：“雖有强力，孰能支之”，孫詒讓正義：“强力，謂强有力也。”伯本無“不”字，當据刪。賤，《禮記·樂記》“是以君子賤之也”，孔穎達疏：“賤，謂棄而不用也。”故下文言“孤而無使”。□良皆伏，伯本作“賢良伏匿”，脱字當據補爲“賢”。匿，《吕氏春秋·論人》“不可匿也”，高誘注：“匿，猶伏也。”伏、匿二字同義連用。

愉州氏伐之①，君孤而無使②，曲集以亡。

孔晁云：“曲集、愉州，皆古諸侯。”

【疏證】

①愉州氏伐之，伯本作“州氏代之”，代、伐二字形近而誤。盧文弨引《博物志》言“榆炯氏之君孤而無使，曲沃進伐之以亡”，陳漢章則亦“愉州”爲《山海經·西山經》所言“羭次之山”，并以爲愉州國即岐周，其立國在古公未自邠遷岐之前，非是。

②使，伯本作“依”。使、依皆取“從”義，二字同義换讀。“以”前伯本有一“氏”字。

昔者有巢氏有亂臣而貴①，任之以國，假之以權②。擅國而主斷③。

孔晁云：“委之政也。”

【疏證】

①“昔者”前，伯本有“一假權”三字，“假權”或是抄者所加小題。巢，《莊子·盜跖》：“古者禽獸多而人民少，於是民皆巢居以避之，晝拾橡栗，暮栖木上，故命之曰有巢氏之民。”此“巢”或即《左傳》文十二年楚人所圍之“巢”，其地或在今安徽省巢湖市。伯本無“亂”字。貴，謂其權重。

②任，《管子·五行》“發臧任君賜賞”，尹知章注：“任，委也。”任之以國，謂委之以國政。假，《漢書·龔遂傳》“遂乃開倉廪，假平民”，

顔師古注："假，謂給與。"以權，伯本作"以擅權"，當從《逸周書》。

③擅國而主斷，伯本作"行國命主滅斷"，擅國，謂亂臣專國之政。主，謂主掌之義，或從《漢書·淳于長傳》"長主往來同語東宫"，顔師古注："主，猶專。"此"主斷"當與"擅國"并舉，故"主"不當訓"君"。滅、斷皆取"絶"義，二字同義連用。斷，《禮記·樂記》"臨事而屢斷"，鄭玄注："斷，猶决也。"主斷，謂專斷。

君已而奪之，臣怒而生變，有巢以亡。

孔晁云："東政則專，立殺則多恐雖君奪其政，懼禍見及，故作亂也。"東，當爲"秉"字形訛。孔注"恐雖"二字或當從朱右曾作"怨讎"。

【疏證】

君已而奪之，伯本作"其君共而奪臣勢"。已，謂罷止。奪，謂削奪，《周禮·天官·太宰》"六曰奪以馭其貧"，孫詒讓正義引劉敞曰："奪者，削其田邑禄職。"伯本之"共"，或當從孔注作"恐"，清華簡一《皇門》簡2言"不共于恤"，整理者即讀爲"不恐"。而生變，伯本作"人亂"。生變，謂作亂。有巢，伯本作"巢氏"。

斧小不勝柯者亡①。昔有鄶君嗇儉②，減爵損禄，群臣卑讓，上下不臨③，

孔晁云："柯秉所以喻君，斧所以用喻臣，臣無爵禄，君所任。不臨，言不相承奉也。"孔注當從盧校作"柯所以秉喻君"，君所任，謂君之所勝。

【疏證】

①斧小不勝柯者亡，伯本作"小不勝何"。勝，《國語·晋語四》"中不勝貌"，韋注："勝，當爲稱。"柯，《豳風·伐柯》"伐柯如何"，毛傳："柯，斧柄也。"斧小不勝柯，謂臣大而君小。

②鄶，伯本作"魯"，魯、會二字形近而誤，當作"鄶"。此或即《國語·鄭語》"是其子男之國，虢、鄶爲大，虢叔恃勢，鄶仲恃險，皆有驕侈怠慢之心"所言之"鄶"，地在今河南省新密市。嗇，謂貪吝，《左傳》

襄二十六年“嗇於禍”，杜注：“嗇，貪也。”孔穎達正義：“嗇，是吝惜之名。”儉，《大戴禮記·曾子立事》“惠而不儉”，王聘珍解詁：“儉爲吝嗇。”或亦可讀爲“斂”，亦通。嗇儉，伯本作“質儉”，蓋以“儉”爲“質樸”之義，質、儉得同義連用。

③減、損二字同義對舉。卑，《國語·晋語四》“何以卑我”，韋注：“卑，賤也。”卑讓，伯本作“卑上”，伯本是。子犯編鐘銘文有“大上楚荆”，蔡哲茂《再論子犯編鐘》讀“上”爲“攘”，甚是（《故宫文物月刊》1995年第150期）。攘，《禮記·曲禮下》“左右攘辟”，鄭玄注：“攘，古讓字。”卑上，謂輕賤其上。上下不臨，伯本作“下臨”。

後□小弱，禁罰不行，重氏伐之，鄶君以亡。

孔晁云：“兩弱不能行合。”孔注“兩”當作“小”，“合”當爲“令”之誤。

【疏證】

後□小弱，伯本作“后君少”，故脱字當據補爲“君”，少、小二字同義换讀。後君小弱，孫詒讓謂鄶君後嗣孤弱，甚是。禁，謂政令，罰，謂刑罰。重氏，本或作“鄭氏”，鄭，《廣雅·釋詁四》：“重也。”後人不明其意而誤改之，所言者或即鄭桓公滅鄶之事。“氏”後伯本脱一“伐”字。鄶君，伯本作“魯氏”。

久空重位者危①。昔有共工自賢，自以無臣，久空大官②，

孔晁云：“言無任已臣者，故空官也。”

【疏證】

①空，伯本作“懸”。懸，有“未竟”“虚懸”之義，古書多以“縣”字爲之，《戰國策·趙策四》“縣陰以甘之”，鮑彪注：“許之而未與，故曰縣。”《漢書·陳湯傳》“宜以時解縣通籍”，顔師古注引孟康曰：“縣，罪未竟也，如言縣罰也。”久懸，即“久空”之義。重位，謂尊位。

②昔有，伯本作“昔者”，二字皆通。“共工”後伯本有“之君”二字。自賢，謂自以爲有能。自以無臣，伯本作“以爲無可臣者”，二處文義

相近，或當從伯本增一“可”字，自以無可臣，言自以爲無可用爲臣者。大官，《國語·晋語七》“夫絳之知能治大官”，韋注：“大官，卿也。”《吕氏春秋·孟秋》“立大官”，高誘注：“大官，謂上公九命之官。”久空大官，謂久懸執政大臣之位而不委之于人。

下官交亂，民無所附，唐氏伐之，共工以亡。

孔晁云：“無大臣，故小臣亂也，君凶於上，臣亂於下，民無所依，堯遂流之。”

【疏證】

下官，對前文“大官”而言，謂地位較低之官員。交亂，伯本作“日亂”。交，《國語·越語下》“君臣上下交得其志”，韋注：“交，俱也。”民無所附，伯本作“人無所安”。民、人二字同義换讀。附、安皆取安居之義，二字同義换讀。唐氏，伯本作“附庸氏”，唐、庸二字形近而誤，當作“唐”，孔注言“堯”甚是。

犯難争權，疑者死①。昔有林氏、上衡氏争權②。

孔晁云：“争爲犯難，不果爲疑。”

【疏證】

①犯，謂干犯。難，《周禮·春官·典瑞》“穀圭以和難”，鄭玄注：“難，仇讎。”《戰國策·秦策一》“將西南以與秦爲難”，高誘注：“難，猶敵也。”犯難，謂干犯仇讎。疑，孔晁以爲當訓“不果”，然“疑”之“不果”爲“不决”之義，如《禮記·坊記》“所以章疑别微”，孔穎達疏：“疑，謂是非不决。”《王佩》“時至而疑”，孔注：“疑，由豫不果也。”而據此下文“弗勝”“弗克”，孔晁當是以“不果”爲“不遂”“不竟”之義，此非“疑”字之訓。伯本無“疑”字，此本或作“不果者死”，後整理者以孔注，誤改“不果”爲“疑”。劉師培引戴望説言“疑”當讀“擬”，爲“勢均力敵”之義。“擬”固可訓“比”，然此“比”爲“比度”之比，非“比近”之比，故若訓“擬”，則不當有“勢均力敵”之義，故其説非是。

②林氏，與上文所言“召麗戎之君”之“林氏”恐爲兩國。衡，伯本作“行”，衡、行二字形近而誤。陳逢衡疑《管子·輕重戊》所言“衡山之君”爲上衡國，并以此“衡山”爲南嶽之衡山。然據《管子·輕重戊》下文“魯削衡山之南，齊削衡山之北”，則此地當在齊魯之間。

林氏再戰弗勝，上衡氏僞義弗克，俱身死國亡。

孔晁云：“林氏恃勝，上衡氏怠義，所以俱亡。”

【疏證】

弗勝，伯本作“與不勝”，“與不勝”或當從下句“殺之而不克”作“而”。僞，王念孫謂“僞”讀曰“爲”，甚是。克，勝也。僞義弗克，伯本作“殺之而不克”。爲義弗克，謂行義而不勝。伯本無“俱”字。

知能均而不親，并重事君者危①。昔有南氏有二臣②，貴寵，力鈞勢敵，竞進争權，下争朋黨，君弗禁，南氏以分③。

孔晁云：“二臣勢鈞而不親，權重，養徒黨，所以分國也。”

【疏證】

①知能，謂智能。均，《國語·楚語下》“君王均之”，韋注：“均，同也。”親，謂相親愛。而不親，伯本作“不相親”。并重，謂并尊。事，謂事奉。事君者危，伯本作“事君危”。

②“昔有南氏有二臣，貴寵，力鈞勢敵，竞進争權”，伯本作“唯强臣争權”。南氏，盧文弨、潘振皆以爲在南郡之地，孫詒讓則從《史記·殷本紀》説殷後有有男氏，或即讀爲“有南氏”。案：孫詒讓説或是，然所言《殷本紀》則誤。《史記·夏本紀》言“禹爲姒姓，其後分封，用國爲姓，故有夏后氏、有扈氏、有男氏、斟尋氏”，司馬貞索隱“《系本》‘男’作‘南’”，孫説或是誤記。

③貴寵，謂尊而得寵。竞，盡也。進，《國語·晋語九》“量力而進”，韋注：“進，進取也。”竞進，猶言不讓，如《大戴禮記·曾子立事》“進給而不讓”。下争朋黨，謂在下者朋比爲黨而争。“弗”後或脱一“能”字。禁，止也。弗，伯本作“不”。分，伯本作“亡”，二字皆通。

昔有果氏好以新易故，故者疾怨，新故不和，

孔晁云："有果，亦國名也。"

【疏證】

是句伯本作"好以新易故者危，昔者巢氏好以新，而故者疾怨"。果氏，其地望不詳，陳逢衡以其地在四川，非是。或當從伯本作"巢氏"，即前所言"有巢氏"，下"有果氏"同。此條所言者，與前所言"昔者有巢氏有亂臣而貴，任之以國，假之以權。擅國而主斷"或是一事。有亂臣而貴，即以新易故，當是一事而二理。新，謂寵嬖之人，故，謂世家舊臣。《祭公》言"汝無以嬖御士疾大夫、卿士"，可與此對讀。疾，《禮記·緇衣》"毋以嬖御人疾莊后"，鄭玄注："疾，亦非也。"疾怨，謂非而怨之。不和，伯本作"不知"，非是。

内争朋黨，陰事外權，有果氏以亡。

孔晁云："外權，謂外大國。"

【疏證】

内，謂國内。"内"後伯本多一"事"字，"事"或涉下句"陰事"誤衍。内争朋黨，謂朋黨而争于國内。陰，《戰國策·西周策》"陰合於秦"，高誘注："陰，私也。"事，謂事奉。陰事外權，伯本作"陰私而争外權"，伯本"争"當是"事"字形訛。權，《戰國策·秦策五》"齊宋在繩墨之外以爲權"，高誘注："權，援助之勢也。"外權，猶言外勢、外力。

爵重禄輕，比□不成者亡①。昔有畢程氏②，損禄增爵，群臣貌匱，比而戾民，畢程氏以亡③。

孔晁云："有位無禄，取名自成，民不堪求，比而罪之。"求，謂求取。罪之，謂罪民。

【疏證】

①爵，《禮記·王制》"王者之制禄爵"，鄭玄注："爵，秩次也。"

禄，《國語·楚語下》“成王每出子文之禄”，韋注：“禄，奉也。”比，伯本作“此乃”。伯本無“者亡”及其後“畢程氏”之事。

②潘振引《帝王世紀》“王季徙于程”，以爲畢程亡而王季徙都之，或是。陳逢衡言此“畢程氏”或可讀爲“畢郢氏”，即《孟子·離婁下》所言“文王生於岐周，卒於畢郢，西夷之人也”。《吕氏春秋·具備》所言“武王嘗窮於畢裎矣”，説甚是。

③損，減也。貌，《尚書·洪範》“一曰貌”，僞孔傳：“貌，容儀也。”匱，《國語·晋語五》“其言匱”，韋注：“匱，乏也。”比，《禮記·樂記》“比於慢矣”，鄭玄注：“比，猶同也。”戾，《小雅·頍弁序》“暴戾無親”，鄭箋：“戾，虐也。”孔注訓“罪”亦是。

好變故易常者亡①。昔陽氏之君自伐而好變，事無故業②，官無定位，民運於下③。

孔晁云：“運，亂移也。”

【疏證】

①好變故易常者亡，伯本作“好變古者亡而常危”，當從《逸周書》。易，變也。故，謂故常。變故、易常同義連用。《管子·君臣下》有“爲人臣者，變故易常，而巧官以諂上，謂之騰”，馬王堆帛書《十六經·姓争》有“過極失當，變故易常”。劉嬌先生以爲是故書習語，甚是。

②“昔”後伯本有“者”字。陽氏，陳漢章以爲即取王亥僕牛之“有易”，“陽”當作“昜”，爲“易”字形訛，或是。自伐，伯本作“自發”。自伐，謂自矜。事，謂職事。故，或讀爲“固”，《鄭風·羔裘》“維子之故”，馬瑞辰《毛詩傳箋通釋》：“故之言固也。”此“固”與下句“定”字對言。“故”後伯本有“棄”字，“棄”或爲“業”之誤字。業，亦事也。事無故業，言職無定事。

③官無定位，伯本作“官無常法，仕無貞位”，“官無常法”之“官”，當訓爲“事”，《禮記·樂記》“天地官矣”，鄭玄注：“官，猶事也，各得其事。”仕，當讀爲“士”，貞，或當作“正”。定，《邶風·日月》

"胡能有定"，馬瑞辰《毛詩傳箋通釋》："定，訓爲正。"故"貞位"即"定位"。民運於下，伯本作"仁違於下"，仁，當作"人"，與"民"同義换讀。運，當從伯本作"違"，二字形音俱近，詳劉嬌文。

陽氏以亡。業形而愎者危①。昔穀平之君愎類無親，破國弗剋②，業形用國③，

孔晁云："愎，佷。類，戾也。國不勝彼以刑爲業也。"

【疏證】

①業形而愎者危，伯本作"余辪郛刑復親者危"。辪，劉嬌讀爲"孽"，甚是。案：此字當訓爲"乂"，秦公鎛銘文（《集成》00270）"保𤔲厥秦"，當讀爲"保業厥秦"，此"保業"即《尚書》及《祭公》所見之"保乂"。大克鼎銘文（《集成》02836）"保辪周邦"即讀爲"保乂周邦"，故"業""辪"皆可讀爲"乂"。乂，即"嬖"，《説文》："治也。"形，當從孔注改作"刑"。愎，《左傳》宣十二年"剛愎不仁"，杜注："愎，很也。"伯本"復"當是"愎"字形訛。此"愎"猶言不仁之義。業刑而愎，謂治刑而不仁。

②穀平，其地望不詳。愎類，伯本作"很戾"，即與孔注相合。無親，謂無所親與。破國弗剋，伯本作"服國不待臣"。破，當從伯本作"服"，服，《大雅·常武》"仍執醜虜"，毛傳："虜，服也。"陳奂《詩毛氏傳疏》："服，威服也。"待，《周禮·天官·大府》"以待王之膳服"，鄭玄注："待，猶給也。"劉嬌引張小艷説讀"侍"非是。服國不待臣，謂以彊力服其國而不厚待其臣。

③業形，或當從孔注作"業刑"，伯本作"繁刑"，非是。用，《荀子·富國》"仁人之用國"，楊倞注："用，爲也。"

外内相援，穀平以亡。

【疏證】

援，伯本作"謡"，當從《逸周書》。援，《國語·魯語上》"夫爲四鄰之援"，韋注："援，所攀援以爲助也。"外内相援，謂外國與内臣相引

爲援。

武不止者亡①。昔阪泉氏用兵無已②，誅戰不休，并兼無親，文無所立，智士寒心③，

孔晁云："無親，謂并兼之也。無文德，故智士寒心也。"

【疏證】

①止，伯本作"立"，由下文"用兵無已，誅戰不休"觀之，當從《逸周書》。

②昔，伯本作"昔者"。阪泉氏，伯本作"煩氏原"，原、氏二字誤倒。阪泉，《北堂書鈔》卷一百一十三引《六韜》作"昔煩厚氏用兵無已"，"煩厚"當是"阪原"之誤，銀雀山漢簡《孫子兵法·黄帝伐赤帝》簡172有"戰于反山之原"，當讀爲"阪原"。雲夢秦簡《編年紀》"蒲反"即今所謂"蒲阪"。"阪原"即阪泉。《左傳》僖二十五年"遇黄帝戰于阪泉之兆"，《大戴禮記·五帝德》言"與赤帝戰於阪泉之野"，《史記·五帝本紀》即取此説。張守節正義引《括地志》言"阪泉，今名黄帝泉，在嬀州懷戎縣東五十六里。出五里至涿鹿，東北與涿水合。又有涿鹿故城，在嬀州東南五十里，本黄帝所都也"，其地在今河北涿鹿縣。無已，謂不止。

③誅，《荀子·仲尼》"文王誅四"，楊倞注："誅者，討伐殺戮之通名。"誅戰不休，謂征伐不止。"并兼"後伯本無"無親"二字，文無所立，伯本作"而無所立"，當從伯本作"并兼而無所立"，謂兼并他國而無所成。伯本無"智士寒心"四字。寒心，《戰國策·秦策四》"梁氏寒心"，高誘注："寒心，懼也。"

徙居至于獨鹿，諸侯畔之，阪泉以亡。

孔晁云："獨鹿，西戎地名。徙都失處，故亡也。"處，居也。

【疏證】

伯本無"徙居"二字。至于獨鹿，伯本作"至于涿鹿之野"，即《嘗麥》所言"涿鹿之阿"。畔，伯本作"叛"。

很而無親者亡①。昔者縣宗之君，很而無聽②，

孔晁云："不納忠言。"

【疏證】

①很，伯本作"狠"，字亦作"很"。很，《國語·晋語九》"宵也很"，韋注："很，很戾。"很而無親，謂很戾不仁而無所親與。伯本無"者亡"二字。

②縣宗，伯本作"玄原氏"。原，本作"願"，與"縣"形近易訛。宗，則或爲"玄"字形訛。下文有"玄都"，則此或當從伯本作"玄原"，下文作"縣原"，則或其即可單稱爲"原"。其地疑即《左傳》僖二十五年所言"晋侯圍原"之"原"，在今河南省濟源市。很而無聽，伯本作"很而無親"，伯本或涉上"很而無親"誤。聽，《戰國策·西周策》"寡人請以國聽"，高誘注："聽，從也。"

執事不從。宗職者疑，發大事①，群臣解體②，

孔晁云："皆有違心。"

【疏證】

①執，猶行也。執事，朱右曾言爲"作事"之義，或是。不從，謂不順。宗，伯本作"守"，當從伯本。守，《周禮·夏官·司士》"凡士之有守者"，孫詒讓正義："守，謂有職事時治守政者，通官守地言之。"職，謂職事。守職者，謂之主守其職事者，即後文所言"群臣"。疑，《禮記·雜記下》"皆爲疑死"，鄭玄注："疑，猶恐也。"發，當讀爲"廢"，《吕氏春秋·壹行》"王者行之廢"，高誘注："廢，壞也。"大事，謂國之大事。

②解，當讀爲"懈"，《爾雅·釋言》："怠也。"體，伯本作"施"。體，《吕氏春秋·誣徒》"若此則師徒同體"，高誘注："體，行也。"施，《淮南子·修務訓》"聲施千里"，高誘注："施，行也。"二字皆取"行"之義，同義换讀。解體，謂懈怠于行。

國無立功，縣宗以亡。

【疏證】

立功，言成事，以其懈怠于行，故國無成事。縣宗，伯本作“縣原”。

昔者玄都①賢鬼道，廢人事天②，

孔晁云：“求祥神也。”祥，《國語·晋語六》“辨妖祥於謡”，韋注：“祥，善也。”

【疏證】

①“昔者”前伯本有“神祥破國”四字，當從孔注補之。玄都，伯本作“玄都氏”。玄，《荀子·解蔽》“水埶玄也”，楊倞注：“玄，幽深也。”幽、玄皆取“深”義，二字同義换讀。玄都，即當是《尚書·堯典》所言“幽都”。幽都，《墨子·節用中》言“古者堯治天下，南撫交阯，北降幽都”，《大戴禮記·少閒》言“昔虞舜以天德嗣堯，布功散德制禮，朔方、幽都來服”。

②賢，伯本作“懷”。《禮記·禮運》“以賢勇知”，孔穎達疏：“賢，猶崇重也。”懷，《周南·卷耳》“嗟我懷人”，毛傳：“懷，思。”賢、懷二字皆通。鬼道，謂鬼神之道。廢，棄也。事天，伯本作“而事神”。廢人事天，謂廢其人臣而事鬼神。

謀臣不用，龜策是從①。神巫用國②，哲士在外，玄都以亡③。

孔晁云：“棄賢任巫，所以亡也。”

【疏證】

①策，伯本作“筮”，字或當作“筴”。《禮記·曲禮上》言“龜爲卜，筴爲筮”，故“龜筴”即謂“卜筮”。

②“神巫”前伯本有“忠臣無位”，當從伯本補之。位，《禮記·坊記》“朝廷有位”，鄭玄注：“位，朝位也。”忠臣無位，言忠臣不在朝。神，謂鬼神，巫爲接事鬼神者。用國，謂爲國。

③哲士在外，伯本作“貞士外出”。哲，《大雅·下武》“世有哲王”，鄭箋：“哲，知也。”哲士，即前文“智士寒心”之“智士”。貞，正也。貞士、智士含義相近，皆謂賢良之臣。在外、外出，皆謂出奔。

文武不行者亡①。昔者西夏②性仁非兵③，

孔晁云："性仁而無文德，非兵而無武備。"

【疏證】

①文武不行者亡，伯本作"武不立者危"，當從伯本。武不立，謂武不成。

②西夏，或即《左傳》昭元年所言實沈所遷之"大夏"。詳説見《王會》"大夏兹白牛"條疏證。

③性仁非兵，伯本作"而排兵"。排，《淮南子·原道訓》"排閶闔"，高誘注："排，猶斥也。"非，《淮南子·修務訓》"立是廢非"，高誘注："非，惡也。"排、非二字于文義皆可説通。性仁非兵，謂性仁慈而惡斥戰事。

城郭不修，武士無位，惠而好賞，屈而無以賞，

孔晁云："無功盡賞，財無可用。"

【疏證】

修，治也。武，《廣雅·釋詁二》："勇也。"武士，即勇士。惠，《論語·里仁》"小人懷惠"，皇侃義疏："惠，恩惠利人也。"屈而無以賞，伯本作"出而無已"。屈，《荀子·王制》"財物不屈"，楊倞注："屈，竭也。"

唐氏伐之①，城郭不守，武士不用，西夏以亡②。

孔晁云："唐氏，堯帝。"

【疏證】

①唐，《毛詩譜》言"唐者，帝堯舊都之地。今曰太原晋陽，是堯始居此，後乃遷河東平陽"。若從前文"大夏之鹽"，以"大夏"在晋南運城，則此"唐氏"所言者，亦恐非太原，而當是河東平陽，在今山西省臨汾市。伐，伯本作"代"，當從《逸周書》作"伐"，二字形近而誤。

②城郭不守，伯本作"城不可以守"，當從《逸周書》。不守，謂不能

守，不用，謂不能用。

美女破國。昔者績陽彊力四征[①]，重丘遺之美女[②]，

孔晁云："重丘之君畏其并己，惑之以女。"

【疏證】

①破，《廣雅·釋詁一》："壞也。"績陽，伯本作"青陽氏"，伯本是。青陽，《國語·晋語四》言"黄帝之子二十五人，其同姓者二人而已，唯青陽與夷鼓皆爲己姓"。《大戴禮記·帝繫》言"青陽降居泜水"，《史記·五帝本紀》作"降居江水"，又言"其一曰玄囂，是爲青陽"。宋衷、皇甫謐皆以青陽爲少昊，則恐非是。黄帝所居若信爲涿鹿，則泜水當相去不遠。其地恐非《左傳》僖三十三年"與晋師夾泜而軍"之"泜"，而當是《史記·張耳陳餘列傳》言"斬陳餘泜水上"之"泜"，裴駰集解引徐廣曰："在常山。"其地即今河北省石家莊市贊皇縣、元氏縣之槐河。疆，當作"彊"，彊力，謂有勇力。四，或通爲"肆"，《韓非子·難勢》"桀紂得乘四行者"，王先慎集解："四，當作肆。"肆征，謂放縱征伐。

②丘，伯本作"兵"，且後有"苦之"二字。重丘，《左傳》襄十七年"飲馬于重丘"，杜注："重丘，曹邑。"其地在今山東省聊城市茌平区。遺，《廣雅·釋詁四》："送也。"

績陽之君悦之，熒惑不治，大臣争權，遠近不相聽，國分爲二。

孔晁云："君昏於上，權分於下，所爲二也。"

【疏證】

悦，樂也。熒惑，伯本作"瞀棫"，熒，當從伯本讀爲"瞀"，《吕氏春秋·尊師》"心則無瞀"，高誘注："瞀，惑也。"惑，或書爲"惐"，與"棫"形近易訛。惑，《廣雅·釋詁三》："亂也"，瞀、惑二字同義連用，瞀惑，謂惑亂。治，《禮記·大傳》"上治祖禰"，鄭玄注："治，猶正也。"聽，從也。二，伯本作"八"。

宫室破國。昔者有洛氏宫室無常[①]，池囿广大，工功日進[②]，以後

更前，民不得休，農失其時③，

孔晁云："工進功則民困矣，以工取官，賢材退矣。"以工取官，謂以工巧之術取官。

【疏證】

①伯本作"好爲宫室臺榭苑池，萬人盡飢饫餓不能食"，當從《逸周書》。有洛，或即《天問》所言"帝降夷羿，革孽夏民，胡射夫河伯，而妻彼雒嬪"之"雒"。常，《國語·越語下》"無忘國常"，韋注："常，舊法也。"無常，謂失其規制。

②囿，《左傳》僖三年"齊侯與蔡姬乘舟于囿"，杜注："囿，苑也。"工，《國語·晋語四》"工商食官"，韋注："工，百工。"《儀禮·燕禮》"席工于西階上少東"，鄭玄注："凡執技藝者稱工。"功，《豳風·七月》"載纘武功"，毛傳："功，事也。"進，《廣雅·釋詁一》："行也。"

③以後更前，謂以新變故。休，《大雅·民勞》"汔可小休"，鄭箋："休，止息也。"農，《左傳》襄九年"力於農穡"，杜注："種曰農，收曰穡。"失其時，謂不合農時。

饑饉無食，成商伐之，有洛以亡。

孔晁云："湯號曰成，故曰成湯。"

【疏證】

饑饉，《小雅·雨無正》"降喪饑饉"，毛傳："穀不熟曰饑，蔬不熟曰饉。"成商，伯本作"成南"，商、南二字形近而誤。成商，當從孔注作"成湯"。有洛，伯本作"有雄"，"雄"或即"雒"字形訛。

職方第六十二

【題解】

是篇亦見于《周禮·夏官·大司馬》，單獨抄撮，或爲便集中查閲，孔晁注説甚是。然其謂穆王使之，則非是。是篇所見之“九州”，亦見于上博簡《容成氏》《尚書·禹貢》等篇，其名稱雖略有差異，然内文多可對讀。各中零星文句或觀念或有較早來源，然此類似方志、圖籍之文，其整體流行，受到戰國中晚期天下“大一統”觀念的影響，則其系統性編纂成型，或亦當在戰國中晚期。

職方氏掌天下之圖①，辯其邦國、都鄙②、四夷、八蠻、七閩、九貉、五戎、六狄之人民③，

孔晁云：“此在《周官·大司馬》下篇，穆王使有司抄出之，欲時省馬。國邑曰鄙，東方曰夷，南方曰蠻，皆狄蠻之别，貉夷之别，八七九五六，見非一之言也。”孔注“省馬”當作“省焉”，“國邑曰鄙”當從盧校作“國曰都，邑曰鄙”。“皆狄蠻之别，貉夷之别”當從盧校作“西方曰戎，北方曰狄。閩，蠻之别。貉，狄之别”。

【疏證】

①職，《左傳》僖二十六年“大師職之”，杜注：“職，主也。”方，《邶風·簡兮》“方將萬舞”，毛傳：“方，四方也。”職方氏，即主四方事者。掌，《國語·晋語七》“使掌公族大夫”，韋注：“掌，主也。”圖，《周禮·地官·大司徒》“掌建邦土地之圖”，鄭玄注：“土地之圖，

若今司空郡國輿地圖。”“圖”後《周禮》有“以掌天下之地”六字。

②辯，《周禮》作“辨”，當從《逸周書》。辯，《左傳》昭元年“誰能辯焉”，杜注：“辯，治也。”邦國，《大雅·抑》“訏謨定命，遠猶辰告”，鄭箋：“布政于邦國都鄙也。”孔穎達正義：“邦國，謂畿外諸侯。”都鄙，《周禮·地官·大司徒》“凡造都鄙”，鄭玄注：“都鄙，王子弟公卿大夫采地。”

③《小雅·蓼蕭》“澤及四海”,鄭箋：“九夷、八狄、七戎、六蠻，謂之四海。”東爲夷，西爲戎，南爲蠻，北爲狄。閩，《説文》：“東南越，蛇穜。”貉，《荀子·勸學》“于越夷貉之子”，楊倞注：“貉，東北夷。”四夷、八蠻、七閩、九貉、五戎、六狄，泛指四海，四八七九五六等數，各書不一，泛言其部衆族姓之多。人民，《周禮·天官·内宰》“分其人民以居之”，鄭玄注：“人民，吏子弟。”

與其財用九穀六畜之數[①]，周知其利害，乃辯九州之國，使同貫利[②]。

孔晁云：“貫，事。”

【疏證】

①財用，《周禮》鄭玄注：“財用，泉穀貨賄也。”九穀，《周禮·天官·太宰》“生九穀”，鄭玄注引鄭司農云：“九穀，黍、稷、秫、稻、麻、大小豆、大小麥。”鄭玄則言：“九穀，無秫、大麥，而有粱、苽。”六畜，《左傳》昭二十五年“爲六畜”，杜注：“馬、牛、羊、鷄、犬、豕。”數，謂多少。

②“周”前《周禮》有一“要”字。周，遍也。利害，《周禮》鄭玄注：“利，金錫竹箭之屬。害，神姦鑄鼎所象百物也。”乃，猶于是。辯九州之國，謂治九州之國。使，《墨子·經説下》：“使，令使也。”同，《豳風·七月》“同我婦子”，鄭箋：“同，猶俱也。”貫，《魏風·碩鼠》“三歲貫女”，毛傳：“貫，事也。”《周禮》鄭玄亦注爲“事”。事，《吕氏春秋·尊師》“事五穀”，高誘注：“事，治也。”使同貫利，

謂令俱治其利。

東南曰揚州，其山鎮曰會稽，其澤藪曰具區[①]，其川三江[②]，其浸五湖[③]，其利金、錫、竹、箭，其民二男五女[④]，其畜宜鷄狗鳥獸，其穀宜□[⑤]。

孔晁云："□箭，篠也。九州土氣，生民□女各不同。鳥獸，山澤所育之屬也。"孔注"箭"前脱字當從正文補"竹"字，"女"前脱字當補"男"字。篠，《尚書·禹貢》"篠簜既敷"，僞孔傳："篠，竹箭。"土氣，謂土之質性。

【疏證】

①揚州，《尚書·禹貢》言"淮海惟揚州"，《史記·夏本紀》《漢書·地理志》皆從之，《吕氏春秋·有始》言"東南爲揚州，越也"。鎮，《周禮》鄭玄注："鎮，名山安地德者也。"會稽，山名，在今浙江省紹興市越城區。藪，謂大澤。具區，即《王會》所見"且甌"，是今之太湖。

②川，《漢書·地理志》"川曰三江"，顔師古注："川，水之通流者也。"三江，《國語·越語上》"三江環之"，韋注："三江，松江、錢塘、浦陽江也。"松江，即吴淞江。《水經注·沔水》引庾仲初《揚都賦注》曰："今太湖東注爲松江，下七十里有水口，分流東北入海爲婁江，東南入海爲東江，與松江而三也。"朱右曾則言三江謂大江、松江、浙江，説或本《水經注·沔水》所引郭景純曰："三江者，岷江、松江、浙江也。"朱右曾説或是。

③浸，《周禮》鄭玄注："浸，可以爲陂灌溉者。"五湖，有言是一湖者，如《國語·越語下》"戰於五湖"，韋注："五湖，今太湖也。"《水經注·沔水》引虞翻曰："是湖有五道，故曰五湖。"有言是五湖者，如《水經注·沔水》又言："五湖，謂長蕩湖、太湖、射湖、貴湖、滆湖也。"《史記·河渠書》"則通渠三江五湖"，司馬貞索隱言："五湖者，郭璞《江賦》云：'具區、洮滆、彭蠡、青草、洞庭'是也。"朱右曾則言是"彭蠡、巢、長蕩、射貴、鑑湖"。《後漢書·馮衍傳》"沈孫武於五湖

兮”，李賢注則調和一湖與五湖之説，言：“滆湖、洮湖、射湖、貴湖及太湖爲五湖，并太湖之小支，俱連太湖，故太湖兼得五湖之名，在今湖州東也。”然若是太湖，則前言“具區”，此又言太湖一湖，則語涉重複。而郭璞所言“洞庭”又不在揚州，而在荆州，故朱右曾言或可暫從。

④利，《國語·魯語下》“唯子所利”，韋注：“利，猶便也。”《秦風·小戎》“虎韔鏤膺”，鄭箋：“鏤膺，有刻金飾也。”孔穎達正義：“金者，銅鐵皆是，不必要黄金也。”錫，《周禮》鄭玄注：“錫，鑞也。”二男五女，《周禮》孫詒讓正義言：“此經揚、荆、豫、兖、幽、并六州皆女多於男，雍、冀二州則男多於女，《淮南子·墜形訓》云：‘山氣多男，澤氣多女’是也。”

⑤畜，《國語·齊語》“其畜散而無育”，韋注：“畜，六畜也。”《周禮》無“鷄狗”二字。鳥，謂飛禽。獸，謂走獸。穀，謂五穀。“宜”後脱字當據《周禮》補“稻”。

正南曰荆州，其山□□衡山，其澤藪曰雲夢①，其川江、漢，其浸潁、湛②，其利丹、銀、齒、革③，其民一男二女，其畜宜鳥、獸，其穀宜稻。

【疏證】

①正南曰荆州，《尚書·禹貢》言“荆及衡陽惟荆州”，《史記·夏本紀》《漢書·地理志》皆然，《吕氏春秋·有始》作“南方爲荆州，楚也”。脱字當從上下文補爲“鎮曰”。衡山，即今湖南省衡陽市之南嶽衡山。“夢”，《周禮》作“瞢”。雲夢，即雲夢澤，故地在今江漢平原。

②江，謂長江。漢，謂漢水。潁、湛，當從段玉裁、孫詒讓、朱右曾説改屬豫州。下句豫州所言“溠”則當改屬于此。溠，《左傳》莊四年“除道梁溠”，杜注：“溠水，在義陽厥縣西，東南入鄖水。”朱右曾言：“今溠水出湖北德安府隨州西北栲栳山，南至州西入溳。入溳之後，溳即溠矣。”

③丹，謂丹砂。齒，《周禮》鄭玄注：“齒，象齒也。”革，《周禮》鄭玄注：“革，犀兕革也。”《國語·楚語下》“龜珠角齒皮革羽毛”，韋

注：“革，犀兕也，所以爲甲胄。”

河南曰豫州，其山鎮曰華山，其澤藪曰圃田[①]，其川熒、雒[②]，其浸陂、溠[③]，

孔晁云：“華山，西岳。”

【疏證】

①河南曰豫州，《吕氏春秋·有始》“河、漢之間爲豫州，周也”，《尚書·禹貢》“荆、河惟豫州”，《史記·夏本紀》《漢書·地理志》皆同。言豫州在荆山、漢水以北，黄河以南。華山，《周禮》孫詒讓正義言：“西北距華山，與雍界。”圃田，《墨子·明鬼下》言“周宣王合諸侯而田於圃田”，《説文》“藪”字條言作“豫州甫田”。《左傳》定四年“自武父以南，及圃田之北竟”，此“圃田”即《左傳》僖三十三年所言“鄭之有原圃”。《淮南子·墬形訓》言“鄭之圃田”，《吕氏春秋·有始》則言“梁之圃田”。《風俗通義·山澤》言“豫州曰圃田，在中牟縣西”。

②熒，当作滎，《水經注·河水》言“大禹塞滎澤，開之以通淮、泗”，即《尚書·禹貢》所言“滎波”，當與下所言“陂”同。陂，《周禮》作“波”，鄭玄注：“波，讀爲播。”《水經注·濟水》言：“《尚書》曰：‘滎波既豬。’孔安國曰：‘滎澤波水以成遏豬。’闞駰曰：‘滎播，澤名也。’故吕忱云‘播水在滎陽’，謂是水也。”雒，謂洛水，《山海經·海内東經》：“洛水出洛西山，東北注河，入成皋之西。”與下文所言雍州之浸“渭、洛”之“洛”非是一地。

③“陂、溠”當作“潁、湛”。潁，《周禮》鄭玄注：“出陽城，宜屬豫州。”《左傳》宣十年“逐楚師于潁北”，杜注：“潁水，出河南陽城至下蔡入淮。”湛，即《左傳》襄十六年“楚公子格帥師，及晋師戰于湛阪，楚師敗績，晋師遂侵方城之外，復伐許而還”所言之“湛”，《水經注·汝水》引《左傳》襄十六年言“今水北悉枕翼山阜，于父城東南、湛水之北，山有長阪，蓋即湛水以名阪，故有湛阪之名也”。《水經注》又有“湛水”，言“湛水出軹縣南原湛溪，俗謂之椹水也”。

其利林、漆、絲、枲，其民二男三女，其畜宜六擾，其穀宜五種。

孔晁云："家所畜曰擾，五種謂黍、稷、菽、麥、稻也。"

【疏證】

漆，朱右曾言"漆，木有汁，可以髹物，其木似樗"，説甚是。枲，《尚書·禹貢》"岱畎絲枲"，孔穎達正義："枲，麻也。"擾，《周禮·夏官·服不氏》"掌養猛獸而教擾之"，鄭玄注："擾，馴也。"六擾，猶言六畜皆宜馴養。五種，言五穀皆宜種植。

正東曰青州①，其山鎮曰沂山，其澤藪曰望諸②，其川淮、泗，其浸沂、沭，其利蒲、魚，其民二男三女，其畜宜鷄、犬，其穀宜稻、麥③。

【疏證】

①青州，《尚書·禹貢》言"海、岱惟青州"，《夏本紀》《地理志》皆同，《吕氏春秋·有始》"東方爲青州，齊也"，《爾雅·釋地》言"齊曰營州"，陸德明釋文引《博物志》言："營與青同。"齊始封于營丘，營州之名，或本此來。海，謂東海，岱，謂岱宗，即今東嶽泰山。

②沂，山名，地在今山東省濰坊市臨朐縣，俗所謂"沂蒙山"，即沂山與蒙山之合稱。望諸，當作"孟諸"，《尚書·禹貢》作"孟豬"，《史記·夏本紀》、上博簡二《容成氏》簡24作"明都"，《漢書·溝洫志》作"盟諸"。孟諸，見于《左傳》僖二十八年"余賜女孟諸之麋"，杜注："孟諸，宋藪澤。"《淮南子·墬形訓》所言"九藪"有"宋之孟諸"，又言"孟諸在沛"，見《王會》"孟諸，靈龜"條疏證。

③淮，謂淮河。泗，爲淮水支流，《左傳》襄十九年"遂次于泗上"，杜注："泗，水名。"《禮記·檀弓上》"事夫子於洙、泗之間"，鄭玄注："洙、泗，魯水名。"《水經注》有"泗水"，言其"出魯卞縣北山"，"又東逕角城北，而東南流注于淮"。沂，《左傳》襄十八年"南及沂"，杜注："沂水出東莞蓋縣，至下邳入泗。"沭，各本作"沐"，誤。《水

經注・沭水》言："沭水出琅邪東莞縣西北山。"蒲，即《文傳》"樹之竹葦莞蒲"之"蒲"，《周禮・地官・澤虞》"共其葦蒲之事"，鄭玄注："蒲，以爲席。"犬，《周禮》作"狗"。

河東曰兖州①，其山鎮曰岱山，其澤藪曰大野，其川河、泲，其浸盧、維，其利蒲、魚，其民二男三女，其畜宜六擾，其穀宜四種②。

孔晁云："四種，黍、稷、稻、麥。"

【疏證】

①兖州，《尚書・禹貢》作"濟、河惟兖州"，《史記・夏本紀》"兖"作"沇"。沇，《漢書・地理志》"道沇水"，注言："泉出王屋山，名爲沇，流去乃爲泲也。"《漢書・地理志》"濟"作"泲"，注言："泲本濟水之字，从水㫈聲。"《吕氏春秋・有始》言"河、濟之間爲兖州，衛也"。濟，謂濟水。《春秋》莊三十年"公及齊侯遇于魯濟"，杜注："濟，水，歷齊魯界。"《國語・吴語》"西屬之濟"，韋注："濟，宋水也。"

②岱山，《左傳》昭四年"四嶽"，杜注："東嶽，岱。"大野，《左傳》哀十四年言"十四年，春，西狩于大野"，杜注："大野在高平鉅野縣東北，大澤是也。"泲，即"濟"字。盧維，《周禮》鄭玄注破讀爲"雷雍"，言"《禹貢》曰'雷夏既澤，雍沮會同'，雷夏在城陽"，説甚是。雷，謂雷澤，《墨子・尚賢中》言"古者舜耕歷山，陶河瀕，漁雷澤"，《風俗通義・山澤》言"雷澤在濟陰城陽縣"。雍，《周禮》孫詒讓《正義》言"即'雝'之隸變"，字亦作"灉"，《禹貢》"灉沮會同"，僞孔傳："灉、沮二水會同此澤。"《史記・夏本紀》"雍沮會同"，裴駰集解引鄭玄曰："雍水、沮水相觸而合入此澤中，《地理志》曰：'雷澤在濟陰城陽縣西北。'"雍，陳逢衡作"濰"，《尚書・禹貢》雖有"濰、淄其道"，然其地在青州，與此地望不合。

正西曰雍州，其山鎮曰嶽山①，其澤藪曰彊蒲，其川涇、納②，其浸渭、洛，其利玉石，其民三男二女，其畜牛、馬，其穀宜黍、稷③。

孔晁云："嶽，異嶽也。"《周禮》鄭玄注："嶽，吴嶽也"，孔注

“巺”或爲“吴”字形訛。

【疏證】

①《尚書·禹貢》言“黑水西河惟雍州”，《夏本紀》《地理志》皆同，《吕氏春秋·有始》言“西方爲雍州，秦也”。吴嶽，即《漢書·地理志》所見“吴山”，右扶風汧縣下注言：“吴山在西，古文以爲汧山。”汧山，即《尚書·禹貢》所言“道岍及岐”之“岍”。《史記·夏本紀》“汧及岐至于荆山”，張守節正義引《括地志》言：“汧山在隴州汧源縣西六十里。其山東鄰岐、岫，西接隴岡，汧水出焉。”今作“千山”，在陝西省寶鷄市隴縣。

②彊，《周禮》作“弦”，當據改。《風俗通義·山澤》言“雍州曰弦蒲，在汧縣北蒲谷亭”。《水經注·渭水》言“汧水入焉，水出汧縣之蒲谷鄉弦中谷，决爲弦蒲藪”。涇，謂涇水。納，盧校從《周禮》作“汭”，甚是。《周禮》鄭玄注：“汭，在豳地。《詩·大雅·公劉》曰‘汭坭之即’。”《大雅·公劉》作“芮鞫之即”。

③渭，即渭水。洛，《周禮》鄭玄注：“洛，出懷德。”《小雅·瞻彼洛矣》“瞻彼洛矣”，毛傳：“洛，宗周溉浸水也。”孔穎達正義：“洛水則漆沮是也，與東都伊洛别矣。”《説文》言：“出左馮翊歸德北夷界中，東南入渭。”“畜”後脱一“宜”字，當從上下文補。

東北曰幽州，其山鎮曰醫無閭[①]，其澤藪曰貕養，其川河、泲[②]，其浸菑、時，其利魚、鹽，其民一男三女，其畜宜四擾，其穀宜三種[③]。

孔晁云：“四擾，牛、馬、羊、豕，三種，黍、稷、稻也。”

【疏證】

①《孟子·萬章上》言“舜流共工于幽州”，《吕氏春秋·有始》言“北方爲幽州，燕也”。《禹貢》《夏本紀》所言九州無東北之“幽州”，而有西南之“梁州”。醫無閭，即《王會》所言“伊慮”，《漢書·地理志》所言遼東郡之無慮縣，即由此山得名，地在遼寧省北鎮市。

②貕養，《周禮》鄭玄注“貕養在長廣”，又引杜子春云：“讀貕爲

奚。”《風俗通義·山澤》言：“幽州曰奚養，在虎縣東。”《漢書·地理志》瑯琊郡有長廣縣，注言：“奚養澤在西，《秦地圖》曰劇清池，幽州藪，有鹽官。”泲，即“濟”字，其地宜在故青州，《周禮》賈公彦疏言“瑯琊有萊山，周時幽州南侵徐州之地也”，其川亦有河、濟，則其時膠東之地，或亦視爲幽州。

③菑，《周禮》鄭玄注：“菑，出萊蕪。”《戰國策·齊策六》“過菑水”，鮑彪注：“菑、淄同。”《尚書·禹貢》“濰淄其道”，孔穎達正義：“淄水出泰山萊蕪縣原山東北，至千乘博昌縣入濟。”時，《漢書·地理志》“浸曰菑、時”，注言：“時水出般陽。”《春秋》莊九年“及齊師戰于乾時”，杜注：“乾時，齊地時水在樂安界岐流，旱則竭涸，故曰乾時。”《後漢書·郡國志》“西安”，李賢注：“時水北逕西安縣故城南齊大夫雍廪之邑，時水又西至石洋堰，分爲二水，謂之石洋口，西北至梁鄒入濟。”

河内曰兾州，其山鎮曰霍山[①]，其澤藪曰楊紆[②]，其川漳，其浸汾、露，其利松、柏，其民五男二女，其畜宜牛、羊，其穀宜黍、稷[③]。

孔晁云：“所謂河内者。”盧校言孔注疑有脱訛，甚是。

【疏證】

①河内，謂今運城、臨汾所在晋南盆地。“兾”，即“冀”字，冀州，《吕氏春秋·有始》言“兩河之間爲冀州，晋也”。兩河，高誘注：“東至清河，西至西河。”霍山，《周禮》鄭玄注：“霍山在彘”，賈公彦疏：“霍山在彘者，彘則厲王流于彘，後爲縣名，漢改爲永安縣。”《左傳》閔元年“滅耿、滅霍、滅魏”，杜注：“永安縣東北有霍大山。”今作“霍太山”，在今山西省霍州市，亦稱“太岳”，故《尚書·禹貢》言“既修太原，至於岳陽”者，即謂太岳之陽。

②楊紆，又作“陽紆”，《周禮》鄭玄注：“陽紆所在未聞。”《淮南子·墬形訓》言“秦之陽紆”，高誘注：“陽紆蓋在馮翊池陽，一名具圃。”即《左傳》僖三十三年所言“猶秦之有具囿也”。《風俗通義·山

澤》言“冀州曰泰陸，在鉅鹿縣西北”，與此所言不同。太陸，《漢書·地理志》作“大陸”，注言：“大陸，澤名，在鉅鹿北。”

③漳，《周禮》鄭玄注：“漳，出長子。”《史記·河渠書》“西門豹引漳水溉鄴”，張守節正義引《括地志》言：“漳水，一名濁漳水，源出潞州長子縣西力黄山。”濁漳，又稱潞水，即《水經注·濁漳水》所言：“余按《燕書》，王猛與慕容評相遇于潞川也。評障錮山泉，鬻水與軍，入絹匹，水二石，無佗大川，可以爲浸，所有巨浪長湍，惟漳水耳。故世人亦謂濁漳爲潞水矣。”下文言“其浸汾、露”，露，即作“潞”，所言亦是濁漳水。脱字元刊本漫漶，當從上下文補“其”字。汾，謂汾水，《説文》言：“出太原晋陽山，西南入河。从水，分聲，或曰出汾陽北山，冀州浸。”二女，《周禮》作“三女”。

正北曰并州，其山鎮曰恒山①，其澤藪曰昭餘祁②，其川虖池、嘔夷③，其浸淶、易，其利布、帛，其民二男三女，其畜宜五擾，其穀宜五種④。

孔晁云：“五擾，牛、馬、羊、豕、犬。五種，黍、稷、菽、麥、麻。”

【疏證】

①并州，《尚書·禹貢》《吕氏春秋·有始》無“并州”，其與冀州數見分合。恒山，《周禮》鄭玄注：“恒山在上曲陽”，《尚書·禹貢》“大行恒山，至于碣石，入于海”，《史記·夏本紀》“恒山”作“常山”，司馬貞索隱言：“常山，恒山是也，在常山郡上曲陽縣西北。”張守節《正義》引《括地志》言：“恒山在定州恒陽縣西北百四十里。”

②昭餘祁，《周禮》鄭玄注：“昭餘祈在鄔。”《左傳》成八年“以其田與祁奚”，《吕氏春秋·開春》有“今祈奚論先王之德”，是知二字音近互用。《爾雅·釋地》“燕有昭餘祁”，郭璞注：“今太原鄔陵縣北九澤是也”，《漢書·地理志》太原郡下有鄔，注言：“九澤在北，是爲昭餘祁，并州藪。”《水經注·汾水》言：“（溤水）出谷西北流，逕祁縣故城南，自縣連延，西接鄔澤，是爲祁藪也。即《爾雅》所謂昭餘祁矣。”《風俗通

義·山澤》言“并州曰昭餘祈，在鄔縣北”。

③虖池，即今之滹沱河。池，《左傳》襄二十二年“而何敢差池”，陸德明釋文：“池，徐本作沱。”或即《王會》所言正北之“姑他”。虖池，《周禮》鄭玄注：“虖池出鹵城。”《漢書·地理志》代郡下有鹵城縣，地在今山西省忻州市繁峙縣。亦作“惡池”，《禮記·禮器》“晋人將有事於河，必先有事於惡池”，鄭玄注：“惡當爲呼，聲之誤也。”嘔夷，《周禮》鄭玄注：“祁夷與出平舒。”《漢書·地理志》代郡下有平舒縣，注言：“祈夷水北至桑乾入沽。”沽，《水經注·㶟水》作“㶟”，《説文》“㶟”字條言：“出雁門陰館累頭山，東入海，或曰治水也。”“沽”或爲“治”字形訛。

④淶，《周禮》鄭玄注：“淶，出廣昌。”《漢書·地理志》代郡下有廣昌，注言：“淶水東南至容城入河，過郡三，行五百里，并州寖。”廣昌，即今河北省保定市淶源縣。易，《周禮》鄭玄注：“出故安。”《漢書·地理志》涿郡下有故安，注言：“閻鄉，易水所出，東至范陽入濡也，并州寖。水亦至范陽入淶。”易水，爲燕之南界，《爾雅·釋地》“燕曰幽州”，郭璞注：“自易水至北狄。”

乃辯九服之國，方千里曰王圻。

孔晁云：“圻，界也。”

【疏證】

辯，當作“辨”，别也。九服，他書多作“五服”，《國語·周語上》《荀子·正論》《史記·周本紀》作“甸服、侯服、賓服、要服、荒服”，《尚書·禹貢》《史記·夏本紀》《漢書·地理志》作“甸服、侯服、綏服、要服、荒服”。此處除“王圻”外，通計爲“七服”，當從《周禮》補“采、夷”二服。乃辯九服之國，《周禮》作“乃辨九服之邦國”，鄭玄注：“服，服事天子也。”方千里，謂方千里之内。王圻，《周禮》作“王畿”。圻，《左傳》襄十五年“王及公侯伯子男甸采衛大夫”，杜注：“天子所居千里曰圻。”

其外方五百里爲侯服，

孔晁云："爲王者斥候也。□，言服正事也。"孔注脱字盧文弨補"服"，甚是。"正"當爲"王"字形訛，當從後文"男服"孔注"任王事"改。

【疏證】

侯服，《尚書·禹貢》"五百里侯服"，僞孔傳："侯，候也，斥候而服事。"服，事也。《大雅·文王》有"上帝既命，侯于周服，侯服于周，天命靡常"。

又其外方五百里爲甸服，

孔晁云："甸，田也。治田又入穀也。"

【疏證】

甸，《國語·周語上》"邦内甸服"，韋注："甸，王田也。"《左傳》昭十三年"卑而貢重者，甸服也"，杜注："甸服，謂天子畿内共職貢者。"

又其外方五百里曰男服，

孔晁云："男，任也，任王事。"

【疏證】

男，《尚書·禹貢》"二百里男邦"，《史記·夏本紀》作"二百里任國"。

又其外方五百里爲衛服，

孔晁云："爲王扞衛也。"

【疏證】

是句前《周禮》有"又其外方五百里爲采服"，賈公彦疏："采者，事也。"《國語·鄭語》"皆爲采衛"，韋注："采，采服，去王城二千五百里。"注説或本此而來。此所言"侯甸男"等次序與《尚書·康誥》"侯甸男邦采衛百工"同。"侯甸"即上所言"甸服"，"男邦"即上所言"男服”，“采衛”即此所言“衛服”。衛，《周禮》賈公彦疏：“言衛者，爲王衛禦。”《左傳》襄十五年“甸采衛”，杜注：“甸采衛，五服之名。”

又其外方五百里爲蠻服，

孔晁云：“用事差蕑慢。”蕑，當作“簡”。《尚書·禹貢》“三百里蠻”，孔穎達正義引王肅云：“蠻，慢也，禮儀簡慢。”《史記·夏本紀》“三百里蠻”，裴駰集解引馬融曰：“蠻，慢也，禮簡怠慢，來不距，去不禁。”孔注或本馬、王之説而來。

【疏證】

蠻，《周禮》賈公彦疏：“蠻之言縻，以政教縻來之。”《漢書·地理志》“三百里蠻”，顔師古注：“蠻，謂以文德蠻幕而覆之。”是句後《周禮》有“又其外方五百里爲夷服”，《漢書·地理志》“三百里夷”，顔師古注：“夷，易也，言行平易之法也。”然據《尚書·禹貢》，夷屬于要服，蠻屬荒服，蠻當在夷之外。

又其外方五百里爲鎮服，

孔晁注脱六字，盧校補作“鎮服，言鎮守之”，可從。

【疏證】

鎮，言安定之義。《國語·晋語七》“而鎮定大事”，韋昭注：“鎮，安也。”

又其外方五百里爲藩服。

孔晁云：“藩服，屏四境也。”

【疏證】

藩，《大雅·板》“价人維屏”，毛傳：“藩，屏也。”

凡國，公侯伯子男①，以周知天下。凡拜國，大小相維，王設其牧②。

孔晁云：“周，遍；維，持也。牧，謂牧御天下之政教。”

【疏證】

①凡國，《周禮》作"凡邦國"。公侯伯子男，《周禮》擴作"千里，封公以方五百里則四公，方四百里則六侯，方三百里則七伯，方二百里則二十五子，方百里則百男"。公、侯、伯、子、男五稱，周代雖皆存在，然"屬于不同稱謂系統，相互之間也不構成等級序列"（邵蓓：《〈封許之命〉與西周外服體系》，《歷史研究》2019年第2期）。劉源《"五等爵"制與殷周貴族政治體系》（《歷史研究》2014年第1期）言："殷和西周的真實諸侯體系是'侯、甸、男、衛、邦伯'。而所謂五爵稱中，只有侯、男是王室册命的外服諸侯。公、伯、子三種名號則在'侯甸男'體系之外，其性質分别爲高等級貴族的尊稱、首領及嫡長子、族長及宗子。"公、侯、伯、子、男爲主的五等爵稱序列，或是戰國學者理想建構的産物。

②知，猶治之義。《國語·周語中》"若是而知晋國之政"，韋注："知政，謂爲政也。"周知天下，謂遍治天下。拜國，當從《周禮》作"邦國"，拜、邦二字形近而誤。維，《周禮·夏官·大司馬》"以維邦國"，鄭玄注："維，猶連結也。"設，置也。牧，《尚書·立政》"宅乃牧"，僞孔傳："牧，牧民，九州之伯。"《禮記·王制》"州有伯"，鄭玄注："殷之州長曰伯，虞夏及周皆曰牧。"《國語·魯語下》"師尹維旅牧"，韋注："牧，州牧也。"

制其職，各以其所能，

孔晁云："連率、牧監，各任能也。"孔注"率"又作"帥"，《周禮·春官·樂師》"燕射，帥射夫以弓矢舞"，鄭玄注："故書燕爲舞，帥爲率。"連帥，《禮記·王制》："五國以爲屬，屬有長。十國以爲連，連有帥。"監，《周禮·天官·大宰》"而建其牧，立其監"，鄭玄注："監，謂公、侯、伯、子、男各監一國。"

【疏證】

制，《禮記·王制》"凡制五刑"，鄭玄注："制，斷也。"職，《左傳》昭二十一年"天子之職也"，杜注："職，所主也。"能，《國語·晋語四》“夫教者，因體能質而利之者也”，韋注：“能，才也。”

制其貢，各以其所有。

孔晁云：“土也所有，乃貢之。”孔注“也”或爲“地”字之誤。

【疏證】

貢，《廣雅·釋言》：“獻也。”《荀子·王制》“理道之遠近而致貢”，楊倞注：“貢，任土所貢也。”各以其所有，猶《王會》所言“今吾欲因其地勢所有獻之，必易得而不貴”。

王將巡狩，則戒于四方曰①：“各修平乃守②，考乃職事，無敢不敬戒，國有大刑③。”

孔晁云：“考，成也。不敬則犯大刑也，職方所。”孔注“所”字後或脱一“莅”字，盧校是。

【疏證】

①狩，《周禮》作“守”。巡守，《左傳》莊二十一年“王巡虢守”，杜注：“天子省方，謂之巡守。”《孟子·梁惠王下》：“天子適諸侯曰巡狩，巡狩者，巡所守也。”戒，《儀禮·覲禮》“天子使大夫戒曰”，鄭玄注：“戒，猶告也。”

②修，《論語·顏淵》“敢問崇德修慝辨惑”，何晏集解引孔安國云：“修，治也。”平，亦治也，《大雅·皇矣》有“天立厥配，受命既固”，孔穎達正義言：“殺木之處，有其坑坎，須修埋平治，故言‘修之平之’。”正義“埋”一本作“理”。守，或謂職守之義，《周禮》鄭玄注：“守，謂國竟之内。”

③考，《國語·晉語三》“考省不倦”，韋注：“考，校也”。職事，謂所主守之事。敬戒，當讀爲“警戒”。大刑，猶常刑。

及王者之所行，道率其屬而巡戒命，王殷國亦如之。

孔晁云：“王十二歲一巡狩，職方自所戒之命，其不巡狩，六服盡朝。朝，謂之殷國也。述命亦如巡狩也。”

【疏證】

王者之所行，謂王所巡守之處。“道”前《周禮》有一“先”字。道，當讀爲“導”，與“率”同義連用。道率，謂引導率領。屬，《韓非子·解老》言“屬之謂徒也”，《大戴禮記·主言》“分屬而治之”，王聘珍解詁：“屬，官衆也。”巡，《左傳》襄三十一年“憂樂同之，事則巡之”，杜注：“巡，行也。”戒，《左傳》宣十二年“軍政不戒而備”，杜注：“戒，敕令。”命，《周禮》作“令”。殷國，《周禮》孫詒讓正義：“殷國者，謂王出在侯國而行殷見之禮也。”文盨銘文有“唯王廿又三年八月，王命士曶父殷南邦君、諸侯，乃錫馬”（《西周士百父盨銘所見史事試釋》，《古文字與古代史》第一輯，中國科學研究院歷史語言研究所，2007年），可與此對讀。

卷九

芮良夫第六十三

【題解】

是篇取首句“芮伯若曰予小臣良夫”爲題。清華簡三有《芮良夫毖》一篇，内容與此篇不同，清華簡所見近乎箴戒，而《逸周書》所見則近乎“書”類，較之《國語·周語上》所見之“厲王説榮夷公”所載芮良夫之語，此篇似時代較早。但由“民之父母”“賢智箝口，小人鼓舌”等觀念看，至少受到了春秋戰國之際思想要素的影響，這些觀念貫穿通篇行文組織層面，理解爲附益恐有困難，故此篇史事及芮良夫之言雖可能有較早來源，但全篇成篇不當早至西周晚期。

芮伯①若曰：“予小臣良夫，稽道謀告②，

孔晁云：“伯，爵。若，順也，順其事而告之也。”

【疏證】

①芮伯，即《左傳》文元年、《國語·周語上》及清華簡三《芮良夫毖》所言“芮良夫”，良夫，或是其私名。稱伯，則言其爲芮氏大宗，未必即其爵稱。芮公鬲銘文（《集成》00743）言“内公作鑄京仲氏婦叔姬媵鬲，其子子孫孫永寶用享”，此“内”或讀爲“芮”，是知芮爲姬姓。芮國家族墓地發現于陝西韓城梁帶村，陝西澄城縣劉家窪又發現東周芮國遺址，則其地望當在此地。

②若曰，如是説，孔注訓“順”非是。此言“若曰”，或是後人從“王若曰”之例妄增，又或是第三者轉記芮伯之言。予小臣，芮良夫自稱，《尚書·召誥》有“予小臣敢以王之仇民百君子越友民，保受王威命明德”。稽

道謀告，《群書治要》卷八作“稽首謹誥”，朱右曾從改，甚是。道，如《周月》“周正歲道”當作“歲首”，王引之《經義述聞·爾雅上》“梗較道直也”條所言甚是。謀、謹二字形近而誤。謹，《大雅·民勞》“以謹無良”，鄭箋：“謹，敕慎也。”誥，《國語·楚語上》“以自誥也”，韋注：“誥，告也。”

子惟民父母①，致厥道，無遠不服②；無道，左右臣妾乃違③。

孔晁云：“無道，無德政。違，畔也。”

【疏證】

①“子”前或脱一“天”字，當從盧校補。天子，謂周王。惟，猶爲也，用如《小雅·十月之交》“家伯維宰”。民父母，《大雅·泂酌》有“豈弟君子，民之父母 ”，《孟子·梁惠王上》有“爲民父母，行政不免於率獸而食人。惡在其爲民父母也”，上博簡二《民之父母》簡2—3言：“民之父母乎，必達於禮樂之源，以致五致，以行三無，以皇于天下，四方有敗，必先知之，其謂民之父母矣”，皆可與此對讀。

②致，至也。厥，猶其也。道，或謂文德，《論語·季氏》言“故遠人不服，則修文德以來之”，故孔晁注以“無道”爲“無德政”。遠，謂遠人。服，從也。

③左右臣妾，謂近臣嬖御。左右，《商頌·長發》“左右商王”，毛傳：“左右，助也。”後引申爲親近之臣，《淮南子·時則訓》“饗左右”，高誘注：“左右，近臣也。”臣妾，《尚書·費誓》“臣妾逋逃”，鄭玄注：“臣妾，厮役之屬也。”乃，猶則也。違，《邶風·谷風》“中心有違”，毛傳：“違，離也。”

民歸于德，德則民戴，否則民讎①。兹言允效于前不遠②。

孔晁云：“言驗於前世。不遠，言近。”

【疏證】

①歸，《廣雅·釋詁三》：“就也。”戴，《國語·周語上》“欣戴武王”，韋注：“戴，奉也。”否，不也。否則，王念孫從《尚書·堯典》

“否德忝帝位”，改作“否德”，甚是。否德，猶無德。讎，《戰國策·秦策二》“皆張儀之讎也”，高誘注：“讎，仇也。”德則民戴，謂有德則民尊奉之，無德則民怨讎之。

②兹，猶此也。允，信也。效，《荀子·議兵》“强弱存亡之效”，楊倞注：“效，驗也”，朱右曾説是。于，猶在也。不遠，用如《國語·周語下》“言無遠”，韋注：“遠，謂非耳目所及也。”則不遠，謂其耳聞目見。兹言允效于前不遠，謂此言信驗于此前不遠。

商紂不道夏桀之虐，肆我有家。

孔晁云：“舉桀紂惡、滅亡爲戒也。”

【疏證】

不道，王念孫據《群書治要》校作“弗改”，甚是。虐，《尚書·金縢》“遘厲虐疾”，僞孔傳：“虐，暴也。”肆，《大雅·大明》“肆伐大商”，鄭箋：“肆，故今也。”有家，謂有國家，王念孫説是。

嗚呼！惟爾天子嗣文武業①，惟爾執政小子②，同先王之臣，昏行□顧，道王不若③。

孔晁云：“同爲昏闇，言教王爲不順。”同爲昏闇，《群書治要》卷八作“同，謂位同也，昏，闇也”，王念孫據《治要》改，甚是。

【疏證】

①爾天子，謂厲王。嗣，《國語·鄭語》“武其嗣乎”，韋注：“嗣，繼也。”“業”前《群書治要》卷八有一“之”字。業，《爾雅·釋詁下》“烈、績，業也”，郭璞注：“業，謂功業。”

②執政，或即是《國語·周語上》厲王所用之榮夷公，《周語上》言“既，榮公爲卿士”，故榮夷公可稱執政。小子，《北堂書鈔》卷三十引作“小人”，非是。芮良夫年齒、資歷或皆早于榮夷公，故可稱小子。

③同，《廣雅·釋詁三》：“皆也。”昏，《國語·楚語上》“而爲之昭明德而廢幽昏焉”，韋注：“昏，亂也。”脱字《群書治要》卷八作“内”，當是“罔”字形訛，王念孫《讀書雜志》引王引之説是。昏行罔顧，謂不顧

其昏亂之行。道，讀爲“導”，《淮南子·繆稱訓》“而不可以導人”，高誘注：“導，教。”不若，謂不順。

專利作威①，佐亂進禍②，民將弗堪。

孔晁云：“專利侵民，佐亂進於禍也。”《群書治要》卷八作“專利侵亂，進不善也”，非是。

【疏證】

①專，《國語·周語上》“夫榮公好專利而不知大難”，韋注：“專，擅也。”專利，謂擅專財貨。作威，《尚書·洪範》有“惟辟作威”。作，《左傳》成八年“遐不作人”，杜預注：“作，用也。”作威，言用彊力，如《國語·周語上》所言“王怒，得衛巫，使監謗者，以告，則殺之”。

②佐，助也。進，《大戴禮記·四代》“廢一不可，進一不可”，王聘珍解詁：“進，猶益也。”此“進”與“廢”對舉，或可訓爲“興”。進禍，言興禍。堪，《國語·晋語一》“口弗堪也”，韋注：“堪，猶勝也。”

治亂信乎其行，惟王暨爾執政小子攸聞。

孔晁云：“行善則治，行惡則亂，皆所聞知。”

【疏證】

信，《左傳》昭二十五年“信罪之有無”，杜注：“信，明也。”乎，猶于也。行，《墨子·經上》：“行，爲也。”治亂信乎其行，言治與亂，明于其所爲者。暨，猶及也。攸，所也。聞，謂知聞。

古人求多聞以監戒①，不聞，是惟弗知②。

孔晁云：“言古人患不聞，故有所不知也。”

【疏證】

①古，或讀爲“故”，承上文“攸聞”而言，未必讀本字。求，《禮記·曲禮下》“不求變俗”，鄭玄注：“求，猶務也。”多聞，謂博其見聞。監，《左傳》莊三十二年“監其德也”，陸德明釋文：“監，本又作

鑑。”監、戒二字同義連用。

②不聞，謂無所知聞。弗知，當讀爲“不智”，後“知”同。是句後《群書治要》卷八有“爾聞爾知，弗改厥度，亦惟艱哉”及注“知而不改，無可如何，故曰難也”。王念孫以此補入正文，甚是。度，謂法度。

后除民害①，不惟民害，害民乃非后，惟其讎②。

孔晁云：“害民是興民爲怨讎。”孔注“興”或爲“與”字形訛。

【疏證】

①“后”前《群書治要》卷八前有“夫”字。后，《商頌·玄鳥》“商之先后”，鄭箋：“后，君也。”除，《戰國策·秦策三》“若於除宋罪”，鮑彪注：“除，解免也。”害，《戰國策·秦策二》“而無伐楚之害”，高誘注：“害，危也。”

②不惟，當作“丕惟”，語辭，猶是也。“害民”二字《群書治要》所無，當刪去。丕惟民害，言是民之害。乃，猶則也。非后，言非其君。惟，猶是也。讎，謂仇讎。是句謂害民則非其君，而是其仇讎。

后作類，后弗類，民不知后，惟其怨。

孔晁云：“言民不從上命，從其所行。類，善也。不知君，則怨深矣。”

【疏證】

作，用也。類，《大雅·皇矣》“克明克類”，鄭箋：“類，善也。”知，《鄭風·女曰鷄鳴》“知子之來之”，陳奂傳疏：“知，讀爲相知之知。知子，與君子相知者也。”民不知君，謂民與君不相知，故相與爲讎怨。此“惟其怨”即承上文“惟其讎”而言。

民至億兆，后一而已，寡不敵衆，后其危哉。

孔晁云：“言上下無義，對共相怨，則寡者危也。”對共相怨，丁宗洛校作“共相怨懟”，盧校從。

【疏證】

憶，或當作“億”。億，謂十萬，兆，《國語·周語中》“百姓兆民”，韋注：“十億曰兆。”億兆，言其多。敵，《戰國策·秦策五》“四國之兵敵”，高誘注：“敵，强弱等也。”危，《群書治要》卷八作“殆”，危、殆二字同義换讀。

嗚呼！□□□如之，

孔晁云：“人養食之則擾服，雖家畜，不養則畏人，治民亦然也。”擾，《周禮·夏官·服不氏》“掌養猛獸而教擾之”，鄭玄注：“擾，馴也。”

【疏證】

嗚呼，《治要》作“烏虖”。脱文《群書治要》卷八作“野禽馴服于人，家畜見人而奔，非禽畜之性，實惟人民亦”，王念孫校作“家畜馴服于人，野禽見人而奔”，校與孔注義合，甚是。非禽畜之性，實惟人民亦如之，當校作“非惟禽畜之性，實人民亦如之”。是句謂不唯獨禽畜之性，人民之性亦然，作善而牧養之則民服，爲惡而暴虐之則民讎。

今爾執政小子，惟以貪諛爲事，不勲德以備難。

孔晁云：“專利爲貪，曲從爲諛。”

【疏證】

惟，猶乃也。事，《荀子·性惡》“未嘗不可以相爲事也”，楊倞注：“事，業。”勲，讀爲“勤”，《吕氏春秋·不廣》“勤天子之難”，高誘注：“勤，憂也。”備，謂豫備。難，謂禍患。

下民胥怨，財單竭①，手足靡措，弗堪戴上，不其亂而②？

孔晁云：“言民相與怨上，上加之罪，民不堪命而作亂。”

【疏證】

①胥，相也。單，讀爲“殫”，《國語·晋語一》“若外殫善而内辱之”，韋注：“殫，盡也。”竭，亦盡也，殫、竭二字同義對舉。“單”字

後或脱一“力”字，當從《群書治要》卷八補。

②靡，《邶風·泉水》“靡日不思”，毛傳：“靡，無也。”措，《國語·鄭語》“而妖試幸措”，韋注：“措，置也。”堪，《群書治要》卷八作“龕”。戴，謂奉戴。不其亂而，言必亂也。而，猶乎也，用如《左傳》宣四年“不其餒而”。

以予小臣良夫觀天下有土之君，

孔晁云：“有土，謂之諸侯也。”“之”字或當從盧校删，陳逢衡言“謂”當在“有土”之上，恐非是。

【疏證】

以，猶故也。觀，《廣雅·釋詁一》：“視也。”

厥德不遠，罔有代德。

孔晁云：“言無遠德，罔有天下也。”

【疏證】

不遠，朱右曾言是“莫能相尚”之義，或是。遠，《戰國策·齊策一》“又弗如遠甚”，高誘注：“遠，猶多也。”罔，無也。代德，莊述祖引《左傳》僖二十五年言“未有代德，而有二王”，言德不足代周，《左傳》楊伯峻注亦取此説。又，代，或作“世”，《大雅·下武》“世德作求”，鄭箋：“以其世世積德，庶爲終成其大功。”罔有代德，謂無世代之德。

時爲王之患，其惟國人。

孔晁云：“是國人爲患也。”

【疏證】

時，猶是也。爲，亦是也。患，《吕氏春秋·貴生》“惡爲君之患也”，高誘注：“患，害也。”其惟，猶唯有。國，《國語·周語中》“國有班事”，韋注：“國，城邑也。”國人，《周禮·地官·泉府》“國人郊人從其有司”，賈公彦疏：“國人者，謂住在國城之内，即六鄉之民也。”

嗚呼！惟爾執政朋友小子，其惟洗爾心，改爾行，克憂往愆，以保爾居。

孔晁云："洗心改行憂往過，則安爾之居位。"

【疏證】

朋友，謂同族之人，芮、榮，皆姬姓，故得稱朋友。洗，《國語·周語下》"三曰姑洗"，韋注："洗，濯也。"心、行，謂惡心惡行。克，能也。憂，《爾雅·釋詁下》："思也。"往愆，謂過往之罪。以，猶乃也。保，《小雅·南山有臺》"保艾爾後"，毛傳："保，安也。"居，謂所居之位。清華簡八有《邦家處位》，處，猶居也，故孔注訓"居"爲"居位"。

爾乃聵禍翫灾[①]，遂弗悛。余未知王之所定，矧乃□□[②]。

孔晁云："聵，陽不聞。翫，心不惕。悛，改。矧，况也。尚不知王定，况貪諛之臣能得其所也。"《左傳》定十二年"子僞不知"，杜注："佯不知也。"陸德明釋文："陽，本亦作佯。"

【疏證】

①聵，《國語·晋語四》"聾聵不可使聽"，韋注："生而聾曰聵。"聵禍，謂佯裝不聞于禍。翫，謂輕慢之義，《左傳》昭元年"翫歲而愒日"，陸德明釋文："翫，五喚反，《説文》云：'習，厭也'，字又作玩。"

②遂弗悛，謂于是不改。定，安也。脱字或當從前后文補"小子"二字，盧校、莊述祖補是，陳逢衡補"攸居"二字非是。是句謂我尚且不知王之所安，况爾執政小子。

惟禍發於人之攸忽，於人之攸輕[①]，□不存焉，變之攸伏[②]。

孔晁云："言人所輕忽，則禍之所起，謂下民也。"孔注"謂"前或脱一"人"字。

【疏證】

①發，《國語·周語上》"土氣震發"，韋注："發，起也。"攸，所也。忽，《戰國策·秦策一》"蓋可忽乎哉"，鮑彪注："忽，輕也。"

"攸忽"後《群書治要》卷八有"咎起"二字，當據補。咎，《小雅·伐木》"微我有咎"，毛傳："咎，過也。"言禍患發起于人之所輕忽。

②脱字《群書治要》卷八作"心"，當據補。存，《孟子·離婁下》"以其存心也"，趙岐注："存，在也。"心不存焉，猶心不在焉。變，謂變亂。伏，《國語·晋語八》"物莫伏於蠱"，韋注："伏，藏也。"

爾執政小子不圖善①，偷生苟安，爵以賄成②，

孔晁云："苟安，無遠慮，賄成，不任德。"

【疏證】

①圖，《小雅·常棣》"是究是圖"，毛傳："圖，謀。"謀，謂謀慮。善，《群書治要》卷八作"大囏"，即"大艱"，即《國語·周語上》所言"夫榮公好專利而不知大難"。囏，或誤爲"喜"，喜、善二字形近而誤。

②偷，《國語·周語上》"守固不偷"，韋注："偷，苟且也。"偷、苟二字同義换讀。爵以賄成，《左傳》襄十年"政以賄成"，杜注："隨財制政。"故此當言隨財制爵。

賢智箝口，小人鼓舌①，逃害要利，并得厥求②，唯曰哀哉！

孔晁云："賢者得默以逃害，小人佞謟以要利，各得其求，君子爲之哀者也。"孔注"得"《治要》作"隱"，盧校作"靖"。

【疏證】

①賢智，即賢哲。箝，《群書治要》卷八作"拑"。箝，《漢書·異姓諸侯王表》"箝語燒書"，顏師古注引應劭曰："禁民聚語，畏其謗己。箝，緘也。箝，與'鉗'同。"箝口，猶緘口，故孔注爲"默"。鼓，猶動也，《大戴禮記·少閒》"鼓民之聲"，王聘珍解詁："動，振動也。"

②逃，《廣雅·釋詁三》："避也。"逃害，莊述祖據《北堂書鈔》卷三十所引訂作"曲躬"，孫詒讓從之，非是。劉師培則引舊本《書鈔》"匪宫"，以爲即是"逃害"，劉師培説是。要，《孟子·告子上》"以要人爵"，趙岐注："要，求也。"并，《漢書·趙充國傳》"虜并出絶轉

道”，顔師古注：“并，猶俱也。”厥，《群書治要》卷八作“其”。

我聞曰：‘以言取人，人飾其言①；以行取人，人竭其行。飾言無庸，竭行有成②。’

孔晁云：“君子不以言舉人，無功故也，欲行有成故也。”孔注“欲行”或當作“以行舉人”。

【疏證】

①取，謂擇取。《漢書·賈誼傳》“莫如先審取舍”，顔師古注：“取，謂所擇用也。”飾，《戰國策·楚策一》“飾辯虚辭”，鮑彪注：“飾，緣飾，非實也。”

②竭，《國語·晋語一》“竭力以役事”，韋注：“竭，盡也。”無庸，謂無用。有成，謂有所成就。《論語·里仁》“君子欲訥於言，而敏於行”，可與此對讀。

惟爾小子，飾言事王，寔蕃有徒①。王貌受之，終弗獲用，面相誣蒙，及爾顛覆②。

孔晁云：“蕃，多；徒，衆，言非一也。貌，謂外相悦而無實也。君臣之相誣蒙，必相及共顛覆之也。”孔注“顛覆之也”或當從莊述祖删“之”字。

【疏證】

①飾言事王，謂緣飾其言以事奉天子。寔，《召南·小星》“寔命不同”，毛傳：“寔，是也。”徒，《左傳》昭四年“旦而皆召其徒”，杜注：“徒，從者。”寔蕃有徒，謂是多有從者。

②貌受之，謂以貌取之。用，《周禮·春官·典路》“與其用説”，鄭玄注引鄭司農云：“用，謂所宜用。”面，謂當面。誣，《左傳》襄十四年“不可誣也”，杜注：“誣，欺也。”蒙，《左傳》僖二十四年“上下相蒙”，杜注：“蒙，欺也。”誣、蒙二字同義連用。及，《邶風·谷風》“及爾顛覆”，鄭箋：“及，與也。”顛，《尚書·盤庚中》“顛越不恭”，僞孔傳：“顛，隕。”覆，《左傳》閔元年“覆昏亂”，杜注：“覆，敗

也。”《左傳》文元年引周芮良夫之詩言：“大風有隧，貪人敗類，聽言則對，誦言如醉，匪用其良，覆俾我悖”，是句見于《大雅·桑柔》。

爾自謂有餘，予謂爾弗足。敬思以德，備乃禍難。

孔晁云：“言其不足於道義也。以，用也。乃，汝也。”

【疏證】

自謂有餘，言自詡有餘力。弗，《群書治要》卷八作“不”。弗足，謂不周備。敬，慎也。思，慮也。以德，《治要》作“以明德”，非是。備，謂豫備。乃，猶其也。

難至而悔，悔將安及，無曰予爲，惟爾之禍。”

孔晁云：“爲，不言也。”當校作“僞，不信也”。

【疏證】

難至而悔，言禍難至而追悔。安，猶何也。及，猶至也。爲，當從唐大沛、朱右曾讀爲“僞”。僞，《淮南子·俶真訓》“德蕩者其行僞”，高誘注：“僞，不成也。”惟，猶是也。

太子晋第六十四

【題解】

是篇取首句“見太子晋”爲題。是篇文義不古，所述之事亦或是後人杜撰。是篇體裁類似《七發》《答客難》等篇章，粗具“賦”體文本特征而鋪張稍弱，皆以虛構之主客對文辭一稱一答。篇中所言“五稱”，稱即稱述、發舉之義，《七發》亦有“客因稱曰”之語。胡念貽以此篇爲《逸周書》中所見之“小説”，即便以九流十家之小説家而論，亦未必是（《〈逸周書〉中的三篇小説》，《文學遺産》1981年第2期，第19—29頁）。此篇恐爲戰國“賦”類文獻向漢代《七發》等作演變之過渡形態，時代當在戰國末期至秦漢之間，後向、歆父子校書之時，以其所託爲周時之事，又多有涉堯舜等語，故編入《逸周書》。

晋平公使叔譽①于周②，見太子晋而與之言③。

孔晁云：“叔譽者，大夫叔向也。周靈王太子名晋也。”

【疏證】

①晋平公，名彪，晋悼公之子，清華簡二《繫年》簡96作“晋莊平公”。叔譽，孔注謂是叔向，潘振以《左傳》襄二十六年“韓宣子聘于周”，以聘者爲韓起，恐非是。陳逢衡言《國語·周語下》有“晋羊舌肸聘于周”，是篇次于“靈王二十二年，穀、洛鬭”之後，故聘問之事當在靈王二十二年至二十七年間。然察下文答對之語，或是後人附會，事未必然。

②于周，孫詒讓引《潛夫論·志氏姓》作“聘于周”。聘，《小雅·采薇》“靡使歸聘”，毛傳：“聘，問也。”

③《潛夫論·志氏姓》無“晋而”二字。太子晋，又稱“王子喬”，《潛夫論》言“世人以其豫自去期，故傳稱王子喬仙”。晋、喬二字或是一名一字，含義相關。晋，有登進之義，喬，高也，以其登進，故可謂之高。言，《小雅·賓之初筵》“匪言勿言”，馬瑞辰《毛詩傳箋通釋》：“自言謂之言，以言問人亦謂之言。”

五稱而五窮[①]，逡巡而退，其不遂[②]。

孔晁云：“五稱，説五事。遂，終也。”

【疏證】

①稱，《國語·晋語八》“其知不足稱也”，韋注：“稱，述也。”五窮，《潛夫論·志氏姓》《太平御覽》卷一百四十六改作“三窮”，非是。窮，《戰國策·秦策二》“寡人數窮焉”，鮑彪注：“辭屈也。”

②逡巡，《廣雅·釋訓》：“逡巡，却退也。”“逡巡”與“退”同義連用。“其”後或脱一“言”字。不遂，謂不成。

歸，告公曰：“太子晋行年十五，而臣弗能與言。

孔晁云：“告平公，稱其賢才也。”

【疏證】

行，《國語·晋語四》“行年五十矣”，韋注：“行，歷也。”弗能與言，謂不能對答。

君請歸聲就、復與田，若不反，及有天下，將以爲誅。”

孔晁云：“声就、復與，周之二邑。周衰，晋取之也。”

【疏證】

君請，猶請君。請，求也。歸，謂反還。“復與”或當爲“陽樊”形訛，劉師培説甚是。聲就，地望不詳，《國語·晋語四》有“賜公南陽陽樊、温、原、州、陘、絺、組、攢茅之田”。聲就，或在此間，在今南陽盆地。

平公將歸之，師曠不可，曰：“請使瞑臣往與之言，若能幪予，反而復之。”

孔晁云：“師曠，晋大夫，無目，故稱瞑。幪，復也，度謀還與否也。”孔注“復”或當從盧校作“覆”。

【疏證】

不可，《國語·晋語九》“大夫辭之，不可”，韋注：“可，肯也。”瞑，謂閉目，《説文》：“翕目也。”瞑臣，自謂其盲。與之言，謂與太子晋相會而談。幪，《廣雅·釋詁二》“幏，覆也”，王念孫疏證：“幪與幏同。”《大雅·瞻卬》“女覆奪之”，陸德明釋文：“覆，芳服反，服也。”反而復之，謂待師曠反，而歸周二地之田。

師曠見太子，稱曰：“吾聞王子之語高於泰山，夜寢不寐，晝居不安，不遠長道，而求一言。”

孔晁云：“言高於泰山，言旡上也，不安，至飢渴也。”孔注“旡”當是“无”字，“至”或當從朱右曾作“言”。

【疏證】

稱，《國語·晋語八》“其知不足稱也”，韋注：“稱，述也。”泰山，言其高。寢，眠也。寐，《國語·晋語一》“歸寢不寐”，韋注：“寐，瞑也。”晝居，猶《戰國策·趙策二》所見“武靈王平晝閒居”。不遠長道，言不以路途遥遠。求一言，謂請求與太子晋一會。山、安、言，皆元部字。

王子應之曰：“吾聞太師將來，甚喜而又懼。吾年甚少，見子而懾，盡忘吾其度。”

孔晁云：“懾而亡度，所以爲謙。”亡，王念孫言“忘與亡同”，甚是。

【疏證】

太師，《國語·魯語下》“昔正考父校商之名頌十二篇於周太師”，韋注：“太師，樂官之長。”懼，《讀書雜志·荀子第一》“其避辱也懼”，王念孫按引王引之曰："懼者，怯也。"慴，《禮記·曲禮上》"則志不慴"，鄭玄注："慴，猶怯惑。"其，猶之也，王念孫據《太平御覽》卷三百七十二引文疑"其"字衍，亦是。度，謂法度、儀態之義。懼、度，皆魚部字。

師曠曰師曠曰："吾聞王子，古之君子，甚成不驕①，自晉始如周，行不知勞②。"

孔晁云："有成德，不以驕易也。"

【疏證】

①"師曠曰"三字不當重。吾聞王子，義不能通，此非聞自王子之言，或當倒作"王子，吾聞"。聞，謂聽聞。君子，謂有德者。甚，《孟子·梁惠王下》"王之好樂甚"，趙岐注："甚，大也。"甚成，謂大成。驕，謂驕慢。

②"始"字盧校疑衍，王念孫言涉"如"字之誤而衍，甚是。如，《國語·周語中》"陳靈公與孔寧儀行父南冠以如夏氏"，韋注："如之，往之也。"行，《讀書雜志·漢書第十二》"行事"條，王念孫按："行者，往也。"勞，《周禮·秋官·大行人》"三問三勞"，鄭玄注："勞，謂苦倦之也。"驕、宵皆宵部字。

王子應之曰："古之君子，其行至慎①，委積施關，道路無限②，百姓悦之，相將而遠，遠人來驩，視道如尺③。"

孔晁云："言己不及古君子。尺，喻近。"

【疏證】

①應，《吕氏春秋·審應》"公子沓無以應"，高誘注："應，答也。"慎，訓爲"順"。

②委，《管子·國蓄》"計本量委則足矣"，尹知章注："委，積也。"委、積二字同義連用。《周禮·地官·遺人》"掌邦之委積"，鄭玄注："少曰委，多曰積。"委積，謂所蓄之物，各本作"天下"，非是。施，《國語·周語下》"布憲施舍於百姓"，韋注："施，施惠。"關，

《大戴禮記·子張問入官》“察一而關於多”，孔廣森補注：“關，通也。”委積施關，猶《左傳》成十八年所言“振廢滯”，言施舍所積蓄之物而使之通，啓下句“道路無限”而言。限，猶阻也，朱右曾説是。

③將，《漢書·五行志》“不將，無距”，顔師古注：“將，謂率領其群也。”相將，猶相率。而，猶于也。相將而遠，謂于遠方相率而來，故下句言“遠人來驩”。驩，俞樾言當從後文改作“觀”，或是。觀，《大戴禮記·少閒》“循禮法以觀天子”，王聘珍解詁引應劭云：“觀，見也。”遠人來觀，謂遠人來朝見之義。視，猶視同、視若之義。《孟子·萬章下》“天子之卿受地視侯”，趙岐注：“視，比也。”尺，盧校作“咫”，劉師培言咫與慎、限、遠協韵，亦古韵支、真通轉之例，甚是。咫，《國語·楚語上》“是知天咫”，韋注：“咫，言少也。”孔注言“喻近”則是。慎爲真部字，限爲文部字，遠爲元部字，咫爲支部字，真、文、元三部旁轉可通。

師曠告善，又稱曰：“古之君子，其行可則，由舜而下，其孰有廣德？”

孔晁云：“問舜已下可法則之君子也。”

【疏證】

告善，猶稱善。則，法也。其行可則，謂其所爲可效法。由舜而下，謂自舜以下。孰，誰也。廣德，猶大德。廣，又可通爲“光”，《經義述聞·尚書》“光被四表”條：“光與廣通，皆充廓之義。”則廣德或亦可解作“明德”。則、德，皆職部字。

王子應之曰：“如舜者天。舜居其所，以利天下①，奉翼遠人，皆得已仁②，此之謂天。

孔晁云：“言其仁合天道。”

【疏證】

①天，《荀子·禮論》“故王者天太祖”，楊倞注：“天，謂以配天也。”如舜者天，謂舜之德合于天。居，處也。所，《左傳》襄二十三年“患不孝，不患無所”，杜注：“所，位處。”居其所，謂處其位。以，猶

而也。

②奉，謂尊奉。翼，《左傳》昭九年“翼戴天子”，杜注：“翼，佐也。”奉翼，猶古書習見之“奉戴”。遠人，《禮記·中庸》“柔遠人也”，鄭玄注：“遠人，蕃國之諸侯也。”已，或讀爲“以”，皆得以仁，謂以仁而得遠人，朱右曾説是。天、人、仁，皆真部字。

如禹者聖，勞而不居，以利天下①，好取不好與，必度其正，是謂之聖②。

孔晁云：“盡力溝洫，勞也。貪財利，与其功，合聖道也。”孔注“与”字，盧校從各本作“篤”。

【疏證】

①聖，《國語·楚語下》“其聖能光遠宣朗”，韋注：“聖，通也。”勞，《國語·周語中》“平、桓、莊、惠皆受鄭勞”，韋注：“勞，功也。”勞而不居，猶《老子》所言“功成而不居”。

②好取不好與，當作“好與不好取”，陳逢衡、劉師培説是。與、取，《荀子·富國》“其於貨財取與計數也”，楊倞注：“取，謂賦斂。與，謂賜與。”度，《大雅·皇矣》“爰究爰度”，鄭箋：“度，亦謀也。”正，猶當也。謂之，或當從上下文倒作“之謂”。聖、正，皆耕部字。

如文王者，其大道仁，其小道惠。三分天下而有其二，敬人無方①，服事於商，既有其衆，而返失其身，此之謂仁②。

孔晁云：“以其仁德，人惠懷之。行無常，唯賢所在。勞謙恭儉，日夜不息，返失之勤。”孔注“勤”，盧校作“也”。

【疏證】

①仁，謂仁慈。惠，謂惠愛。方，《國語·楚語下》“不可方物”，韋注：“方，猶別也。”無方，猶言無別。孔注“無常”，或本《禮記·內則》“三十而有室，始理男事，博學無方，孫友視志”，鄭玄注：“方，猶常也。至此學無常，在志所好也”，非是。

②服，《大雅·下武》“昭哉嗣服”，鄭箋：“服，事也。”服、事

二字同義連用。有，《廣雅·釋詁一》“取也”。《大雅·瞻卬》“女反有之”，馬瑞辰《毛詩傳箋通釋》亦訓“有”爲“取”。返，盧校引趙説作“反”，唐大沛讀爲“遑”。方、商，皆陽部字。仁、身，皆真部字，惠爲脂部字，脂、真二部同義對轉。

如武王者義，殺一人而以利天下，異姓同姓各得之謂義。”

孔晁云：“一人，紂也。儀，善。”孔注“儀”當從正文作“義”。

【疏證】

一人，《禮記·大學》“一人貪戾，一國作亂”，鄭玄注：“一人，謂人君也。”此“一人”猶《孟子·梁惠王下》“殘賊之人謂之一夫。聞誅一夫紂矣，未聞弑君也”所言“一夫”。“各得”後或有“其所”二字。“之謂”前當從上下文補“此”字。下、所，皆魚部字，義爲歌部字，歌、魚二部旁轉。

師曠告善。又稱曰：“宣辨名命，異姓惡方。王侯君公，何以爲尊，何以爲上？”

孔晁云：“問其事儀。”孔注“儀”，或讀爲“義”。

【疏證】

宣，《大雅·文王》“宣昭義問”，鄭箋：“宣，遍。”辨，盧校作“辨”，校是。辨，别也，朱右曾説是。名，《國語·晋語四》“信於名”，韋注：“名，百官尊卑之號。”命，謂爵命。宣辨名命，謂别其爵號語所命者而使相稱。異姓，猶言異類，泛言四方夷狄，《周禮·地官·序官》“媒氏”，賈公彦疏：“異類，猶别姓。”惡，《吕氏春秋·首時》“吾所甚惡也”，高誘注：“惡，憎也。”方，《國語·晋語二》“利方以求成人”，韋注：“方，道也。”異姓惡方，言四方夷狄之不順于道。王、侯、君、公，皆人君之號。尊，《戰國策·秦策五》“大臣之尊者也”，高誘注：“尊，重也。”方、上，皆陽部字，二字同義對舉，劉師培言“上”當作“下”，或誤。

王子應之曰："人生而重丈夫，謂之胄子①；胄子成人，能治上官，謂之士②；

孔晁云："胄，□。"盧校删此注，恐非是。此字或可據《説文》訓爲"胤"，爲後裔之義，唐大沛補"嗣"亦通。胄，《左傳》襄十四年"是四嶽之裔胄也"，杜注："胄，後也。"《尚書·堯典》"教胄子"，僞孔傳："胄，長也。"

【疏證】

①重，猶大也，《吕氏春秋·貴生》"天下重物也"，高誘注："重，大。"胄子，朱右曾言"國子也"，甚是，即《周禮·地官·師氏》言"以三德教國子"所言"國子"。

②成人，《禮記·祭義》"成人之道也"，鄭玄注："成人，既冠者。"治，謂治其職。上，《國語·齊語》"不用上令者"，韋注："上，君長也。"官，謂百官。是句言國子成年，能任君長所屬百官者，謂之士。

士率衆時作，謂之曰伯①；伯能移善於衆，與百姓同，謂之公②；

孔晁云："作，謂農功，同，謂好義。"

【疏證】

①率，《荀子·王霸》"若夫論一相以兼率之"，楊倞注："率，領也。"衆，謂民也。時，謂合于天時，《荀子·大略》"不時宜"，楊倞注："時，謂得時。"《荀子·王制》"政令時則百姓一"，楊倞注："時，謂有常。"作，猶興起，《左傳》文六年"時以作事"，杜注："順時命事。""伯"前"曰"字，或從當上下文删。作、伯，皆鐸部字。

②移，《史記·田叔列傳》"鞅鞅如有移德於我者"，裴駰集解引徐廣曰："移，猶施。"《廣雅·釋言》"移，遺也"，王念孫疏證："遺爲遺與之遺。"移善於衆，謂施善於民。同，《吕氏春秋·君守》"而無不同"，高誘注："同，和。"衆，東部字，同、公皆東部字，東、冬二部古音關係密切，《詩經》有"東、冬合韵"者。

公能樹名與物，天道俱，謂之侯①；侯能成群，謂之君②。

孔晁云："立名生物，謂化施於民也。成，謂成物。群，謂之爲長也。"化施於民，謂施教化於民。

【疏證】

①《藝文類聚》卷五十一、《太平御覽》卷一百九十九引《周書》作"能樹名生物，與天道俱，謂之侯"，盧校從改，甚是。名，《國語·周語下》"言以信名"，韋注："名，號令也。"生物，謂化生萬物。俱，猶同也，《吕氏春秋·蕩兵》"與始有民俱"，高誘注："俱，皆。"俱、侯皆侯部字。

②成，《國語·晋語二》"謀既成矣"，韋注："成，定也。"群，《吕氏春秋·恃君》"則利出於群"，高誘注："群，衆也。"成群，謂安定其民。群、君皆文部字。

君有廣德，分任諸侯而敦信，曰予一人；

孔晁云："敦，厚也。"

【疏證】

廣德，謂大德。分，猶遍也。《左傳》哀元年"熟食者分而後敢食"，杜注："分，猶遍也。"任，謂任命。《禮記·玉藻》言"凡自稱，天子曰予一人"。朱右曾言："予一人，言天下莫有抗也。"抗，有當、對之義。"予一人"又作"余一人"，其義有二説，其一爲自謙之辭，猶爲君者稱孤道寡；其二言其至高無上、唯我獨尊之義。寧鎮疆《也論"余一人"問題》（《歷史研究》2018年第2期）對相關語例分析甚詳，以前説爲是。信、人，皆真部字。

善至于四海曰天子，達于四荒曰天王。

孔晁云："四海，四夷；四荒，四表。"

【疏證】

四海，《小雅·蓼蕭》詩序云"澤及四海"，鄭箋："九夷、八狄、七戎、六蠻，謂之四海。"天子，《穀梁傳》成八年"曰天子何也"，孔穎達疏引賈逵云："畿内稱王，諸夏稱天王，夷狄稱天子。"四荒，《漢書·文帝紀》“夫四荒之外不安其生”。顔師古注：“戎狄荒服，故曰四荒，言其荒忽，去來無常也。”

四荒至，莫有怨訾，乃登爲帝。”

孔晁云：“訾，嘆恨也。合五等之尊卑，而論事義以爲之名者也。”

【疏證】

“四荒”後，孫詒讓據《玉燭寶典》補一“皆”字，甚是。至，猶來也。訾，《禮記·喪服四制》“訾之者”，鄭玄注：“口毁曰訾。”《漢書·地理志》“好訾毁”，顔師古注：“以言相毁曰訾。”登，升也，《尚書·堯典》“汝陟帝位”，僞孔傳：“陟，升也。”

師曠罄然①。又稱曰：“温恭敦敏，方德不改，聞物□□②，下學以起，尚登帝臣，乃參天子，自古誰③？”

孔晁云：“罄然，自嚴整也。方，道初本也。起，其物義也。問最賢之人也。”“問最賢之人”言此句是問誰爲最賢之人。

【疏證】

①罄，或通爲“磬”。《左傳》僖二十六年“室如懸罄”，陸德明釋文：“罄，亦作磬。”《國語·魯語上》亦作“室如懸磬”。磬，陳逢衡言“磬折”之義是。《史記·滑稽列傳》“西門豹簪筆磬折”，張守節正義：“磬折，謂曲體揖之，若石磬之形曲折也。”罄然，亦言師曠揖之。

②温，《邶風·燕燕》“終温且惠”，鄭箋：“温，謂顔色和也。”恭，敬也。敦，厚也。敏，《國語·晋語四》“且晋公子敏而有文”，韋注：“敏，達也。”方，《論語·里仁》“游必有方”，何晏集解引鄭玄云：“方，猶常也。”朱右曾言“方德”爲“常德”，甚是。不改，言不變。“物”後脱字，劉師培補“於初”，説可暫從。聞物於初，謂於物之初始而知聞。

③下，《管子·法禁》“故下與官列法”，尹知章注：“下，謂庶人。”以，猶而也。起，《吕氏春秋·直諫》“百邪悉起”，高誘注：“起，興也。”下學以起，謂下民由學而興起。尚，上也。登，升也。尚登帝臣，

謂上而升爲帝之臣。乃，猶而也。參，猶輔佐參謀之義，《荀子·王制》"天地之參也"，楊倞注："參，謂與之相參，共成化育也。"《周禮·天官·大宰》"設其參"，鄭玄注："參，謂卿三人。"魚顛匕銘文（《集成》00980）有"參蚩尤命"，可與此相參。"誰"後當從下文補一"能"字。改、起、子，皆之部字，能爲蒸部字，之、蒸二部陰陽對轉。

王子應之曰："穆穆虞舜，明明赫赫[1]，立義治律，萬物皆作[2]，分均天財，萬物熙熙，非舜而誰能[3]？"

孔晁云："律，法也，謂致其物也。熙熙，和盛，言舜臣堯功德如此也。"

【疏證】

①穆穆，《爾雅·釋詁上》："美也。"《周頌·清廟》"於穆清廟"，毛傳："穆，美。"明，《尚書·堯典》"欽明文思安安"，孔穎達正義引鄭玄云："照臨四方謂之明。"明明，《大雅·大明》"明明在下"，毛傳："明明，察也。"赫，《大雅·生民》"以赫厥靈"，毛傳："赫，顯也。"赫赫，《小雅·節南山》"赫赫師尹"，毛傳："赫赫，顯盛貌。"古書多見"明明赫赫"連用，如《大雅·常武》"赫赫明明"、《大雅·大明》"明明在下，赫赫在上"等。

②立，《周禮·春官·肆師》"掌立國祀之禮"，孫詒讓正義："立與建義同。"義，或讀爲"儀"，《周禮·春官·肆師》"治其禮儀"，鄭玄注："故書儀爲義，鄭司農云：'義，讀爲儀。'"儀，《國語·周語下》"度之於軌儀"，韋注："儀，法也。"治，《淮南子·主術訓》"能多者無不治也"，高誘注："治，猶作也。"律，《左傳》宣十二年"師出以律"，杜注："律，法也。"作，興也。《老子》有"萬物并作"，可與此對讀。

③分，《左傳》昭十四年"分貧振窮"，杜注："分，與也。"均，《小雅·節南山》"秉國之均"，毛傳："均，平。"財，當讀爲"材"，朱右曾説是。材，《禮記·曲禮下》"典制六材"，孔穎達疏："材，謂材

物。”熙熙，《左傳》襄二十九年“廣哉，熙熙乎”，杜注：“熙熙，和樂聲。”赫、作，皆鐸部字。財、熙，皆之部字，能爲蒸部字，之、蒸二部陰陽對轉。

師曠東躅其足，曰：“善哉，善哉！”

孔晁云：“東躅，踏也。”孔注“東”亦當從正文改“束”字，王念孫説是。

【疏證】

東，《廣雅·釋詁一》：“動也。”王念孫據《北堂書鈔》卷三十、《太平御覽》卷三百七十二改“東”爲“束”，説或是。《戰國策·齊策二》“然則是君自爲燕束兵”，鮑彪注：“束猶斂。”躅，盧校改作“跔”，甚是。跔，《説文》“天寒足跔也”，段注：“跔，句曲不伸之意。”束、跔，皆取曲斂不伸之義，二字同義連用，孔注讀“踏”非是。

王子曰：“太師何舉足驟？”師曠曰：“天寒足躅，是以數也。”

孔晁云：“驟，亦數也，王子戲問，故師曠戲答。”

【疏證】

舉，《國語·魯語上》“君爲是舉”，韋注：“舉，動也。”驟，《左傳》襄二十年“邾人驟至”，杜注：“驟，數也。”躅，亦當從上文盧校作“跔”。數，《爾雅·釋詁》“數，疾也”，郝懿行義疏：“數者，與屢同意。”

王子曰：“請入坐。”遂敷席、注瑟①。師曠歌《無射》②，曰：“國誠寧矣，遠人來觀③，修義經矣，好樂無荒④。”

孔晁云：“交言於堂，故更入燕室，坐歌此辭，而音合於無射之律。”

【疏證】

①入坐，謂入室而坐，孔晁注是。敷，《儀禮·特牲饋食禮》“祝筵几于室中東面”，鄭玄注：“爲神敷席也。”陸德明釋文：“本又作鋪。”

席，謂坐席。注，屬也，朱右曾説是。屬，謂託付之義。《左傳》襄十九年“仲子生牙，屬諸戎子”，杜注：“屬，託之。”《國語·越語下》“請委管籥屬國家”，韋注：“屬，付也。”“瑟”後或脱“於師曠”三字，當從下文“注瑟于王子”補，孫詒讓説是。

②歌，猶作歌，如清華簡一《耆夜》簡3言“作歌一終”。無射，《國語·周語下》“若無射有林”，韋注：“無射，陽聲之細者。”《周禮·春官·大司樂》“乃奏無射”，鄭玄注：“無射，陽聲之下也，夾鍾爲之合。”《吕氏春秋·音律》“夾鐘生無射”，高誘注：“無射，九月律。”孔晁注言“音合無射之律”，或是。

③誠，猶信也。寧，安也。遠人，《禮記·中庸》“柔遠人也”，鄭玄注：“遠人，蕃國之諸侯也。”師曠自晋而來，故以遠人自稱。觀，《大戴禮記·少閒》“循禮法以觀天子”，王聘珍解詁引應劭云：“觀，見也。”此“觀”或爲“覲”字形訛，《大雅·韓奕》“入覲于王”，毛傳：“覲，見也。”

④修，《吕氏春秋·音初》“反道以修德”，高誘注：“修，治也。”義，宜也。經，《吕氏春秋·有始》“生之大經也”，高誘注：“經，猶道也。”修義經，謂治所宜之道。好樂無荒，清華簡一《耆夜》簡13言“康樂而毋荒”。荒，《唐風·蟋蟀》“好樂無荒”，鄭箋：“荒，廢亂也。”好樂無荒，謂喜康樂而不至廢亂。

乃注瑟于王子，王子歌《嶠》，曰：“何自南極，至于北極，絶境越國，弗愁道遠？”

孔晁云：“嶠，曲名也。師曠作新曲美王子也，王子述舊由諫也。”述，謂申述。諫，謂進言。

【疏證】

乃，猶于是。注瑟于王子，謂以瑟付太子晋。嶠，言山鋭而高。“歌嶠”二字或倒，王子嶠，即王子喬，或即太子晋之異名，劉師培説是。南極、北極，謂極南極北之地，猶《尚書·堯典》所言“南交”“朔方”。何自南極，至于北極，言何以自極南而至極北。絶，《荀子·勸學》“而絶江河”，楊倞注：“絶，過。”境，謂國界。越，亦過也。越國，用如《左傳》僖三十年“越國以鄙遠”。弗愁道遠，謂不憂路途遥遠。

師曠蹶然起，曰：“瞑臣請歸。”

孔晁云：“蹶然，疾貌。”

【疏證】

蹶，《莊子·在宥》“廣成子蹶然而起”，陸德明釋文：“蹶，其月反，又音厥，驚而起也。”歸，《穀梁傳》僖二十八年言“歸者，歸其所也”。請歸，謂告請歸于晋國。

王子賜之乘車、四馬，曰：“太師亦善御之？”

孔晁云：“禮爲天子三賜，不及者馬。此賜則白王然後行可知也。”《禮記·曲禮上》“夫爲人子者，三賜不及車馬”，鄭玄注：“三賜，三命也。凡仕者，一命而受爵，再命而受衣服，三命而受車馬。車馬而身，所以尊者備矣。”孔晁注説或本此來。白，《廣雅·釋詁一》：“語也。”

【疏證】

“賜”後“之”字，元刊本爲墨釘，其下兩葉至《王佩》篇“用兵在知時”，字迹與前不同，或係後人抄補，非該本原刻。乘車，《左傳》莊十二年“以乘車輦其母”，杜注：“乘車，非兵車。”《左傳》哀三年“命校人駕乘車”，杜注：“乘車，公車。”《周禮·天官·夏采》“以乘車建綏復于四郊”，鄭玄注：“乘車，玉路。”四馬，《管子·乘馬》：“一乘者，四馬也。”乘車、四馬，言太子晋賜師曠車一乘。善，猶能也。御，《小雅·車攻》“徒御不驚”，毛傳：“御，御馬也。”《北堂書鈔》卷一百三十九引“四馬”作“四兩”，恐非是。

師曠對曰：“御，吾未之學也。”王子曰：“汝不爲夫《時》。《詩》云：‘馬之剛矣，轡之柔矣。馬亦不剛，轡亦不柔，志氣麀麀，取予不疑。’以是御之。”

孔晁云："馬不剛，轡不柔，言和擾也。麀麀，亦和貌也。不疑，和之心也。"擾，《周禮·夏官·服不氏》"掌養猛獸而教擾之"，鄭玄注："擾，馴也，"亦訓爲"順"，《左傳》昭二十九年"乃擾畜龍以服事帝舜"，杜注："擾，順也。"孔注"和貌"二字，盧校改作"和擾"，未必是，讀"和貌"亦通。

【疏證】

未之學也，言未學御馬之事。爲，《國語·晋語七》"諸侯之爲"，韋注："爲，行也。"時，各本作"詩"，作"詩"是。不爲夫《詩》，謂以《詩》所言者爲之。所引之詩，即《左傳》襄二十六年國子所賦"轡之柔矣"。杜注："逸詩，見《周書》，義取寬政以安諸侯，若柔轡之御剛馬。"馬亦不剛，轡亦不柔，謂以轡之柔而御馬之剛。麀麀，盧校作"麃麃"，校是。《鄭風·清人》"駟介麃麃"，毛傳："麃麃，武貌。"朱右曾釋爲"盛也"，亦是。取予，朱右曾解爲"罄控"，甚是。取予不疑，言控馬而不惑。以是御之，是太子晋之語，言以此詩所言之道而御。

師曠對曰："瞑臣無見，爲人辯也。唯耳之恃，而巨又寡聞而易窮。王子，汝將爲天下宗乎？"

孔晁云："辯，别也。爲人有所别，唯恃耳也。宗，尊也。天下所尊，則有明王者也。"

【疏證】

見，《説文》："視也。"爲，猶使也。辯，當作"辨"，《禮記·玉藻》"朝辨色始入"，鄭玄注："辨，猶正也，别也。"瞑臣無見，爲人辯也，言師曠自言以目無所見，使人爲其辨物。恃，《説文》："賴也"，唯耳之恃，謂唯賴其耳。寡聞，謂所知聞者少。易窮，謂易于窮匱。宗，《大雅·雲漢》"靡神不宗"，毛傳："宗，尊也。"此猶《老子》所言"侯王得一以爲天下正"之"正"，正，亦尊長之義。

王子曰："太師何汝戲我乎？自太皞以下①，至于堯舜禹，未有一姓而再有天下者②，夫大當時而不伐，天何可得③？

孔晁云："言自庖犧至禹，其子孫未有期運，當時斯不立矣，言周衰未盡，已不必立也。"庖犧，即伏羲。期，《廣雅·釋言》："時也。"期運，言時運。周衰未盡，猶《左傳》宣三年王孫滿所言"周德雖衰，天命未改"。

【疏證】

①何汝，猶言汝何。戲，謂戲謔，《禮記·坊記》"戲而不歎"，鄭玄注："戲，謂孺子言笑者也。"太皞，亦作"太昊""大皞"，《吕氏春秋·孟春》"其帝太皞"，高誘注："太皞，伏羲氏以木德王天下之號，死祀於東方，爲木德之帝。"《禮記·月令》"其帝大皞"，鄭玄注："大皞，宓戲氏。"《漢書·古今人表》言"太昊帝宓羲氏"，《漢書·藝文志》"宓戲氏仰觀象於天"，顔師古注："宓，讀與伏同。"以下，猶言以降、以來。

②堯、舜、禹，皆上古帝王之稱。《墨子·天志下》言"故昔也三代之聖王堯舜禹湯文武之兼愛天下也"，《商君書·定分》有"故名分未定，堯舜禹湯且皆如物而逐之"，《管子·樞言》"堯舜禹湯文武孝已"。是以戰國早中期即見堯舜禹并稱之例。《左傳》僖二十一年有"任、宿、須句、顓臾，風姓也，實司大皞與有濟之祀"，故知大皞爲風姓。堯或當爲祁姓，《左傳》文六年"杜祁"，杜注："杜祁，杜伯之後，祁姓也。"《左傳》襄二十一年"欒祁與其老州賓通"，杜注："范氏，堯後，祁姓。"《左傳》襄二十四年范宣子自言"自虞以上爲陶唐氏，在夏爲御龍氏，在商爲豕韋氏，在周爲唐杜氏，晋主夏盟爲范氏，其是之謂乎"，故堯亦當是祁姓。《論語·堯曰》邢昺疏言："堯姓伊祁，名放勛。"伊祁，亦作"伊耆"，《禮記·郊特牲》"伊耆氏始爲蜡"，陸德明釋文："耆，巨夷反，或云即帝堯是也。"《大戴禮記·少閒》"舜崩，有禹代興，禹卒受命，乃遷邑姚姓于陳"，是舜爲姚姓。一説舜爲嬀姓，《史記·陳杞世家》："居于嬀汭，其後因爲氏姓，姓嬀氏。"《國語·周語下》言禹"賜姓曰姒，氏曰有夏"，故禹爲姒姓。以太皞至堯舜禹皆不同姓，故《國語·周語下》叔向引舊説言"一姓不再興"。

③大，或爲“夫”之誤字，夫大，即“夫”字誤書爲“大”，又書其正字于側，丁宗洛、朱右曾作“木”，非是。當，《國語·晋語四》“何以當之”，韋注：“當，應也。”伐，或當讀爲“廢”，郭店簡《語叢二》簡51言“小不忍，伐大節”，當讀爲“廢大節”，《官人》“言弗發”，《大戴禮記·文王官人》作“不伐”。當時而不伐，謂應天時而不廢，故孔晁注言“周衰未盡”。得，《吕氏春秋·順説》“臣弗得也”，高誘注：“得，猶取也。”天何可得，言天不能取。

且吾問汝之人年長短，告吾。”

【疏證】

問，當從盧校作“聞”。之，當作“知”，盧校是。年，謂行年、壽數。《風俗通義·正失》引《周書》言：“靈王太子晋，幼有盛德，聰明博達，師曠與言，弗能尚也。晋年十五，顧而問曰：‘吾聞大師能知人年之短長也。’”或是檃栝于此。

師曠對曰：“汝聲清汗，汝色赤白，火色，不壽。”

孔晁云：“清，角也，言音汗沈。木，水生。火色赤，知聲者則色亦然。”角音屬木，故孔晁言“木，水生”。

【疏證】

清，《廣雅·釋詁一》：“急也。”《淮南子·俶真訓》“耳聽白雪清角之聲”，高誘注：“清角，商聲也。”葉德輝閒詁：“清角，弦急，其聲清也。”汗，當作“汙”，即今“污”字。汙，《荀子·彊國》“其聲樂不流汙”，楊倞注：“汙，濁也。”清汙，謂其聲急而濁。色，謂容色。“火色”二字或爲“赤白”旁注竄入。是句言其聲角，屬木，由水所生，而其色屬火，水火、火木皆相克，言其聲色相克，故不得長久。壽，《廣雅·釋詁三》：“久也。”

王子曰：“吾後三年，上賓于帝所①。汝慎無言，□將及汝②。”

孔晁云：“言死必爲賓于天帝之所，鬼神之則。王子之事，不欲令人知之也。”孔注“則”當爲“側”。

【疏證】

①後三年，猶三年後。後，《吕氏春秋·長見》“知古則可知後”，高誘注：“後，來也。”上，猶登、陟之義。賓，亦作“濱”“瀕”，《國語·齊語》“是以濱於死”，韋注：“濱，近也。”帝所，謂上帝之所，猶西周金文習見之“帝廷”。上賓于帝所，如㝬簋銘文（《集成》04317）“其瀕在帝廷，陟降”。

②慎，謹也。脱字盧校從《潛夫論·志氏姓》作“殃”，《風俗通義·正失》則作“禍”，皆是。是句太子晋謂師曠無言其死期將至，言則禍將還延而及師曠。

師曠歸，未及三年，告死者至。

孔晁云：“未及三年，并歸之年爲三年，則王子年十七而卒也。”

【疏證】

歸，謂歸于晋。未及，言未至。告死者，謂告喪之使者。

玉佩第六十五

【題解】

是篇取首句“王者所佩在德”爲題，應爲戰國時之諸子政論一類。此篇與銀雀山漢簡《德在民利》《兵之恒失》文句多有相合者，或爲同源文本。

玉者所佩在德，德在利民，民在順上。

孔晁云：“言以利民爲德也。天子事天，所以威下使事上。”

【疏證】

篇題及篇首“玉”字，當從盧校作“王”，《史略》亦作“王者”。佩，《淮南子·説林訓》“賢者以爲佩”，高誘注：“佩，服也。”在，猶在于。服，言服用之。利，《禮記·特牲饋食禮》“祝東面告利成”，鄭玄注：“利，猶養也。”順上，謂不逆其君。利民，銀雀山漢簡《德在民利》倒作“民利”。

合爲在因時，應事則易成。

孔晁云：“得時所爲。合、應，爲其機。”

【疏證】

合，《吕氏春秋·有始》“夫物合而成”，高誘注：“合，和也。”爲，《國語·晋語七》“諸侯之爲”，韋注：“爲，行也。”因時，謂順于天時。應，《戰國策·秦策四》“則楚之應之也必勸”，高誘注：“應，和也。”事，《荀子·致士》“然後士其刑賞而還與之”，楊倞注：“士當爲事，行也。”合爲、應事同義對舉。則，俞樾以爲當從上下文改作“在”，甚是。易，《小雅·甫田》“禾易長畝”，毛傳：“易，治也。”此“易成”與上文“因時”對言，恐不當訓爲“容易”之“易”。

謀成在周長，有功在力多。

孔晁云：“周，忠信也。力多，則功多也。”

【疏證】

謀，謂謀慮。周，清華簡一《程寤》簡6有“朕聞周長不式”，故俞樾以“周”爲“用”字形訛，非是。《小雅·皇皇者華》“周爰咨諏”，毛傳：“忠信爲周”。長，謂長久。《尚書·盤庚中》“汝不謀長以思乃災”，《國語·楚語下》“愛而不謀長，不仁也”，皆可與此對讀。功，《國語·齊語》“相陳以功”，韋注：“功，成功也。”成、功二字同義對舉。力，《國語·晋語六》“吾君將伐知而多力”，韋注：“力，功也。”

昌大在自克，不過在數懲。

孔晁云：“以義勝欲得昌大，數有懲艾則無過也。”

【疏證】

昌，《國語·楚語上》“而以金石匏竹之昌大”，韋注：“昌，盛也。”“昌大”即銀雀山漢簡《兵之恒失》簡1014所言：“兵不能昌大功，不知會者也。”自克，言自勝，猶《論語·顔淵》“克己復禮爲仁”之“克己”。過，《禮記·樂記》“過制則亂，過作則暴”，鄭玄注：“過，猶誤也。”此“數”當從《官人》讀爲“速”，郭店簡《成之聞之》簡5言“是故長服刑罰之婁行也”，“婁”或亦讀爲“速”。懲，《魯頌·閟宫》“荆舒是懲”，鄭箋：“懲，艾也。”艾，《小雅·小旻》“或肅或艾”，毛傳：“艾，治也。”

不困在豫慎，見禍在未形。

孔晁云：“事未成而豫慎，則不困也。”

【疏證】

困，《國語·越語下》“日困而還”，韋注：“困，窮也。”豫，《國語·晋語一》“戒莫如豫，豫而後給”，韋注：“豫，備也。”慎，《大雅·桑柔》“考慎其相”，鄭箋：“慎，戒。”豫慎，謂戒備。見，《淮南子·修務訓》“而明弗能見者何”，高誘注：“見，猶知。”形，《國語·越語下》“天地未形”，韋注：“形，見也。”銀雀山漢簡《兵之恒失》簡1016言：“兵不能見禍福於未形，不知備者也。”可與此句相參。

除害在胞斷，安民在知過，用兵在知時，

孔晁云：“能斷所不忍也，知過輒改，民將安生。時，謂可伐時也。”

【疏證】

胞，當從孔晁注作“能”，盧校是。斷，《禮記·樂記》“臨事而屢斷”，鄭玄注：“斷，猶决也。”時，《國語·越語下》“時將有反”，韋注：“時，天時。”

勝大患在合人心，殃毒在信疑，

孔晁云：“舉合民心，何患之有哉。”

【疏證】

勝，《爾雅·釋詁上》：“克也。”患，《國語·齊語》“設之以國家之患而不疚”，韋注：“患，難也。”合，《廣雅·釋詁四》：“同也。”殃，《吕氏春秋·正月紀》“稱兵必有天殃”，高誘注：“殃，咎也。”毒，《國語·周語中》“若登年以載其毒”，韋注：“毒，害也。”信疑，朱右曾言“信所可疑，謂聽讒間”，説甚是。

孽子在聽内，化行在知和，

孔晁云：“内聽於孽，孽而吐於中，言宜其生灾也。可否相濟曰和。”

【疏證】

孽，《讀書雜志·荀子第四》“惡者之孽也”，王念孫按：“孽，猶害也。”盧文弨言“孽子”爲“灾害其子”之義，甚是。聽，謂聽從。内，《荀子·大略》“内十日一御”，楊倞注：“内，謂妾御也。”此句言聽從妾御之言則害其子。化，《吕氏春秋·士容》“淳淳乎慎謹畏化”，高誘

注："化，教也。"行，謂德行。和，謂和同。

施舍在平心，不幸在不聞其過，

孔晁云："施，謂施惠。舍，謂赦罪。聖人以聞己過爲幸，貴速改也。"

【疏證】

施舍，《左傳》昭十三年"施舍不倦"，杜注："施舍，猶言布恩德。"《管子·四時》"其德施舍修樂"，尹知章注："施舍，謂施爵禄，舍逋罪。"平，《國語·鄭語》"平八索以成人"，韋注："平，正也。"平心，謂正心。不幸，謂不吉而凶不能免。聞，謂知聞。

福在受諫，基在愛民，固在親賢。

孔晁云："受諫則無非，故福以愛民爲基，親賢人則固，明君之義也。"

【疏證】

基，《小雅·南山有臺》"邦家之基"，毛傳："基，本也。"清華簡五《厚父》簡11言"民心惟本，厥作惟葉"，可與此對讀。固，《國語·魯語上》"帝嚳能序三辰以固民"，韋注："固，安也。"親，謂親近。

禍福在所密，利害在所近，存亡在所用，

孔晁云："所與密皆親近，所利用皆忠良，則福利至，反是，則禍害至。"孔注"皆親近"，盧校作"所親近"，"利用"作"任用"，"福利至"作"福利生"。

【疏證】

禍福、利害，銀雀山漢簡《德在民利》作"福""害"。密，《國語·魯語下》"以魯之密邇於齊"，韋注："密，比也。"用，是句謂親近賢良則福利至，親近貪佞則禍害至，國之存亡系于其所進用。

離合在出命①，尊在慎威②，安在恭己，危亡在不知時③。

孔晁云："教命善則事合，否則離矣。威得其宜則尊，恭己不妄則安。

時，謂天時，得其時也。"

【疏證】

①離，《國語·吴語》"民人離落"，韋注："離，叛也。"合，《大雅·民勞》"以爲民逑"，毛傳："逑，合也。"鄭箋："合，聚也。"出命，謂布政令。《史記·平津侯主父列傳》引《周書》作"安危在出令，存亡在所用"。

②尊，《孟子·盡心上》"尊德樂義"，趙岐注："尊，貴也。"慎，《荀子·富國》"將修小大强弱之義以持慎之"，楊倞注："慎，讀曰順。"威，《周頌·有客》"既有淫威"，毛傳："威，則。"

③安，《國語·晋語四》"懷與安實疚大事"，韋注："安，自安。"恭，《禮記·樂記》"恭儉而好禮者"，孔穎達疏："恭，謂以禮自持。"恭己，銀雀山漢簡《德在民利》作"共樂"。危，《戰國策·秦策四》"魏必危"，高誘注："危，亡也。"危、亡二字同義連用。不知時，謂不得天時。

見善而怠，時至而疑，亡正處邪，是弗能居，此得失之方也，不可不察。

孔晁云："怠，懈墮不能行也。疑，由豫不果也。邪，奸術也。慮奸術是不居大之道也，乃是得失之道也。"孔注"慮奸術"當從正文改作"處奸術"，"大之道"當作"正大之道"，盧校是。

【疏證】

怠，《國語·鄭語》"其民怠沓其君而未及周德"，韋注："怠，慢也。"時至，謂得天時。亡，《戰國策·秦策五》"亡趙自危"，高誘注："亡，失也。"處邪，謂安于邪僻。弗能居，謂不能居其位。方，道也。察，《吕氏春秋·慎勢》"不可不察"，高誘注："察，知也。"銀雀山漢簡《兵之恒失》簡1016—1017言："兵見善而怠，時至而疑，去非而處邪，是是而弗能居，不能斷者也。"文本當與此同源。

殷祝第六十六

【題解】

孫詒讓以“祝”或當爲“説”字訛誤。祝亦可解釋爲祝告之辭。是篇當是戰國中期鼓吹禪讓之文獻，與郭店簡《唐虞之道》等篇當等量齊觀。

湯將放桀于中野，

孔晁云：“此事不然矣，或者欲解之。”

【疏證】

放，謂流放。《左傳》襄二年“放其大夫”，杜注：“放者，宥之以遠。”“于”前或脱一“居”字。野，《邶風·燕燕》“遠送于野”，毛傳：“郊外曰野。”中野，即指“野”，或爲戰國習語，馬王堆帛書《明君》409—410有“今操百鎰之璧以居中野”，《戰國策·趙策三》作“今有人操隨侯之珠，持丘之環，萬金之財，時宿於野”。

士民聞湯在野，皆委貨①，扶老携幼奔，國中虚②。

孔晁云：“言桀國中空無人，又不然矣。”

【疏證】

①士，《尚書·多士》“多士”，孔穎達正義：“士者，在官之總號。”《儀禮·喪服》“公士大夫之衆臣”，鄭玄注：“士，卿士也。”後文言“家”“人”，“諸侯之大夫”，皆是呼應此説。民，謂庶民。聞，《戰國策·齊策三》“無所未聞者”，高誘注：“聞，知也。”委，棄也，朱右曾説是。貨，《論語·先進》“賜不受命而貨殖焉”，皇侃義疏：

“貨，謂財貨也。”

②扶老携幼，古書習語，《戰國策·齊策四》言“民扶老携幼，迎君道中”，《淮南子·詮言訓》言“百姓携幼扶老而從之”，北大漢簡《周馴》簡57—58言“于是乃挂幼扶老，抱負赤子，以從昭王”，多言賢君之得人心。奔，《國語·晋語三》“臣聞之奔刑之臣”，韋注：“奔，趨也。”趨，《荀子·議兵》“完全富足而趨趙”，楊倞注：“趨，歸也。”扶老携幼奔，謂扶老携幼而歸附之。虚，《吕氏春秋·審應》“不可以虚名爲也”，高誘注：“虚，空。”《荀子·致士》“國家者，士民之居也。……國家失政，則士民去之”，可與此對讀。

桀請湯曰：“國所以爲國者，以有家；家所以爲家者，以有人也①。今國無家，無人矣，君有人，請致國。君之有也②。”

孔晁云：“此國爲天下也。”

【疏證】

①請，《禮記·投壺》“請賓曰”，鄭玄注：“請，猶告也。”爲，猶謂也。以，猶因也。家，《國語·魯語下》“合家事於内朝”，韋注：“家，大夫也。”家，即與上文所言“士民”之“士”呼應。人，《國語·周語下》“是去其藏而翳其人也”，韋注：“人，民也。”

②“國無家”之“家”字或當重。國無家，家無人，謂士民皆奔于湯。《六韜·武韜·文啓》有“古之聖人聚人而爲家，聚家而爲國，聚國而爲天下”，銀雀山漢墓所出《六韜》則作“古者聚人爲家，聚家爲國，聚國爲天下”，可與此句對讀。有人，謂有士民。請，《廣雅·釋詁三》：“求也。”致，《公羊傳》莊三十二年“吾將焉致乎魯國”，何休注：“致，與也。”“致國”字或當重，如下文“國，君之有也”。有，謂所有。

湯曰：“否。昔大帝作道，明教士民①。今君王滅道殘政，士民惑矣，吾爲王明之②。”

孔晁云：“大帝，謂禹。明禹之事於士民也。”

【疏證】

①否，《孟子·萬章上》“孟子曰：‘否，不然’”，趙岐注：“否，不是也。”大，尊美之號，帝，《大雅·皇矣》“既受帝祉”，鄭箋：“帝，天也。”作，《大雅·常武》“王舒保作”，鄭箋：“作，行也。”道，謂常道。明，《周頌·訪落》“以保明其身”，馬瑞辰《毛詩傳箋通釋》：“明，亦勉也。”教，謂教化。

②君王，謂桀。滅，或作“蔑”，《克殷》“侮滅神祇不祀”，《史記·周本紀》作“侮蔑”。蔑，謂輕慢之義，《大雅·桑柔》“國步蔑資”，鄭箋：“蔑，猶輕也。”道，《論語·泰伯》“君子所貴乎道者三”，何晏集解引鄭玄曰：“此道謂禮也。”殘，《吕氏春秋·權勳》“故小利大，利之殘也”，高誘注：“殘，害也。”政，《大雅·皇矣》“其政不獲”，陸德明釋文：“政，政教也。”惑，《荀子·禮論》“刻生而附死謂之惑”，楊倞注：“惑，謂惑亂過禮也。”明，謂顯明。

士民復致於桀曰：“以薄之居①，濟民之賤，何必君更②？”

孔晁云：“此士民辭也。薄，湯所居也。言與君更，與桀徙避湯。”

【疏證】

①復，《國語·魯語上》“有司復命”，韋注：“復，反也。”致，讀爲“至”。薄，孔注讀爲“湯所居也”，意當作“亳”，《吕氏春秋·具備》“湯嘗約於郼薄矣”，高誘注：“薄，或作亳。”銀雀山漢簡《孫子兵法·黄帝伐赤帝》簡176言：“湯之伐桀也……戰于薄田”，即當爲“亳”。清華簡一《尹至》簡1有“惟尹自夏徂亳”，清華簡一《尹誥》簡4有“乃致衆于亳中邑”。後文“薄”亦作“亳”。居，謂安處之義，《大戴禮記·千乘》“民各安其居”，王聘珍解詁：“居，謂居業。”

②濟，《鄘風·載馳》“不能旋濟”，毛傳：“濟，止也。”賤，《荀子·正論》“下危則賤上”，楊倞注：“賤，猶惡也”，似不必從丁宗洛改讀爲“殘”。濟民之賤，謂止民之惡。更，《國語·晋語四》“姓利相更”，韋注：“更，續也。”即今所謂“賡續”之“賡”，《廣雅·釋言》“更，

償也”，王念孫疏證：“更、庚、賡并通。”是句言湯以亳之安，止君之惡，君何必賡續。此爲士民告桀讓于湯之言，故“更”字恐不當解爲“變更”之義。

桀與其屬五百人南徙千里①，止於不齊②，民往奔湯於中野。

孔晁云：“不齊，地名。”

【疏證】

①屬，《左傳》哀十一年“不屬者，非魯人也”，杜注：“屬，臣屬也。”《周禮·春官·典祀》“則帥其屬而修除”，鄭玄注：“屬，其屬胥徒也。”徙，《荀子·成相》“子胥見殺百里徙”，楊倞注：“徙，遷也。”千里，陳逢衡、唐大沛從《尚書大傳》卷二，謂當作“十里”，檢覈原書可知，《大傳》即作“千里”，陳、唐説非是。

②不齊，潘振言“不齊”即謂“齊”，猶《王會》“不令支”即“令支”。丁宗洛則讀爲“不其”，《漢書·武帝紀》言“夏四月，幸不其”，如淳曰：“其音基。不其，山名，因巳爲縣。”應劭曰：“東萊縣也。”然此二處皆在東而非南，與“南徙千里”之説不合。據上博簡二《容成氏》，桀先敗于戎隧，即書序所言之“陑”，後奔歷山氏。湯自鳴條之隧，以伐高神之門，桀乃奔南巢氏，湯從而攻之，桀遂奔于蒼梧之野。案：齊，郭店簡《緇衣》簡38“齊而守之”，今本作“質”。“質”或即《史記解》所言“質沙”，即許。《説文》“鄦”字言：“炎帝太嶽之胤，甫侯所封，在潁川。从邑無聲，讀若許。”清華簡五《封許之命》即作“[illegible]”，隸定作“鄦”。民往奔湯，謂不齊之民往奔。

桀復請湯，言：“君之有也”。湯曰：“否。我爲君王明之。”士民復重請之。桀與其屬五百人徙於魯，魯士民復奔湯。

孔晁云：“魯，亦地名。”

【疏證】

桀復請湯，謂桀再請告于湯。“言”後或脱一“國”字，當從下文補，盧校是。重，《左傳》襄四年“武不可重”，杜注：“重，猶數也。”

復、重二字同義連用。復重請之，謂再三請告之。魯，周時所謂“魯”，殷時稱“奄”，即清華簡二《繫年》簡14“東逃于商蓋氏”之“蓋”。羅泌《路史·後記》言“不齊之民去之，轉之郕，遂放之南巢氏”。郕，《説文》言“魯孟氏邑”。湯時殷人雖未必即居此，然是處亦當是殷人之地。桀出奔而至殷人之地，似與事理不合。今案：“魯”或《國語·楚語下》《史記·楚世家》《魏世家》所見“魯陽”，地在漢代南陽郡，即河南平頂山之魯山縣。

桀又曰：“國，君明之。”士民復奔湯。

孔晁云：“亦魯地名。”

【疏證】

此句係涉上句而誤衍，當删去。

桀又曰：“國，君之有也，吾則外人。有言，彼以吾道是耶，我將爲之。”

孔晁云：“言桀以此辭勸勉湯者也。”

【疏證】

則，猶乃也。外人，《管子·問》“外人來游在大夫之家者幾何人”，尹知章注：“外人，謂外國人。”王念孫《讀書雜志·管子》則言：“外人，他國之人也。”言，《戰國策·秦策五》“而使天下之士不敢言”，高誘注：“言，議。”有言，謂士民有議論者，下句所言“彼”，亦謂士民。耶，當作“邪”，邪僻之義，後人誤爲語辭，故改作“耶”。爲，猶去也，用如《淮南子·俶真訓》“其爲山淵之勢亦遠矣”。此亦可與下句“委之何”呼應，不煩從丁浮山改作“委”。

湯曰：“此君王之士也，君王之民也，委之何？”湯不能止桀。

孔晁云：“必欲去也。”

【疏證】

委，《廣雅·釋詁一》：“棄也。”委之何，謂何以棄之。止，《國語·鄭語》“與止之莫吉”，韋注：“止，留也。”故孔晁言“必欲去也”。

湯曰：“欲從者，從君。”桀與其屬五百人去。

孔晁云：“居南巢之地名。”孔注“名”字或衍。南巢，《國語·魯語上》“桀奔南巢，紂踣於京，厲流於彘，幽滅於戲”，韋注：“南巢，揚州地，巢伯之國，今廬江居巢縣也。”即今安徽省巢湖市。

【疏證】

從，《大雅·既醉》“從以孫子”，鄭箋：“從，隨也。”“去”後盧校補“居南巢”三字，非是。《尚書大傳》卷二作“與五百人俱去”。去，《戰國策·齊策二》“不能相去”高誘注：“去，離也。”《論語·微子》“子未可以去乎”，皇侃義疏：“去，更出國往他邦也。”

湯放桀而復薄，三千諸侯大會。

孔晁云：“大會民薄。”孔注“民”字後或脱一“于”字。

【疏證】

放，《左傳》襄二十九年“放其大夫”，杜注：“放者，宥之以遠。”復，《戰國策·齊策一》“恐田忌欲以楚權復於齊”，高誘注：“復，還也。”會，《小雅·車攻》“會同有繹”，毛傳：“時見曰會。”《尚書·禹貢》“四海會同”，孔穎達正義：“諸侯之見天子，時見曰會，殷見曰同。”

湯①退再拜，從諸侯之位②。湯曰：“此天子位，有道者可以處之。

孔晁云：“讓諸侯之有道者。”

【疏證】

①“湯”字後王念孫據《北堂書鈔》卷一百三十一、《藝文類聚》卷十二、《太平御覽》卷八十三、《玉海》卷四十六補“取天子之璽，置之天子之坐左”等字，甚是。璽，《國語·魯語下》“追而予之璽書”，韋注：“璽，印也。古者大夫之印亦稱璽。”置，謂放置、措置。天子之坐，猶下

所言“天子位”。

②退，《左傳》哀三年“康子請退”，杜注：“退，辟位也。”從，《左傳》成十七年“從而歌之曰”，杜注：“從，就也。”道，《禮記·樂記》“君子樂得其道”，鄭玄注：“道，謂仁義也。”處，居也。

天下非一家之有也，有道者之有也①。故天下者，唯有道者理之，唯有道者紀之，唯有道者宜久處之②。”

孔晁云：“久處，久居天子之位。”

【疏證】

①《六韜·武韜·順啓》言“天下者，非一人之天下，惟有道者處之”，《武韜·發啓》言：“天下者，非一人之天下，乃天下之天下也。”是句亦見于《吕氏春秋·貴公》。《文韜·文師》則言：“天下非一人之天下，乃天下之天下。……道之所在，天下歸之。”《新書·修政語》所言則與此大致雷同，作“故天下者，非一家之有也，有道者之有也。故夫天下者，唯有道者理之，唯有道者紀之，唯有道者使之，唯有道者宜處而久之”。

②理，《左傳》成二年“先王疆理天下”，杜注：“理，正也。”紀，《國語·周語上》“紀農協功”，韋注：“紀，猶綜理也。”宜，語辭。久處之，謂長居之。

湯以此讓三千諸侯，莫敢即位，然後湯即天子之位。

孔晁云：“三千諸侯勸之也。”

【疏證】

此，謂天子之位。讓，《禮記·曲禮上》“退讓以明禮”，孔穎達疏：“應受而推曰讓。”即，就也。

與諸侯誓曰：“陰勝陽即謂之變，而天弗施。

孔晁云：“逆天道，故不施。”

【疏證】

誓，謂約誓之義，《左傳》文十八年“作誓命曰”，杜注：“誓，要信也。”即，猶則也，下“即”同。馬王堆帛書《稱》言：“主陽臣陰，上陽下陰，男陽女陰，父陽子陰”，故“陰勝陽”，即謂臣勝三、下克上、女陵男、子逆父，故謂之變。變，謂變亂之義。《大戴禮記·哀公問五義》“應變而不窮”，王聘珍解詁：“變，謂事物非常也。”施，行也，與下句“行”同義對舉。天弗施，言天不行亂。

雌勝雄即謂之亂，而人弗行。”

孔晁云：“雌勝雄，女凌男之異逆人道，故不行焉。”

【疏證】

亂，謂變亂。人弗行，謂人不行亂。

故諸侯之治政，在諸侯之大夫治與從。

孔晁云：“言下必順上，所以教治也。”

【疏證】

治，《國語·齊語》“教不善則政不治”，韋注：“治，理也。”《禮記·禮運》“以治政也”，孔穎達疏：“治，謂修治也。”在，猶在于。諸侯之臣則稱大夫，《左傳》昭七年有“王臣公，公臣大夫”。與，《戰國策·東周策》“是君以合齊與强楚吏産子”，鮑彪注：“與，黨與也。”從，劉師培引《新書·大政下》“己國之治政，在諸侯大夫士察之理，在其與徒”，謂當作“徒”，從、徒形近而誤，或是。徒，《左傳》襄三十年“豈爲我徒”，杜注：“徒，黨也。”

周祝第六十七

【題解】

是篇與馬王堆帛書所見《稱》《逸周書·武稱》、上博簡七《凡物流形》等篇當是同一性質文獻，爲習語故箴之彙集，此類文本戰國習見，或爲後世賦類文獻濫觴。祝，或可從《尚書·金縢》“史乃册祝曰”，孔穎達正義：“祝是讀書告神之名。”後告祝之辭，或可泛言曰祝。

曰：維哉其時！告汝□□道，恐爲身灾。

孔晁云：“言所以告汝不聞道爲身灾也。”

【疏證】

維，《大戴禮記·保傅》“四聖維之”，孔廣森補注：“維，持也。”時，猶是也。維哉其時，謂其是持哉。朱右曾訓“維”爲“念”，亦通。于鬯以“告”絶句，黄懷信以“維哉”絶句，皆非是。告，言也。脱字或當從孔晁注補爲“不聞”二字。恐爲身灾，謂懼灾禍及于其身。

讙哉民乎①！朕則生汝，朕則刑汝②，

孔晁云：“告以善道是生之，是以教之以法也。”

【疏證】

①讙，《史略》引作“攘哉”。讙，或通“懽”，讀爲“勸”。郭店簡《性自命出》簡52：“未賞而民懽”，即《管子·立政》“賞未加而民勸勉”、《吕氏春秋·上德》“不賞而民勸”。讙哉民乎，令民勸勉之義。

②則，猶必也。生，《周禮·天官·太宰》“以生萬民”，鄭玄注：

“生，猶養也。”刑，《禮記·學記》“教之不刑”，鄭玄注：“刑，猶成也。”

朕則經汝，朕則亡汝，朕則壽汝，朕則名汝。

孔晁云：“經紀汝，昌阜汝，殺亡汝，爲汝請命，名汝善惡也。”

【疏證】

經，《左傳》隱十一年“禮經國家”，孔穎達正義：“經，謂紀理之。”亡，唐大沛謂當從孔注作“阜”，非是。“昌阜”所注爲“壽”字，“殺亡”則以注“亡”，故不當改。亡，《吕氏春秋·古樂》“不肖者以亡”，高誘注：“亡，滅也。”亡汝，謂誅滅其不肖者。壽，《國語·楚語下》“臣能自壽”，韋注：“壽，保也。”名，或當從俞樾讀爲“命”。

故曰：文之美而以身剥，自謂智也者故不足。

孔晁云：“狐貉俱以文受害，人自賢，則愚惡返見也。”

【疏證】

故曰，猶上博簡七《凡物流形》所見“聞之曰”，蓋發凡之語。文，謂文彩。以，猶使也，用如《邶風·谷風》“涇以渭濁”。剥，猶傷。《小雅·信南山》“是剥是菹”，陳奂《詩毛氏傳疏》：“剥，猶削也。”“智”後“也”字當從王念孫説删。故，亦使也，與上句“以”相對，用如《孟子·萬章上》“雖然欲常常而見之，故源源而來”。不足，謂不周備。《文子·符言》有“其文好者皮必剥”。剥、足，皆屋部字。是句言文彩美而傷其身，自謂智而使不周備。

角之美殺其牛，榮華之言後有茅。

孔晁云：“言牛以角死，虚言致穢也。”

【疏證】

角之美殺其牛，謂牛以角之美而見殺。《文子·符言》有“其角美者身必殺”。榮，《國語·晋語六》“華則榮矣”，韋注：“榮者，有色貌也。”華，謂有光華。榮華之言，謂美言。茅，謂茅草，言美言之後而有疵。《文子·符言》有“華榮之言後爲愆”，可與此對讀。

凡彼濟者必不怠，觀彼聖人必趣時。

孔晁云：“以不怠，故濟，以趣時，故聖。”

【疏證】

濟，《左傳》文十八年：“世濟其美”，杜注：“濟，成也。”怠，《國語·晋語二》“喜亂必怠德”，韋注：“怠，懈也。”觀，猶察也，《吕氏春秋·慎小》“卑則不得以小觀上”，高誘注：“觀，視也。”聖人，《荀子·儒效》“明之爲聖人”，楊倞注：“通明於事，則爲聖人。”趣，《戰國策·齊策一》“外生樂患趣難者也”，鮑彪注：“趣，即趨。”趨，謂趨向之義。時，《小雅·頍弁》“爾殽既時”，毛傳：“時，善也。”又可讀爲郭店簡《窮達以時》及《孟子·萬章下》“孔子，聖之時者也”之“時”，謂合于時宜。怠、時皆之部字。

石有玉而傷其山，萬民之患在口言。

孔晁云：“山以有王故傷，人以口言受患。”孔注“王”當作“玉”。

【疏證】

是句亦見于《文子·符言》作“石有玉傷其山，黔首之患固在言”。黔首，《禮記·祭義》“以爲黔首則”，鄭玄注：“黔首，謂民也。”患，《吕氏春秋·慎大》“大臣同患”，高誘注：“患，憂也。”山、言，皆元部字。

時之行也勤以徙，不知道者福爲禍。

孔晁云：“不徙以及時人，故失其福也。”

【疏證】

是句見于《文子·符言》，作“時之行動以從，不知道者福爲禍。”時之行，謂四時之行。《管子·版法》言“參於日月四時之行，信必而著明，聖人法之，以事萬民，故不失時功”。勤，王念孫據此改“勤”爲“動”，甚是，下文“勤以行”亦當作“動以行”。以，猶而也。徙，《荀子·禮論》“象徙道也”，楊倞注：“徙，遷改也。”道，謂常道。是句言四時之行也，動而遷改，不知常道，福亦爲禍災。徙，支部字。禍，歌部字。

時之從也勤以行，不知道者以福亡。

孔晁云：“行，謂與時偕行。”

【疏證】

從，當從上句作“徙”，唐大沛説是。行，謂周行。《老子》言“有物混成，先天地生。寂兮寥兮，獨立而不改，周行而不殆，可以爲天下母。吾不知其名，字之曰道，强爲之名曰大”。是句言四時之遷改，動而周行，不知常道者，以得福而亡。行、亡，皆陽部字。

故曰：肥豕必烹，甘泉必竭，直木必伐。

孔晁云：“以其供人用自然理。”

【疏證】

烹，《淮南子·説林訓》“狡兔得而獵犬烹”，高誘注：“烹，猶殺。”言豬以其肥美而見殺。甘，《廣雅·釋詁一》：“美也。”竭，《左傳》宣十二年“且律竭也”，孔穎達正義：“竭是水涸之名。”言泉以其甘美而枯竭。直木必伐，言木以其直而爲人所伐。《莊子·山木》有“直木先伐，甘井先竭”，可與此對讀。

地出物而聖人是時①，鷄鳴而人爲時，觀彼萬且何爲求②？

孔晁云：“萬物自然，不爲人來，聖人則之，如因鷄鳴以識時也。”

【疏證】

①出，《吕氏春秋·大樂》“安由出哉”，高誘注：“出，猶生。”地出物，《六韜·文韜·守國》言“天生四時，地生萬物”，《管子·形勢》言“天生四時，地生萬財，以養萬物，而無取焉”可與此對讀。聖人，謂聖明通達之人。是時，盧校據孔注疑當作“是則”，甚是，孫詒讓、劉師培謂“時”當作“財”則非。則，法也，作“時”或涉下文“爲時”而誤。

②爲，猶以爲。時，《大戴禮記·千乘》“以教民之不則時”，王聘珍

解詁："時，謂天時。"鷄鳴而人爲時，謂鷄鳴而人以爲天時，此或啓下句"天有時"而言。"萬"後或脱一"物"字，盧校是。且，猶將也。求，謂務求。則，職部字。時，之部字。求，幽部字。之、職二部對轉，之、幽合韵。

故天有時，人以爲正；地出利，而民是争。

孔晁云："正，謂敬授民時也。争，謂争其斂之也。"

【疏證】

天有時，猶前引"天生四時"。正，《儀禮·士冠禮》"以歲之正"，鄭玄注："正，猶善也。"是，猶則也。争，謂争鬬。正、争，皆耕部字。

人出謀，聖人是經，陳五刑，民乃敬。

孔晁云："經，經度之也。敬上命也。"孔注"敬"字當重，盧校是。

【疏證】

謀，謂圖謀。經，謂經理之。陳，《國語·周語上》"陳錫載周"，韋注："陳，布也。"刑，唐大沛謂作"行"，非是。此當從下文"被之以刑"作"刑"。《尚書·堯典》言"汝作士，五刑有服，五服三就"，《墨子·尚同上》言"古者聖王爲五刑，請以治其民"可與此對讀。敬，謂恭敬。經、敬，皆耕部字。

教之以禮，民不争，被之以刑，民始聽，因其能，民乃静。

孔晁云："有禮則讓，故不争。聽，順。静，服。謂不爲亂也。"

【疏證】

教之以禮，謂以禮教化其民。被，《廣雅·釋詁二》："加也。"聽，從也。因，《吕氏春秋·盡數》"因智而明之"，高誘注："因，依也。"静，安也。

故狐有牙而不敢以噬，貑有蚤而不敢以撅。

孔晁云："喻人以小能不敢望大官，亦求自盡而已也。"

【疏證】

噬，《左傳》哀十二年："國狗之瘈，無不噬也"，杜注："噬，齧也。"齧，今多以"嚙"爲之。㺜，朱右曾言爲"豪豬"，或是。《山海經·北山經》言"有獸焉，其狀如牛而三足，其名曰㺜"。蚤，《禮記·曲禮下》"不蚤鬋"，鄭玄注："蚤，讀爲爪。""㺜有蚤"句《説文》"貜"字條即引作："貜有爪而不敢以撅。"撅，朱右曾引《廣雅·釋詁二》訓爲"搔"，或是。搔，猶抓也。噬、撅，皆月部字。

勢居小者不能爲大。

孔晁云："雖有其材，勢不便故。"

【疏證】

勢，唐大沛謂當作"埶"，恐非是。《戰國策·秦策一》"其勢不能"，高誘注："勢，力也。"居，處也。是句謂其力處于小者，不能爲其大。

特欲正中，不貪其害①。凡勢道者，不可以不大②。

孔晁云："不貪害也，中正不立，不大其度，至道不行也。"

【疏證】

①特，或當從陳逢衡改作"持"。《莊子·齊物論》"何其無特操與"，陸德明釋文："本或作持。"欲，《孟子·盡心下》"養心莫善於寡欲"，趙岐注："欲，利欲也。"正中，猶中正。貪，謂貪欲。

②勢，或從丁宗洛作"埶"。埶，謂近之義，勢道者，猶言近道者。大，猶廣也，《唐風·椒聊》"碩大無朋"，鄭箋："大，謂德美廣博也。"害、大，皆月部字。

故木之伐也，而木爲斧，賊難而起者自近者。

孔晁云："因木以伐木，因近以成賊。"

【疏證】

故木之伐也而木爲斧，謂以木爲斧柯而伐木，猶《和寤》所言"緜緜不絕，蔓蔓若何，豪末不掇，將成斧柯"。賊，《左傳》僖九年"不僭不賊”，杜注：“賊，傷害也。”難，謂患害，《大戴禮記・曾子制言》“固不難”，王聘珍解詁：“難，患也。”而起，盧校改作“之起”，并删其後“者”字，或是。是句亦可參上句校作“賊難之起也而自近者”。近，《戰國策・魏策四》“天下皆曰王近也”，鮑彪注：“近，親也。”斧、者，皆魚部字。

二人同術，誰昭誰暝；二虎同穴，誰死誰生？

孔晁云：“成者能昭，猛者能生。”

【疏證】

術，《國語・魯語上》“皆是術也”，韋注：“術，道也。”昭，明也。暝，或讀爲“眠”，謂亂之義。《廣雅・釋詁三》“眠、眩，亂也”，王念孫疏證：“暝眩，冥眴，并與眠眩同。”穴，《大戴禮記・曾子疾病》“而蹷穴其中”，王聘珍解詁：“穴，窟也。”暝、生，皆耕部字。

故虎之猛也而陷於獲；人之智也而陷於詐。

孔晁云：“虎以食陷穽，人以欲陷詐。詐，罔也。”孔注“食”，朱右曾作“貪”，亦通。

【疏證】

猛，《廣雅・釋詁二》：“健也。”陷，《國語・魯語下》“陷而入於恭”，韋注：“陷，猶過失也。”獲，盧校改作“擭”，甚是。《尚書・費誓》“杜乃擭”，僞孔傳：“擭，捕獸機檻。”詐，《廣雅・釋詁二》：“欺也。”擭、詐，皆鐸部字。

葉之美也解柯，柯之美也離其枝，枝之美也拔其本。儼矢將至，不可以無盾。

孔晁云：“此言飾末業，覆本質也。盾，喻爲人當有所備護。”

【疏證】

解，《吕氏春秋・决勝》“民解落”，高誘注：“解，散。”“解”字後脱一“其”字，盧校是。柯，謂幹也，《廣雅・釋器物》“柯，柄也”，王念孫疏證："柯之言幹也。"《小雅·湛露》"湛湛露斯"，鄭箋："使物柯葉低垂"，孔穎達正義："柯，謂枝也。"以下句有"離其枝"，故此訓"幹"較宜。離，《吕氏春秋·大樂》"離則復合"，高誘注："離，散。"拔，謂拔取，《吕氏春秋·慎行》"拔之"，高誘注："覆取之曰拔。"儼，孫詒讓以爲是"鏃"之借字，或是。《周禮·夏官·司弓矢》"殺矢、鏃矢用諸近射田獵"，鄭玄注："鏃矢，弩所用也。"本、盾，皆文部字。

故澤有獸而焚其草木，大威將至，不可爲巧①。焚其草木則無種，大威將至，不可以爲勇②。

孔晁云："言亦貨以危身，禍至不可救也。"孔注"亦"當訓爲"掖"。《尚書·皋陶謨》"亦行有九德"，江聲集注音疏言："亦，右掖字。"《陳風·衡門》序"故作是詩以誘掖其君也"，鄭箋："掖，扶持也。"亦貨，即持貨之義。

【疏證】

①澤，謂澤藪。獸，泛稱鳥獸。焚其草，謂焚其草木而逐獸。《孟子·滕文公上》言"益烈山澤而焚之，禽獸逃匿"，《管子·揆度》言"燒山林，破增藪，焚沛澤，逐禽獸，實以益人"，《吕氏春秋·義賞》"焚藪而田，豈不獲得，而明年無獸"皆可與此對讀。"木"字或爲後人所加，王引之説是。威，猶虐也，孔注訓爲"禍"，或是。"不可爲巧"或當從下句"不可以爲勇"作"不可以爲巧"。巧，朱右曾訓爲"巧避"，或是。《戰國策·西周策》"君爲多巧"，鮑彪注："巧，猶詐。"草、巧，皆幽部字。

②種，謂鳥獸之種類，焚其草木則鳥獸失其種類。勇，《左傳》昭二十年言"知死不辟，勇也"。是句言大禍將至，不可以知死而不辟，謂當及時避禍。種、勇，皆東部字。

故天之生也，固有度，國家之患，離之以故。

孔晁云："以言患因事而起。故，事也。"

【疏證】

生，或讀爲"性"。度，謂法度，《度訓》言"天生民而制其度"，可與此對讀。離，盧文弨讀爲"罹"，或是。罹，謂遭逢之義。故，謂變故、事故之義，《荀子·王霸》"而好詐故"，楊倞注："故，事變也。"是句謂以變故而遭國家之患。度，爲鐸部字，故，爲魚部字，鐸、魚二部陰入對轉。

地之生也固有植，國家之患離之以謀。

孔晁云："植，立也，有生則立也。"

【疏證】

地之生也固有植，言地之性固有所立。謀，猶言詐謀。是句謂以詐謀而遭國家之患。植，爲職部字，謀，爲之部字，職、之二部陰入對轉。

故時之還也無私貌，日之出也無私照。

孔晁云："還，謂至也。貌，謂無實。時至并應，日出普照也。"

【疏證】

時，謂四時。還，或當從王念孫作"遝"，及也，故孔注訓爲"至"，朱右曾言"還音旋"，則"時之還"或可解爲"四時周行"，亦通。私，《論語·鄉黨》"私覿"，皇侃義疏："私，非公也。"貌，《廣雅·釋詁三》："治也。"是句謂四時之及，所治皆爲公，日出所照亦皆爲公。貌爲藥部字，照爲宵部字。宵、藥二部陰入對轉。

時之行也，順至無逆。爲天下者用大略。

孔晁云："言當以大略順時也。"

【疏證】

時之行也，謂四時之行。"順至"或當倒作"至順"。爲天下者用大略，或當與下文"不善故有桴"互易，孔晁所見或已舛亂。桴，或當作"浮"，猶過失之義，用如《尚書·盤庚中》"以不浮于天時"。《淮南子·道應訓》"請浮君"，高誘注："浮，罰也。"《國語·楚語上》"以疏其穢而鎮其浮”，韋注：“浮，輕也。”

火之燀也固定上，爲天下者用牧。

孔晁云：“燀，然也。火曰炎上。牧，謂法也。”

【疏證】

燀，《國語·周語下》“火無災燀”，韋注：“燀，焱起貌。”定，當從下文“固走下”改作“走”，定、走二字形近而誤。走，《吕氏春秋·期賢》“若蟬之走明火也”，高誘注：“走，趨也。”爲，《左傳》襄三十年“不可爲也”，杜注：“爲，猶治也。”牧爲職部字，與“上”韵部不協，其後或脱一字。或可暫補“養”字，《管子·問》有“問鄉之良家其所牧養者幾何人矣”，《尚書·立政》“宅乃牧”，孔穎達正義：“牧，言牧養下民。”牧、養二字同義連用。養、上皆陽部字，韵協。

水之流也固走下，不善故有桴。

孔晁云：“桴，所擊鼓也。言惡政由於發者也。”

【疏證】

流，行也。《老子》有“水善利萬物而不爭，處衆人之所惡，故幾於道”，可與此對讀。“不善故有桴”，當與上文“爲天下者用大略”互易。略，《左傳》定四年“吾子欲復文武之略”，杜注：“略，道也。”下，爲魚部字，略，爲鐸部字，魚、鐸二部陰入對轉。

故福之起也惡别之；禍之起也惡别之。

孔晁云：“惡，於何也，言其微也。”

【疏證】

起，《禮記·孔子閒居》“氣志既起”，鄭玄注：“起，猶行也。”别，《周禮·秋官·士師》“正之以傅别約劑”，鄭玄注：“故書别爲辨。”是句謂福禍之起也于何而辨别之。

故平國若之何？須國、覆國、事國、孤國、屠皆若之何？

孔晁云："覆，滅也。事，謂事無役也。孤，謂無。謂屠，爲人分裂也。"孔注"謂屠"二字當倒，甚是。

【疏證】

平，謂平定。《周禮·地官·遂師》"軍旅田獵平野民"，鄭玄注："平，謂正其行列部伍也。"若之何，猶如何。須，當作"頃"，讀爲"傾"，王念孫説是。傾，謂傾覆，《國語·晋語三》"大命其傾"，韋注："傾，傾危也。"傾、覆二字同義對舉。事，《禮記·王制》"天子無事"，鄭玄注："事謂征伐。"事國，謂征伐其國。孤，《國語·吴語》"以心孤句踐"，韋注："孤，棄也。"屠，猶滅，《荀子·議兵》"不屠城"，楊倞注："屠，謂其城，殺其民，如屠者然也。""屠"後或脱一"國"字。

故日之中也仄，月之望也食①。威之失也陰食陽，善爲國者使之有行②。

孔晁云："食，謂毁明而生魄也。仄，跌也。以日蔽於陰，喻君行失道。"

【疏證】

①日之中，謂日中正午。仄，傾側也，朱右曾説是。望，謂滿月之日，《尚書·召誥》"惟二月既望"，孔穎達正義："望者，於月之半，月當日衝，日光照，月光圓滿面嚮相當，猶人之相望，故稱望也。"食，《禮記·昏義》"日爲之食"，鄭玄注："食者，見道有虧傷也。"仄、食，皆職部字。

②威，謂威儀權勢。食，《左傳》哀元年"不可食已"，杜注："食，消也。"善爲國，言善治國。行，謂德行。陽、行，皆陽部字。

定彼萬物必有常，國君而無道以微亡。

孔晁云："微，以積小以致滅亡者也。"

【疏證】

定，當從盧校改作"是"。常，謂常法。以、而二字當互易，作"國君以無道而微亡"。微，謂衰微。常、亡，皆陽部字。

故天爲盖，地爲軫，善用道者終無盡[1]。地爲軫，天爲盖，善用道者終無害[2]。

孔晁云："言用道勤静法天地。"

【疏證】

①蓋，《荀子·禮論》"版蓋斯象拂也"，楊倞注："蓋，車蓋也。"軫，《大戴禮記·保傅》"軫方以象地"，孔廣森補注："軫，車底也。"天爲盖，地爲軫，猶《管子·形勢》所言"天覆萬物而制之，地載萬物而養之，四時生長萬物而收藏之，古以至今，不更其道"。善用道，謂善于行道。盡，《戰國策·西周策》"前功盡矣"，鮑彪注："盡，猶滅。"軫，爲文部字，盡，爲真部字，真、文二部旁轉。

②害，《國語·楚語上》"於倚相何害"，韋注："害，傷也。"蓋、害，皆月部字。《文子·符言》亦見此句，作"天爲蓋，地爲軫，善用道者終無盡。地爲軫，天爲蓋，善用道者終無害。陳彼五行必有勝，天之所覆無不稱"。

天地之間有滄熱，善用道者終無竭。

孔晁云："滄，寒。竭，盡。"

【疏證】

滄，《廣雅·釋詁四》："寒也。"竭，《左傳》宣十二年"且律竭也"，杜注："竭，敗也。"熱、竭皆月部字。是句謂天地之間雖有冷熱不同，善行道者終不敗。

陳彼五行必有勝，天之所覆盡可稱。

孔晁云："言五行相勝以生成萬物，盡可稱名之也。"

【疏證】

陳，《國語·齊語》"相陳以功"，韋注："陳，亦示也。"五行，謂水火木金土，泛言萬物，與後文"天之所覆""萬物之所生"相應。勝，《國語·晋語四》"中不勝貌"，韋注："勝，稱也。"亦訓爲"舉"，

《國語·周語下》“不過一人之所勝”，韋注：“勝，舉也。”覆，謂被覆。稱，謂稱舉。是句謂天所被覆之五行皆可稱舉。勝、稱，皆蒸部字。

故萬物之所生也性於從；萬物之所及也性於同。

孔晁云：“從，謂立也。始異終，故曰反也。”

【疏證】

生，謂始生。性於，古書多不以“性於”二字連用，此“性”當爲動詞，或當讀爲“生”。從，朱右曾訓爲“順”，甚是。是句言萬物之所始也，生于順。及，當從孔注作“反”，盧校是。反，《禮記·樂記》“是故君子反情以和其志”，鄭玄注：“反，猶本也。”反、生皆取“本始”之義，二字同義對舉。同，《吕氏春秋·君守》“而無不同”，高誘注：“同，和也。”是句言萬物之所本也，生于和。從、同皆謂和順之義，二字同義對舉。從、同，皆東部字。

故惡姑幽？惡姑明？惡姑陰陽？惡姑短長？惡姑剛柔？

孔晁云：“姑者，且也，言幽明之相伐，陰陽之変易，短長之相形，剛柔之相生，始終之道也。”

【疏證】

惡，猶何也。幽，《國語·楚語上》“而爲之昭明德而廢幽昏焉”，韋注：“幽，闇也。”幽、柔爲幽部字。明、陽、長，皆陽部字。由韵觀之，“剛柔”或當從朱右曾倒作“柔剛”。

故海之大也，而魚何爲可得？山之深也，虎豹貔貅何爲可服？

孔晁云：“言皆以貪餌自中鉤檻也。”

【疏證】

之，猶亦也。得，謂獲得。深，《儀禮·覲禮》“深四尺”，鄭玄注：“深，謂高也，從上曰深。”《左傳》文十二年“請深壘固軍以待之”，孔穎達正義：“深者，高也。”貔貅，《大雅·韓奕》“獻其貔皮”，毛傳：“貔，猛獸也。”陸德明釋文：“貔，本亦作豼，音毗，即白狐也。”

《尚書·牧誓》“如虎如貔”，僞孔傳：“貔，執夷，虎屬也。”即今所謂“貔”者。貅，未詳，朱右曾言“亦摯獸，一名貙”，可暫從。服，用也。得、服，皆職部字。

人智之邃也，奚爲可測？跂動噦息，而奚爲可牧？

孔晁云：“誠於事，故可測，牽於事，故可牧。”

【疏證】

邃，深也。奚，《國語·吴語》“大夫奚隆於越”，韋注：“奚，何也。”測，《國語·晋語一》“抑欲測吾心也”，韋注：“測，猶度也。”跂，《荀子·勸學》“吾嘗跂而望矣”，楊倞注：“跂，舉足也。”噦，《魯頌·泮水》“鸞聲噦噦”，毛傳：“噦噦，言有聲也。”朱右曾言是“氣出之聲”，甚是。息，喘也，朱右曾説是。跂動噦息，謂舉足而動，有聲而喘息。牧，謂牧養。測、牧，皆職部字。

玉石之堅也奚可刻？

孔晁云：“言服飾之窮物也。”

【疏證】

刻，謂雕鏤之義，《春秋》莊二十四年“刻桓公桷”，杜注：“刻，鏤也。”“奚”字後或脱一“爲”字，當從上文補之，王念孫説是。刻，職部字。

陰陽之號也孰使之？牝牡之合也孰交之？君子不察，福不來。

孔晁云：“言陰號之稱號，牝牡之交合，皆自然也。君子察自然之理，則福來也。”孔注“陰號”當從正文作“陰陽”，“號”或涉後“稱號”而誤。

【疏證】

號，《吕氏春秋·懷寵》“先發聲出號”，高誘注：“號，令。”孰，《國語·越語上》“孰是君也”，韋注：“孰，誰也。”使，命也。孰使之，反問之義，謂無人命之，下文“孰交之”亦然，無人命之，無人交之，故孔注言“皆自然也”。合，《荀子·富國》“男女之合”，楊倞注：“合，配也。”交，如《時訓》所見“虎始交”之“交”，謂交合。察，《禮記·喪服四制》“皆可得而察焉”，鄭玄注：“察，猶知也。”來，《小雅·采薇》“我行不來”，毛傳：“來，至也。”是句言陰陽之號令無人命之，牝牡之配無人交合之，皆自然之理，君子不知此自然之理，則福不至。

故忌而不得是生事，故欲而不得是生詐。

孔晁云：“生事，謂變也。生詐，謂詐爲求之。”孔注“爲”或當作“僞”，詐、僞二字同義連用。

【疏證】

忌，《國語·晋語三》“而忌處者”，韋注：“忌，惡也。”生事，王念孫謂是句當作“忌而不得是生故，欲而不得是生詐”，甚是，“事”字或是誤將“故”字屬下讀後妄增。故，《國語·鄭語》“王室多故”，韋注：“故，猶難也。”欲，猶好也，王引之《經義述聞·左傳中》“欲於鞏伯”條言：“古者欲與好同義，凡經言者欲，皆謂者好也，言欲惡，皆謂好惡也。”此“欲、忌”猶言“好、惡”。詐，《廣雅·釋詁二》：“欺也。”故，爲魚部字，詐，爲鐸部字，魚、鐸二部陰入對轉。

欲伐而不得，生斧柯①，欲鳥而不得，生網羅；欲彼天下是生爲②。

孔晁云：“所以生成所欲也，謂云爲之事也。”孔注“謂”前或脱一“爲”字。

【疏證】

①欲，猶將也。伐，謂伐木。得，謂獲得。生，猶成也，《論語·學而》“本立而道生”，劉寶楠正義：“訓生爲成，此引申之義。”斧柯，謂斧柄。欲伐而不得生斧柯，謂欲伐木而不能，故成斧柄。

②網，謂網罟。羅，《國語·魯語上》“獸虞於是乎禁罝羅”，韋注：“羅，鳥罟也。”“欲彼天下”後或當脱“而不得”三字，當據前句補。爲，或當作“僞”，孫詒讓説是。僞，《禮記·樂記》“著誠去僞”，孔穎達疏：“僞，謂虚詐也。”柯、羅、僞，皆歌部字。

維彼幽心是生包①；維彼大心是生雄；維彼忌心是生勝②。

孔晁云："包，謂包藏陰謀。雄，謂雄桀於人也。勝，謂勝所忌，皆惡忌事也。"盧校言"惡忌事"之"忌"疑衍，甚是。

【疏證】

①彼，猶夫也。幽，謂幽闇。是，猶故也。此"包"或本當作"伏"。《易·繫辭下》言"古者包犧氏之王天下"，《漢書·律曆志》引《世經》稱"炮犧氏"。《經典釋文》言"包"字"本又作庖，白交反，鄭云：'取也'。孟、京作'伏'"。《孟子·梁惠王上》言"麀鹿攸伏"，焦循正義言："伏古與包通，'伏羲氏'一作'包犧氏'，伏、包皆訓藏。"或言"勹、包、伏古本一字而分化"，甚是。"伏"亦有隱藏、隱匿之義，故可訓爲"包藏"。《尚書·盤庚上》"無或敢伏小人之攸箴"，劉起釪解爲隱匿。《老子》言"禍兮福之所倚，福兮禍之所伏"，此"伏"即讀爲"包"，亦言"包藏"之義。伏爲職部字，與蒸部陽入對轉，得與"雄、勝"葉韵。是句謂以其幽暗之心，故包藏陰謀。

②大，謂廣大。雄，《漢書·鮑宣傳》"易長雄"，顔師古注："雄，爲之雄豪也。"以廣大之心胸，故能生雄豪之氣。忌，《荀子·致士》"隱忌雍蔽之人"，楊倞注："忌，謂妒賢。"勝，《經義述聞·爾雅上》"犯克捷功肩堪勝也"條，王引之按："勝與陵犯同義。"是句謂以其有嫉妒之心，故生陵犯之行。

故天爲高，地爲下，察汝躬奚爲喜怒？天爲古，地久，察彼萬物名於始。

孔晁云："言法天地，則喜怒無錯，推古久，則萬始可知也。"

【疏證】

爲，猶是也。高，猶上也。天爲高，地爲下，言天是在上者，地是在下者。察，猶知也。躬，身也。奚爲，猶何爲。古，通"故"，亦久也，與下文"久"同義對舉。"地久"或當作"地爲久"，盧校是。名，《廣雅·釋詁三》："成也"，下"名"亦訓爲"成"。下、怒，皆魚部字。久、始，皆之部字。

左名左，右名右，視彼萬物數爲紀[①]。紀之行也，利而無方，行而無止，以觀人情[②]。

孔晁云："名以左右，則物以數爲紀，紀則生利，利以利情也。"

【疏證】

①左名左，右名右，謂成其左右。視，猶察也，《國語·晋語八》"其母視之"，韋注："視，相察也。""視彼萬物"與上文"察彼萬物"同義對舉。數，猶度，法度之義，《管子·法法》"國無常經，民力必竭，數也"，尹知章注："數，理也。"《左傳·桓公二年》言"夫德，俭而有度，登降有數"，度、數二字同義對舉。紀，《國語·越語下》"四時以爲紀"，韋注："紀，猶法也。"是句謂左成其左，右成其右，察彼萬物而以其理爲法度。右、紀皆之部字。

②紀之行也，謂法度之施行。利，《周禮·地官·司市》"利者使阜"，鄭玄注："利，利於民，謂物實厚者。"方，《國語·楚語下》"不可方物"，韋注："方，猶别也。"利而無方，謂利萬物而無别。止，《吕氏春秋·下賢》"亦可以止矣"，高誘注："止，休也。"觀，《吕氏春秋·博志》"此其所以觀後世已"，高誘注："觀，示也。"人情，猶言人之性情。《韓非子·制分》言"其法通乎人情，關乎治理也"。行、方，皆陽部字。下句"利有等"當與此"以觀人情"連讀，王念孫説是。止爲之部字，等爲蒸部字，之、蒸二部陰陽對轉，情爲耕部字，與此韵部不協。

利有等。維彼大道成而弗改，用彼大道知其極[①]，加諸事則萬物服[②]。

孔晁云："差，等也。大道，天道也。極，中也。事，業也。"孔注"差，等也"或當作"等，差也"。

【疏證】

①"利有等"三字當屬上讀，與"觀人情"并稱，猶言"以利有等"。等，《禮記·文王世子》"乃進其等"，孔穎達疏："等，輩類也。"極，

當訓爲"常"，即謂天道之常，孔注誤。

②加，《吕氏春秋·孝行》"光耀加於百姓"，高誘注："加，施也。"諸，猶之于。事，《左傳》昭九年"禮以行事"，杜注："事，政令。"服，或謂順從之義，《尚書·堯典》"五刑有服"，僞孔傳："服，從也。"另，服又或可讀爲"備"，此例古書常見。《荀子·成相》有"南面而立萬物備"，《韓非子·大體》有"故大人寄形於天地而萬物備，歷心於山海而國家富"。備，謂周備。是句言大道成而不改，行彼大道而知其常，以此大道施之于政令，則萬物順服。改、備，爲之部字，極、服，皆職部字，之、職二部陰入對轉，此或通上"久、始、右、紀、上、等"等字爲韵。

用其則必有群，加諸物則爲之君，

孔晁云："群，類。"

【疏證】

用其則，謂行其法。群，《荀子·非十二子》"合群者也"，楊倞注："群，衆也。"有衆，古書習語，《管子·版法》有"凡君所以有衆者，愛施之德也"，故孔注爲"類"非是。物，猶言萬物。是句言用其法必有衆，施之于萬物則爲民之君。群、君，皆文部字。

舉其脩則有理，加諸物則爲天子。

孔晁云："脩，長也，謂綱例也。"

【疏證】

舉，《吕氏春秋·下賢》"莫之舉也"，高誘注："舉，猶取也。"脩，當從王念孫讀爲"條"，《唐風·椒聊》"遠條且"，馬瑞辰《毛詩傳箋通釋》言"條、脩古同聲通用"。條，即條理之條，故言取其脩則有理，又與孔注"綱例"相應。理、子，皆之部字。

卷十

武紀第六十八

【題解】

《史略》作“武經”，經、紀皆取“法”之義，二字同義换讀。武紀，概括全篇主旨爲題。

幣帛之間有巧言令色，事不成。車甲之間有巧言令色，事不捷①。克□事而有武色，必失其德②。臨權而疑，必離其灾③。

【疏證】

①幣帛，《周禮·天官·大宰》“六曰幣帛之式”，鄭玄注：“幣帛，所以贈勞賓客者。”巧言令色，謂虚詐之言、僞善之色。車，《大雅·江漢》“既出我車”，鄭箋：“車，戎車也。”甲，《戰國策·秦策五》“秦下甲而攻趙”，高誘注：“甲，兵。”捷，《左傳》莊八年“捷，吾以女爲夫人”，杜注：“捷，克也。”

②克，《春秋》宣八年“雨，不克葬”，杜注：“克，成也。”“克”後脱字，朱駿聲補“壨”，唐大沛補“戎”，皆恐非是。《吕氏春秋·精谕》言“夫祈福於三塗，而受禮於天子，此柔嘉之事也，而客武色，殆有他事，願公備之也”，則脱字或可補“柔”或“嘉”字。武色，謂動武之色。

③權，《戰國策·韓策三》“何意寡人如是之權也”，鮑彪注：“權，猶變也。”疑，謂猶豫。離，《漢書·藝文志》“離讒憂國”，顔師古注：“離，遭也。”《史記·管蔡世家》“無離曹禍”，司馬貞索隱：“離即罹。罹，被也。”朱右曾讀“罹”是。

□□不捷，智不可□，□於不足，并於不幾[①]，則始而施，幾而弗免，無功[②]。

【疏證】

①“不捷”前脱字或當從朱駿聲補作“戎事”。不捷，謂不克。“不可”後脱字丁宗洛補“恃”，朱駿聲補“逞”。“於不足”前脱字當從朱駿聲補“謀”字。足，《戰國策·齊策四》“可謂足使矣”，鮑彪注：“足，猶能。”并，《戰國策·秦策二》“王其爲臣約車并弊”，吴師道注：“并，合也。”幾，《禮記·玉藻》“御瞽幾聲之上下”，鄭玄注：“幾，猶察也。”謀於不足，幾於不察，謂與不能者謀，與不察者合。

②始而施，或當作“殆而弛”，孫詒讓説是。殆，《説文》“始”字條段注言：“有假殆爲始者，《七月》毛傳云‘殆，始也’是也。”施，《讀書雜志·漢書第五》“上陽施不下通，下陰施不上達”條，王念孫言：“施，皆讀爲弛。”亦訓爲“廢”，《左傳》昭十四年“乃施邢侯”，陸德明釋文引孔晁注《國語》云：“廢也。”免，孫詒讓讀爲“勉”，甚是。勉，《吕氏春秋·季春》“勉諸侯”，高誘注：“勉，進。”“無功”前當從孫詒讓補一“則”字。

國有三守，卑辭重幣以服之，弱國之守也[①]；修備以待戰，敵國之守也；循山川之險而國之，僻國之守也[②]。伐服不祥，伐戰危，伐險難，故善伐者不伐三守[③]。

【疏證】

①守，謂持保之義。卑，《荀子·修身》“卑濕重遲”，楊倞注：“卑，謂謙下。”辭，謂辭令。重，《左傳》成二年“重器備”，杜注：“重，猶多也。”幣，《左傳》成二年“使介反幣”，杜注：“幣，聘物。”服，從也。

②修備，謂修繕守備。敵，《禮記·少儀》“敵者曰某固願見”，鄭玄注：“敵，當也。”循，謂因循，不必從孫詒讓改作“修”。險，《國語·鄭語》“鄶仲恃險”，韋注：“險，有險阨。”《史記·商君列傳》“魏

居領阨之西”，司馬貞索隱：“山領險阨之地。”而國之，或當作“而固之”。固，《左傳》成十六年“修陳固列”，杜注：“固，堅也。”僻，朱右曾訓“險僻”甚是。

③伐服，謂征伐服從之國，各家言猶“殺降”，甚是。不祥，《左傳》僖三年“棄德不祥”，杜注：“祥，善也。”伐戰，謂征伐備戰之國。伐險，謂征伐險僻之國。不伐三守，謂有此三者則善伐者不伐之。

伐國有六時、五動、四順。

【疏證】

時，《荀子·大略》“不時宜”，楊倞注：“時，謂得時。”動，《爾雅·釋詁下》：“作也。”順，《國語·晋語七》“臣聞師衆以順爲武”，韋注：“順，順令也。”

間其疏，薄其疑①，推其危，扶其弱②，乘其衰，暴其約，此謂六時③。

【疏證】

①間，《漢書·張良傳》“君何不急請吕后承間爲上泣言”，顔師古注：“因空隙之時。”疏，謂輕忽，潘振説是。間其疏，謂乘其疏忽。薄，迫也，朱右曾説是。疑，《禮記·雜記下》“皆爲疑死”，鄭玄注：“疑，猶恐也。”薄其恐，謂迫近其所恐。

②推，排擠也，朱右曾説是。危，《管子·大匡》“而違老治危”，尹知章注：“危，傾險也。”推其危，謂排其傾危，與下句“扶其弱”對言。扶，《戰國策·宋衛策》“若扶梁伐趙”，高誘注：“扶，助也。”弱，《左傳》襄二十六年“頡遇王子，弱焉”，杜注：“弱，敗也。”扶其弱，謂助其敗亡者，如齊桓公之救衛。

③乘，《戰國策·東周策》“秦恐公之乘其弊也”，鮑彪注：“乘，謂因而攻之。”衰，謂衰微。暴，《鄭風·大叔于田》“襢裼暴虎”，馬瑞辰《毛詩傳箋通釋》言：“暴，即搏也。”搏，《戰國策·燕策三》“而乃以手共搏之”，鮑彪注：“搏，擊也。”約，《禮記·坊記》“小人貧斯約”，

鄭玄注："約，猶窮也。"六時，言此六者，爲可伐之時。

扶之而不讓，振之而不動，數之而不服，暴之而不革，威之而不恐，未可伐也，此謂五動。

【疏證】

讓，《左傳》昭二十五年"且讓之"，杜注："讓，責也。"扶之而不讓，謂助之而不爲人責讓。振，《左傳》昭十四年"分貧振窮"，杜注："振，救也。"動，《吕氏春秋·首時》"動不可禁"，高誘注："動，猶争也。"振之而不動，謂振救之而不使人争。數，謂促迫之義，《墨子·備城門》"門扇數"，孫詒讓閒詁引畢云："數，同促。"數之而不服，謂促迫之而不能使之服從。暴，從前文訓爲"搏"，擊也。革，《左傳》襄十四年"失則革之"，杜注："革，更也。"暴之而不革，謂擊之而不能使之變革，劉師培讀"諽"非是。威之而不恐，言以威懾之而不能使之懼。未可伐也，言有此五者，則不可伐。

立之害，毀之利，克之易，并之能，以時伐之，此謂四順。

【疏證】

立，《左傳》襄二十四年"既没，其言立"，杜注："立，謂不廢絶。"立之害，謂不廢絶之則有害。毀，《左傳》莊三十年"自毀其家"，杜注："毀，滅。"毀之利，謂毀滅之而于我有利。克，勝也。克之易，謂易勝之。并，謂兼并。并之能，謂能兼并之。以時伐之，謂依天時而伐之。

立之不害，毀之不利，唯克之易，并之不能，可伐也。立之害，毀之未利，克之難，并之不能，可動也。

【疏證】

"可伐也""可動也"前或皆脱一"不"字，陳漢章言二句"也"字或作"邪"，作反詰語氣，亦是。是句謂不廢絶之而無害，滅之而無利可圖，又不能兼并之，雖易勝而不可伐之。滅之而無利可圖，難勝而不能兼并之，雖不廢絶之而有害，亦不可動兵。

静以待衆，力不與争[1]，權弗果據，德不肆國，若是而可毀也[2]。

【疏證】

①静，讀爲“靖”，《左傳》昭十三年“諸侯靖兵”，杜注：“靖，息也。”待，《國語·楚語下》“其獨何力以待之”，韋注：“待，猶禦也。”衆，《禮記·學記》“不足以動衆”，孔穎達疏：“衆，謂師役也。”静以待衆，言息兵而禦敵師，謂敵至而無戒備。力不與争，謂其力不足與人争鬬。

②權，謂權勢。果，《國語·晋語二》“是之不果奉”，韋注：“果，克也。”據，《邶風·柏舟》“不可以據”，毛傳：“據，依也。”權弗果據，謂其權勢不能依據。肆，《左傳》宣十二年“肆於時夏”，杜注：“肆，遂也。”德不肆國，謂其德不遂成于其國。若是而可毀也，言如此而可滅。

地荒而不振，德衰而失與，無苦而危矣[1]。求之以其道，□□無不得[2]；爲之以其事，而時無不成[3]。

【疏證】

①地荒而不振，謂土地荒蕪而不振救。德衰而失與，謂其德衰微而喪其所親與者。苦，唐大沛言爲“告”字形訛，或通。無告，即《允文》所言“孤寡無告”，言窮困無告之民。

②求，爲務取之義。《禮記·曲禮下》“不求變俗”，鄭玄注：“求，猶務也。”《孟子·公孫丑上》“勿求於氣”，趙岐注：“求者，取也。”脱字或當作“而道”，劉師培説是。得，《禮記·大學》“慮而後能得”，鄭玄注：“得，謂得事之宜也。”

③爲，猶行也。事，猶法則、職分之義。《韓非子·二柄》“言與事也”，王先慎集解引舊注：“事，則也。”《戰國策·趙策一》“是故吾事也”，鮑彪注：“事，猶分。”時，當作“事”，朱右曾説是。

有利備，無患事[1]。時至而不迎，大禄乃遷[2]，延之不道，行事乃困。不作小□，動大殃[3]。

【疏證】

①利，《老子》"絶巧棄利"，王弼注："巧、利，用之善也。"備，謂豫備。患，《吕氏春秋·慎大》"大臣同患"，高誘注："患，憂也。"《左傳》襄十一年引書曰"居安思危，思則有備，有備無患"，可與此對讀。

②時，謂天時。迎，謂奉迎之也。大禄，丁宗洛改作"天禄"，甚是。天禄，古書習語，如《左傳》昭二十五年言"天禄不再"，昭二十八年言"故襲天禄，子孫賴之"，《論語·堯曰》言"天禄永終"。禄，《大雅·既醉》"天被爾禄"，毛傳："禄，福也。"天禄，謂天之福佑。遷，《左傳》昭五年"未改禮而又遷之"，杜注："遷，易也。"是句言天時至而不順迎之，則天之福佑乃變。

③延，《禮記·曲禮上》"主人延客祭"，鄭玄注："延，道也。"此"道"讀爲"導"。困，《論語·季氏》"困而學之"，何晏集解引孔安國曰："困，謂有所不通。"是句言不以其道導之，行事乃有所不通。作、動二字同義對舉，"小"後脱字或當從朱駿聲補"利"，"小利"與"大殃"對文。殃，謂禍殃。

謀有不足者三：仁廢則文謀不足；勇廢則武謀不足；備廢則事謀不足。

【疏證】

足，謂周備之義，《荀子·禮論》"然而不法禮不足禮"，楊倞注："足，謂無闕失。"仁，《國語·周語下》"仁，文之愛也"，韋注："仁者，文之慈愛。"廢，謂棄而不用，《論語·微子》"廢中權"，何晏集解引馬融解爲"廢棄"之義。文，《國語·周語上》"以文修之"，韋注："文，禮法也。"勇，《國語·晋語七》"其勇，不疚於刑"，韋注："勇，能决斷也。"備，《國語·吴語》"審備則可以戰乎"，韋注："備，守禦之備。"事，《國語·齊語》"則事可以隱令"，韋注："事，戎事也。"

國有本，有幹，有權，有倫質，有樞體①。土地，本也。人民，幹也。敵國侔交，權也。政教順成，倫質也。君臣和□，樞體也[②]。

【疏證】

①本，謂根本。幹，謂骨幹。《左傳》昭二十五年“所以藉幹者”，杜注：“幹，骸骨也。”權，《戰國策·齊策一》“齊恐田忌欲以楚權復於齊”，高誘注：“權，勢也。”倫，《國語·晋語八》“而以國倫數而遣之”，韋注：“倫，理也。”質，《國語·齊語》“聰慧質仁”，韋注：“質，性也。”樞，謂樞要。體，謂禮法，《大戴禮記·衛將軍文子》“説之以義而觀諸體”，孔廣森補注：“體，禮也。”《淮南子·本經訓》“帝者體太一”，高誘注：“體，法也。”

②敵，謂相當。侔，《戰國策·中山策》“何侔名於我”，高誘注：“侔，等也。”交，《周禮·秋官·大行人》“凡諸侯之邦交”，賈公彦疏：“一往一來爲交。”敵國侔交，謂相當之國對等往來。政，謂政令，教，謂教化。順，《左傳》襄三年“師衆以順爲武”，杜注：“順，莫敢違。”成，《吕氏春秋·謹聽》“五帝三王之所以成也”，高誘注：“成，成其治。”“和”後脱字，唐大沛補“一”，朱駿聲補“輯”，丁宗洛補“悦”。《禮記·樂記》言“是故樂在宗廟之中，君臣上下同聽之則莫不和敬”，則脱字或可據補爲“敬”。

土地未削，人民未散，國權未傾，倫質未移，雖有昏亂之君，國未亡也[①]。國有幾失，居之不可阻，體之小也[②]。

【疏證】

①削，謂侵削，《吕氏春秋·長利》“是故地日削”，高誘注：“削，小也。”散，《國語·齊語》“其畜散而無育”，韋注：“散，謂失亡也。”國權，謂國勢。傾，《國語·晋語三》“大命其傾”，韋注：“傾，傾危也。”移，變也。

②幾，《大雅·瞻卬》“維其幾矣”，毛傳：“幾，危也。”失，謂過失。居，《吕氏春秋·上農》“無有居心”，高誘注：“居，安也。”不可，猶不能。阻，《吕氏春秋·知士》“故非之弗爲阻”，高誘注：

“阻，止。”居之不可阻，言安于傾危過失而不能止。體之小，謂禮之卑。《魯頌·泮水》“無小無大，從公於邁”，鄭箋：“臣無尊卑，皆從君行而來。”則小有卑義。

不果隣家，難復飾也①。封疆侵淩，難復振也②。服國從失，難復扶也③。

【疏證】

①果，或爲“畏”字形訛，丁宗洛説是。畏，《大戴禮記·衛將軍文子》“畏天而敬人”，王聘珍解詁：“畏，亦敬也。”隣，《小雅·正月》“洽比其鄰”，毛傳：“鄰，近。”家，《説文》“居也”，鄰家，謂比鄰而居者，猶鄰國之義。復，猶再也。飾，《大戴禮記·曾子立事》“飾其美而不伐也”，王聘珍解詁：“飾，好也。”

②封，《左傳》僖三十年“既東封鄭”，杜注：“封，疆也。”封、疆二字同義連用。封疆，《左傳》哀十一年“居封疆之間”，杜注：“封疆，竟内近郊地。”侵，《國語·楚語下》“無相侵瀆”，韋注：“侵，犯也。”淩，讀爲“陵”，《荀子·富國》“陵謹盡察”，楊倞注：“陵，侵陵。”侵、淩二字同義連用。振，謂振救。

③服，《論語·爲政》“有事弟子服其勞”，皇侃義疏：“服，謂執持也”。服國，謂持國、執政之義。從失，當從劉師培讀爲“縱佚”，縱，謂放縱，佚，《論語·季氏》“樂佚游”，陸德明釋文：“佚，本亦作逸。”縱、逸二字同義連用。扶，助也。

大國之無養，小國之畏事①。不可以本權，失□家之交。不可以枉繩，失隣家之交②。不據直以約③，不虧體以陰④。

【疏證】

①養，《荀子·禮論》“所以養信也”，楊倞注：“養，猶奉也。”無養，謂失其奉養，《墨子·七患》言“故民無仰則君無養”。畏，懼也。事，《管子·入國》“三年然後事之”，尹知章注：“事，謂供國之職役也。”是句言大國之無奉養，爲小國懼其職事之故。

②本權，謂以權勢爲本。脱字或當從陳逢衡補“邦”，若作“鄰”則與下文語涉重複。邦家，猶邦國之義。以權勢爲本，則失邦國之交。枉，《禮記·月令》“枉橈不當”，孔穎達疏：“枉，謂違法曲斷。”澠，當讀爲“繩”，《禮記·樂記》“以繩德厚”，鄭玄注：“繩，猶度也。”枉繩，謂枉曲法度之義。鄰家，謂鄰國。

③據，本或作“据”，据、據古今字。据，讀爲“倨”，《吕氏春秋·懷寵》“据傲”，即是“倨傲”。倨，《禮記·曲禮上》“游毋倨”，孔穎達疏：“倨，慢也。”倨，與下句所言“虧”字對文。約，《論語·里仁》“不仁者不可以久處約”，皇侃義疏：“約，猶貧困也。”不據直以約，謂不以貧困而輕慢于直。

④虧，《戰國策·趙策三》“奚虧於王之國”，鮑彪注：“虧，猶損。”體，當從前文訓爲“禮”。陰，《戰國策·西周策》“陰合爲秦”，高誘注：“陰，私也。”不虧體以陰，謂不以其私而損禮。

不可虞而奪也，不可策而服也，不可親而侵也，不可摩而測也，不可求而循也。

【疏證】

虞，《大雅·雲漢》“則不我虞”，鄭箋：“虞，度也。”奪，謂强取。策，陳逢衡訓爲“謀”，恐非是。策，《廣雅·釋器》“箠、策，箠也”，王念孫疏證：“箠、策皆擊也。”不可策而服，謂不可擊之而使服從。親，謂親近。侵，謂侵陵。摩，《禮記·樂記》“陰陽相摩”，鄭玄注：“摩，猶迫也。”朱右曾訓“迫切”或是。測，《國語·晋語一》“抑欲測吾心也”，韋注：“測，猶度也。”求，謂擇求。循，《荀子·性惡》“上不循於亂世之君”，楊倞注：“循，順從也。”

施度於體，不慮費，事利於國，不計勞。

【疏證】

施，猶用也。度於體，謂法於禮。慮，思也。費，《吕氏春秋·禁塞》“費神傷魂”，高誘注：“費，損。”事，《左傳》昭九年“禮以行事”，杜注：“事，政令。”計，《國語·吴語》“以能遂疑計惡”，韋注：“計，慮也。”勞，謂勞苦。

失德喪服於鄰家，則不顧難矣。交體侵凌，則不顧權矣①。封疆不時得其所，無爲養民矣；合同不得其位，無畏患矣②；百姓屈急，元藏蓄矣③；擠社稷、失宗廟、離墳墓、困鬼神、殘宗族，無爲愛死矣④。

【疏證】

①服，謂服事。顧，《商頌·那》“顧予烝嘗”，鄭箋：“顧，猶念也。”是句言其德與事喪于鄰國，則雖有難而不念。交，《吕氏春秋·務大》“交相爲贊”，高誘注：“交，更也。”侵、凌皆取“犯”義，二字同義連用。是句謂更其禮而相侵犯，則雖有權勢而不念。

②封疆，謂境内。時，或爲“得”之誤字，劉師培説是。所，《禮記·哀公問》“求得當欲不以其所”，鄭玄注：“所，猶道也。”爲，猶以也。合同，當從劉師培解爲“會同”，會同不得其位，言會同失其所列之位。畏患，言畏懼禍患，《荀子·不苟》言“畏患而不避義死”。

③屈，劉師培即《五權》“極賞則淈”之“淈”，甚是。淈，《荀子·宥坐》“其洸洸乎不淈盡”，楊倞注：“淈，讀爲屈，竭也。”急，《廣雅·釋詁一》：“盡也。”屈急，謂竭盡。元，當作“無”，“長”“藏”前各脱一“爲”字，當從“無爲養民矣”句補。藏蓄，謂積蓄。

④擠，朱右曾訓“墜”甚是，《左傳》昭十三年“知擠于溝壑矣”，杜注：“擠，隊也。”失，喪也。離，《國語·周語下》“日離其名”，韋注：“離，失也。”社稷、宗廟、墳墓，謂君墜其社稷，大夫喪其宗廟，士失其先祖墳墓，《禮記·曲禮下》有“國君去其國，止之曰：‘奈何去社稷也。’大夫，曰：‘奈何去宗廟也。’士，曰：‘奈何去墳墓也’”，可與此對讀。困，《論語·子罕》“不爲酒困”，何晏集解引馬融曰：“亂也。”鬼神，《禮記·樂記》“樂者敦和，率神而從天，禮者别宜，居鬼而從地”，鄭玄注：“鬼神，謂先聖先賢也。”殘，《戰國策·秦策一》“張

儀之殘櫻里疾也”，高誘注：“殘，害也。”愛，《國語·魯語上》“人其以子爲愛”，韋注：“愛，吝也。”言滅其國，亂其鬼神，害其宗族，則不吝惜一死，言殉之之義。

卑辭而不聽，□財而無枝[①]，計戰而□足，近告而無顧[②]，告過而不悔，請服而不得，然後絶好于閉門，循險近説，外授以天命，無爲是，定亡矣[③]。

【疏證】

①聽，《戰國策·秦策二》“寡人不聽也”，高誘注：“聽，受也。”卑辭而不聽，謂不受謙卑之辭令。“財”前脱字，唐大沛、朱駿聲補爲“賂”，恐非是，或當從前文“百姓屈急”補“屈”字。枝，朱右曾解爲“支持”，甚是。屈財而無枝，言竭盡其財而無支持。

②計，《國語·吴語》“以能遂疑計惡”，韋注：“計，慮也。”“足”前脱字或當從上下文作“不”。足，謂周備。計戰而不足，謂慮戰而不周備。近，謂鄰國，與“遠人”相對。告，《國語·魯語上》“卿出告糴”，韋注：“告，請也。”近告，謂鄰國來請告，朱右曾解爲“求鄰國之援”，或誤，當是“鄰國來求我援”之義。無顧，謂不念。

③告過而不悔，謂告其過失而不悔。服，《吕氏春秋·論威》“敵已服矣”，高誘注：“服，降。”請服而不得，謂求降服而不成。絶，謂斷絶。好，《吕氏春秋·貴公》“無或作好”，高誘注：“好，私好。”于，猶以也。閉，《廣雅·釋詁三》：“塞也。”門，謂私門。絶好于閉門，謂閉塞其私門以斷絶私好。循險，猶前所言“循山川之險”。近，謂親近。説，《周禮·秋官·掌交》“達萬民之説”，鄭玄注：“説，所喜也。”授，盧校改作“援”，援，《禮記·中庸》“在下位不援上”，鄭玄注：“援，謂牽持之也。”也，盧校作“矣”。是句言若不斷絶私好，不依險而守，不親近民之所好，又不能外以天命牽持之，則國必亡。

凡有事，君民守社稷宗廟，而先衰亡者，皆失禮也[①]。大事不法弗可作，法而不時弗可行，時而失禮弗可長，得禮而無備弗可成[②]；

舉物不備，而欲□大功於天下者，未有之也[③]。

【疏證】

①事，《禮記·王制》“天子無事”，鄭玄注：“事，謂征伐。”社稷宗廟，謂諸侯之國。《國語·吴語》言：“吴爲不道，求殘吾社稷宗廟，以爲平原，不使血食。”衰，《左傳》襄二十九年“其周德之衰乎”，杜注：“衰，小也。”失禮，《周禮·地官·閭胥》“掌其比觵撻罰之事”，鄭玄注：“觵撻者，失禮之罰也。”孫詒讓正義：“失禮，即不敬，怠慢之事也。”

②大事，同前句“凡有事”，言征伐之事。法，《荀子·不苟》“愚則端愨而法”，楊倞注：“法，謂守法度也。”作，《左傳》襄二十三年“今君聞晋之亂而後作焉”，杜注：“作，起兵也。”不時，謂不得其時。失禮，謂不合于禮。長，《國語·吴語》“以民生之不長”，韋注：“長，久也。”備，謂豫備。成，謂成事。

③舉，《荀子·天論》“舉錯不時”，楊倞注：“舉，謂起兵動衆。”物，《左傳》襄三年“建一官而三物成”，杜注：“物，事也。”舉物，猶言起事。不備，謂無所豫備。脱字或當從前文“弗可成”補“成”字，陳逢衡説是。“有之”二字，盧校從各本倒，甚是。

勢不求周流[①]，舉而不幾其成，亡[②]。薄其事而求厚其功，亡[③]。内無文道，外無武迹，往不復，來者有悔，而求合者，亡[④]。不難不費而致大功，故令未有[⑤]。

【疏證】

①勢，各本作“埶”，非是。《戰國策·秦策一》“其勢不能”，高誘注：“勢，力也。”“勢”後或脱一“而”字。周，謂周遍。流，《荀子·議兵》“是故刑罰省而威流”，楊倞注：“流，行也，言通流也。”《漢書·禮樂志》“周流常羊思所并”，顔師古注：“周流，猶周行也。”

②舉，謂起兵。幾，《小雅·楚茨》“如幾如式”，毛傳：“幾，期。”《大戴禮記·四代》“願學之，幾必能”，孔廣森補注：“幾，期

也。”期，《左傳》哀十六年“期死，非勇也”，杜注：“期，必也。”是句言起兵而不期其必有所成。

③薄，《吕氏春秋·任地》“當時而薄之”，高誘注：“薄，輕也。”求，《禮記·曲禮下》“不求變俗”，鄭玄注：“求，猶務也。”厚，《國語·晋語一》“彼得其情以厚其欲”，韋注：“厚，益也。”功，《荀子·議兵》“隆禮效功”，楊倞注：“功，戰功也。”

④文道，謂文治、文德。迹，《周頌·武》“嗣武受之”，毛傳：“武，迹。”陳奂傳疏：“迹者，道也。”武迹，猶武道、武功。往，《左傳》昭七年“取而臣以往”，杜注：“往，去也。”“往”後或脱一“者”字，黄懷信斷作“往不復來者”，誤。復，《左傳》襄二十八年“在復之頤”，杜注：“復，反也。”來，謂來歸者，《左傳》文七年故“其誰來之”，杜注：“來，猶歸也。”往者不復，來者有悔，謂去其國者不返，來歸其國者悔之。合，《吕氏春秋·有始》“夫物合而成”，高誘注：“合，和也。”

⑤難，《左傳》哀十二年“而藩其君舍以難之”，杜注：“難，苦困也。”費，損也。致大功，謂成大業。故令，當從盧校改作“古今”。

據名而不辱，隱行而不困，唯禮①；得之而無逆，失之而無咎，唯敬②；成事而不難，序功而不費，唯時③；勞而有成，費而不亡，唯當④；施而不拂，成而有權，久之而能□，唯義⑤。

【疏證】

①據，《國語·晋語一》“民各有心無所據依”，韋注：“據，杖也。”辱，《國語·晋語一》“辱之近行”，韋注：“辱，謂被以不義。”隱行，謂隱匿其行。困，窮也。是句言依仗其名而不被以不義，隱匿其行而不窮困，唯合于禮。

②逆，《廣雅·釋詁三》“亂也”。無咎，當從王念孫校作“有咎”。咎，《小雅·伐木》“微我有咎”，毛傳：“咎，過也。”是句言得之而不亂，失之而有過者，唯合于敬。

③序，《讀書雜志·墨子第二》“天不序其德”，王念孫按：“序，順也。”功，《大雅·崧高》“世執其功”，毛傳：“功，事也。”事、功二字同義對舉。是句言成其事而不苦困，順其功而不費損，唯合于時。

④勞，謂勞苦。當，謂正當，《荀子·不苟》“唯其當之爲貴”，楊倞注：“當，謂合禮義也。”是句言雖勞苦而有所成，雖有損而不至于亡，唯得其當。

⑤施，謂施用、施行。拂，《荀子·臣道》“無撟拂”，楊倞注：“拂，違也。”權，謂權變。脱字陳逢衡、唐大沛補“守”，丁宗洛、朱右曾補“安”，朱駿聲補“通”，《淮南子·詮言訓》有“直己而足物，不爲人贛，用之者亦不受其德，故寧而能久”，故丁宗洛、朱右曾補“安”或是。是句言施行而不違，成而有權變，久而能安，唯合于義。

不知所取之量，不知所施之度①，不知動静之時，不知吉凶之事②，不知困達之謀，疑此五者，未可以動大事③。

【疏證】

①取，《荀子·富國》“其於貨財取與計數也”，楊倞注：“取，謂賦斂。”量，《國語·周語下》“釐改制量”，韋注：“量，度也。”施，《國語·周語下》“布憲施舍於百姓”，韋注：“施，施惠。”度、量二字同義對舉。

②動，《大戴禮記·五帝德》“其動也時”，王聘珍解詁：“動，謂動衆使民也。”静，謂安民，猶《大匡》“施舍静衆”之“静”。時，謂四時。吉，《廣雅·釋詁一》：“善也。”凶，《廣雅·釋詁三》：“惡也。”不知吉凶之事，謂不知政令之善惡。

③困，窮也。達，謂通達。困達，猶郭店簡《窮達以時》所言“窮達”。謀，《左傳》昭十三年“有主而無謀”，杜注：“謀，策謀也。”疑，《戰國策·秦策二》“而三人疑之”，高誘注：“疑，猶惑也。”動大事，言舉兵之事。

恃名不久，恃功不立，虚願不至，妄爲不祥。

【疏證】

恃，《小雅·蓼莪》“無母何恃”，陸德明釋文：“恃，恃負也。”名，《禮記·表記》“先王謚以尊名”，鄭玄注：“名者，謂聲譽也。”立，成也。功，謂戰功。虚，空也。願，《爾雅·釋詁下》：“思也。”至，及也。妄，《戰國策·秦策二》“故不敢妄賀”，高誘注：“妄，猶空也。”虚、妄二字同義對舉。是句謂恃負于聲譽則不可長久，恃負于戰功則不可成，虚思則不及，妄爲則不祥。

太上敬而服①，其次欲而得，其次奪而得②，其次争而克，其下動而上資其力③。

【疏證】

①太上，《墨子·親士》“太上無敗，其次敗而有以成”，孫詒讓閒詁：“太上，對其次爲文，謂等之最居上者。”敬而服，謂敵敬我而降服，即《論語·季氏》所謂“修文德以來之”。

②其次，謂等而下之。欲，《大雅·文王有聲》“匪棘其欲”，《禮記·禮器》引作“匪革其猶”，《經義述聞·詩經》“遹追來孝”條，王引之言：“欲、猶古字通。”猶，《廣雅·釋詁二》“猶，欺也”，王念孫疏證：“猷與猶同。”猷，《爾雅·釋詁一》：“謀也。”即《孫子兵法》所謂“上兵伐謀”“不戰而屈人之兵，善之善者也”等。奪，謂强取。

③争而克，謂鬭而勝之。其下，謂等之最居下者。動，謂興兵。上，《魏風·陟岵》“上慎旃哉”，馬瑞辰《毛詩傳箋通釋》言：“上者，尚之假借。”資，《國語·越語上》“夏則資皮”，韋注：“資，取也。”力，《國語·魯語下》“任力以夫”，韋注：“力，謂徭役。”動而上資其力，謂興兵而尚取其徭役，如《史記·白起王翦列傳》“發年十五以上悉詣長平”，言相持而互耗。

凡建國，君民内事文而和，外事武而義，其形慎而殺，其政直而公①。本之以禮，動之以時，正之以度，師之以法，成之以仁，此之道也②。

【疏證】

①建國，謂立國。内事，謂國内之事。文而和，謂修文德以和上下。外事，謂對外征伐。武而義，言有武功而合于義。形，或當作“刑”。慎，即《尚書·康誥》《多方》所言“慎罰”。殺，《荀子·正論》“而罰以殺損也”，楊倞注：“殺，減也。”劉師培讀爲“殺禮之殺”，指省刑言，甚是。政，謂政令。直而公，謂公正之義。

②本，《吕氏春秋·驕恣》“此得失之本也”，高誘注：“本，原也。”動之以時，謂使民以時。正之以度，謂以法度治之。師之以法，謂以法教之。又，師或爲“帥”字形訛，帥，《國語·楚語下》“其直也足以帥之”，韋注：“帥，帥衆也。”成之以仁，謂成事以仁。“之”字前疑脱一“武”字，言此是武之道。

銓法第六十九

【題解】

銓，《國語·吴語》“無以銓度天下之衆寡”，韋注：“銓，稱也。”銓法，或是概括全篇主旨爲題。是篇觀念較完整，性質與前篇《武紀》所見各段類似。從本篇首尾結構看，不似單篇别行之獨立文獻，其或是編者所見之材料，因與其他篇章所論有别，不得整合，故暫錯于此，又或是《逸周書》編者從他處篇章摘節而來。陳逢衡言“此蓋周一代銓選之法雜見于簡册者，首尾疑有脱落，三不遠、三不近，似是中腹文字”，雖未必是周人銓選之法，然言其“中腹文字”則是。另《韓非子》有《三守》篇，結構性質或與此相似。

有三不遠，有三不近，有三不畜。

【疏證】

遠，謂疏遠。近，謂親近。畜，或當作“蓄”，下同，《史略》作“芒由”二字，或爲“蓄”字誤分爲二，孫詒讓説是。蓄，《左傳》襄二十六年“天下誰畜之”，杜注：“畜，猶容也。”

敬謀、祗德、親同，三不遠也。

【疏證】

祗，亦敬也。親，近也。同，《左傳》僖八年“不赴于同”，杜注：“同，同盟。”親同，謂近其同盟者。

聽讒自亂，聽諛自欺，近憝自惡，三不近也。

【疏證】

聽，從也。讒，《説文》："譖也"，《大雅·桑柔》"朋友已譖"，鄭箋："譖，不信。"孔穎達正義："讒、譖是僞妄之言。"諛，謂諂諛奉承之言。慭，《廣雅·釋詁三》："惡也。"

有如忠言，竭親以爲信①，有如同好，以謀易寇②，有如同惡，合計㨾慮，慮泄事敗，是謂好害③，三不畜也。

【疏證】

①有，猶如也，有、如二字同義連用，各本倒作"如有"，亦通。竭親，朱右曾言"敗其所親近者以取信于君"，説甚是。信，《荀子·王制》"信其友敵之道"，楊倞注："信，謂使人不疑。"

②同好，謂所親好者同。易，《經義述聞·左傳上》"惡之易也"條，王引之按引王念孫曰："易者，延也。"延，《禮記·曲禮上》"主人延客祭"，鄭玄注："延，道也。"寇，謂兵作于外。延寇，謂引導外寇。

③同惡，謂所厭惡者同。合，聚也。計，《廣雅·釋詁四》："謀也。"㨾，或當從朱右曾作"播"。播慮，謂散播其謀，啓後文"慮泄事敗"而言。慮，謀也。好害，謂樂禍。以其絶親、外通、樂禍，故不能容。

器服第七十

【題解】

本篇或取首句“器服”二字爲題，羅家湘以爲性質爲隨葬之遣策，甚是。望山2號墓楚簡首簡有“車與器之典”，可與此對讀。然此遣策是否即汲冢之遣策，則證據不堅。羅家湘言“無孔晁注，説明孔晁之前不存”（《〈逸周書·器服解〉是一份遣策》，《文獻》2001年第2期，第10頁），説非是。是篇所載諸物，較之望山楚簡、包山楚簡所見遣策，規制、數目、花色皆遠遜。上所言二墓尚非王陵，何況汲冢信爲魏王之冢，其規制不當不如楚國之臣。

明器：因①，外有三疲二②，

【疏證】

①明器，謂死者所陪葬之器。《禮記·檀弓上》言：“夫明器，鬼器也。祭器，人器也。夫古之人，胡爲而死其親乎？”猶曹家崗5號墓簡册簡1所見“葬器”二字。因，當從潘振、朱右曾讀爲“茵”，即《儀禮·既夕禮》“加茵”之“茵”，鄭玄注：“茵，所以藉棺者。”《禮記·少儀》“茵席枕”，鄭玄注：“茵，著蓐也。”望山2號墓楚簡簡47有“一丹緅之茵”，即書作“因”。

②外，《廣雅·釋詁四》：“表也。”引申爲“貌”，《大戴禮記·曾子事父母》“不養於外”，王聘珍解詁：“外，謂貌也。”即《儀禮·既夕禮》所言之“有幅”。有、疲二字，或當從孫詒讓作“直、廣”，有、直，疲、廣皆形近而誤。直三廣二，猶《儀禮·既夕禮》所言“加茵，用疏布，

緇翦，有幅，亦縮二横三”，然不當改作“直二廣三”。縮，《儀禮·士喪禮》“横三縮一”，鄭玄注：“縮，從也。”從，讀爲“縱”。直，亦縱也。馬王堆1號漢墓遣策簡287言“滑辟席一，廣四尺長丈”。是句言明器：茵，其貌直三廣二。

用器①：服、數犢四②，棓、禁、豐一③，觴。荒。韋獨④。

【疏證】

①“用”字當屬下讀，潘振、唐大沛説是。用器，與上文“明器”、下文“食器”相應，劉師培説是。《禮記·王制》有“用器不中度，不粥於市”。用器，謂所用之器。

②服，或讀爲“箙”，《周禮·春官·巾車》“小服皆疏”，鄭玄注：“服，讀爲箙。小箙，刀劍短兵之衣。”潘振言“矢服”，或是。數，各家皆讀爲“素”，甚是。素，《禮記·檀弓下》“奠以素器”，鄭玄注：“凡物無飾曰素。”犢，當作“韥”，《廣雅·釋器》“韣，弓藏也”，王念孫疏證：“韥，與韣同。”《説文》“韥”字條王筠句讀言：“韥，即是箙。”服、數犢四，謂箭箙、弓韥各四。

③棓，當從王念孫解爲“桮”字之誤。桮，《廣雅·釋器》“盃，杯也”，王念孫疏證：“桮，與杯同。”湖北雲夢大墳頭1號漢墓遣策簡1.7.6即作“醬桮十”。禁，《儀禮·士冠禮》“兩甒有禁”，鄭玄注：“禁，承尊之器也。名之爲禁者，因爲酒戒也。”《儀禮·士昏禮》“有禁”，鄭玄注：“禁，所以庪甒者。”《禮記·禮器》“大夫士棜禁”，鄭玄注：“禁，如今方案，隋長，局足，高三寸。”朱右曾言“禁，所以庪甒，如方案，橢長，足高三寸”，或本上所引鄭玄注而來。豐，《儀禮·燕禮》“有豐”，鄭玄注：“豐，形似豆，卑而大。”《儀禮·公食大夫禮》“加于豐”，鄭玄注：“豐，所以承觶者也，如豆而卑。”棓、禁、豐，皆酒器。

④觴，朱右曾言“讀爲觴，酒器也”，説甚是。荒，或當作“幠”，《廣雅·釋詁二》“幠，覆也”，王念孫疏證：“《禮記》‘毋幠毋敖’，《大戴》作‘無荒無傲’。”幠，《儀禮·既夕禮》“幠用夷衾”，鄭玄注：

“幠，覆之，爲其形露。”韋，《儀禮·聘禮》“君使卿韋弁”，鄭玄注：“皮韋同類”，賈公彦疏：“去毛熟治則曰韋。”獨，或即望山楚簡、曹家崗5號墓楚簡所見之“緍”，如望山簡48“丹絉之緍”、簡49“皆紡緍”，曹家崗簡7有“緍席”。是字或通爲“韣”，《禮記·内則》“斂簟而韣之”，鄭玄注：“韣，韜也。”韜，《説文》段注：“引申爲凡包藏之稱。”即今俗所謂“套”。

食器：甒①、迤②、膏侯、屑侯③。

【疏證】

①食器，即長臺關楚簡2-012所言“集脰之器”。甒，元刊本誤分爲“瓦無”二字，非是。《儀禮·既夕禮》“甒二”，鄭玄注：“甒，亦瓦器也，古文甒皆作廡。”朱右曾言：“甒，酒器，中寬，下直，上鋭，平底。陶瓦爲之，容五斗。”

②迤，當作“匜”，王念孫説是。匜，《左傳》僖二十三年“奉匜沃盥”，杜注：“匜，沃盥器也。”孔穎達正義引《説文》言“似羹魁，柄中有道，可以注水”，亦可以之盛酒，《禮記·内則》“敦、牟、卮、匜”，鄭玄注：“匜，酒漿器。”然孫詒讓以“匜”非食器，謂當從朱右曾讀爲“酏”，然“酏”或訓爲“酒”，或解爲“薄粥”，皆非器名，故仍宜暫從王念孫説。匜，楚簡多作“鉈”，如包山楚簡266言“一盤一鉈”，對應所出之物即爲盤匜。

③膏，或爲“櫜”之誤字，孫詒讓讀爲“筲”，恐非是。《周禮·地官·大司徒》“其植物宜膏物”，鄭玄注：“膏，當爲櫜，字之誤。”櫜，《大雅·公劉》“乃裹糇糧，於櫜於囊”，毛傳：“小曰櫜，大曰囊。”長臺關楚簡2-025有“二櫜”、江蘇邗江胡廠5號漢墓遣策木觚有“五種櫜、粱米櫜、餅米櫜、酒米櫜”等，或即是此類。侯，諸家多讀爲“餱”，餱，《左傳》宣十一年“具餱糧”，杜注：“餱，乾食也。”即前引《公劉》所言“乃裹糇糧”之“糇”，陸德明釋文：“餱，音侯，食也，字或作糇。”膏侯，或當倒作“侯膏”，謂裹餱之櫜。屑侯，或亦當從前句倒作“侯屑”。

屑，或是“筲”之誤字，《論語·子路》“斗筲之人何足算也”，何晏集解引鄭玄曰：“筲，竹器，容斗二升。”矦屑，謂盛餱之筲。

樂：鉍㻚①，參冠一竿，皆素獨②。

【疏證】

①“樂”後或脱一“器”字，當據前文“明器、用器”等補。鉍㻚，劉師培以爲是下文“矢韋獨”後錯簡，鉍疑爲柲，㻚或作“楪”，爲“韘”字假借。韘，《説文》：“射决也，所以拘弦。”可暫從。

②參冠一竿，王念孫據《玉海》七十八作改“參笙一竽”，甚是。長臺關楚簡2-03有“二笙，一簅竽”，可證此説。素，《戰國策·燕策一》“齊人紫敗素也”，鮑彪注：“素，白繒。”素獨，謂以白繒爲套。

二丸弇①，焚菜、膾②。五昔③。

【疏證】

①丸，當爲“瓦”字形訛，孫詒讓説是。弇，當從孫詒讓改作“𢍏”，弇、𢍏二字形近而誤。𢍏，即“登”字，《爾雅·釋器》“瓦豆謂之登”，陸德明釋文：“登，本又作鐙。”《儀禮·公食大夫禮》“宰右執鐙”，鄭玄注：“瓦豆謂之鐙。”

②焚，孫詒讓謂當爲“樊”，即“繁”字。下文“焚纓”即《左傳》成二年“請曲縣繁纓以朝”之“繁纓”。《左傳》成十七年“今衆繁而從余三年矣”，杜注：“繁，猶多也。”菜，《禮記·學記》“皮弁祭菜”，鄭玄注：“菜，謂芹藻之屬。”膾，《論語·鄉黨》“膾不厭細”，皇侃義疏：“細切魚及肉皆曰膾也。”是句言一瓦鐙衆菜，一瓦鐙衆膾。

③昔，當從潘振、陳逢衡讀爲“腊”，腊，《儀禮·有司徹》“無腊與膚”，鄭玄注：“腊爲庶羞。”羞，《儀禮·既夕禮》“燕養饋羞”，鄭玄注：“羞，四時之珍異。”另，《周禮·天官·腊人》“凡田獸之脯腊膴胖之事”，鄭玄注：“腊，小物全乾。”是“腊”即干肉之類，即包山楚簡簡255“脩一簣，脯一簣”之“脩、脯”。

纁裹桃枝，素獨①，蒲簟席，皆素斧獨巾②：

【疏證】

①纁，《儀禮·士冠禮》“服纁裳”，鄭玄注：“三入謂之纁。”《爾雅·釋器》作“三染謂之纁”，郭璞注：“纁，絳也。”《尚書·顧命》“皆麻冕彤裳”，僞孔傳：“彤，纁也。”孔穎達正義：“纁是赤色之淺者。”裹，謂衣内，望山楚簡簡59有“縞裏”。字又作“緾”，包山楚簡268有“丹黄之緾”，或即此“纁裹”。桃枝，《尚書·顧命》“篾席”，僞孔傳：“桃枝竹。”《爾雅·釋草》言“桃枝，四寸有節”，此謂以桃枝爲席，《周禮·春官·司几筵》“加次席黼純”，鄭玄注：“次席，桃枝席。”素獨，謂以白繒爲套。

②蒲，朱右曾言“水草蒲席”，甚是。簟，《禮記·喪大記》“君以簟席”，鄭玄注：“簟，細葦席也。”《小雅·斯干》“下莞上簟”，鄭箋：“竹葦曰簟。”素斧獨巾，當從王念孫改作“素獨斧巾”。斧，《禮記·檀弓上》“加斧於椁上”，鄭玄注：“斧之謂黼，白黑文也。”巾，《周禮·春官·序官》“巾車”，鄭玄注：“巾，猶衣也。”巾，包山楚簡簡259作“縸”。斧巾，與前“素獨”對言。

玄繢綏①，縞冠素紕②，玄冠組武卷组纓③。

【疏證】

①玄，《小雅·何草不黄》“何草不玄”，鄭箋：“玄，赤黑色也。”“玄”下或脱一“冠”字，王念孫説是。繢，王引之《經義述聞·周禮》“繢純”條言：“繢，爲赤色之組。”組，《尚書·禹貢》“厥篚玄纁璣組”，僞孔傳：“組，綬類。”綏，《儀禮·士冠禮》“其綏也”，鄭玄注：“綏，纓飾。”《説文》言“綏，繫冠纓也”。玄冠繢綏，言玄冠而以赤黑之綬繫冠纓者。

②縞，《左傳》襄二十九年“與之縞帶”，陸德明釋文：“縞，古老反，徐古到反，繒也。”《禮記·雜記上》“委武玄縞而後蕤”，鄭玄注：“縞，縞冠也。”《禮記·檀弓上》“祥而縞”，孔穎達疏：“縞，謂縞

冠，大祥日著之。”紕，《禮記·玉藻》“縞冠素紕”，鄭玄注：“紕，緣邊也。”縞冠素紕，謂縞冠而以素飾其邊。

③“玄冠”二字或上文所脱，誤移于此，孫詒讓説是。組，綬也。武，《禮記·玉藻》“縞冠玄武”，鄭玄注：“武，冠卷也。”卷，孫詒讓言“武與卷同物，亦不當兩出，疑卷即武字之注，誤入正文，而注又脱一武字”，説甚是。組纓，望山2號墓楚簡簡62有“二組纓”，包山楚簡簡259有“一獬冠組纓”。

象□□瑱①、絺紳帶、象玦②。朱極韋③。素獨簟、籥捍④。次車羔冒□純⑤。載杠綫⑥、喪、勤、焚、纓一⑦。

【疏證】

①“象”後二脱字其後者作“[illegible]”，疑爲“緯”之壞字，王念孫引《玉海》卷七十八作“象琪繢瑱”，王念孫校或是。琪，當從王念孫讀爲“璂”，亦即朱右曾所言“璂”字。《周禮·夏官·弁師》“王之皮弁，會五采玉璂，象邸玉笄”，鄭玄注：“皮弁之縫中，每貫結五采玉十二以爲飾，謂之綦。”此以象牙爲之。繢，謂赤色之組。瑱，《儀禮·士喪禮》“瑱用白纊”，鄭玄注：“瑱，充耳。”此以赤色之組爲之。

②絺，《儀禮·大射》“用錫若絺”，鄭玄注：“絺，細葛也。”紳，《禮記·内則》“紳，搢笏”，鄭玄注：“紳，大帶，所以自紳約也。”帶，或是“紳”字旁注竄入，如上句“武卷”之例。玦，不當以“射决”解之。《禮記·内則》“端韠紳，搢笏”，後有“右佩玦”，故玦當爲佩紳之物。《左傳》閔二年“金寒玦離”，杜注：“玦，如環而缺不逭。”《國語·晋語一》“佩之金玦”，韋注：“玦，如環而缺，以金爲之。”是玦未必以玉爲之，象玦，謂以象牙爲之。

③朱極，《儀禮·大射》“朱極三”，鄭玄注：“極，猶放也，所以韜指，利放弦也，以朱韋爲之。”鄭玄以此爲射箭所用之扳指。朱，赤也。韋，謂以熟皮爲之。

④素獨簟，謂竹席而以白繒爲套者。籥，謂編竹。捍，或即曾臺關楚簡

2-015所見“一丹緎之衦”，是字裘錫圭、李家浩疑爲《説文》所言“釬”（《曾侯乙墓竹簡釋文與考釋》，文物出版社，1989年，第523頁）。釬，《説文》言“臂鎧也”，《管子·戒》“弛弓脱釬”，《北堂書鈔》第一二六引作“弛弓脱捍”。籥捍，謂臂鎧而以編竹爲之者。

⑤次車，猶《尚書·顧命》“次輅在右塾之前”所言“次輅”，僞孔傳：“先輅象，次輅木，金、玉、象皆以飾車，木則無飾。”羔冒，當從孫詒讓讀爲《禮記·玉藻》所見“君羔幦虎犆”之“羔幦”，鄭玄注：“幦，覆苓也。”《廣雅·釋詁二》“幎，覆也”，王念孫疏證：“車覆軾謂之幦。”脱字或當從《玉藻》補“虎”。朱右曾、劉師培皆以“純”爲《玉藻》“犆”字。純，《儀禮·公食大夫禮》“緇布純”，鄭玄注：“純，緣也。”犆，《玉藻》鄭玄注：“犆讀皆如‘直道而行’之‘直’，直謂緣也，此君齋車之飾。”緣，《禮記·玉藻》“緣廣寸半”，鄭玄注：“緣，飾邊也。”次車羔冒□純，謂以羔覆車之軾，以虎飾車之緣。

⑥載，謂車所載，包山楚簡簡273言：“其上載，絛旌、毫首。”“杠綫、喪、勤、焚纓”或皆其所載之物。劉師培、陳漢章皆以車類解之，恐非是。杠，或即“旌”字形訛，包山楚簡簡269言：“其上載：朱旌，一百條四十條翠之首。”《左傳》哀二十三年“可以稱旌繁乎”，杜注：“繁，馬飾繁纓也”，此即以“旌、纓”并舉。綫，或即曾侯乙墓竹簡所見“銭”如簡77言“其格轡黄金之銭”，字又作“玳”，如簡42言“二載扈，黄金之玳”。銭，或當從整理者解爲“飾”。杠綫，或謂旌旗之飾。

⑦喪，丁浮山、朱右曾讀爲“繐”，恐非是。此字或當作“襄”，襄、喪二字形近而誤。襄，讀爲“纕”，《國語·晋語二》“亡人之所懷挾纓纕”，韋注：“纕，馬帶。”纕、纓二字連用，同于《器服》。下文“勤”當爲“勒”字之誤，王念孫説是。望山楚簡簡6有“㯃雕革”，即讀爲“漆雕勒”。纕、勒、繁、纓皆爲馬具，故可并舉。焚纓，即《左傳》成二年所見“請曲縣繁纓以朝”之“繁纓”。杜注：“繁纓，馬飾。”《禮記·禮器》“大路繁纓一就”，孔穎達疏：“繁，謂馬腹帶也。”纓，《國語·晋語二》“亡人之所懷挾纓纕”，韋注：“纓，馬纓也。”《左傳》桓二年

“肇、厲、游、纓”，杜注：“纓，在馬膺前，如索帬。”

給器因名有三：幾玄茵[①]，纁裹桃枝獨蒲席，皆素布獨巾，玄象玄純[②]。

【疏證】

①給，《國語·周語下》“外内齊給”，韋注：“給，備也。”備器，亦用器之義。因，當從前文作“茵”，謂著蓐。名有三，後或有脱文，當從前文補作“直三廣二”。幾，《禮記·郊特牲》“丹漆雕幾之美”，鄭玄注：“幾，謂漆飾沂鄂也。”沂鄂，亦作“垠鄂”，謂端崖邊界之義。《説文》“垠”字段注言：“古者邊界謂之垠咢。”菌，亦當從前文作“茵”。幾玄茵，謂黑色之著蓐而以漆飾其邊。

②纁裹桃枝，謂桃枝席而赤裹者。“獨”字疑爲衍文，當删去，王念孫説是。蒲席，謂席而以蒲爲之者。素布獨巾，或當作“素獨布巾”，王念孫説是。素獨，謂以白繒爲套。布巾，謂以布爲其衣而包藏之。玄，黑也。象，或爲“冡”字形訛，孫詒讓説是。冡，即“幏”字，《廣雅·釋器》：“幏，巾也。”王念孫疏證：“幏之言蒙也。”純，《論語·子罕》“今也純，儉”，何晏集解引孔安國曰：“純，絲也。”《儀禮·士冠禮》“純衣”，鄭玄注：“純衣，絲衣也。”玄象玄純，謂黑巾而以黑絲爲之者。

周書序

昔在文王，商紂并立，困于虐政，將弘道以弼無道，作《度訓》。

【疏證】

昔在文王，謂在文王之時。并，當讀爲“方”，傳世本《老子》“萬物并作”，郭店簡《老子甲》作“萬物方作”，帛書甲、乙本作“萬物旁作”。困，猶病也，《戰國策·秦策一》“士民病”，高誘注：“病，困也。”虐，《尚書·金縢》“遘厲虐疾”，僞孔傳：“虐，暴也。”弘，《大雅·民勞》“而式弘大”，鄭箋：“弘，猶廣也。”弼，《國語·越語下》“憎輔遠弼”，韋注：“矯過爲弼。”

殷人作教，民不知極，將明道極以移其俗，作《命訓》。

【疏證】

作，《大雅·皇矣》“帝作邦作對”，鄭箋：“作，爲也。”教，《荀子·大略》“以其教出畢行”，楊倞注：“教，謂戒令。”不知極，謂不知常。明，謂彰明。道極，猶言常道。劉師培疑“極”爲衍文，非是。移其俗，言變其風俗。

紂作淫亂，民散無性習常，文王惠和化服之，作《常訓》。

【疏證】

作淫亂，謂爲淫亂之事。散，《荀子·修身》“庸衆駑散”，楊倞注：“散，不拘檢者也。”“無”後或脱一“紀”字，當從下文“民散無紀”補之，孫詒讓説是。“性習常”上或脱一字，孫詒讓説是，或可據上下文義補作“失”字，猶《左傳》襄十四年“天生民而立之君，使司牧之，勿使失性”、《商君書·算地》“求名，失性之常”。失性，亦見于《莊子·天地》“且夫失性有五”，猶言縱佚其性，是承前文“作淫亂”而言。習常，謂積習以爲常，謂以縱佚淫亂之事爲常。惠，愛也，《左傳》昭四年有“紂作淫虐，文王惠和”，此或即《周書序》所本。惠和，謂以惠愛和民。化，謂教化。服，謂順服。

上失其道，民散無紀，西伯修仁明耻示教，作《文酌》。

【疏證】

上，《國語·齊語》“不用上令者”，韋注：“上，君長也。”紀，謂綱紀。西伯，謂文王。修，《國語·晋語五》“而不修天罰”，韋注：“修，行也。”仁，謂仁愛。明耻，謂明其所羞惡者。示，《讀書雜志·荀子第八》“以示下民”，王念孫按：“示，本作施。”示教，猶施教，謂行其教化。

上失其道，民失其業，□□凶年，作《糴匡》。

【疏證】

失，猶喪也。業，《國語·魯語上》“非故業也”，韋注：“業，事也。”脱字丁宗洛補“以救”，朱駿聲補作“閔恤”，脱字當有“匡救”之義，乃啓後文“糴匡”而言。

文王立，西距昆夷①，北備玁狁，謀武以昭威懷②，作《武稱》。

【疏證】

①距，《戰國策·齊策六》“距全齊之兵”，鮑彪注：“距、拒同，捍也。”昆夷，《孟子·梁惠王下》有“文王事昆夷”，《小雅·采薇》序“西有昆夷之患”，鄭箋：“昆夷，西戎也。”《漢書·匈奴傳》“周西伯昌伐畎夷”，顔師古注：“畎夷，即畎戎也，又曰昆夷。昆，字或作混，又作緄，二字并音工本反。昆、緄、畎聲相近耳，亦曰犬戎也。”即《大雅·

緜》“混夷駾矣”所見“混夷”。

②備，《國語·吴語》“審備則可以戰乎”，韋注：“備，守禦之備。”玁狁，謂匈奴，詳《王會》“匈戎狡犬”條。謀，《周禮·春官·大卜》“四曰謀”，鄭玄注引鄭司農云：“謀，謂謀議也。”武，謂武事，《大雅·常武》“王奮厥武”，陳奂《詩毛氏傳疏》言：“武，即序所謂武事也。”昭，明也。威懷，潘振言是“可畏之威、可懷之德”，甚是。

武以禁暴，文以綏德，大聖允兼，作《允文》。

【疏證】

禁，《戰國策·秦策一》“王不能禁”，高誘注：“禁，止也。”暴，《孟子·告子上》“凶歲子弟多暴”，趙岐注：“暴，惡也。”《左傳》宣十二年“夫武，禁暴，戢兵，保大，定功，安民，和衆，豐財者也”，《荀子·議兵》“彼兵者所以禁暴除害也，非爭奪也”，可與此句對讀。綏，安也。大聖，謂至通達者。允，信也。兼，言文武兼而有之。

武有七德，文王作《大武》《大明武》《小明武》三篇。

【疏證】

序作“七德”，則《大武》脱作“六德”，當在全書編成之後。元刊本“文”字泐。

穆王遭大荒，謀救患分災，作《大匡》。

【疏證】

考之上下文，“穆王”當爲“文王”之誤，盧校是。遭，遇也。謀，圖也。救，《禮記·檀弓下》“扶服救之”，鄭玄注：“救，猶助也。”分，《左傳》昭十四年“分貧振窮”，杜注：“分，與也。”分災，謂施舍賑災。元刊本“作”字泐。

□□□□□□□□□□□□□□□□□□□□□□□□□□□，作《九間》。

【疏證】

“九間”前商有《程典》《程寤》《秦陰》《九政》四題，朱駿聲補此二十八字作“文王率六州事商，作《程典》《程寤》。文王康民立政，作《秦陰》《九政》。文王爲西伯”，可暫從。九間，當從盧校改作“九開”。開，本或當作“啓”，漢景帝諱，下《文開》《寶開》《大開》《小開》《大開武》《小開武》《成開》之“開”或并當作“啓”。啓，謂開教之義，《左傳》襄二十五年“啓敝邑之心”，杜注：“啓，開也。”

文王唯庶邦之多難，論典以匡謬，作《劉法》。

【疏證】

唯，猶以也，用如《左傳》僖二年“冀之既病，則亦唯君故”。庶，《小雅·天保》“以莫不庶”，毛傳：“庶，衆也。”難，猶患也。論，《荀子·解蔽》“以正志行察論”，楊倞注：“發言爲論。”典，《周頌·維清》“文王之典”，毛傳：“典，法也。”匡，《小雅·六月》“以匡王國”，鄭箋：“匡，正也。”謬，誤也，朱右曾説是。劉，《周頌·武》“勝殷遏劉”，毛傳：“劉，殺。”

文王卿士諗發教禁戒，作《文開》。

【疏證】

諗，《小雅·四牡》“將母來諗”，毛傳：“諗，念也。”鄭箋：“諗，告也。”《國語·魯語上》“使吾無忘諗”，韋注：“諗，告也。”卿士諗，丁宗洛謂宜倒作“諗卿士”，説或是。發，《商頌·長發》“遂視既發”，鄭箋：“發，行也。”教，謂教化。禁，《大戴禮記·千乘》“君發禁”，王聘珍解詁：“禁，政教也。”戒，猶法也。

維美公命于文王，修身觀天以謀商難，作《保開》。

【疏證】

美，朱右曾疑爲“太”，于鬯、孫詒讓疑爲“姜”，于鬯言“美”字或爲“姜大”二字訛合，或是。美公，即謂太公。命，《禮記·樂記》“天地之命”，鄭玄注：“命，教也。”修身，謂修治其身。觀天，謂觀天之時，潘振説是。謀，謂謀議。難，患也。

文王訓乎武王以繁害之戒，作《八繁》。

【疏證】

訓，《大雅·抑》“四方其訓之”，毛傳：“訓，教。”乎，猶于也。繁，《廣雅·釋詁三》：“衆也。”害，《戰國策·秦策二》“而無伐楚之害”，高誘注：“害，危也。”戒，《左傳》襄三年“不虞之不戒”，杜注：“戒，備也。”繁，疑爲“索”字形訛，《周書序》作者誤“索”爲“繁”字，乃以“繁害之戒”爲説。八索，見《左傳》昭十二年“是能讀三墳五典，八索九丘”，《國語·鄭語》“正七體以役心，平八索以成人，建九紀以立純德”。索，《左傳》定四年“疆以周索”，杜注：“索，法也。”

文王在酆，命周公謀商難，作《酆保》。

【疏證】

謀商難，謂謀議殷商之患，所言者，雖周之保，亦商之患，故朱右曾言以“篇中皆保國之謀”而非“謀商難”之説，恐非是。保，《國語·周語上》“保任戒懼”，韋注：“保，守也。”

文啓謀乎後嗣以修身敬戒，作《大開》《小開》二篇。

【疏證】

“啓”前或脱一“王”字，丁宗洛説是。啓，《國語·周語下》“若啓先王之遺訓”，韋注：“啓，開也。”謀，《左傳》昭十三年“有主而無謀三也”，杜注：“謀，策謀也。”乎，當作“于”。戒，《廣雅·釋詁二》“戒，備也”，王念孫疏證：“戒、誡古通用。”《荀子·彊國》“發誡布令而敵退”，楊倞注：“誡，教也。”敬戒，謂敬文王之教。

文王有疾，告武王以民之多變，作《文儆》。

【疏證】

變，謂變易。多變，謂民性之變易無常。

文王告武王以序德之行，作《文傳》。

【疏證】

序，《讀書雜志·墨子二》"天不序其德"條，王念孫言："序，順也。"此正與正文所言"汝所保、所守"相應。行，《左傳》昭二十五年"民之行也"，杜注："行者，人所履行。"傳，《大戴禮記·保傅》"簡聞小誦不傳不習"，王聘珍解詁："傳，述也。"

文王既没，武王嗣位，告周公禁五戎，作《柔武》。

【疏證】

没，《國語·晋語四》"管仲没矣"，韋注："没，終也。"没，或作"歿"，《左傳》哀十六年"君其不没於魯乎"，《漢書·五行志》作"君其不歿於魯乎"。嗣，《國語·鄭語》"武其嗣乎"，韋注："嗣，繼也。"禁五戎，謂不爲五事。

武王忌商，周公勤天下，於大、小《開武》二篇。

【疏證】

忌，《國語·晋語三》"而忌處者"，韋注："忌，惡也。"勤，《吕氏春秋·古樂》"勤勞天下"，高誘注："勤，憂。"於，當爲"作"字之誤。

武王評周公，維道以爲寶，作《寶典》。

【疏證】

評，盧校疑爲"訊"。王念孫則以爲"誶"字，以隸書"卒"與"平"形近易訛，説甚是。訊，《爾雅·釋詁上》"告也"，陸德明釋文："沈音'粹'，郭音'碎'，告也，本作訊。"《小雅·正月》"訊之占夢"，毛傳："訊，問也。"道以爲寶，猶言以道爲所保守者。典，《左傳》文六年"制事典"，杜注："典，常也。"

商謀啓平周，周人將興師以承之，作《酆謀》。

【疏證】

謀，慮也，《説文》："慮難曰謀"。啓，猶《左傳》定四年"管蔡啓商"之"啓"，俞樾訓"發"或是。謀啓，丁宗洛、俞樾疑當倒作"啓謀"，恐非是。平，當作"乎"，俞樾説是。乎，猶于也。興，謂起、發之義，《漢書·卜式傳》"日者北邊有興"，顔師古注："興，謂發軍。"興師，猶下句所言"起師"，即後世所言"發兵、起兵"。承，《魯頌·閟宫》"則莫我敢承"，毛傳："承，止也。"朱右曾訓爲"應"，亦不誤。

武王將起師伐商，寤，有商儆，作《寤儆》。

【疏證】

起師，謂起兵。寤，《説文》"寐覺而有信曰寤"，《程寤》《和寤》《武寤》等皆同。有商，即商。儆，謂戒備。有商儆，謂商人有所戒備。

周將伐商，順天革命，申喻武義以訓乎民，作《武順》《武穆》二篇。

【疏證】

革命，謂更革殷之天命。申，《漢書·文帝紀》"申教令"，顔師古注："申，謂約束之。"喻，《論語·里仁》"君子喻於義"，皇侃義疏："喻，曉也。"字亦作"諭"，《漢書·項籍傳》"諭以所爲"，顔師古注："諭，曉告也。"申喻武義，謂曉告、約束以武之要義。訓，《大雅·抑》"四方其訓之"，毛傳："訓，教也。"乎，猶于也。順，當讀爲"訓"。穆，敬也，朱右曾説是。武穆，謂武之所當敬者。

武王將行大事乎商郊，乃明德□衆，作《和寤》《武寤》二篇。

【疏證】

大事，朱右曾謂"弔伐之事"，甚是。故書多以"行大事"諱犯上奪位之舉，如《左傳》文元年以"能行大事乎"指弑殺楚成王之舉，昭元年以"令尹將行大事"指公子圍將行篡逆。乎，猶于也。明，《戰國策·東周策》“明群臣據故主”，鮑彪注：“明，猶示也。”脱字或當從王念孫補“於”字。明德於衆，謂明示德行於衆人。

武王率六州之兵，車三百五十乘以滅殷，作《克殷》。

【疏證】

六州，猶《程典》所言“文王合六州之侯”，是據《論語·泰伯》“三分天下有其二”爲説。三百五十乘，據《克殷》首句之文。《孟子·盡心下》言“武王之伐殷也，革車三百兩，虎賁三千人”。《吕氏春秋·簡選》“虎賁三千人，簡車三百乘”、《吕氏春秋·貴因》“選車三百，虎賁三千”、《史記·周本紀》“戎車三百乘”，或皆取其約數。克，勝也。

武王作剋商，建三監以救其民，爲之訓範，□□□□□□□□□作《大聚》。

【疏證】

“作剋商”，或當從盧校改作“既剋商”。此或可斷句爲“武王作，剋商”。武王作，用如《孟子·離婁上》“聞文王作興”，清華簡三《傅説之命下》簡3言“弼永延，作余一人”。作，興也。《左傳》襄二十三年“今君聞晋之亂而後作焉”，杜注：“作，起兵也。”建三監，謂設立三監。三監，謂管、蔡、霍。救，言“匡救、治理”之義，《吕氏春秋·勸學》“是救病而飲之以堇也”，高誘注：“救，治也。”訓，教也。範，法也，朱右曾説是。“訓範”後元刊本加注“此有脱簡”四字。爲之訓範，謂作以教化、常法。

□□□□，□□□□，□□□。

【疏證】

“大聚”後元刊本亦加注“此有脱簡”四字。此當是《世俘》之序。《武成》篇書序言“武王伐殷，往伐歸獸，識其政事，作《武成》”，往伐歸獸，或當作“征伐歸狩”，故此處可據補爲“武王克商，征伐歸狩，作《世俘》”，正與文義相合。

武王既釋箕子囚，俾民辟，寧之以王，作《箕子》。

【疏證】

釋，《左傳》襄二十八年“釋盧蒲嫳于北竟”，杜注：“釋，放也。”釋箕子囚，即《克殷》所言“釋箕子之囚”。囚，拘也。俾，使也。陳漢章言“民辟”當倒作“辟民”，言君民，恐非是。辟，當爲“辟除”之義，《國語·晋語二》“里克辟奠”，韋注：“辟，去也。”俾民辟，即《克殷》所言“釋百姓之囚”。寧，安也。王，陳漢章謂當是“土”字之誤，或是。寧之以土，謂安之以邦土，或涉封箕子于朝鮮之事。《廣韻》登部“朋”字注引《書》云“武王悦箕子之對，賜十朋”，惠棟言此句或出此《箕子》篇，或可備一説。

武王秉天下，論德施□，而□位以官，作《考德》。

【疏證】

秉，《大雅·烝民》“民之秉彝”，鄭箋：“秉，執也。”論，《吕氏春秋·論人》“此賢主之所以論人也”，高誘注：“論，猶論量也。”“施”下脱字，陳逢衡補“惠”，或從《禮記·月令》“布德和令，行慶施惠”而來，《説苑》亦多見“布德施惠”。又可據《孟子·梁惠王上》“今王發政施仁”補“仁”字。“位”前脱字，或可從《周禮·天官·冢宰》“以官府之六叙正群吏，一曰以叙正其位”補“正”字，朱駿聲補“定”字亦通。考德，一作“耆德”，《漢書·律曆志》載劉歆《世經》言“少昊帝：《考德》曰：‘少昊曰清。’清者，黄帝之子清陽也，是其子孫名摯立”，劉歆所引《考德》，今已亡，《逸周書》存目作《耆德》。考，《大雅·文王有聲》“考卜惟王”，鄭箋：“考，猶稽也。”《尚書·堯典》“曰若稽古”，僞孔傳：“稽，考也。”稽德，言稽考其德，故篇内作“耆德”誤，當從《周書序》改作“考德”。

武王命商王之諸侯綏定厥邦，申義告之，作《商誓》。

【疏證】

商王之諸侯，即正文所言“告爾伊舊何父□□□□幾、耿、肅、執，乃殷之舊官人序文□□□□，及太史比、小史昔，及百官里居獻民，□□□來尹師之”，然作序者不別王官、邦君、諸侯，而泛以諸侯稱之，或是世易事革之故。綏，《左傳》宣十二年“綏萬邦”，杜注：“綏，安也。”綏定，即安定。厥邦，謂聽告諸侯所領之邦國。申，言約束之義，用如《孟子·梁惠王上》“申之以孝悌之義”。義，宜也。告，《禮記·玉藻》“燕居告温温”，鄭玄注：“告，謂教使也。”

武王平商，維定保天室，規擬伊洛，作《度邑》。

【疏證】

平，《周禮·夏官·大司馬》“以佐王平邦國”，鄭玄注：“平，成也，正也。”平商，故書少見，《史記·齊太公世家》有“於是武王已平商而王天下”。定，安也。保，守也。定保，謂安而守之，與下句“規擬”對文，《左傳》襄二十一年引《書》云：“明徵定保。”天室，原文“天室”當通爲“天節”，謂天之制，序者所見則“節”恐已通爲“室”，又與“伊洛”對舉，則顯是以太室山解之，恐未必是。規，《國語·周語中》“規方千里以爲甸服”，韋注：“規，規畫而有之也。”《戰國策·齊策六》“齊無天下之規”，鮑彪注：“規，猶謀也。”擬，《説文》：“度也”，段注：“今所謂揣度也。”伊洛，謂伊水、洛水，後代指洛陽一帶。

武王有疾，□□□□□，□□□。□□命周公輔小子，告以正要，作《五權》。

【疏證】

“有疾”後元刊本亦加注“此有脱簡”四字。“有疾”後當是《武儆》序文，或可撮其文義，擬補爲“命詔立後嗣，作《武儆》”。“命周公”前二空圍當從上文補作“武王”。輔，《國語·周語下》“王又章輔禍亂”，韋注：“輔，助也。”《吕氏春秋·介立》“爲之丞輔”，高誘注：“輔，相也。”小子，謂成王。正，當讀爲“政”，孫詒讓説是。正要，朱右曾注爲“行政之要”，甚是。權，《淮南子·主術訓》“任輕者易權”，高誘注：“權，謀也。”

武王既没，成王元年，周公忌商之孽，訓敬命，作《成開》。

【疏證】

没，《國語·魯語上》“將壽寵得没”，韋注：“没，終也。”忌，《左傳》昭元年“幼而不忌”，杜注：“忌，畏也。”孽，《小雅·白華序》“以孽代宗”，鄭箋：“孽，支庶也。”商之孽，猶《尚書·多士》所言“殷遺多士”。訓，《國語·魯語上》“所以訓民也”，韋注：“訓，教也。”敬，《大雅·常武》“既敬既戒”，馬瑞辰《毛詩傳箋通釋》：“敬與儆古通用。”儆，《國語·晋語五》“儆其民也”，韋注：“儆，戒也。”命，《左傳》隱十一年“宋不告命”，杜注：“命者，國之大事政令也。”訓敬命，謂教成王以武王之戒及其政令，唐大沛疑“訓”下脱“王”字，非是。開，謂導發之義。

周公既誅三監，乃述武王之志，建都伊洛，作《作洛》。

【疏證】

誅，《荀子·仲尼》“文王誅四”，楊倞注：“誅者，討伐殺戮之通名。”三監，謂管、蔡、霍三叔。述，《邶風·日月》“報我不述”，毛傳：“述，循也。”《論語·述而》“述而不作”，皇侃義疏：“述者，傳於舊章也。”志，《周禮·夏官·訓方氏》“掌道四方之政事與其上下之志”，孫詒讓正義：“志，謂志慮。”建都伊洛，謂成王營成周之事，即何尊銘文（《集成》06014）“惟王初遷宅于成周”，《左傳》宣三年“成王定鼎于郟鄏”。

周公會群臣於閎門，以輔主之格言，作《皇門》。

【疏證】

會，《大雅·大明》“會朝清明”，鄭箋：“會，合也。”閎門，當從是篇題解所引黄杰之説。唐大沛謂“以”前或脱一“告”字，或是。輔，助也。主，《吕氏春秋·本生》"今世之惑主"，高誘注："主，謂王也。"格，《論語·爲政》"有耻且格"，何晏集解："格，正也。"格言，猶後世所謂"正論"。

周公陳武王之言以贊己言，戒乎成王，作《大戒》。

【疏證】

陳，《國語·齊語》"相陳以功"，韋注："陳，亦示也。"即正文所言"敢稱乃武考之言"，陳，謂稱述、陳示之義。贊，《左傳》昭元年"天贊之也"，杜注："贊，佐助也。"戒，《儀禮·士冠禮》"主人戒賓"，鄭玄注："戒，警也，告也。"乎，猶于也。

周公正三統之義，作《周月》。

【疏證】

正，《周禮·天官·宰夫》"歲終則令群吏正歲會"，鄭玄注："正，猶定也。"三統，謂天地人之本。義，《國語·吴語》"唯天王秉利度義焉"，韋注："義，宜也。"此"義"與下句之"應"對文。

辯二十四氣之應，以明天時，作《時訓》。

【疏證】

辯，《禮記·曾子問》"有司弗辯也"，鄭玄注："辯，猶正也。"不必改作"辨"。氣，謂節氣，《尚書·堯典》"協時月正日"，僞孔傳："合四時氣節"，孔穎達正義："節是月初，氣是月半也。"應，《國語·周語下》"以應成德"，韋注："應，當也。"明，知也。

周公制十二月賦政之法，作《月令》。

【疏證】

制，作也。賦，《大雅·烝民》"明命使賦"，毛傳："賦，布也。"賦政，猶布政、敷政之義。

周公肇制文王之謚義，以垂于後，作《謚法》。

【疏證】

肇，《爾雅·釋詁》："始也"。制，作也。義，《吕氏春秋·貴公》"遵王之義"，高誘注："義，法也。"謚義，即謚法。垂，謂垂示之義。《荀子·富國》"垂事養民"，楊倞注："垂，下也。"俞樾《諸子平議》言："垂，猶委也。……垂事養民者，委事養民也，言委置其事以養民也。"後，《吕氏春秋·長見》"知古則可知後"，高誘注："後，來也。"

周公將致政成王，朝諸侯于明堂，作《明堂》。

【疏證】

致，《國語·晋語五》"余將致政焉"，韋注："致，歸也。"致政，猶言歸政、返政。朝，《禮記·王制》"耆老皆朝于庠"，鄭玄注："朝，猶會也。"明堂，詳正文，不贅。

成王既即政，因嘗麥以語群臣而求助，作《嘗麥》。

【疏證】

即，《左傳》定四年"用即命于周"，杜注："即，就也。"即政，猶言即位，與上句所言"致政"對文。因，依也。嘗，《周禮·春官·肆師》"嘗之日"，鄭玄注："嘗者，嘗新穀。"語群臣，謂言告群臣。助，《論語·先進》"非助我者也"，何晏集解引孔安國曰："助，猶益也。"《玉海》六十七引作"因嘗麥語群臣以求助"。

周公爲太師，告成王以五徵則，作《本典》。

【疏證】

周公爲太師，《大戴禮記·保傅》言"昔者，周成王幼，在襁褓之中，召公爲太保，周公爲太傅，太公爲太師"。《新書·保傅》説與《大戴》同。此或是原文"周公"本當作"太公"，後人妄改作"周公"，或是"太師"當爲"太傅"之誤。"五徵則"當作"五則"，"徵"字當在下句"陳六"二字之後。五則，猶五法。

成王訪周公以民事，周公陳六以觀察之，作《官人》。

【疏證】

訪，《國語·晋語四》“詢于八虞而咨于二虢，度于閎夭而謀于南宫，諏于蔡原而訪于辛尹”，韋注：“諏、訪，皆謀也。”此“訪”謂咨諏之義。民事，謂用人之事。陳，謂陳述、陳示之義。“六”字後當補上文所衍“徵”字。察，《左傳》莊十年“雖不能察”，杜注：“察，審也。”觀察之，謂審視其人。

周室既寧，八方會同，各以其職來獻，欲垂法厥後，作《王會》。

【疏證】

寧，安也。會同，《小雅·車攻》“會同有繹”，毛傳：“時見曰會，殷見曰同。”此所言“會同”，泛指朝會諸侯。職，《淮南子·原道訓》“四夷納職”，高誘注：“職，貢也。”朱右曾説是。獻，《儀禮·鄉射禮》“西北面獻賓”，鄭玄注：“凡進物曰獻。”垂法，猶後世所言“示範”。厥後，謂來者。

周王云殁，王制將衰，穆王因祭祖不豫，詢某守位，作《祭公》。

【疏證】

云，猶其也，《小雅·小明》“歲聿云莫”，《唐風·蟋蟀》則作“歲聿其莫”。殁，字亦作“没”，《國語·晋語四》“管仲没矣”，韋注：“没，終也。”制，《國語·越語下》“必有以知天地之恒制”，韋注：“制，度也。”王制，謂王室之法度。衰，《左傳》襄二十九年“其周德之衰乎”，杜注：“衰，小也。”祭祖，謂祭公。不豫，朱右曾解爲“不悦”，可通。豫，《洪範》“曰豫，恒燠若”，孔穎達疏：“鄭、王本豫作舒。”舒，字亦作“紓”，《左傳》成九年“而紓晋使”，杜注：“紓，緩也。”有疾不豫，謂有病而不緩解。詢，《左傳》哀二年“兆詢可也”，杜注：“詢，諮詢也。”某，盧校作“謀”，説甚是。詢某守位，謂詢謀于祭公以保守其位。

穆王思保位惟難，恐貽世羞，欲自警悟，作《史記》。

【疏證】

思，慮也。保位，謂保守其位。貽，《國語·周語中》“欲以貽女”，韋注：“貽，遺也。”世，謂後嗣，《國語·晋語一》“非德不及世”，韋注：“世，嗣也。”羞，《左傳》襄十八年“無作神羞”，杜注：“羞，耻也。”警，《左傳》宣十二年“今天或者大警晋也”，杜注：“警，戒也。”警悟，謂警覺。

王化雖弛，天命方永，四夷八蠻，攸尊王政，作《職方》。

【疏證】

王化，謂王道之教化。弛，《荀子·王制》“若是則大事殆乎弛”，楊倞注：“弛，廢也。”《禮記·坊記》“君子弛其親之過”，鄭玄注：“弛，猶棄忘也。”方，猶正也。永，《左傳》襄十三年“其寧惟永”，杜注：“永，長也。”此句猶《左傳》宣三年所言“周德雖衰，天命未改”。四夷，《孟子·梁惠王下》“東面而征西夷怨，南面而征北狄怨”，趙岐注：“去王城四千里夷服之國也，故謂之四夷。”八蠻，泛言八方之蠻。四夷八蠻，言四海八荒之蠻夷。攸，猶所也。尊，奉也。王政，謂王室之政令。

芮伯稽古作訓，納王于善，暨執政小臣，咸省厥躬，作《芮良夫》。

【疏證】

稽，考也。古，故也。訓，教也。納，《禮記·曲禮下》“納女於天子”，孔穎達疏：“納，猶致也。”暨，猶及也。小臣，《禮記·喪大記》“小臣復”，鄭玄注：“小臣，君之近臣也。”咸，皆也。省，謂省視、省察之義。躬，身也。

晋侯尚力，侵我王略，叔向聞儲幼而果賢，□復王位，作《太子晋》。

【疏證】

尚，言尊尚、貴尚之義，用如《禮記·郊特牲》所言“尚用氣”。力，《漢書·灌嬰傳》“戰疾力”，顔師古注：“力，强力也。”略，《左傳》莊二十一年“王與之武公之略”，杜注：“略，界也。”儲，言儲君，即太子晋。果，《廣雅·釋詁一》：“信也。”賢，《老子》“不尚賢”，王弼注：“賢，猶能也。”“復”前脱字當從陳逢衡、丁宗洛補爲“思”字，朱駿聲補“將”不確。復王位，謂復周王之尊。

王者德以飾躬，用爲所佩。

【疏證】

飾，當讀爲“飭”，《荀子·王制》“飾動以禮義”，王念孫《讀書雜志·荀子第三》：“飾，當作飭，言動作必以禮義自飭也。”馬王堆帛書《明君》422：“其所以飭之者”，即讀爲“飾”。飭，謂整飭、修治之義。躬，身也。飭躬，漢代習語，《漢書·武帝紀》《宣帝紀》《郊祀志》皆有“飭躬齋戒”之語。德以飾躬，猶言以德修身。佩，朱右曾訓爲“飾”，甚是。“所佩”後當從盧校補“作《王佩》”。

夏多罪，湯將放之。徵前事以戒後王也，作《殷祝》。

【疏證】

“夏”後疑脱一“桀”字。放，《左傳》莊六年“放公子黔牟于周”，杜注：“宥之以遠曰放。”湯伐有夏，桀奔于南巢，此篇所言爲禪代讓國之事，故序者因其義而諱稱“放”。徵，謂徵引之義。前事，即此篇所言禪代之事。序者意謂周人徵此前事以爲後王之戒，故可置此篇于《周書》之中。

民非后罔乂，后非民罔與爲邦，慎政在微，作《周祝》。

【疏證】

非，猶無也。《戰國策·趙策四》“以臣爲不能者非他”，鮑彪注：“非，若無也。”后，《商頌·玄鳥》“商之先后”，鄭箋：“后，君也。”罔，無也。又，當爲“乂”字形訛。乂，治也。民非后罔又，言民無君則無人治理。罔與爲邦，謂無以爲國。慎，《荀子·富國》“將修小大强弱之義以持慎之”，楊倞注：“慎，讀曰順。”慎政，即《度訓》等篇所言“順政”。在，猶惟也。

武以靖亂，非直不剋，作《武紀》。

【疏證】

靖亂，言平亂。直，丁宗洛疑爲“悳”字之訛，或是。非直不剋，謂非德不勝。

積習生常，不可不慎，作《銓法》。

【疏證】

積、習二字同義連用。積習，猶慣習之義。常，法也。慎，《廣雅·釋言》：“謹也。”

車服制度，明不苟踰，作《器服》。

【疏證】

明，謂昭明。踰，《鄭風·將仲子》“無踰我里”，毛傳：“踰，越。”是句言車馬冠服皆有其定制法度，昭明其制度而不肆意踰越，故作《器服》。此係序者望文生義之誤解。

周道於乎大備。

【疏證】

周道，謂周室之法。“於”後或脱一“是”字，盧校是。備，謂周備。

參考文獻

一、傳世文獻及其注疏材料

［一］經部

1.［南宋］朱熹：《四書章句集注》，北京：中華書局，2011年。

2.［清］阮元校刻：《十三經注疏》，臺北：藝文印書館，2011年。

3.［南宋］蔡沈：《書集傳》，南京：鳳凰出版社，2010年。

4.［漢］鄭玄注：《尚書鄭注》，《叢書集成初編》本，［南宋］王應麟輯，［清］孔廣林增訂，上海：商務印書館，1937年。

5.［清］段玉裁：《古文尚書撰異》，《續修四庫全書》第46册，上海：上海古籍出版社，2002年。

6.［清］孫星衍：《尚書今古文注疏》，北京：中華書局，1986年。

7.［清］莊述祖：《尚書記》七卷，《雲自在庵叢書》本。

8.［清］陳壽祺輯校：《尚書大傳（附序録辨僞）》，《叢書集成初編》本，上海：商務印書館，1937年。

9.［清］皮錫瑞：《今文尚書考證》，北京：中華書局，1989年。

10.［清］王鳴盛：《尚書後案》，北京：北京大學出版社，2012年。

11.楊筠如：《尚書覈詁》，西安：陝西人民出版社，1959年。

12.曾運乾：《尚書正讀》，上海：華東師範大學出版社，2011年。

13.周秉鈞：《尚書易解》，上海：華東師範大學出版社，2010年。

14.于省吾：《雙劍誃尚書新證》，北京：中華書局，2009年。

15.顧頡剛，劉起釪：《尚書校釋譯論》，北京：中華書局，2005年。

16.［清］陳奂：《詩毛氏傳疏》，上海：商務印書館，1934年。

17.［清］馬瑞辰：《毛詩傳箋通釋》，陳金生點校，北京：中華書局，1989年。

18.［清］王先謙：《詩三家義集疏》，吴格點校，北京：中華書局，1987年。

19.［清］胡承珙：《毛詩後箋》，郭全芝校點，合肥：黄山書社，1999年。

20.高亨：《詩經今注》，上海：上海古籍出版社，1980年。

21.［日］竹添光鴻：《毛詩會箋》，臺北：臺灣大通書局，1920年。

22.［清］劉寶楠：《論語正義》，高流水點校，北京：中華書局，1990年。

23.［清］程樹德：《論語集釋》，程俊英，蔣見元點校，北京：中華書局，1990年。

24.［清］孔廣森：《大戴禮記補注（附校正孔氏大戴禮記補注）》，王豐先點校，北京：中華書局，2013年。

25.［清］王聘珍：《大戴禮記解詁》，王文錦點校，北京：中華書局，1983年。

26.［清］劉文淇：《春秋左氏傳舊注疏證》，北京：科學出版社，1959年。

27.［清］洪亮吉：《春秋左傳詁》，北京：中華書局，1987年。

28.楊伯峻：《春秋左傳注（修訂本）》，北京：中華書局，2009年。

29.［日］竹添光鴻：《左氏會箋》，成都：巴蜀書社，2008年。

30.［清］焦循：《孟子正義》，北京：中華書局，1987年。

31.［清］郝懿行：《爾雅義疏》，上海：上海古籍出版社，1983年。

［二］史部

1.［西漢］司馬遷：《史記》，［南朝宋］裴駰集解，［唐］司馬貞索隱，張守節正義，北京：中華書局，1959年。

2.［清］梁玉繩：《史記志疑》，北京：中華書局，1981年。

3.［日］瀧川資言：《史記會注考證》，北京：文學古籍刊行社，1955年。

4.［東漢］班固：《漢書》，［唐］顔師古注，北京：中華書局，1962年。

5.［南朝宋］范曄：《後漢書》，［唐］李賢等注，北京：中華書局，1965年。

6.［唐］房玄齡等：《晋書》，北京：中華書局，1974年。

7.［晋］孔晁注：《元本汲冢周書》，北京：國家圖書館出版社，2017年。

8.［宋］王應麟：《周書王會補注》，元至元六年慶元路儒學刻明初修本。

9.［清］盧文弨：《逸周書校定》，抱經堂叢書單刻本。

10.［清］郝懿行輯：《汲冢周書輯要》，郝氏遺書本。

11.［清］潘振：《周書解義》，《〈逸周書〉研究文獻輯刊》第一、二册，北京：國家圖書館出版社，2015年。

12.［清］洪頤煊：《讀書叢録》，道光二年廣東富文齋刻本。

13.［清］陳逢衡：《逸周書補注》，《〈逸周書〉研究文獻輯刊》第二至五册，北京：國家圖書館出版社，2015年。

14.［清］丁宗洛：《逸周書管箋》，《〈逸周書〉研究文獻輯刊》第五、六册，北京：國家圖書館出版社，2015年。

15.［清］唐大沛：《逸周書分編句釋三編》，《〈逸周書〉研究文獻輯刊》第七册，北京：國家圖書館出版社，2015年。

16.［清］朱右曾：《逸周書集訓校釋》，萬有文庫本，上海：商務印書館，1937年。

17.［清］朱駿聲：《逸周書集訓校釋增校》，《國粹學報》第80期。

18.［清］何秋濤：《王會篇箋釋》，《續修四庫全書》，上海：上海古籍出版社，1996年。

19.［清］馬國瀚輯：《汲冢書鈔》，玉函山房輯佚書本。

20.［清］孫詒讓：《周書斠補》，濟南：齊魯書社，1988年。

21.［清］于鬯：《香草校書》，北京：中華書局，1984年。

22.劉師培：《周書補正》，《〈逸周書〉研究文獻輯刊》第九册，北京：國家圖書館出版社，2015年。

23.陳漢章：《周書後案》，《〈逸周書〉研究文獻輯刊》第九册，北京：國家圖書館出版社，2015年。

24.徐宗元：《〈逸周書〉正義》，中央民族學院歷史系五年級用油印本。

25.［唐］劉知幾：《史通通釋》，［清］浦起龍通釋，王煦華整理，上海：上海古籍出版社，2009年。

26.黄懷信，張懋鎔，田旭東：《逸周書彙校集注（修訂本）》，黄懷信修訂，李學勤審定，上海：上海古籍出版社，2007年。

27.張聞玉：《〈逸周書〉全譯》，貴陽：貴州人民出版社，2000年。

28.周寶宏：《〈逸周書〉考釋》，北京：社會科學文獻出版社，2001年。

29.牛鴻恩：《新譯〈逸周書〉》，臺北:三民書局股份有限公司，2015年。

30.范祥雍：《古本竹書紀年輯校訂補》，上海：上海古籍出版社，2011年。

31.［西漢］劉向集録：《戰國策》，上海：上海古籍出版社，1985年。

32.徐元誥：《國語集解（修訂本）》，王樹民，沈長雲點校，北京：中華書局，2002年。

33.［北魏］酈道元：《水經注校證》，陳橋驛校證，北京：中華書局，2007年。

［三］子部

1.黄暉：《論衡校釋》，北京：中華書局，1990年。

2.［魏］王弼：《老子道德經注校釋》，樓宇烈注釋，北京：中華書局，2008年。

3.朱謙之：《老子校釋》，北京：中華書局，1984年。

4.高明：《帛書老子校注》，北京：中華書局，1996年。

5.［清］孫詒讓：《墨子閒詁》，孫啓治點校，北京：中華書局，2001年。

6.［清］郭慶藩：《莊子集釋》，王孝魚點校，北京：中華書局，2012年。

7.［清］王先謙：《莊子集解》，北京：中華書局，2012年。

8.［清］王先謙：《荀子集解》，沈嘯寰，王星賢點校，北京：中華書局，1988年。

9.黎翔鳳：《管子校注》，梁運華整理，北京：中華書局，2004年。

10.王利器：《文子疏義》，北京：中華書局，2009年。

11.許富宏：《慎子集校集注》，北京：中華書局，2013年。

12.陳奇猷：《韓非子新校注》，上海：上海古籍出版社，2000年。

13.陳奇猷：《吕氏春秋新校釋》，上海：上海古籍出版社，2002年。

14.劉文典：《淮南鴻烈集解》，馮逸，喬華點校，北京：中華書局，2013年。

15.［漢］賈誼：《新書校注》，閻振益，鐘夏校注，北京：中華書局，2000年。

16.［清］朱墉輯：《武經七書彙解》，鄭州：中州古籍出版社，1989年。

［四］其他

1.［東漢］蔡邕：《蔡中郎集》，《四部備要》本，上海：中華書局，1936年。

2.［南宋］陳振孫：《直齋書録解題》，《叢書集成初編》本，北京：中華書局，1985年。

3.［宋］王應麟：《困學紀聞》，上海：上海古籍出版社，2015年。

4.［清］戴震：《戴震全書》，合肥：黄山書社，1994年。

5.［清］永瑢等：《四庫全書總目》，北京：中華書局，1965年。

6.［清］崔述：《考信録》，臺北：世界書局，1989年。

7.［清］王念孫：《讀書雜志》，南京：江蘇古籍出版社，1985年。

8.［清］王念孫：《廣雅疏證》，北京：中華書局，2004年。

9.［清］王引之：《經義述聞》，南京：江蘇古籍出版社，1985年。

10.［清］孔廣森：《經學卮言》，《清經解》卷712，上海：上海書店，1988年。

11.［清］段玉裁：《説文解字注》，上海：上海古籍出版社，1988年。

12.［清］朱駿聲：《説文通訓定聲》，北京：中華書局，1984年。

13.［清］王筠：《説文解字句讀》，北京：中華書局，1938年。

14.［清］俞樾：《群經平議》，《續修四庫全書》第178册，上海：上海古籍出版社，1996年。

15.［南朝梁］顧野王：《大廣益會玉篇》，北京：中華書局，1987年。

16.［清］姚際恒：《古今僞書考》，顧頡剛校點，北京：樸社，1933年。

二、出土文獻著録及工具書

1.郭沫若主編，胡厚宣總編輯：《甲骨文合集》，北京：中華書局，1978—1982年。

2.李學勤，齊文心，[美]艾蘭：《英國所藏甲骨集》，北京：中華書局，1985年。

3.曹瑋：《周原甲骨文》，北京：世界圖書出版公司，2002年。

4.中國社會科學院考古研究所編：《殷周金文集成（修訂增補本）》，北京：中華書局，2007年。

5.張亞初編著：《殷周金文集成引得》，北京：中華書局，2001年。

6.吴鎮烽編著：《商周青銅器銘文暨圖像集成》，上海：上海古籍出版社，2012年。

7.吴鎮烽編著：《商周青銅器銘文暨圖像集成續編》，上海：上海古籍出版社，2016年。

8.山西省文物工作委員會編：《侯馬盟書》，北京：文物出版社，1976年。

9.睡虎地秦墓竹簡整理小組編：《睡虎地秦墓竹簡》，北京：文物出版社，1978年。

10.國家文物局古文獻研究室編：《馬王堆漢墓帛書（壹）》，北京：文物出版社，1980年。

11.銀雀山漢墓竹簡整理小組編：《銀雀山漢墓竹簡（壹）》，北京：文物出版社，1985年。

12.銀雀山漢墓竹簡整理小組編：《銀雀山漢墓竹簡（貳）》，北京：文物出版社，2010年。

13.湖北省荆沙鐵路考古隊編：《包山楚簡》，北京：文物出版社，1991年。

14.荆門市博物館編：《郭店楚墓竹簡》，北京：文物出版社，1998年。

15.陳偉等編：《楚地出土戰國簡册（十四種）》，北京：經濟科學出版社，2009年。

16.馬承源主編：《上海博物館藏戰國楚竹書（一）》，上海：上海古籍出版社，2001年。

17.馬承源主編：《上海博物館藏戰國楚竹書（二）》，上海：上海古籍出版社，2002年。

18.馬承源主編：《上海博物館藏戰國楚竹書（三）》，上海：上海古籍出版社，2004年。

19.馬承源主編：《上海博物館藏戰國楚竹書（四）》，上海：上海古籍出版社，2005年。

20.馬承源主編：《上海博物館藏戰國楚竹書（五）》，上海：上海古籍出版社，2005年。

21.馬承源主編：《上海博物館藏戰國楚竹書（六）》，上海：上海古籍出版社，2007年。

22.馬承源主編：《上海博物館藏戰國楚竹書（七）》，上海：上海古籍出版社，2008年。

23.馬承源主編：《上海博物館藏戰國楚竹書（八）》，上海：上海古籍出版社，2011年。

24.馬承源主編：《上海博物館藏戰國楚竹書（九）》，上海：上海古籍出版社，2012年。

25.李學勤主編：《清華大學藏戰國竹簡（壹）》，上海：中西書局，2010年。

26.李學勤主編：《清華大學藏戰國竹簡（貳）》，上海：中西書局，2011年。

27.李學勤主編：《清華大學藏戰國竹簡（叁）》，上海：中西書局，2012年。

28.李學勤主編：《清華大學藏戰國竹簡（伍）》，上海：中西書局，2015年。

29.李學勤主編：《清華大學藏戰國竹簡（柒）》，上海：中西書局，2017年。

30.李學勤主編：《清華大學藏戰國竹簡（捌）》，上海：中西書局，2018年。

31.黄德寬主編：《清華大學藏戰國竹簡（玖）》，上海：中西書局，2019年。

32.黄德寬主編：《清華大學藏戰國竹簡（拾）》，上海：中西書局，2020年。

33.陳松長主編：《岳麓書院藏秦簡（肆）》，上海：上海辭書出版社，2016年。

34.北京大學出土文獻研究所編：《北京大學藏西漢竹書（貳）》，上海：上海古籍出版社，2012年。

35.北京大學出土文獻研究所編：《北京大學藏西漢竹書（叁）》，上海：上海古籍出版社，2015年。

36.高亨：《古字通假會典》，濟南：齊魯書社，1989年。

37.裴學海：《古書虛字集釋》，北京：中華書局，2004年。

38.李守奎：《楚文字編》，上海：華東師範大學出版社，2003年。

39.李守奎，曲冰，孫偉龍：《上海博物館藏戰國楚竹書（1—5）文字編》，北京：作家出版社，2007年。

三、學術論著及期刊論文

A

［美］艾蘭：《何爲〈書〉》，《光明日報》2010年12月20日第12版。

［美］艾蘭：《論〈書〉與〈尚書〉的起源》，《出土文獻與古文字研究（第六輯）——復旦大學出土文獻與古文字研究中心成立十周年紀念文集》，上海：上海古籍出版社，2015年。

C

岑仲勉：《兩周文史論叢》，北京：商務印書館，1958年。

陳夢家：《尚書通論》，北京：中華書局，1985年。

陳槃：《〈逸周書〉"冬凍其葆"義》，《澗莊文録（上）》，上海：上海古籍出版社，2010年。

陳槃：《記〈尚書古文疏證〉論〈逸周書·世俘篇〉》，《澗莊文録（上）》，上海：上海古籍出版社，2010年。

陳夢家：《六國紀年·汲冢竹書考》，上海：上海人民出版社，1956年。

陳夢家：《殷墟卜辭綜述》，北京：中華書局，1988年。

程長新，曲得龍，姜東方：《北京揀選一組二十八件商代帶銘銅器》，《文物》1982年第9期。

陳公柔：《西周金文中的新邑、成周與王城》，《慶祝蘇秉琦考古五十五年論文集》，北京：文物出版社，1989年。

陳鼓應：《論〈老子〉晚出説在考證方法上常見的謬誤——兼論〈列子〉非僞書》，《道家文化研究》第4輯，上海：上海古籍出版社，1994年。

程元敏：《書序通考》，臺北：學生書局，1999年。

程元敏：《尚書學史》，上海：華東師範大學出版社，2013年。

种建榮：《岐山周公廟遺址新出西周甲骨文》，《收藏》2004年第

9期。

陳偉：《楚“東國”地理研究》，武漢：武漢大學出版社，1992年。

陳偉：《包山楚簡中的宛郡》，《武漢大學學報（哲學社會科學版）》1998年第6期。

陳偉：《郭店竹書別釋》，武漢：湖北教育出版社，2003年。

晁福林：《先秦時期“德”觀念的起源及其發展》，《中國社會科學》2005年第4期。

晁福林：《〈詩經〉學史上的一段公案——兼論消隱在歷史記憶中的邶、鄘兩國》，中國歷史文獻研究會編：《歷史文獻研究》總第27輯，上海：華東師範大學出版社，2008年。

晁福林：《“時命”與“時中”：孔子天命觀的重要命題》，《清華大學學報（哲學社會科學版）》2008年第5期。

晁福林：《論〈逸周書〉的史家主體意識》，《史學史研究》2009年第1期。

晁福林：《“五刑不如一恥”——先秦時期刑法觀念的一個特色》，《社會科學輯刊》2014年第3期。

晁福林：《從清華簡〈程寤〉篇看“文王受命”問題》，《北京師範大學學報（社會科學版）》2016年第5期。

蔡升奕：《〈逸周書〉若干校注疏證》，《語文研究》2000年第4期。

程峰：《侯馬盟書與温縣盟書》，《殷都學刊》2002年第4期。

程平山：《夏商周歷史與考古》，北京：人民出版社，2005年。

陳英傑：《西周金文作器用途銘辭研究》，北京：綫裝書局，2008年。

曹峰：《從〈逸周書·周祝解〉看〈凡物流形〉的思想結構》，復旦大學出土文獻與古文字研究中心編：《出土文獻與傳世典籍的詮釋——紀念譚樸森先生逝世兩周年國際學術研討會論文集》，上海：上海古籍出版社，2010年。

常玉芝：《商代宗教祭祀》，北京：中國社會科學出版社，2010年。

蔡偉：《據清華簡校正〈逸周書〉三則》，復旦大學出土文獻與古文字研究中心網站，2011年1月6日。

程浩：《清華簡〈程寤〉研讀札記》，復旦大學出土文獻與古文字研究中心網站，2011年1月8日。

程浩：《釋清華簡〈命訓〉中對應今本“震”之字》，《出土文獻》第6輯。

程浩：《〈書〉類文獻先秦流傳考——以清華藏戰國竹簡爲中心》，清華大學博士論文，2015年。

程浩：《古書成書研究再反思——以清華簡“書”類文獻爲中心》，《歷史研究》2016年第4期。

程浩：《“書”類文獻辨析》，《出土文獻》2016年第1期。

程浩：《從出土文獻看〈尚書〉的體裁與分類》，《文藝評論》2017年第3期。

程浩：《清華簡〈攝命〉的性質與結構》，《清華大學學報（哲學社會科學版）》2018年第5期。

陳穎飛：《清華簡祭公與西周祭氏》，《江漢考古》2012年第1期。

陳穎飛：《清華簡〈程寤〉〈保訓〉文王紀年探研》，《中國文化研究》2012年第1期。

陳穎飛：《清華簡〈程寤〉與文王受命》，《清華大學學報》2013年第2期。

陳穎飛：《清華簡〈祭公〉毛班與西周毛氏》，杜勇主編：《叩問三代文明：出土文獻與上古史國際學術研討會論文集》，北京：中國社會科學出版社，2014年。

陳彦昭：《〈逸周書〉“原始格言”文體初探》，《勵耘學刊（文學卷）》2013年第1期。

曹漢剛：《利簋爲成王世作器考證》，《中原文物》2014年第3期。

陳侃理：《睡虎地秦簡“爲吏之道”應更名“語書”》，《出土文獻》2015年第1期。

陳民鎮：《從虛詞角度看清華簡〈繫年〉的文獻特徵——兼論影響虛詞

時代、地域、問題因素》，《簡帛語言文字研究》（第7輯），成都：巴蜀書社，2015年。

陳民鎮：《從虚詞特徵看清華簡〈繫年〉的真僞、編纂及性質》，《清華簡〈繫年〉與古史新探》，上海：中西書局，2016年。

陳民鎮：《“清華簡”又新披露了哪些重要文獻》，《中華讀書報》2018年11月21日第9版。

陳劍：《清華簡〈皇門〉“𦤎”字補説》，復旦大學出土文獻與古文字研究中心網站，2011年2月4日。

陳劍：《清華簡〈金縢〉研究三題》，《出土文獻與古文字研究》第4輯，上海：上海古籍出版社，2011年。

陳春保：《記言史書的對話效應與先秦政治文化——以〈尚書〉〈逸周書〉〈國語〉爲中心》，《揚州大學學報（人文社會科學版）》2015年第4期。

蔡哲茂：《讀清華簡〈祭公之顧命〉札記五則》，《簡帛》2016年第2期。

蔡一峰：《讀清華簡〈命訓〉札記三則》，《簡帛》2016年第3期。

曹娜：《清華簡“書”類文獻研究——以〈尹至〉〈尹誥〉〈金縢〉〈説命〉爲中心》，北京師範大學博士學位論文，2018年。

D

戴家祥：《牆盤銘文通釋》，尹盛平：《西周微氏家族青銅器群研究》，北京：文物出版社，1992年。

丁四新：《上博楚簡〈鬼神〉篇注釋》，丁四新主編：《楚地簡帛思想研究（三）——“新出楚簡國際學術研討會”論文集》，武漢：湖北教育出版社，2007年。

丁四新：《生、眚、性之辨與先秦人性論研究之方法論的檢討——以阮元、傅斯年、徐復觀相關論述及郭店竹簡爲中心》，丁四新，夏世華主編：《楚地簡帛思想研究》（第四輯），武漢：崇文書局，2010年。

鄧佩玲：《讀清華大學藏戰國竹簡〈程寤〉篇札記（兩則）》，復旦大學出土文獻與古文字研究中心網站，2011年2月4日。

董珊：《釋西周金文的“沈子”和〈逸周書·皇門〉的“沈人”》,《出土文獻》，2011年。

董珊：《清華簡〈繫年〉所見的“衛叔封”（修訂稿）》，復旦大學出土文獻與古文字研究中心網站，2011年12月25日，http://WWW.gwz.fudan.edu.cn/Web/Show/1750。

杜勇：《中國早期國家的形成與國家結構》，北京：中國社會科學出版社，2013年。

杜勇：《從清華簡〈耆夜〉看古書的形成》，《中原文化研究》2013年第6期。

杜勇：《清華簡〈祭公〉與西周三公之制》，《歷史研究》2014年第4期。

杜勇：《清華簡〈程寤〉與文王受命綜考》，杜勇主編：《叩問三代文明：中國出土文獻與上古史國際學術研討會論文集》，北京：中國社會科學出版，2014年。

杜勇：《清華簡〈皇門〉的製作年代及相關史事問題》，《中國史研究》2015年第3期。

杜勇，孔華：《關于邶鄘衛與淶水北國的地理糾葛》，《中原文化研究》2016年第3期。

F

馮時：《紅山文化三環石壇的天文學研究——兼論中國最早的圜丘與方丘》，《北方文物》1993年第1期。

馮浩菲：《周初所建三監考論》，《山東大學學報（哲學社會科學版）》2005年第1期。

馮勝君：《郭店簡與上博簡對比研究》，北京：綫裝書局，2007年。

馮勝君：《從出土文獻看抄手在先秦文獻傳布過程中所産生的影響》，《簡帛》（第4輯），上海：上海古籍出版社，2009年。

馮勝君：《出土材料所見先秦古書的載體以及構成和傳布方式》，《出土文獻與古文字研究》（第4輯），上海：上海古籍出版社，2011年。

馮勝君：《有關出土文獻的“閱讀習慣”問題》，《吉林大學社會科學學報》2015年第1期。

風儀誠：《戰國兩漢“于”“於”二字的用法與古書的傳寫習慣》，《簡帛》第2輯，上海：上海古籍出版社，2007年。

復旦大學出土文獻與古文字研究中心研究生讀書會：《〈上博七·君人者何必安哉〉校讀》，《出土文獻與古文字研究》（第3輯），上海：復旦大學出版社，2010年。

復旦大學出土文獻與古文字研究中心研究生讀書會：《清華簡〈祭公之顧命〉研讀札記》，復旦大學出土文獻與古文字研究中心網站，2011年1月5日。

復旦大學出土文獻與古文字研究中心研究生讀書會：《清華簡〈程寤〉簡序調整一則》，復旦大學出土文獻與古文字研究中心網站，2011年1月5日。

復旦吉大古文字專業研究生聯合讀書會：《上博八〈王居〉〈志書乃言〉校讀》，復旦大學出土文獻與古文字研究中心網站，2011年7月17日。

G

顧頡剛：《顧頡剛古史論文集》，北京：中華書局，2011年。

顧頡剛：《顧頡剛全集》，北京：中華書局，2010年。

顧頡剛：《逸周書·世俘篇校注、寫定與評論》，《文史》1963年第2期。

顧頡剛：《周公東征和東方各族的遷徙——周公東征史事考證四之一》，《文史》（第二十七輯），北京：中華書局，1986年。

郭沫若：《殷契粹編考釋》，北京：科學出版社，1956年。

郭沫若：《中國古代社會研究》，石家莊：河北教育出版社，1990年。

谷霽光：《〈尚書·周書〉和〈逸周書〉事實相同體裁相同幾篇的比較研究》，《清華周刊》1933年第8期。

管燮初：《西周金文語法研究》，北京：商務印書館，1981年。

高明：《楚繒書研究》，《古文字研究》（第12輯），中華書局，1985年。

［日］谷中信一：《〈逸周書〉の思想と成立について——齊學術の一側面の考察》，《日本中國學會報》（第38集），1986年10月。中譯本見《日本學者論中國哲學史》，上海：華東師範大學出版社，2010年。

［日］谷中信一：《〈逸周書〉與〈管子〉的思想比較》，《管子學刊》1989年第2期。

［日］谷中信一著，路英勇譯：《〈逸周書〉的思想及其成書》，徐樹梓主編：《姜太公與齊國文化》，濟南：齊魯書社，1997年。

［日］谷中信一：《〈逸周書〉中的周公旦》，黄留珠主編：《西北大學史學叢刊》（4），《周秦漢唐文明國際學術研討會文集》，西安：三秦出版社，2001年。

［日］谷中信一：《關于〈逸周書〉的思想與構成》，《日本中國學會報》第38集。

郭殿忱：《〈王會篇箋釋〉東北史料考論》，《中國邊疆史地研究》1989年第5期。

郭殿忱：《〈逸周書〉著録證聞》，《古籍整理與研究》編輯部編：《古籍整理與研究》第7期，北京：中華書局，1992年。

高文：《漢碑集釋》，開封：河南大學出版社，1997年。

葛志毅：《西周分封制度研究》，哈爾濱：黑龍江人民出版社，2005年。

葛志毅：《試論〈尚書〉的編纂資料來源》，《北方論叢》1998年第1期。

葛志毅：《試據〈尚書〉體例論其編纂成書問題》，《學習與探索》1998年第2期。

郭英德：《中國古代文體學論稿》，北京：北京大學出版社，2005年。

郭偉川：《周公稱王考——〈尚書·周書〉與〈逸周書〉新探》，《兩周史論》，北京：北京圖書館出版社，2006年。

［美］顧史考：《以戰國竹書重讀〈古書通例〉》，《簡帛》第4輯，上海：上海古籍出版社，2009年。

宫長爲，徐義華：《殷遺與殷鑒》，北京：中國社會科學出版社，2011年。

高飛：《由清華簡〈祭公之顧命〉再論西周“三公”》，《廊坊師範學院學報（社會科學版）》2012年第5期。

郭偉濤：《“地方某里”疏證》，《出土文獻》2016年第1期。

H

胡適：《評論近人考據〈老子〉年代的方法》，姜義華主編：《胡適學術文集》，北京：中華書局，1991年。

胡厚宣：《殷代方考》，《甲骨學商史論叢初集》，上海：上海書店出版社，1989年。

胡厚宣：《論殷代五方觀念及“中國”稱謂之起源》，《甲骨學商史論叢初集》，上海：上海書店出版社，1989年。

黄沛榮：《〈周書·周月〉篇著成的時代及有關三正問題的研究》，《“國立”臺灣大學文史叢刊》，1972年。

黄沛榮：《周書研究》，臺灣大學博士論文，1976年。

黄沛榮：《論〈周書·時訓〉篇與〈禮記·月令〉之關系》，臺灣《孔孟月刊》，1978年第11期。

胡念貽：《〈逸周書〉中的三篇小説》，《文學遺産》1981年第2期。

黄盛璋：《新出信安君鼎、平安君鼎的國别、年代與有關制度問題》，《考古與文物》1982年第2期。

何幼琦：《〈武成〉〈世俘〉述評》，《江漢論壇》1983年第2期。

何琳儀：《平安君鼎國别補證》，《考古與文物》1986年第5期。

黄懷信：《〈逸周書〉時代略考》，《西北大學學報》1990年第1期。

黄懷信：《〈逸周書〉各家舊校注勘誤舉例》，《西北大學學報（哲學社會科學版）》1991年第3期。

黄懷信：《逸周書源流考辨》，西安：西北大學出版社，1992年。

黄懷信：《〈世俘〉〈武成〉月相辨證——兼説生霸、死霸及西周月相紀日法》，《西北大學學報（哲學社會科學版）》1992年第3期。

黄懷信：《〈逸周書〉幾處年代問題》，《文獻》1993年第1期。

黄懷信：《〈逸周書〉經濟思想初探》，《西北大學學報（哲學社會科學版）》1994年第3期。

黄懷信：《逸周書校補注譯》，西安：西北大學出版社，1996年。

黄懷信：《〈逸周書〉各家舊校注勘誤（之二）》，黄留珠主編：《西北大學史學叢刊：周秦漢唐研究》（第1册），西安：三秦出版社，1998年。

黄懷信：《清華簡〈程寤〉解讀》，《魯東大學學報》2011年第4期。

黄懷信：《清華簡〈皇門〉校讀》，簡帛網，2012年5月9日。

黄懷信：《清華簡〈祭公〉篇校釋》，清華大學出土文獻研究與保護中心編：《清華簡研究（第一輯）：〈清華大學藏戰國竹簡（壹）〉國際學術研討會論文集》，上海：中西書局，2012年。

黄懷信：《由清華簡看〈書〉——兼説關于古史資料的可信性問題》，謝維揚、趙争主編：《出土文獻與古書成書問題研究“古史史料學研究的新視野研討會”論文集》，上海：中西書局，2015年。

韓玉德：《由世俘論牧野之戰的規模》，《西周史論文集》，西安：陜西人民教育出版社，1993年。

洪波：《讀〈四庫全書〉之〈提要〉〈跋語〉札記五則——四書經疑貫通、逸周書、四書管窺、論語原、論語注疏》，《杭州大學學報》1996年第2期。

胡宏哲：《〈尚書〉與〈逸周書〉比較研究》，北京語言大學博士學位論文，2008年。

何有祖：《清華簡〈程寤〉補札》，簡帛網，2010年5月31日。

黄杰：《清華簡〈程寤〉筆記一則》，簡帛網，2011年1月12日。

黄杰：《再議清華簡〈皇門〉“耉門”及相關問題》，《中國文字研究》2014年第1期。

胡凱：《清華簡〈祭公之顧命〉集釋》，復旦大學出土文獻與古文字研究中心網站，2011年9月23日。

韓巍：《西漢竹書〈周馴〉的若干問題探討》，北京大學出土文獻研究所編：《北京大學藏西漢竹書》（叁），上海：上海古籍出版社，2015年。

黄甜甜：《由清華簡三篇論〈逸周書〉在後世的改動》，《中華文史論叢》2016年第2期。

黄國輝：《重論上博簡〈昭王毀室〉的文本與思想》，《歷史研究》2017年第4期。

黄錦前：《葉家山M107所出濮監簋及相關問題》，《四川文物》2017年第2期。

J

蔣善國：《尚書綜述》，上海：上海古籍出版社，1988年。

蔣禮鴻：《説“弗弔、不弔、不淑”》，《温州師專學報（社會科學版）》1980年第1期。

蔣書紅：《西周漢語動詞研究》，廣州：暨南大學出版社，2013年。

季旭升：《談〈洪範〉“皇極”與〈命訓〉“六極”——兼談〈逸周書·命訓〉的著成時代》，《出土文獻與中國古典學》，上海：中西書局，2018年。

L

藍文徵：《逸周書謚法解疏證》，《重華》1931年1卷第11期。

劉盼遂編：《高郵王氏父子年譜》，《近代中國史料叢刊》791—792，臺北：文海出版社，1966年。

吕思勉：《經子解題》，上海：華東師範大學出版社，1995年。

李學勤：《論殷代親族制度》，《文史哲》1957年第11期。

李學勤：《論史牆盤及其意義》，《考古學報》1978年第2期。

李學勤：《應監甗新説》，《江西歷史文物》1987年第1期。

李學勤：《祭公謀父及其德論》，《齊魯學刊》1988年第3期。

李學勤：《〈稱〉篇與〈周祝〉》，《道家文化研究》1993年第3期。

李學勤：《古文獻叢論》，上海：上海遠東出版社，1996年。

李學勤：《〈尚書〉與〈逸周書〉中的月相》，《中國文化研究》1998年夏之卷。

李學勤：《釋郭店簡祭公之顧命》，《文物》1998年第7期。

李學勤：《論燹公盨及其重要意義》，《中國歷史文物》2002年第6期。

李學勤：《師詢簋與〈祭公〉》，《古文字研究》第22輯，北京：中華書局，2000年。

李學勤：《〈小開〉確記日食》，《古代文明研究通訊》2000年第9期。

李學勤：《試説殷墟新出土的銅壐》，《中國書畫》2004年第2期。

李學勤：《周公廟卜甲四片試釋》，《西北大學學報（哲學社會科學版）》2005年第2期。

李學勤：《從柞伯鼎銘談〈世俘〉文例》，《江海學刊》2007年第5期。

李學勤：《何簋與何尊的關係》，《出土文獻研究》（第九輯），北京：中華書局，2010年。

李學勤：《〈程寤〉〈保訓〉“日不足”等語的讀釋》，《清華大學學報（哲學社會科學版）》2011年第2期。

李學勤：《清華簡與〈尚書〉〈逸周書〉研究》，《史學史研究》2011年第2期。

李學勤：《由清華簡〈繫年〉重釋沬司徒疑簋》，《中國高校社會科學》2013年第6期。

李學勤：《清華簡〈祭公〉與師詢簋銘》，《夏商周文明研究》，北京：商務印書館，2015年。

劉樂賢：《郭店楚簡〈六德〉初探》，《郭店楚簡國際學術研討會論文集》，武漢：湖北人民出版社，2000年。

劉起釪：《〈尚書〉學源流概要》，《遼寧大學學報》1979年第6期。

劉起釪：《〈尚書〉與群經版本綜述》，《史學史研究》1982年第2期。

劉起釪：《尚書學史》，北京：中華書局，1989年。

劉起釪：《古史續辨》，北京：中國社會科學出版社，1991年。

劉起釪：《尚書研究要論》，濟南：齊魯書社，2007年。

劉家和：《〈書·梓材〉人歷、人宥試釋》，《中國史研究》1981年第4期。

劉重來：《關于〈逸周書〉的一樁懸案》，《西南師範學院學報（人文社會科學版）》1983年第1期。

劉重來：《〈逸周書〉孔晁注芻議》,《中國歷史文獻研究（二）》，武漢：華中師範大學出版社，1988年。

劉楚堂：《牆盤新釋》，《殷都學刊》1985年第2期。

劉運興：《三監考》，《人文雜志》1985年第6期。

劉運興：《釋“天位殷適”》，《文獻》1996年第4期。

劉曉東：《天亡簋與武王東土度邑》，《考古與文物》1987年第1期。

李周龍：《〈逸周書〉成書考》，臺灣《孔孟月刊》1980年第5期。

李家浩：《先秦文字中的“縣”》，《文史》（第二十八輯），北京：中華書局，1987年。

李家浩：《大万尊銘文釋讀》，李學勤主編，清華大學出土文獻研究與保護中心編：《出土文獻》（第八輯），上海：中西書局，2016年。

劉雨：《西周金文中的祭祖禮》，《考古學報》1989年第4期。

劉光民：《逸周書中的一篇戰國古賦》，《文史知識》1995年第12期。

連劭名：《帛書〈周易·泰蓄〉與〈逸周書·大聚〉》，《周易研究》1996年第2期。

連劭名：《馬王堆帛書〈稱〉和古代的祝》，《文獻》1995年第2期。

劉笑敢：《莊子哲學及其演變》（修訂版），北京：中國人民大學出版社，2011年。

廖名春：《〈尚書〉始稱新證》，《文獻》1996年第4期。

廖名春：《荆門郭店楚簡與先秦儒學》，《中國哲學》第20輯，沈陽：遼寧教育出版社，1999年。

廖名春：《郭店楚簡〈緇衣〉引〈書〉考》，《西北大學學報（哲學社會科學版）》2000年第1期。

廖名春：《清華簡與〈尚書〉研究》，《文史哲》2010年第6期。

廖名春：《郭店簡〈六德〉篇新讀》，《中原文化研究》2017年第3期。

李丕基：《武王克殷年月考》，北京師範大學國學研究所編：《武王克商之年研究》，北京：北京師範大學出版社，1997年。

林沄：《天亡簋"王祀于天室"新解》，《史學集刊》1993年第3期。

林沄：《釋史牆盤銘中的"逖虘髟"》，《林沄學術文集》，北京：中國大百科全書出版社，1998年。

羅琨：《從〈世俘〉探索武王伐商日譜》，《周秦文化研究》編委會編：《周秦文化研究》，西安：陝西人民出版社，1998年。

李零：《李零自選集》，桂林：廣西師範大學出版社，1998年。

李零：《簡帛古書與學術源流》，北京：三聯書店，2004年。

李零：《從簡帛發現看古書的體例和分類》，《中國典籍與文化》2010年第1期。

羅家湘：《〈逸周書〉的異名與編輯》，《西北師大學報（哲學社會科學版）》2001年第5期。

羅家湘：《〈逸周書·器服解〉是一份遣策》，《文獻》2001年第2期。

羅家湘：《〈逸周書〉格言研究》，《殷都學刊》2001年第3期。

羅家湘：《〈逸周書·史記篇〉研究》，《中國古典文學與文獻學研究》第3輯，北京：學苑出版社，2004年。

羅家湘：《從〈文傳〉的集成性質再論〈逸周書〉的編輯》，《雲南民族大學學報（哲學社會科學版）》2004年第4期。

羅家湘：《〈逸周書〉敘事模式分析》，《雲南民族大學學報（哲學社會科學版）》2005年第4期。

羅家湘：《〈逸周書〉中的周代君臣形象》，《甘肅社會科學》2005年第5期。

羅家湘：《〈逸周書〉研究》，上海：上海古籍出版社，2006年。

羅家湘：《論教誡言語的形式問題——〈逸周書〉記言類文章分析》，

《鄭州大學學報（哲學社會科學版）》2006年第5期。

羅家湘：《論〈逸周書〉的“天財”觀》，《甘肅社會科學》2006年第4期。

李紹平：《〈逸周書〉考辨四題》，《湖南師範大學社會科學學報》2001年第5期。

李紹平：《〈逸周書〉叢考》，中國歷史文獻研究會編：《歷史文獻研究》總第21輯，武漢：華中師範大學出版社，2002年。

劉俊男：《〈古文尚書〉與〈逸周書〉源流考——兼與劉起釪先生商榷》，《山東師範大學學報（人文社會科學版）》2003年第2期。

梁濤：《竹簡〈窮達以時〉與早期儒家天人觀》，《哲學研究》2003年第4期。

梁濤，白立超：《“二重證據法”與古書的反思》，《清華大學學報（哲學社會科學版）》2013年第3期。

梁濤：《“親親相隱”與二重證據法》，北京：中國人民大學出版社，2017年。

羅新慧：《〈容成氏〉、〈唐虞之道〉與戰國時期禪讓學說》，《齊魯學刊》2003年第6期。

羅新慧：《周代天命觀念的發展與嬗變》，《歷史研究》2012年第5期。

李天虹：《郭店竹簡〈性自命出〉研究》，武漢：湖北教育出版社，2003年。

李銳：《從“六位”到“三綱”》，《學術界》2003年第4期。

李銳：《郭店〈尊德義〉與“民可使由之不可使知之”》，《新出簡帛的學術探索》，北京：北京師範大學出版社，2010年。

李銳：《新出簡帛的學術探索》，北京：北京師範大學出版社，2010年。

李銳：《新出簡帛與古書書名研究——〈古書通例·古書書名之研究〉補》，《文史哲》2010年第5期。

李鋭：《〈程寤〉試讀》，清華大學簡帛研究網，2011年3月31日。

李鋭：《由近年出土文獻論〈尚書序〉的有關問題》，清華大學出版社研究與保護中心編：《清華簡研究》（第一輯），上海：中西書局，2012年。

李鋭：《讀上博八札記》，中國文化遺産研究院編：《出土文獻研究》（第十一輯），上海：中西書局，2012年。

李鋭：《"二重證據法"的界定及規則探析》，《歷史研究》2012年第4期。

李鋭：《先秦古書年代問題初論——以〈尚書〉〈墨子〉爲中心》，《學術月刊》2015年第3期。

李鋭：《從出土文獻談古書形成過程中的"族本"》，謝維揚、趙爭主編：《出土文獻與古書成書問題研究"古史史料學研究的新視野研討會"論文集》，上海：中西書局，2015年。

李鋭：《再論〈莊子〉内外雜篇的問題——回應劉笑敢先生》，《思想與文化》2015年第2期。

李鋭：《上古史新研——試論兩周古史系統的四階段變化》，《清華大學學報（哲學社會科學版）》2016年第4期。

李鋭：《同文與族本——新出簡帛與古書形成研究》，上海：中西書局，2017年。

劉源：《商周祭祖禮研究》，北京：商務印書館，2004年。

劉源：《從甲骨文、金文材料看西周貴族社會的"德"》，《南方文物》2017年第4期。

劉韵葉：《略論〈逸周書〉中的夏史料》，《史海偵迹——慶祝孟世凱先生七十歲文集》，香港：新世紀出版社，2006年。

劉義峰：《孔子與〈尚書〉的整理》，《中華文化論壇》2007年第1期。

劉精盛：《王念孫〈讀書雜志·逸周書〉校讎補正》，《古籍整理研究學刊》2007年第3期。

張光裕：《䍜簋銘文與西周史事新證》，《文物》2009年第2期。

劉光勝：《由清華簡談文王、周公的兩個問題》，《東岳論叢》2010年第5期。

劉光勝：《清華簡與先秦〈書〉經傳流》，《史學集刊》2012年第1期。

劉光勝：《出土文獻與〈曾子〉十篇比較研究》，上海：上海古籍出版社，2016年。

劉光勝：《同源異途：清華簡〈書〉類文獻與儒家〈尚書〉系統的學術分野》，《中國高校社會科學》2017年第2期。

李守奎：《楚文獻中的教育與清華簡〈繫年〉性質初探》，復旦大學出土文獻與古文字研究中心編：《出土文獻與古文字研究》，上海：上海古籍出版社，2015年。

李守奎：《漢代伊尹文獻的分類與清華簡中伊尹諸篇的性質》，《深圳大學學報（人文社會科學版）》2015年第3期。

李山：《〈康誥〉非“誥”》，《文學遺産》2011年第6期。

李山：《〈尚書〉“商周書”的編纂年代》，《西北師大學報（社會科學版）》2011年第6期。

李均明：《清華簡〈皇門〉之君臣觀》，《中國史研究》2011年第1期。

李均明：《周書〈皇門〉校讀記》，中國文化遺産研究院編：《出土文獻研究》（第十輯），北京：中華書局，2011年。

劉雲：《説清華簡〈皇門〉中的“䞣”聲字》，復旦大學出土文獻與古文字研究中心網站，2011年1月23日。

劉國忠：《清華簡〈命訓〉初探》，《深圳大學學報（人文社會科學版）》2015年第3期。

劉國忠：《清華簡〈命訓〉中的命論補正》，《中國史研究》2016年第1期。

劉國忠：《從清華簡〈命訓〉看早期中國的三命觀》，《哲學與文化》2017年第10期。

雷晉豪：《金文中的“[illegible]”地及其軍事地理新探》，《歷史地理》第二十六輯，上海：上海人民出版社，2012年。

路懿菡：《清華簡與西周若干問題研究》，西北大學博士學位論文，2013年。

路懿菡：《從清華簡〈繫年〉看康叔的始封》，《西北大學學報（哲學社會科學版）》2013年第4期。

劉嬌：《據清華簡〈皇門〉校讀〈管子〉一則》，《中華文史論叢》2013年第2期。

劉嬌：《敦煌唐寫本〈六韜·周志〉與〈逸周書·史記〉對校札記》，《出土文獻與中國古典學》，上海：中西書局，2018年。

吕廟軍：《清華簡〈程寤〉與文王占夢、解夢研究》，杜勇主編：《叩問三代文明：中國出土文獻與上古史國際學術研討會論文集》，北京：中國社會科學出版社，2014年。

李凱：《説清華簡〈程寤〉“攻于商神”》，《雲南社會科學》2014年第5期。

劉文英：《〈逸周書·史記解〉淺析》，《史學月刊》2015年第6期。

劉光：《〈逸周書·大武解〉“徵”字釋義——并論其著作時代》，《延安大學學報（社會科學版）》2016年第2期。

李春艷：《西周金文中的天子禮儀研究》，陝西師範大學博士學位論文，2016年。

劉成群：《清華簡與古史甄微》，上海：上海古籍出版社，2016年。

M

馬東泉：《校正汲冢周書雜記》，北平《華北日報·圖書周刊》第30、32、33期，1935年5月27日、6月10日、6月17日。

馬成玉：《〈逸周書〉之名始于〈説文〉》，《江漢論壇》1985年第5期。

馬士遠：《周秦〈尚書〉學研究》，北京：中華書局，2008年。

馬楠：《周秦兩漢書經考》，清華大學博士學位論文，2012年。

馬嘉賢：《以清華簡〈祭公之顧命〉第十一簡校釋〈逸周書·祭公〉二則》，《第23屆中國文字學國際學術研討會論文集》，臺北：聖環圖書股份有限公司，2013年。

馬智全：《清華簡〈程寤〉與〈書〉類文獻"寤"體略探》，《魯東大學學報（哲學社會科學版）》2015年第1期。

麻愛民：《〈逸周書〉新讀一則》，《文獻》2009年第2期。

麻愛民：《〈逸周書·祭公〉新證》，《古籍整理研究學刊》2010年第4期。

冒廣生：《逸周書器服解釋文》，《學海》1943年第7期。

孟躍龍：《清華簡〈命訓〉"少命=身"的讀法——兼論古代抄本文獻中重文符號的特殊用法》，《簡帛》2016年第2期。

N

寧鎮疆：《鄭玄、王肅郊祀立説再審視》，《歷史研究》2014年第5期。

寧鎮疆：《從古書形成過程看諸書"互見"的類型學問題——以〈禮記·喪服四制〉篇形成爲例》，《學術月刊》2015年第1期。

牛鴻恩：《論〈逸周書〉寫作的時代與地域：兼與劉起釪、李學勤先生商榷》，《勵耘學刊》（文學卷）2012年第1期。

P

龐樸：《〈逸周書〉與數》，《薊門散思》，上海：上海文藝出版社，1996年。

彭裕商：《謚法探源》，《中國史研究》1999年第1期。

彭裕商：《周初的殷代遺民》，《四川大學學報（哲學社會科學版）》2002年第6期。

彭浩，陳偉，［日］工藤元男主編：《二年律令與奏讞書:張家山二四七號漢墓出土法律文獻釋讀》，上海：上海古籍出版社，2007年。

澎湃新聞：《“考古中國”進展公布：荆州楚簡或可證“周公輔政”》，https://WWW.thepaper.cn/newsDetail_forward_3403444，2019年5月6日。

Q

錢穆：《周初地理考》，《古史地理論叢》，臺北：東大圖書公司，1982年。

錢穆：《國史大綱》，北京：商務印書館，2010年。

錢宗武：《先秦引〈書〉異同例》,《長沙水電師院社會科學學報》1996年第1期。

錢宗武：《今文尚書語言研究》，長沙：岳麓書社，1996年。

錢杭：《〈尚書〉訖于〈秦誓〉原委考辨》，《史林》2003年第5期。

屈萬里：《讀周書·世俘篇》，慶祝李濟先生七十歲論文集編輯委員會編：《慶祝李濟先生七十歲論文集》，臺北：清華學報社，1965年。

屈萬里：《先秦文史資料考辨》，臺北：聯經出版事業公司，1983年。

裘錫圭：《裘錫圭學術文集》，上海：復旦大學出版社，2012年。

裘錫圭：《是“恒先”還是“極先”？》，復旦大學出土文獻與古文字研究中心網站，2009年6月2日。

清華大學出土文獻研究與保護中心：《清華簡第五册整理報告補正》，清華大學出土文獻研究與保護中心網站，2015年4月8日。

R

任偉：《從“應監”諸器銘文看西周的監國制度》，《社會科學輯刊》2002年第5期。

S

沈瓞民：《逸周書謚法解校箋》，《制言》第15期，1936年。

沈延國：《逸周書集目》，《制言》第5期，1935年。

沈延國，楊寬：《逸周書篇目考》，《光華》（半月刊）1936年4卷6期。

沈延國：《逸周書緒論》，《考文學會雜録》1937年第1期。

沈延國，楊寬：《〈逸周書〉與〈汲冢周書〉辨正》，《制言》半月刊第40期，1937年7月1日。

史念海：《論〈禹貢〉的製作年代》，《陝西師範大學學報》1979年第3期。

［日］松本雅明：《春秋戰國における尚書の展開》，東京：風間書房，1966年。

［日］松本雅明：《原始尚書の成立》，《松本雅明著作集》第7册，東京：弘生書林，1988年。

［日］神田喜一郎：《汲冢書出土始末考》，《神田喜一郎全集》第1卷《東洋學説林》，東京：同朋社，1986年。

沈長雲：《由史密簋銘文論及西周時期的華夷之辨》，《河北師院學報（社會科學版）》1994年第3期。

沈長雲：《説〈逸周書·度邑〉“有夏之居”非夏後氏之居》，沈長雲：《上古史探研》，北京：中華書局，2002年。

沈長雲：《静方鼎的年代及相關歷史問題》，《中國國家博物館館刊》2013年第7期。

沈培：《試釋戰國時代從“之”從“首（或從‘頁’）”之字》，簡帛網，2007年7月17日，http://www.bsm.org.cn/show_article.php?id=630。

孫慶偉：《從新出𤼈甗看昭王南征與晋侯燮父》，《文物》2007年第1期。

孫亞冰，林歡：《商代地理與方國》，北京：中國社會科學出版社，2010年。

蘇建洲：《〈清華簡九篇綜述〉封二所刊〈皇門〉簡簡釋》，復旦大學出土文獻與古文字研究中心網站，2010年5月30日。

沈之杰：《讀清華簡〈祭公之顧命〉札記一則》，復旦大學出土文獻與古文字研究中心網站，2011年1月9日。

宋華强：《清華簡〈程寤〉“卑霝名凶”試解》，簡帛網，2011年1月

14日。

沈建華：《清華簡〈祭公之顧命〉與〈逸周書〉校記》，中國文化遺産研究院編：《出土文獻研究》（第十輯），北京：中華書局，2011年。

沈建華：《清華楚簡〈祭公之顧命〉中的三公與西周世卿制度》，《中華文史論叢》2010年第4期。

孫飛燕：《清華簡〈皇門〉管窺》，《清華大學學報（哲學社會科學版）》2011年第2期。

沈寶春：《論清華簡〈程寤〉篇太姒夢占五木的象徵意涵》，簡帛網，2011年3月14日。

申超：《讀清華簡〈程寤〉札記》，簡帛網，2012年5月11日。

申超：《清華簡〈程寤〉主旨試探》，《管子學刊》2013年第1期。

申超：《清華簡〈皇門〉句義商兑》，《西北大學學報（哲學社會科學版）》2015年第3期。

時兵：《王引之誤校〈逸周書〉一則》，《文獻》2012年第1期。

T

譚戒甫：《商容傳説之訛變》，國立武漢大學《文哲季刊》1935年第4期。

童書業：《大誥康誥酒誥著作時代考》，《童書業史籍考證論集》上，北京：中華書局，2005年。

唐蘭：《論周昭王時代的青銅器銘刻》，《古文字研究》第二輯，北京：中華書局，1981年。

唐蘭：《西周青銅器銘文分代史徵》，北京：中華書局，1986年。

唐鉞：《考訂古書撰作年代通則補説》，《文史》第十五輯，北京：中華書局，1982年。

唐蘭：《略論西周微史家族窖藏銅器群的重要意義——陝西扶風新出牆盤銘文解釋》，《唐蘭先生金文論集》，北京：紫禁城出版社，1995年。

譚家健：《逸周書與先秦文學》，《文史哲》1991年第3期。

仝衛敏：《出土文獻與〈商君書〉綜合研究》，臺北：花木蘭出版社，2013年。

唐元發：《〈逸周書〉成書于戰國初期》，《南昌大學學報（人文社會科學版）》2006年第6期。

唐元發：《〈逸周書〉詞彙研究》，杭州：浙江大學出版社，2015年。

W

［清］汪廷儒編纂：《廣陵思古編》，田豐點校，揚州：廣陵書社，2011年。

王國維：《觀堂集林》，北京：中華書局，1959年。

王樹民：《周書·周官職方篇校記》，《禹貢》1934年1卷1期。

吴康：《尚書大綱》，上海：商務印書館，1941年。

吴訥：《文章辨體序説》，北京：人民文學出版社，1962年。

吴令華主編：《吴其昌文集》（叁），太原：三晋出版社，2C09年。

王國維講授、劉盼遂記：《觀堂學書記》，《劉盼遂文集》，北京：北京師範大學出版社，2002年。

王繼光：《敦煌唐寫本〈六韜〉殘卷校釋》，《敦煌學輯刊》1984年第2期。

王和：《金文月相管見》，《中國史研究》1987年第1期。

王和：《“初吉”簡論》，《史學月刊》1988年第5期。

王輝：《史密簋釋文考地》，《人文雜志》1991年第4期。

王輝：《一粟居讀簡記》（五、六），曹瑋主編：《秦始皇帝陵博物院》（2014），西安：陝西人民出版社，2014年。

汪受寬：《謚法研究》，上海：上海古籍出版社，1995年。

王暉：《從數詞組合方式的演變看先秦古籍的斷代問題》，《唐都學刊》1996年第4期。

王暉：《商周文化比較研究》，北京：人民出版社，2000年。

王暉：《周武王東都選址考辨》，《古文字與商周史新證》，北京：中華書局，2003年。

王暉：《作册旂器銘與西周分封賜土禮儀考》，《中國歷史文物》2005年第1期。

王志平：《〈逸周書〉新箋一則》，《陝西歷史博物館館刊》第7輯，西安：三秦出版社，2000年。

王志平：《清華簡〈皇門〉異文與周代的朝儀制度》，清華大學出土文獻研究與保護中心編：《清華簡研究（第一輯）：〈清華大學藏戰國竹簡（壹）〉國際學術研討會論文集》，上海：中西書局，2012年。

魏啓鵬：《釋〈六德〉爲父繼君》，《中國哲學史》2001年第2期。

王學榮：《河南偃師商城商代早期王室祭祀遺址》，《考古》2002年第7期。

王玉哲：《周初的三監及其地望問題》，《古史集林》，北京：中華書局，2002年。

王連龍：《〈逸周書〉源流及其所見經濟問題研究》，吉林大學博士學位論文，2005年。

王連龍：《〈汲家周書〉考》，《古籍整理研究學刊》2005年第1期。

王連龍：《〈逸周書·大匡解〉"間行均行"考釋》，《聊城大學學報（社會科學版）》2006年4期。

王連龍：《〈逸周書·大匡解〉所見貨幣史料及相關問題考述》，《社會科學輯刊》2006年第6期。

王連龍：《近二十年來〈逸周書〉研究綜述》，《吉林師範大學學報（人文社會科學版）》2008年第2期。

王連龍：《〈周書〉三〈訓〉人性觀考論》，《遼東學院學報（社會科學版）》2009年第1期。

王連龍：《周書原始》，南京大學古典文獻研究所編：《古典文獻研究（第十二輯）》，南京：鳳凰出版社，2009年。

王連龍：《〈保訓〉與〈逸周書〉多有關聯》，《中國社會科學報》2010年3月11日第6版。

王連龍：《〈逸周書〉研究》，北京：中國社會科學出版社，2010年。

王連龍：《清華簡〈皇門〉篇“惟正［月］庚午，公畧才耇門”芻議——兼談周公訓誥的時間及場所問題》，《孔子研究》2011年第3期。

王連龍：《清華簡〈皇門〉篇“耇門”解》，《考古與文物》2012年第4期。

王連龍：《慈利楚簡〈大武〉校讀六則》，《考古》2012年第3期。

王連龍：《談汲冢〈周書〉與〈逸周書〉——從出土文獻研究看古書形成和流傳問題》，《中原文化研究》2014年第4期。

吴鎮烽：《獄器銘文考釋》，《考古與文物》2006年第6期。

吴鎮烽：《高祖、亞祖、王父考》，《考古》2006年第12期。

王寧：《讀清華簡〈程寤〉偶記一則》，復旦大學出土文獻與古文字研究中心網站，2011年1月28日。

王寧：《説清華簡〈皇門〉中的“鞫”字》，簡帛網，2011年2月10日。

王寧：《申説清華簡〈皇門〉中的“爾”》，簡帛網，2011年3月7日。

汪亞洲：《清華簡〈皇門〉集釋》，復旦大學出土文獻與古文字研究中心網站，2011年9月23日。

王震中：《比干的歷史及其影響與地位》，林憲齋主編：《比干文化研究》，鄭州：河南人民出版社，2012年。

王向輝：《清華簡〈皇門〉篇主旨新讀》，《寶鷄文理學院學報（社會科學版）》2012年第5期。

王健：《西周政治地理結構研究》，鄭州：中州古籍出版社，2004年。

魏宜輝：《利用戰國文字校讀〈尚書〉二題》，林慶彰、錢宗武主編：《第二屆國際〈尚書〉學學術研討會論文集》，臺北：萬卷樓圖書股份有限公司，2014年。

魏宜輝：《慈利楚簡校讀札記》，《古典文獻研究》2015年第1期。

魏慈德：《〈逸周書〉〈世俘〉〈克殷〉兩篇與出土文獻互證試論》，《東華人文學報》2004年第6期。

魏慈德：《從出土的〈清華簡·皇門〉來看清人對〈逸周書·皇門〉篇

的校注》，《出土文獻》（第7輯），上海：中西書局，2015年。

魏慈德：《從出土的〈逸周書·皇門〉〈祭公〉篇看清人的校勘研究》，《古籍整理研究學刊》2016年第3期。

吴承學，李冠蘭：《文辭稱引與文體觀念的發生——中國早期文體觀念發生研究》，《北京大學學報（哲學社會科學版）》2016年第4期。

吴承學，李冠蘭：《論中國早期文體觀念的發生》，《文藝理論研究》2016年第6期。

王恩田：《鳳雛三號基址與周武王“祀于天位”》，《中國國家博物館館刊》2016年第3期。

王逸清：《清華簡〈命訓〉中的“劾”字》，《出土文獻》2016年第1期。

吴柱：《春秋諸侯喪禮殯期問題新探》，《文史》2016年第4輯。

王坤鵬：《從竹書〈金縢〉看戰國時期的古史述作》，《史學月刊》2017年第3期。

韋婷：《清華簡〈程寤〉篇研讀零札》，《管子學刊》2017年第3期。

鄔可晶：《談談清華簡〈程寤〉的“望承”》，《出土文獻》2017年第1期。

武剛：《“内服”還是“外服”：西周甸服問題研究——兼論西周王畿的形成過程》，《史學月刊》2018年第3期。

王進鋒：《西周時期的縣》，《學術月刊》2018年第7期。

X

［日］新城新藏著，沈璿譯：《東洋天文學史研究》，上海：中華學藝社，1933年。

肖鳴籟：《讀周書殷祝解》，《學文》1931年第1卷第2期。

徐錫臺：《周原出土卜辭選釋》，《考古與文物》1982年第3期。

熊憲光：《〈逸周書〉的文學價值》，《遼寧大學學報》1993年第1期。

熊艶，桂珍明：《銀雀山漢簡（貳）〈兵之恒失〉〈德在民利〉與〈逸周書·王佩〉"同文"問題疏論》，《孫子研究》2021年第2期。

許錟輝：《先秦典籍引尚書考》，《古典文獻研究輯刊》九編，臺北：花木蘭文化出版社，2008年。

蕭旭：《清華竹簡〈祭公之顧命〉校補》，復旦大學出土文獻與古文字研究中心網站，2011年1月11日。

蕭旭：《清華竹簡〈程寤〉校補》，復旦大學出土文獻與古文字研究中心網站，2011年1月13日。

謝耀亭：《郭店簡〈六德〉篇探析》，《陝西師範大學學報（哲學社會科學版）》2012年第1期。

禤健聰：《利用戰國楚簡校讀〈逸周書〉札記》，《古籍整理研究學刊》2013年第1期。

謝維揚：《古書成書情况與古史史料學問題》，謝維揚，朱淵清主編：《新出土文獻與古代文明研究》，上海：上海大學出版社，2003年。

謝維揚：《古書成書和流傳情况研究的進展與古史史料學概念——爲紀念〈古史辨〉第一册出版八十周年而作》，《文史哲》2007年第2期。

謝維揚：《"層累説"與古史史料學合理概念的建立》，《社會科學》2010年第11期。

謝維揚：《從〈清華簡（壹）〉看古書成書和流傳的一些問題》，清華大學出土文獻研究與保護中心編：《清華簡研究（第一輯）——〈清華大學藏戰國竹簡（壹）〉國際學術研討會論文集》，上海：中西書局，2012年。

謝維揚：《古書成書的複雜情况與傳説時期史料的品質》，《學術月刊》2014年第9期。

謝維揚：《由清華簡〈説命〉三篇論古書成書與文本形成二三事》，《上海大學學報（社會科學版）》2016年第6期。

謝昆恭：《先秦知識分子的歷史述論》，臺灣大學博士論文，2005年。

徐昭峰：《成周與王城考略》，《考古》2007年第11期。

徐昭峰：《成周城析論》，《考古與文物》2016年第3期。

徐剛：《古文源流考》第二章《〈逸周書〉考》，北京：北京大學出版社，2008年。

邢文：《清華簡〈程寤〉釋文所見祭禮問題》，簡帛網，2011年1月8日。

［美］夏含夷：《先秦時代“書”之傳授：以清華簡〈祭公之顧命〉爲例》，清華大學出土文獻研究與保護中心編：《清華簡研究（第一輯）：〈清華大學藏戰國竹簡（壹）〉國際學術研討會論文集》，上海：中西書局，2012年。

［美］夏含夷：《略論今文〈尚書〉周書各篇的著作時代》，《古史異觀》，上海：上海古籍出版社，2005年。

項章，余樂，左遲，等：《隨州文峰塔M1（曾侯與墓）、M2發掘簡報》，《江漢考古》2014年第4期。

徐少華：《郭店楚簡〈六德〉篇及其思想源流探析》，《簡帛文獻與早期儒家學説探論》，北京：商務印書館，2015年。

薛夢瀟：《先秦、秦漢月令研究綜述》，《中國史研究動態》2016年第3期。

熊賢品：《〈清華簡（伍）〉“湯丘”即〈繫年〉“康丘”説》，《歷史地理》2016年第2期。

謝肅：《〈世俘〉“皆施佩，衣衣，先馘入”解》，《中國史研究》2017年第1期。

Y

余嘉錫：《目録學發微·古書通例》，北京：商務印書館，2011年。

楊憲益：《逸周書·周祝篇、太子晋篇和荀子·成相篇》，《零墨新箋》，上海：中華書局，1947年。

楊樹達：《積微居小學述林》，北京：中國科學院，1954年。

楊樹達：《積微居甲文説》，上海：上海古籍出版社，2013年。

楊樹達：《積微居金文説》，上海：上海古籍出版社，2007年。

姚孝遂：《商代的俘虜》，《古文字研究》（第一輯），北京：中華書局，1979年。

于豪亮：《牆盤銘文考釋》，《古文字研究》（第七輯），北京：中華書局，1982年。

楊升南：《湯放桀之役中的幾個地理問題》，《全國商史學術討論會論文集》，《殷都學刊》1985年增刊。

楊寬：《論〈逸周書〉——讀唐大沛〈逸周書分編句釋〉手稿本》，《中華文史論叢》1989年第1期。

楊寬：《西周史》，上海：上海人民出版社，1999年。

楊寬：《"人鬲"、"訊"、"臣"是否即是奴隸》，《古史新探》，上海：上海人民出版社，2016年。

楊寬：《月令考》，《古史探微》，上海：上海人民出版社，2016年。

葉萬松等:《西周洛邑城址考》，《華夏考古》1991年第2期。

楊天宇：《關于周代郊天的地點、時間與用牲——與張鶴泉同志商榷》，《史學月刊》1991年第5期。

楊天宇：《西周郊天禮考辨二題》，《文史哲》2004年第3期。

葉正渤：《〈逸周書·度邑〉"依天室"解》，《古籍整理研究學刊》2000年第4期。

葉正渤：《〈逸周書〉與武王克商日程、年代研究》，《南京社會科學》2001年第8期。

葉正渤：《逸周書語詞研究》，《古籍整理研究學刊》2002年第5期。

葉正渤：《〈逸周書〉通假字研究》，《長江學術》（第4輯），武漢：長江文藝出版社，2003年。

葉正渤：《〈汲冢周書·克殷解〉、〈世俘解〉合校》，《古籍整理研究學刊》2010年第4期。

閻愛民：《〈克殷解〉"太卒之左"句疑文辨析》,《中國史研究》2000年第4期。

余瑾：《對〈逸周書·皇門解〉的再分析》，《西北師範大學學報》2002

年第5期。

楊朝明：《〈逸周書〉有關周公諸篇芻議》，《周公事迹研究》，鄭州：中州古籍出版社，2002年。

楊朝明：《〈逸周書〉“周訓”與儒家的人性學說》，張秋升，王洪軍主編：《中國儒學史研究》，濟南：齊魯書社，2004年。

楊朝明：《〈逸周書·寶典〉篇與儒家思想》，《現代哲學》2005年第4期。

楊朝明：《〈逸周書〉所見滅商之前的周公》，《河南科技大學學報（社會科學版）》2008年第1期。

晏昌貴編著：《巫鬼與淫祀》，武漢：武漢大學出版社，2009年。

虞萬里：《上博館藏楚竹書〈緇衣〉綜合研究》，武漢：武漢大學出版社，2010年。

袁瑩：《清華簡〈程寤〉校讀》，復旦大學出土文獻與古文字研究中心網站，2011年1月11日。

袁金平：《利用西周金文校正〈逸周書〉一則》，《貴州師範大學學報（社會科學版）》2011年第6期。

楊升南，馬季凡：《商代經濟與科技》，北京：中國社會科學出版社，2011年。

楊棟：《何簋與〈逸周書·度邑〉篇》，《中國典籍與文化》2012年第3期。

楊兆貴：《清華簡〈皇門〉與〈逸周書·皇門解〉校釋》，《楚簡楚文化與先秦歷史文化國際學術研討會論文集》，武漢：湖北教育出版社，2013年。

楊兆貴：《清華簡〈皇門〉篇柬釋》，《考古與文物》2016年第2期。

于薇：《始封在廟與徙封在社——西周封建的儀式問題》，《歷史教學》2014年第2期。

楊博：《戰國楚竹書史學價值探研》，北京大學博士學位論文，2015年。

楊博：《清華簡〈繫年〉所涉周初處置殷遺史事疏證》，《簡帛研究》2016年春夏卷。

［以］尤銳：《從〈繫年〉虛詞的用法重審其文本的可靠性——兼初探〈繫年〉原始資料的來源》，《清華簡〈繫年〉與古史新探》，上海：中西書局，2016年。

楊振紅：《"縣官"之由來與戰國秦漢時期的"天下"觀》，《中國史研究》2019年第1期。

Z

章炳麟：《〈逸周書·世俘篇〉校正》，《制言》第32期，1937年1月。

朱希祖：《晋書·束皙傳汲冢書目中周書考》，《制言》第55期，1939年。

朱希祖：《汲冢書考》，北京：中華書局，1960年。

朱廷獻：《孔孟與〈逸周書〉》，臺灣《孔孟月刊》1975年第12期。

朱廷獻：《〈逸周書〉研究》，臺灣《學術論文集刊》1976年第3期。

朱廷獻：《尚書研究》，臺北：臺灣商務印書館股份有限公司，1987年。

周予同：《"六經"與孔子的關系問題》，吴澤編選，袁英光主編：《中國史學史論集》，上海：上海人民出版社，1980年。

鄭良樹：《續僞書通考（中）》，臺北：臺灣學生書局，1984年。

趙光賢：《説〈逸周書·世俘〉篇并擬武王伐紂日程表》，《歷史研究》1986年第6期。

趙光賢：《〈逸周書·克殷〉篇釋惑》，《傳統文化與現代化》1994年第4期。

趙光賢：《〈逸周書·作雒〉篇辨僞》，《文獻》1994年第2期。

趙光賢：《説〈逸周書·嘗麥〉篇》，劉乃和主編：《歷史文獻研究》，北京：北京師範大學出版社，1996年。

趙光賢：《〈逸周書〉略説》，《亡尢室文存》，北京：北京師範大學出版社，2001年。

張亞初，劉雨：《西周金文官制研究》，北京：中華書局，1986年。

張政烺：《"士田十萬"新解》，《文史》第二十九輯，北京：中華書局，1988年。

祝中熹：《〈逸周書〉淺探》，《青海師範大學學報（社會科學版）》1989年第2期。

中國社會科學院考古研究所琉璃河考古隊：《北京琉璃河1193號大墓發掘簡報》，《考古》1990年第1期。

趙世超：《周代國野制度研究》，西安：陝西人民出版社，1991年。

朱鳳瀚：《商周時期的天神崇拜》，《中國社會科學》1993年第4期。

朱鳳瀚：《商周家族形態研究》，天津：天津古籍出版社，2004年。

朱鳳瀚：《〈召誥〉、〈洛誥〉、何尊與成周》，《歷史研究》2006年第1期。

朱鳳瀚：《衛簋與伯獄諸器》，《南開學報（哲學社會科學版）》2008年第6期。

朱鳳瀚等：《湖北隨州葉家山西周墓地筆談》，《文物》2011年第11期。

朱鳳瀚：《論西周時期的“南國”》，《歷史研究》2013年第4期。

朱岐祥：《周原甲骨研究》，臺北：學生書局，1997年。

周振鶴：《縣制起源三階段説》，《中國歷史地理論叢》1997年第3期。

張新斌：《周初“三監”與邶、墉、衛地望研究》，《中原文物》1998年第2期。

中國社會科學院考古研究所洛陽漢魏城隊:《漢魏洛陽故城城垣試掘》，《考古學報》1998年第3期。

趙伯雄：《先秦文獻中的“以數爲紀”》，《文獻》1999年第4期。

張聞玉：《讀〈逸周書〉筆記（續二）》，《金築大學學報（綜合版）》1998年第4期。

張聞玉：《世俘武成月相辨證》，《歷史研究》1999年第2期。

張聞玉：《逸周書全譯》，貴陽：貴州人民出版社，2000年。

張聞玉：《讀〈逸周書〉筆記》，《貴州大學學報（社會科學版）》2000年第9期。

張文國：《尚書語法研究》，成都：巴蜀書社，2000年。

周寶宏，劉楊：《論清華簡〈皇門〉篇寫成時代》，《簡帛》2016年第2期。

張春龍：《慈利楚簡概述》，艾蘭，邢文編：《新出簡帛研究》，北京：文物出版社，2004年。

張舜徽：《愛晚廬隨筆》卷三《逸周書》，武漢：華中師範大學出版社，2005年。

周玉秀：《〈時令〉、〈時訓〉與〈時訓解〉——〈逸周書·時訓解〉探微》，《蘭州大學學報（社會科學版）》2004年第4期。

周玉秀：《〈逸周書〉的語言特點及其文獻學價值》，北京：中華書局，2005年。

周玉秀：《〈逸周書〉中的句尾語氣詞"哉"及相關問題》，《西北師大學報》2005年第4期。

周玉秀：《〈逸周書〉研究著作述論》，《古籍整理研究學刊》2005年第3期。

周玉秀：《〈逸周書〉詞語校釋補釋》，《古籍整理研究學刊》2009年第4期。

周斌，王秋平：《〈長短經〉所引〈逸周書·官人〉的校勘價值》，《喀什師範學院學報》2005年第2期。

鄭杰文：《〈墨子〉引〈書〉與歷代〈尚書〉傳本之比較》，《孔子研究》2006年第1期。

張錚：《湖南慈利出土楚簡内容辨析》，《求索》2007年第6期。

張懷通：《〈武寤〉是〈大武〉的第二樂章》，《天津師範大學學報（社會科學版）》2005年第5期。

張懷通：《〈嘗麥〉新研》，《社會科學戰綫》2008年第3期。

張懷通：《小盂鼎與〈世俘〉新證》，《中國史研究》2008年第1期。

張懷通：《"王若曰"新釋》，《歷史研究》2008年第2期。

張懷通：《今本〈逸周書〉歷日初探》，《濟南大學學報（社會科學版）》2009年第4期。

張懷通：《武王伐紂史實補考》，《中國史研究》2010年第4期。

張懷通：《“顧瞻過于有河”解》，《天津師範大學學報（社會科學版）》2011年第5期。

張懷通：《〈祭公〉與惇史》，復旦大學出土文獻與古文字研究中心網站，2012年4月25日。

張懷通：《清華簡〈祭公〉解構》，復旦大學出土文獻與古文字研究中心網站，2012年5月8日。

張懷通：《〈程寤〉佚文校讀》，復旦大學出土文獻與古文字研究中心網站，2012年7月29日。

張懷通：《今本〈逸周書·大武〉八篇研究》，《濟南大學學報（社會科學版）》2012年第2期。

張懷通：《〈逸周書〉新研》，北京：中華書局，2013年。

張懷通：《〈世俘〉錯簡續證》，《中國史研究》2013年第1期。

張懷通：《“三監”人物及其結局》，《管子學刊》2013年第1期。

張懷通：《虢伯捱簋與〈世俘〉敘事方式》，《中原文化研究》2016年第6期。

張懷通：《乖伯簋與〈世俘〉文例》，《中國史研究》2018年第3期。

張崇禮：《讀上博四〈簡大王泊旱〉雜記》，簡帛網，2007年6月3日，http://WWW.bsm.org.cn/show_article.php?id=575。

張富海：《漢人所謂古文之研究》，北京：綫裝書局，2007年。

趙平安：《戰國文字中的“宛”及其相關問題研究——以與縣有關的資料爲中心》，《新出簡帛與古文字古文獻研究》，北京：商務印書館，2009年。

趙平安：《〈窮達以時〉第九號簡考論——兼及先秦兩漢文獻中比干故事的衍變》，鄭州：河南人民出版社，2012年。

趙平安：《釋清華簡〈命訓〉中的“耕”字》，《深圳大學學報》2015年第3期。

張洪波：《〈逸周書〉各篇章的思想與著作時代質疑》，《三峽大學學報（人文社會科學版）》2009年第2期。

翟勝利：《西周金文與獻俘禮》，《文物春秋》2010年第6期。

張玉金：《出土戰國文獻虛詞研究》，北京：人民出版社，2011年。

張玉金：《出土先秦文獻虛詞發展研究》，廣州：暨南大學出版社，2016年。

張峰：《清華簡〈程寤〉中的“思”》，簡帛網，2011年11月11日。

趙雅思，陳家寧：《清華簡〈皇門〉集釋》，復旦大學出土文獻與古文字研究中心網站，2011年8月24日。

朱岩：《〈尚書〉的語體風格》，《學術交流》2011年第11期。

章水根：《清華簡〈程寤〉“果拜不忍”新解》，《魯東大學學報（哲學社會科學版）》2014年第3期。

趙奉蓉：《〈逸周書〉編著意圖考論》，《中州學刊》2014年第7期，《紀念楊公驥教授誕辰九十周年學術論文集》，北京：學苑出版社，2011年。

趙奉蓉：《〈逸周書·周祝解〉與“言”體文類》，《大慶師範學院學報》2012年第2期。

趙奉蓉：《〈逸周書〉篇名“解”字與先秦古書題名舊例考論》，《中國文化研究》2013年夏之卷。

鐘濤，劉彩鳳：《從政治象徵到文學象徵——清華簡〈程寤〉“夢見商廷惟棘”的象徵意義及其流變》，《青海師範大學學報（哲學社會科學版）》2013年第6期。

張志雲：《〈逸周書·克殷〉篇真僞考辨》，《延安大學學報（社會科學版）》2013年第6期。

張連航：《古文字與上古漢語研究論稿》，北京：中國社會科學出版社，2014年。

張利軍：《商周服制與早期國家管理模式》，上海：上海古籍出版社，2015年。

張海波：《先秦志書源流考辨》，《中國典籍與文化》2015年第4期。

張海波：《先秦志書篇名、體例補證》，《中國史研究》2016年第4期。

趙争：《古書成書與古書年代學問題探研——以出土古脉書〈足臂十一脉灸經〉和〈陰陽十一脉灸經〉爲中心》，《中國典籍與文化》2016年第1期。

［日］中村未來：《作爲統治手段之"耻"——以〈逸周書〉三訓爲中心》，《東亞觀念史集刊》2016年第11期。

趙培：《〈書〉類文獻的早期形態及〈書經〉成立之研究》，北京大學博士學位論文，2017年。

張懋镕：《西周早期銅器墓的分類與族屬——兼論"分器"現象》，《黄河文明與可持續發展》2017年第1期。

四、會議論文

蔡哲茂：《金文研究與經典訓讀——以〈尚書·君奭〉與〈逸周書·祭公〉篇兩則爲例》，《第六届中國文字學全國學術研討會論文集》，臺北，1995年。

陳伯適：《清華簡〈程寤〉釋讀與有關議題評述》，《出土文獻研究視野與方法研討會論文》，臺北，2011年。

單育辰：《清華三詩、書類文獻合考》，《清華簡與〈詩經〉研究國際會議論文》，香港，2013年11月。

黄澤鈞：《出土文獻中"書類文獻"判别方式討論》，《"出土文獻與尚書學研究"國際學術研討會論文集》，上海，2018年。

胡寧：《先秦"周書"名實考》，《"出土文獻與尚書學研究"國際學術研討會論文集》，上海，2018年。

夏虞南：《葛覺智"書"類文獻分類法平議》，《"出土文獻與尚書學研究"國際學術研討會論文集》，上海，2018年。

張春龍：《慈利楚簡〈逸周書·大武〉校勘》，《楚文化與長江中游早期開發國際學術研討會論文集（下）》，武漢，2018年。

黄國輝：《"三綱理論"形成問題考論》，《"新史料與古史書寫——40年探索歷程的回顧與思考”學術研討會會議論文集》，上海，2018年。

陳絜：《諸侯大亞、小子室家與商周親族組織結構》，北京師範大學《周代國家與社會》會議論文，北京，2018年。

黄懷信：《由〈武成〉看〈尚書〉今古文問題》，《“出土文獻與尚書學研究”國際學術研討會論文集》，上海，2018年。

杜勇：《武王伐紂日譜的重新構擬》，《“商周國家與社會國際學術研討會”論文集》，北京，2019年。

陳穎飛：《從清華簡第八、九輯的“度”看戰國時期社會大變革——兼議〈邦家處位〉等簡及〈逸周書·度訓〉的寫作年代》，《“出土文獻與商周社會”學術研討會論文集》，上海，2019年。

致　謝

寫到這裏，感謝是自然而然的事。

首先，感謝我的博士生導師晁福林先生。在先生親炙之下，我完成了博士階段的學習。其間，一方面確立了自己的知識背景和感興趣的學術方向；另一方面，先生也教會了我很多爲人處世的道理，讓我這些年來逐漸收斂性情，不復當年的離經叛道。點點滴滴，俱在心頭，不敢或忘。

其次，感謝我的博士後合作導師過常寶教授。承蒙過老師不弃，接受了我的博士後申請，爲我提供了寬鬆的研究環境和穩定的工作收入，讓我得以不疾不徐地完成這項工程。在站工作期間，過老師每次高屋建瓴的點撥都令我受益匪淺。可以説，没有過老師的幫助，就不可能有此本書問世。

再次，需要特别感謝我的妻子尚潔同志。在本書的整理出版過程中，她的悉心校對令我獲益良多，她的情感支持也爲我完成本書修訂提供了不盡的動力。得妻如此，無復他求。

復次，感謝我的父母，在我在外讀書的這些年裏，爲我提供了各種各樣生活上的支持，并包容了我在專業和工作選擇上的任性。

又次，感謝我的師兄劉光博士。師兄在治學方法層面的身教，令我慚愧，也給了我極大的鼓舞，讓我鼓足了完成本書的信心和勇氣。感謝我的師弟胡其偉博士，書稿撰寫過程中，師弟不顧自己博士論文寫作的沉重任務，指出了不少書稿的疏漏之處，提出了許多寶貴的修改意見。感謝我的友人陳小辰同志，在我心情低谷時，總能用最有趣的話題和最積極的情緒，令我振奮精神，在積攢退休金的道路上行穩致遠。感謝賈西周同志，本書最終得以出版，賴西周君之助良多。感謝三秦出版社的何飛燕同志，本書能够獲批國家古籍整理出版資助及其他項目，皆賴何同志之大力提携。

最後，感謝所有爲本書的修改完善提出寶貴意見的同行同志，尤其需要感謝某位不知名評審專家。這位專家不留情面地指出了書稿中存在的問題和硬傷，尖鋭地批評了本人在學術態度層面的不够認真，學術積累層面的不够扎實，爲我今後進一步做好學術工作提供了辛辣的鞭策。

除此之外，没有更多的話，衹有謝意永不停歇。